IV

COMENTÁRIOS AO CÓDIGO DE PROCESSO CIVIL

DA FORMA, DO TEMPO E DO LUGAR DOS ATOS PROCESSUAIS

À Marina, amor da minha vida.
À Bruna, minha princesa.
E ao Pedrinho, que enche nossas vidas de alegria.
Vocês são tudo para mim.

PEDRO DA SILVA DINAMARCO

Doutor e Mestre em Direito Processual Civil pela Faculdade de Direito da Universidade de São Paulo (USP). Formado pela Faculdade de Direito da Universidade Presbiteriana Mackenzie. Membro do Instituto Brasileiro de Direito Processual (IBDP). Sócio efetivo e conselheiro do Instituto dos Advogados de São Paulo (IASP). Conferencista sobre temas de processo civil. Advogado.

COORDENADORES

JOSÉ ROBERTO F. GOUVÊA
LUIS GUILHERME A. BONDIOLI
JOÃO FRANCISCO N. DA FONSECA

IV

COMENTÁRIOS AO CÓDIGO DE PROCESSO CIVIL

DA FORMA, DO TEMPO E DO LUGAR DOS ATOS PROCESSUAIS

ARTS. 188 A 235

2020

saraiva jur

saraiva EDUCAÇÃO | saraiva jur

Av. Paulista, 901, 3º andar
Bela Vista - São Paulo - SP - CEP: 01311-100

SAC | sac.sets@somoseducacao.com.br

Direção executiva	Flávia Alves Bravin
Direção editorial	Renata Pascual Müller
Gerência editorial	Roberto Navarro
Gerência de produção e planejamento	Ana Paula Santos Matos
Gerência de projetos e serviços editoriais	Fernando Penteado
Consultoria acadêmica	Murilo Angeli Dias dos Santos
Planejamento	Clarissa Boraschi Maria (coord.)
Novos projetos	Melissa Rodriguez Arnal da Silva Leite
Edição	Eveline Gonçalves Denardi (coord.) Deborah Caetano de Freitas Viadana
Produção editorial	Daniele Débora de Souza (coord.) Rosana Peroni Fazolari
Arte e digital	Mônica Landi (coord.) Amanda Mota Loyola Camilla Felix Cianelli Chaves Claudirene de Moura Santos Silva Deborah Mattos Guilherme H. M. Salvador Tiago Dela Rosa
Projetos e serviços editoriais	Breno Lopes de Souza Josiane de Araujo Rodrigues Kelli Priscila Pinto Laura Paraíso Buldrini Filogônio Marília Cordeiro Mônica Gonçalves Dias
Diagramação	Laís Soriano
Revisão	Lilian Moreira Mendes
Capa	Aero Comunicação / Danilo Zanott
Produção gráfica	Marli Rampim Sergio Luiz Pereira Lopes
Impressão e acabamento	Edições Loyola

DADOS INTERNACIONAIS DE CATALOGAÇÃO NA PUBLICAÇÃO (CIP)
ANGÉLICA ILACQUA CRB-8/7057

Dinamarco, Pedro da Silva

Comentários ao Código de Processo Civil – artigos 188 a 235: da forma, do tempo e do lugar dos atos processuais - v. IV / Pedro da Silva Dinamarco / coords. José Roberto F. Gouvêa; Luis Guilherme A. Bondioli; João Francisco N. da Fonseca – São Paulo: Saraiva Educação, 2020. (Coleção Comentários ao Código de Processo Civil)

528 p.

Bibliografia

ISBN 978-65-5559-225-2 (impresso)

1. Código de Processo Civil - Brasil. I. Título. II. Gouvêa, José Roberto F. III. Bondioli, Luis Guilherme A. IV. Fonseca, João Francisco N. da.

20-0319 CDD 340

Índice para catálogo sistemático:

1. Brasil: Código de Processo Civil
Comentários 347.91(81)(095)

Data de fechamento da edição: 27-4-2020

Dúvidas? Acesse www.editorasaraiva.com.br/direito

CL 606599 CAE 727389

APRESENTAÇÃO

Nossa relação com a Editora Saraiva tornou-se pública em 1995, com a publicação da 26ª edição do *Código de Processo Civil e legislação processual em vigor* e da 14ª edição do *Código Civil e legislação civil em vigor*, ainda de autoria exclusiva de Theotonio Negrão, mas já com a colaboração do primeiro subscritor desta apresentação, revelada na nota daquelas edições. Atualmente, mais de 20 anos depois, essas obras estão na 47ª edição e na 34ª edição, respectivamente, o que é motivo de imensa alegria e satisfação para nós.

Um outro momento marcante dessa relação se deu em 2005, por ocasião do lançamento da Coleção Theotonio Negrão, destinada à publicação de dissertações de mestrado e teses de doutorado aprovadas nas melhores instituições de ensino jurídico do País, sob a coordenação do primeiro subscritor desta apresentação e com a participação, na condição de autores, dos outros dois subscritores.

Pouco depois de 2005, em nossas constantes conversas com a Editora Saraiva, surgiu a ideia de mais um projeto conjunto, qual seja, a edição de *Comentários ao Código de Processo Civil*, compostos por volumes a serem escritos individualmente por estudiosos do direito processual civil brasileiro. A inspiração óbvia para esse projeto era a paradigmática coleção coordenada pelo Mestre José Carlos Barbosa Moreira noutra casa editorial. Quando esse projeto não passava ainda de uma simples conversa, a constituição de uma comissão de juristas para a elaboração de um anteprojeto de Código de Processo Civil em 2009 nos causou sensações mistas. De um lado, esse anteprojeto nos colocava em compasso de espera e adiava a concretização de tal projeto. De outro lado, referido anteprojeto nos deixava a certeza de que, um dia, o mencionado projeto ganharia concretude e proporções maiores que as imaginadas originalmente.

Entre 2009 e 2015, acompanhamos com atenção o processo legislativo que passou pela elaboração dos Projetos de Lei n. 166/2010 e n. 8.046/2010 e culminou com a publicação da Lei n. 13.105, de 16 de março de 2015, que trouxe para o Brasil um novo Código de Processo Civil. Nesse ínterim, nosso mais recente projeto conjunto com a Editora Saraiva foi tomando corpo. Conseguimos reunir um selecionado time de doutores, livres-docentes e professores das mais renomadas faculdades de direito do País, que se integrou ao nosso projeto e foi determinante para que ele se tornasse realidade. A todos os integrantes desse time, ficam aqui os nossos mais sinceros agradecimentos!

Com a chegada do ano de 2016, o Código de Processo Civil entrou em vigor um ano após a sua publicação e já alterado pela Lei n. 13.256, de 4 de fevereiro de 2016. Foi o período de maior reflexão e estudo na história processual recente do País. E é um extrato dessa reflexão e desse estudo que pretendemos ver presente nesta coleção de *Comentários ao Código de Processo Civil*, elaborada em 21 volumes, que, esperamos, contribuam para a boa compreensão e aplicação da lei processual mais importante do Brasil.

São Paulo, julho de 2016.

José Roberto Ferreira Gouvêa
Luis Guilherme Aidar Bondioli
João Francisco Naves da Fonseca

SUMÁRIO

Seção III
Dos Atos das Partes

Seção IV
Dos Pronunciamentos do Juiz

Seção V
Dos Atos do Escrivão ou do Chefe de Secretaria

Seção II
Do Lugar

Capítulo III
DOS PRAZOS

Seção I
Disposições Gerais

Seção II
Da Verificação dos Prazos e das Penalidades

LIVRO IV
DOS ATOS PROCESSUAIS

1. Ato processual: conceito, sujeitos e noções gerais

O processo tem início e se desenvolve até sua extinção por meio dos atos sequenciais praticados pelos seus sujeitos, ou seja, por meio dos atos processuais ordenados em um procedimento em contraditório. Existem os atos dos órgãos judiciários (juízes e seus auxiliares), de um lado, e os atos das partes, de outro. Eles se diferenciam dos atos jurídicos em geral – os atos jurídicos naturais – pela natureza dos efeitos e pelo fato de tais efeitos se projetarem diretamente no processo.

Conceitualmente, ato processual é toda *conduta humana* realizada voluntariamente pelos sujeitos da relação jurídica processual (partes, juízes e seus auxiliares), capaz de produzir efeitos diretos sobre tal processo, criando, extinguindo ou modificando situações jurídicas processuais.[1] Essa conduta é fruto da vontade do sujeito processual e visa à "modificação da realidade" (Fazzalari).[2] Em geral, esses atos são unilaterais, apesar de, excepcionalmente, poderem ser também bilaterais no novo sistema processual brasileiro (v.

---

1 Nesse sentido: Pedro dinamarco, *Código de Processo Civil interpretado*, art. 200, n. 1, p. 536. Em sentido semelhante, Liebman definia-o como "uma declaração, ou manifestação de pensamento, feita voluntariamente por um dos sujeitos do processo, enquadrada em uma das categorias de atos previstos pela lei processual e pertencente a um procedimento, com eficácia constitutiva, modificativa ou extintiva sobre a correspondente relação processual" (*Manual de direito processual civil*, vol. I, n. 98, p. 286). A definição de Comoglio-Ferri-Taruffo também é muito próxima a esta (*Lezioni sul processo civile*, n. 16.1, p. 415). Eduardo Couture definia ato processual como "o ato jurídico emanado das partes, dos agentes da jurisdição ou dos terceiros ligados ao processo, suscetível de criar, modificar ou extinguir efeitos processuais" (*Fundamentos del derecho procesal civil*, n. 123, p. 165). As situações jurídicas, em seu conjunto, compõem uma relação jurídica e são seis: direitos, poderes, faculdades, ônus, deveres e obrigações. Quando essas situações se dão na dinâmica do processo, são chamadas situações processuais, mas, segundo corrente adotada nestes comentários, inexistem direitos e obrigações processuais.

2 Elio Fazzalari bem destaca esse desejo de "modificação da realidade", acrescentando ainda que o processo consistiria em uma "ordenada sequência de tais modificações" (*Istituzioni di diritto processuale*, n. 2.6.1, p. 355). Entretanto, como o processualista peninsular entendia que a relação jurídica processual era inerente ao próprio procedimento – e não característica autônoma –, parece que, na realidade, ele tinha em mente a alternância entre atos e situações jurídicas, ou seja, que cada ato praticado é capaz de gerar uma nova situação jurídica (*v.g.*, a citação gera o ônus de contestar).

especialmente art. 190) ou até mesmo praticados de comum acordo por todos os litigantes e o juiz da causa (*v.g.*, arts. 191 e 357, § 3º).

Assim, são três os *elementos essenciais* do ato processual: (a) ser praticado pelos sujeitos da relação processual ou seus auxiliares; (b) ser voluntário – mas não necessariamente os efeitos dele decorrentes;[3] e (c) ser dotado da capacidade de produzir efeitos diretos sobre a relação processual.[4-5] A doutrina tradicional costuma acrescentar ainda um quarto requisito, corretamente rejeitado em trabalhos mais recentes: ter sido praticado dentro do processo e não fora dele.[6]

---

3 Conforme doutrina de LIEBMAN, "os atos processuais são, indubitavelmente e por definição, fatos voluntários; eles não são sequer concebíveis senão como resultado da vontade da pessoa que os leva a efeito" (*Manual de direito processual civil*, vol. I, n. 102, p. 291). Os efeitos desses atos, porém, são determinados pela lei – salvo se a parte convencionar diversamente em negócio processual.

4 A doutrina majoritária reconhece a necessidade de o ato ser capaz de produzir efeitos diretos (e não reflexos) sobre o processo. Nesse sentido, afirma HUMBERTO THEODORO JÚNIOR: "a transação e o pagamento continuam sendo atos de direito material, apenas com *efeitos reflexos* sobre o processo. Não adquirem natureza diversa apenas porque praticados durante o processo. Ato processual será o uso desses atos materiais para obter a extinção do processo, como a arguição de transação, e sua homologação pelo juiz, bem como a dedução, pela parte, da exceção de pagamento. Para, enfim, ter-se ato processual, em sentido próprio, é necessário que o ato tenha sido praticado no processo, com *efeito imediato* sobre ele, e que, ainda, somente possa ser praticado no processo" (*Curso de direito processual civil*, vol. I, n. 328, p. 476). CHIOVENDA afirmava ser consequência imediata do ato processual a constituição, a conservação, o desenvolvimento, a modificação ou a definição de uma relação processual (*Principii di diritto processuale*, § 51-bis, pp. 766-767) e não ser processual o ato de direito privado relativo ao objeto do processo, como o pagamento (p. 768).

5 Esses três elementos, além do local onde praticados, são destacados por CÂNDIDO DINAMARCO (*Instituições de direito processual civil*, vol. II, n. 747, pp. 547-550).

6 Esse elemento era posto em bastante destaque por CALMON DE PASSOS (*Esboço de uma teoria das nulidades aplicada às nulidades processuais*, esp. n. 29, pp. 43-45; e n. 38, p. 53). Segundo diz, algumas condutas humanas praticadas fora do processo, mas com interferência neste, como a confissão extrajudicial ou um ato da parte incompatível com a tese sustentada no processo, não são classificadas como atos processuais. No mesmo sentido: CÂNDIDO DINAMARCO, *Instituições...*, vol. II, n. 747, pp. 548-549. Também para HUMBERTO THEODORO JÚNIOR inexistem atos processuais praticados fora do processo e, por isso, as convenções celebradas "antes de existir qualquer processo, não configuram ato processual nem negócio processual" (*Curso...*, vol. I, n. 328, p. 476). Em sentido contrário, dispensando expressamente este requisito: ANTONIO CABRAL, *Convenções processuais*, n. 1.3.1, p. 59; e HEITOR SICA, *Comentários ao Código de Processo Civil*, vol. I, art. 188, n. 1, p. 737. Essa nova concepção, ora adotada, é fundamental para incluir os negócios processuais prévios no conceito de ato processual.

Terceiros não praticam atos processuais, de modo que o depoimento da testemunha, *v.g.*, é um simples *fato processual*.[7] Já a colheita do depoimento pelo juiz, entretanto, é um ato processual. A diferença é sutil, mas relevante.

Na maioria das vezes, os atos processuais são praticados pelas partes como *resposta* aos estímulos criados pelos ônus impostos às partes ou em razão dos *deveres* funcionais dos juízes e seus auxiliares.[8] Há ônus principais, criados justamente para estimular realização de determinado ato processual pelo sujeito processual – como o ônus de demandar, de contestar e de recorrer –, e há ônus acessórios, destinados a apenas emprestar eficácia ao ato principal praticado pela parte – como o ônus de preparar o recurso.[9] E o dever processual impulsiona o desenvolvimento da atividade jurisdicional pelo juiz e seus auxiliares.[10]

Os principais atos praticados pelos magistrados são aqueles pronunciamentos definidos no art. 203, isto é, sentenças, decisões interlocutórias e despachos, os quais COUTURE denominava em conjunto como *atos de decisão*.[11] A estes atos estatais se somam os atos meramente ordinatórios, praticados, em regra, de ofício pelos auxiliares de cartório sob a supervisão do juiz, tais como atos de comunicação (citação e intimação), atos de documentação, autos (*v.g.*, auto de penhora), certidões e termos processuais (*v.g.*, termo de audiência).[12]

---

7 Nesse sentido: CHIOVENDA, *Principii di diritto processuale*, § 51-bis, pp. 768-769. A renúncia do advogado aos poderes outorgados nos autos constitui, excepcionalmente, ato processual. Para CALMON DE PASSOS, todavia, terceiros poderiam, sim, praticar atos processuais. A seu ver, "não é a qualidade do sujeito que empresta à atividade o característico de fato ou de ato processual, sim a relevância que a lei atribui ao elemento volitivo" (*Esboço...*, n. 52, p. 65). Registre-se que o único requisito do ato processual comum ao fato processual é a produção de efeito sobre o processo.

8 HEITOR SICA reconhece que "a imensa maioria dos atos processuais tem como pano de fundo a realização de um ônus da parte" (*Preclusão processual civil*, n. 7.8, p. 160). Referia-se, certamente, apenas aos atos processuais realizados pelas partes, deixando de lado os praticados pelos juízes. Assim, pode-se dizer que a quase totalidade dos atos processuais é praticada como reação a um estímulo (ou ameaça) provocado pelo ônus ou dever processual. Talvez apenas os atos processuais praticados no exercício de mera faculdade não sejam uma reação a estímulo. E o poder processual está sempre vinculado ao exercício do ônus, dever e faculdade, sendo mero instrumento para a efetividade dos atos praticados em reação àquelas situações processuais.

9 No caso, o ônus de preparar é considerado ônus acessório, enquanto o ônus de recorrer é principal.

10 As partes também têm alguns poucos deveres processuais, mas relacionados ao modo como o eventual ato deve ser praticado, em especial em obediência à boa-fé.

11 *Fundamentos del derecho procesal civil*, n. 127, pp. 167-168.

12 A respeito dos atos praticados pelos auxiliares permanentes da justiça, v. art. 205, item 177.

Os atos das partes consistem em declarações unilaterais ou bilaterais de vontade destinados a produzir a imediata constituição, modificação ou extinção de poderes processuais (art. 200), praticadas, em regra, por meio de petições ou convenções processuais (v. item 129).

Os *negócios jurídicos processuais* também têm natureza jurídica de *ato processual*, apesar de não darem, por si só, andamento à marcha processual e de, eventualmente, não serem realizados dentro do processo (v. art. 190, item 34).

Os atos processuais são regulados e coordenados pelas leis processuais, com vista a atingir os objetivos do processo, sendo o *procedimento* a sequência coordenada desses atos voltados a uma decisão final.[13] Assim, em princípio, cada ato processual é consequência do ato anterior e pressuposto do posterior.[14]

Salvo expressa disposição em contrário, aplica-se aos atos processuais em geral o *princípio da liberdade das formas* (art. 188). E mesmo se violar alguma regra formal, o ato será válido e eficaz se atingir sua finalidade (art. 277) e não causar prejuízo ao processo ou às partes (art. 282, § 1º).

2. Classificação dos atos processuais

Os atos processuais podem receber diversas classificações, dependendo do enfoque que se pretenda dar. Classificar significa distribuir em grupos segundo o critério adotado. Alterando-se o critério, altera-se a classificação.

O Código de Processo Civil, nos arts. 200 a 211, classifica os atos processuais somente pelo critério *subjetivo*, isto é, de acordo com quem os pratica (atos das partes, dos juízes e dos auxiliares), mas também podem ser divididos por critérios *objetivos*, conforme se verá a seguir.

Não é possível nem conveniente tratar aqui de todas essas possíveis classificações dos atos processuais. Serão indicadas, assim, apenas as mais relevantes.

3. Atos processuais das partes e do órgão jurisdicional

O Código de Processo Civil divide os atos processuais pelo critério subjetivo, isto é, de acordo com quem os pratica: atos das partes e atos dos órgãos judiciários (juiz e auxiliares).

Apesar de a regulamentação desses atos estar dispersa, o Código de Processo Civil dedicou sessão específica para os atos de cada um dos sujeitos

---

13 "O processo é a totalidade, a unidade. O procedimento é a sucessão dos atos. Os atos processuais tomados em si mesmo são procedimento e não processo" (Couture, *Fundamentos del derecho procesal civil*, n. 124, p. 166).

14 Nesse sentido: Elio Fazzalari, *Istituzioni di diritto processuale*, n. 1.2.2, p. 78.

processuais: das partes (arts. 200 a 202), dos juízes (arts. 203 a 205) e dos escrivães, chefes de secretaria e serventuários em geral (arts. 206 a 211).

Os arts. 200 a 211 dispõem especificamente sobre esses atos, razão pela qual, a esse respeito, remete-se o leitor diretamente aos comentários a tais artigos.

4. Atos processuais escritos ou orais

O direito processual civil brasileiro, como a maioria dos sistemas processuais atuais, adota o procedimento *misto* entre escrito e oral. Alguns atos são, necessariamente, praticados por escrito e assinados por quem os produz (ainda que eletronicamente), como as petições, as decisões judiciais, as certidões etc.[15] Outros são orais, como os depoimentos, e geralmente documentados por escrito por servidores do cartório para futura consulta.[16]

Na prática, contudo, prevalecem os atos escritos, apesar da advertência da doutrina de eles deverem ser a exceção, e não a regra, como no Brasil e na Itália.[17] Em muitos processos sequer é praticado um único ato oral. Na verdade, eles costumam ocorrer apenas nas audiências – por meio dos depoimentos das partes, testemunhas e peritos, das alegações finais e, eventualmente, da sentença ali proferida – ou, ainda, nos julgamentos presencias (isto é, não virtuais) dos tribunais, inclusive com a sustentação oral.

5. Atos processuais simples e complexos ou compostos

Atos *simples* são aqueles realizados por meio de uma única conduta, por um único sujeito, suficiente por si só para produzir o efeito jurídico programado por lei ou pelas próprias partes em convenção processual.[18] Nesta espécie se enquadra a grande maioria dos atos processuais, em especial os escritos, sejam eles do juiz (*v.g.*, provimentos), das partes (*v.g.*, petições) ou dos auxiliares da justiça (*v.g.*, termos e certidões).

15 Nos Juizados Especiais, no entanto, em que o advogado é dispensável, a parte pode formular oralmente o pedido inicial na secretaria (Lei n. 9.099, art. 14), sendo em seguida reduzido a termo por algum serventuário do cartório designado para essa função.

16 O Código de Processo Civil permite expressamente também que depoimentos sejam gravados e arquivados em meio digital ou analógico (art. 367, § 5º), tornando desnecessária, nesse caso, a documentação do ato por escrito.

17 Já no início do século passado (1.910), Chiovenda lamentava o fato de a forma escrita ser a regra na Itália, quando o correto seria o oposto ("La riforma del processo civile", p. 296).

18 Em sentido equivalente: Cândido Dinamarco, *Instituições de direito processual civil*, vol. II, n. 755, p. 563.

Os atos são *complexos* quando dependem de um conglomerado de condutas entrelaçadas entre si, com a participação simultânea de diversos sujeitos processuais e finalidade comum a todos eles. É o caso das audiências e das sessões de julgamento nos tribunais e dos negócios processuais. Portanto, ato complexo não tem qualquer relação com eventual dificuldade na sua realização, como está no art. 218, § 1º.

E os atos *compostos*, apesar de decorrerem da manifestação de vontade de uma única pessoa, somente serão eficazes se houver a aceitação da outra parte (*v.g.*, desistência da ação – art. 485, § 4º).

6. Atos processuais lícitos e ilícitos

Licitude e ilicitude são conceitos muito vagos e podem ser definidos por aproximação. Não há na lei processual ou civilista definição precisa a esse respeito.

Ato processual lícito é aquele cujo objeto está não apenas formalmente de acordo com a lei, mas também materialmente conforme o ordenamento jurídico nacional. Para ser lícito, ele precisa respeitar regras de direito processual civil e alguns preceitos de direito privado, em especial relacionados à conduta ética dos sujeitos.

A contrario sensu, ato processual ilícito é aquele praticado por qualquer sujeito do processo cujo objeto fere o ordenamento jurídico civil e, principalmente, processual. Todavia, ele é formalmente válido. Portanto, não se trata de ato inválido ou nulo, mas, sim, sujeito a gerar *sanção* a quem o praticou – como imposição de multa por ato atentatório à dignidade da justiça (arts 77, § 2º, e 774, parágrafo único)[19] ou por litigância de má-fé (art. 81, respectivamente) –, responsabilização civil (arts. 79, 143 e 155) ou, eventualmente, sua *ineficácia*.[20]

7. Atos processuais típicos e atípicos

A maioria dos atos processuais está sujeita apenas aos requisitos formais de caráter geral contidos em lei (quanto ao modo, tempo e lugar) e, por isso,

---

19 A multa do art. 77, § 2º, do Código de Processo Civil pode ser aplicada a "todos aqueles que de qualquer forma participem do processo" (art. 77, *caput*), inclusive aos juízes, auxiliares da justiça, representantes do Ministério Público e terceiros em geral. Em sentido contrário: STJ, 4ª T., REsp n. 1.548.783-RS, rel. Min. Luis Felipe Salomão, j. 11.6.2019, v.u.

20 Segundo Cândido Dinamarco, o ato processual ilícito é *ineficaz*, não se tratando, portanto, de invalidade ("vício do ato por inobservância de exigências formais") ou nulidade ("consequência de certos vícios ou defeitos formais, consistentes na inaptidão de produzir os efeitos programados") (*Instituições de direito processual civil*, vol. II, n. 756, p. 564), mas não é explícito neste ponto sobre a aplicação de sanções – apesar de adiante fazer menção a elas.

são denominados *atos atípicos*. Predomina nesses atos a ampla, mas não irrestrita, liberdade de forma (art. 188).

Há também alguns atos denominados de *típicos*, por estarem sujeitos, cumulativamente aos requisitos gerais, a outras exigências legais quanto à sua validade ou eficácia, conforme o caso.[21] Há aqui, como se percebe, menor liberdade de forma, enquadrando-se esses atos na ressalva contida no referido art. 188. Os atos dessa natureza são raros, mas costumam ser os mais importantes do processo. É o caso, *v.g.*, da petição inicial (art. 319), da contestação (art. 336), do pedido de gratuidade da justiça (art. 99), da sentença (art. 489) e dos recursos (*v.g.*, arts. 1.007 e 1.021, § 1º).

8. Efeitos internos e externos dos atos processuais

Os atos jurídicos em geral caracterizam-se por sua finalidade de gerar certos efeitos (adquirir, resguardar, transferir, modificar ou extinguir direitos). Da mesma forma, os atos processuais são concebidos para projetar efeitos primordialmente sobre o processo, determinando o desenvolvimento deste em direção à tutela jurisdicional buscada pelas partes e preparando os atos subsequentes. Por isso, como bem destaca José Roberto Bedaque, são relevantes "as consequências do ato, não ele em si", que é mero instrumento do objetivo almejado.[22]

Os *efeitos primários ou imediatos* dos atos processuais das partes são ditados por lei e limitam-se ao interior do processo.[23] Mas os atos processuais podem, simultaneamente, projetar *efeitos secundários* também para o mundo exterior, influenciando diretamente o direito material e a vida das pessoas.[24] Basta pensar na citação, cujo objetivo é integrar o demandado à relação processual, mas tem o efeito externo e secundário, determinado por lei, de constituir o devedor em mora (art. 240); ou na sentença autoexecutiva (que independe de atos executivos materiais para transformar a realidade), como a de declaração do divórcio. Apenas os atos da máquina judicial são aptos a produzir esses efeitos externos.

---

21 Nesse sentido: Cândido Dinamarco, *Instituições...*, vol. II, n. 799, pp. 639-640.

22 *Efetividade do processo e técnica processual*, n. V.1, p. 410.

23 A limitação da eficácia dos atos das partes ao interior do processo não impede de reconhecer que uma afirmação feita no processo por qualquer das partes impede-a de posteriormente fazer outra afirmação incompatível fora daquele processo, num *venire contra factum proprium* vedado pelo princípio da boa-fé (CC, art. 422).

24 Nesse sentido: Araken de Assis, *Processo civil brasileiro*, vol. II, t. I, n. 1.097, p. 1.286; e na doutrina italiana, Elio Fazzalari *Istituzioni di diritto processuale*, n. 1.2.9, p. 90. Pontes de Miranda, contudo, negava taxativamente o efeito externo (*Comentários ao Código de Processo Civil*, t. III, p. 4).

Na tradição do direito processual, em especial no brasileiro, a vontade do agente não pode moldar os efeitos do ato processual, pois estes já estão fixados e preestabelecidos em lei.[25] Ou seja, apesar de os efeitos do ato processual terem de ser desejados por quem o praticou ao manifestar sua vontade,[26] os efeitos são necessariamente aqueles *dispostos em lei*.[27]

Contudo, ao permitir às partes a autorregulação dos seus interesses por meio de *negócio jurídico processual*, o Código de Processo Civil de 2015 flexibilizou o dogma da *indisponibilidade dos efeitos* dos atos processuais. As partes, além de modificarem suas situações jurídicas, agora também podem alterar alguns efeitos dos atos processuais programados pelo legislador.[28] Se o art. 190 permite alterar o procedimento e, com isso, até mesmo suprimir determinados atos processuais (*v.g.*, o recurso de apelação), então soa natural também serem alterados seus efeitos (como o efeito suspensivo automático da apelação).[29] Quem pode o mais, pode o menos.

Quanto aos seus efeitos internos, os atos incidem tanto sobre o *procedimento* quanto sobre a *relação processual*. Vale dizer, determinam o desenvolvimento do procedimento em contraditório desde o seu nascimento, com a distribuição da demanda inicial, até a sua extinção, com o ato final do processo (última decisão a transitar em julgado), criando, extinguindo ou modificando diversas situações processuais. As regras procedimentais fixam a forma de determinado ato – modo, tempo e lugar –, pressupondo sempre a ocorrência de atos prévios e posteriores, isto é, sendo provocado pelo anterior e dando causa ao posterior.[30]

---

25 Liebman, *Manual de direito processual civil*, vol. I, n. 102, p. 291.

26 Sobre esse desejo: Paula Costa e Silva, *Acto e processo*, n. 147, p. 238. Essa afirmação, contudo, encontra forte resistência na doutrina. Em sentido contrário: José Roberto Bedaque afirma que "a declaração de vontade é irrelevante" e, por isso, "não deve o intérprete preocupar-se tanto com o verdadeiro intuito da declaração" (*Efetividade do processo e técnica processual*, n. V.1, p. 410).

27 Efeitos *heterônomos*, na linguagem de Fazzalari (*Istituzioni...*, n. 2.6.4, p. 365).

28 Em sentido contrário, negando a possibilidade de se alterar os efeitos programados em lei: José Rogério Cruz e Tucci, *Comentários ao Código de Processo Civil*, vol. VII, art. 357, n. 173, p. 309. No direito português, Paula Costa e Silva reconhece a possibilidade de escolha dos efeitos apenas dos negócios processuais *atípicos* (art. 190), pois os típicos (isto é, expressamente dispostos em lei, como a eleição do foro) estariam sujeitos a "efeitos essenciais" (*Acto e processo*, n. 147, p. 239). Alguns efeitos dos negócios jurídicos em geral, recorda ela, também são necessários, independentemente da vontade do agente (*op. cit.*, n. 149, p. 240).

29 Como dito no item 60 do art. 190, mesmo tendo as partes retirado o efeito suspensivo *automático* da apelação, o juiz poderá exercer seu poder geral de cautela e, excepcionalmente, conceder efeito suspensivo ao recurso, para evitar dano irreparável.

30 Esse é um pensamento frequente da doutrina nacional e estrangeira. Por todos, José Roberto Bedaque, *Efetividade do processo e técnica processual*, cap. I, n. 6, p. 33.

A sequência desses atos não atende somente a critérios de disposição lógica, mas sobretudo cronológica.[31] Daí por que os atos processuais têm uma "eficácia propulsora",[32] indispensável para o desenvolvimento do processo até o seu ponto final.[33]

Como dito, tais atos projetam seus efeitos também sobre a relação processual. Quando a petição inicial é distribuída, surge aí uma relação processual – apesar de ainda incompleta enquanto o réu não for citado. Durante todo o curso do feito, a prática de um ato processual extingue uma situação jurídico-processual e cria para os demais sujeitos uma situação nova. A citação gera o ônus de contestar; a contestação cria ao juiz (ou, por delegação, ao escrivão) o dever de abrir a oportunidade de o autor se manifestar; esgotado o prazo de réplica, com ou sem o cumprimento desse ônus, surge ao juiz o dever de dar andamento ao feito, geralmente determinando às partes a especificação de provas; e assim por diante. Há, então, uma sucessão de atos que *extinguem* uma situação processual e, automaticamente, *criam* outra.[34]

Especificamente sobre os efeitos temporais dos atos processuais das partes, conferir comentários ao art. 200.

9. Princípios dos atos processuais

Os atos processuais estão sujeitos a alguns princípios próprios, os quais são relevantes principalmente para a sua interpretação e eventual desconsideração de irregularidades formais. Estes são os principais princípios:

a) *Princípio da liberdade de agir.* A prática de atos processuais pelas partes é, na esmagadora maioria das vezes, determinada por ônus processuais. Nesses casos, elas têm ampla liberdade para decidir se praticam ou não determinado ato processual, segundo sua própria conveniência,[35] não

---

31 Nesse sentido: NICOLA PICARDI, *Successione processuale*, n. 13, p. 74.

32 Novamente PICARDI, *op. cit.*, n. 13, p. 76.

33 Por isso, a validade do processo depende da regularidade de cada um dos atos processuais que compõem o procedimento, ou seja, eventual irregularidade de um ou mais atos poderá viciar os atos que o sucederem, assim como um ato poderá ser tido por nulo ou inexistente quando algum ato precedente, ao qual esteja logicamente vinculado, estiver viciado de forma insanável (art. 281).

34 Nesse sentido: CÂNDIDO DINAMARCO, *Instituições de direito processual civil*, vol. II, n. 736, p. 521.

35 "Respeitados os limites postos pela lei em harmonia com o sistema constitucional, cada uma das partes atuará como quiser e quando quiser, formulando pedidos e requerimentos na medida do que quiser e omitindo-se, se assim preferir, nos momentos em que entender de omitir-se. As manifestações da garantia constitucional da liberdade das partes transparecem ao longo de todo o processo, desde sua ins-

podendo o juiz impor sanções ou mecanismos de coerção em razão da omissão da parte. Uma das únicas exceções, senão a única, é o dever de o executado informar nos autos quais são e onde estão os seus bens sujeitos à penhora (art. 774, inc. V). Os juízes e seus auxiliares, contudo, não têm essa liberdade, mas o dever de praticar os respectivos atos processuais, sob pena de eventual (e raríssima) aplicação de sanções administrativas (v. arts. 333 e 335).

b) *Princípio da liberdade das formas.* São poucos os atos processuais com forma predefinida em lei, prevalecendo, assim, a liberdade dos sujeitos de praticá-los do modo como desejar (art. 188).[36] Essa forma é composta por aspectos e requisitos externos e dizem respeito ao *modo, lugar e tempo* de sua realização.[37] E se a forma eventualmente disposta em lei não for atendida, o ato processual poderá ser nulo (quando praticado pelo juiz ou seus auxiliares) ou ineficaz (se praticado pelas partes).[38]

c) *Princípio da instrumentalidade das formas.* O respeito à forma dos atos processuais é uma necessidade do sistema para conferir *segurança* às próprias partes contra eventuais arbítrios. Por outro lado, as exigências de forma não podem ser aplicadas com extremo rigor, pois o processo é mero instrumento da realização do direito material e não um fim em si próprio. Assim, para o sistema ser racional, não há nulidade de ato processual sem demonstração de prejuízo (arts. 277 e 282, § 1º). Com isso, deve-se evitar a repetição desnecessária de atos judiciais (art. 283, primeira parte) e, dentro do possível, aproveitar os atos praticados pelas partes em desacordo com a forma especificada em lei. Trata-se aqui de princípio complementar ao anterior.

---

tauração e até que se extinga" (Cândido Dinamarco, *Instituições...*, vol. I, n. 125, p. 356).

36 Não pode o juiz, ou normas dos tribunais (portarias etc.), limitar essa liberdade das formas, impondo novas exigências – *v.g.*, o tipo e o tamanho da fonte das letras utilizadas nas petições.

37 O ato processual, assim como os atos jurídicos em geral, está sujeito a *requisitos gerais*, como a utilização da língua portuguesa (art. 192), a obrigatoriedade de assinatura do sujeito que o pratica (art. 209), e a *requisitos particulares*, relativos a atos específicos, como os da petição inicial, da contestação, da comunicação dos atos processuais etc. E, como diz Heitor Sica, "os mais importantes atos que as partes praticam no processo estão sujeitos a um regramento de formas mais detalhados" (*Preclusão processual civil*, n. 7.2.2, p. 112).

38 O *conteúdo* do ato processual, por ser fruto de uma livre manifestação de vontade, é determinado exclusivamente pelo próprio sujeito, em sintonia com a finalidade por ele desejada. Eventuais limitações estão relacionadas exclusivamente à preclusão e à coisa julgada (*v.g.*, limitação quanto à matéria a ser alegada em impugnação ao cumprimento de sentença – art. 523, § 1º).

d) *Princípio da efetividade.* Os sujeitos do processo, em especial o juiz, devem dispender todos os esforços para retirar dos atos processuais o máximo de proveito prático possível, de modo a assegurar uma tutela jurisdicional efetiva, que satisfaça os escopos buscados pelo processo.[39] Deste princípio decorre o da primazia do julgamento do mérito (arts. 282, § 2º, e 488). Portanto, deve-se interpretar o ato processual preferencialmente do modo a lhe dar maior efetividade.

e) *Princípio da celeridade.* A Constituição (esp. art. 5º, inc. LXXVIII) e o Código de Processo Civil (esp. art. 4º) conferem solenemente às partes o direito a uma tutela jurisdicional célere, isto é, ao encerramento do processo no menor prazo possível. Esse objetivo só pode ser alcançado se a sequência dos atos processuais (isto é, o procedimento) também for célere. Para tanto, mais uma vez deve-se evitar a realização de atos inúteis ou desnecessários (arts. 77, inc. III, 370, parágrafo único, e 464, inc. II) – além da repetição desnecessária de atos. Este princípio também deve ser observado na fixação de prazos pelo juiz ou por convenção entre as partes – sem que isso implique, porém, a absoluta impossibilidade de majoração de prazos legais.

f) *Princípio da boa-fé.* Todo "aquele que de qualquer forma participa do processo deve comportar-se de acordo com a boa-fé" (art. 5º), cooperando para a solução justa, célere e efetiva do litígio. Esse é o principal dever a ser observado ao se praticar o ato processual. Assim, a parte tem a liberdade de praticar ou não o ato, mas, se optar por praticá-lo, deverá agir de boa-fé.

g) *Princípio da documentação.* Todo ato processual, ainda que praticado verbalmente, deve ser documentado e conservado nos autos (arts. 193, 195, 205, § 1º, 206 e 460), para que possa surtir os efeitos esperados, de forma permanente. Além disso, também devem ser assinados por quem o pratica (*v.g.*, arts. 205 e 209), para que sua autenticidade possa ser conferida.

h) *Princípio da publicidade.* Nos termos do art. 189, "os atos processuais são públicos", salvo nas hipóteses em que a própria lei autorizar o sigilo para preservar a intimidade ou outro direito relevante.

---

39 A garantia de tutela jurisdicional efetiva, tempestiva e adequada está contida no princípio constitucional da inafastabilidade do controle jurisdicional (art. 5º, inc. XXXV), conforme valiosa lição de KAZUO WATANABE ("Apontamentos sobre: tutela jurisdicional dos interesses difusos...", p. 327). No mesmo sentido: COMOGLIO-FERRI-TARUFFO, *Lezioni sul processo civile*, cap. 1, n. 9, p. 30.

10. Interpretação dos atos processuais

Como já dito, todo ato processual é fruto de uma *manifestação de vontade* feita por um sujeito da relação processual. E, como tal, pode gerar dúvida de interpretação. Por isso, é necessário traçar alguns parâmetros hermenêuticos, ainda que suscintamente.

A função da interpretação é revelar a exata extensão do ato, sem nada lhe ser acrescentado ou retirado. E, para tanto, o intérprete deve socorrer-se de algumas técnicas.

Há *regras gerais* de interpretação do ato processual, de aplicação genérica, e há *normas específicas*, direcionadas especificamente a determinadas categorias. Mas são poucos os dispositivos contidos no Código de Processo Civil que tratam da interpretação (sistemática) dos atos das partes (arts. 322, § 2º, e 341, inc. III) e dos juízes (art. 489, § 3º). Por isso, há necessidade de se socorrer complementarmente a algumas normas gerais contidas no Código Civil.[40]

Quanto às regras gerais, inicialmente, é fundamental tentar extrair a real *intenção* manifestada pelo agente no ato de declaração de vontade (CC, art. 112),[41] sem, contudo, socorrer-se à analogia.[42] Para tanto, deve ser feita a interpretação *conjunta* e *sistemática* das demais afirmações contidas tanto naquele determinado ato processual quanto no processo como um todo.[43] De fato, cada

---

40 Nesse sentido: João Otávio Neto, *Interpretação dos atos processuais*, n. 2.6.2, pp. 56-57.

41 Nesse sentido: João Otávio Neto, *Interpretação...*, n. 2.7.1, p. 70. Nessa mesma toada, o STJ já interpretou que a verdadeira intenção da parte ao *renunciar* a determinada execução era apenas de dela *desistir*, pois ressalvara o direito a pleitear outra medida judicial visando o recebimento daquele crédito (STJ, 3ª T., REsp n. 613.732-RR, rel. Min. Nancy Andrighi, j. 10.11.2005, v.u.).

A doutrina frequentemente afirma ser irrelevante a vontade da parte ao praticar o ato processual, mas essa irrelevância diz respeito apenas à produção dos seus efeitos, por estar prevista na lei ou em negócio processual bilateral, e não à interpretação da declaração de vontade.

42 João Otávio Neto também afirma que a analogia "não se aplica à interpretação dos atos jurídicos, pois implicaria atribuir ao sujeito praticante do ato uma vontade que não foi manifestada" (*Interpretação...*, n. 2.5.3, p. 54).

43 "Nos termos da orientação jurisprudencial do Superior Tribunal de Justiça, o pedido deve ser extraído da interpretação lógico-sistemática da petição, a partir da análise de todo o seu conteúdo, e não apenas da rubrica específica" (STJ, 4ª T., AgRg no REsp n. 1.138.339-PR, rel. Min. Marco Buzzi, j. 27.11.2018, v.u.). No mesmo sentido: STJ, 1ª Seção, AR n. 50.820-BA, rel. Min. Benedito Gonçalves, j. 14.8.2019, v.u. Sobre a interpretação sistemática da decisão: STJ, 3ª Seção, EDcl nos EDcl no AgRg nos EDcl nos EmbExeMS n. 6.864-DF, rel. Min. Ribeiro Dantas, j. 8.5.2019, v.u.; e STJ, 4ª T., AgInt no REsp n. 1.333.200-MS, rel. Min. Luis Felipe Salomão, j. 14.8.2018, v.u.

afirmação deve ser compreendida dentro do seu contexto. Por isso, "a interpretação do pedido considerará o conjunto da postulação" (art. 322, § 1º), a defesa deve ser considerada em seu conjunto para fins de impugnação, ou não, das alegações contidas na petição inicial (art. 341, inc. III) e, da mesma forma, "a decisão judicial deve ser interpretada a partir da conjugação de todos os seus elementos" (art. 489, § 3º).[44] Além disso, "o significado de cada ato processual é tão mais claro quanto mais se conheça o sentido dos atos que o antecederam e até mesmo dos atos posteriores".[45]

Além disso, todo ato processual deve ser interpretado à luz dos seus *princípios*, elencados no item anterior. Nessa tarefa, assume especial importância o princípio da *boa-fé* (CPC, arts. 5º, 80, 322, § 2º, e 489, § 3º; CC, arts. 113 e 422), tanto a objetiva quanto a subjetiva.[46] Da mesma forma, deve-se privilegiar a hermenêutica favorável à validade e eficácia do ato processual, bem como aquela que lhe proporcione maior efetividade e celeridade.[47]

Outra regra fundamental é a da *razoabilidade* da interpretação. RECASÉNS SICHES, no desenvolvimento de suas consagradas ideias sobre *el logos de lo razonable*, que nada mais é do que a "a lógica da justiça", demonstra "o fracasso do racional e a necessidade do razoável na interpretação do direito".[48] Assim, o

---

44 Dos citados arts. 322, § 1º, e 341, inc. III, extrai-se uma regra geral de interpretação de qualquer manifestação apresentada pelas partes e não apenas da petição inicial e da defesa. Nesse sentido: JOÃO OTÁVIO NETO, *Interpretação...*, n. 3.2.1, p. 85.

45 Novamente, JOÃO OTÁVIO NETO, *Interpretação...*, n. 2.7.1, p. 74. Na jurisprudência: "a melhor interpretação do título executivo judicial se extrai da fundamentação que dá sentido e alcance o dispositivo do julgado, observados os limites da lide, em harmonia como o pedido formulado no processo" (STJ, 2ª T., REsp n. 1.413.991-RJ, rel. Min. HUMBERTO MARTINS, j. 9.6.2015, v.u.). No mesmo sentido: STJ, 4ª T., AgInt no REsp n. 1.432.268-MG, rel. Min. RAUL ARAÚJO, j. 19.3.2019, v.u.

46 Para JOÃO OTÁVIO NETO, porém, dever-se-ia considerar somente a boa-fé objetiva (*Interpretação dos atos processuais*, n. 2.7.2, p. 77), que, a partir da doutrina europeia, ele agrupa em quatro categorias: "a) a proibição de criar dolosamente posições processuais; b) a proibição de *venire contra factum proprium*; c) a proibição do abuso de poderes processuais; d) a *suppressio*" (p. 78).

47 "Prefira-se a inteligência dos textos que torne viável o seu objetivo, ao invés da que os reduza à inutilidade" (CARLOS MAXIMILIANO, *Hermenêutica e aplicação do direito*, n. 303, p. 203). Na jurisprudência: "não há sentido em se interpretar que foi proferida sentença *ultra* ou *extra petita*, se é possível, sem desvirtuar seu conteúdo, interpretá-la em conformidade com os limites do pedido inicial" (STJ, 3ª T., REsp n. 818.614-MA, rel. Min. NANCY ANDRIGHI, j. 26.10.2006, v.u.). Na mesma linha de raciocínio, deve-se privilegiar a interpretação que afaste o julgamento *citra petita*, quando for possível extrair tal conclusão do contexto dos atos processuais (STJ, 3ª T., AgRg nos EDcl no Ag n. 1.209.255-MG, rel. Min. PAULO DE TARSO SANSEVERINO, j. 7.8.2012, v.u.).

48 RECASÉNS SICHES, *Tratado general de filosofía del derecho*, cap. II, pp. 47 ss.; cap. XXI, n. 5, pp. 645 ss.

ato processual deve ser interpretado com inteligência, evitando-se ao máximo a exegese que conduza a uma solução absurda.[49]

Especificamente, a intepretação das decisões judiciais, além de tentar extrair o conjunto harmônico entre o dispositivo e a fundamentação e respeitar as regras gerais anteriormente indicadas (especialmente a congruência com o pedido da parte), deve ainda ponderar sua compatibilidade com o direito vigente.[50]

Quanto ao ato de renúncia a algum direito ou poder processual (*v.g.*, art. 225) e aos negócios processuais benéficos, a interpretação deve ser *restritiva* (CC, art. 114).[51]

Evidentemente, poderiam ser citadas aqui outras regras hermenêuticas, mas estas supraindicadas são as principais.

TÍTULO I
DA FORMA, DO TEMPO E DO LUGAR DOS ATOS PROCESSUAIS

CAPÍTULO I
DA FORMA DOS ATOS PROCESSUAIS

Seção I
Dos Atos em Geral

Art. 188. Os atos e os termos processuais independem de forma determinada, salvo quando a lei expressamente a exigir, considerando-se válidos os que, realizados de outro modo, lhe preencham a finalidade essencial.

CPC de 1973 – art. 154

Comparação jurídica – art. 131 do CPC português; e art. 121 do CPC italiano[52]

49 Nesse sentido: Carlos Maximiliano, *Hermenêutica e aplicação do direito*, n. 179, p. 136. Na jurisprudência: "havendo mais de uma interpretação possível de ser extraída do título judicial, deve ser escolhida aquela que se mostre *mais razoável*, não conduzindo a uma solução iníqua ou exagerada" (STJ, 3ª T., AgRg no REsp n. 1.319.705-RS, rel. Min. Paulo de Tarso Sanseverino, j. 16.4.2015, v.u.).

50 João Otávio Neto, *Interpretação*..., n. 4.4.4, p. 125.

51 As obrigações assumidas ou reconhecidas nos Termos de Ajustamento de Conduta (TAC), Termos de Compromisso de Conduta (TCC) e demais termos de transação firmados por particulares com órgãos públicos, em especial com o Ministério Público, também devem ser interpretadas restritivamente (CC, art. 483), à luz das obrigações impostas por lei, nunca extensivamente. Mas não se trata aqui propriamente de ato processual, ainda que eventualmente firmados em juízo, apesar de produzir efeitos (reflexos) no processo em curso.

52 Art. 131.1 do CPC português: "os atos processuais têm a forma que, nos termos mais simples, melhor corresponda ao fim que visam a atingir" e que eventuais modelos só podem dizer respeito a "atos de secretaria" (art. 131.2).

11. Forma dos atos

Forma do ato processual significa o modo, o lugar e o tempo em que devem ser praticados.

Nos diversos sistemas processuais vigentes, as leis evitam descrever a forma específica com a qual deve ser revestida a generalidade dos atos processuais, fugindo, dessa forma, do formalismo excessivo e desnecessário. Nas poucas vezes em que a lei impõe algum padrão formal ao ato processual, o legislador visa apenas a assegurar o respeito a princípios de extrema relevância, como o do contraditório e o da ampla defesa, e propiciar a exteriorização da vontade isenta de vícios. Como alertava o Mestre LIEBMAN, num verdadeiro *slogan* para os processualistas, "as formas são necessárias, mas o formalismo é uma deformação".[53] O mesmo caminho trilhou HÉLIO TORNAGHI, ao professar: "sem formalismo não há boa administração da justiça; mas a superstição da forma é a denegação do formalismo, é *morfolatria*, forma especial de idolatria".[54] Ou seja, a supervalorização da técnica corresponderia a um "narcisismo intelectual" (BARBOSA MOREIRA).

Os atos processuais atendem a duas tendências contrapostas, como relatam COMOGLIO-FERRI-TARUFFO. De um lado, o rigor formal exprime a tradicional exigência de legalidade, sendo as atividades dos sujeitos processuais predeterminadas, para conferir *previsibilidade* e *transparência*, com respeito ao contraditório e à igualdade das partes. De outro, a tendência de maior deformalização da atividade processual, com autorização para adequação casuística das formas procedimentais às especificidades da controvérsia. E concluem afirmando que a melhor solução está entre os dois extremos.[55]

Nesse sentido, o art. 188 mantém a tradição nacional e internacional, ao conceder certa *flexibilidade* (relativa) aos sujeitos processuais – partes, advogados, juízes e auxiliares – para praticar os atos do processo, desde que não haja nor-

---

Art. 121 do CPC italiano: "Os atos do processo, aos quais a lei não exija forma determinada, podem ser realizados pela forma mais idônea para a obtenção do seu escopo".

53 *Manual de direito processual civil*, n. 117, p. 328. Continua em seguida o Mestre: "nossa lei, inovando profundamente, adotou como diretriz principal na disciplina das nulidades o princípio da instrumentalidade das formas, que subordina a invalidade de um ato processual não à simples inobservância destas, mecanicamente constatada, mas à relação, apreciada caso por caso, entre o vício e o escopo do ato: comina-se a nulidade apenas quando o ato, por efeito do vício, não tiver podido atingir seu escopo, tudo de maneira a salvar o que foi feito na maior medida em que o permitam as exigências técnicas do processo".

54 *Comentários ao Código de Processo Civil*, v. II, p. 5.

55 *Lezioni sul processo civile*, n. 16.1.1, p. 416.

ma válida especificando o modo e a forma pelos quais devam ser praticados (*v.g.*, em língua portuguesa, prática exclusivamente por meio de peticionamento eletrônico etc.), contenham seus elementos específicos indicados em lei (*v.g.*, a petição inicial deve conter todos os requisitos indicados no art. 319) e, principalmente, seja alcançada a finalidade almejada pelo legislador (arts. 277 e 282, § 1º). Assim, a liberdade das formas é *subsidiária* à sua legalidade, pois o modo, o lugar e o tempo do ato processual só serão da livre escolha do seu agente quando a lei, o juiz (com fundamento na lei) ou as próprias partes não impuserem determinado *modus operandi*.[56]

A regra da flexibilidade dos atos processuais, contida no art. 188 do Código de Processo Civil, *impede* o juiz de fazer exigências formais que não estejam expressamente previstas ou autorizadas em lei, sob pena de impor alguma consequência à parte que a descumprir, pois "a fonte das formas é a lei".[57] Nesse sentido, *v.g.*, não pode determinar – mas apenas sugerir – a redução do tamanho da petição apresentada ou a utilização de determinado tamanho de letra ou o tipo de fonte de sua preferência. Tampouco pode o juiz ou normas internas do tribunal especificar o tamanho da folha de papel, o espaçamento entre as linhas ou a margem lateral, superior e inferior, sob pena de desentranhamento da petição. É direito das partes ainda escrever em verso, prosa ou qualquer forma poética, desde que utilize corretamente a língua portuguesa, de modo compreensível. E esses não são exemplos meramente hipotéticos; ao contrário, supreendentemente, todos eles já foram vistos na prática forense.

Ademais, salvo os depoimentos pessoais, os atos processuais das partes devem ser sempre praticados por advogados regularmente inscritos na Ordem dos Advogados do Brasil, sob pena de nulidade (Estatuto da Advocacia, art. 1º, inc. I).[58] Isso decorre inclusive da própria indispensabilidade do advogado, imposto pela ordem constitucional (art. 133).

Por outro lado, em alguns casos o juiz pode flexibilizar o formalismo do ato processual e do próprio procedimento, com vista ao aprimoramento da tutela jurisdicional a ser prestada, desde que isso não traga prejuízo concreto às partes na defesa dos seus interesses. Nessa linha, o art. 139, inc. VI, inovou

---

56 Referindo-se ao art. 154 do Código de Processo Civil de 1973, o STJ já decidiu que "a primeira regra para a aplicação do referido princípio é a *inexistência de determinação legal* para o cumprimento do ato" (STJ, 3ª T., AgRg no AREsp n. 800.132-DF, rel. Min. Moura Ribeiro, j. 10.5.2016, v.u.). Em sentido contrário, Marcelo Abelha diz que "a legalidade das formas é subsidiária em relação à liberdade das formas" (*Manual de direito processual civil*, n. 4.3.2, p. 326).

57 Luiz Fux, *Curso de direito processual civil*, n. IV.4.6, p. 360.

58 Essa indispensabilidade não se aplica nos Juizados Especiais.

ao permitir expressamente ao juiz "dilatar os prazos processuais e alterar a ordem de produção dos meios de prova, adequando-os às necessidades do conflito de modo a conferir maior efetividade à tutela de direitos".

Ademais, nos termos do art. 190, as partes podem convencionar a eliminação ou limitação de alguns requisitos formais do ato a serem praticados por eles, desde que respeitadas as normas de ordem pública subjacentes.

12. Requisitos gerais dos atos processuais

Nos termos do art. 188, prevalece no direito processual civil brasileiro o princípio da liberdade de formas, "salvo quando a lei expressamente a exigir". Mas essa liberdade é *relativa*, pois todo ato deve respeitar alguns requisitos gerais relativos ao lugar, ao modo e ao tempo em que praticados.

Na maioria das vezes, os atos processuais devem ser realizados por *escrito* – especialmente as petições dos advogados das partes e os pronunciamentos dos juízes, além dos laudos periciais, dos mandados de citação etc. Somente em alguns poucos casos eles podem ser realizados *oralmente* – como a tomada de depoimento das partes e de testemunhas em audiência, bem como a sustentação oral nos tribunais –, sendo, ainda assim, muitas vezes documentados em linguagem escrita.

Além disso, é obrigatório o emprego da *língua portuguesa* (art. 192). Expressões em língua estrangeira, desde que não comprometam a compreensão pelos demais sujeitos processuais, são toleradas e algumas, inclusive, de uso bastante frequente – *v.g.*, *fumus boni iuris*, termo *a quo* ou *ad quem* etc.

Em regra, os atos devem ser praticados na sede do juízo, isto é, no prédio do fórum ou tribunal (art. 217) e em dias úteis, dentro do horário de expediente fixado pela norma de organização judiciária (art. 212). Mas a própria lei abre espaço para exceções em relação tanto ao local quanto ao horário de realização.

E, finalmente, os atos devem ser praticados dentro do *prazo* fixado em lei, pelo juiz ou em convenção (art. 218), sob pena de preclusão (art. 223).

Evidentemente, os atos processuais *atípicos*, sujeitos apenas a requisitos de caráter geral (v. item 37), gozam de maior liberdade formal (art. 188) que os atos típicos – *v.g.*, petição inicial, contestação, sentença e recurso –, pois estes estão cumulativamente sujeitos a outras exigências específicas para serem válidos e eficazes.

13. Vícios dos atos processuais

Importante projeção do princípio da liberdade das formas é o esforço pelo aproveitamento do ato processual – seja ele praticado pela parte, pelo juiz ou por seus auxiliares – sempre que ele atingir sua finalidade e não tenha causado prejuízo às partes (*pas de nullité sans grief*), ainda que seus requisitos formais tenham sido desrespeitados (arts. 277 e 282, § 1º).[59] Afinal, são relevantes "as consequências do ato, não ele em si", isto é, "importa, sim, verificar se os objetivos visados – dos quais o ato é simples meio – foram alcançados".[60]

Ou seja, se algum ato foge do modelo procedimental previsto em lei, então ele terá sido praticado de forma irregular e poderá, conforme o caso, não surtir os efeitos programados.[61] Diz-se, então, que o ato da parte é *ineficaz* – e geralmente não poderá ser repetido –, enquanto os do juiz são *nulos* – e deverão ser refeitos. Mas, como dito, essa invalidade está condicionada principalmente à ocorrência de prejuízo ao procedimento, conforme se extrai dos arts. 276, 277, 282, § 2º, e 283, que, apesar de originalmente dirigidos aos atos judiciais, também podem e devem ser aplicados por analogia aos das partes.[62] Em outras palavras, deve-se *salvar o salvável.*

14. Rigidez no processo eletrônico

Aplicam-se ao processo eletrônico basicamente os mesmos princípios, garantias e regras processuais, inclusive em relação ao conteúdo do art. 188. Assim, em sua essência, no seu aspecto intrínseco, o ato processual eletrônico não depende igualmente de forma determinada, salvo quando expressamente exigida por lei – *v.g.*, no processo eletrônico, diferentemente de quando os autos são físicos, os litisconsortes com procuradores não gozam de prazo em dobro (art. 229, § 2º).

Todavia, em seu aspecto extrínseco, há excessivo rigor formal para os partícipes do processo praticarem o ato eletrônico. As plataformas eletrônicas dos tribunais são concebidas – por força de lei, de resoluções internas e principalmente por opções técnicas dos seus provedores – de modo a impor aos seus operadores uma única forma inflexível de se inserir o ato processual no sistema. São frequentes as reclamações relacionadas às dificuldades no peticio-

59 A jurisprudência é pacífica e reiterada nesse sentido: STJ, 3ª T., AgInt no AREsp n. 1.264.791-DF, rel. Min. Marco Aurélio Bellizze, j. 13.5.2019, v.u.; e STJ, 1ª T., REsp n. 766.506-RS, rel. p/ acórdão Min. Napoleão Maia Filho, j. 10.9.2013, m.v.

60 Nesse sentido: José Roberto Bedaque, *Efetividade do processo e técnica processual*, n. V.1, p. 410.

61 Em regra, os efeitos dos atos processuais são definidos pela lei e não unilateralmente pelo próprio sujeito processual que os praticar (Liebman). Excepcionalmente, contudo, as partes podem dispor conjuntamente sobre esses efeitos por meio de convenção processual.

62 Nesse sentido: Pedro Dinamarco, *Código de Processo Civil interpretado*, art. 243, n. 1, p. 706.

namento eletrônico, por vezes a desafiar longas horas de paciência do advogado. Apesar de o art. 188 não se dirigir especificamente a esse aspecto, a rigidez imposta pela plataforma é absolutamente inadmissível, inclusive por violar o art. 194 do Código de Processo Civil de 2015, que impõe aos sistemas de automação processual a garantia de plena participação das partes e de seus procuradores nos acontecimentos do processo, com fácil acessibilidade (sem necessidade de os operadores frequentarem cursos complexos), de preferência com recursos tecnológicos padronizados e flexíveis.

Art. 189. Os atos processuais são públicos, todavia tramitam em segredo de justiça os processos:

I – em que o exija o interesse público ou social;

II – que versem sobre casamento, separação de corpos, divórcio, separação, união estável, filiação, alimentos e guarda de crianças e adolescentes;

III – em que constem dados protegidos pelo direito constitucional à intimidade;

IV – que versem sobre arbitragem, inclusive sobre cumprimento de carta arbitral, desde que a confidencialidade estipulada na arbitragem seja comprovada perante o juízo.

§ 1º O direito de consultar os autos de processo que tramite em segredo de justiça e de pedir certidões de seus atos é restrito às partes e aos seus procuradores.

§ 2º O terceiro que demonstrar interesse jurídico pode requerer ao juiz certidão do dispositivo da sentença, bem como de inventário e de partilha resultantes de divórcio ou separação.

CPC de 1973 – art. 155

CPP – art. 792

Comparação jurídica – arts. 163 e 164 do CPC português; e art. 128 do Codice di Procedura Civile da Itália

15. Introdução: disposições constitucionais e legais sobre publicidade

Há dois dispositivos na Constituição Federal diretamente relacionados à publicidade dos atos processuais: (a) o art. 5º, inc. LX, determina que "a lei só poderá restringir a publicidade dos atos processuais quando a defesa da intimidade ou o interesse social o exigirem", como medida de se proteger a pessoa – física ou jurídica – contra o acesso de terceiros a informações ligadas à sua intimidade; e (b) o art. 93, inc. IX – com a redação dada pela Emenda Constitucional n. 45/2004 –, segundo o qual "todos os julgamentos dos órgãos do Poder Judiciário serão públicos [...], podendo a lei limitar a presença, em determinados atos, às próprias partes e a seus advogados, ou somente a estes, em casos nos quais a preservação do direito à intimidade do interessado no sigilo não prejudique o interesse público à informação". Esse princípio da publicidade, por sua vez, é decorrência do *direito à informação*, também previsto na Carta Magna (art. 5º, inc. XIV), na sua projeção sobre o processo.[63] É também uma garantia aos litigantes de que a sociedade (opinião pública) poderá, de alguma forma, fiscalizar o respeito ao devido processo legal e a justiça das decisões.

A garantia de publicidade, em relação às próprias partes e seus patronos, é ainda instrumento de proteção indireta ao *contraditório* e à *ampla defesa*, pois está implícita a esses princípios a garantia das partes à *informação* – com possibilidade de reação aos atos desfavoráveis.[64] Por isso, como abordado adiante (item 28), a publicidade do processo para as partes somente pode ser restringida em situações de extrema excepcionalidade, por um período de tempo exíguo, a fim de viabilizar a produção de uma determinada prova ou o cumprimento da tutela de urgência – isto é, para garantir a efetividade do processo.[65]

O Código de Processo Civil de 2015 trata do tema inicialmente em seu art. 11, dentro do capítulo destinado às normas fundamentais do processo, ao repetir o postulado do art. 93, inc. IX, da Carta Magna. Seu parágrafo único esclarece, ainda, que, nos casos excepcionais de segredo de justiça, "pode ser autorizada a presença somente das partes, de seus advogados, de defensores públicos ou do Ministério Público". E voltou a abordar o tema em seu art. 189, de forma mais específica e extensa, praticamente reproduzindo o art. 155 do Código de Processo Civil de 1973 com pequenas adaptações terminológicas e pequena modificação na extensão do rol dos casos sob segredo de justiça, sem relevante alteração conceitual. Seu art. 368 reforça que "a audiência será pública, ressalvadas as exceções legais".

O art. 7º, inc. XIII, do Estatuto da Advocacia (Lei n. 8.906/94), com a redação dada pela Lei n. 13.793/2019, confere ao advogado o direito de "examinar, em qualquer órgão dos Poderes Judiciário e Legislativo, ou da Administração Pública em geral, autos de processos findos ou em andamento, mesmo sem procuração, quando não estiverem sujeitos a sigilo ou segredo de justiça, assegurada a obtenção de cópias, com possibilidade de tomar apontamentos". Tal regra é expressamente aplicável nos autos eletrônicos (art. 7º, § 13).

---

63 Nesse sentido: Cândido Dinamarco, *Instituições de direito processual civil*, vol. I, n. 127, p. 364.

64 Sobre o binômio informação-reação contido no contraditório: Cândido Dinamarco e Bruno Lopes, *Teoria geral do novo processo civil*, n. 33, p. 63.

65 Para Wambier-Talamini, contudo, "*jamais* se poderá vedar às partes e seus advogados o acesso e pleno conhecimento dos atos processuais. Isso está explicitado no § 1º do art. 189 do CPC/2015" (*Curso avançado de processo civil*, vol. I, n. 3.12, p. 79).

Essa publicidade do processo assegurada pela Constituição e por inúmeros dispositivos legais tem três finalidades básicas: (a) assegurar a efetiva participação das partes, como já dito; (b) viabilizar o *controle* da atividade jurisdicional pela sociedade em geral, em especial quanto à imparcialidade do julgador; e (c) advertir a própria coletividade quanto ao respeito à lei, orientando-a sobre a interpretação que lhe é dada pelos juízes e tribunais. Esse terceiro aspecto ganhou maior relevo com o prestígio da jurisprudência como fonte de direito, em especial por força do novel art. 927.

16. Extensão objetiva da publicidade: prática dos atos processuais e acesso aos autos

A Constituição Federal e o Código de Processo Civil fazem referência expressa apenas à publicidade *dos atos processuais*. E atos processuais consistem sempre em conduta humana realizada no processo pelos seus sujeitos com vista a um objetivo (constituição, modificação ou extinção da relação processual). Dessa forma, o registro da existência do processo e os *documentos e informações* contidos nos autos, tais como contratos, certidões, declarações sobre fato e provas em geral, não se enquadram no conceito de ato processual. Mesmo assim, os textos constitucionais e legais devem ser interpretados como garantia de *acesso irrestrito* do público em geral (inclusive terceiros) também aos *autos como um todo*, no que se inclui toda sua documentação.[66] E pouco importa se os autos são físicos ou eletrônicos.

Daí o acerto da lição de EGAS DIRCEU MONIZ DE ARAGÃO, dada na vigência do Código de 1973, mas ainda atual, segundo a qual a publicidade dos atos processuais pode e deve ser encarada sob dois *aspectos objetivos*: "um, o da presença de quaisquer pessoas aos atos que se realizem a portas abertas, como a audiência, por exemplo (art. 44), nos juízos inferiores, e os julgamentos, nos juízos superiores; outro, o do livre acesso de qualquer pessoa aos cartórios dos juízos e secretarias dos tribunais, a fim de não apenas consultar autos de quaisquer processos, tanto em andamento como findo mas, bem assim, obter certidões ou cópias das peças em que tiver interesse".[67] Assim, os dispositivos

---

66 Nesse sentido: ANTÔNIO DALL'AGNOLL, *Comentários ao Código de Processo Civil*, vol. 2, art. 155, n. 3, p. 242. Dispõe ainda o enunciado n. 264 do FPPC, "salvo nas hipóteses de segredo de justiça, nos processos em que se realizam intimações exclusivamente por portal eletrônico, deve ser garantida ampla publicidade aos autos eletrônicos, *assegurado o acesso a qualquer um*", reforçando a necessidade de acesso irrestrito aos autos por terceiros.

67 MONIZ DE ARAGÃO, *Comentários ao Código de Processo Civil*, vol. II, art. 155, n. 11, p. 17.

constitucionais e legais que tratam da publicidade, inclusive o art. 189, devem ser analisados sob esse duplo aspecto.

Há ainda dois relevantes *aspectos subjetivos* da publicidade, destacados por Chiovenda: como *admissão* de o terceiro (público) assistir à atividade processual e como *necessidade* de essa mesma atividade ser presenciada por ambos os litigantes.[68]

A publicidade se dá em qualquer espécie de processo e em todas as suas fases, seja ele de conhecimento ou de cumprimento de sentença. Até mesmo o primeiro ato do processo, a cargo do Poder Judiciário – fazer o sorteio e sua distribuição entre as diversas varas, sessões judiciárias ou desembargadores e ministros –, é público e pode ser fiscalizado pelas partes e pelo público em geral (art. 289). O próprio registro dos processos distribuídos é público, salvo em situações muito excepcionais e temporárias.

Especificamente na *Justiça do Trabalho*, contudo, os cartórios distribuidores costumam negar ao público em geral certidão com o registro das reclamações ajuizadas pelos trabalhadores, salvo se o pedido vier devidamente justificado por meio de petição. Tal medida tem o nobre objetivo de evitar a criação de *lista negra* de trabalhadores junto aos empregadores. Mas ela é *inconstitucional*, mesmo considerando outros princípios igualmente prestigiados na Constituição Federal, como a dignidade humana, o direito à intimidade e ao trabalho. Por outro lado, nenhuma limitação é imposta pelos cartórios distribuidores à obtenção de certidão com o registro das reclamações ajuizadas em face dos empregadores, de modo a constar todos os dados do processo, inclusive o nome do reclamante.

A *transmissão ao vivo* – ou sua reprodução posterior – de sessões de julgamento ao público em geral passou a ser corriqueira nos processos em geral, especialmente quando há interesse do público. Basta ligar o canal da TV Justiça (com sede no STF e criado pela Lei n. 10.461/2002), o noticiário de qualquer outro canal televisivo ou a rede mundial de computadores (internet) para assistir a julgamentos ocorridos nos tribunais brasileiros, principalmente nos superiores.[69] Todavia, a gravação e a transmissão da audiência ou sessão de julgamento pela imprensa podem ser eventualmente proibidas pelo juiz – de ofício ou a requerimento das partes –, se isso for necessário para a testemunha

68 *Principii di diritto processuale civile*, § 45, pp. 718-719. Chiovenda destaca, ainda, a importância prevalentemente política do princípio da publicidade.

69 Esse tipo de transmissão vem sofrendo pertinentes críticas no meio jurídico, pois tem causado a excessiva demora da sessão de julgamento. Movidos pela vaidade e pela visibilidade, alguns julgadores passaram a, desnecessariamente, ler a íntegra dos votos (e não apenas a ementa ou os trechos mais relevantes), inclusive daqueles convergentes com o voto do relator.

não ter conhecimento do depoimento das demais (art. 456, *caput*); para o próprio juiz, a parte ou a testemunha não se sentirem indevidamente intimidados (especialmente em casos de grande repercussão na opinião pública); para não causar tumulto na audiência; ou por qualquer outro motivo relevante para a preservação da intimidade dos envolvidos ou do interesse público. Isso não é censura, pois não impede que jornalistas e outras pessoas assistam à audiência – desde que haja espaço físico na sala.

O juiz também pode impedir a presença, em sua sala ou no próprio prédio do fórum ou tribunal, de quem esteja perturbando a ordem, seja ele parte ou terceiro no processo.[70]

Sendo público o processo, qualquer pessoa – parte, terceiro ou advogado, mesmo sem procuração nos autos – pode pedir certidão ao cartório do juízo. Se for condicionado o fornecimento de certidões ou cópias, pelo cartório ou secretaria, à prévia autorização judicial, haverá flagrante ilegalidade e abuso de poder.[71]

Especificamente em relação aos *processos eletrônicos*, a Resolução n. 121/2010 do Conselho Nacional de Justiça dispõe em seu art. 1º: "a consulta aos dados básicos dos processos judiciais será disponibilizada na rede mundial de computadores (internet), assegurado o direito de acesso a informações processuais a toda e qualquer pessoa, independentemente de prévio cadastramento ou de demonstração de interesse", ressalvado o segredo de justiça. E seu art. 2º acrescenta que "os dados básicos do processo de livre acesso são: I – número, classe e assuntos do processo; II – nome das partes e de seus advogados; III – movimentação processual; IV – inteiro teor das decisões, sentenças, votos e acórdãos". Assim, tal resolução criou diferentes níveis de acesso aos autos eletrônicos, de acordo com os sujeitos envolvidos, mas o próprio Conselho Nacional de Justiça reforçou em seguida que sua interpretação "deve ser feita de modo a preservar as garantias da advocacia" e, consequentemente, os sistemas de cada tribunal devem permitir o amplo acesso dos advogados aos autos eletrônicos, mesmo sem procuração (salvo se decretado sigilo), independentemente de autorização judicial ou de procedimento burocrático na respectiva secretaria. Contudo, segundo esclareceu, cada acesso deve ser *registrado* no sistema, possibilitando, assim, a posterior recuperação dessa informação "para efeitos de responsabilização civil e/ou criminal, vedando-se, desta forma, a pesquisa anônima no sistema". Nesse mesmo sentido, o art. 11, § 7º, do EOAB,

---

70 Nesse sentido: PONTES DE MIRANDA, *Comentários ao Código de Processo Civil*, art. 155, n. 1, p. 61.

71 Nesse sentido: MONIZ DE ARAGÃO, *Comentários ao Código de Processo Civil*, vol. II, art. 155, n. 11, p. 17.

com a redação dada pela Lei n. 13.793/2019, dispõe que "os sistemas de informações pertinentes a processos eletrônicos devem possibilitar que advogados, procuradores e membros do Ministério Público cadastrados, mas não vinculados a processo previamente identificado, acessem automaticamente todos os atos e documentos processuais armazenados em meio eletrônico, desde que demonstrado interesse para fins apenas de *registro*, salvo nos casos de processos em segredo de justiça". A necessidade de registro de acesso é uma preocupação legítima com os riscos inerentes a eventual anonimato, não implicando tal medida, por si só, obstáculo ao acesso aos autos.[72]

Para a identificação do acesso do advogado, pode-se exigir a utilização de seu certificado eletrônico ou, eventualmente, seu *login* e senha pessoal previamente registrados na plataforma do tribunal, para uso geral. Para o acesso das próprias partes e de terceiros, é frequentemente exigido seu *comparecimento pessoal* na secretaria por onde tramita o feito, para obter *login* e senha pessoal e específica para aquele caso, a lhe serem imediatamente fornecidos.

17. Segredo de justiça

Como esclarece Elias Farah, "sigilo e segredo são termos tidos como não equivalentes. *Segredo* seria o que é de conhecimento de um ou mais titulares e que, por lei ou pela vontade do ou dos interessados, não pode ser transmitido a outrem, ou um fato que a ordem pública quer que seja mantido desconhecido. O *sigilo* é o veículo utilizado para manter-se o segredo preservado. Quebrado o sigilo, o segredo é revelado".[73] Assim, seria conceitualmente mais adequado falar em sigilo processual ou sigilo de justiça, porque este é o mecanismo, o veículo, para se preservar informações secretas contidas nos autos (objeto da proteção). Mas como a expressão "segredo de justiça" está na legislação e nos usos e costumes, pode-se invocar as duas formas indistintamente.

Pois bem. Há casos em que se mostra necessário restringir a publicidade do processo, para preservar algum interesse público ou privado – desde que esse interesse privado à intimidade não se choque com o interesse público à informação. Nessa hipótese, fala-se em *publicidade restrita* às partes.

Os incisos do art. 189 indicam situações não taxativas de decretação compulsória de segredo de justiça. *Grosso modo*, como explicava Pontes de Miranda, ele "pode ser ordenado sempre que se trate de matéria que humilhe, rebaixe, vexe ou ponha a parte em situação de embaraço que dificulte o prosseguimento do ato, a consecução da finalidade do ato, a consecução da fina-

72 CNJ, Procedimento de Controle Administrativo n. 0000547-84.2011.2.00.0000, rel. Cons. Nelson Tomaz Braga, j. 24.5.2011, v.u.

73 "O advogado e reflexões sobre o sigilo profissional", p. 86.

lidade, do processo, ou possa envolver revelação prejudicial à sociedade, ao Estado, ou a terceiro".[74] Acrescente-se, ainda, a hipótese de revelação prejudicial à parte, inclusive do ponto de vista econômico.

A *competência* para legislar sobre as hipóteses de segredo de justiça é exclusiva da União (Const., art. 22, inc. I). Assim, não podem os estados e municípios, nem os regimentos internos dos Tribunais de Justiça, dispor a esse respeito.[75]

18. O rol de exceções não é taxativo

Os incisos do art. 189 apresentam hipóteses de restrição de publicidade dos atos processuais, isto é, situações em que o juiz deve decretar o sigilo do trâmite processual. Esse rol, contudo, não é taxativo, mas meramente exemplificativo, conforme está na doutrina e na jurisprudência.[76] Isso porque, além de haver hipóteses expressamente previstas em outras leis, há também situações em que a parte tem direito material à preservação da intimidade (p. ex., dados bancários, fiscais ou telefônicos) ou de informações sigilosas (p. ex., segredos industriais ou comerciais), apesar de nem sempre a lei processual determinar ao juiz que limite nesses casos a publicidade do processo (v. a seguir, item 21).

Nesse sentido, o STJ já afirmou corretamente que as hipóteses elencadas no art. 155 do Código de 1973 "constituem rol exemplificativo, não exaustivo, sendo autorizado o segredo de justiça em outras situações também merecedoras de tutela jurisdicional, por envolverem a preservação de outras garantias, valores e interesses fundamentais, como o direito à intimidade da parte (CF, art. 5º, X), ao sigilo de dados (CF, art. 5º, XII), o resguardo de informações necessário ao exercício profissional (CF, art. 5º, XIV) ou para atender a interesse público, relacionado à segurança da sociedade e do Estado (CF, art. 5º, XXXIII)".[77]

---

74 PONTES DE MIRANDA, *Comentários ao Código de Processo Civil*, art. 155, n. 4, p. 64.

75 O STF já declarou a inconstitucionalidade formal do regimento interno do Tribunal de Justiça que determinava o julgamento em *sessão secreta* de determinadas causas lá especificadas, com a presença apenas das partes e do representante do Ministério Público (STF, Pleno, ADI n. 2.970-DF, rel. Min. ELLEN GRACIE, j. 20.4.2006, v.u.).

76 Nesse sentido: novamente MONIZ DE ARAGÃO, *Comentários ao Código de Processo Civil, cit.*, p. 18; PEDRO DINAMARCO, "O sigilo de informações e a limitação à publicidade dos atos processuais", n. 1, p. 185; MARINONI-ARENHART-MITIDIERO, *Novo Código de Processo Civil comentado*, art. 189, n. 2, p. 190; e WAMBIER-TALAMINI, *Curso avançado de processo civil*, n. 3.13, p. 79. Em sentido contrário: PEDRO NOGUEIRA, *Breves comentários ao novo Código de Processo Civil*, art. 189, n. 6, p. 657.

77 STJ, 4ª T., REsp n. 1.082.951-PR, rel. Min. RAUL ARAÚJO, j. 6.8.2015. No mesmo sentido: STJ, 3ª T., AgRg na MC n. 14.949-SP, rel. Min. NANCY ANDRIGHI, j. 19.5.2009, v.u.

E a distinção entre as hipóteses objetivamente previstas em lei e as demais tem relevância. Apenas nos primeiros casos a restrição de publicidade processual deverá ser decretada *ex officio* pelo juiz, sem prejuízo de a parte requerê-la. Quando a razão para a medida for o interesse exclusivo da própria parte e depender de averiguação da real necessidade de proteção do direito material ao sigilo, sem que a hipótese esteja objetivamente arrolada no Código, então é indispensável o requerimento do interessado. Em todos os casos, a decisão deve ser fundamentada, ainda que suscintamente.[78]

Por outro lado, há alguns processos nos quais o juiz deve *evitar*, sempre que possível, retirar a publicidade do processo. Assim ocorre nas demandas cujas decisões possam ter relevante impacto direto ou indireto em parcela da sociedade, não se limitando subjetivamente apenas às partes formais do processo – como *ações coletivas*, ações diretas de inconstitucionalidade, ações de descumprimento de preceito fundamental etc. Nesses casos, a decretação da tramitação em segredo de justiça não é vedada de forma absoluta, mas deve ser utilizada com muito mais moderação e cautela. Na ação civil pública, *v.g.*, a sentença de procedência poderá formar título executivo judicial em favor de uma grande universalidade de pessoas e justamente por isso há necessidade de se dar maior divulgação a respeito desse processo e de seu conteúdo. Em relação às ações de improbidade administrativa, há interesse público no conhecimento pela sociedade a respeito das acusações feitas aos gestores da coisa pública e principalmente aos políticos que a representa.

19. Interesse público ou social

Interesse público ou social, para fins de decretação do segredo de justiça, é algo muito amplo e subjetivo e diz respeito ao interesse transindividual ou supraindividual da sociedade, nunca aos puramente individuais das partes.[79]

Ele não se confunde nem mesmo com o interesse *direto do Estado*, enquanto ente personificado (pessoa jurídica de direito público), até porque ele próprio é regido pelo princípio da publicidade (Const., art. 37, *caput*). As informações relacionadas às atividades estatais – judiciais ou não – são, em regra e salvo expressa disposição em contrário, de acesso aberto ao público. Nesse sentido, "todos têm o direito a receber dos órgãos públicos informações de seu interesse particular, ou de interesse coletivo ou geral, que serão prestadas no

78 Nesse sentido: Pedro Dinamarco, *op. cit.*, n. 1, p. 185.

79 Nesse sentido: Pontes de Miranda, *Comentários ao Código de Processo Civil*, art. 155, n. 4, p. 64; e Antonio Dall'Agnol, *Comentários ao Código de Processo Civil*, vol. 2, art. 155, n. 4, p. 243.

prazo da lei, sob pena de responsabilidade, *ressalvadas aquelas cujo sigilo seja imprescindível à segurança da sociedade e do Estado*" (Const., art. 5º, inc. XXXIII).[80] E "a lei disciplinará as formas de participação do usuário na administração pública direta e indireta", em especial "o acesso dos usuários a registros administrativos e a informações sobre atos de governo" (Const., art. 37, § 3º, inc. II). A Lei de Acesso à Informação (Lei n. 12.527/2011) reforça a ideia de que, para a Administração Pública direta e indireta, a observância da publicidade é preceito geral e o sigilo é exceção (art. 3º, inc. I).[81]

Interesse público tampouco se confunde com *interesse do público*. O grande interesse do público em geral, da mídia, não justifica por si só a tramitação sigilosa do processo, nem mesmo sob o pretexto de evitar tumulto processual ou de preservar abstratamente a privacidade da parte. Ao contrário, nesses casos a tendência é justamente oposta, que o processo seja aberto. Assim, *v.g.*, casos envolvendo políticos ou artistas de sucesso, que, pela profissão, inevitavelmente renunciam a parte de sua privacidade – não a toda ela, evidentemente –, não merecem tratamento diferente dos demais, somente em decorrência da maior repercussão midiática.

20. Causas que versem sobre casamento, separação de corpos, divórcio, separação, união estável, filiação, alimentos e guarda de crianças e adolescentes

Todas essas causas arroladas no art. 189, inc. II, pertencem ao direito de família. E a elas se somam as ações de investigação de paternidade e as medidas cautelares vinculadas àquele rol (*v.g.*, arrolamento de bens e exibição de documentos), entre outras, estando todas sujeitas ao sigilo processual.

---

80 A Lei de Acesso à Informação também dispõe no plano infraconstitucional que informação sigilosa da Administração Pública é "aquela submetida temporariamente à restrição de acesso público em razão de sua imprescindibilidade para a segurança da sociedade e do Estado" (art. 4º, inc. III).

81 O art. 21, parágrafo único, dessa mesma LAI reforça que "as informações ou documentos que versem sobre condutas que impliquem *violação dos direitos humanos* praticada por agentes públicos ou a mando de autoridades públicas não poderão ser objeto de restrição de acesso". Por outro lado, o seu art. 23 indica as hipóteses nas quais o sigilo de informação é considerado imprescindível à segurança da sociedade ou do Estado ("pôr em risco a defesa e a soberania nacionais ou a integridade do território nacional"; "oferecer elevado risco à estabilidade financeira, econômica ou monetária do País" etc.). Assim, se essas informações e documentos sigilos da Administração Pública forem juntados aos autos – apesar de sequer haver o dever de apresentá-los em juízo –, tal processo deve seguir em segredo de justiça.

Protege-se nessas causas, em primeiro lugar, o *direito à intimidade*, que por vezes envolve até mesmo incapazes. Nessas disputas costuma haver um forte *apelo emocional*, pois geralmente envolvem um casamento que se desfez ou ao menos há um laço familiar mal resolvido. Por isso, com frequência são lançadas acusações recíprocas envolvendo fatos íntimos das partes (às vezes inverídicas) e que devem ser mantidas apenas entre os envolvidos (familiares ou ex-cônjuges), sem torná-las desnecessariamente públicas.

Além disso, em alguns desses processos costuma haver ampla discussão e produção de provas sobre o *patrimônio das partes*, especialmente para fins de partilha de bens e de fixação de pensão alimentícia. Expor ao público essas informações financeiras, além de violar a proteção legal a dados bancários e outras informações sigilosas, poderia expor gravemente a própria segurança física e econômica das partes, que estariam sujeitas à bandidagem em geral.

O segredo de justiça não impede o *protesto* do devedor condenado em definitivo (art. 517) e a sua inclusão em cadastro de inadimplentes, em especial quando se tratar de dívida de alimentos (arts. 528, § 1º, e 782, § 3º), mas não devem ser divulgados os dados do processo ou do alimentando e o registro deve ser o mais sucinto possível.[82]

E, como se sabe, quando há partilha de bens – em inventário de bens, ação de divórcio ou de reconhecimento de união estável –, o Estado precisa manifestar-se sobre o eventual recolhimento de impostos de transmissão. Para tanto, as partes devem lhe fornecer cópias de algumas partes dos autos, como relação dos bens, últimas declarações, sentença de partilha etc., mas o segredo de justiça continuará a impedir o acesso dos representantes estatais ao processo, de modo que, se houver necessidade de complementação de informações, caberá a ele requerê-las ao juízo.

---

82 STJ, 4ª T., REsp n. 1.533.206-MG, rel. Min. Luis Felipe Salomão, j. 17.11.2015, v.u. Na ementa desse acórdão, proferido antes mesmo da expressa autorização trazida pelo Código de Processo Civil de 2015, constou ser possível o *protesto* do devedor de alimentos porque: "i) o segredo de justiça não se sobrepõe, numa ponderação de valores, ao direito à sobrevivência e dignidade do menor; ii) o rito da execução de alimentos prevê medida mais gravosa, que é a prisão do devedor, não havendo justificativa para impedir meio menos oneroso de coerção; iii) a medida, até o momento, só é admitida mediante ordem judicial; e iv) não deve haver divulgação de dados do processo ou do alimentando envolvido, devendo o registro se dar de forma sucinta, com a publicação ao comércio e afins apenas que o genitor é devedor numa execução em curso". Também admitindo a inscrição do nome do devedor de alimentos nos cadastros de proteção ao crédito: STJ, 3ª T., REsp n. 1.655.259-MT, rel. Min. Nancy Andrighi, j. 4.4.2017, v.u. Quanto à inclusão em órgãos de proteção ao crédito: STJ, 3ª T., REsp n. 1.469.102-SP, rel. Min. Villas Bôas Cueva, j. 8.3.2016, v.u.

21. Causas em que constem dados protegidos pelo direito constitucional à intimidade

A Constituição Federal dá a devida importância à *intimidade* das pessoas, prestigiando tal valor em diversos dispositivos. Dispôs ser "inviolável a intimidade, a vida privada, a honra, e a imagem das pessoas" (art. 5º, inc. X), mas ao mesmo tempo ressalva só poder ser decretado o segredo de justiça "em casos nos quais a preservação do direito à intimidade do interessado no sigilo não prejudique o interesse público à informação" (art. 93, inc. IX).

Com isso, nos termos do art. 189, inc. III, do Código de Processo Civil, cabe ao juiz primeiramente verificar, diante da peculiaridade de cada caso concreto, se as questões discutidas no processo ou os documentos lá juntados podem expor indevidamente a intimidade, a vida privada, a honra ou a imagem das partes ou de seus familiares, causando-lhes prejuízo irreparável. Em seguida, deve apurar se "o direito à intimidade cede diante do interesse público à informação. Assim, ainda que, em princípio, fosse caso de preservar a intimidade da parte, cumprirá ao juiz aferir, no caso concreto, se existe interesse público à informação; sendo positiva a resposta, ele não decretará o segredo de justiça".[83]

Dessa forma, *v.g.*, se um transexual pretende alterar seu nome de registro, apagando toda a vinculação ao seu nome original, em princípio seria legítima a imposição do segredo de justiça. Ou em ação indenizatória na qual o autor pede a condenação de seu ex-cônjuge por danos morais, por ter sido traído na constância do casamento. Nesses casos, não há interesse público à informação e há o direito da parte à preservação da intimidade.

Por outro lado, não se pode decretar o sigilo, sob o pretexto de proteger a intimidade, em processo no qual se discute, *v.g.*, a prática de ato de improbidade administrativa ou a licitude e eticidade de pesquisa científica apta a causar possíveis danos à população. Nesta última hipótese, inclusive, a recomendável intervenção de *amicus curiae* seria dificuldade pelo sigilo.

Na verdade, há de ser muito *cauteloso* na concessão de segredo de justiça com fundamento na preservação da intimidade, concedendo-a apenas em situações excepcionais. Não se pode, a pretexto de defender a individualidade, tornar o segredo de justiça algo corriqueiro, sob pena de grave violação à lei e à própria Constituição.

A Constituição Federal também dispõe ser "inviolável o sigilo da correspondência e das comunicações telegráficas, de dados e das comunicações telefônicas, salvo, no último caso, por ordem judicial", para fins de investigação

---

83 NELTON DOS SANTOS, *Código de Processo Civil interpretado*, art. 155, n. 2, p. 434.

penal (art. 5º, inc. XII). Em sendo essa interceptação telefônica, obtida licitamente no juízo criminal, apresentada como prova emprestada na esfera civil,[84] então, sem dúvida, também deve ser decretado o segredo de justiça nesse processo, para terceiros não terem acesso ao teor da conversa interceptada.

Por também não se tratar de garantia absoluta, o sigilo de certas informações pessoais protegidas pela lei ou pela Constituição também pode ser "quebrado", desde que previamente autorizado pelo juízo (inclusive o cível), conforme já decidido pelo STF e pelo STJ.[85] Nesses casos, evidentemente, também deve ser decretado o segredo de justiça do processo.

22. Arbitragem

Como está na doutrina, "a consciência da natureza jurisdicional da arbitragem e de sua inserção na teoria geral do processo põe a margem de qualquer dúvida a imperiosidade de abrigá-la sob o manto do *direito processual constitucional* – o que importa considerar seus institutos à luz dos superiores princípios e garantias endereçados pela Constituição a todos os institutos processuais e particularmente àqueles de caráter jurisdicional".[86]

Dessa forma, o processo arbitral só deve ter sua ampla publicidade restringida "quando a defesa da intimidade ou o interesse social o exigirem", conforme determina o art. 5º, inc. LV, da Constituição Federal. No máximo, pode-se conferir às partes maior liberdade para convencionarem a respeito da limitação de acesso por terceiros, do que em relação aos processos judiciais.[87]

---

84 Sobre a licitude dessa prova emprestada: STJ, AgRg no REsp n. 1.714.914-RS, rel. Min. Maria Thereza de Assis Moura, j. 27.2.2018, v.u.; e STJ, 2ª T., AgInt no AREsp n. 916.197-RS, rel. Min. Francisco Falcão, j. 19.9.2017, v.u., entre outros.

85 STF, 2ª T., RE n. 215.301-CE, rel. Min. Carlos Velloso, j. 13.4.1999, v.u.; e STF, Pleno, AgRPet n. 1.564-RJ, rel. Min. Octávio Gallotti, j. 17.6.1999, v.u. O STJ também já decidiu, pela técnica do julgamento de recurso repetitivo, ser lícita a quebra judicial do sigilo bancário, sob o fundamento de que "o sigilo bancário, como cediço, não tem caráter absoluto, devendo ceder ao princípio da moralidade aplicável de forma absoluta às relações de direito público e privado, devendo ser mitigado nas hipóteses em que as transações bancárias são denotadoras de ilicitude, porquanto não pode o cidadão, sob o alegado manto de garantias fundamentais, cometer ilícitos. Isto porque, conquanto o sigilo bancário seja garantido pela Constituição Federal como direito fundamental, não o é para preservar a intimidade das pessoas no afã de encobrir ilícitos" (STJ, 1ª Seção, REsp n. 1.134.665-SP, rel. Min. Luiz Fux, j. 25.11.2009, v.u.).

86 Cândido Dinamarco, *A arbitragem na teoria geral do processo*, n. 4, p. 24.

87 É muito frequente a afirmação da doutrina de que a opção pela arbitragem costuma ser motivada pela possibilidade de as partes imporem sua absoluta confidencialidade, inclusive quanto à própria existência do litígio, preservando, com isso, segredos empresariais, a contabilidade das partes e sua responsabilidade perante terceiros.

Contudo, na prática, a quase totalidade das arbitragens entre particulares tramita sob segredo de justiça, decretadas *ex officio* pelas câmaras arbitrais, contando, para tanto, com o apoio da doutrina especializada.[88]

A mesma lógica supraindicada deve ser mantida nos processos judiciais que versem direta ou indiretamente sobre arbitragem (pedido de instituição de arbitragem, medidas urgentes preparatórias, cumprimento de sentença arbitral, ação anulatória de sentença arbitral etc.). Ou seja, nos termos do art. 189, inc. IV, eles tramitarão sob segredo de justiça apenas *se* houver cláusula de confidencialidade para o processo arbitral.

De todo modo, ninguém nega a obrigatoriedade da publicidade da arbitragem e do correlato processo judicial quando uma das partes for a *Administração Pública*, estando essa exigência expressamente disposta no art. 2º, § 3º, da Lei de Arbitragem, como decorrência do princípio constitucional da publicidade dos seus atos (Const., art. 37, *caput*), imposto pelo interesse público.

23. Proteção legal ou contratual às informações sigilosas

São invioláveis as informações (a) obtidas por advogado no exercício da profissão (EOAB, art. 7º, inc. XIX), (b) relacionadas à fonte de informação (Const., art. 5º, inc. XIV) ou (c) acobertadas pela garantia de sigilo de correspondência e das comunicações telegráficas, de dados e das comunicações telefônicas (Const., art. 5º, inc. XII).

O art. 55, § 4º, do Código de Defesa do Consumidor também "resguarda o segredo industrial" e dispensa expressamente o proprietário de apresentar as informações durante a fase de investigação por órgãos administrativos. E o art. 206 da Lei n. 9.279/96, que regula direitos e obrigações relativos à propriedade industrial, dispõe que, "na hipótese de serem reveladas, em juízo, para a defesa dos interesses de qualquer das partes, informações que se caracterizem como confidenciais, sejam *segredo de indústria ou de comércio*, deverá o juiz determinar que o processo prossiga em segredo de justiça, vedado o uso de tais informações também à outra parte para outras finalidades".[89]

Assim, sendo necessária a juntada aos autos de qualquer documento ou informação cuja publicidade esteja protegida por lei, o juízo deve decretar

---

88 Nesse sentido, afirmam CÂNDIDO DINAMARCO e BRUNO LOPES: "ao processo arbitral *não* se impõe a exigência constitucional da publicidade, dado o fato de não ser ele um meio de exercício do poder estatal, aliado certas conveniências de opção por esse meio de solução de conflitos" (*Teoria geral do novo Código de Processo Civil*, n. 35, p. 68).

89 STJ, 3ª T., AgRg na MC n. 14.949-SP, rel. Min. NANCY ANDRIGHI, j. 19.5.2009, v.u.

imediatamente o segredo de justiça, de preferência antes mesmo de sua vinda aos autos.

24. Processo oculto

Segredo de justiça não significa que o público não tenha acesso à mera informação a respeito da *existência* do processo. O art. 284 é claro ao dispor que "todos os processos estão sujeitos a registro", como forma de dar conhecimento ao público sobre o processo. A certidão negativa do distribuidor é requisito para a concretização de vários negócios, já que a pendência de um processo (e sua publicidade) pode torná-los ineficazes, por fraude à execução (art. 792, inc. II). Visa a também evitar manobras fraudulentas – *v.g.*, que o autor desista da demanda ainda em seu início e, em seguida, proponha outra idêntica, a fim de escapar de determinado juiz natural (art. 286, inc. II) –, além de outras finalidades indicadas pela doutrina: estatísticas, fiscais, históricas, administrativas etc.[90]

Todavia, sabe-se que existem os denominados "processos ocultos", os quais não são registrados no sistema de pesquisa do distribuidor do fórum ou tribunal, como impõe o art. 284 do Código de 2015 (CPC-73, art. 251). É como se eles simplesmente não existissem. Geralmente, apenas o magistrado, o respectivo cartório e o demandante têm conhecimento sobre ele. Nem mesmo o próprio tribunal tem qualquer controle sobre esses processos. Sua utilização se dá com mais frequência em casos envolvendo políticos acusados de prática de atos de improbidade administrativa – inclusive na esfera cível –, com o pretexto de não frustrar a colheita de provas.

Contudo, essa ocultação é totalmente *inadmissível*, por violar os princípios constitucionais da publicidade, da transparência e do direito de informação. Ela impede o mínimo de controle da sociedade sobre a atividade jurisdicional, abrindo espaço para eventuais conchavos, arbitrariedades e má utilização do processo. Por outro lado, tornar público o registro do processo não implica necessariamente que o demandado terá acesso aos autos, pois seu acesso poderá ser temporariamente restringido para viabilizar a produção de uma prova ou o cumprimento de uma tutela de urgência.

E mais. Conforme já decidiu o STJ na vigência do Código anterior, "não fere o segredo de justiça a notícia da existência de processo contra determinada pessoa, somente se configurando apontado vício se houver análise dos fatos, argumentos e provas contidos nos autos da demanda protegida". E acrescentou

---

90 Nesse sentido: Pedro Dinamarco, *Código de Processo Civil interpretado*, art. 251, n. 1, p. 747.

aquela Corte no mesmo julgamento: "no caso de pessoas públicas, o âmbito de proteção dos direitos da personalidade se vê diminuído, sendo admitidas, em tese, a divulgação de informações aptas a formar o juízo crítico dos eleitores sobre o caráter do candidato".[91]

No STF havia diversos, quiçá centenas de processos nessa situação. Porém, em maio de 2016, o seu então presidente, Min. RICARDO LEWANDOWSKI, assinou uma elogiada resolução proibindo a tramitação desse tipo de processo naquela Corte. A partir de então, apenas o segredo de justiça é admitido. Espera-se que a mesma medida seja adotada por todos os tribunais da Federação.

Especificamente em relação ao processo eletrônico, dispõe o art. 28, § 4º, da Resolução n. 185/2013 do CNJ: "nos casos em que o rito processual autorize a apresentação de resposta em audiência, faculta-se a sua juntada antecipada aos autos eletrônicos, juntamente com os documentos, hipótese em que permanecerão *ocultos para a parte contrária*, a critério do advogado peticionante, até a audiência".

25. Atos atingidos pelo segredo de justiça

Apesar de a Constituição Federal, o Código de Processo Civil ou qualquer outra norma legal nada disporem a respeito, o segredo de justiça atinge a *totalidade* dos atos e fatos processuais constantes dos autos. Assim, terceiros que não integram a relação processual não têm acesso à realização dos atos processuais e à consulta dos autos do processo. Por outro lado, devem ter acesso à informação sobre o registro de sua existência (art. 284).

O segredo de justiça atinge *todas as fases* do processo, salvo quando excepcionalmente determinada por um período específico para garantir a efetividade da colheita de provas ou do cumprimento da tutela antecipada.

Nas hipóteses de segredo taxativamente disposto em lei, em razão da natureza da causa ou da discussão lá travada, ele deve se dar automaticamente, já na *distribuição* da demanda – sem impedir a fiscalização desse ato pelo público. Para tanto, o demandante deve previamente requerer sua decretação ao juiz diretor do Fórum, sendo, porém, tal providência inviável quando se tratar de processo eletrônico. Na maioria das vezes, porém, sua decretação é determinada após a distribuição, pelo juiz da causa, a requerimento (fundamentado) do demandante ou do demandado. Como nesse interim é possível o acesso indevido de terceiros aos autos, o advogado deve ser ágil em despachar pessoalmente tal requerimento.

---

91 STJ, 4ª T., REsp n. 253.058-MG, rel. Min. FERNANDO GONÇALVES, j. 4.2.2010, v.u.

O art. 28 da Resolução n. 185/2013 do Conselho Nacional de Justiça permite, no processo eletrônico, o deferimento do segredo de justiça apenas para algum *documento ou arquivo específico* – *v.g.*, o depoimento de uma testemunha ou a declaração do imposto de renda.[92] Também vem sendo reconhecida a possibilidade de "haver documentos transitoriamente confidenciais no processo eletrônico" (enunciado n. 265 do FPPC). Todavia, isso é insuficiente, pois terceiros teriam amplo acesso ao teor das manifestações posteriores apresentadas pelos sujeitos processuais e, portanto, indiretamente, ao conteúdo do documento ou arquivo sigiloso. Vale dizer, vedar-se-ia o acesso de terceiros ao documento, mas lhes permitiria a leitura da manifestação das partes sobre o seu conteúdo, tornando inócua a providência.

É ilegal a utilização de *pastas sigilosas* à margem do processo, para arquivamento de documentos submetidos a sigilo, como as declarações de imposto de renda, conforme jurisprudência do STJ.[93] Nesse caso, tais informações devem ser juntadas aos autos, passando o processo a correr em segredo de justiça.

Pode ocorrer, ainda, de num mesmo contexto litigioso haver dois ou mais processos – ou mesmo algum incidente processual, com autos apartados – tramitando em *apenso*. Nesses casos, o segredo de justiça de um processo ou incidente não implica necessariamente o do outro, cabendo ao juiz verificar se há motivo, ou não, para estender a medida aos autos apensos. Assim, se o motivo do segredo de justiça for a juntada de um documento específico nos autos de um processo (p. ex., declaração de renda), nada impede a publicidade plena no outro.

A decretação do segredo de justiça não traz impactos para o procedimento em si, isto é, para a sequência dos atos processuais, mas pode, eventualmente, gerar a necessidade de *adaptação* de alguns atos específicos, especialmente no tocante à sua comunicação. Assim, sempre que houver necessidade de *intimação* dos atos processuais em órgãos oficiais dotados de publicidade, o nome das partes deve ser indicado apenas pelas iniciais, sendo inaplicável *in casu* a regra contida no art. 272, § 3º. O nome do advogado ou de sua sociedade, porém, jamais poderá ser abreviado. Da mesma forma, esses processos em se-

---

92 Essa posição também é defendida por Pedro Nogueira (*Breves comentários ao novo Código de Processo Civil*, art. 189, n. 5, pp. 656-657).

93 STJ, 1ª Seção, REsp repetitivo n. 1.349.363-SP (tema 590), rel. Min. Mauro Campbell Marques, j. 22.5.2013; e STJ, 1ª T., REsp n. 819.455-RS, rel. Min. Teori Zavascki, j. 17.2.2009, v.u. Todavia, algumas plataformas eletrônicas dos tribunais, como o e-Saj, ainda têm ferramentas próprias para a inserção de documento sigiloso, sendo essa uma prática relativamente corriqueira na realidade forense.

gredo não devem ser julgados em sessões públicas dos tribunais – ou, no mínimo, não devem ser mencionados os nomes das partes envolvidas.[94]

A publicação de *edital de citação ou intimação* não deve ser admitida nos processos sob segredo de justiça, pois essa divulgação visa a justamente dar publicidade ao processo e ao seu conteúdo (o nome completo das partes, o resumo da causa de pedir e o pedido são requisitos do edital). A incompatibilidade é, portanto, evidente.[95] Mas há na doutrina respeitável entendimento em sentido contrário.[96]

Especificamente em relação aos *processos eletrônicos*, o art. 195 assegura que, nos casos que tramitem em segredo de justiça, o registro do ato processual atenderá a confidencialidade exigida, observada a infraestrutura de chaves públicas unificada nacionalmente. Dessa forma, para as partes terem acesso aos autos sob sigilo, é necessário que obtenham a senha de acesso ao caso, sendo usual, para tanto, o lançamento dessa informação no próprio mandado de citação, em especial nas causas de direito de família.[97] Os advogados têm acesso com seu *login* e senha pessoais já previamente cadastrados no sistema do respectivo tribunal.

26. Juntada de cópia de processo sigiloso em outros autos

Se for necessário instruir algum processo com cópia de peças sigilosas de outro processo que tramitava em segredo de justiça (prova emprestada), deve o juiz, de ofício ou a requerimento da parte interessada, determinar o mesmo em relação a esse segundo processo, sob pena de indiretamente frustrar o objetivo da lei. Assim, se um advogado ajuizar execução de honorários em face de seu cliente por serviços prestados em demanda que tramitava em segredo de justiça – *v.g.*, ação de divórcio ou ação de guarda de menores –, deve ser limitada a publicidade também nesse novo processo, para evitar que informações sigilosas venham a público. É justamente esse raciocínio que levou o legislador a determinar o sigilo dos atos processuais que versem sobre cumprimento de carta arbitral (art. 189, inc. IV).

---

94 Na prática, contudo, infelizmente são corriqueiras as publicações constando o nome das partes (se não na sua identificação preambular do feito, então no inteiro teor da decisão objeto da intimação), bem como os julgamentos dos recursos realizados em salas lotadas e menção ao nome completa dos litigantes, em inescusável violação à intimidade dos envolvidos pelo próprio Judiciário.

95 Nesse sentido: Pedro Dinamarco, *Código de Processo Civil interpretado*, art. 231, n. 11, p. 658.

96 Nesse sentido: Antônio Dall'Agnol, *Comentários ao Código de Processo Civil*, vol. 2, art. 155, n. 6, p. 246.

97 Não constando a senha no mandado de citação, a parte deve dirigir-se ao cartório para obtê-la.

27. Publicidade e sigilo em inquérito civil

Em regra, deve existir publicidade em qualquer inquérito civil, nos termos do *caput* do art. 37 da Constituição Federal.[98] No plano infraconstitucional, reforçando tal conclusão, a Lei Orgânica Nacional do Ministério Público – LONMP (Lei n. 8.625/93), *v.g.*, dispõe que o *Parquet* poderá "dar publicidade dos procedimentos administrativos não disciplinares que instaurar e das medidas adotadas" (art. 26, inc. VI). O art. 189 do Código de Processo Civil também pode ter aplicação analógica nesse caso.

Contudo, em certas circunstâncias deverá ser restringido o acesso de terceiros também aos autos do inquérito civil, mantendo-se a publicidade para o investigado (desde que isso não venha a prejudicar a condução das investigações). Aplica-se aqui, por analogia, o quanto dito em relação à publicidade e sua restrição nos autos dos processos judiciais, inclusive quanto à possibilidade de se decretar o segredo da tramitação do inquérito até mesmo para o investigado. Assim será, *v.g.*, quando da publicidade puder (a) advir prejuízo à apuração dos fatos, (b) resultar escândalo, inconveniência grave ou perturbação da ordem, ou (c) gerar graves danos à imagem do investigado, de difícil ou impossível reparação. Desrespeitado esse dever do promotor de não dar publicidade a terceiros do material contido no procedimento investigatório, o prejudicado poderá impetrar mandado de segurança para que seja determinada liminarmente sua tramitação em segredo, sob pena de multa coercitiva (art. 814) e sancionatória (art. 77, inc. IV), além de pleitear indenização por danos materiais e morais resultantes da omissão (v. *infra*, itens 30 e 31) em outra demanda – o mandado de segurança não visa ao ressarcimento do lesado.

28. Extensão subjetiva do segredo de justiça

Nos termos do art. 189, § 1º, "o direito de consultar os autos de processo que tramite em segredo de justiça e de pedir certidões de seus atos é *restrito às partes e aos seus procuradores*". E o parágrafo único do art. 11 autoriza o acesso também "de defensores públicos ou do Ministério Público".

Contudo, o direito das partes e seus advogados de consultar os autos não é absoluto. Em situações excepcionais, a *limitação temporária* ao acesso pode ser legítima, durante o tempo estritamente necessário para garantir a efetividade da produção da prova ou das medidas relacionadas ao cumprimento do comando judicial.[99] Afinal, pelo princípio da proporcionalidade, deve prevalecer

---

98 Nesse sentido: JOÃO BATISTA DE ALMEIDA, *Aspectos controvertidos da ação civil pública*, n. 6.1.5, p. 137.

99 Nesse sentido, o STJ decidiu na vigência do Código de 1973, em um caso com suspeita de desvio de bens de ativo por ex-administradores de empresa falida, que

o interesse do Estado na efetividade da tutela jurisdicional sobre a publicidade. Assim, *v.g.*, se o executado tiver ciência prévia da ordem de arrombamento de um cofre de sua titularidade numa instituição financeira, certamente ele o esvaziará, justificando o sigilo até o cumprimento daquela decisão.

Além disso, como advertia PONTES DE MIRANDA, "no caso de litisconsórcio, intervenção ou assistência, se o fato não é de interesse de um dos litisconsortes, intervenientes ou assistentes, pode ser secreto o ato, para ele, se há conveniência".[100]

Juízes que conduzem o processo e seus auxiliares permanentes, como os escreventes, evidentemente têm acesso irrestrito aos autos, apesar de não constar na relação dos arts. 11 e 189. Contudo, quando o processo for encaminhado para outra instância, em princípio, eles perdem esse acesso – ressalvada a possibilidade de o relator do agravo de instrumento interposto por meio eletrônico ter acesso aos autos principais, em primeira instância, para os fins do art. 1.017, § 5º.

Os órgãos de fiscalização e censura da Magistratura, como as corregedorias dos tribunais e o Conselho Nacional de Justiça, têm acesso irrestrito a qualquer processo, se necessário, ainda que tramite sob segredo de justiça.

Os auxiliares eventuais do juízo, como os peritos e administradores judiciais, têm acesso enquanto isso for necessário para a realização de seu trabalho – e na medida do necessário. Aos peritos e assistentes técnicos pode, inclusive, ser exigido compromisso de confidencialidade, quando tiverem acesso a documentos ou informações sigilosas, especialmente quando localizados fora dos autos – *v.g.*, no sistema de informática da parte.

---

o juiz pode, "diante das peculiaridades do caso e com base no seu poder geral de cautela, estender o sigilo também *para um dos litigantes*, sobretudo nas hipóteses em que verificar risco de prejuízo ao trâmite do processo" (STJ, 3ª T., REsp n. 1.446.201-SP, rel. Min. NANCY ANDRIGHI, j. 7.8.2014, v.u.). Na doutrina: PEDRO DINAMARCO, "Sigilo e limitação à publicidade dos atos processuais", n. 5, p. 191. PONTES DE MIRANDA chegava até mesmo a afirmar, aqui sem razão, que, no caso de "parte reconhecidamente indiscreta ou venal, o juiz pode decretar o segredo ainda para ela" (*Comentários ao Código de Processo Civil*, vol. III, art. 155, n. 5, p. 64). Para tais situações, há mecanismos de coerção e de sanção (v. item 31). Em Portugal, o art. 164, 1, do CPC impõe expressamente a limitação de acesso aos autos quando a divulgação do seu conteúdo puser em risco "a eficácia da decisão a proferir". O art. 164, 2c, limita o acesso aos autos aos executados e respectivos mandatários "após a citação", sendo vedado em qualquer momento o acesso deles "à informação relativa aos bens indicados pelo exequente para penhora e atos instrutórios da mesma".

100 *Comentários...*, vol. III, *loc. cit.*

Representantes do Ministério Público e defensores públicos só terão acesso aos autos e aos respectivos atos processuais quando e enquanto, por qualquer motivo, atuarem no feito.

Advogados necessitam de procuração para poder consultar os autos e presenciar os atos processuais, assim como os estagiários inscritos na Ordem dos Advogados do Brasil (EOAB, art. 3º, § 2º). Estudantes de direito não inscritos nesse órgão de classe, ainda que constem em procuração outorgada aos integrantes de escritório de advocacia, não podem acessar os autos.

Terceiros em geral não têm acesso aos autos do processo sob sigilo. Apenas se admitidos no feito, integrando, assim, a relação processual, passarão a presenciar os atos processuais e poder consultar o teor do processo.

29. Terceiros e obtenção de certidões

Correndo o processo em segredo de justiça, apenas as partes e seus procuradores têm o direito de pedir certidões sobre qualquer fato do processo.

Terceiros podem apenas pedir, sempre por intermédio de advogado, certidão com o dispositivo da sentença – ou melhor, com o dispositivo do provimento jurisdicional que decida o mérito, ainda que tal ato seja uma decisão interlocutória ou acórdão –, incluindo nesta hipótese a partilha dos bens, se o caso. Mas, para tanto, precisam demonstrar interesse jurídico na providência solicitada, isto é, que a sentença pode afetar algum direito, pretensão ou exceção pertencente a esse terceiro. Assim, é necessário demonstrar, *v.g.*, ser credor de um herdeiro no inventário que tramita sob sigilo – ou do autor de uma ação de cobrança igualmente sigilosa –, para poder obter uma certidão com a partilha dos bens ou com a parte dispositiva da sentença, bem como sobre a síntese da fase atual do processo (se já houve trânsito em julgado ou se está pendente algum recurso).

Com a possibilidade de emissão de tal certidão, tenta-se evitar que devedores utilizem indevidamente o sigilo do processo para esconder fraudulentamente seu patrimônio de credores.

30. Responsabilidade civil, administrativa e criminal

O juiz que, mesmo instigado pela parte, se mantiver *omisso* a respeito da decretação do segredo de justiça por 10 dias ou mais, poderá ser civilmente responsabilizado pelos prejuízos a que der causa, independentemente de demonstração de dolo (CPC, art. 133, inc. II e parágrafo único; e LOMAN, art. 49, inc. II e parágrafo único), sem prejuízo das sanções administrativas a serem aplicadas pelo Conselho Nacional de Justiça ou pela corregedoria do respectivo tribunal (LOMAN, art. 56, inc. I). Para isentar-

-se de sua responsabilidade, compete-lhe "demonstrar a existência de justificativa para a omissão".[101]

Decretado o segredo de justiça, quem tiver acesso aos autos e aos atos processuais não pode divulgar seu conteúdo a terceiros, seja fornecendo cópias, seja relatando as alegações, decisões e informações lá contidas, sob pena de ser civilmente responsável pelos prejuízos materiais e morais daí decorrentes,[102] além de responder nos âmbitos administrativo e penal.[103]

A responsabilidade civil do *Estado* pelos danos causados pelos seus agentes públicos (juízes, promotores, serventuários, defensores públicos etc.) em decorrência da divulgação de informações protegidas pelo segredo de justiça é *objetiva* (Const., art. 37, § 6º), sendo dispensável, portanto, a prova do dolo – ou seja, basta provar o fato e o nexo causal.[104] Da mesma forma, o Estado é objetivamente responsável pela *omissão* do juiz em decretá-lo.[105]

Já a responsabilidade civil dos agentes públicos pela indevida divulgação de dados sigilosos (contidos, inclusive, em inquérito civil), por ação ou omissão, é apenas regressiva e *subjetiva*.

Juízes, promotores, advogados, auxiliares da justiça (serventuários, peritos etc.) e de qualquer outro profissional que divulgar indevidamente informação confidencial contida nos autos também podem ser *criminalmente* responsabilizados, nos termos do art. 154 do Código Penal ("revelar alguém, sem justa causa, segredo, de que tem ciência em razão de função, ministério, ofício ou profissão, e cuja revelação possa produzir dano a outrem"). Também responde criminalmente quem invadir o sistema de informática da Justiça, por meio de violação de mecanismo de segurança, com o fim de obter as informações lá constantes, independentemente de divulgá-las (CP, art. 154-A).[106] E o art. 10

101 José Roberto Bedaque, *Código de Processo Civil interpretado*, art. 133, n. 1, p. 392.

102 Nesse sentido: Pontes de Miranda, *Comentários ao Código de Processo Civil*, art. 155, n. 1, p. 62.

103 Nesse sentido, o art. 32 da Lei Complementar n. 40/81 (Lei Orgânica do Ministério Público) dispõe: "pelo exercício irregular da função pública, o membro do Ministério Público dos Estados responde penal, civil e administrativamente".

104 O Estado responde objetivamente, *v.g.*, pela publicação da sentença com o nome completo das partes (em vez de lançar apenas as suas iniciais) ou na entrega de documentos dos autos à imprensa por um de seus agentes.

105 Hely Lopes Meirelles, apoiado em lição de Caio Tácito, Seabra Fagundes e Pierre Montané de la Roque, recorda que "a inércia da Administração, retardando ato ou fato que deva praticar, caracteriza, também, *abuso de poder*, que enseja correção judicial e indenização ao prejudicado e até mesmo, conforme o caso, responsabilidade por improbidade administrativa" (*Direito administrativo brasileiro*, n. II.4.2.3, p. 126).

106 "Art. 154-A. Invadir dispositivo informático alheio, conectado ou não à rede de computadores, mediante violação indevida de mecanismo de segurança e com o

da Lei n. 9.296/66 (que regulamenta a interceptação judicial da comunicação telefônica), com a redação da Lei n. 13.869/2019, também tipifica como crime "... quebrar segredo de justiça, sem autorização judicial ou com objetivos não autorizados em lei".

Ademais, o agente público, especialmente o juiz, também responderá civilmente se impuser "sigilo à informação para obter proveito pessoal ou de terceiro, ou para fins de ocultação de ato ilegal cometido por si ou por outrem" (Lei n. 12.527/2011, art. 32, inc. V c/c art. 1º, parágrafo único, inc. I).

Todavia, vale a ressalva de que a indevida divulgação de informação sigilosa para o público não é apta a gerar a nulidade nem do processo nem da prova à qual eventualmente se deu publicidade.

31. Tutela específica para a manutenção do sigilo de ato ou documento do processo

Sem prejuízo da responsabilidade civil, administrativa e criminal pela divulgação indevida de informações protegidas pelo segredo de justiça, é absolutamente legítimo e necessário conceder tutela específica para determinar à parte que se abstenha de divulgar informações ou alegações constantes nos autos, sob pena de incidência de *astreintes* (art. 497 c/c art. 139, inc. IV).

Como se sabe, a tutela inibitória, para impedir um ato ilícito, é uma das formas mais importantes de tutela jurisdicional das pessoas, pois visa a manter a integridade dos seus direitos. Apenas quando impossível o cumprimento específico, ou quando o credor assim preferir, devem as obrigações de fazer ou não fazer, como no caso, ser convertidas em perdas e danos. Dessa forma, a conversão exerce um *papel de reserva* ou *expediente subsidiário.*

Assim, se a petição inicial imputar ao réu a prática de atos lesivos à sua honra e ao seu bom nome, e se houver indícios da intenção de o autor dar publicidade a tais alegações, poderá o juiz determinar o segredo de justiça e que o autor se abstenha de divulgar suas afirmações,[107] em especial por meio

---

fim de obter, adulterar ou destruir dados ou informações sem autorização expressa ou tácita do titular do dispositivo ou instalar vulnerabilidades para obter vantagem ilícita" (incluído pela Lei n. 12.737/2012). Trata-se de crime de mera conduta, que independe de prejuízo para a vítima.

107 Note-se que essa tutela específica pode ser concedida para *ambas as partes* do processo, inclusive para o demandado, sob pena de desatenção à garantia constitucional da igualdade. Essa posição liberal é adotada expressamente por José Roberto Bedaque em relação às tutelas de urgência, após reconhecer a dificuldade prática de serem preenchidos os requisitos legais: "não se pode excluir, todavia, em caráter

da imprensa, sob pena de multa coercitiva, em valor *por evento*.[108] No caso, o que interessa ao demandado é o cumprimento específico e permanente dessa obrigação de não fazer instantânea, pois o simples descumprimento não admite, pela sua própria natureza, o retorno ao *status quo ante*, como se a informação nunca houvesse sido divulgada. Entretanto, se porventura for descumprido o dever de silêncio, além da multa coercitiva, poderá ser-lhe aplicada cumulativamente multa sancionatória por ato atentatório à dignidade da justiça, nos termos do art. 77, inc. IV.

Essa sistemática está em plena sintonia com a preocupação do processualista moderno em busca do aprimoramento do sistema processual e da efetividade do processo, tendo na máxima chiovendiana um verdadeiro *slogan*: "na medida do que for praticamente possível o processo deve proporcionar a quem tem um direito tudo aquilo e precisamente aquilo que ele tem o direito de obter".[109] Ou seja, o processo deve proporcionar, o mais fielmente possível, a mesma situação que existiria se não tivesse havido o inadimplemento da obrigação.

Art. 190. Versando o processo sobre direitos que admitam autocomposição, é lícito às partes plenamente capazes estipular mudanças no procedimento para ajustá-lo às especificidades da causa e convencionar sobre os seus ônus, poderes, faculdades e deveres processuais, antes ou durante o processo.

Parágrafo único. De ofício ou a requerimento, o juiz controlará a validade das convenções previstas neste artigo, recusando-lhes aplicação somente nos casos de nulidade ou de inserção abusiva em contrato de adesão ou em que alguma parte se encontre em manifesta situação de vulnerabilidade.

CPC de 1973 – sem dispositivo correspondente

---

absoluto, a possibilidade de o réu formular pedido de tutela antecipada na própria contestação, ainda que não se trate de ação dúplice". Cita como exemplo o pedido de exclusão do nome do réu do rol de devedores inadimplentes (*Tutela cautelar e tutela antecipada*, n. 6.25, p. 356).

108 Tratando-se de obrigação de não fazer instantânea – cujo descumprimento gera automaticamente o dano temido –, em contraposição às obrigações de não fazer permanentes (estas admitem o desfazimento dos efeitos, como destruir uma construção indevida), não há sentido em fixar uma multa por cada dia de descumprimento da determinação, mas apenas multa em valor fixo por evento, incidente uma única vez (semelhantemente à cláusula penal), em valor bem superior ao da multa diária.

109 No original, "il processo deve dare per quanto è possibile praticamente a chi a un diritto tutto quello e proprio quello ch'egli há diritto di conseguire" (Giuseppe Chiovenda, "Dell'azione nascente dal contratto preliminare", n. 3, p. 110).

32. Introdução

O art. 190 tem origem em proposta legislativa formulada na Câmara dos Deputados, posteriormente ratificada pelo Senado Federal, quando o projeto do Código de Processo Civil para lá retornou. Originalmente, e até a sua aprovação definitiva, o atual art. 191 constava como sendo parágrafos do art. 190, mas, misteriosamente, a lei veio a ser sancionada com o desmembramento dos dois artigos.[110]

O Código de Processo Civil de 1973 admitia a celebração pelas partes de apenas alguns poucos negócios (ou convenções) processuais típicos,[111] nas hipóteses taxativamente autorizadas na lei processual, tais como: (a) alteração por consenso entre as partes de prazos dilatórios (art. 181); (b) redistribuição convencional do ônus da prova (art. 333, parágrafo único, *a contrario sensu*); (c) suspensão consensual do processo (art. 265, inc. II); (d) eleição de foro (art. 111); (e) adiamento convencional da audiência (art. 453, inc. I); (f) escolha pelas partes do arbitramento como forma de liquidação de sentença (art. 606, inc. I, revogado pela Lei n. 11.232/2005); e (g) a convenção sobre formas alternativas de citação nas ações locatícias (Lei n. 8.245/91, art. 58, inc. IV).[112]

---

110 Nesse sentido: Cassio Scarpinella Bueno, *Novo Código de Processo Civil anotado*, nota ao art. 191, p. 207.

111 Nestes comentários serão utilizadas indistintamente as expressões "negócios processuais" e "convenções processuais", seguindo tendência da doutrina. Mas, para Antônio Cabral, seria mais adequado tratar esse instituto como "convenção processual" ou "acordo processual", e não como "negócio processual". Outros doutrinadores criticam também a expressão "convenção processual", por excluir os atos unilaterais – mas aqui se reconhece a existência apenas dos bilaterais e plurilaterais (v. item 40). Já a expressão "acordo processual" é inadequada, pois transmite a ideia de solução da própria controvérsia pela conciliação, sendo incorreto utilizá-la como sinônimo de contrato (Cândido Dinamarco, *Vocabulário do processo civil*, n. 19, p. 63).

112 Barbosa Moreira escreveu o mais importante estudo sobre o tema na vigência do Código de Processo Civil de 1973, reconhecendo cientificamente sua existência em trabalho citado em praticamente todos os estudos sobre atuais negócios processuais sob a égide do CPC de 2015, denominado "Convenções das partes sobre matéria processual". Claudia Cahali era uma das poucas processualistas a afirmar, ainda na vigência do Código de Processo Civil de 1973, que "a possibilidade de realizar o gerenciamento do processo independe de previsão de lei ordinária, pois as normas definidoras dos direitos e garantias fundamentais que permitem esta gestão têm aplicação imediata na forma do § 1º, do art. 5º da Constituição Federal. E o acesso à justiça é o primeiro direito fundamental processual, 'pressuposto dos demais direitos fundamentais processuais'" (*O gerenciamento de processos judiciais*, n. 2.2, p. 34). Por outro lado, alguns negavam taxativamente sua existência no sistema processual, denominando as hipóteses legais de meras declarações unilaterais de vontade. Nesse sentido: Pontes de Miranda, *Comentários ao Código de Processo Civil*, t. III, p. 5; e Cândido Dinamarco, *Instituições de direito processual civil*, vol. II, 5ª ed., n. 637,

Vale dizer, não era permitido às partes convencionar "adaptações" no rito adotado – ou ao juiz impô-las –, sem que houvesse uma autorização legal expressa e específica,[113] pois o legislador pátrio anterior criou *modelos procedimentais rígidos*, a partir dos quais o processo se desenvolvia por fases ordenadas e bem delimitadas – no processo de conhecimento, as fases postulatória, ordinatória, instrutória e decisória. Segundo a doutrina, essa rigidez visava justamente a *segurança das partes*, para não serem surpreendidas com caminhos e consequências inesperadas no processo.

O art. 190 do Código de Processo Civil de 2015 alterou completamente essa realidade, ao permitir também a celebração de negócios jurídicos processuais atípicos, isto é, ao autorizar às partes negociarem de forma ampla a respeito de diversas regras procedimentais e sobre situações jurídico-processuais de que sejam titulares, inclusive em situações não taxativamente especificadas. Essa é uma das principais novidades introduzidas pelo atual Código de Processo Civil, ao incorporar tendência trazida principalmente do *contrat de procédure* do direito francês.[114]

Com isso, prestigia-se a *autonomia da vontade* das partes,[115] tornando o processo civil brasileiro mais privatista e menos publicista – sem prejuízo de ele continuar a ser instrumento a serviço do Estado para promover a pacificação social e, por isso, o juiz ter poderes para fiscalizar a vontade manifestada pelas partes.[116] Antes, *grosso modo*, os litigantes tinham a liberdade apenas de decidir se iriam ou não praticar o ato processual, em atenção a algum ônus, mas as normas processuais previstas em lei eram cogentes. Agora, eles podem decidir como cada processo se desenvolverá (procedimento) e sobre a forma, o modo e o tempo da prática dos atos processuais, com o objetivo de dar maior eficiência à prestação jurisdicional.[117] Ou seja, as partes têm alguma liberdade

---

p. 471. Com a vinda do Código de Processo Civil de 2015, este último passou a reconhecer a compatibilidade dos negócios processuais com os sistemas processuais em geral, a depender apenas de expressa previsão legal (*Instituições...*, vol. II, 7ª ed., n. 748, p. 550).

113 Nesse sentido, por todos: Flávio Yarshell, *Tutela jurisdicional*, n. 6.2, p. 170.

114 Sobre a origem do negócio jurídico processual, Marinoni-Arenhart-Mitidiero, *Novo Código de Processo Civil comentado*, art. 190, n. 1, p. 244.

115 "Autonomia privada, começando por expressão de liberdade individual, passa, na vida de relação, a revestir a conotação de autonomia social, sempre contida nos limites que lhe impõe o ordenamento jurídico" (Custodio Miranda, *Teoria geral do negócio jurídico*, n. 2.1, p. 39).

116 Como diz Fredie Didier, "o processo cooperativo nem é processo que ignora a vontade das partes, nem é processo em que o juiz é um mero espectador de pedra".

117 "O estabelecimento de regras procedimentais por lei genérica impede as adequações rituais conforme o direito material a ser objeto de tutela, o que ocasiona (como no

para dispor sobre a técnica processual da solução de determinado litígio (atual ou potencial), ajustando-o às "especificidades da causa", para torná-lo mais racional e apto a obter resultados mais aderentes à realidade. Essa liberdade levou a doutrina a construir o princípio interpretativo *in dubio pro libertate*,[118] segundo o qual o juiz somente pode recusar sua aplicação em casos excepcionais, sem discricionariedade.

A convenção processual incide no interior de uma *relação jurídico-processual*, isto é, sobre o procedimento ou sobre as quatro *situações processuais* indicadas no art. 190: ônus, deveres, poderes e faculdades processuais. E é natural que assim seja, pois essa relação processual coordena as condutas dos sujeitos processuais dentro do procedimento, permitindo ou exigindo a prática de determinados atos em reação às situações processuais que lhes são impostas.

Assim, mesmo tendo ele próprio a natureza jurídica de ato processual (v. item 33), o negócio processual tem como objeto a regulação de outros atos processuais, isto é, "seu objeto são as condutas voluntárias, a serem realizadas em processo e destinadas a produzir efeitos sobre ele".[119] Essa ideia é fundamental para compreender o presente instituto e a indispensabilidade do advogado na sua formação (v. adiante, item 59).

Os *sujeitos* do negócio processual são as partes submetidas ao seu conteúdo,[120] ou seja, todos os sujeitos parciais da relação processual vinculados ao que lá tiver sido estipulado, no que se incluem terceiros intervenientes com interesse na causa. Se alguma das partes não participar da convenção, então ela não se vincula aos seus termos. Excepcionalmente, na hipótese específica do art. 191 (calendário processual), o juiz também é sujeito (obrigatório) do negócio processual.

---

nosso sistema) a proliferação de dezenas de procedimentos especiais, também incapazes de se adaptares às circunstâncias do litígio em si [...]. Daí por que a absoluta rigidez formal é regra estéril e que dissipa os fins do processo, que é o de oferecer em cada caso, processado individualmente e conforme suas particularidades, a tutela mais justa" (Fernando Gajardoni, *Flexibilização procedimental*, n. 3.5, pp. 85-86).

118 Nesse sentido: Antônio Cabral, *Convenções processuais*, n. 3.1.4, pp. 144-146.

119 Flávio Luiz Yarshell, "Convenção das partes em matéria processual no Novo CPC", n. 2, p. 91. Para Emilio Betti, objeto ou matéria do negócio jurídico (material) são "os interesses que, segundo a ordem social, possam ser regulados diretamente, por ação dos próprios interessados, nas suas relações recíprocas" (*Teoria geral do negócio jurídico*, n. 5, pp. 125-126).

120 Na lição de Betti, sujeito de um negócio jurídico, ou parte em sentido formal, é aquele a quem cabe a "paternidade do negócio: isto é, aquele a quem deve referir-se, não só a forma do ato – a declaração ou o comportamento – mas também o conteúdo, o preceito do negócio" (*op. cit.*, n. 5, pp. 124-125).

É fundamental ter em mente, ainda, que a convenção processual decorre diretamente do *princípio da cooperação* entre as partes,[121] tão prestigiada no atual Código de Processo Civil (esp. arts. 6º e 357, § 3º), assim entendido não como o dever ético impositivo de determinado comportamento inevitável, mas como o ambiente de participação democrática das partes na construção conjunta de processo que possa atingir os resultados esperados, isto é, de um "ambiente procedimental em que, realmente, as parte *possam* (já que não são obrigadas, mas facultadas a tal), ao agir na defesa dos seus interesses, contribuir para a construção do provimento em conjunto com o magistrado, que deve agir como facilitador desse procedimento".[122] A busca do *provimento jurisdicional justo, efetivo e célere*, como está no art. 6º, deve, portanto, ser sua fonte norteadora, ou regra de ouro e, consequentemente, deve ser adotada como premissa do exame de seus eventuais defeitos.

Uma distinção importante entre o negócio jurídico material e o processual diz respeito aos seus *efeitos*: enquanto nos de direito material eles são determinados pelo ordenamento jurídico de direito material, nas convenções processuais eles podem ser definidos pelas próprias partes.[123]

33. Conceito

Negócio jurídico (em latim: *negotium iuris*),[124] na lição de EMILIO BETTI, "é o ato pelo qual o indivíduo regula, por si, os seus interesses, nas relações com os outros (ato de autonomia privada): ato ao qual o direito liga os efeitos mais conformes à função econômico-social e lhe caracteriza o tipo (típica nesse sentido)".[125] ANTÔNIO JUNQUEIRA DE AZEVEDO o conceitua como "todo fato jurídico consistente em declaração de vontade, a que o ordenamento jurídico atribui os efeitos designados como queridos, respeitados os pressupostos de existência, validade e eficácia impostos pela norma jurídica que sobre ele

121 No mesmo sentido: NERY JR. & NERY, *Código de Processo Civil comentado*, art. 190, n. 3, p. 760.

122 HUMBERTO THEODORO JÚNIOR *et alii*, *Novo CPC – fundamentos e sistematização*, n. 2, p. 72.

123 Os negócios processuais típicos, disciplinados expressamente pela lei (*v.g.*, nomeação do perito e suspensão do processo), também podem definir total ou parcialmente os seus próprios efeitos (*v.g.*, o termo *a quo* da suspensão do processo) ou os efeitos dos atos específicos a serem praticados em conformidade com tal convenção.

124 Conforme esclarece MENEZES CORDEIRO, o negócio jurídico era estranho aos romanos, que não desenvolveram propriamente uma designação técnica nem uma teoria. Mas os romanistas utilizam essa expressão "em nome de uma dogmática atual, destinada a tornar acessíveis, aos juristas de hoje, os quadros romanos" (*Tratado de direito civil*, vol. II, n. 2, p. 27).

125 *Teoria geral do negócio jurídico*, n. 3, p. 88.

incide".[126] Para Custodio Miranda, é "ato de autonomia privada, constituindo-se em comportamento normalmente adotado ou em uma ou mais declarações regularmente emitidas, que exprimem imperativos de autovinculação, juridicamente relevantes".[127] Cláudio Bueno de Godoy define-o "como sendo a manifestação de vontade voltada à obtenção de efeitos jurídicos previstos no ordenamento jurídico", relacionados a aquisição, modificação ou extinção de direitos.[128] Para José Abreu Filho, caracteriza-se "naquela relação de causalidade entre a vontade do homem e a obtenção dos efeitos jurídicos por ele pretendidos, efeitos por estes reconhecidos pelo direito. São eles sempre atos de vontade deliberada e conscientemente emitida para a obtenção de resultados desejados".[129] E, finalmente, para o civilista português Carlos Alberto Pinto, "são atos jurídicos constituídos por uma ou mais declarações de vontade, dirigias |à realização de certos efeitos práticos, com intenção de os alcançar sob tutela do direito, determinando o ordenamento jurídico a produção dos efeitos jurídicos conformes à intenção manifestada pelo declarante ou declarantes".[130]

Já o *negócio jurídico processual* pode ser definido como ato processual pelo qual dois ou mais sujeitos da relação processual, já existente ou potencial, definem de modo vinculativo e com eficácia imediata as regras processuais aplicáveis, relativas tanto ao procedimento quanto à criação, extinção ou modificação de situações jurídicas, ou, ainda, quanto aos próprios efeitos dos atos processuais a serem praticados.[131]

---

126 *Negócio jurídico*, n. 3, p. 16.

127 *Teoria geral do negócio jurídico*, n. 1.4, p. 34. Este autor nega que a vontade do agente seja determinante sobre os efeitos do negócio jurídico, ainda que seja necessária a declaração para a sua formação (n. 1.4, p. 31). Sem pretender adentrar nessa polêmica na teoria geral do direito, tem-se que toda manifestação de vontade é, sim, determinante ao menos em relação aos efeitos dos negócios jurídicos processuais, nos termos do art. 200 do Código de Processo Civil.

128 "Dos fatos jurídicos e do negócio jurídico", n. 3.1, p. 390. Este professor e desembargador paulista esclarece, ainda, que "o negócio jurídico se integra por uma declaração de vontade mais um efeito normativo que por ela se tenciona obter". Essa posição de Cláudio Godoy segue a forte tendência da doutrina pátria de considerar que a manifestação de vontade somente dá origem ao negócio jurídico se sobre esse suporte fático incidir alguma norma jurídica a lhe legitimar.

129 *O negócio jurídico e sua teoria geral*, n. 5, p. 16.

130 *Teoria geral do direito civil*, n. 94, p. 380.

131 Para Fredie Didier Jr., "é fato jurídico voluntário, em cujo suporte fático se confere ao sujeito o poder de regular, dentro dos limites fixados no próprio ordenamento jurídico, certas situações jurídicas processuais ou alterar o procedimento" ("Negócios jurídicos processuais atípicos no Código de Processo Civil de 2015", n. 1, p. 60) E, segundo Antonio Cabral, "é o negócio jurídico plurilateral, pelo qual as partes, antes ou durante o processo e sem necessidade da intermediação de nenhum

34. Natureza jurídica e normas jurídicas aplicáveis (direito material e processual)

O negócio processual é espécie de *ato processual*, ainda que em alguns casos não seja praticado dentro do processo.[132] Afinal, como todo ato processual, a convenção processual também (a) exige a expressa manifestação de vontade por sujeitos da relação processual e que se destine a produzir efeitos processuais; e (b) constitui, modifica ou extingue situações processuais (apesar de nas convenções, diferentemente dos demais atos processuais, tais situações serem futuras e eventuais). Ademais, o fato de o Código de Processo Civil ter incluído os arts. 190 e 191 no Livro destinado especificamente aos atos processuais, mesmo não sendo suficiente por si só para qualificá-los como tal, serve ao menos como indício ou reforço para essa conclusão ou, em outros termos, como um dos critérios de interpretação da vontade da lei.

E além de ato processual, ele também tem características de negócio jurídico. Tanto é assim que, em muitos casos, quando celebrado antes da existência do processo (negócio processual prévio), suas condições estão inseridas no mesmo documento do negócio jurídico material, como costuma ocorrer, *v.g.*, com a cláusula de eleição de foro. Dessa forma, conforme reconhece a doutrina, o negócio processual está em um *plano intermediário* entre o direito material e o processual, tendo natureza jurídica *híbrida*. Sujeita-se, assim, a normas tanto de direito material (civil) quanto de direito processual civil, de forma entrelaçada.[133]

---

outro sujeito, determinam a criação, modificação e extinção de situações jurídicas processuais, ou alteram o procedimento" (*Convenções processuais*, n. 1.3.5, p. 68). José Rogério Cruz e Tucci nega a possibilidade de se alterar os efeitos programados em lei (*Comentários ao Código de Processo Civil*, vol. VII, art. 357, n. 173, p. 309).

132 Reconhecem ser espécie de ato processual: Chiovenda, *Principii di diritto processuale civile*, § 52, p. 775; Cândido Dinamarco, *Instituições de direito processual civil*, vol. II, n. 748, p. 553; João Otávio Neto, *Interpretação dos atos processuais*, n. 1.3, pp. 12-13; e Antonio Cabral, *Convenções processuais*, nn. 1.3.1 e 1.3.4, pp. 59-62. Este último deixa expresso ser irrelevante eventual celebração da convenção fora do processo, pois o importante é a aptidão da vontade manifestada pelos sujeitos processuais "para produzir efeitos jurídicos no processo, ou sua referibilidade a um processo, atual ou potencial". Já para Marcelo Abelha, tratar-se-ia de *fato processual* (*Manual de direito processual civil*, n. 4.3.1, p. 325). Fredie Didier Jr. entende ser *fato jurídico* (*op. cit.*, n. 1, p. 60).

133 Barbosa Moreira, "Convenções das partes sobre matéria processual", n. 5, p. 93; e Flávio Yarshell, "Convenção das partes em matéria processual no Novo CPC", n. 2, p. 91. Nery Jr. & Nery, após afirmarem que "seus elementos de constituição e requisitos de validade são os estatuídos no direito material", reconhecem prevalecer acertadamente na doutrina atual o entendimento de que o negócio processual tem *natureza jurídica dupla*, com características a um só tempo de direito material e direito processual (*Código de Processo Civil comentado*, art. 190, n. 10, p. 761).

Seu estudo deve partir de conceitos da teoria geral dos negócios jurídicos, desenvolvida pelo direito civil (privatista) – como capacidade do agente, validade da manifestação de vontade etc. –, adaptando-os à realidade do direito processual (publicista), especialmente em relação aos requisitos de existência, validade e eficácia, de modo a não violar regras processuais cogentes, de ordem pública.[134] E nisso não há necessariamente prevalência das regras de uma ciência jurídica sobre outra, mas uma abordagem harmônica.[135]

Por definição, as convenções processuais são *atos causativos*, isto é, a vontade das partes é suficiente para criar, modificar e extinguir situações jurídicas processuais ou alterar o procedimento,[136] estando o juiz vinculado ao ali disposto independentemente de prévia homologação.[137] Como qualquer outro ato processual causativo, o negócio processual bilateral ou o plurilateral – *v.g.*, o calendário processual (art. 191) e o saneamento compartilhado do processo (art. 357, § 2º), que dependem da participação do juiz para sua validade – está sujeito ao art. 200 do Código de Processo Civil, segundo o qual os atos das partes consistentes em declarações de vontade produzem *imediatamente* a modificação de direitos (ou poderes) processuais, vinculando, assim, todos os seus partícipes independentemente de homologação judicial,[138] isto é, a vontade das partes é suficiente para vincular o juiz.

---

134 Em sentido equivalente, Antonio Cabral, *op. cit.*, n. 5.2, p. 251. Marcelo Abelha também afirma ser possível extrair do art. 190 "os requisitos normais do plano da existência, validade e eficácia de qualquer ato negocial, que, no caso, por pretender ser feito para (ou no) o processo, a sua validação depende de que esteja de acordo com o devido processo legal" (*Manual de direito processual civil*, n. 4.3.4.1.1, p. 333).

135 Conforme afirma Antonio Cabral, deve-se "combinar os dois campos atentando para suas aproximações e diferenças, a fim de extrair dessa combinação critérios para que o equilíbrio entre interesses público e autonomia das partes preserve garantias fundamentais e a efetividade do processo" (*Convenções processuais*, n. 5.2, p. 253). Para que não haja distorção de raciocínio, não se prega aqui que haja prevalência sempre de regras de direito processual, mas apenas quando essas regras forem cogentes, isto é, impositivas, de ordem pública.

136 Conforme consolidado na doutrina processual, a partir de valiosa lição de Liebman, os atos processuais são *causativos* ou *determinantes* quando "operam seu efeito na situação processual de imediato e por si próprios", e são *indutivos* quando, ao contrário, se destinam "a obter do juiz um provimento favorável e, pois, influir sobre sua convicção a respeito da procedência das razões da parte que realiza o ato" (Liebman, *Manual de direito processual civil*, vol. I, n. 115, p. 324). Para uma análise mais detalhada, v. art. 200, item 132.

137 Para rejeitar os termos da convenção, a decisão judicial deve ser fundamentada, explicitando os motivos pelos quais a vontade das partes seria viciada (inexistente, inválida ou ineficaz).

138 Nesse sentido: Antônio Cabral, *Convenções processuais*, n. 1.3.6, p. 71; e enunciado n. 133 do FPPC.

35. Atos processuais conjuntos e consentimento com o ato da parte contrária

É muito frequente, mesmo entre doutrinadores qualificados, a confusão do negócio processual com o *ato processual conjunto* das partes ou com o consentimento de uma parte com o ato processual puro da parte contrária. Essa relevante distinção não é exclusivamente acadêmica, pois tem importantes impactos práticos. Normalmente a parte pode desistir dos seus atos processuais puros praticados (*v.g.*, arts. 775 e 998), enquanto não homologados ou apreciados, salvo se a lei expressamente vedar (*v.g.*, art. 485, § 4º), mas não de uma convenção (exceto se autorizado nela própria ou se houver a anuência do outro convenente).[139]

Os *atos processuais conjuntos* são "atos estimulantes (postulativos ou indutivos), que não atingem por si só uma situação processual e que têm seus efeitos produzidos somente após a decisão judicial. Nos requerimentos conjuntos, não há vínculo contratual ou convencional, mas apenas exercício de situações processuais unilaterais".[140] Esses atos, portanto, não vinculam o juiz. É o caso, *v.g.*, dos requerimentos conjuntos de produção de determinada prova e a proposta de delimitação consensual das questões de fato e de direito (art. 357, § 2º).

A convenção processual também difere do *consentimento com ato da parte contrária* – ou mera declaração concordante –, isto é, daquela situação em que o ato unilateral da parte só produzirá o efeito disposto em lei se houver concordância do adversário. Como está na clássica doutrina de BARBOSA MOREIRA, "a diferença essencial entre os dois grupos de figuras consiste em que, nas do segundo, as declarações sucessivas não são dirigidas por uma parte à outra, nem se fundem num ato uno; há sempre dois atos distintos e unilaterais, dirigidos ao órgão judicial. Impossível, assim, identificar aí num acordo de vontades a fonte dos efeitos a cuja produção se visa".[141]

Exemplo de ato processual unilateral que depende de consentimento da parte contrária é a *desistência* da demanda (art. 485, § 4º).[142] Apesar de alguns processualistas de escol afirmarem tratar-se de negócio processual,[143] ela não

---

139 ANTÔNIO CABRAL, *op. cit.*, n. 1.3.6, p. 71.

140 ANTÔNIO CABRAL, *op. cit.*, n. 1.3.6, p. 69. Já os negócios processuais, como dito no item anterior, são atos processuais causativos ou determinantes.

141 "Convenções das partes sobre matéria processual", n. 3, pp. 89-90.

142 Novamente BARBOSA MOREIRA, "Convenções das partes sobre matéria processual", n. 3, pp. 89-90.

143 Nesse sentido divergente: HUMBERTO THEODORO JÚNIOR, *Curso de direito processual civil*, vol. I, n. 336, p. 487; FREDIE DIDIER JR., "Negócios jurídicos processuais atípicos no Código de Processo Civil de 2015", n. 1, p. 61; e PEDRO HENRIQUE NOGUEIRA, *Breves comentários ao novo Código de Processo Civil*, art. 190, n. 2, p. 660.

se enquadra na *fattispecie* do art. 190, pois não diz respeito a mudanças no procedimento ou nas situações jurídicas processuais das partes. Outro exemplo bastante comum de ato dependente é a alteração do pedido ou da causa de pedir após a citação, por estar sujeita ao consentimento do demandado para produzir efeito (art. 329, inc. II). Pode-se citar ainda a aceitação posterior pelo credor da avaliação do bem penhorado feita pelo executado (art. 871, inc. I).[144]

Já a *renúncia* (a direitos subjetivos) e o *reconhecimento do pedido*, apesar de atos unilaterais, são atos jurídicos materiais, que produzem efeitos meramente secundários e reflexos sobre o processo.[145] São também fatos processuais (e não atos processuais).[146] E, ao contrário dos negócios processuais, que produzem efeitos imediatos (art. 200), aqueles atos de disposição de direitos dependem de homologação judicial para produzirem seus efeitos programados.

36. Classificação dos negócios processuais

As convenções processuais podem sofrer diversas classificações: (a) típicas e atípicas; (b) prévias e incidentais; (c) bilaterais e plurilaterais; (d) onerosas e gratuitas; (e) instantânea e gradual; (f) completa e incompleta (ou parcial), entre outras eventualmente tratadas pela doutrina nascente. Aqui serão analisadas as principais.

37. Negócios processuais típicos e atípicos

As convenções *típicas* (ou nominadas) são aquelas fundadas em autorização expressa da lei para as partes ajustarem entre si a modificação de *regras processuais específicas* ou para decidirem sobre algumas questões secundárias, em substituição ou em conjunto com o juiz. Não tem fundamento legal, portanto, no art. 190. São exemplos de negócio processual típico: eleição de foro (art. 63), calendário processual (art. 191),[147] suspensão consensual do

144 Antonio Cabral, todavia, menciona este último exemplo como hipótese de negócio processual formado por declarações sucessivas de vontade (*Convenções processuais*, n. 5.4.3, p. 262).

145 Nesse sentido: Pontes de Miranda, *Tratado de direito privado*, vol. III, n. 278.1, pp. 137-138; Cândido Dinamarco, *Instituições de direito processual*, vol. III, n. 1.118, p. 315. Como diz Moniz de Aragão: "a renúncia, no plano do Direito Material, é por ele regulada e seus efeitos, estes, sim, podem atingir o processo" (*Comentários ao Código de Processo Civil*, n. 560, p. 473). Parte da atual doutrina processualista, todavia, entende tratar-se de negócio processual. Especificamente quanto à renúncia: Fredie Didier Jr., "Negócios jurídicos processuais atípicos no Código de Processo Civil de 2015", n. 1, p. 61.

146 Nesse sentido: Cândido Dinamarco, *Instituições de direito processual*, vol. II, n. 749, p. 556.

147 O calendário processual e o saneamento compartilhado do processo, diferentemen-

processo (arts. 313, inc. II, e 922), saneamento compartilhado do processo (art. 357, § 3º, respectivamente), adiamento negociado da audiência (art. 362, inc. I), distribuição convencional do ônus da prova (art. 373, §§ 3º e 4º), escolha consensual do perito (art. 471), liquidação de sentença por arbitragem (art. 509, inc. I), pacto de impenhorabilidade (art. 833, inc. I) e escolha do administrador depositário e da forma de administração de empresa penhorada (art. 862, § 2º).

As convenções *atípicas* (ou inominadas), ao contrário, são fruto da autorização *genérica* contida no art. 190 do Código de Processo Civil, de aplicação geral, o qual dá amplos poderes para as partes alterarem consensualmente o procedimento ou extinguirem, modificarem ou constituírem suas situações jurídicas processuais, em hipóteses não especificadas. Há aqui um campo para a maior criatividade das partes e de seus advogados, permitindo-lhes adequar as regras processuais de acordo com a especificidade do caso – desde que presentes os seus requisitos de existência, validade e eficácia.

As principais *diferenças* entre a convenção típica e a atípica são apenas eventuais, não se fazendo presente em toda e qualquer situação. Nesse sentido, alguns negócios processuais típicos, diferentemente dos atípicos em geral, (a) dependem da *participação direta do juiz* – são os negócios processuais plurilaterais, como o calendário processual (art. 191) e o saneamento compartilhado em audiência (art. 357, § 3º);[148] (b) não regulam o procedimento nem tratam de situações processuais – requisito existencial dos atípicos.

Contudo, há muito mais características em comum do que diferenças entre elas. Pode-se traçar verdadeira *teoria geral dos negócios processuais*, aplicável indistintamente às duas espécies. O art. 190 indica alguns requisitos formais de modo superficial e incompleto, enquanto os dispositivos legais relativos aos negócios processuais típicos são ainda mais omissos. Cabe à doutrina a tarefa de indicar os requisitos comuns e específicos. Em outras palavras, "o art. 190 pode servir como parâmetro interpretativo" aos acordos processuais típicos, "até porque contêm limites genericamente aplicáveis a todas as convenções processuais (como a vulnerabilidade)".[149] O contrário também é verdadeiro, sempre como "parâmetro interpretativo".

---

te da enorme maioria das convenções processuais, dependem da participação do juiz para serem válidos e eficazes. Por isso, são considerados negócios plurilaterais.

148 A hipótese do art. 357, § 2º ("As partes podem apresentar ao juiz, para homologação, delimitação consensual das questões de fato e de direito") não é um negócio processual, mas um *requerimento conjunto*, justamente por depender de homologação para produzir efeitos (v. adiante, item 35).

149 ANTONIO CABRAL, *Convenções processuais*, n. 5.12, p. 330.

Exemplificando, as duas espécies de negócio processual dependem da participação de todos os sujeitos parciais para ser eficaz, pois não se pode impor alteração na regra processual sem a participação de todos aqueles que terão sua esfera de direitos prejudicada pela convenção (v. item 60). Porém, especificamente na suspensão convencional de prazos processuais no processo de execução ou de cumprimento de sentença, os arts. 921, inc. I, e 922 dispensam a concordância dos litisconsortes passivos para a convenção produzir seus efeitos, tendo o credor disponibilidade sobre o procedimento.[150] Outros requisitos dessa convenção típica, porém, serão comuns àquelas regidas pelo art. 190, inclusive quanto à desnecessidade de homologação judicial para produzir efeitos imediatos, nos termos do art. 200.

38. Negócios processuais prévios e incidentais

As convenções processuais podem ser celebradas antes do surgimento do conflito e do ajuizamento de um processo judicial – sendo elas, portanto, extrajudiciais –, ou então já no curso de um processo. No primeiro caso, fala-se em negócios processuais prévios e, na segunda situação, em negócios processuais incidentais, ou interlocutórios. Mas a natureza jurídica e os efeitos processuais de ambos são iguais, sendo diverso apenas o momento de sua celebração.[151]

O negócio processual prévio, ou pré-processual, costuma ser celebrado no mesmo documento do negócio jurídico material ao qual está vinculado, mas nada impede de constar em qualquer outro momento, firmado antes do ajuizamento da demanda. Pode, *v.g.*, estar contido em pacto pré-nupcial, contrato de compra e venda, contrato de seguro, de mandato ou de representação comercial, no estatuto social da empresa, em contrato de relação de consumo (neste caso, com alguns cuidados adicionais relativos à proteção do consumidor) e em aditivo ou anexo a esses contratos. Em qualquer hipótese, o objeto da convenção processual prévia deve ser preciso e determinável já no momento da celebração, isto é, deve claramente dizer respeito a determinada relação

---

150 Araken de Assis afirma ser dispensável neste caso a concordância não só de litisconsortes passivos, mas também dos litisconsortes *ativos* (*Manual da execução*, n. 164, p. 726). Todavia, os demais credores têm, sim, que concordar com eventual suspensão do processo, pois eles podem ter interesse autônomo no prosseguimento do processo.

151 Para Trícia Cabral, todavia, as convenções processuais celebradas fora dos autos teriam "natureza jurídica de direito material, ficando os efeitos processuais condicionados à sua integração ao processo", enquanto as incidentais "é ato de natureza processual" ("Reflexos das convenções em matéria processual nos atos judiciais", n. 4, p. 226).

jurídica material ou conflito e não a qualquer litígio envolvendo as partes contratantes (v. a seguir, item 47).

A eficácia plena da convenção prévia está sempre condicionada, em primeiro lugar, ao próprio ajuizamento de um processo judicial, mas também pode estar condicionada à ocorrência de certos eventos do processo – *v.g.*, a escolha consensual de um perito está condicionada ao deferimento de perícia.

Na prática, a utilização das convenções prévias tende a tornar-se muito mais frequente do que as incidentais. Depois de instaurado o litígio, usualmente ou as partes fazem acordo global, para solucionar toda a controvérsia material, ou dificilmente há ambiente para elas negociarem alterações relevantes no desenvolvimento da relação processual. Daí a descrença da comunidade jurídica em relação a esta segunda espécie. Ademais, alguns negócios prévios podem até mesmo ter por objetivo evitar a instauração do processo, como a estipulação de mediação prévia necessária.

As convenções processuais incidentais podem ser celebradas extrajudicialmente e trazidas aos autos em conjunto pelas partes ou por qualquer delas, hipótese em que o juiz deverá abrir vista ao adversário para se manifestar. Ou podem ser firmadas na sede do juízo, durante a realização de audiência, e reduzidas a termo.

Enfim, não existe momento predeterminado para a celebração da convenção processual, sendo exigível apenas que venha aos autos em momento cronologicamente *anterior* à realização do ato processual programado. Tal afirmação deve ser compreendida em dois sentidos.

Primeiramente, como garantia de *previsibilidade do procedimento*. Conforme está na clássica doutrina de NIKLAS LUHMANN, a predefinição do procedimento a ser seguido legitima o resultado de qualquer processo,[152] isto é, "a garantia da correta outorga da tutela jurisdicional está, precisamente, no conhecimento prévio do caminho a ser percorrido".[153] Se fosse permitido às partes definir *a posteriori* os atos processuais que deveriam ter sido praticados e não foram, estar-se ia permitindo transformar o processo em terreno de armadilhas e surpresas, o que definitivamente não é o escopo do Código de Processo Civil de 2015 (v. especialmente arts. 5º, 7º, 10 e 14, entre outros). Seria inconcebível, *v.g.*, convencionar a redução de prazos processuais, de modo a não mais ser faticamente possível praticá-lo.

De outro lado, também não é possível, por ato convencional das partes, dar *marcha a ré* no processo, para alterar retroativamente o procedimento ou

---

152 *Legitimação pelo procedimento.*

153 STJ, 5ª T., RMS n. 8.005-SC, rel. Min. GILSON DIPP, j. 6.4.2000, v.u.

permitir a prática de algum ato processual precluso pela parte. Assim, seria ilegítimo permitir o réu revel de apresentar contestação ou as partes interporem apelação contra sentença já transitada em julgado.

39. Negócios processuais gratuitos e onerosos

Como bem explica Antônio Cabral, "nos acordos gratuitos, para uma parte haverá apenas benefícios e, para a outra parte, apenas sacrifício. Já nos acordos onerosos, ambas as partes obtêm benefício à custa de um sacrifício".[154] As primeiras equivalem à lesão, vício social do negócio jurídico segundo o qual um dos participantes se aproveita de premente necessidade ou da falta de experiência do outro.

Como facilmente se percebe, as convenções processuais gratuitas tendem a gerar um injusto desequilíbrio de força entre as partes e, por isso, em princípio, são nulas.[155] É o caso, *v.g.*, da renúncia prévia a eventual recurso apenas por um dos sujeitos, sem contrapartida. Nesse sentido, o art. 632º-1 do CPC português dispõe ser "lícito às partes renunciar aos recursos; mas a renúncia antecipada só produzirá efeitos se provier *de ambas as partes*".

Justamente por isso a convenção onerosa é muito mais utilizada, sujeitando muitas vezes, mas não obrigatoriamente, ambas as partes às mesmas condições (*v.g.*, escolha consensual do perito ou suspensão de todos os prazos processuais).

Antonio Cabral exemplifica hipótese de convenção onerosa com o acordo de diminuição do valor da condenação em troca da prévia renúncia a eventual recurso pelo credor.[156] Como se extrai desse exemplo, a convenção onerosa pode considerar simultaneamente, para fins de aferição do desejável equilíbrio entre as partes, elementos de direito material e de direito processual. Vale dizer, não se pode afirmar que o negócio processual é gratuito – e muito menos abusivo – só porque apenas uma das partes renunciou a determinado ônus ou poder processual, pois se deve considerar o ato jurídico como um todo. Segundo clássica lição de Barbosa Moreira, a convenção processual é *ato uno*, cujas declarações de vontade se fundem em entidade nova.[157] Esta é, inclusive, uma importante regra de hermenêutica (v. a seguir, item 67).

---

154 *Convenções processuais*, n. 1.4.3, p. 81.

155 Marinoni-Arenhart-Mitidiero afirmam que "acordos que importem renúncias sem benefício correlato proporcional são nulos" (*Novo Código de Processo Civil comentado*, art. 190, n. 2, p. 244). Mas essa não é uma regra absoluta.

156 *Op. loc. cit.*

157 "Convenções das partes sobre matéria processual", n. 3, p. 89.

Nessa linha, pode ser dado outro exemplo de convenção onerosa, agora considerando a alteração de diferentes situações processuais (sem impactar o direito material): a renúncia prévia pelo réu ao prazo de apelação em troca de lhe aumentar os demais prazos do processo, como o de contestação e o de pagamento da condenação.

Para tanto e a fim de evitar equivocada declaração de nulidade (em decorrência de suposta gratuidade da disposição), é recomendável fazer constar expressamente no próprio documento negocial a relação entre a vantagem concedida a uma parte e a concedida a outra.

De todo modo, nem sempre a convenção gratuita será automaticamente nula. Assim, se *beneficiar a parte mais fraca* da relação (*v.g.*, um consumidor ou um idoso), ela eventualmente poderá servir apenas para equilibrar as forças, gerando com isso verdadeira *igualdade material* entre os litigantes. Nesse caso, a convenção pela qual, *v.g.*, apenas o fornecedor renuncia a eventual efeito suspensivo automático da apelação será válida, apesar de inexistir reciprocidade ou recompensa. Contudo, será nula a cláusula por meio da qual o fornecedor assume condição excessivamente onerosa, gerando-lhe o cerceamento do direito de defesa, como a renúncia antecipada à produção de provas, pois violadora de norma de ordem pública.

Especificamente sobre a convenção sobre a *distribuição do ônus da prova*, apesar de em princípio ser um negócio processual gratuito, ela, em princípio, é válida. Além de estar tipificada em lei, ela pode ter sido estipulada junto com o negócio jurídico material em razão da percepção pelas partes de que o novo onerado teria mais condições técnicas de produzir determinada prova, ou para compensar alguma vantagem material, como um desconto ou sobrepreço. Mas essa motivação, repete-se, deve constar expressamente na convenção, para facilitar a análise de sua proporcionalidade e, portanto, validade.

40. Negócios processuais bilaterais e plurilaterais

O negócio processual pode ser bilateral ou plurilateral. Por ser ato uno formado a partir da soma das declarações de vontade (BARBOSA MOREIRA), *inexiste negócio processual unilateral.*[158]

---

158 "Os atos processuais distinguem-se dos negócios processuais pela unilateralidade dos primeiros em relação aos segundos", que são bilaterais ou plurilaterais (MARCELO ABELHA, *Manual de direito processual civil*, n. 4.3.1, p. 325). Não se admite, portanto, a alteração do procedimento ou a criação, modificação ou extinção de situações processuais por meio de *testamento*. E, como já dito anteriormente (item 35), desistência da demanda e do recurso não é negócio processual (unilateral). A renúncia ao direito em que se fundam a pretensão e o reconhecimento jurídico do pedido, por sua vez, são atos de direito material – tanto que sua homologação se dá

Na generalidade das situações, a convenção processual é ato *bilateral*, formada pelas declarações de vontade do demandante e do demandado – *v.g.*, a suspensão convencional de prazo processual ajustada entre todas as partes. A existência de vários litisconsortes participando do negócio processual não o torna plurilateral por si só, pois continua a haver apenas dois lados da relação processual.

Contudo, há situações em que o negócio processual (incidental) há de ser necessariamente *plurilateral*, com a participação obrigatória do juiz na sua formação para produzir efeitos.[159] Tais são as *decisões compartilhadas*, que contribuem para a melhor gestão do processo. Como qualquer negócio processual, seu objeto limita-se às matérias processuais – as de mérito são tratadas por meio de transação pelas partes e homologadas pelo juiz (art. 487, inc. III, letra *b*). E devem ser obrigatoriamente assinadas por advogado constituído nos autos, pois são estes, e não as partes, que detêm a técnica processual.[160]

O calendário processual (art. 191) e a delimitação consensual das questões controvertidas (art. 357, § 3º)[161] são decisões compartilhadas *típicas*.[162]

Apesar de a legislação processual não ser expressa, admitem-se também as decisões compartilhadas *atípicas*, sem prévia e específica autorização legal. O art. 190 faz referência apenas à convenção sobre procedimento e sobre as situações processuais, hipóteses diversas da aqui tratada – apesar de trazer ao direito processual a valoração da vontade das partes. Na verdade, o fundamento jurídico para sua admissibilidade está contido no *princípio do contraditório*, que atualmente contém em si a exigência de *diálogo* entre todos os sujeitos proces-

---

por decisão de mérito (art. 487, inc. III, letras *a* e *c*), sujeita à incidência de coisa julgada material.

159 Em sentido contrário: "o juiz nunca foi, não é e nem tampouco poderá ser sujeito de negócio jurídico material ou processual que lhe seja dado conhecer no exercício da judicatura, especialmente porque os negócios jurídicos processuais atípicos autorizados pelo novo CPC são *apenas os bilaterais*, isto é, àqueles celebrados entre os sujeitos processuais parciais" (STJ, 3ª T., REsp n. 1.738.656-RJ, rel. Min. Nancy Andrighi, j. 3.12.2019, v.u.).

160 O art. 26 da Lei n. 13.140/2015 (Lei da Mediação) dispõe que, nas audiências de conciliação e mediação judicial, "as partes deverão ser assistidas por advogados ou defensores públicos".

161 Leonardo da Cunha também classifica a hipótese do art. 357, § 3º, como negócio plurilateral típico (*Negócios jurídicos processuais no processo civil brasileiro*, n. 5.2, p. 55).

162 A delimitação consensual das questões de fato e de direito pelas partes (art. 357, § 2º: "As partes podem apresentar ao juiz, para homologação, delimitação consensual das questões de fato e de direito a que se referem os incisos II e IV, a qual, se homologada, vincula as partes e o juiz") não é negócio processual plurilateral, mas mero requerimento conjunto, que não vincula o juiz. Mas igualmente contribui para a gestão do processo.

suais (junto com o procedimento e a relação processual); no *princípio da colaboração*, segundo o qual "todos os sujeitos do processo devem cooperar entre si para que se obtenha, em tempo razoável, decisão de mérito justa e efetiva" (art. 6º);[163] e no *princípio da solução consensual*, extraído de diversos dispositivos da legislação processual, em especial do art. 3º, § 2º, do Código de Processo Civil: "o Estado promoverá, sempre que possível, a solução consensual dos conflitos"). Esses princípios e dispositivos indicam o dever de o juiz tentar obter em conjunto com as partes não apenas a solução final do litígio, por meio de transação, mas também os *melhores caminhos processuais* para se chegar a uma sentença mais justa, eficiente e tempestiva.

Portanto, as partes e o juiz (ou tribunal) podem, em conjunto, *v.g.*, solucionar as questões processuais pendentes, sanando-as, se possível e necessário; delimitar o objeto do processo, tratando, inclusive, de eventual alteração da causa de pedir ou pedido; definir as questões de fato e de direto controvertidas e incontroversas; definir as provas a serem produzidas e o respectivo prazo; e admitir ou não o ingresso de *amicus curiae*, definindo seus poderes (art. 138).

São inúmeras as vantagens dos negócios processuais plurilaterais: (a) melhor qualidade da decisão, fruto justamente da participação de todos; (b) celeridade, pois evita a oposição de embargos de declaração e interposição de outros recursos, na medida em que as partes sequer têm interesse recursal;[164] (c) estímulo ao cumprimento voluntário da decisão etc.[165]

41. Negócios processuais instantâneos e graduais

Quando o negócio processual é fruto de declarações *simultâneas* de vontade das partes, ele surge instantaneamente como fato processual – para tornar-se ato processual, porém, ele depende de sua apresentação em juízo.

Por outro lado, ele também pode ser fruto de declarações manifestadas *sucessivamente* pelas partes, em momentos diversos, como reconhece ANTONIO CABRAL.[166] Diz-se, então, que é gradual. É o que ocorre, *v.g.*, nos contratos de

---

163 "No âmbito do gerenciamento do processo, o princípio da cooperação incide como guia em relação à participação das partes entre si e com o juiz, e do juiz com as partes quanto à condução da marcha processual e suas técnicas" (CLÁUDIA CAHALI, *O gerenciamento de processos judiciais*, n. 5.5, p. 153).

164 Nesse sentido, dispõe o art. 191, § 1º: "o calendário vincula as partes e o juiz...". O recurso da parte implicaria, inclusive, comportamento contraditório, sujeito a multa por litigância de má-fé. Porém, em situações muito excepcionais, quando tiver sido violada relevante norma de ordem pública que comprometa o processo, o tribunal pode anular de ofício a decisão compartilhada.

165 O calendário processual dispensa, ainda, a intimação das partes (art. 191, § 2º) e gera maior previsibilidade do tempo de duração do processo.

166 *Convenções processuais*, n. 5.4.3, p. 262.

adesão e quando uma parte propõe por escrito a celebração de determinada convenção e a outra responde expressa e tempestivamente aceitando a proposta (CC, art. 434: "os contratos entre ausentes tornam-se perfeitos desde que a aceitação é expedida"). Essa resposta, como em qualquer negócio jurídico, deve ser manifestada enquanto a proposta estiver pendente – dentro do prazo estipulado de vigência e antes de eventual retratação do proponente.

A proposta de negócio processual pode, inclusive, ser feita por meio de *oferta ao público* em geral (CC, art. 429), em especial por fornecedor de produtos ou serviços, hipótese na qual a concordância pode ser eventualmente manifestada apenas no processo, se pelas circunstâncias não for razoável exigir do destinatário da proposta a sua prévia concordância – *v.g.*, se constante em anúncio publicitário.

42. Negócios processuais completos e incompletos

Quando as partes convencionam alguma regra processual estipulando todos os elementos necessários à sua aplicação, independentemente de qualquer complementação pelo juiz, o negócio processual pode ser definido como *completo*.

Por outro lado, sendo necessária a atuação judicial para completar-lhe o sentido ou a extensão, em razão da omissão intencional, ou não, das partes, está-se diante de negócio processual *incompleto* ou *parcial*. Ou seja, conforme já afirmou o STJ, nesse caso, cabe ao juiz "decotar, quando necessário, as questões que não foram expressamente pactuadas pelas partes e que, por isso mesmo, não podem ser subtraídas do exame do Poder Judiciário".[167]

43. Defeitos dos negócios processuais

Tanto nos negócios jurídicos substanciais quanto nos processuais prevalece a *liberdade de contratar* como forma de livre manifestação de vontade,[168] ou

---

167 STJ, 3ª T., REsp n. 1.738.656-RJ, rel. Min. Nancy Andrighi, j. 3.12.2019, v.u.

168 Conforme consta na lição de Pontes de Miranda, "chama-se princípio da liberdade de contratar o de se poderem, livremente, assumir deveres e obrigações, ou de se adquirirem, livremente, direitos, pretensões, ações e exceções oriundos de contrato; e princípio da autonomia da vontade, o de escolha, a líbito, das cláusulas contratuais. No fundo, os dois princípios prendem-se à liberdade de declarar ou manifestar a vontade com eficácia vinculante e de se tirar proveito das declarações ou manifestações de vontade alheias, recepctícias ou não. O direito longe está (e sempre esteve) de adotar esses princípios como absolutos: sofrem eles, e sempre sofreram, limitações. A própria existência de tipos de negócios jurídicos limita-os. Limita-os, também, a natureza cogente (*ius cogens*) de certas regras" (*Tratado de direito privado*, vol. III, n. 257.2, pp. 63-64).

seja, "o indivíduo é livre para celebrar os negócios jurídicos que quiser, para criar por seu ato de vontade uma situação jurídica, que lhe confira deveres ou deveres, e dentro desta sua esfera de interesses, a ninguém é dado interferir".[169] Todavia, essa liberdade é relativa, limitada, em especial por normas de ordem pública, de força cogente.

Assim como os negócios jurídicos substanciais, as convenções processuais também devem ser analisadas a partir do plano da *existência*, da *validade* e da *eficácia*,[170] que se sucedem logicamente. A doutrina processualista, porém, não tem se debruçado suficientemente sobre a distinção entre essas três categorias de vícios processuais, muitas vezes tratando-as indistintamente como nulidade ou invalidade. E, ainda quando reconhece esses três planos, não costuma analisar concretamente a distinção entre eles. MARCELO PACHECO MACHADO, ANTONIO CABRAL, MIRNA CIANCI e BRUNO MEGNA estão entre os poucos a reconhecer essas três espécies de defeitos.[171] FLÁVIO YARSHELL refere-se à existência e à validade, mas se omite sobre a eficácia.[172]

Nos próximos itens serão analisadas separada e detidamente cada uma dessas três categorias e seus requisitos. Em seguida, será demonstrada a necessidade de preservação (ou conservação) dos negócios processuais quando, apesar de irregular, sua incidência não gerar qualquer prejuízo, bem como

---

169 RICARDO APRIGLIANO, *Ordem pública e processo*, n. 2.1, p. 15.

170 Entre os precursores dessa tríplice divisão dos defeitos dos negócios jurídicos estão HANS KENSEN e PONTES DE MIRANDA. Mas foi ANTONIO JUNQUEIRA DE AZEVEDO quem melhor desenvolveu essa teoria, em sua clássica obra *Negócios jurídicos*. RENAN LOTUFO, assim como outros respeitáveis civilistas (*v.g.*, MOREIRA ALVES), porém, não reconhece a inexistência do negócio jurídico, de forma que haveria apenas dois planos (validade e eficácia), "como proposto pela comissão que elaborou o Projeto do Código Civil, o que restou aprovado no texto legal" (*Código Civil comentado*, art. 104, p. 280). Mas, apesar dessa divergência doutrinária, a teoria dos três planos é a mais adequada e por isso é adotada nestes comentários. Essa distinção em três planos, porém, não é válida para os demais atos processuais das partes, pois, segundo a doutrina, seus defeitos são apenas de inexistência ou ineficácia, sendo a nulidade reservada aos atos dos juízes (CÂNDIDO DINAMARCO, *Instituições de direito processual civil*, vol. II, n. 834, p. 688). E, diferentemente dos atos jurídicos materiais, os processuais podem produzir efeitos enquanto não reconhecido o seu defeito.

171 Nesse sentido: MARCELO PACHECO MACHADO, *Código de Processo Civil anotado*, art. 190, n. II.1, p. 301; ANTONIO CABRAL, *Convenções processuais*, n. 5.4, p. 255 – mas, salvo melhor juízo, ele não faz abordagem específica sobre a eficácia e suas peculiaridades; e MIRNA CIANCI e BRUNO MEGNA não indicam os requisitos específicos dos três planos do negócio processual, pois entendem ser aplicáveis os mesmos requisitos contidos na teoria geral dos negócios jurídicos materiais ("Fazenda Pública e negócios jurídicos processuais no novo CPC", n. 2.2, p. 487).

172 "Convenção das partes em matéria processual: rumo a uma nova era?", n. 2, pp. 65 ss.

verificados alguns aspectos da decisão judicial que reconhece ou afasta sua aplicação no processo.

44. Existência

Apesar da omissão do Código Civil e do Código de Processo Civil no trato deste assunto, são juridicamente inexistentes os negócios jurídicos (materiais ou processuais) que, mesmo existentes no mundo dos fatos, não preencherem os requisitos mínimos essenciais para sua constituição. Ou seja, apesar da aparência de negócio jurídico, o ato não reúne seus pressupostos essenciais.

No direito privado, Custodio Miranda indica como elementos de sua existência a declaração de vontade (desdobrada em conteúdo e forma) e os sujeitos (declarante e declaratório).[173] José Abreu Filho, relatando controvérsia na doutrina estrangeira a respeito do reconhecimento dessa categoria de defeito do negócio jurídico, aponta apenas a declaração de vontade e o objeto como elementos essenciais.[174] Essa também é a posição de Cláudio Bueno de Godoy.[175]

Foi Antonio Junqueira de Azevedo quem melhor desenvolveu a distinção e a natureza jurídica das três espécies de vícios do negócio jurídico, apesar de sua teoria não ser aceita pacificamente na doutrina civilista. Para ele, os *elementos intrínsecos* (ou constitutivos) da existência de qualquer negócio jurídico substancial são a forma (escrita, oral, mímica, por meio do silêncio), o objeto (conteúdo) e as circunstâncias negociais;[176] e os *elementos extrínsecos* (ou pressupostos) são o tempo, o lugar e o agente (capacidade e legitimidade).[177]

Apesar de os regimes de invalidades do direito material e do direito processual serem diferentes, os requisitos de existência do *ato processual* são parecidos com estes indicados pelo professor Junqueira: "(a) conter a forma determinada em lei; (b) ter sido realizado por sujeito qualificado; (c) manifestar a vontade desse sujeito; e (d) ter objeto juridicamente admissível (lícito)".[178]

---

173 *Teoria geral do negócio jurídico*, n. 3, pp. 47 ss. Para ele, o objeto seria um pressuposto, não um elemento integrante de sua estrutura negocial (p. 54).

174 *O negócio jurídico e sua teoria geral*, n. 69, p. 362.

175 "Dos fatos jurídicos e do negócio jurídico", n. 4, p. 648. Para ele, havendo coação, não há declaração de vontade e, portanto, o negócio jurídico seria inexistente. Todavia, seguindo corrente majoritária, adota-se nestes comentários o entendimento de que tal vício de manifestação de vontade torna o ato inválido, mas juridicamente existente.

176 *Negócio jurídico*, n. 2.2, p. 32.

177 *Op. cit.*, n. 2.2, p. 33.

178 Pedro Dinamarco, *Código de Processo Civil interpretado*, art. 243, n. 3.1, p. 709. No mesmo sentido: Cândido Dinamarco, *Instituições de direito processual civil*, vol. II, n. 836, p. 690. Segundo este, "em cinco situações básicas o ato processual é juridica-

Os elementos essenciais para a existência do *negócio processual* – espécie de ato processual, como já dito – são os elementos exigidos para a convenção produzir o mínimo de efeitos: (a) manifestação de vontade expressa, (b) manifestada de forma *escrita*, e (c) objeto genericamente autorizado em lei, isto é, relacionado especificamente à mudança no procedimento ou à criação, modificação ou extinção de situações jurídicas processuais (ônus, poderes, faculdades e deveres).[179] Evidentemente, o magistrado tem o dever de fiscalizar *ex officio* a presença de todos esses requisitos.

A expressa manifestação de vontade, como exteriorização da autonomia da vontade, é o elemento central de todo e qualquer negócio jurídico e não poderia ser diferente no negócio processual. Ela demonstra ter havido efetiva convergência de vontades entre os litigantes a respeito das regras processuais aplicáveis. Por isso, a convenção é inexistente se a vontade for manifestada apenas pelos demandantes ou apenas pelos demandados, sem o consentimento dos adversários – assim como são inexistentes as decisões judiciais proferidas em processo sem a possibilidade de participação do demandado, as quais podem ser desconsideradas a qualquer tempo por meio de simples ação declaratória (e não por ação rescisória).

> A manifestação de vontade pressupõe *liberdade* na decisão de celebrar ou não a convenção processual, de estipulação do seu conteúdo e dos seus efeitos, bem como a plena consciência a respeito de seus termos e de suas consequências.[180] Mas a ausência desses três elementos gera a *nulidade* do negócio processual, e não sua inexistência. Tampouco é inexistente o negócio pro-

---

mente inexistente: a) quando não está ligado à vontade de seu aparente autor (falta de assinatura), b) quando o agente não tem mínimas condições, perante o direito, para realizar o ato; c) quando o ato não contém conclusão alguma (petição inicial em pedido, sentença em dispositivo), d) quando dita resultado materialmente impossível ou e) quando o resultado ditado afronta normas superiores de proteção ao Estado ou ao ser humana" (*Instituições...*, vol. II, n. 836, p. 692).

179 Além desses elementos, FLÁVIO YARSHELL acrescenta a capacidade do agente (que melhor se enquadra como requisito de validade), a data da celebração (eventualmente relevante apenas para a verificação da capacidade civil do agente, podendo ser objeto de prova posterior) e o lugar (que se mostra irrelevante), ("Convenção das partes em matéria processual: rumo a uma nova era?", n. 2, p. 65-69). Para ANTÔNIO CABRAL, os requisitos de existência seriam apenas: "a) manifestação da vontade de duas ou mais pessoas em diversos centros de interesses (pois a convenção é um negócio jurídico bilateral ou plurilateral); b) consentimento dos convenentes" (*Convenções processuais*, n. 5.4, pp. 255-256), desconsiderando a forma e o objeto do ato. Contudo, o consentimento não deixa de ser um elemento intrínseco da própria manifestação de vontade e o vício na sua manifestação torna o negócio anulável (v. a seguir, item 56).

180 ANTONIO CABRAL, *Convenções processuais*, n. 5.4.1, p. 258.

cessual simulado – com declarações que manifestamente não correspondem à vontade das partes –, mas nulo, podendo gerar sanções aos convenentes.[181]

Da indispensabilidade de manifestação expressa de vontade decorre ser inadmissível presumir a concordância com o negócio processual em razão do *silêncio* da parte, sendo inaplicável, aqui, a regra do art. 111 do Código Civil.[182] O direito processual só admite alguma presunção quando isso decorrer de lei, direta ou indiretamente, não tolerando, assim, surpresas e armadilhas para as partes – os arts. 9º e 10 são boas demonstrações dessa realidade. Ademais, nem sempre o Código de Processo Civil trata o silêncio como concordância (como aquela decorrente da revelia), havendo também situações nas quais implica a *discordância* do silente: (a) no parágrafo único do art. 154, relativa à recusa à proposta de autocomposição; e (b) no art. 1.017, que acrescentou o art. 216-A, § 2º, na Lei de Registros Públicos, relativo à manifestação dos titulares de direitos reais e de outros direitos registrados ou averbados sobre eventual concordância com o usucapião extrajudicial.

De todo modo, conforme princípio geral tanto do direito processual civil (CPC, art. 188) quanto do direito civil (CC, art. 107), prevalece no negócio jurídico processual a *liberdade de forma*, salvo quando a lei exigir forma especial,[183]

181 Para Antônio Cabral, todavia, a falta de seriedade das declarações corresponderia à ausência de voluntariedade negocial e, por esse motivo, o negócio processual seria inexistente (*op. cit.*, n. 5.4.4, p. 263). Não resta claro, todavia, se ele se refere ao ato simulado ou à reserva mental de um dos contratantes.

182 Nesse sentido: Flávio Yarshell, "Convenções das partes em matéria processual: rumo a uma nova era?", n. 3, p. 65. Na jurisprudência, o STJ já deixou de homologar uma sentença arbitral estrangeira por inexistência de convenção arbitral escrita que demonstrasse a aceitação expressa a essa forma de solução de controvérsia (STJ, Corte Especial, SEC n. 967-EX, rel. Min. José Delgado, j. 15.2.2006, v.u.). Em sentido contrário, admitindo o silêncio como manifestação de vontade para a formação da convenção processual: Antonio Cabral, *Convenções processuais*, n. 5.4.2, p. 261. Marcelo Pacheco Machado afirma, com apoio especialmente nos arts. 111 e 422 do Código Civil, que, se antes do processo uma parte encaminhar carta ao adversário chamando-o à conciliação ou mediação, seria razoável interpretar o silêncio como negativa tácita à proposta, formando-se ali verdadeira convenção processual prévia, apta a dispensar a audiência preliminar disposta no art. 334 ("Como escapar da audiência de conciliação ou mediação do novo CPC"). Mas seu raciocínio é confessadamente contaminado pela busca de uma brecha para "escapar da audiência de conciliação ou mediação", que a lei considera de suma importância, sendo taxativa em dispensá-la somente "se ambas as partes manifestarem, *expressamente*, desinteresse na composição consensual" (art. 334, § 4º, inc. I). Ademais, como dito anteriormente, em direito processual qualquer presunção deve estar disposta em lei, sendo insuficiente aqui a norma geral de direito civil.

183 Nesse sentido: Barbosa Moreira, "Convenções das partes em matéria processual", n. 6, p. 94. O processualista carioca anota ainda que "são excepcionais as regras cogentes de forma relativas a convenções entre os litigantes".

podendo ser indiscriminadamente celebrado por instrumento público ou particular, por petição conjunta das partes ou reduzido a termo pelo juízo. Pode também ser fruto de uma proposta e de posterior anuência em outro documento ou petição.

De fato, assim como qualquer outro ato processual das partes, as convenções processuais jamais precisam ser obrigatoriamente celebradas por *escritura pública*, para serem tidas como existentes ou válidas.[184] Essa formalidade é estranha ao direito processual. Quando ele exige prova por documento público (*v.g.*., art. 406), o faz apenas em decorrência de regra do direito material (*v.g.*, CC, arts. 108, 807 e 2.015).

Usualmente, a convenção processual consta no corpo do próprio contrato celebrado pelas partes, em petição conjunta ou reduzida a termo pelo juiz ou seu auxiliar, quando celebrada em audiência. Contudo, é admissível qualquer outro meio de documentação que confira segurança a respeito dos seus termos e da ocorrência de manifestação de vontade, como troca de *e-mails* e cartas ou disposição em estatuto social de empresa.[185]

O segundo requisito para o negócio processual existir juridicamente é ele ser formalizado *por escrito*.[186] O art. 63, § 1º, do Código de Processo Civil é expresso ao impor esse requisito para a eleição de foro produzir efeitos processuais; e, apesar da omissão do art. 190, essa regra se estende a toda e qualquer convenção processual. Mas ela não precisa constar necessariamente em via física (papel), podendo ser registrada em *suporte eletrônico* que permita conferir a autenticidade da manifestação de vontade e sua posterior reprodução, quando necessária – *v.g.*, contratos de compra ou de empréstimo assinados em sítios eletrônicos.[187]

O importante, no caso, é a comprovação a respeito do teor do negócio processual não depender de dilação probatória demorada e a segurança a respeito da sua celebração e de seus termos. Suspender o procedimento judicial

184 Nesse sentido: Flávio Yarshell, "Convenção das partes em matéria processual: rumo a uma nova era?", n. 11, p. 73.

185 Em princípio, o negócio processual deve ser redigido em língua portuguesa, como os atos e termos do processo em geral (art. 192). Porém, se redigido em outra língua, bastará sua tradução pela forma indicada no parágrafo único do art. 192, como qualquer outro documento.

186 Fernando Gajardoni aborda os defeitos do negócio processual apenas no plano da validade. E inclui a forma escrita como um dos requisitos para tanto (*Teoria geral do processo*, art. 190, n. 8, p. 630). E o enunciado interpretativo n. 39 do ENFAM dispõe: "não é válida convenção pré-processual oral".

187 Nesse sentido, novamente Flávio Yarshell, "Convenções das partes em matéria processual: ruma a uma nova era?", n. 3, p. 65.

por longo período para produzir prova a respeito de fato não relacionado ao próprio julgamento da pretensão formulada pela parte (mérito), e sim sobre a efetiva celebração do negócio processual, atentaria gravemente contra o escopo do instituto ora em análise, qual seja, a obtenção de tutela jurisdicional mais rápida e eficiente.

Contudo, isso não significa que a prova da celebração do negócio processual jamais possa ser produzida judicialmente, pois, do contrário, bastaria a parte mal-intencionada apresentar qualquer impugnação infundada, com requerimento de provas, para ver ignorada a convenção, abrindo-se espaço, assim, para indesejáveis chicanas processuais. Essa prova deve ser reservada para casos excepcionalíssimos, quando houver acordo escrito sobre o qual recaia *fundada suspeita*, preferencialmente a ser produzida em autos apensos, com prosseguimento regular do feito nos autos principais, conforme as regras processuais lá convencionadas, presumindo-se válido o negócio até prova em contrário por quem alegou o vício.

O terceiro requisito para a existência jurídica da convenção processual é a autorização contida em lei processual a respeito do seu *objeto*. Assim, os negócios processuais *atípicos* devem obrigatoriamente versar sobre o procedimento ou sobre os ônus, poderes, faculdades e deveres processuais das partes, pois a autorização concedida pelo art. 190 está limitada a esses aspectos. E o objeto das convenções *típicas* deve ser aquele autorizado no respectivo dispositivo legal, podendo versar exclusivamente, ou não, sobre procedimento e situações processuais – *v.g.*, de um lado, sobre competência (art. 63), compartilhamento de decisão (art. 357, § 3º); e, de outro, sobre o procedimento da liquidação de sentença (art. 509, inc. I) e o ônus da prova (art. 373, §§ 3º e 4º).

Se estiver fora dessa ampla *fattispecie*, a convenção inexiste no plano jurídico, não produzindo, em tese, qualquer efeito. Nesse sentido, em razão de o objeto não estar autorizado no art. 190 ou em qualquer outro dispositivo legal, deve ser considerado juridicamente inexistente o negócio processual celebrado, *v.g.*, para (a) autorizar que o juiz decida por equidade ou com base em direito estrangeiro ou consuetudinário – em tentativa de analogia ao art. 2º da Lei da Arbitragem;[188] (b) restringir os deveres legais do juiz e dos serventuários; (c) retirar a presunção legal de veracidade das informações das páginas oficiais dos tribunais na internet (art. 197);[189] (d) eleger o foro em hipótese de competên-

188 BARBOSA MOREIRA era taxativo sobre a nulidade, no Código de Processo Civil de 1973, da convenção que afastasse o direito positivo e permitisse o juiz decidir por equidade ("Convenções das partes sobre matéria processual", n. 6, p. 94). Em sentido contrário, na vigência do Código de Processo Civil atual: FREDIE DIDIER JR., *op. cit.*, n. 2.1, p. 67.

189 Sem prejuízo da inexistência jurídica, essas hipóteses também poderiam ser simul-

cia absoluta (em razão da matéria, pessoa ou função), pois a lei somente permite às partes modificar a competência quando esta for fixada em razão do valor da causa e do território (art. 63).

Como já dito, alguns processualistas de peso acrescentam outros requisitos de existência indicados especialmente pela doutrina civilista, mas que não são acolhidos nestes comentários. Nesse sentido, FLÁVIO YARSHELL indica a capacidade do agente (aqui tratado como requisito de validade), a data da celebração e o lugar (estes, irrelevantes).[190]

Para verificar se a convenção processual é juridicamente existente (ou válida), é irrelevante saber a data, inclusive se celebrada antes ou depois da entrada em vigor do Código de Processo Civil de 2015, se antes ou depois de ajuizado aquele processo, pois as regras contidas no Código de Processo Civil de 2015 serão aplicáveis a todos os atos processuais a serem praticados após sua entrada em vigor (art. 1.046).[191] Ademais, nenhum ato processual das partes – entre os quais o negócio processual – produz efeitos a partir da data de sua assinatura, mas somente a partir do dia de seu protocolo em juízo. Na verdade, a data da celebração poderá ser eventualmente relevante apenas para a validade do ato, em razão de eventual incapacidade civil do agente, mas isso não permite incluí-la como requisito de existência.

Constatada a existência do negócio processual, passa-se em seguida à análise de sua validade.

45. Validade: introdução

A autonomia da vontade dos sujeitos da relação jurídica – processual ou não –, para criarem, modificarem e extinguirem direitos, poderes, faculdades, deveres, obrigações e ônus, não é ilimitada. Ao contrário, é natural estar subordinada a requisitos mínimos, com vista a proteger tanto o interesse público, abstratamente pertencente à sociedade e de caráter indisponível, quanto o interesse da própria parte. Ultrapassados esses limites, o ato deve ser tido como inválido.

Contudo, doutrina e jurisprudência ainda não fixaram esses limites a contento. São poucas as decisões dos tribunais a repeito dos requisitos de validade dos negócios processuais e, passados quatro anos da entrada em vigor

---

taneamente enquadradas como *inválidas*, por violarem norma processual de ordem pública, e *ineficazes*, por atingirem quem dele não participou.

190 "Convenção das partes em matéria processual: rumo a uma nova era?", n. 2, p. 65-69.

191 Para FLÁVIO YARSHELL, porém, o tempo "pode ser relevante para, dentre outros, determinar a legislação aplicável ao ato" ("Convenção das partes em matéria processual no Novo CPC", n. 2, p. 91).

do Código de Processo Civil de 2015, ainda não se tem notícia de precedente específico do STJ. A doutrina excipiente ainda não deu a devida atenção ao tema – muitas vezes ela sequer distingue os requisitos de existência, validade e eficácia –, sendo poucos os trabalhos que especificam com clareza esses elementos essenciais para a validade do ato.

Como premissa dessa abordagem, traçada a partir do *princípio da legalidade estrita* (Const., art. 5º, inc. II), para serem válidas, as convenções processuais não podem violar direta ou indiretamente a lei material e processual.[192]

Em termos mais específicos, os *requisitos de validade* do negócio processual são: (a) não comprometer significativamente a celeridade e a eficiência da prestação jurisdicional; (b) dizer respeito a relação jurídica determinável; (c) litígio versar sobre matéria que admita autocomposição; (d) objeto lícito, em especial (d.1.) não ir contra normas processuais de ordem pública; (d.2) respeitar a paridade de armas, principalmente quando houver parte vulnerável; e (d.3.) estar de acordo com a boa-fé; (e) objeto exequível; (f) capacidade plena do convenente; (g) ausência de vício de consentimento, isto é, ser fruto da liberdade de escolha e de escolha consciente;[193] e (h) assinatura de advogado.[194]

A identificação dos requisitos de validade, porém, é controvertida na doutrina. Antonio Cabral reconhece os três planos de defeito dos negócios processuais. E, apesar de não ser explícito e objetivo nesse ponto, da leitura de sua valiosa obra podem-se extrair os seguintes requisitos *subjetivos* de validade: (a) legitimidade *ad actum*, isto é, as partes podem deliberar apenas sobre suas próprias situações jurídicas – e não de terceiros; (b) capacidade civil; (c) capacidade de estar em juízo; e os seguintes requisitos *objetivos*: (a) liberdade de escolha e informação adequada; (b) ausência de vício de consentimento ou de vícios sociais; (c) forma exigida em lei, quando houver; (d) precisão e determinação do objeto; e (e) licitude do objeto, que se estende à (f) admissibilidade de autocomposição.[195]

---

192 Nesse sentido: Flávio Yarshell, "Convenção das partes em matéria processual no novo CPC", n. 3, p. 92.

193 *Vícios sociais* (simulação e fraude contra credores), por prejudicarem apenas terceiros e não as próprias partes, tornam o negócio processual *ineficaz*.

194 Como dito no item anterior, o negócio processual tem liberdade de forma e pode ser sempre celebrado por instrumento particular.

195 *Convenções processuais*, esp. pp. 268-297. Segundo dispõe, para aferir a validade da convenção processual, "há que analisar se esta é ou não *deficiente*, continente de algum *defeito* que impeça que o acordo possa produzir efeitos". E sustenta que os requisitos formais contidos nos arts. 104 e 166 do Código Civil, "adaptados e combinados com as exigências formais do processo, deverão ser considerados na formação válida e eficaz dos negócios jurídicos processuais" (*op. cit.*, n. 5.5, pp. 268-269).

FERNANDO GAJARDONI trata os defeitos do negócio processual apenas no plano da validade. Para ele, haveria quatro *condições gerais* extraídas do civil, isto é, seria necessário que "(a) as partes sejam capazes; (b) o objeto seja lícito; (c) a forma seja a prescrita ou não defesa em lei; e (d) que seja respeitada a autonomia da vontade das partes celebrantes". E, adicionalmente, haveria duas condições específicas, contidas em normas processuais: "(a) partes plenamente capazes; e (b) direito autocomponível".[196]

LEONARDO DA CUNHA igualmente vislumbra apenas o plano da validade e indica três requisitos: (a) ser celebrados por pessoas capazes; (b) haver licitude do objeto; e (c) observar forma prescrita ou não vedada por lei.[197]

FERNANDO CAIS, também sem distinguir os três planos dos defeitos, aponta os seguintes requisitos de validade: (a) capacidade das partes; (b) litígio versar sobre matéria que permita autocomposição e, portanto, acordos processuais; e (c) licitude do objeto do acordo.[198]

Para FREDIE DIDIER JR., os requisitos estariam relacionados somente a aspectos materiais: "a) ser celebrado por pessoas capazes; b) possuir objeto lícito; observar forma prevista ou não proibida por lei (arts. 104, 106 e 167 do CC/2002)".[199]

PEDRO HENRIQUE NOGUEIRA afirma que as convenções processuais pressupõem: (a) a manifestação de vontade; (b) o autorregramento de vontade, especificando os sujeitos, os tipos de atos a serem praticados e até a sua respectiva eficácia; e (c) a referibilidade a um procedimento, sem a qual o negócio jurídico não recebe a adjetivação de processual (como sucede na eleição de foro).[200]

46. Validade (I): celeridade e eficiência

Como já dito, a convenção processual decorre diretamente do *princípio da cooperação* entre as partes, segundo o qual "todos os sujeitos do processo devem cooperar entre si para que se obtenha, em tempo razoável, decisão de mérito justa e efetiva" (art. 6º).[201] Portanto, a busca do *provimento jurisdicional justo,*

196 *Teoria geral do processo – parte geral*, art. 190, n. 5, p. 628.

197 *Comentários ao novo Código de Processo Civil*, art. 190, n. 7, p. 320.

198 *Código de Processo Civil anotado*, art. 190, n. 3, p. 298.

199 "Negócios jurídicos processuais atípicos no Código de Processo Civil de 2015", n. 2.5.1, p. 70.

200 *Breves comentários ao novo Código de Processo Civil*, art. 190, n. 1, p. 660. A manifestação de vontade, apontada por ele, é compreendida nestes comentários como requisito de existência (v. item anterior).

201 Nesse sentido: NERY JR. & NERY, *Código de Processo Civil comentado*, art. 190, n. 3, p. 760.

efetivo e célere deve ser fonte norteadora central, ou regra de ouro, de qualquer negócio processual e, consequentemente, seu requisito de validade. Esse interesse é, acima de tudo, do próprio Estado-juiz, sendo a síntese da promessa constitucional da inafastabilidade da tutela jurisdicional (art. 5º, inc. XXXV).

Assim, atenderá a esse princípio a convenção que dispuser sobre a tramitação do processo durante o recesso forense, se o cartório judicial estiver aberto (de modo a afastar a aplicação do art. 220), mesmo que não esteja no rol do art. 215, ou sobre a contagem ininterrupta dos prazos para as partes (e não na forma do art. 219), somada à não prorrogação do prazo para o primeiro dia útil subsequente, quando seu termo final se der durante feriado forense, tornando, assim, inaplicável o disposto no art. 224, § 1º.

Contudo, se não trouxer benefícios à celeridade, eficiência e justiça da decisão final, o negócio processual ao menos não pode prejudicar significativamente tais escopos, sob pena de nulidade. Portanto, "qualquer acordo que crie *atos inúteis* ou que de alguma forma comprometa a eficiência do aparelho judicial não deverá ser admitido".[202] Os recursos financeiros e humanos do Poder Judiciário são limitados e não pode haver desperdício de esforço por mero capricho das partes.

Nessa linha de raciocínio, não é válida, *v.g.*: (a) a criação de novos recursos ou novas hipóteses recursais, como ampliar o rol taxativo de cabimento do agravo de instrumento constante nos incisos do art. 1.015;[203] (b) a ampliação ou redução *exagerada* dos prazos para a prática de atos processuais (como conceder um ano para interpor um recurso ou vinte e quatro horas para se manifestar sobre um laudo pericial), pois isso pode comprometer desproporcionalmente a celeridade ou a justiça da decisão;[204] e (c) a ampliação do objeto do processo após o saneamento do processo, quando isso gerar a necessidade de produção de novas provas além daquelas já produzidas. Nem o processo deve ser suspenso para produzir prova da existência do negócio processual, ainda que em situações excepcionais o juiz possa determinar a produção de prova a esse respeito – ressalvando que, em princípio, a convenção deve ser escrita para existir juridicamente (v. *supra*, item 44).

Em alguns casos, porém, um daqueles três elementos (celeridade, efetividade e justiça) poderá, eventualmente, sofrer alguns arranhões em benefício

202 Fernando Cais, *Código de Processo Civil anotado*, art. 190, n. 3, p. 298.

203 Nesse sentido: Flávio Luiz Yarshell, "Convenção das partes em matéria processual no novo CPC", n. 3, p. 93. E enunciado n. 20 do FPPC.

204 Para ser nula, a ampliação dos prazos deve ser exagerada. A concessão de prazo em dobro para contestar ou para recorrer, *v.g.*, não chega a comprometer a celeridade do processo, e, portanto, sob este aspecto, a convenção será válida.

dos demais, sem comprometer a validade da convenção. Assim, ao retirar a possibilidade de recurso, a justiça da decisão final poderá ser questionável, mas a celeridade será beneficiada. Num primeiro momento, a suspensão do processo por convenção das partes pode dar a impressão de que o retardará, mas pode ser necessária para viabilizar a extinção do processo por transação, pacificando as partes.

Da mesma forma, o fato de a convenção processual eventualmente tornar os atos processuais mais complexos em decorrência das normas convencionadas não é elemento suficiente por si só para considerá-la inválida.[205] Além de ser subjetiva a percepção da complexidade ou simplicidade do ato, determinado processo pode recomendar a prática de mais atos e atos mais complexos, para obter solução mais justa e efetiva. E, muitas vezes, são as próprias partes e seus advogados que têm melhores condições de avaliar a conveniência de adotar um processo mais simplificado ou mais sofisticado.

Em alguns casos, salienta-se, a convenção processual só propiciará uma prestação jurisdicional mais célere, justa ou efetiva se conjugada com outros fatores externos, como o *fornecimento de meios materiais* pelas partes para a prática de atos processuais, sem custo adicional ao Poder Judiciário. Nesse sentido, é lícito, *v.g.*, ajustar a realização de audiência por videoconferência, comprometendo-se, para tanto, uma das partes (ou ambas) a fornecer ao juízo os equipamentos audiovisuais necessários.[206]

47. Validade (II): relação jurídica determinável

A validade de qualquer negócio jurídico depende de seu objeto ser determinado ou determinável (CC, art. 104, inc. II). Da mesma forma, a convenção processual precisa ser direcionada a uma relação jurídica material ou processual específica, indicada de forma clara no documento em que inserida. Não é válida, portanto, a *referência genérica* a qualquer litígio envolvendo as partes contratantes, sobre qualquer assunto.

Como anota ANTONIO CABRAL, "a exigência se justifica para que não signifique uma renúncia ampla demais a qualquer direito processual em qualquer caso ou para qualquer processo futuro. Além disso, deve haver os convenentes a possibilidade de exercício de uma prognose sobre o desenvolvimento

---

205 Em sentido equivalente, FLÁVIO LUIZ YARSHELL, "Convenção das partes em matéria processual no novo CPC", n. 1, p. 90.

206 Nesse sentido: ANTONIO CABRAL, *Convenções processuais*, n. 5.11.4, p. 329. Este processualista acrescenta que também seria legítimo fornecer "salas melhor equipadas para acomodar todos os sujeitos envolvidos, refeições nas audiências longas, e assim por diante".

e as consequências do vínculo assumido".[207] Isto é, as partes precisam ter consciência plena antecipada de toda a realidade decorrente daquela convenção, possibilitando-lhes prever suas consequências, o que dificilmente ocorrerá se for feita referência genérica a qualquer litígio.

O *negócio processual incidental*, celebrado nos autos de determinado processo, por óbvio, é implicitamente destinado apenas àquele processo. Nesse caso, salvo expressa disposição em contrário, ele não será aplicável a outros processos autônomos envolvendo as mesmas partes, ainda que relacionados aos mesmos fatos ou contratos.

A exigência de especificidade da relação jurídica ganha maior relevo no *negócio processual prévio*, celebrado extrajudicialmente antes mesmo de ajuizado o processo. Tanto é assim que o art. 63, § 1º, condiciona a validade da cláusula de eleição de foro à alusão expressa a determinado negócio jurídico.

Contudo, não se pode levar essa formalidade ao extremo. Se a convenção, típica ou atípica, constar do instrumento contratual em que seja formalizado o negócio jurídico subjacente, ela é presumivelmente aplicável a qualquer processo dele decorrente, salvo expressa disposição em contrário. Dessa forma, as partes podem limitar seu alcance a apenas algum tipo de processo ou procedimento dali decorrente, ou o tempo de validade. Nessa toada, *v.g.*, as partes podem convencionar em contrato de locação a escolha consensual de perito apenas para eventual ação renovatória, mas não para a ação de despejo. Por outro lado, se o negócio processual prévio constar em documento independente, então ali deve ser minimamente especificada a respectiva relação jurídica material, sob pena de nulidade.

48. Validade (III): admissibilidade de autocomposição

O art. 190 do Código de Processo Civil é expresso em exigir, para a validade da convenção processual atípica, a possibilidade de aquele determinado processo ser encerrado por meio da composição dos interesses em disputa pelas próprias partes, isto é, pela *transação*, com ou sem renúncia recíproca de direitos. A validade dos negócios processuais *típicos* também está condicionada à admissibilidade de autocomposição, ainda que inexista na autorização legal específica tal exigência (apenas o art. 471, inc. II, a exige expressamente, em relação à escolha consensual do perito).

---

207 *Convenções processuais*, n. 1.4.2.1.2, p. 79. Em sentido equivalente, o civilista RENAN LOTUFO esclarece que o conhecimento prévio do objeto é essencial porque "não pode haver vínculo entre sujeitos que não permita avaliação e aferição de sua possibilidade, sob pena de estabelecer uma relação em que o devedor não tem condições de dimensionar suas responsabilidades, com o que sua liberdade fica comprometida" (*Código Civil comentado*, art. 104, p. 283).

Para maior clareza, *direitos disponíveis* e direitos que *admitem autocomposição* são conceitos jurídicos diversos. Estes compõem categoria jurídica mais ampla que aqueles. Entre os direitos subjetivos susceptíveis de autocomposição há alguns considerados indisponíveis, como os alimentares e os decorrentes de relação trabalhista. Vale dizer, o direito indisponível pode admitir a autocomposição. Nesse sentido, dispõe o enunciado n. 135 do Fórum Permanente de Processualistas Civis: "a indisponibilidade do direito material não impede, por si só, a celebração de negócio jurídico processual".

Assim, a *Fazenda Pública* não está proibida de transacionar nas ações que envolvem questões estritamente pecuniárias, seja como credora, seja como devedora. Existem apenas leis vedando transação de direito material em algumas situações específicas ou limitando esse poder.[208] Na verdade, na maioria das vezes a limitação ao poder de transacionar diz respeito à *competência* para autorizá-la e não à indisponibilidade do direito em discussão – salvo quanto ao patrimônio imobiliário e a outras hipóteses previstas em lei.[209] Como regra geral, os direitos pertencentes à Administração Pública direta e indireta sujeitos à disposição por meio de contrato também podem ser objeto de soluções amigáveis e,[210] portanto, de convenções processuais.[211]

---

208 Quanto à limitação do poder de transigir, dispõe o art. 4º da Lei Complementar n. 73/93 ser atribuição do Advogado-Geral da União "desistir, *transigir, acordar* e firmar compromisso na ações de inteesse da União, nos termos da legislação vigente". O art. 1º da Lei n. 9.469/97 complementa: "o Advogado-Geral da União, diretamente ou mediante delegação, e os dirigentes máximos das empresas públicas federais, em conjunto com o dirigente estatutário da área afeta ao assunto, *poderão autorizar a realização de acordos ou transações* para prevenir ou terminar litígios, inclusive os judiciais". E o seu § 4º acrescenta: "quando o litígio envolver valores superiores aos fixados em regulamento, o acordo ou a transação, sob pena de nulidade, *dependerá de prévia e expressa autorizaçao* das pessoas ali indicadas". Os acordos de leniência e de delação premiada também produzem efeitos pecuniários e confirmam a possibilidade de transação sobre direitos subjetivos da Fazenda Pública. O STJ já decidiu, porém, que, especificamente nas "ações que versam sobre a responsabilidade civil do Estado por ato ilícito", "o direito discutido é indisponível e, portanto, não é passível de transação" (STJ, 2ª T., REsp n. 819.734-RR, rel. CASTRO MEIRA, j. 20.5.2008, v.u.).

209 MARCELO PACHECO MACHADO afirma, contudo, que "o princípio da legalidade exige ao advogado público que somente transija nas hipóteses em que há autorização expressa em ato normativo. Não havendo, a causa não admitirá autocomposição, sendo viável que – mediante requerimento unilateral ou mesmo de ofício – o juiz determine a citação direta para contestação" ("Como escapar da audiência de conciliação ou mediação do novo CPC").

210 Nesse sentido: CARLOS ARI SUNDFELD e JACINTHO CÂMARA, "Acordos na execução contra a Fazenda Pública", p. 5.

211 Nesse sentido, enunciado n. 256 do FPPC: "a Fazenda Pública pode celebrar negócio jurídico processual".

Aliás, essa questão não é totalmente nova. O art. 1º da Lei n. 9.307/96 permite que pessoas capazes se valham da *arbitragem* para dirimir litígios relativos a direitos patrimoniais disponíveis. E tanto a doutrina quanto a jurisprudência vêm reiteradamente admitindo a validade de *cláusula arbitral* vinculando a Administração Pública, direta e indireta, nos casos em que ela se insira no campo da atividade privada.[212] Esse mesmo raciocínio se aplica analogicamente às convenções processuais.[213] Ademais, o art. 10, parágrafo único, da Lei n. 10.259/2001, que trata dos Juizados Especiais Federais, bem como o art. 8º da Lei n. 12.153/2009, relativa aos Juizados Especiais da Fazenda Pública, também permitem expressamente a conciliação e a transação feita por representantes judiciais do Poder Público – e, consequentemente, o negócio processual naquele âmbito.

Contudo, a Fazenda Pública não pode renunciar a direitos subjetivos discutidos nos processos nos quais defenda *interesse público primário* – utilizando aqui a clássica classificação de Renato Alessi –, isto é, aqueles bens, materiais ou imateriais, concernentes a toda a sociedade, sendo essencial, básico, fundamental para a busca do seu bem-estar. É o caso das ações sobre políticas públicas, segurança pública, educação, medidas de saúde pública, funcionalismo público (inclusive sanções administrativas), e sobre bens indisponíveis, como meio ambiente, bens imobiliários etc. Isso também não impede, todavia, *transações* sem renúncia a direitos subjetivos. Como se sabe, ela pode firmar Termo de Ajustamento de Conduta com particulares, no qual é negociado o *modo de cumprimento* da obrigação – e não a sua extensão –, conforme exemplificativamente autoriza o art. 5º, § 6º, da Lei da Ação Civil Pública.

Evidentemente, nesses casos o juiz deve ser mais cauteloso no exame da validade da convenção, podendo, eventualmente, declarar sua nulidade em algumas situações em que a cláusula seria regular, se o litígio envolvesse somente particulares. Esse exame deve ser feito diante das peculiaridades de cada situação concreta. Seria inadmissível, *v.g.*, a renúncia pelo Poder Público ao reexame necessário (art. 496) – e não apenas ao recurso voluntário – ou à competência absoluta da Justiça Federal, nos casos em que a União ou suas ramificações forem parte interessada (Const., art. 109, inc. I).

---

212 STJ, 1ª Seção, MS n. 11.308-DF, rel. Min. Luiz Fux, j. 9.4.2008, v.u.; e STJ, 3ª T., REsp n. 904.813-PR, rel. Min. Nancy Andrighi, j. 20.10.2011. Na doutrina: Carlos Alberto de Salles, *Arbitragem em contratos administrativos*, esp. n. 4.3, pp. 237 ss.; e Cândido Dinamarco, *A arbitragem na teoria geral do processo*, n. 26, p. 87. Este último, como a doutrina em geral, reconhece que a arbitrabilidade não é ilimitada, sendo inadmissível em relação a matérias marcadas pela objetiva indisponibilidade do direito ou dos poderes do Estado (p. 89).

213 Nesse sentido: Fernando Cais, *Código de Processo Civil anotado*, art. 190, n. 1, p. 297.

Em relação ao *processo do trabalho*, deve-se considerar inicialmente que a autonomia da vontade do trabalhador ganhou bastante força com a Lei da Reforma Trabalhista (Lei n. 13.467/2017), havendo agora maior liberdade (mas não ilimitada) para empregador e trabalhador regulamentarem as condições dessa relação laboral, em reforço ao *caput* do art. 444 da Consolidação das Leis do Trabalho. Ou seja, passou a haver maior disponibilidade do direito laboral. E a autocomposição dos interesses em litígio, que já era amplamente admitida, passou a ser inquestionável. E como o Código de Processo Civil de 2015 tem aplicação subsidiária, por força do seu art. 15 e do art. 769 da Consolidação das Leis do Trabalho, no processo do trabalho é admissível, ao menos em tese, a celebração de negócio jurídico processual típico ou atípico.[214] Todavia, tais convenções processuais devem limitar-se, preferencialmente, ao contrato individual de trabalho celebrado por empregado "portador de diploma de nível superior e que perceba salário mensal igual ou superior a duas vezes o limite máximo dos benefícios do Regime Geral de Previdência Social" (CLT, art. 444, parágrafo único), pois esses funcionários têm, presumivelmente, melhores condições técnicas e econômicas de negociar regras de direito material e de direito processual em equivalência com o empregador, e de compreender as consequências de sua decisão.

Nas ações de *alimentos*, apesar de o direito ser indisponível, doutrina e jurisprudência também reconhecem pacificamente a possibilidade e a conveniência de autocomposição. O art. 694 do Código de Processo Civil, inclusive, determina o emprego do máximo esforço para a obtenção de solução consensual da controvérsia nas ações de família, no que se incluem as ações de alimento (art. 693, parágrafo único). Com isso, essas ações admitem a celebração de convenção processual, desde que isso não prejudique desproporcionalmente a defesa do alimentando hipossuficiente.

Nas *recuperações judiciais* é admissível, a princípio, a celebração de negócios jurídicos processuais, da mesma forma que alguns acordos materiais – não só o próprio Plano de Recuperação é um acordo da devedora com os credores, como também vem sendo admitida a celebração de sessões de conciliação para a empresa recuperanda tentar acordos diretos com seus credores a respeito do valor da dívida. Contudo, são muitas as variáveis a respeito da existência jurídica, da validade e da eficácia dessas convenções processuais. O primeiro e principal problema a ser solucionado pela doutrina e jurisprudência diz respeito à necessidade, ou não, de a convenção processual contida no Plano contar

214 Nesse sentido, o enunciado n. 131 do FPPC: "aplica-se ao processo do trabalho o disposto no art. 190 no que se refere à flexibilidade do procedimento por proposta das partes, inclusive quanto aos prazos".

com a aprovação de todos os credores ou se bastaria o voto da maioria. À primeira vista, mesmo se o credor não manifestar explicitamente sua concordância – seja discordando, seja omitindo-se de votar –, ele está vinculado às regras convencionais. Há ainda outros pontos relevantes, igualmente complexos, como eventual manutenção da eficácia da convenção celebrada por determinado credor com a recuperanda antes do processamento do pedido de recuperação (*v.g.*, a respeito da inversão do ônus da prova ou da escolha do perito).

49. Validade (IV): objeto lícito

Nos termos do art. 104, inc. II, do Código Civil, para qualquer negócio jurídico ser válido, seu objeto precisa ser lícito. No caso específico dos negócios processuais, a licitude do objeto diz respeito essencialmente aos seus *aspectos processuais*.

Para clareza de raciocínio a ser desenvolvido sobre o tema, o exame da licitude do objeto será dividido a seguir em subitens: (a) respeitar as normas processuais de ordem pública; (b) preservar a paridade de armas; (b.1) em especial se houver parte vulnerável; e (c) respeitar o dever de boa-fé.[215]

50. Validade (IV.1): normas de ordem pública

Segundo dispõe o art. 122 do Código Civil, para serem lícitas, as condições negociais devem respeitar a ordem pública e os bons costumes.

Por ordem pública deve ser entendido "o conjunto dos princípios fundamentais, subjacentes ao sistema jurídico, que o Estado e a sociedade estão substancialmente interessados em que prevaleçam e que tem uma acuidade tão forte que devem prevalecer sobre as convenções privadas. Tais princípios não são susceptíveis de uma catalogação exaustiva, até porque a noção de ordem pública é variável com os tempos".[216] Consequentemente, as normas de ordem são *cogentes* e *indisponíveis*.[217]

---

215 Fernando Gajardoni também inclui as matérias de ordem pública e a boa-fé no trato da licitude do objeto. E acrescenta nesta categoria: (a) os costumes, aqui tidos como irrelevantes; (b) as garantias constitucionais do processo, que já são questões de ordem pública e, como tal, serão tratadas; (c) a boa-fé, aqui tratada de forma independente; e (d) o dever de colaboração, aqui tido como ônus e abordado no item 46 sob o aspecto da celeridade e eficiência (*Teoria geral do processo – parte geral*, art. 190, n. 7, p. 629).

216 Carlos Alberto da Mota Pinto, *Teoria geral do direito civil*, n. 174.V, p. 551.

217 Segundo lição de Pontes de Miranda, "o direito cogente, que é o que limita o autorregramento da vontade, opera impositiva ou proibitivamente" (*Tratado de direito privado*, vol. III, n. 255.4, p. 60). Ele classificava as regras cogentes sobre negó-

No plano processual, as convenções que violem ou afastem as *normas processuais de ordem pública* são inválidas. Não se trata aqui de impor limitações à liberdade de contratar contidas em normas de direito material privado, mas contidas especificamente no campo do direito processual.

Conforme está em praticamente toda a doutrina, há elevado *interesse público incidente sobre o próprio processo.*[218] As normas que o regulam impõem o modo como ele deve se desenvolver em direção ao seu objetivo final (concessão da tutela jurisdicional a quem tem razão), com rapidez, eficiência e economia, sem desperdício de esforços.[219] Em outros termos, não só as partes envolvidas em determinado litígio têm interesse no resultado do processo, pois "tal resultado *interessa muito mais ao Estado* que, para tornar possível a convivência das pessoas em sociedade, tem que manter a integridade do ordenamento jurídico por ele criado".[220] Por isso, as normas processuais frequentemente se sobressaem ao interesse particular, cuja proteção é apenas o meio ou consequência da proteção do interesse da coletividade.[221]

> Quando a Constituição Federal assegura a inafastabilidade do controle jurisdicional, a ampla defesa, o contraditório, o devido processo legal, a duração razoável do processo e outros princípios e garantias processuais, o faz pensando, acima de tudo, no interesse do próprio Estado em alcançar os seus próprios objetivos, como a pacificação social, a orientação da po-

---

cios jurídicos, quanto às consequências da violação, em: (a) *repelentes* ou *preexcludentes*, que, *grosso modo*, correspondem aos requisitos de existência; (b) *invalidantes* (nulificantes ou anulativas), que equivalem aos requisitos de validade; e (c) *não invalidantes*, com outras consequências, como a reparação do dano ou a caducidade de algum direito (*op. cit.*, vol. III, n. 255.2, p. 57).

218 Por todos: Ricardo Aprigliano, *op. cit.*, n. 4.2, p. 66. Todavia, especificamente no *processo arbitral*, o interesse público é muito menor do que no judicial e, portanto, maior a autonomia de vontade das partes na regulação da técnica de solução do conflito. É por causa dessa significativa diferença que não se pode aplicar automaticamente às convenções processuais as mesmas regras e soluções da arbitragem, sem antes fazer as necessárias ponderações e distinções. Nesse exato sentido: Fernando Cais, *Código de Processo Civil anotado*, art. 190, n. 2, p. 298.

219 Nesse sentido: Ricardo Aprigliano, *Ordem pública e processo*, n. 4.5, p. 75.

220 José Roberto Bedaque, *Poderes instrutórios do juiz*, n. 2.5, p. 71. Barbosa Moreira também era taxativo: "o processo deve, sim, servir às partes; mas deve também servir à sociedade" ("O processo, as partes e a sociedade", n. 7, p. 40). No mesmo sentido: Arruda Alvim, *Manual de direito processual civil*, n. 26, p. 91.

221 Em sentido aproximado: Carnelutti, *Sistema del diritto processuale civile*, n. 76, p. 215; e Barbosa Moreira, "O processo, as partes e a sociedade", esp. n. 4, pp. 35-37. Conforme está na lição de Ricardo Aprigliano, "a ordem pública se infere de normas imperativas que sejam ao mesmo tempo representativas da coletividade e que transcendam à esfera dos interesses privados ou de pequenos grupos, para atingir a sociedade como um todo" (*Ordem pública e processo*, n. 4.2, p. 67).

> pulação a respeito dos seus direitos, a educação voltada ao seu exercício e o respeito ao ordenamento jurídico-material.[222]

Daí por que, se a matéria for disciplinada por norma processual de ordem pública, o grau de disponibilidade do indivíduo em relação aos seus poderes, ônus e demais situações processuais é baixo ou nenhum, tornando nulas as convenções processuais que a desrespeite.[223]

Entretanto, não é simples identificar, na prática, as normas processuais de ordem pública, havendo inúmeras situações duvidosas. Nessa investigação, alguns critérios são normalmente utilizados, entre os quais se destacam: (a) verificar principalmente o seu *objetivo*, isto é, se visa a proteger o interesse exclusivamente individual da parte ou tutelar, por meio dela, valores importantes da coletividade que justifiquem restringir a livre manifestação de vontade; (b) constar na lei a pena de nulidade absoluta pelo descumprimento da regra ou a possibilidade de intervenção *ex officio* do juiz;[224] e (c) apurar se a lei está redigida de forma imperativa (*v.g.*, utilizando o termo "deverá)" ou, ao contrário, permissiva (*v.g.*, "poderá").[225] Nenhum desses critérios, porém, é infalível e, sempre que possível, devem ser utilizados concomitantemente.

São nulas por violarem a ordem pública processual as convenções processuais que, *v.g.*: (a) excluam ou dificultem demasiadamente a apreciação do litígio pelo Poder Judiciário (Const., art. 5º, inc. XXXV; e CPC, art. 3º); (b) vedem em abstrato a concessão de tutela de urgência ou do benefício da assistência gratuita; (c) dispensem a presença de algum dos requisitos de admissibilidade do julgamento do mérito, como as condições da ação e os pressupostos processuais; (d) excluam a intervenção no processo do Ministério Público como fiscal da ordem jurídica, nas hipóteses previstas em

---

222 Nesse sentido: Cândido Dinamarco, *A instrumentalidade do processo*, n. 9, esp. pp. 90-91.

223 Nesse sentido: Diogo Assumpção de Almeida, *A contratualização do processo – das convenções no processo civil*, n. 3.6.4.2, esp. p. 153. Ele ressalva que o limite imposto pela norma de ordem pública não é absoluto, pois sua aplicação pode ser descartada se não houver prejuízo ao direito protegido pela regra. É o que vem se afirmando reiteradamente nestes comentários: *pas de nullité sans grief* (art. 282, § 1º).

224 Nesse sentido, a Constituição e a lei impõem o dever de fundamentação das decisões, sob pena de nulidade (CF, art. 93, inc. IX; CPC, art. 489). E o Código de Processo Civil dispõe, *v.g.*, que "para a validade do processo é indispensável a citação do réu ou do executado", ressalvadas as hipóteses lá contidas (art. 239).

225 Nesse sentido, o Código de Processo Civil impõe, *v.g.*, que "a toda causa *será* atribuído valor certo" (art. 291), evidenciando tratar-se de *norma imperativa* sobre a qual as partes não podem dispor. Por outro lado, dispõe que "a parte *poderá* renunciar ao prazo estabelecido exclusivamente em seu favor" (art. 225), deixando claro, então, tratar-se de *norma permissiva*, para a proteção do interesse particular.

lei,[226] ou do *amicus curiae*; (e) permitam novas hipóteses de cabimento de ação rescisória ou alguma forma de desconstituição da coisa julgada;[227] (f) excluam previamente do ato processual os efeitos inerentes à sua essência ou impostos por lei cogente, como o efeito devolutivo da matéria impugnada na apelação (art. 1.013); (g) disponham sobre os *poderes do juiz*,[228] pois seus poderes são manifestação máxima do próprio poder estatal e a possibilidade de sua limitação pelas partes repercutiria negativamente em toda a sociedade; (h) afastem regras de competência absoluta ou de organização judiciária – *v.g.*, retirar a competência exclusiva das varas ou câmaras especializadas;[229] (i) escolham a pessoa física do juiz estatal (togado);[230] (j) imponham o julgamento da demanda por mais de um magistrado em primeira instância etc.[231]

Os limites impostos por normas de ordem pública, todavia, *são relativos*. Dessa forma, se a convenção processual não gerar prejuízo concreto e comprovado à prestação jurisdicional, essa nulidade pode ser afastada pelo juiz, com aplicação do princípio da instrumentalidade das formas.[232]

---

226 Nesse sentido: enunciado n. 254 do FPPC; e Flávio Yarshell, "Convenção das partes em matéria processual no novo CPC", n. 3, p. 93. O caráter cogente da intervenção do *Parquet* fica evidente no art. 279: "é nulo o processo quando o membro do Ministério Público não for intimado a acompanhar o feito em que deva intervir".

227 Nesse sentido: Diogo Assumpção de Almeida, *Contratualização do processo*, n. 3.6.4.2.7, p. 181. De fato, o Estado-juiz não pode ficar à mercê das partes para julgar a disputa quantas vezes quiserem. Elas podem desconsiderar a coisa julgada apenas para *substituir* a decisão imperativa do Estado pela decisão negocial que também ponha fim definitivo à controvérsia de modo diverso. Fredie Didier Jr., entretanto, adota postura mais liberal e admite que as partes afastem consensualmente a *res judicata* ("Negócios jurídicos processuais atípicos no Código de Processo Civil de 2015", n. 2.1, pp. 67-68).

228 Marinoni Arenhart Mitidiero também assinalam essa limitação (*Novo Código de Processo Civil comentado*, art. 190, n. 3, p. 244).

229 Nesse sentido: enunciado n. 41 da Enfam ("por compor a estrutura do julgamento, a ampliação do prazo de sustentação oral não pode ser objeto de negócio jurídico entre as partes"); e Flávio Yarshell, "Convenção das partes em matéria processual no novo CPC", n. 3, p. 93.

230 Em sentido contrário, Carlos Alberto Carmona afirmou com certa dose de exagero, em palestra ministrada na Associação dos Advogados de São Paulo (AASP), em 16 de março de 2016, que as partes poderiam escolher consensualmente tanto o juízo quanto o próprio magistrado responsável pelo processo.

231 Enunciado n. 20 do FPPC: "não são admissíveis os seguintes negócios bilaterais, dentre outros: acordo para modificação da competência absoluta, acordo para supressão da primeira instância, acordo para afastar motivos de impedimento do juiz, acordo para criação de novas espécies recursais, acordo para ampliação das hipóteses de cabimento de recursos".

232 Sobre a aplicabilidade do princípio da instrumentalidade das formas às matérias de ordem pública, Ricardo Aprigliano, *Ordem pública e processo*, n. 4.3, pp. 69-70.

Ademais, as convenções processuais não estão sujeitas a regras de *bons costumes*,[233] sendo inaplicável, neste ponto, o art. 122 do Código Civil, pois a técnica processual decorre exclusivamente das opções exercidas pelo legislador – ainda que para revelar seu alcance seja necessária a interpretação sistemática da legislação vigente – e não dos hábitos dos operadores do direito em determinada época e localidade.

51. Validade (IV.2): paridade de armas

Um dos mais importantes princípios processuais, senão o mais importante, é o *da igualdade material*. Ele é o grande fundamento para os demais princípios constitucionais do processo.[234] E por igualdade material deve-se entender tratamento igual aos iguais; e *tratamento desigual aos desiguais, na exata medida dessa desigualdade*.

Desse modo, para a validade de qualquer convenção processual é necessário preservar minimamente a igualdade de forças entre os litigantes e, em alguns casos, que sejam até mesmo minimizadas eventuais disparidades de armas entre eles.[235] Em termos mais específicos, não é válida a convenção processual se ela criar situação de injustificável e exagerada desvantagem processual para um dos litigantes ou se mantiver acentuada desvantagem eliminável de ofício pelo juiz (*v.g.*, convenção mantendo o ônus da prova para o consumidor).

Vale dizer, o negócio processual deve sempre buscar a preservação da *paridade de armas* entre os opositores, no sentido de garantir às partes e intervenientes não apenas as mesmas oportunidades formais de atuação no processo, com possibilidade de apresentar alegações e formular requerimentos, mas também instrumentos concretos para a supressão de deficiências técnicas e econômicas, a fim de possibilitar a decisão mais justa do processo. Como a convenção processual é manifestação de *colaboração* entre as partes em busca de um processo mais justo (art. 6º), ela não poderia fugir de tal objetivo. Na direção do processo, cabe ao juiz, portanto, invalidar a convenção processual para "assegurar às partes igualdade de tratamento" (art. 139, inc. I).

Nesse contexto, há que se tomar cuidado também com as *convenções processuais gratuitas* – que instituem apenas benefícios para uma parte e apenas sa-

---

233 Segundo Carlos Alberto Pinto, os bons costumes referem-se "a não contrariedade à moral pública" e abrangem "o conjunto de regras éticas aceitas pelas pessoas honestas, corretas, de boa-fé, num dado ambiente e num certo momento" (*Teoria geral do direito civil*, n. 174.V, p. 552).

234 Nesse sentido: Pedro Dinamarco, *Ação civil pública*, n. 8.2, p. 76.

235 Para Rafael de Abreu, a ordem pública processual abrange a igualdade material ("A igualdade e os negócios processuais, n. 3.2, p. 209).

crifícios para a outra –, pois elas tendem a gerar um injusto desequilíbrio entre as partes. Ou seja, há uma *tendência* de os negócios gratuitos serem abusivos.[236]

Por outro lado, como dito, para invalidar a convenção, a desvantagem por ela criada deve ser *exagerada e injustificável*. O simples fato de o negócio processual ser desvantajoso para uma das partes, decorrente de uma má escolha, não o torna automaticamente nulo. Assim, se a estratégia conscientemente traçada se mostrou infeliz, não há nulidade. Ademais, a desvantagem gerada deve ser concreta e causar prejuízos efetivos ao litigante, considerando para tanto principalmente a possibilidade real de exercer o contraditório.[237]

52. Validade (IV.3): proteção ao vulnerável

Algumas categorias de pessoas são consideradas o elo mais fraco da relação jurídica, como os incapazes, os consumidores, os trabalhadores e os idosos, estando mais sujeitas a serem ludibriadas em seus direitos. Isto é, são considerados hipossuficientes e vulneráveis, do ponto de vista intelectual (cognitivo) ou econômico.

A proteção material e processual do vulnerável é necessária para restabelecer a mencionada *igualdade material* entre as partes, isto é, a paridade de armas – jamais para tornar o hipossuficiente original mais forte que a outra parte, invertendo o equilíbrio de força.[238] Por isso, o parágrafo único do art. 190 determina ao juiz recusar a aplicação da convenção em situações "em que alguma parte se encontre em manifesta situação de *vulnerabilidade*", tratando-se ou não de contrato de adesão – em que o consumidor tem pouca ou nenhuma margem de negociação a respeito das condições negociais.

Contudo, exceto em relação ao menor de 16 anos, eventual *presunção de vulnerabilidade é relativa*, pois em alguns casos o consumidor, o trabalhador, o idoso etc. não precisa de proteção adicional.

Como lucidamente afirma ANTONIO CABRAL, em raciocínio válido para qualquer hipossuficiente, "não se pode reduzir a capacidade negocial do con-

---

236 "Acordos que importem renúncias sem benefício correlato proporcional são nulos" (MARINONI-ARENHART-MITIDIERO, *Novo Código de Processo Civil comentado*, art. 190, n. 2, p. 244). Em sentido equivalente, o art. 632º-1 do CPC português. A propósito das convenções gratuitas e onerosas, v. *supra*, item 39.

237 No mesmo sentido, fazendo essas duas ressalvas contidas no texto: RAFAEL DE ABREU, "A igualdade e os negócios processuais", n. 3.2, p. 210.

238 Nesse sentido, JOÃO OTÁVIO NETO afirma que a interpretação sempre benéfica ao consumidor "significaria subverter o sistema protetivo" e "apenas inverteria a situação de desigualdade", e por isso tal interpretação "afigura-se inconstitucional, por contrariar o princípio da igualdade" (*A interpretação dos atos processuais*, n. 5.2.6, p. 177). Na jurisprudência: STJ, 3ª T., AgRg nos EDcl no Ag n. 363.371-SP, rel. Min. NANCY ANDRIGHI, j. 30.5.2001, v.u.

sumidor como se este fosse um incapaz. Devem ser consideradas *circunstâncias concretas* para avaliar a vulnerabilidade", em especial ter condições cognitivas e econômicas que permitam ao hipossuficiente compreender e negociar os termos do negócio processual em condições de igualdade.[239]

Assim, deve-se analisar caso a caso não só (a) a *real hipossuficiência* do convenente,[240] considerando em especial sua capacidade de compreensão,[241] como também outros dois fatores simultâneos: (b) essa vulnerabilidade ter sido *determinante* para a definição das condições do negócio jurídico processual;[242] e (c) a ocorrência de *prejuízo concreto* para o exercício da ampla defesa pelo vulnerável – para ser nula, a convenção deve lhe criar situação de exagerada desvantagem processual ou, ao menos, manter desvantagem processual que, segundo a lei, poderia ser eliminada pelo juiz (*v.g.*, manter determinado ônus da prova a cargo do consumidor).[243]

Nessa toada, as convenções processuais *incidentais* celebradas por advogado de hipossuficiente tendem a ser válidas, pois sua presença propicia certo equilíbrio de força negocial, especialmente se a negociação ocorrer na presença do juiz. Assim, o parágrafo único do art. 190 refere-se principalmente ao hipossuficiente que celebra negócios processuais *prévios*, muitas vezes em conjunto com o próprio negócio jurídico subjacente e sem a assessoria de advogado.[244]

---

239 *Convenções processuais*, n. 5.11.3.2, p. 323.

240 Nesse sentido: novamente ANTONIO CABRAL, *op. cit.*, n. 5.11.3.2, p. 324. Segundo afirma, as convenções processuais envolvendo altos funcionários de grandes empresas, multinacionais etc., "normalmente são válidas". Nessa mesma linha de raciocínio, um grande empresário com mais de 70 anos que, na qualidade de consumidor, celebra convenção processual assessorado por excelentes advogados, certamente não pode ser tratado como hipossuficiente.

241 A vulnerabilidade não pode ser analisada apenas do ponto de vista *econômico*, apesar de esse ser o aspecto mais frequente e relevante. Outros, como o conhecimento técnico ou jurídico, são igualmente importantes. E se o convenente tiver sido assessorado por advogado suficientemente capacitado, sua hipossuficiência tende a desaparecer ou ao menos diminuir sensivelmente.

242 "Para que seja invalidado o negócio, é preciso que a vulnerabilidade seja *manifesta*, ou seja, é preciso que a vulnerabilidade tenha atingido a formação do negócio jurídico, desequilibrando-o" (LEONARDO DA CUNHA, *Código de Processo Civil comentado*, art. 190, n. 10, p. 322). Nessa linha de raciocínio, se a convenção estiver redigida de forma clara e não contraditória, ou se tiver sido redigida pelo próprio vulnerável, a condição da parte não pode ser motivo autônomo para considerá-la nula, sob pena de violar o próprio princípio da isonomia. Em sentido equivalente: LEONARDO DA CUNHA, *Comentários ao Código de Processo Civil*, art. 190, n. 9, p. 57.

243 Esses dois últimos requisitos também são indicados por FERNANDO CAIS, *Código de Processo Civil anotado*, art. 190, n. 3, p. 298.

244 Conforme sustentado adiante (item 59), a assinatura de advogado é requisito de validade do negócio processual. O texto aqui, todavia, para fins didáticos, admite

Se, por outro lado, o hipossuficiente não teve qualquer tipo de assistência, o juiz deve ser mais rigoroso no exame da validade do ato.[245]

53. Validade (IV.4): boa-fé

O processo civil moderno tem extraído da cláusula constitucional do *due process of law* o dever das partes de agirem de acordo com a boa-fé e de colaborarem com a boa administração da justiça.[246] No plano infraconstitucional, os deveres de lealdade e de boa-fé estão dispostos especialmente nos arts. 5º e 79 do Código de Processo Civil e colocam-se, nas precisas palavras de ARRUDA ALVIM, "como elemento nuclear inspirador e regulador da atividade das partes".[247]

Como dito, o negócio processual é manifestação da autonomia de vontade decorrente do princípio da cooperação (CPC, art. 6º), que, por sua vez, pressupõe comportamento leal.[248] Além disso, nenhum direito ou poder pode ser exercido de forma abusiva, de modo que a validade do respectivo ato está condicionada à observância de algumas regras, em especial à boa-fé (CC, art. 187).

Daí facilmente decorre serem nulas as convenções processuais que, apesar de formalmente permitidas ou não proibidas pelo ordenamento jurídico material e processual, violem ou permitam a violação do dever de boa-fé objetiva (CC, art. 422), causando injusto prejuízo ao outro convenente. Ou seja, as partes devem se comportar com transparência e clareza de propósitos desde a fase negocial até a efetiva aplicação e interpretação da convenção processual,[249] não se admitindo *armadilhas* destinadas a surpreender o adversário,[250] sob pena de nulidade. Por outro lado, "as convenções processuais são válidas se forem conhecidas de boa-fé e se as circunstâncias concretas mostrarem que foram

hipoteticamente a convenção sem tal assinatura, pois a doutrina majoritária ainda entende ser ela recomendável, mas não obrigatória.

245 Enunciado n. 18 do FPPC: "há indício de vulnerabilidade quando a parte celebra acordo de procedimento sem assistência técnico-jurídica".

246 STJ, 4ª T., AgInt no REsp n. 1.563.150-MG, rel. Min. LUIS FELIPE SALOMÃO, j. 11.10.2016, v.u.

247 *Tratado de direito processual civil*, vol. II, n. 4.1, p. 386.

248 Conforme consta na exposição de motivos do Decreto-lei n. 329-A/95, que reformou o CPC português, o dever de boa-fé processual é "reflexo e corolário do princípio da cooperação".

249 "Nas tratativas, na celebração e na execução do negócio processual deve ser respeitada a boa-fé" (LEONARDO DA CUNHA, *Comentários ao Código de Processo Civil*, vol. III, art. 190, n. 17, p. 62).

250 "Não se pode admitir, sob qualquer fundamento, que o processo seja palco de armadilhas" (RICARDO APRIGLIANO, *Ordem pública e processo*, n. 4.4, p. 72).

livremente aceitas. A boa-fé parece ser uma pedra de toque".[251] Afinal, "não pode haver Direito contra a Moral".[252]

Dessa forma, em princípio, é válida a convenção processual que condiciona o ajuizamento de uma demanda judicial à prévia tentativa de conciliação. Porém, se uma das partes cria *embaraços* à realização dessa reunião preliminar, como permanente indisponibilidade de agenda, tal convenção pode ser desconsiderada pelo juiz por contrariar o dever de boa-fé durante a fase de seu cumprimento. Ou seja, nesse caso, tal convenção é válida na origem, mas tornou-se nula *a posteriori*, em razão do comportamento inadequado de uma das partes.

Há ainda várias outras hipóteses de má-fé aptas a contaminar a validade do negócio processual, como o comportamento contraditório da parte (o *venire contra factum proprium*) e a reserva mental (CC, art. 110).[253]

Já as convenções processuais celebradas de má-fé em prejuízo de quem não participou do ato – como a simulação (CPC, art. 142; e CC, art. 167, § 1º), a fraude contra credores (CC, art. 158) e a execução (art. 792) –,[254] e não do outro convenente, são válidas, mas ineficazes. E só o terceiro prejudicado tem legitimidade para arguir tal vício.

54. Validade (V): objeto exequível

Outro requisito de qualquer negócio jurídico é ter objeto possível (CC, art. 104, inc. II), isto é, a realização do ato processual lá disposto deve ser plenamente viável do ponto de vista fático – a inviabilidade jurídica torna o objeto ilícito (v. item 49). Assim, se for *impossível* ou *muito difícil* a satisfação prática do encargo, então a convenção será nula.

Nesse sentido, o art. 373, § 3º, inc. II, é expresso em vedar a distribuição convencional do ônus da prova quando ela "tornar excessivamente difícil a uma parte o exercício do direito de defesa". É nula também a imposição consensual do ônus ou dever de a parte juntar aos autos documento comprovadamente inexistente ou que não esteja em sua posse.

Nos termos do art. 106 do Código Civil, a possibilidade (ou excessiva dificuldade) de satisfação da situação processual convencionada deve ser neces-

251 Antonio Cabral, *Convenções processuais*, n. 5.11.3.2, p. 326.

252 Carlos Maximiliano, *Hermenêutica e aplicação do direito*, n. 172, p. 132.

253 Na *simulação*, as partes emitem declaração divergente da sua vontade real, por força de conluio entre elas, com o objetivo de prejudicar terceiro. E, na *reserva mental*, a parte também emite uma declaração divergente da sua vontade real, mas com o objetivo de prejudicar o outro convenente, sem, contudo, haver conluio.

254 Dispõe o art. 792, § 1º, do Código de Processo Civil: "a alienação em fraude à execução é *ineficaz* em relação ao exequente".

sariamente aferida em concreto *no momento de seu cumprimento*. É irrelevante, assim, sua eventual inexequibilidade prática quando da celebração do negócio processual, se posteriormente o ato processual tornou-se viável por força de alteração no processo ou legislativa.[255] Trata-se, portanto, de nulidade relativa.

Ademais, em situações excepcionais o juiz pode fazer *pequenos ajustes no procedimento* ou no modo e tempo de realização do ato, a fim de, pelo princípio da conservação, possibilitar o cumprimento da convenção e salvar sua validade. Tais ajustes, porém, não podem causar prejuízo a qualquer das partes e devem respeitar as suas garantias processuais, como o devido processo legal e o contraditório. Nesse sentido, se as partes ajustam datas específicas para cada uma delas retirar e devolver os autos de cartório (art. 107, § 2º) durante o transcurso do prazo recursal e se estes estiverem indisponíveis na primeira data, então o juiz deve, de ofício, devolver o prazo de recurso (art. 223, § 1º), podendo desde então fixar novas datas de retirada e de devolução dos autos, desde que mantida a mesma lógica convencionada.

55. Validade (VI): capacidade plena

O art. 104, inc. I, do Código Civil dispõe ser a capacidade do agente requisito de *validade* de qualquer negócio jurídico. E o art. 190 é expresso em condicionar a validade do negócio processual à *capacidade plena* das partes, isto é, à capacidade tanto de praticar os *atos da vida civil* quanto *de ser parte no processo*.[256]

O civilmente incapaz não pode celebrar validamente negócios processuais, mesmo se devidamente acompanhado pelo seu assistente ou representante, pois eles não têm plena capacidade para dispor de suas situações jurídicas (direitos, deveres, ônus etc.).[257] Se, mesmo assim, for celebrado por *absolutamente incapaz*

---

255 Essa regra do art. 106 diz respeito exclusivamente à impossibilidade prática de se praticar eficazmente o ato processual. Não se aplica, portanto, quando o vício disser respeito aos requisitos relativos à própria formação do negócio processual, como na hipótese de ter sido celebrada por menor que posteriormente se tornou capaz.

256 Flávio Yarshell também afirma ser necessária essa dupla capacidade ("Convenção das partes em matéria processual: rumo a uma nova era?", nn. 12-13, pp. 73-75). Há na doutrina, entretanto, quem afirme bastar a capacidade processual, sendo dispensável a civil (Leonardo da Cunha, *Comentários ao Novo Código de Processo Civil*, art. 190, n. 9, p. 320; Fredie Didier Jr., "Negócios jurídicos processuais atípicos no Código de Processo Civil de 2015", n. 2.5.2, p. 71; Pedro Nogueira, *Breves comentários ao novo Código de Processo Civil*, art. 190, n. 10, p. 662; e no CPC de 1973, Barbosa Moreira, "Convenções das partes sobre matéria processual", n. 6, p. 94). Para Diogo de Almeida, nas convenções processuais prévias a capacidade exigida seria apenas a de direito material (*A contratualização do processo*, n. 3.6.1, p. 129).

257 Nesse sentido: Flávio Yarshell, "Convenção das partes em matéria processual: rumo a uma nova era?", n. 12, p. 73. Fernando Gajardoni acrescenta haver inte-

(menores de 16 anos),[258] há nulidade absoluta (CC, art. 166, inc. I), cognoscível de ofício pelo juiz no curso do próprio processo, se a convenção prejudicar o incapaz. Se celebrado por *relativamente incapaz*,[259] o negócio processual será *anulável* (CC, art. 171, inc. I), por meio de demanda autônoma, conforme doutrina FLÁVIO YARSHELL,260 não sendo sequer viável formular tal pedido cumulativamente ao pedido principal, pois a anulação só produz efeitos a partir da sentença (CC, art. 177), isto é, após a prática de todos os atos do procedimento alterados pela avença processual. A legitimidade para esse pedido de anulação é exclusiva do menor relativamente incapaz, nunca dos demais convenentes (CC, art. 105).

De todo modo, se a parte deixar de ser civilmente incapaz no curso do processo, a convenção processual pode ser ratificada por ela (CC, arts. 172 a 175), desde que antes do momento em que os respectivos atos processuais devam ser praticados. Assim, *v.g.*, a cláusula de eleição de foro pode ser ratificada antes do ajuizamento da demanda.

Por outro lado, a incapacidade superveniente da parte não torna nula a convenção processual, assim como não torna nulo o próprio negócio jurídico subjacente (a título ilustrativo, v. CC, art. 1.861).

A capacidade exigida no art. 190, como dito, também é para ser parte no processo. Nem haveria motivos razoáveis para negar a possibilidade de entes desprovidos de personalidade civil, como a massa falida, o espólio ou o condomínio, celebrarem convenções processuais.[261]

56. Validade (VII): ausência de vício de consentimento

A autonomia de vontade no momento da celebração do negócio processual pressupõe dupla liberdade: a de firmar ou não acordo (liberdade de esco-

---

resse público na proteção dos direitos processuais do incapaz, assim como ocorre na arbitragem (*Teoria geral do processo – parte geral*, art. 190, n. 6, p. 628).

258 Absolutamente incapazes são somente os menores de 16 anos (CC, art. 3º). As demais hipóteses foram revogadas pela Lei n. 13.146/2015.

259 Os relativamente incapazes são as pessoas físicas indicadas nos incisos do art. 4º do Código Civil: I) maiores de 16 e menores de 18 anos; II) ébrios habituais e viciados em tóxicos; III) aqueles que, por causa transitória ou permanente, não puderem exprimir sua vontade; e IV) pródigos. Os indígenas não integrados à civilização, em princípio, também serão considerados relativamente incapazes, e sua tutela é feita pelo órgão federal de assistência aos silvícolas (Lei n. 6.001/73, art. 7º, § 2º).

260 *Op. cit.*, n. 12, p. 74. Este processualista reconhece que o regime das invalidades no processo civil é diverso daquele do direito privado, mas não vê motivo para afastar a regra do art. 171, inc. I, do Código Civil, e a forma tradicional de anulação dos atos civil.

261 Nesse sentido, FLÁVIO YARSHELL, "Convenção das partes em matéria processual: rumo a uma nova era?", n. 13, p. 75.

lha) e a de negociar todos os seus termos e condições (escolha consciente).[262] Se o convenente não puder exercer essa liberdade, por coação, ou se a exercer de forma comprovadamente equivocada, por dolo ou erro, a convenção processual será anulável em razão do vício de consentimento, tal como ocorre com qualquer outro negócio jurídico. É nesse sentido o enunciado n. 132 do Fórum Permanente de Processualistas Civis: "além dos defeitos processuais, os vícios da vontade e os vícios sociais podem dar ensejo à invalidação dos negócios jurídicos processuais atípicos do art. 190".[263]

A anulação da convenção processual por vício de consentimento depende sempre de iniciativa do interessado, que deverá, necessariamente, ajuizar *ação anulatória autônoma* visando à anulação da convenção processual – sujeita ao prazo decadencial de quatro anos (CC, art. 178, incs. I e II) –,[264] de modo que não pode ser reconhecida *ex officio* pelo juiz da causa para onde ela se destina.[265] Seus efeitos somente serão produzidos a partir da coisa julgada, nos termos do art. 177 do Código Civil: "não tem efeito antes de julgada por sentença, nem se pronuncia de ofício; só os interessados a podem alegar, a aproveita exclusivamente aos que a alegarem, salvo o caso de solidariedade ou indivisibilidade".

A parte prejudicada pode, porém, eventualmente cumular pedido de anulação da convenção processual prévia com o pedido principal relativo ao próprio negócio jurídico subjacente, por uma questão de economia processual. Mas, naturalmente, esse pedido só fará sentido se lhe for concedida tutela de

---

262 "Nos acordos processuais, a autonomia de vontade compreende a liberdade de celebração, que se refere à escolha de firmar ou não o acordo; e a liberdade de estipulação ou conformação (*Gestaltungsfreiheit*), que é a capacidade negocial de definir a forma e moldar o conteúdo e os efeitos pretendidos através da convenção" (ANTONIO CABRAL, *Convenções processuais*, n. 5.4.1, p. 258).

263 Os vícios sociais (simulação e fraude à execução), todavia, prejudicam apenas terceiros. Por isso, em princípio são válidos entre as partes convenentes, mas *ineficazes* perante os terceiros (v. a seguir, item 60).

264 A anulação do negócio processual celebrado por relativamente incapaz também depende de iniciativa do próprio interessado, por meio de ação anulatória.

265 BARBOSA MOREIRA afirmou já em 1982: "a ação anulatória, que pode fundar-se em vício de vontade, sujeita-se (salvo regra especial) ao prazo de decadência do art. 178, § 9º, n. V, do Código Civil; se já pendente o feito a que diz respeito a convenção, competente será, em princípio, o mesmo juízo" ("Convenções das partes sobre matéria processual", n. 7, p. 96). Discorda-se, todavia, do Mestre carioca quanto à competência do mesmo juízo quando já pendente o feito, pois isso traria um enorme tumulto ao processo, que evidentemente não é o escopo do instituto. Além disso, o art. 966, § 4º (correspondente ao art. 486 do CPC de 1973) remete o interessado ao ajuizamento de ação anulatória quando o ato tiver sido homologado em juízo (isto é, no caso de alguns negócios processuais típicos, como o calendário processual).

urgência para antecipar os efeitos desse pedido de anulação do acordo. Se concedida ao final, o processo dificilmente será anulado, salvo se restar demonstrado evidente prejuízo ao exercício da sua defesa.

57. Validade (VIII): situações processuais próprias (legitimidade *ad actum*)

Além do procedimento, as partes podem dispor apenas de *suas próprias* situações jurídicas processuais (ônus, poderes, faculdades e deveres processuais), jamais daquelas pertencentes a pessoas que não participam do negócio processual.

Não se trata aqui da hipótese de *ineficácia* do negócio processual em relação aos litisconsortes e demais sujeitos processuais que dele não participaram, por não se admitir a agressão à esfera de direitos alheios sem o devido contraditório (v. a seguir, item 60), mas, sim, dos limites subjetivos da legitimidade *ad actum* para firmar o negócio processual, isto é, da *legitimidade para dispor* das suas próprias situações processuais.

Conforme lição de Emilio Betti, a questão da legitimidade para o negócio jurídico "é a de verificar por quem, e a respeito de quem, o negócio pode ser corretamente concluído, a fim de poder produzir os efeitos jurídicos conformes à sua função e, por outro lado, aderentes ao regulamento de interesses pretendidos pelas partes. Segundo a ideia da autonomia privada, esses efeitos não poderão, em regra, deixar de ficar circunscritos à esfera jurídica das partes". E acrescentava: "todas as vezes que o negócio pressuponha uma relação jurídica, de que deva regular as vicissitudes – como quando se trate de alienar, ceder, limitar, destinar *causa mortis* um direito, modificar, transformar ou extinguir uma relação preexistente – pode dizer-se que o negócio é qualificado pela relação a que se refere, e que o sujeito legitimado para o negócio se identifica, normalmente, com o próprio sujeito dessa relação. É nessa coincidência que consiste aquilo a que se pode chamar legitimação ordinária ou normal".[266]

Assim, para ter legitimidade *ad actum* para celebrar o negócio processual, o convenente primeiro (a) deve ser *parte* naquele processo (no caso das convenções incidentais) ou se dizer parte naquela relação jurídica material da qual pode originar um processo (no caso das convenções prévias); e, depois, (b) deve ser titular daquela determinada situação processual ativa ou passiva regulada pelo negócio processual.

Assim, sob esse aspecto, as partes não podem proibir validamente a intervenção voluntária de *terceiros* – na qualidade de assistente, *amicus curiae* ou apresentando oposição –, pois esse poder não lhes pertence.[267] Tampouco

---

266 *Teoria geral do negócio jurídico*, n. 27.b, p. 321.

267 Enunciado n. 392 do FPPC: "as partes não podem estabelecer, em convenção processual, a vedação da participação do *amicus curiae*". De todo modo, para ser válido

podem limitar ou reduzir outros poderes desses terceiros. Da mesma forma, "é inválida a convenção para excluir a intervenção do Ministério Público como fiscal da ordem jurídica", conforme está no enunciado n. 254 do Fórum Permanente de Processualistas Civis,[268] ou limitar os poderes do juiz.[269]

Por outro lado, para acelerar o processo, as partes podem vedar consensualmente alguma modalidade de intervenção de terceiro que dependa de iniciativa da própria parte participante da convenção processual (denunciação da lide, chamamento ao processo e incidente de desconsideração da personalidade jurídica); reduzir as hipóteses de seu cabimento; e, eventualmente, até alterar seu procedimento, se isso não interferir na esfera de direitos de quem não anuiu à convenção.[270]

A convenção processual vincula *sucessor processual*, pois este assume a mesma posição jurídica do sucedido. Vincula, igualmente, o *assistente litisconsorcial* que intervém no processo como adquirente ou sucessor do objeto litigioso (art. 109, § 2º).[271]

Parcela da doutrina autorizada vem sustentando, ainda, a regularidade dos chamados *protocolos processuais*, instrumentos pelos quais seriam firmados *negócios processuais coletivos* entre os tribunais e órgãos profissionais de classe.[272] Para celebrá-los, há necessidade de a lei ter conferido legitimidade extraordinária para agir como representante da classe (CPC, art. 18) ou de autorização específica dos integrantes da respectiva associação (assemblear ou es-

---

e eficaz, o negócio processual celebrado entre as partes não depende da participação do *amicus curiae* e do assistente simples que já intervieram no processo, tendo em vista a natureza e as peculiaridades de suas intervenções (v. a seguir, item 60).

268 Ademais, é o interesse público que impõe tal intervenção, de modo que também por esta outra razão o enunciado se sustenta.

269 Na verdade, as partes podem apenas limitar alguma *margem de decisão* do juiz em cada caso concreto (*v.g.*, ao convencionar sobre o ônus da prova, o juiz não pode aplicar a teoria do ônus dinâmico da prova para atribuí-lo à outra parte). Mas isso não significa tirar poderes do juiz, como o poder geral de cautela ou os poderes instrutórios. Além da ilegitimidade das partes para dispor sobre situação jurídica pertencente ao juiz – o que eventualmente poderia ser saneado com a participação dele no ato –, trata-se de matéria de ordem pública sobre a qual não pode haver disposição.

270 Enunciado n. 491 do FPPC: "é possível negócio jurídico processual que estipule mudanças no procedimento das intervenções de terceiros, observada a necessidade de anuência do terceiro quando lhe puder causar prejuízo".

271 O sucessor do credor por *sub-rogação* adquire "todos os direitos, ações, privilégios e garantias do primitivo" credor (CC, art. 349).

272 Nesse sentido: enunciado n. 255 do FPPC ("é admissível a celebração de convenção processual coletiva"); ANTONIO CABRAL, *Convenções processuais*, n. 1.4.5, p. 85; e LEONARDO DA CUNHA, *Comentários ao Código de Processo Civil*, art. 190, n. 19, p. 63.

tatutária). Esses órgãos são substitutos das partes submetidas às regras do protocolo – titulares das situações processuais –, as quais são juridicamente válidas somente nas hipóteses e limites legais (convenção coletiva de trabalho celebrada por sindicatos – CLT, art. 611 ss.;[273] e convenção coletiva de consumo – CDC, art. 107).

É admissível, ainda, a celebração de *convênio* entre um litigante habitual (*v.g.*, grande instituição financeira ou pessoa jurídica de direito público) e um determinado tribunal, a fim de regular o modo pelo qual alguns atos processuais específicos a cargo do próprio Poder Judiciário serão praticados, de maneira a trazer agilidade ou eficiência à atividade jurisdicional, beneficiando, inclusive, partes não participantes do convênio.[274] Nessa linha, é lícito, *v.g.*, regulamentar a forma de comunicação dos atos processuais, para permitir a citação do convenente por meio eletrônico (art. 246, inc. V) ou por mensagem eletrônica (*e-mail*);[275] ou ajustar que as audiências preliminares de conciliação (at. 334) ocorrerão em determinada câmara de conciliação devidamente habilitada junto ao respectivo tribunal, cujos custos serão suportados por aquela parte.[276] Mas esse convênio não parece ser propriamente o negócio processual tratado pelo art. 190, que pressupõe consenso entre "as partes" – inexistente *in casu*.[277]

58. Validade (VIII.1): especificamente nos processos coletivos

Nas *ações civis públicas* em geral, os direitos subjetivos em litígio costumam ser indisponíveis e não podem pertencer ao autor da demanda (Ministério Público, pessoa jurídica de direito público, defensorias públicas, associação etc.), que figura no processo substituto processual. Por isso, muitas vezes eles *não* podem renunciar ao direito em que se funda a demanda.[278]

273 "Em dissídios coletivos, é plenamente válida a negociação processual" (Antonio Cabral, *Convenções processuais*, n. 5.11.3.2, p. 325).

274 Nesse sentido: novamente Leonardo da Cunha, *Comentários ao Código de Processo Civil*, art. 190, n. 19, p. 63.

275 Alguns grandes litigantes já vêm celebrando convênios para esse fim, regulamentando em especial o termo inicial do prazo de contestação em caso de a parte não acessar os autos ou não abrir a mensagem dentro de determinado prazo, pois o art. 231 do Código de Processo Civil e a Lei do Processo Eletrônico são omissos a esse respeito, impedindo o reconhecimento de revelia em caso de omissão do demandado.

276 O convênio relativo à mediação permite, em muitas situações, a efetiva realização do ato, pois muitos juízos não têm verba para sua realização e, por isso, vêm suprimindo-o indevidamente.

277 Em sentido contrário: Leonardo da Cunha, *op. loc. cit.*

278 Em sentido contrário: Humberto Pinho, tese de titularidade na UERJ, denominada "Os limites e as possibilidade do uso dos meios consensuais de resolução de conflitos na tutela dos direitos transindividuais e pluri-individuais", esp. p. 204.

Mesmo assim, especificamente os órgãos públicos legitimados podem transigir quanto ao modo pelo qual a obrigação será cumprida, por meio de Termo de Ajustamento de Compromisso (LACP, art. 5º, § 6º). Simetricamente, esses órgãos públicos legitimados – e somente eles – podem celebrar negócio jurídico processual, independentemente da espécie de interesse metaindividual em discussão (difuso, coletivo em sentido estrito ou individual homogêneo).[279] Associações e sindicatos não podem celebrar validamente esses acordos, salvo se referendados pelo *Parquet*.

> A Resolução n. 11/2014, do Conselho Nacional do Ministério Público, antevendo a iminente edição do Código de Processo Civil de 2015, dispôs que, "segundo a lei processual, poderá o membro do Ministério Público, em qualquer fase da investigação ou durante o processo, celebrar acordos visando constituir, modificar ou extinguir situações jurídicas processuais" (art. 15).[280] E esclarece: tais "convenções processuais são recomendadas toda vez que o procedimento deva ser adaptado ou flexibilizado para permitir a adequada tutela jurisdicional aos interesses materiais subjacentes, bem assim para resguardar âmbito de proteção dos direitos fundamentais processuais" (art. 16). O promotor competente para representar o *Parquet* no processo tem plena autonomia para firmar o Termo de Ajustamento de Conduta, pois não há nessa resolução ou em qualquer outra norma legal a exigência de homologação por qualquer órgão superior.

Prosseguindo, os negócios processuais celebrados na fase de conhecimento pelos órgãos públicos autores não vinculam os substituídos processuais na fase de liquidação e cumprimento de sentença, se eles não participaram do acordo. Contudo, cabe ao menos uma exceção: é válida a convenção processual celebrada pelo substituto dos indivíduos se ela os beneficiar ou reforçar suas garantias processuais,[281] pois não se desfaz o ato sem prejuízo.

Os negócios jurídicos processuais celebrados individualmente por alguns substituídos antes do processo não vinculam os substitutos processuais, autores da ação civil pública. Tal vinculação haverá apenas se a massa de substituídos tiver celebrado coletivamente convenção processual prévia com a parte con-

---

279 Pedro Nogueira afirma genericamente serem admissíveis negócios processuais em ação civil pública, mesmo quando relativos a direitos difusos ou coletivos, sem esclarecer se as associações também poderiam celebrá-los e se seriam cabíveis em todas as espécies de interesses transindividuais (*Breves comentários ao novo Código de Processo Civil*, art. 190, n. 9, p. 662).

280 Em reforço, dispõe o enunciado n. 253 do FPPC: "o Ministério Público pode celebrar negócio processual quando atua como parte".

281 Nesse sentido: Antonio Cabral, *Convenções processuais*, n. 5.11.3.3, p. 327.

trária – *v.g.*, convenção coletiva de consumo (CDC, art. 107) ou convenção coletiva de trabalho.

Na *ação popular* (Const., art. 5º, inc. LXXIII; e Lei n. 4.717/65) e no *mandado de segurança coletivo* (Const., art. 5º, LXX; e Lei n. 12.016/2009, art. 21),[282] doutrina e jurisprudência não costumam tratar da possibilidade de ser celebrada transação pelas partes para pôr fim ao processo. Porém, como não há expressa vedação legal, há que se admitir acordos materiais e processuais, ainda que nessas ações haja direitos indisponíveis em disputa.

Tanto na ação civil pública, quanto na ação popular e no mandado de segurança coletivo, a convenção processual só será plenamente válida se o Ministério Público também assiná-la, pois ele é parte obrigatória ao menos na qualidade de *custos legis* e, como tal, não pode se subordinar aos seus efeitos sem sua expressa concordância. Assim, *v.g.*, nesses processos autor e réu não podem convencionar a suspensão do processo ou fazer o saneamento compartilhado sem a participação do *Parquet*.

No *incidente de resolução de demandas repetitivas* (CPC, art. 976 ss.), parece não haver espaço para a celebração de convenção processual, pois, uma vez instaurado, as partes deixam de ter disponibilidade sobre as questões jurídicas em discussão, em razão da prevalência do interesse público. Tanto é assim que sequer podem impedir o julgamento da tese jurídica objeto do recurso (arts. 976, § 1º, e 998, parágrafo único), tal qual nos recursos repetitivos processados perante o STJ.

Nas *ações de controle concentrado de constitucionalidade*, em especial na ação direta de inconstitucionalidade, na ação declaratória de constitucionalidade e na ação de descumprimento de preceito fundamental, da mesma forma parece não haver margem alguma para autocomposição sobre os interesses jurídicos em disputa. Portanto, nelas não pode haver convenções processuais.

Especificamente nas *relações coletivas de trabalho*, os sindicatos têm legitimidade para incluir alguns negócios processuais em acordos ou convenções coletivas que celebrar, conforme se extrai do art. 613 da Consolidação das Leis do Trabalho. Nesse caso, assim como acontece na esfera cível, a Justiça do Trabalho poderá apenas analisar seus aspectos formais, balizando sua atuação pelo princípio da intervenção mínima da autonomia da vontade coletiva, conforme impõe o art. 8º, § 3º, da Consolidação das Leis do Trabalho (com redação da Lei n. 13.467/2017).

---

282 Aplicam-se aqui, *subsidiariamente*, o Código de Processo Civil e o Código de Defesa do Consumidor (art. 117), mas não se aplica a Lei de Ação Civil Pública, por falta de previsão legal. Nesse sentido: Pedro Dinamarco, *A sentença e seus desdobramentos no mandado de segurança individual e coletivo*, n. 1.1, p. 695.

59. Validade (IX): indispensabilidade do advogado

Como se sabe, o advogado é indispensável à administração da justiça (Const., art. 133; EOAB, art. 2º) e "a parte será representada em juízo por advogado" habilitado (CPC, art. 103). Por isso, qualquer ato processual só pode ser praticado por advogado dotado de capacidade postulatória,[283] sob pena de nulidade absoluta (EOAB, art. 4º). Essa exigência de defesa técnica especializada visa a proteção dos interesses da parte e, indiretamente, da própria sociedade.

E como já dito (item 34), além de o negócio processual ter a natureza jurídica de *ato processual*, conforme entendimento majoritário da doutrina, em regra, seu *objeto* também é outro ato processual, pois ele "regula condutas humanas voluntárias, a serem realizadas em processo jurisdicional – estatal e arbitral – e destinadas a produzir efeitos sobre ele".[284]

Daí decorre ser *obrigatória a intervenção do advogado* no negócio processual – salvo em alguns processos nos Juizados Especiais e na Justiça do Trabalho, para os quais a lei excepcionalmente dispense a atuação profissional do advogado.

> Em termos práticos, mostra-se muito arriscado permitir que o leigo concorde com a modificação do procedimento ou do modo pelo qual o ato processual deve ser realizado, ou ainda com a criação, alteração ou extinção de situações jurídicas processuais (ônus, deveres, faculdades e poderes), sem que detenha conhecimento técnico para dimensionar todas as *consequências processuais de sua decisão*. E a previsibilidade a esse respeito, como está doutrina autorizada, é "uma pedra de toque" das convenções processuais.[285]

---

283 "O ordenamento processual civil brasileiro veda a realização pessoal dos atos processuais pelos interessados, sem a assistência de pessoa dotada de conhecimento especializado, atributo comumente chamado *ius postulandi*" (STJ, 4ª T., REsp n. 1.204.820-MG, rel. Min. Luis Felipe Salomão, j. 15.10.2015, v.u.). A Súmula n. 115 do STJ dispõe que "na instância especial é inexistente recurso interposto por advogado sem procuração nos autos". O art. 37, parágrafo único, do Código de Processo Civil de 1973 dispunha ser inexistente o ato praticado por advogado sem procuração, mas o art. 104, § 2º, do atual Código de Processo Civil passou a qualificar tal defeito do ato como ineficácia.

284 Flávio Luiz Yarshell, "Convenção das partes em matéria processual: rumo a uma nova era?", n. 4, pp. 65-66.

285 Antonio Cabral, *Convenções processuais*, n. 5.11.3.2, p. 326. Como já dito, a manifestação de vontade pressupõe a plena consciência a respeito de seus termos, bem como de suas consequências (nesse sentido: novamente Antonio Cabral, *op. cit.*, n. 5.4.1, p. 258). E, em alguns casos, as consequências do negócio processual podem ser gravíssimas, até mesmo determinantes para o resultado do processo (*v.g.*, sobre a inversão do ônus da prova ou a renúncia a recursos).

No máximo, o advogado seria dispensável quando a convenção processual não interferir no procedimento ou em situações processuais (hipótese reservada aos negócios processuais típicos), como em questões relativas à competência (foro de eleição).

Nos negócios processuais *prévios*, a procuração *ad negotia* conferida ao advogado deve conter poderes específicos para transigir, pois não se trata aqui de ato de administração ordinária dos interesses do mandante (CC, art. 661, § 1º).[286]

Já nas convenções *incidentais*, basta a procuração *ad juditia*, a qual inclui entre os poderes outorgados o de praticar quaisquer atos processuais e, reflexamente, o de alterar o procedimento e as demais regras processuais incidentes sobre tais atos.[287] Note-se, a propósito, que, na vigência do Código de Processo Civil de 1973, doutrina e jurisprudência nunca cogitaram exigir poderes especiais para os advogados convencionarem incidentalmente sobre a suspensão do processo, a redistribuição do ônus da prova, o adiamento da audiência etc.

De todo modo, no curso do processo os advogados constituídos pelas partes podem *ratificar* negócio jurídico anteriormente celebrado sem a assistência jurídica qualificada, sanando o defeito do ato.[288]

Todavia, a doutrina majoritária rejeita essa obrigatoriedade de intervenção do advogado.[289] Nesse sentido, o enunciado n. 18 do Fórum Permanente de Processualistas Civis dispõe haver mero "*indício de vulnerabilidade* quando a parte celebra acordo de procedimento sem a assistência técnico-jurídica" – ou

286 Essa procuração com poderes especiais pode ser suprida pela assinatura conjunta da parte na convenção. Admitindo tal dispensa em relação a atos da vida civil: Cláudio Bueno de Godoy, "Dos fatos jurídicos e do negócio jurídico", n. 4. p. 399.

287 Em sentido contrário, exigindo procuração específica para a celebração do negócio processual atípico em geral: Leonardo da Cunha, *Comentários ao Código de Processo Civil*, n. 11, pp. 58-59.

288 Se o advogado pode ratificar ato anteriormente praticado no processo por quem não tinha capacidade postulatória (STJ, 3ª T., REsp n. 833.342-RS, rel. Min. Nancy Andrighi, j. 25.9.2006, v.u.), pode ratificar também o negócio processual. Não se trata aqui de condição suspensiva da convenção, mas de verdadeira invalidade que é sanada pela ulterior ratificação, podendo até mesmo ter *efeito retroativo*, se na ratificação não for feita qualquer ressalva.

289 Nesse sentido: Flávio Yarshell, para quem o negócio processual não seria ato processual ("Convenção das partes em matéria processual: rumo a uma nova era?", n. 14, p. 76); Barbosa Moreira afirmava em 1982: "é indubitável que, para as convenções celebradas extrajudicialmente, não se exige a capacidade postulacional, de modo que as partes podem agir por si mesmas, sem mediação de advogado" ("Convenções das partes sobre matéria processual", n. 6, p. 94).

seja, *a contrario sensu*, não reconhece a nulidade absoluta do ato quando praticado pela parte sem assistência jurídica, como ora sustentado.

Posição intermediária é adotada por ANTONIO CABRAL.[290] Segundo o autor, a intervenção seria obrigatória apenas nas convenções processuais *incidentais* (salvo nos Juizados Especiais e na Justiça do Trabalho); nas prévias, seria necessária apenas quando a lei exigir a intervenção de advogado no negócio jurídico material celebrado ao qual esteja vinculado (*v.g.*, no inventário e no divórcio por escritura pública).[291]

60. Eficácia

A convenção processual pode preencher os requisitos de existência e de validade, mas ser ineficaz perante as próprias partes ou terceiros. Por isso, o juiz também tem o dever de fiscalizar sua eficácia, apesar de o parágrafo único do art. 190 referir-se apenas ao controle da validade.

Nossa doutrina processual não dá tratamento sistemático ao tema, limitando-se, quando muito, a fazer mera referência à sua possível ocorrência. Mas a ineficácia do negócio processual pode assumir alta relevância científica e prática, merecendo, portanto, maior atenção dos estudiosos.

Segundo está na doutrina civilista, a ineficácia pode ser dividida em duas modalidades: *ineficácia simples ou pendente ou negócio incompleto*, se sua eficácia em relação às partes está vinculada a condição suspensiva ou resolutiva ou a termo inicial ou final, isto é, a evento futuro; e *ineficácia relativa*, se o negócio é válido entre as partes, mas não oponível a terceiro.[292] A convenção processual também está sujeita a essas duas espécies de ineficácia: simples e relativa. Em alguns casos, pode até acontecer de ocorrer simultaneamente as duas espécies.

A ineficácia simples ou pendente tem menos relevância prática nos negócios processuais, mas nem por isso deve ser desprezada.[293] Soa óbvio que as

290 *Convenções processuais*, n. 5.6.2.3, pp. 278-279.

291 De fato, quando a lei exigir a participação de advogado no negócio jurídico material, é inevitável a participação do advogado também no negócio processual a ele vinculado. Nesse caso, se o motivo da nulidade do negócio principal for a ausência do profissional habilitado, então não é possível aproveitar o negócio processual a ele dependente, mesmo para quem entende ser, em regra, dispensável a assinatura do advogado. CABRAL menciona ainda a necessidade de advogado nos negócios processuais dependentes de homologação judicial (*op. loc. cit.*), mas, salvo engano, todas essas hipóteses dizem respeito a negócio processual incidental, que para ele já depende de advogado.

292 ANTÔNIO JUNQUEIRA DE AZEVEDO, *Negócio jurídico*, n. 4, p. 53.

293 NERY JR. & NERY defendem que a homologação do negócio processual pelo juiz seria sempre condição de eficácia endoprocessual do ato (*Código de Processo Civil*

convenções celebradas antes do processo (prévias) são sempre dessa espécie, pois sua eficácia está condicionada ao ajuizamento da demanda. As convenções incidentais também podem eventualmente ter sua eficácia condicionada a algum evento, como a prévia homologação judicial – *v.g.*, na hipótese do art. 357, § 3º (delimitação consensual das questões controvertidas).[294] E nada impede de as próprias partes eventualmente condicionarem a eficácia à ocorrência de determinado evento futuro – desde que essa condição não seja em si inválida, *v.g.*, por se tratar de evento impossível ou de condição potestativa, a depender da vontade de apenas uma das partes. Desse modo, a escolha consensual do perito (art. 471) pode estar condicionada ao próprio deferimento da perícia pelo juiz (as partes podem apenas requerer conjuntamente sua realização, mas é sempre do juiz a decisão a respeito da sua realização).

Mais relevante para o trato dos negócios processuais é a *ineficácia relativa*, na qual a convenção vincula as partes, mas não terceiro. Não se trata aqui da legitimidade *ad actum* para celebrá-la, isto é, da legitimidade e dos limites para as partes disporem sobre suas próprias situações jurídicas processuais por meio desses acordos (v. *supra*, item 57). Aqui a situação é diferente e diz respeito à inviabilidade de se produzir efeitos na esfera jurídica de quem não manifestou expressa concordância com os seus termos.

A convenção processual é relativamente ineficaz perante os *sujeitos processuais que não participaram do ato* – como os litisconsortes ativos ou passivos e os terceiros que intervieram no processo para defender interesse próprio –, pois nenhum negócio pode causar dano àqueles que, de alguma forma, não anuíram aos seus termos. Além disso, as partes têm direito ao devido processo legal (Const., art. 5º, inc. LIV), isto é, "na vida do processo jurisdicional, a observância do procedimento e também das oportunidades integrantes do processo justo constitui imposição dessa cláusula".[295] Aquele que participa da relação processual, mas não participou do negócio processual, tem direito, portanto, ao procedimento tal qual previsto em lei, sob pena de violação ao *due process of law*. E é irrelevante se o ingresso do dito terceiro no processo tiver se dado após a celebração da convenção processual.

Nas situações descritas nos incisos do art. 1.647 do Código Civil, a ausência de *outorga uxória ou marital* também pode tornar ineficaz o negócio

---

comentado, art. 190, n. 11, p. 761). Se pudesse prevalecer esse entendimento, que não encontra eco na doutrina, toda e qualquer convenção processual teria ineficácia simples.

294 Enunciado n. 260 do FPPC: "a homologação, pelo juiz, da convenção processual, quando prevista em lei, corresponde a uma condição de eficácia do negócio".

295 Cândido Dinamarco, *Vocabulário de processo civil*, n. 60, p. 129.

processual prévio, assim como o próprio negócio jurídico de direito material subjacente (Súmula n. 332 do STJ: "a fiança prestada sem autorização de um dos cônjuges implica a ineficácia total da garantia"). Afinal, o cônjuge é litisconsorte necessário no respectivo processo e, como tal, não pode ser atingido por convenção processual se dela não participou.

Se a convenção processual tiver como objetivo ou consequência *simulação, fraude contra credores* ou *fraude à execução*, ela será válida entre os convenentes, mas ineficaz perante terceiros de boa-fé.[296]

Assim, o litisconsorte ou terceiro que não participou da convenção processual não pode ser prejudicado; mas pode *aderir* a ela, se assim desejar.[297] E somente eles têm *legitimidade para arguir* a ineficácia relativa. Os convenentes não podem, pois, além de a convenção ser válida perante eles, nesse caso, a impugnação configuraria inadmissível *venire contra factum proprium.*

Contudo, a regra da ineficácia perante quem não participou do negócio processual está sujeita a *exceções e abrandamentos.*

Para ser reconhecida a ineficácia, deverá ser necessariamente demonstrado prejuízo concreto àquele sujeito que não interveio na convenção, pois *pas de nullité sans grief* (art. 282, § 1º). É nesse exato sentido o enunciado n. 402 do Fórum Permanente de Processualistas Civis: "a eficácia dos negócios processuais para quem deles não fez parte depende de sua anuência, quando lhe puder causar prejuízo".[298]

Na *execução* e no *cumprimento de sentença*, o credor tem maior disponibilidade sobre o procedimento, tanto que pode até mesmo desistir da ação sem a anuência do executado (art. 775). Assim, *v.g.*, a convenção processual sobre a suspensão desses processos (ou fases) produz automaticamente todos os seus efeitos programados, independentemente da concordância dos demais executados.[299]

---

296 Normalmente o negócio processual fraudulento está vinculado a outros atos processuais ou materiais ilícitos. Para ilustrar, pode ocorrer de o devedor com muitas dívidas e um único bem avaliá-lo consensualmente com um dos seus credores por valor muito abaixo de seu valor de mercado (o que, em princípio, é válido), para em seguida um "laranja" arrematá-lo por valor irrisório, prejudicando os demais credores, que por sua vez podem impugnar aquela subavaliação e os atos subsequentes.

297 Para Rafael de Abreu, apenas no *litisconsórcio unitário* haveria possibilidade de aproveitamento da convenção pelo litisconsorte ausente ("A igualdade e os negócios processuais", n. 3.2, p. 211).

298 O enunciado n. 491 do FPPC dispõe, ainda, corretamente, que "é possível negócio jurídico processual que estipule mudanças no procedimento das intervenções de terceiros, observada a necessidade de anuência do terceiro quando lhe puder causar prejuízo".

299 Nesse sentido: Araken de Assis, *Manual da execução*, n. 164, p. 726.

A convenção processual é igualmente eficaz perante o *amicus curiae* e o assistente simples admitidos no processo. O primeiro, porque "não é titular de ônus processuais relevantes", seus poderes são limitados àqueles definidos pelo juiz ou relator da causa (art. 138, § 1º) e seus deveres são apenas de litigar com boa-fé e civilidade,[300] ou seja, ele não tem margem para negociar a respeito de suas situações jurídicas, além de este não ser o escopo de sua intervenção; o segundo, porque, se sua intervenção não obsta a que a parte principal "transija sobre direitos controvertidos" (art. 122), consequentemente também não impede que transija sobre as questões processuais – afinal, quem pode o mais, pode o menos.

Da mesma forma, também é válido e eficaz em relação aos herdeiros e sucessores processuais em geral (CPC, art. 108 ss.), por ato *inter vivos* ou *causa mortis* (v. enunciado n. 115 do FPPC), pois estes se submetem aos mesmos efeitos dos atos processuais e materiais praticados pelo substituído.[301]

Além da ineficácia perante as partes que não anuíram, o negócio processual também pode ser ineficaz *perante o juiz* – apesar de válido entre as partes –, se limitar indevidamente seus poderes, inerentes ao exercício da atividade jurisdicional, pois decorrentes de normas de ordem pública.[302]

Dessa forma, *v.g.*, as partes podem convencionar validamente a retirada do efeito suspensivo automático da apelação.[303] Contudo, havendo receio de dano irreparável e plausibilidade do direito alegado, o relator do recurso pode conceder de ofício, em caráter excepcional e em prestígio ao seu poder geral

---

300 Sobre essas situações processuais das quais ele é titular: Pedro Dinamarco, *Código de Processo Civil anotado*, art. 138, n. 4, pp. 218-219.

301 "Os adquirentes ou cessionários de bem litigioso, ao ingressarem na relação processual, como substitutos (sucessores) ou como intervenientes, assumem a mesma posição do alienane ou cendente (sucedido), em caráter de continuidade, submetendo-se aos efeitos dos atos praticados por esse no curso da causa (art. 42, § 3º, do CPC)", atualmente art. 109, § 3º (STJ, 3ª T., REsp n. 61.015-MG, rel. Min. Waldemar Zveiter, 12.12.1995, vu.). Ademais, o art. 63, § 2º, é expresso quanto à vinculação dos herdeiros e sucessores das partes especificamente em relação ao negócio processual de eleição de foro.

302 Humberto Theodor Júnior reconhece ser "evidente" a limitação do poder de convencionar das partes apenas aos poderes processuais de que sejam titulares, "jamais podendo atingir aqueles conferidos ao juiz. Assim, não é dado às partes, *v.g.*, vetar a iniciativa de prova do juiz, ou o controle dos pressupostos processuais e das condições da ação, em nem qualquer outra atribuição que envolva matéria de ordem pública inerente à função judicante" (*Curso de direito processual civil*, vol. I, n. 336, p. 485). Todavia, não esclarece se na sua visão estas são hipóteses de nulidade ou ineficácia.

303 Sobre a validade dessa exclusão (sem ressalva): Humberto Theodoro Júnior, *op. loc. cit.*; e enunciado n. 19 do FPPC.

de cautela, o efeito que as partes pactuaram suprimir. Sem essa ressalva, tal cláusula se tornaria nula, por flagrante inconstitucionalidade. Com a ressalva, ainda que implícita, sua validade é preservada, limitando-se apenas sua eficácia perante o relator.

61. A relação processual como objeto do negócio processual

Conforme já dito no item 32, o negócio processual deve versar necessariamente sobre a relação processual, isto é, sobre o *procedimento* (atos processuais considerados individual ou conjuntamente) ou sobre *situações processuais das partes* (ônus, poderes, deveres e faculdade), sob pena de nulidade. Excepcionalmente, no caso de negócio processual plurilateral (decisão compartilhada), também pode envolver alguns poderes e deveres do juiz.

Qualquer relação jurídica é composta pela soma de situações jurídicas, formando um vínculo entre seus sujeitos. No plano material – diferentemente do processual, que é triangular (autor-juiz-réu) – existe *ligação direta* entre os sujeitos da relação jurídica, sem a necessária participação ou intermediação do Estado.

A relação jurídica será acrescida do qualificativo *processual* quando ela ocorrer dentro do processo judicial ou arbitral. *Relação jurídica processual* pode ser conceituada, então, como o conjunto de situações jurídicas que se sucedem no processo, desde seu nascimento (ajuizamento da demanda) até seu encerramento (trânsito em julgado), respeitado nesse intervalo um procedimento racionalmente estabelecido em lei e eventualmente pelas partes. É ela que coordena a conduta dos sujeitos processuais (Estado-juiz e partes) em suas relações recíprocas, permitindo ou exigindo que eles pratiquem certos atos processuais com vista a legitimar a tutela jurisdicional final. Para tanto, atribui-lhes posições jurídicas *ativas* (poderes e faculdades) e *passivas* (deveres, sujeições e ônus).

> A existência de *direitos e obrigações processuais* é questionada por parte da doutrina. Conforme doutrina CÂNDIDO DINAMARCO, "direito subjetivo é uma situação jurídica de vantagem em relação a um bem. Obrigação, como contraposto, é uma situação jurídica de desvantagem em relação ao mesmo bem". Ele complementa em seguida "ser impróprio falar em direitos e obrigações no processo, porque os deveres impostos aos seus sujeitos têm por objeto imediato a criação de situações processuais e não a obtenção de um bem da vida" e que "só por costume ou comodidade tolera-se o emprego do vocábulo direito no processo".[304] Por isso, é preferível utilizar o

304 *Instituições de direito processual civil*, vol. II, n. 577, pp. 241-242.

termo *poder* (que, por sua vez, se opõe a dever). Assim, a parte não tem o direito de ação, mas o poder de ação.[305]

As relações processuais se desenvolvem de forma unitária e progressiva durante todo o processo, numa marcha avante, pois cada ato processual praticado extingue uma situação jurídica efêmera e automaticamente faz nascer outra, para outro sujeito da relação, até o provimento final do processo.[306] Daí se dizer que a relação processual é um *elemento vivo*, que nasce, se desenvolve e morre, ou que ela é a *alma* das atividades desenvolvidas pelos sujeitos do processo.[307]

O processo, por sua vez, é composto por essa sucessão de situações jurídicas (relação processual) e de atos processuais organizados (procedimento) num ambiente de permanente diálogo entre os sujeitos processuais, ou seja, pelo *trinômio* procedimento + relação processual + diálogo.[308]

Como se percebe, o art. 190 interfere justamente na regulamentação da relação processual, ao autorizar alterações consensuais em dois de seus elementos essenciais: procedimento e relação processual.

62. Procedimento

É a sequência ordenada de atos processuais, desde o ato inicial até o ato final que o encerra, fornecendo a solução do conflito,[309] bem como o próprio rol desses atos processuais e o modo como eles são praticados.[310]

---

305 Assim costuma se referir a doutrina italiana a essa situação jurídica: *potere di azione* (por todos, COMOGLIO-FERRI-TARUFFO, *Lezione sul processo civile*, n. 11.4, p. 295; e CHIOVENDA, *Principii de diritto processuale civile*, n. 41, p. 627). Na mesma toada, COUTURE definia ação como "o *poder jurídico* que tem todo sujeito de direitos, de reivindicar aos órgãos jurisdicionais a satisfação de uma pretensão" (*Fundamentos del derecho procesal civil*, n. 34, p. 47).

306 Ou seja, proposta a demanda, surge para o juiz o dever de despachar a petição inicial, em geral para exarar o "cite-se"; citado, surge o ônus do demandado de defender-se, no processo de conhecimento; desse ato, surge o dever judicial de intimar o autor a se manifestar em réplica; e daí por diante, até a extinção do feito.

307 Nesse sentido: CÂNDIDO DINAMARCO, *Instituições de direito processual civil*, vol. II, n. 566, p. 225.

308 JOSÉ ROBERTO BEDAQUE conceitua o processo como "a síntese do procedimento animado pela relação jurídica e realizado em contraditório" (*Direito e processo*, n. 1, p. 11). BEDAQUE justifica o trinômio: "os sujeitos têm poderes, deveres, ônus e faculdades (relação jurídica), praticam atos que se sucedem (contraditório) e vão dando vida ao procedimento" (*op. cit.*, n. 1, pp. 11-12).

309 COMOGLIO-FERRI-TARUFFO, *Lezioni sul processo civile*, n. 1.3, p. 17.

310 CÂNDIDO DINAMARCO explica que o procedimento é integrado por *quatro elementos*: "(a) a indicação dos *atos a realizar*, (b) a determinação da *forma* de que cada um se revestirá, (c) o estabelecimento da *ordem sequencial* a ser observada entre eles e (d) a *diversificação estrutural* entre diversos ou muitos conjuntos de atividades e a destinação

Nos termos do art. 190, as partes podem alterar o procedimento: (a) invertendo a sequência legal de atos processuais; (b) suprimindo atos dispostos em lei; (c) acrescentando novos atos; (d) fixando ou alterando o modo pelo qual o ato deve ser praticado, no tocante a forma, tempo ou lugar; e (e) dispondo sobre os efeitos dos atos processuais.

Nesse sentido, demandante e demandado podem distribuir uma *petição inicial conjunta*, na qual sejam condensadas com clareza as razões e as pretensões de ambas as partes numa única peça processual e delimitados os fatos incontroversos e a versão de cada um deles sobre os fatos controvertidos, bem como eventual divergência a respeito da interpretação do contrato ou do ordenamento jurídico (delimitação essa permitida no art. 357, § 2º).[311] Isso tornaria a tarefa jurisdicional muito mais simples e célere.

As partes também podem, exemplificativamente: (a) suprimir a audiência inicial de conciliação ou mediação (art. 334) ou convencionar sua condução por mediador específico; (b) tratar sobre prazos em geral, *v.g.*, determinando sua contagem em dias corridos – e não em dias úteis, como dispõe o art. 219 –, ou alterando com moderação a quantidade de dias fixados em lei; (c) regular a forma de comunicação dos atos processuais,[312] para autorizar, *v.g.*, citações e intimações em endereços físicos ou eletrônicos (*e-mail*) previamente especificados ou para que as citações ocorram apenas por meio de oficial de justiça; (d) permitir a ampliação do pedido ou da *causa petendi* após o saneamento do processo (afastando, assim, a vedação do art. 329),[313] desde que assegurado o contraditório e não haja necessidade de dilação probatória, evitando com isso novo processo e propiciando economia processual; (e) suprimir recursos,[314]

---

dos modelos assim instituídos às diferentes espécies de tutela jurisdicional postulada" (*Instituições...*, vol. II, n. 626, p. 516).

311 Essa petição inicial conjunta já existe no direito francês, sob a denominação de *requête conjointe* (CPC francês, art. 57).

312 Nesse sentido: FLÁVIO YARSHELL, "Convenção das partes em matéria processual no novo CPC", n. 4, p. 94.

313 Ainda, FLÁVIO YARSHELL, "Convenção...", n. 4, p. 94.

314 Nesse sentido, o art. 632-1 do CPC português dispõe ser "lícito às partes renunciar aos recursos; mas a renúncia antecipada só produzirá efeitos se provier *de ambas as partes*". No Brasil, apesar de a lei não ser expressa, a renúncia antecipada também deve ser bilateral – salvo em situações excepcionais, em benefício do hipossuficiente ou se o renunciante tiver obtido compensações na avença que a torne globalmente equilibrada. Para parte da doutrina, contudo, o art. 999 do Código de Processo Civil atual (e art. 502 do anterior) não permitiria a renúncia prévia ao direito de recorrer, antes de proferida a decisão objeto da renúncia. Nesse sentido, RICARDO APRIGLIANO afirma que nem mesmo o art. 190 autorizaria a renúncia prévia, pois seria temerário renunciar a esse direito sem conhecer o inteiro teor da decisão (*Código de Processo Civil anotado*, art. 999, n. 1, p. 1.429).

para abreviar o procedimento – mas não podem ampliar as hipóteses de cabimento dos meios de impugnação; (f) antecipar ou postergar alguns atos processuais, invertendo a sequência procedimental programada em lei – *v.g.*, convencionar que a perícia somente será realizada após a oitiva das partes e testemunhas –, desde que isso não cause prejuízo ou interfira nos poderes do juiz; e (g) retirar o efeito suspensivo automático da apelação.[315]

63. Ônus processuais

Ônus é "imperativo do próprio interesse", segundo clássica e precisa definição de James Goldschmidt,[316] ou "a subordinação de um interesse do onerado a um (outro) interesse próprio", como definiu Carnelutti.[317] Para Hélio Tornaghi, é "uma obrigação para consigo mesmo".[318] E, para Echandia, "um poder ou uma faculdade (em sentido amplo), de executar, livremente, certos atos ou adotar certa conduta prevista na norma para benefício e interesses próprios, sem sujeição nem coação e sem que exista outro sujeito que tenha o direito de exigir sua observância, porém cuja inobservância acarreta consequências desfavoráveis".[319].

Daí ser o ônus processual um *estímulo* imposto às partes para exercerem o poder de praticar determinado ato processual de seu próprio interesse,[320] e com isso obter situação de vantagem no processo, ou ao menos evitar a desvantagem.[321] Ele visa a sempre incentivar o *comportamento ativo* da parte, jamais a

---

315 Nesse sentido: Humberto Theodoro Júnior, *op. loc. cit.*; e enunciado n. 19 do FPPC. Isso não pode impedir, contudo, a concessão excepcional desse efeito pelo relator do recurso, se houver receio concreto de dano irreparável e plausibilidade do direito alegado, em prestígio ao seu irrenunciável poder geral de cautela.

316 *Direito processual civil*, § 2.3, p. 17.

317 *Teoria generale del diritto*, n. 92, p. 235. Nessa mesma linha de raciocínio, Orlando Gomes, citando Lumia, afirmava que, "no ônus, o sacrifício do interesse próprio visa a outro interesse próprio que o sujeito considere preponderante sobre o primeiro" (*Obrigações*, n. 5, p. 7).

318 *A relação processual penal*, p. 57.

319 *Teoría general de la prueba judicial*, t. I, n. 121, pp. 420-421.

320 Carnelutti também enquadrava o ônus como um estímulo (*Sistema del diritto processuale civile*, n. 158, p. 409). Couture, por sua vez, utilizava o termo "ameaça" (*Fundamentos del derecho procesal civil*, n. 134, p. 175), o que também expressa bem a ideia de pressionar psicologicamente o onerado a praticar o ato. Arruda Alvim esclarece que "a figura do ônus, aliada à da preclusão, faz com que a parte saia de sua inércia e atue utilmente no processo" (*Manual de direito processual civil*, n. 152, p. 426).

321 "O desincumbir-se de um ônus pode resultar não só em uma vantagem, como também evitar consequências desfavoráveis" (Gustavo Badaró, Ônus da prova no processo penal, n. 3.5, p. 172).

omissão,[322] em atenção à necessidade prática de o processo se desenvolver avante (LEO ROSEMBERG) e ao interesse público na rápida solução dos conflitos.

Como facilmente se percebe, no direito processual civil os ônus das partes assumem relevância sistemática extraordinária – juntamente com os deveres do juiz –, sendo inimaginável um processo no qual as partes não sejam atingidas por eles. Ou seja, "o processo é o terreno por excelência dos ônus".[323]

Ao contrário do titular de um dever,[324] o onerado tem sempre a *irrestrita liberdade* de cumprir ou não o ônus, bem como o amplo *poder* de praticar o respectivo ato processual e de exigir o fornecimento de mecanismos para tanto. Seria inadmissível contrassenso estimulá-lo a praticar o ato e ao mesmo tempo impedir ou dificultar o exercício desse poder, suprimindo os meios necessários. Vale dizer, deve ser fática e juridicamente possível cumprir o encargo.[325] E, tendo a parte se desincumbido do ônus, ela pode exigir a incidência dos efeitos predefinidos em lei ou pelas partes.[326]

---

322 Nesse sentido, HERNANDO ECHANDÍA, *Teoria general de la prueba judicial*, t. I, p. 416. Em sentido contrário, admitindo a imposição de ônus de abster-se: GUSTAVO BADARÓ, Ônus da prova no processo penal, n. 3.6, p. 175.

323 EDUARDO TALAMINI, "Notas sobre a teoria das nulidades no processo civil", n. 1, p. 39. No plano do direito material, a imposição de ônus é meramente residual, de modo que "a noção de ônus tem sua principal aplicação no campo do direito processual" (HERNANDO ECHANDÍA, *Compendio de la prueba judicial*, t. I, n. 105, p. 194).

324 Ônus nada tem a ver com *dever*, sendo eles antagônicos e repelentes entre si. O primeiro é imperativo do próprio interesse e o dever é imperativo do interesse exclusivamente alheio. Mas, infelizmente, no meio forense é muito frequente a má utilização do termo dever no lugar de ônus. Basta uma rápida pesquisa no *site* do STJ para constar a frequência dessa confusão terminológica pela maioria de seus qualificados integrantes. Nesse sentido: STJ, 4ª T., AgInt nos EDcl no REsp n. 1.664.579-SP, rel. ANTONIO CARLOS FERREIRA, j. 5.10.2017, v.u.; STJ, 1ª T., EDcl no Ag n. 1.066.051-SP, rel. Min. BENEDITO GONÇALVES, j. 5.5.2009, v.u.; STJ, 2ª T., REsp n. 1.040.781-PR, rel. Min. ELIANA CALMON, j. 18.12.2008, v.u.; STJ, 2ª T., AgRg no Ag n. 1.116.433-MG, rel. Min. MAURO CAMPBELL MARQUES, j. 9.6.2009, v.u.; STJ, 3ª T., AgRg nos EDcl no Ag n. 745.363-MG, rel. Min. VASCO DELLA GIUSTINA, j. 3.3.2009, v.u.; STJ, 4ª T., AgRg no Ag n. 698.555-RJ, rel. Min. CARLOS MATHIAS, j. 16.10.2008, v.u.; STJ, 6ª T., EDcl no Ag n. 1.117.635-SP, rel. Min. MARIA THERESA DE ASSIS MOURA, j. 21.5.2009, v.u., entre muitos outros. É muito frequente ainda a utilização do termo ônus para designar *obrigação, gravame* – *v.g.*, os "ônus da sucumbência".

325 Justamente por isso, o art. 373, § 3º dispõe ser nula a inversão convencional do ônus da prova se for inviável a produção da prova pelo onerado.

326 Tradicionalmente, os efeitos do cumprimento do ônus decorriam exclusivamente da lei, não tendo o juiz ou as partes autonomia para dispor de modo diverso. Porém, com a autorização para a celebração de negócios processuais contida no art. 190, agora tais efeitos podem ser predefinidos consensualmente pelas partes – mas o juiz continua sem o poder de criá-los discricionariamente, sem base legal ou negocial.

> Tradicionalmente, os ônus e os efeitos de seu cumprimento ou descumprimento decorriam exclusivamente da lei, não tendo partes e juiz autonomia para dispor de modo diverso. O art. 190 do *Código de* Processo Civil de 2015, todavia, passou a permitir a sua definição consensual pelas próprias partes – o juiz continua sem poder criá-los, alterá-los ou extingui-los unilateralmente, sem fundamento legal ou negocial.

Essa margem para as partes negociarem a *criação* ou *modificação* de ônus processual é relativamente ampla. Podem, *v.g.*, (a) criar o ônus de depositar o valor de eventual condenação como condicionante do recurso; (b) ampliar (moderadamente) o prazo para cumprimento do ônus; e (c) transformar alguns ônus em dever processual, desde que o faça de forma expressa ou menos clara – *v.g.*, tornar obrigatória (c.1) a presença das partes em todas as audiências (e não apenas na hipótese do art. 334), sob pena de multa e presunção ficta (art. 385, § 1º); e (c.2) a apresentação em juízo de documento que esteja na posse de qualquer das partes, sob pena de busca e apreensão, vedada a presunção de que trata o art. 359, inc. I.

As partes também podem convencionar a *eliminação* de alguns ônus e correlato poder, para com isso vedar a realização de determinados atos. Assim, podem, *v.g.*, suprimir previamente o cabimento de recurso especial e extraordinário, de modo a não só excluir o ônus de recorrer como também impor o dever de não recorrer de futuro julgamento, sob pena de multa.[327]

As partes devem, porém, respeitar os requisitos gerais de existência, validade e eficácia do negócio processual. E, justamente por ser inválido quando retardar desnecessariamente o processo ou quando frustrar a efetividade da tutela jurisdicional (item 46), pois viola o interesse público, alguns ônus não podem ser transformados em meras *faculdades* – ou seja, opção cuja omissão não traga consequências jurídicas – ou flexibilizados demasiadamente, a ponto de tornar inócuo o estímulo desejado pelo legislador (*v.g.*, substituir o ônus de recorrer pelo reexame obrigatório).

A liberdade para *impor consequências negativas* pelo descumprimento do ônus processual também é restrita, devendo se limitar ao âmbito interno do processo – as consequências impostas pela legislação processual brasileira são apenas de quatro espécies: (a) preclusão; (b) presunção; (c) ineficácia do ato proces-

---

327 Para Ricardo Aprigliano, contudo, o art. 999 do Código de Processo Civil atual (e art. 502 do anterior) não admitiria a *renúncia prévia* ao direito de recorrer, antes de ser proferida a decisão objeto da renúncia. Nem mesmo o art. 190 a autorizaria, pois "parece temerário admitir que as partes possam combinar entre si a renúncia, em tese, ao direito de recorrer, antes mesmo de ter acesso ao conteúdo da decisão que lhes desfavorece" (*Código de Processo Civil anotado*, art. 999, n. 1, p. 1.429).

sual praticado irregularmente; e (d) proibição de falar nos autos. À primeira vista, as partes podem apenas *agravar* essas consequências legais, mas não as reduzir ou eliminar – *v.g.*, retirar o efeito preclusivo imposto pela lei. E por haver liberdade de conduta, tampouco podem ser impostos mecanismos de coerção voltados ao cumprimento específico do ônus, bem como punir ou substituir a vontade do onerado, com consequências externas ao processo (inclusive pecuniária), como multa, utilização de força policial ou prisão. Além disso, a omissão não caracteriza ato ilícito e, portanto, não pode gerar o dever de indenizar.

Ademais, os ônus e suas consequências positivas e negativas devem, necessariamente, ser de conhecimento *inequívoco* do convenente *antes* do vencimento do prazo para praticar o respectivo ato, ainda que tal ciência decorra da presunção do conhecimento da lei – *v.g.*, a ciência da decisão gera automaticamente o ônus de recorrer, sob pena de preclusão. Dessa obrigatória previsibilidade decorre ser vedada a imposição de consequências retroativas.

64. Poderes processuais

Poder jurídico – também chamado de direito potestativo – é a capacidade de decidir por si ou pelos outros.[328] O poder estatal – no qual se inclui o do juiz – é dotado, ainda, da capacidade de impor coercitivamente sua decisão (*jurisdictio sine coercitio nulla est*).[329] Assim, seu contraponto é a *sujeição*, assim entendida como a "necessidade de obedecer".[330]

As partes não exercem seus poderes diretamente sobre os demais sujeitos parciais da relação processual, mas somente em face do Estado. Numa visão bastante ampla do fenômeno, elas têm apenas o poder de provocar e *exigir* a atividade jurisdicional. Em termos mais específicos, elas têm o poder de agir,[331] de contestar, de denunciar a lide, de requerer e exigir a produção de provas, de recorrer etc.

Os poderes *das partes* decorrem diretamente da lei e indiretamente dos princípios constitucionais do processo, em especial da inafastabilidade do controle jurisdicional, do contraditório, da ampla defesa e do devido processo legal (art. 5º, incs. XXXV, LIV e LV). O *poder processual* tem íntima relação

328 Cândido Dinamarco conceitua poder como "capacidade de produzir efeitos sobre a esfera jurídica alheia" (*Instituições...*, vol. II, n. 573, p. 237).

329 Sobre o conceito de poder estatal ou político, cf. Cândido Dinamarco, *A instrumentalidade do processo*, n. 11, p. 104.

330 Carnelutti, *Sistema de direito processual civil*, vol. I, n. 20, p. 114.

331 A ação é um *poder*, não um direito processual. Mas é tolerável a utilização da expressão "direito de ação", pois já incorporada na linguagem jurídica.

com o ônus processual, sendo elemento integrante de seu conceito, pois, se a parte optar por cumprir o ônus, ela terá o poder de praticar o ato processual e de exigir as consequências que dele se espera.[332] De nada adiantaria haver estímulos à pratica de atos processuais, criados pelos ônus, se a parte onerada não tivesse o poder de praticá-los. E tanto o comportamento ativo quanto o comportamento passivo do titular do poder e do ônus se submetem subjetiva e objetivamente aos seus efeitos e consequências.

Daí por que a liberdade da parte para convencionar sobre seus poderes é tão ampla em relação aos seus ônus, incidindo aqui as mesmas observações gerais feitas no item anterior sobre os ônus processuais, inclusive quanto às consequências do seu descumprimento. Pode-se até dizer que a menção do art. 190 aos poderes processuais chega a ser uma redundância didática.

Assim, as partes podem *renunciar* a diversos poderes processuais por meio de convenção, inclusive prévia ao litígio, como o de recorrer (inexiste a garantia absoluta da inafastabilidade do duplo grau de jurisdição), ou de denunciar à lide (salvo na hipótese de denunciação obrigatória, cuja omissão implica perecimento do direito de regresso).

Todavia, alguns poderes – e respectivos ônus – são *irrenunciáveis*, ao menos previamente, justamente por decorrerem de norma pétrea contida na Constituição Federal ou de alguma norma de ordem pública contida na legislação infraconstitucional. É o caso do poder de ação (Const., art. 5º, inc. XXXV), não podendo a parte renunciar a ele antes mesmo do surgimento da lide (pretensão resistida) ou sem ter como contrapartida um benefício (solução amigável da controvérsia).[333] Tampouco pode renunciar ao poder de contestar, por violar a garantia constitucional da ampla defesa (Const., art. 5º, inc. LV), sendo possível apenas dispor sobre o modo pelo qual esse poder será exercido (*v.g.*, prazo).

65. Deveres processuais

Enquanto o ônus é imperativo do próprio interesse, o dever processual é o imperativo do *interesse alheio*, que impõe a qualquer partícipe do processo a adoção *obrigatória* de determinada conduta processual.

---

332 Essa proximidade entre as duas espécies de situação jurídica não é casual, pois a razão de ser dos ônus é justamente estimular o onerado a exercer seus poderes processuais, por meio da prática de atos processuais. Nesse sentido: Carnelutti, *Sistema del diritto processuale civile*, n. 158, p. 409.

333 Justamente por isso são irrenunciáveis os prazos extraprocessuais, como o de ajuizamento de ação rescisória ou de anulação da sentença arbitral (v. adiante, art. 225, item 320).

O dever pode dizer respeito (a) à obrigatoriedade de se praticar determinado ato processual, independentemente da vontade do agente (*v.g.*, arts. 77, inc. IV, e 774, inc. V); (b) à proibição de realizá-lo (*v.g.*, art. 77, incs. III e V); ou (c) ao modo como ele será realizado (*v.g.*, art. 77, inc. I), ainda que a parte tenha apenas o ônus de praticá-lo (*v.g.*, o demandado pode não contestar, mas, se o fizer, deve agir com boa-fé). Evidentemente, há intenso interesse público subjacente a qualquer dever processual.

O mais amplo e expressivo dever de qualquer participante do processo é o de *probidade* ou *lealdade processual*, cujo descumprimento configura litigância de má-fé ou ato atentatório à dignidade da justiça.[334]

Característica importante do dever é a sua não extinção automática em decorrência da não realização tempestiva do respectivo ato, ao contrário do que ocorre com os ônus, permanecendo ativo enquanto não praticado o ato. Assim, se o juiz não decidir no prazo legal (art. 226), este seu dever permanece inalterado e o corregedor do tribunal ou o relator no Conselho Nacional de Justiça poderá determinar sua intimação "para que, em10 (dez) dias, pratique o ato" (art. 235, § 3º).

As *partes* têm pouquíssimos deveres processuais (e muitos ônus), os quais usualmente dizem respeito ao *modo* como o ato processual é praticado. Raras são as hipóteses de *obrigatoriedade* de sua realização – *v.g.*, informar onde estão os seus bens sujeitos à execução (art. 774, inc. V) – ou de proibição de praticar algum ato no processo. Seu descumprimento normalmente enseja a aplicação de multa, sendo possível ainda a imposição de outras espécies de sanção e, excepcionalmente, consequências endoprocessuais – *v.g.*, proibição de falar nos autos (arts. 77, § 7º, e 774, parágrafo único).

> Alguns estudiosos sustentam a existência do suposto *dever de colaboração* das partes. Contudo, apenas juízes e terceiros têm esse dever, e não as partes. Estas estão sujeitas ao ônus de colaborar, cujo descumprimento não gera sanções extraprocessuais – *v.g.*, é inadmissível exigir que a parte apresente prova contra si (art. 379), sob pena de multa.[335] É também um princípio informativo do seu comportamento.

---

334 O dever de *comparecimento à audiência preliminar* do art. 334, sob pena de multa, está expressamente relacionado a ato atentatório. Mas tal dever é relativo e *disponível*, pois, se as partes manifestarem o desinteresse na sua realização, o juiz a cancelará (§ 4º, inc. I).

335 Nesse caso, a consequência é outra, de natureza endoprocessual: *presunção* de veracidade da alegação da parte contrária, objeto da prova sonegada (art. 400). Apenas se não for possível aplicar a presunção – *v.g.*, quando se tratar de direito indisponível –, haverá excepcionalmente o dever, sujeito a sanção, coerção ou força (parágrafo único).

Juízes e seus auxiliares têm apenas deveres processuais (nunca ônus), sendo eles (em conjunto com os poderes) inerentes à sua atividade jurisdicional. Esses deveres servem como estímulos para o permanente impulso do processo. E o transcurso *in albis* do prazo para seu cumprimento pode gerar ao magistrado sanções administrativas e, excepcionalmente, multa por ato atentatório à dignidade da justiça (art. 77, § 1º);[336] mas, como dito, não inviabiliza a realização do ato após o decurso do prazo.[337]

Terceiros, que por definição não integram a relação processual, também têm deveres, em especial o de colaborar com a administração da justiça – *v.g.*, de depor sobre os fatos de seu conhecimento e de fornecer documentos em seus poderes, sob pena de multa e até o uso de força policial (art. 380, parágrafo único).

Assim como ocorre com os ônus, também os deveres processuais e as respectivas consequências do descumprimento (sanção, coerção, indenização etc.) devem estar previamente dispostos em lei (*nulla poena sine lege*). E, nos termos do art. 190, as partes podem convencionar sobre seus próprios deveres – nunca alheios –, alterando as regras legais ou criando novas regras. Contudo, os deveres e as suas consequências, tanto legais quanto convencionais, devem ser necessariamente do *conhecimento* do devedor *antes do prazo* para a realização do respectivo ato, evitando-se, assim, surpresas e armadilhas. Não podem as partes, portanto, impor sanções por comportamento pretérito, somente futuro.

A margem para as partes negociarem seus deveres processuais não é muito ampla. Por se tratar de imperativo do interesse alheio (de outro sujeito processual e do Estado), evidentemente não se pode *renunciar* a eles, salvo se a lei expressamente permitir. Vale dizer, as partes *não podem eliminar* os deveres que lhes foram fixados imperativamente por lei, em especial o dever de probidade processual,[338] os quais são "instituídos para a defesa do interesse público no correto e eficiente exercício da jurisdição, incorrendo em ilícito aquele que os descumpre".[339]

---

336 O STJ, todavia, já decidiu ser inadmissível a aplicação de multa ao juiz por descumprimento de algum dever, "devendo os atos atentatórios por ele praticados ser investigados nos termos da Lei Orgânica da Magistratura" (STJ, 4ª T., REsp 1.548.783-RS, rel. Min. Luis Felipe Salomão, j. 11.6.2019, v.u.).

337 Exceção a essa afirmação do texto está contida no Regimento Interno do Supremo Tribunal Federal, ao impedir o ministro de proferir seu voto após o término do julgamento virtual.

338 Enunciado n. 6 do FPPC: "o negócio jurídico processual não pode afastar os deveres inerentes à boa-fé e à cooperação". Nesse mesmo sentido, Flávio Yarshell, "Convenção das partes em matéria processual no novo CPC", n. 3, p. 93.

339 Cândido Dinamarco, *Instituições de direito processual civil*, vol. II, n. 576, pp. 240-241.

Assim, as partes têm alguma liberdade apenas para *acrescentar* novos deveres processuais – inclusive transformando ônus em deveres –, respeitados os requisitos gerais de existência, validade e eficácia do negócio processual. Assim, *v.g.*, podem impor consensualmente o dever (e não mais o ônus) de as partes apresentarem todos os documentos relevantes para o julgamento da causa que estejam em sua posse (de preferência especificando-os desde a convenção), inclusive fixando *astreintes* para o caso de descumprimento, sem prejuízo de eventuais consequências endoprocessuais (presunção de veracidade: art. 400, inc. I). Podem também ampliar as hipóteses de dever de probidade processual, ou seja, criar novas situações caracterizadoras da litigância de má-fé, além daquelas elencadas nos arts. 77 e 80, como litigar contra jurisprudência sumulada ou consolidada em recurso repetitivo.[340] Não podem, porém, convencionar o dever de responder a todas as perguntas formuladas em audiência, com consequente renúncia ao direito ao silêncio, pois se trata de cláusula pétrea contida na Constituição Federal, portanto matéria de ordem pública.

Admite-se, ainda, a convenção processual a respeito das *sanções* pelo eventual descumprimento do dever.[341] Assim, pode ser consensualmente prefixado o valor da multa ou da indenização para a parte contrária em caso de litigância de má-fé (art. 81) – desde que haja isonomia nessa fixação e que o valor não seja insignificante, a ponto de não estimular o comportamento esperado da parte. Por outro lado, não podem dispor sobre a indenização por ato atentatória à dignidade da justiça, pois ela pertence à União ou ao Estado, conforme o caso (art. 77, § 3º).

66. Faculdades processuais

Faculdade é a "liberdade de desenvolver o próprio interesse",[342] a liberdade de adoção de mais de um comportamento permitido ou ao menos não vedado pelo Direito, não impondo a lei qualquer consequência em razão do comportamento comissivo ou omissivo do seu titular. As faculdades, dizia BEVILAQUA, "não constituem direitos, mas sim modos pelos quais o direito se manifesta, em dadas circunstâncias".[343]

340 Em sentido contrário, FLÁVIO YARSHELL afirma não ser admissível ampliar esse rol nem criar novas sanções processuais para repressão da litigância de má-fé ou de atos atentatórios à dignidade da justiça ("Convenção das partes em matéria processual no novo CPC", n. 3, p. 93).

341 FLÁVIO YARSHELL afirma ser "lícita a inserção de *cláusula penal*, a incidir no caso de descumprimento de alguma das regras (processuais) previstas pelos interessados – não apenas para a situação de litigância de má-fé" ("Convenção das partes em matéria processual: rumo a uma nova era?", n. 10, p. 73).

342 CARNELUTTI, *Teoria generale del diritto*, n. 87, p. 215.

343 CLÓVIS BEVILAQUA, *Teoria geral do direito civil*, n. 53, p. 69.

Existe faculdade processual quando o sujeito pode *optar livremente* pela adoção de mais de um comportamento que lhe seja permitido, ou ao menos não vedado pelo Direito (Const., art. 5º, inc. II), sem que a ação ou omissão traga qualquer *consequência jurídico-processual*. Seus elementos mais relevantes são (a) a liberdade de comportamento e (b) a inexistência de consequência jurídica.[344] Por isso, não é legítimo impor determinada conduta ao titular de uma faculdade, pois seu regular exercício jamais constituirá um ilícito juridicamente censurável.

As partes e os juízes têm poucas faculdades processuais puras,[345] sendo elas de *pouca ou nenhuma relevância* para o estudo do direito processual – e, consequentemente, para a abordagem dos negócios processuais. Os exemplos comumente citados pela doutrina referem-se ao tipo de letra ou à cor da tinta utilizada na petição, ou à prática de um ato antes do término do prazo fixado pela lei ou pelo juiz. Em termos amplos, o juiz pode conceder às partes a faculdade de digitalizar integralmente os autos físicos, para convertê-los em eletrônicos, delegando, assim, uma função que lhe pertence.

As partes podem convencionar, com alguma liberdade, a criação, extinção ou limitação das faculdades processuais puras, justamente porque isso não trará consequências para o processo, mas não podem converter deveres ou ônus processuais em faculdades, se implicar prejuízo ao seu andamento.

67. Interpretação dos negócios jurídicos processuais

O negócio processual, como qualquer ato de manifestação de vontade, pode gerar dúvidas de hermenêutica.

Se isso ocorrer, o juiz deve, inicialmente, *consultar as partes* sobre a interpretação que elas entendem correta, em atenção aos princípios da colaboração e do contraditório pleno. Os litigantes têm o ônus de responder a esse questionamento com observância do dever de boa-fé. Sendo convergente a interpretação de ambos, o juiz fica vinculado a ela.

Havendo divergência nas respostas, o juiz deve verificar se as partes estabeleceram previamente "parâmetros objetivos para a interpretação das cláusulas negociais e de seus pressupostos de revisão ou de resolução" (CC, art.

344 Reconhecendo a irrelevância da faculdade para o Direito: Luiz Rodrigues Wambier, Teresa Arruda Alvim Wambier e José Miguel Medina, *Breves comentários à nova sistemática processual civil*, comentários ao art. 14, p. 132. Em sentido contrário, afirmando a possibilidade de o exercício de uma faculdade trazer consequências jurídicas: Hélio Tornaghi, *A relação processual penal*, p. 54.

345 Os juízes não são titulares de faculdades no processo, assim entendidas como *discricionariedade judicial*, nem mesmo para interpretar conceitos juridicamente vagos ou indeterminados (art. 489, § 1º, inc. II).

421-A, inc. I), isto é, se ajustaram na própria convenção processual regras hermenêuticas específicas e prioritárias. Nesse sentido, pode ser estabelecida, *v.g.*, a interpretação restritiva, estrita ou extensiva; ou aquela apta a tornar a solução do conflito mais rápida; ou, ainda, a que privilegie a ampla defesa.

Permanecendo a dúvida, torna-se necessário socorrer-se à ponderação de técnicas de hermenêutica tanto dos negócios jurídicos quanto dos atos processuais. Nessa tarefa, não é possível afirmar *a priori* a prevalência desta ou daquela regra, desprezando-se por completo as demais.[346] Ao contrário, deve-se privilegiar a solução harmônica com a maior quantidade possível de critérios sugeridos pela doutrina e jurisprudência. Eis as principais regras:

a) a convenção deve ser interpretada *como um todo*, nunca em fatias, levando-se em consideração o amplo contexto do negócio jurídico no qual inserido.[347] Esse critério é especialmente relevante na interpretação e na aferição de validade das denominadas convenções gratuitas;
b) deve-se verificar a verdadeira *intenção das partes* (CC, art. 112),[348] a ser extraída do documento em que inserida ou demonstrada por qualquer outro meio de prova lícito, como troca de correspondência, inclusive eletrônica (*e-mail*). Ou seja, "não têm relevância os motivos que, na específica situação de fato, lhe determinaram a celebração, e portanto não tem importância a motivação lógica e histórica, porventura expressa na parte enunciativa, mas apenas o *intuito prático*, o interesse em sentido objetivo";[349]

---

346 Deve ser aceita com muita cautela a afirmação de que "os negócios processuais interpretam-se de acordo com as normas gerais de interpretação dos negócios jurídicos em geral" (LEONARDO DA CUNHA, *Comentários ao Código de Processo Civil*, n. 18, p. 62), pois em algumas situações prevalecem as regras processuais.

347 "Em conclusão, o negócio é considerado como um todo unitário, a interpretar na sua totalidade: um todo, entre cujas diferentes partes, preliminares e conclusivas, não é admissível uma clara separação" (EMILIO BETTI, *Teoria geral do negócio jurídico*, n. 41, p. 468).

348 Enunciado n. 404 do FPPC: "nos negócios processuais, atender-se-á mais à *intenção* consubstanciada na manifestação de vontade do que ao sentido literal de linguagem". A propósito, ANTONIO CABRAL lembra ser a vontade um tema historicamente banido da teoria dos efeitos dos atos processuais, por serem determinados apenas por lei, mas que ela passou a ser "premissa fundamental para compreendermos a formação dos acordos processuais" com o advento do Código de Processo Civil de 2015 (*Convenções processuais*, n. 5.4.1, p. 256). De fato, como bem salienta a portuguesa PAULA COSTA E SILVA, em consagrado ensaio, a vontade tem, sim, relevância para os atos processuais em geral (*Acto e processo*), categoria na qual se enquadram os negócios processuais.

349 EMILIO BETTI, *op. cit.*, n. 41, pp. 465-466.

c) nos termos do art. 113 do Código Civil, "os negócios jurídicos processuais devem ser interpretados conforme a *boa-fé* e os *usos* do lugar de sua celebração" (enunciado n. 405 do FPPC).[350] Dessa forma, atento ao princípio da boa-fé *objetiva* (CC, art. 422), cabe ao juiz investigar a legítima expectativa (que não se confunde com o estado psicológico de ignorância) e a conduta dos sujeitos desde o momento da celebração do negócio até a sua execução (CC, art. 113, § 1º, inc. I);

d) sempre que possível, deve-se adotar a opção que conduza a um processo com *resultado mais célere, justo e efetivo*, pois, além de estes serem os próprios objetivos desse instituto, é o que lhe dá validade (v. item 46). Essa técnica, evidentemente, não pode conduzir ao cerceamento do direito de defesa; ao contrário, o intérprete deve ser zeloso para sempre tentar preservar a ampla defesa e os demais princípios constitucionais do processo, sob pena de inclusive tornar nula a convenção processual;[351]

e) havendo mais de uma interpretação possível, deve-se prestigiar aquela que preserve a validade e a utilidade do negócio processual, isto é, *in dubio pro libertate*.[352] É o que a doutrina civilista e processualista denomina de *princípio da conservação*, extraído do art. 421 do Código Civil (função social do contrato) e dos arts. 282, § 2º, e 283, parágrafo único, do Código de Processo Civil (princípio da instrumentalidade do processo);[353]

---

350 "Cumpre dilatar ou restringir o sentido do texto, a fim de que este não contravenha os princípios da Moral" (Carlos Maximiliano, *Hermenêutica e aplicação do direito*, n. 172, p. 132).

351 É importante cuidar para que "nenhum fundamento de defesa perca a eficácia enquanto persiste, para o adversário, a faculdade de acionar" (Carlos Maximiliano, *Hermenêutica*..., n. 347-A, p. 230).

352 *Commodissimum este, id accipi, quo res de qua agitur, magis veleat quam pereat* ("prefira-se a inteligência dos textos que torne viável o seu objetivo, ao invés da que os reduza à inutilidade"). Carlos Maximiliano atribui tal expressão a Juliano (*Hermenêutica*..., n. 303, p. 203).

353 Como está na doutrina de Antônio Junqueira de Azevedo, cabe ao intérprete "procurar conservar, em qualquer um dos três planos – existência, validade e eficácia –, o máximo possível do negócio jurídico realizado pelo agente" (*Negócios jurídicos*, n. 5, p. 66). No plano processual, como bem doutrinava Galeno Lacerda, as normas atinentes às nulidades processuais são *regras de sobredireito* e estão muito mais preocupadas em convalidar e afastar os vícios do que em sepultar os atos, com vista à efetiva e célere aplicação do direito material. No mesmo sentido: STJ, 4ª T., REsp n. 2.232-RJ, rel. Min. Athos Gusmão Carneiro, j. 26.6.1990, v.u. Especificamente quanto à incidência do princípio da conservação aos negócios processuais: Antônio Cabral, *Convenções processuais*, n. 3.1.4, pp. 144-146; e João Otávio Neto, *A interpretação dos atos processuais*, n. 5.2.2, p. 163. Este último lembra ser frequente

f) os negócios processuais gratuitos (ou benéficos) e a renúncia a direitos ou poderes processuais devem ser interpretados *estritamente* (CC, art. 114),[354] mas nada impede a interpretação que conduza à renúncia implícita a poderes processuais, em razão da incompatibilidade da convenção com a prática do respectivo ato;

g) deve ser interpretado contra quem redigiu o documento (*interpretatio contra stipulatorem*),[355] em especial se inserida em contrato de adesão,[356] pois o redator teve a oportunidade de tornar o contrato mais claro, evitando o surgimento de dúvidas. Em outras palavras, a interpretação deve ser mais favorável a quem aderiu a contrato redigido pela outra parte. Trata-se de tradicional regra vinda do direito romano, disposta nos arts. 113, § 1º, inc. IV, e 423 do Código Civil e no art. 47 do Código de Defesa do Consumidor. Especificamente em se tratando de relação de consumo, há presunção (relativa) de hipossuficiência do consumidor, que teria maior dificuldade de compreensão das cláusulas contratuais. Sendo, todavia, a convenção assinada pelos advogados das partes, essa hipossuficiência do consumidor pode ser afastada, em especial se a cláusula tiver sido escrita ou especificamente negociada pelo seu advogado (não estando contida, portanto, em contrato de adesão);

h) por fim, uma regra de ouro: a *razoabilidade* da interpretação. No desenvolvimento de suas consagradas ideias sobre *el logos de lo razonable*, que nada mais é do que "a lógica da justiça", demonstra RECASÉNS

---

a utilização desse princípio hermenêutico na convenção de arbitragem e que o art. 1.167 do Código Civil italiano é expresso ao impor esse critério de interpretação nos negócios jurídicos em geral.

354 Nesse sentido: enunciado n. 406 do FPPC. Por outro lado, LEONARDO DA CUNHA afirma, também com fundamento no próprio art. 114 do Código Civil e sem qualquer justificativa, que tal interpretação deveria ser *restritiva* (*Comentários ao Código de Processo Civil*, art. 190, n. 18, p. 63). Aparentemente, trata-se de mero equívoco de digitação.

355 Seria absurdo prevalecer a interpretação mais benéfica ao consumidor mesmo se a cláusula estiver redigida de forma clara e não contraditória, ou se tiver sido redigida pelo próprio consumidor ou seu advogado. A proteção do consumidor visa apenas à busca da *paridade de armas*, isto é, a igualdade material entre as partes, jamais a prevalência de força do adquirente do produto ou serviço. Nesse sentido, JOÃO OTÁVIO NETO afirma que a interpretação sempre benéfica ao consumidor "significaria subverter o sistema protetivo" e "apenas inverteria a situação de desigualdade" e, por isso, tal interpretação "afigura-se inconstitucional, por contrariar o princípio da igualdade" (*A interpretação dos atos processuais*, n. 5.2.6, p. 177). Na jurisprudência: STJ, 3ª T., AgRg nos EDcl no Ag n. 363.371-SP, rel. Min. NANCY ANDRIGHI, j. 30.5.2001, v.u.

356 Nesse sentido: enunciado n. 408 do FPPC.

Siches "o fracasso do racional e a necessidade do razoável na interpretação do direito".[357] Vale dizer, o Direito deve ser aplicado com inteligência, evitando-se ao máximo a exegese que conduza a solução absurda.[358]

68. Decisão sobre os defeitos do negócio processual

Os negócios processuais bilaterais independem de homologação ou ratificação judicial, salvo se convencionado de modo diverso pelas partes.[359] Ou seja, ordinariamente, as convenções processuais são atos *causativos*, pois a vontade das partes é suficiente para vincular o juiz e para criar, modificar e extinguir situações jurídicas processuais ou alterar o procedimento, *independentemente do controle prévio* de sua regularidade pelo magistrado. Portanto, a convenção processual produz *imediatamente* os efeitos lá programados, a partir do seu protocolo (art. 200).[360] O juiz só pode deixar de aplicá-la se verificar sua inexistência, invalidade ou ineficácia e se ela puder causar prejuízo a alguém ou ao bom andamento do processo. Ou seja, o juiz não tem qualquer margem de *discricionariedade* nesse controle. A título ilustrativo, se as partes convencionam a suspensão do processo, ele se suspenderá automaticamente a partir do protocolo da petição informando a convenção ao juízo, independentemente de seu deferimento.

O *momento mais adequado* para o juiz realizar o controle de validade e eficácia do negócio processual é sempre aquele em que o ato processual objeto da negociação deveria ser realizado, ou o da aplicação da eventual consequência pelo seu descumprimento. Em outras palavras, a análise deve ser feita quando surgir a *necessidade prática* de decidir a esse respeito, porque a parte praticou o ato regulado no negócio processual (da forma como lá ajustado ou de modo diverso), porque deixou de praticá-lo, porque ela quer praticá-lo, mas

---

357 *Tratado general de filosofía del derecho*, cap. II, pp. 47 ss.; cap. XXI, n. 5, pp. 645 ss.

358 Nesse sentido: Carlos Maximiliano, *Hermenêutica e aplicação do direito*, n. 179, p. 136.

359 Apenas alguns raros negócios processuais típicos podem excepcionalmente ser indutivos – *v.g.*, saneamento compartilhado do processo –, pois a própria lei exige a participação do juiz para a validade do ato. Por outro lado, os *requerimentos conjuntos* formulados pelas partes (*v.g.*, requerimento para realização de perícia ou, ao contrário, sua dispensa) são meramente indutivos, por não vincularem o juiz (v. item 35). Apenas o casal Nery Jr. & Nery defende ser sempre indispensável a homologação do negócio processual como condição de eficácia endoprocessual do ato (*Código de Processo Civil comentado*, art. 190, n. 11, p. 761).

360 Assim como os atos processuais em geral, a convenção processual só passa a existir e a produzir efeitos a partir do protocolo e não desde sua *assinatura*. Assim também ocorre, *v.g.*, com a sentença, que, antes da sua juntada aos autos, é mera peça de ficção; e com a petição elaborada pela parte.

o acordo não permite ou determina que o realize de forma diversa, ou, ainda, porque o juiz precisa afastar sua validade ou eficácia para exercer algum poder inerente à sua atividade jurisdicional. Nesse momento o juiz terá melhores condições de avaliar se a convenção é apta a causar algum desequilíbrio exagerado entre as partes ou prejuízo concreto para algum dos litigantes ou para a administração da justiça.

Constatado algum defeito do negócio processual, o juiz deve declará-lo *ex officio* ou a requerimento de qualquer das partes ou do Ministério Público, para afastar sua incidência – salvo nas hipóteses de anulabilidade (por vício de consentimento ou por incapacidade relativa), que dependam de ação anulatória autônoma. Contudo, nos termos dos arts. 9º e 10 do Código de Processo Civil (instituidores do princípio da não surpresa), antes de decidir, deverá necessariamente intimar as partes para exercerem o *contraditório prévio*,[361] concedendo-lhes a oportunidade de explicar a razão de ser da condição processual negociada, de convencer o julgador a respeito da sua regularidade, ou de demonstrar a inocorrência de prejuízo ou de até mesmo sanarem eventual vício formal – *v.g.*, os advogados constituídos nos autos podem validamente ratificar os termos da convenção processual prévia assinada por incapaz sem assessoramento jurídico.[362]

Se, mesmo com as manifestações das partes, o juiz reconhecer o vício da convenção processual e afastar sua aplicação, deverá então indicar precisamente (a) se está desconsiderando o negócio como um todo ou apenas em parte e, nesta segunda hipótese, quais cláusulas ou condições do negócio processual devem ser desprezadas, (b) se está anulando algum ato processual já praticado à luz do negócio processual defeituoso e quais são esses atos (CPC, art. 281), e c) se reabre a possibilidade de as partes praticarem algum ato processual, por restar caracterizada justa causa para a omissão (art. 223, §§ 1º e 2º) ou por haver justo motivo para ter sido realizado de modo diverso do modelo legal, de maneira a conferir segurança jurídica.[363]

---

361 Nesse sentido: enunciado n. 259 do FPPC. Como está na doutrina atual, com forte influência dos italianos, o princípio do contraditório é composto pela fórmula *informação + possibilidade de reação + diálogo*. É esse diálogo que o Código de Processo Civil impõe aos juízes antes de decidir.

362 Por se tratar de espécie de ato processual, inaplica-se aos negócios processuais a regra do art. 169 do Código Civil, segundo a qual "o negócio jurídico nulo não é suscetível de confirmação, nem convalesce pelo decurso do tempo". Qualquer que seja o defeito, a parte prejudicada pode ratificar os termos do negócio processual, da mesma forma como poderia celebrar nova convenção processual com igual conteúdo.

363 Assim, *v.g.*, invalidada a inversão convencional do ônus da prova, deve ser reaberta a oportunidade de a parte originalmente onerada produzir novas provas; se for

Se o negócio processual defeituoso for um só, mas contiver diversas condições autônomas, isto é, se for a soma de mais de uma convenção processual independente, sendo fática e processualmente possível fracioná-lo, poderá o juiz afastar apenas *parcialmente* sua aplicação. É o que se extrai do art. 184 do Código Civil ("... a invalidade parcial de um negócio jurídico não o prejudicará na parte válida, se estar for separável...") e, ainda que por analogia, da parte final do art. 281 do Código de Processo Civil ("... a nulidade de uma parte do ato não prejudicará as outras que dela sejam independentes").[364] Nesse sentido, o enunciado n. 134 do Fórum Permanente de Processualistas Civis: "negócio jurídico processual pode ser invalidado parcialmente".

Entretanto, cabe ao juiz ter cuidado na anulação parcial do negócio jurídico. Ao tentar preservar a parte sadia, não pode desequilibrar a paridade de armas entre as partes, pois aquela cláusula nula da convenção pode ser a contrapartida para alguma outra condição negocial. Isto é, não pode simplesmente extinguir poderes convencionados de uma parte, sem analisar o negócio como um todo, a ponto de criar desigualdade de força entre os litigantes ou de cercear o direito de defesa de apenas um deles. Há de se verificar, portanto, as consequências globais da anulação apenas parcial do negócio processual. Para tanto, um bom caminho a ser trilhado é investigar se "o negócio teria sido concluído ainda sem a parte atingida pela nulidade ou pela anulabilidade".[365]

Ademais, a convenção processual é (relativamente) *autônoma* em relação ao negócio jurídico material em que eventualmente estiver inserido, podendo aquela subsistir mesmo com a nulidade deste,[366] sendo inaplicável, nesse caso, o art. 184 do Código Civil ("... a invalidade da obrigação principal implica a das obrigações acessórias..."). Ou seja, o elemento tido como ausente pode ser essencial exclusivamente perante o direito material, mas ser irrelevante para a

---

invalidada a cláusula de renúncia ao poder/direito de apelar, deve ser reaberto o prazo recursal, se a parte não recorreu por força da convenção; e deve ser permitida a emenda ao recurso, se com base na autorização convencional a parte deixou de especificar os fundamentos da impugnação, limitando-se a pedir genericamente a reforma da decisão recorrida.

364 O art. 281 refere-se especificamente à nulidade dos atos judiciais. Todavia, a sistemática do direito processual recomenda que seja empregada a analogia dessa regra tanto para os atos processuais das partes quanto para os negócios processuais celebrados por elas.

365 Pontes de Miranda, *Tratado de direito privado*, vol. III, n. 294.3, pp. 189-190.

366 Nesse sentido: Fredie Didier Jr., "Negócios jurídicos processuais atípicos no Código de Processo Civil de 2015", n. 2.5.1, p. 70; e Diogo Assumpção de Almeida, *A contratualização do processo*, n. 3.3, pp. 117-118. Eles invocam, para tanto, a analogia ao art. 8º da Lei da Arbitragem.

validade do negócio processual – *v.g.*, a escritura pública da partilha amigável é obrigatória (CC, art. 2.015), porém irrelevante para a convenção processual a ela atrelada.

Portanto, a extinção do negócio jurídico principal não implica a automática e simultânea extinção também da convenção processual, salvo se esta também estiver irremediavelmente contaminada por algum vício (*v.g.*, incapacidade do celebrante ou inexistência de livre declaração de vontade).[367] Ao contrário, a manutenção dessas regras processuais convencionadas costuma ser fundamental no processo relacionado à extinção anômala da relação material, sendo concebidas inclusive para tal fim.

Não é demais reforçar a necessidade de o juiz se esforçar para evitar ao máximo a invalidação do negócio processual, desfazendo-o apenas quando isso for inevitável, não só por ser formalmente irregular, mas especialmente por causar efetivo *prejuízo* a alguma das partes ou à própria atividade jurisdicional.[368] Ou seja, cabe a ele aplicar o princípio *in dubio pro libertate*, de modo a preservar a autonomia da vontade dos litigantes, tão valorizada pelo legislador material e processual.

69. Decisão sobre as consequências do descumprimento da convenção

O juiz pode reconhecer *ex officio* o descumprimento do negócio processual válido e aplicar as consequências convencionais ou legais cabíveis, da mesma forma que pode fazê-lo com o descumprimento de ônus e deveres processuais e de regras procedimentais fixadas em lei.[369]

Assim, se foi convencionado prazo recursal de 10 dias corridos, e não de 15 dias úteis, o juiz poderá reconhecer a intempestividade do recurso interposto após o prazo negociado. Se houver inversão consensual do ônus da

---

367 Havendo *fundada suspeita* sobre a irregularidade da assinatura no instrumento contratual, em princípio não pode ser aplicada a convenção processual. Nesse sentido, o STJ já afastou a aplicação de uma cláusula de foro de eleição pelo fato de a validade do contrato ser objeto de apreciação nos autos principais (STJ, 3ª T., REsp n. 1.491.040-RJ, j. 3.3.2015, v.u.). Por outro lado, não pode a mera impugnação vazia do contrato afastar a incidência da convenção, pois isso abriria margem a chicanas processuais.

368 Dispõe o enunciado n. 16 do FPPC: "o controle dos requisitos objetivos e subjetivos de validade da convenção de procedimento deve ser conjugado com a regra segundo a qual não há invalidade do ato sem prejuízo". Sobre a incidência dos *princípios da conservação* e da *instrumentalidade do processo*, v. item 67.

369 Em sentido contrário, o enunciado n. 252 do FPPC: "o descumprimento de uma convenção processual válida é matéria cujo conhecimento depende de requerimento"; e LEONARDO DA CUNHA, *Comentários ao novo Código de Processo Civil*, art. 190, n. 19, p. 324.

prova e a parte onerada não comprovar a alegação, na sentença o magistrado aplicará a regra convencional de distribuição fixada. Antes de decidir, porém, deve ouvir as partes a respeito (arts. 9º e 10), evitando surpreendê-las.

70. Impugnação da decisão

Infelizmente, as decisões relativas aos defeitos ou às consequências do negócio processual não constam no rol das decisões interlocutórias impugnáveis por meio de agravo de instrumento, constantes no art. 1.015 do Código de Processo Civil. Em futura revisão da lei processual, seria conveniente incluir esta hipótese naquele rol.[370]

De todo modo, o STJ passou a adotar a teoria da taxatividade mitigada, tornando facultativa a interposição do *agravo de instrumento* "quando verificada a urgência decorrente da inutilidade do julgamento da questão no recurso de apelação".[371] Esse duplo requisito costuma estar presente tanto na decisão de validação quanto na de seu afastamento. Muitas vezes, será inútil a reanálise dessa questão somente em sede de apelação, pois neste momento o tribunal dificilmente anulará os atos processuais praticados desde a decisão relativa a respeito da convenção processual. Isso causaria enorme prejuízo à celeridade do processo, indo de encontro ao próprio escopo do negócio processual. Assim, ou se reforma de imediato a decisão ou a análise do inconformismo apenas na apelação perde o sentido – salvo se ainda restar caracterizado prejuízo concreto para a parte (*v.g.*, quando a parte não praticar ato relevante acreditando na suspensão convencional do processo, posteriormente afastada pelo juiz). Daí ser recomendável uma postura liberal dos tribunais quanto ao cabimento do agravo de instrumento em matéria de convenção processual.

71. Preclusão

Quando o juiz ou tribunal puder declarar o defeito do negócio processual nos próprios autos, sem necessidade de demanda autônoma – na anulação por vício de consentimento isso é necessário (v. item 56) –, não há *prazo prescricional ou decadencial* para as partes exercerem as regras convencionadas ou para alegarem eventual defeito. O que há é apenas eventual preclusão temporal ou lógica.

---

370 Cassio Scarpinella Bueno reconhece ser aconselhável rever e ampliar o rol do art. 1.015, a partir da constatação das dificuldades concretas enfrentadas no dia a dia forense (*Novo Código de Processo Civil anotado*, art. 1.015, p. 840). Há ainda quem sustente ser aplicável à decisão relativa à convenção processual, por analogia ou extensão, a autorização do art. 1.015, inc. III, relativa especificamente à arbitragem.

371 STJ, Corte Especial, REsp repetitivo n. 1.704.520-MT (tema 988), rel. Min. Nancy Andrighi, j. 5.12.2018, m.v.

Assim, quando se tratar de abusividade, e não de nulidade de pleno direito (em especial por violação a norma de ordem pública), a parte deve alegar o vício da convenção processual na *primeira oportunidade* que tiver para falar nos autos, sob pena de preclusão temporal, aplicando-se, analogicamente, o art. 278.[372]

E se, em cumprimento ao negócio processual, a parte praticar sem ressalva o ato processual, restará caracterizada a *preclusão lógica*. Portanto, ela não pode alegar posteriormente eventual defeito na convenção, pois isso caracteriza comportamento contraditório, um *venire contra factum proprium*, violador do dever de boa-fé (CC, art. 422), além de encontrar óbice no art. 175 do Código Civil.

A parte não estará sujeita à *preclusão temporal* se não exercer a faculdade de interpor agravo de instrumento contra a decisão interlocutória relativa à incidência, ou não, do negócio processual, podendo devolver a matéria para o tribunal ao interpor a apelação (art. 1.009, § 1º), se ainda tiver interesse. Conforme consignado no julgamento do mencionado recurso repetitivo que fixou a tese da taxatividade mitigada (REsp repetitivo n. 1.704.520-MT – tema 988), "somente se cogitará de preclusão nas hipóteses em que o recurso eventualmente interposto pela parte tenha sido admitido pelo Tribunal".

O juiz também pode rever sua decisão enquanto não proferida a sentença, se constatar que: (a) ela causou grave e injusto prejuízo a alguma das partes; ou (b) a anulação dos atos processuais posteriores não trará dano para a eficiência e celeridade do processo ou para a justiça da decisão final.

Se decidir na *sentença* a respeito da ocorrência, ou não, de algum defeito no negócio processual, então a parte tem o ônus de impugnar esse capítulo da sentença na apelação, sob pena de preclusão (CPC, arts. 505, 507 e 1.013), salvo se ela violar norma de ordem pública – *v.g.*, se a sentença for proferida por três magistrados, em atenção à convenção processual das partes –, hipótese na qual deve o tribunal decretar de ofício a nulidade da convenção e, consequentemente, da sentença.

Por fim, a *coisa julgada* saneia todos os vícios do processo e, portanto, eventuais defeitos do negócio processual somente podem ser invocados por meio de ação rescisória, se a decisão de mérito transitada em julgado estiver fundada ou decorrer, de forma determinante, de regra processual ilegal contida na convenção (art. 966, incs. V e VIII). Da mesma forma, excecionalmen-

372 O art. 63, § 4º, do Código de Processo Civil dispõe expressamente que, "citado, incumbe ao réu alegar a abusividade da cláusula de eleição de foro na contestação, sob pena de preclusão".

te, pode ser admissível ação rescisória contra decisão que rejeitar indevidamente a convenção processual (art. 966, inc. V), se isso igualmente interferir diretamente no resultado do processo – *v.g.*, ao afastar indevidamente a inversão convencional do ônus da prova, em violação ao art. 373, § 3º.

72. Arrependimento e distrato

O negócio processual, por sua própria natureza, não está sujeito ao *arrependimento ou revogação unilateral*, salvo se houver ressalva na própria avença ou distrato consensual.[373]

Essa regra também se aplica aos negócios jurídicos em geral. Mas, em relação a eles, a sua inexecução autoriza, sob determinadas condições, a conversão da obrigação em perdas e danos. Já nas convenções processuais não é possível essa conversão, cabendo ao juiz apenas aplicar as consequências processuais previstas na lei ou no contrato para o descumprimento integral das regras convencionadas – preclusão, presunção, ineficácia do ato, multa etc. – ou, se necessário e pertinente, usar os mecanismos de coerção ou de substituição de vontade.

Assim, as convenções processuais somente poderão ser desfeitas pelo *distrato* (enunciado n. 411 do FPPC), isto é, com o consentimento de todos aqueles que participaram de sua formação – ou pela declaração de inexistência ou nulidade, obviamente.

Esse distrato, contudo, não pode ter efeito retroativo, a fim de revogar atos processuais já praticados em consonância com as regras convencionadas. As partes não podem, *v.g.*, excluir o prazo em dobro para contestar, se o demandado contestou utilizando-se desse prazo adicional. Tampouco podem desfazer imotivadamente a escolha consensual do perito, depois de sua nomeação pelo juiz – neste caso, podem, no máximo, peticionar conjuntamente, requerendo sua substituição, o que dependerá da concordância, ou não, do juiz.

73. Juizados Especiais e Justiça do Trabalho

Nos Juizados Especiais Cíveis, o processo orientar-se-á pela busca da conciliação ou transação (Lei n. 9.099/95, art. 2º), havendo, inclusive, uma

373 No mesmo sentido: Barbosa Moreira, "Convenções das partes sobre matéria processual", n. 3, p. 90; Antônio Cabral, *Convenções processuais*, n. 1.3.6, p. 71; e Leonardo da Cunha, *Comentários ao novo Código de Processo Civil*, art. 190, n. 18, p. 324. Marinoni-Arenhart-Mitidiero afirmam *an passant* nos comentários ao art. 190 que "acordos irrevogáveis são nulos", sem esclarecer, contudo, em quais hipóteses eles seriam revogáveis, nem a via processual pelo qual isso se daria (*Novo Código de Processo Civil comentado*, nota 2 ao art. 190, p. 244).

Seção destinada à conciliação, além de outra Seção na qual é regulamentada a atividade dos conciliadores. E, tanto no Juizado Federal quanto no Juizado da Fazenda Pública, os representantes legais dos entes públicos possuem autorização expressa para conciliar e transigir (Lei n. 10.259/2001, art. 10, parágrafo único; e Lei n. 12.153/2009, art. 8º, respectivamente). Assim, considerando a aplicação subsidiária do Código de Processo Civil e a autorização legal para a autocomposição, "o negócio processual *pode ser celebrado* no sistema dos juizados especiais, desde que observado o conjunto dos princípios que o orienta, ficando sujeito a controle judicial na forma do parágrafo único do art. 190 do CPC" (enunciado n. 413 do FPPC).

Às convenções processuais nos Juizados Especiais aplicam-se os mesmos princípios e requisitos aplicáveis aos processos da Justiça Cível comum, salvo se houver alguma regra específica na lei de regência a impor tratamento diferente. Nesse sentido, não é exigível a assinatura do advogado para a validade do negócio processual, quando a lei dispensar sua atuação (Lei n. 9.099/95, art. 9º; e Lei n. 10.259/2001, art. 10, *caput*). Ademais, como esses processos são regidos pela maior informalidade, os requisitos formais dos negócios processuais nesta seara também devem ser tratados com *maior liberalidade*.

Na Justiça do Trabalho aplica-se esse mesmo raciocínio. Todavia, o Pleno do TST, extrapolando sua competência e violando a legislação federal, editou a Instrução Normativa n. 39/2016, rejeitando a aplicação do art. 190 ao processo do trabalho, sem sequer explicar o motivo para tal conclusão.

74. Direito intertemporal

Nos termos do art. 14, a regra contida no art. 190 tem aplicação imediata a partir da entrada em vigor do Código de Processo Civil de 2015. Assim, independentemente de quando celebrados, os negócios processuais podem regular os atos processuais a partir do momento em que entrou em vigor o atual Código (nesse sentido, enunciado n. 493 do FPPC).

Art. 191. De comum acordo, o juiz e as partes podem fixar calendário para a prática dos atos processuais, quando for o caso.

§ 1º O calendário vincula as partes e o juiz, e os prazos nele previstos somente serão modificados em casos excepcionais, devidamente justificados.

§ 2º Dispensa-se a intimação das partes para a prática de ato processual ou a realização de audiência cujas datas tiverem sido designadas no calendário.

CPC de 1973 – sem dispositivo correspondente

75. Calendário processual: negócio jurídico processual típico

Originalmente, e até a sua final aprovação na sessão plenária do Senado em dezembro de 2014, o atual art. 191 constava como sendo parágrafos do art. 190, mas, misteriosamente, a lei veio a ser sancionada com o desmembramento dos dois artigos.[374]

Esse art. 191 foi nitidamente inspirado no processo arbitral, em que a fixação de calendário processual é bastante usual, quiçá na unanimidade dos casos. Tal dispositivo permite que os sujeitos processuais – partes e juiz – estipulem *em conjunto* um cronograma processual, fixando o dia exato do calendário para a prática de diversos atos processuais – como audiências, ou o dia do vencimento dos prazos processuais que especificar – ou a quantidade de dias (úteis ou corridos, segundo a conveniência e a vontade dos sujeitos, prevalecendo na omissão a regra do art. 219), especialmente em relação à apresentação de petições, como de apresentação de quesitos ou para se manifestar sobre as provas produzidas. Como se percebe, o calendário processual normalmente está relacionado à *fase instrutória* do processo, sem prejuízo de regular também eventuais outros atos processuais, como os atos postulatórios (*v.g.*, as alegações finais) ou executivos.[375]

O calendário processual é um *negócio processual plurilateral típico*, pois depende da tríplice participação dos demandantes, dos demandados e do próprio juiz (diferentemente das convenções tratadas no art. 190), bem como está expressamente previsto em lei. Dessa forma, se as partes ajustarem entre si um calendário processual *sem a participação do juiz*, tal ato não terá a força de um mero *requerimento conjunto*, que não vincula o juiz. Este até poderá acolhê-lo, se entender conveniente e apropriado, mas não está obrigado a homologá-lo. Da mesma forma, o juiz não pode impor o calendário a qualquer das partes, sendo indispensável que todos os sujeitos da relação processual estejam "de comum acordo".

> O calendário processual disposto no art. 191 não se confunde com o calendário mencionado no art. 357, § 8º, pois este diz respeito apenas ao cronograma da prova pericial e pode ser fixado *unilateralmente* pelo juiz. Mas nada impede a integração de tal matéria no calendário consensualmente ajustado entre partes e juiz.

Cláudia Cahali indica, com propriedade, duas *vantagens* na participação das partes na elaboração do calendário processual: "a primeira é a possibilidade

---

374 Cassio Scarpinella Bueno, *Novo Código de Processo Civil anotado*, nota ao art. 191, p. 207.

375 Nesse sentido: Leonardo da Cunha, *Comentários ao novo Código de Processo Civil*, art. 191, n. 4, pp. 325-326.

de que a escolha das datas a serem fixadas receba a influência das partes e seus advogados, buscando conciliar a disponibilidade e a conveniência de todos os sujeitos do processo com a do órgão jurisdicional (o juiz sopesará as informações e definirá conforme o interesse público diante de eventual divergência). A segunda deriva do natural estímulo ao cumprimento dos atos contidos no cronograma que a própria parte ajudou a construir. Ou seja, além do ônus processual, a participação das partes no processo pode resultar numa conduta mais colaborativa dos sujeitos do processo".[376] Pode-se acrescentar ainda mais ao menos dois benefícios: a aceleração do trâmite processual, seja pela desnecessidade de intimação das partes para a prática dos atos processuais lá previstos, seja pelo desestímulo à interposição de recursos e à prática de atos protelatórios em geral; e a calendarização, por meio da qual as partes podem estimar o tempo provável de duração do processo.

76. Requisitos de existência, validade e eficácia do calendário processual

Para o calendário processual ser válido, devem ser respeitados basicamente os mesmos requisitos dos negócios processuais bilaterais em geral. Mas convém especificar aqui algumas peculiaridades, ou ao menos destacar algumas exigências comuns.

Sob o aspecto formal, tem-se inicialmente que, para a celebração do calendário processual, são obrigatórias a participação e a anuência dos advogados de todas as partes – mas não necessariamente a anuência das próprias partes. Assim como aos advogados compete a exclusividade da prática dos atos processuais, como o requerimento de prazos adicionais ou a sua desistência, a eles – e só a eles – também cabe negociar sobre os prazos que constarão no calendário processual.[377]

Além disso, todas as partes do processo, inclusive alguns terceiros intervenientes, precisam concordar expressamente com o calendário processual, para que ele seja válido e eficaz. Assim como acontece em relação ao art. 190, no entanto, a anuência do *amicus curiae* e de assistente simples não é obrigatória, apesar de ser recomendável.

Ministério Público, Defensoria Pública, Procuradoria do Estado, Advocacia-Geral da União e outros órgãos de representação estadual e federal

376 *O gerenciamento de processos judiciais*, n. 2.4.1, p. 51.

377 Antonio Cabral reconhece que as convenções processuais incidentais, como é o caso do calendário processual, necessitam sempre da assinatura de advogado. Para o processualista carioca, todavia, os negócios processuais prévios dispensam a participação de advogado, salvo quando a lei exigir (*Convenções processuais*, n. 5.6.2.3, pp. 278-279).

também têm legitimidade para fixar consensualmente o calendário processual. Mais do que isso, se eles atuarem no processo, devem anuir, obrigatoriamente, com o calendário.

Não podem as partes fixar com o magistrado de uma determinada instância o calendário para *outra instância*. Vale dizer, o calendário tem sua eficácia limitada àquela própria instância em que foi homologada, não vinculando o juízo superior, nem mesmo o inferior. A vinculação é ao próprio juízo – independentemente da pessoa do juiz – ou tribunal.

Materialmente, deve-se ter em mente que o propósito de qualquer negócio processual, como mecanismo de colaboração das partes, é sempre o de propiciar uma prestação jurisdicional *célere, efetiva e justa*. Assim, deve-se estar atento para a observância desse trinômio. Mas isso não significa que não se possa eventualmente conceder mais prazo para a prática de atos processuais – retardando a entrega da tutela jurisdicional – se isso puder trazer benefícios para a efetividade e a justiça dessa mesma tutela jurisdicional. O que não se pode permitir é, *v.g.*, ampliar ou reduzir *exageradamente* os prazos (como conceder um ano, ou vinte e quatro horas, para interpor um recurso ou para se manifestar sobre um laudo pericial), pois isso pode comprometer desproporcionalmente a celeridade e a justiça, respectivamente.

Em regra, os requisitos do negócio processual, tratado nos comentários ao art. 190, são aplicáveis por analogia ao calendário processual. Assim, *v.g.*, para sua existência jurídica, ele deve ser celebrado por escrito (e juntado aos autos), com expressa manifestação de vontade das partes; e, para sua validade, deve ser permitida a *autocomposição* entre as partes e não pode haver violação a normas de *ordem pública*.[378]

A *vulnerabilidade* de uma das partes não é, por si só, óbice à celebração de um calendário processual, inclusive porque deve ser necessariamente celebrado pelos advogados das partes – o que lhes retira, ou ao menos atenua, a vulnerabilidade. Dessa forma, ele também é admissível nos processos que tenham por objeto uma relação de consumo ou trabalhista, salvo se a situação de vulnerabilidade impedir ou dificultar a parte vulnerável a satisfazer o ônus, poder ou dever processual ali assumido, em evidente prejuízo à sua defesa.

---

378 Nessa linha, o calendário processual não pode, direta ou indiretamente, implicar inversão da ordem cronológica de julgamento dos processos judiciais (art. 12), concedendo-se preferência indevida ao fixar data ou prazo exíguo para que seja proferida sentença ou decisões em geral. Leonardo da Cunha, apesar de concordar com essa proibição, ressalva que o calendário poderia estabelecer a data de uma audiência para o fim específico de proferir a sentença (*Comentários ao novo Código de Processo Civil*, art. 191, n. 8, p. 326), mas isso pode implicar inadmissível fraude à ordem cronológica disposta no art. 12, § 2º, inc. I.

O *vício de consentimento* (dolo, erro, coação) também pode ser, em tese, motivo para a anulação do calendário processual, assim como de qualquer outro negócio jurídico, substancial ou processual – e diferentemente dos atos processuais unilaterais. Mas essa é uma situação muito excepcional, pois deve ser celebrado pelos advogados das partes. De todo modo, a via processual para essa anulação parece ser a ação anulatória, de que trata o art. 966, § 4º.

Ademais, não se admitem *armadilhas* no calendário notoriamente destinadas a surpreender o adversário, pois as partes do negócio processual devem, evidentemente, agir com *boa-fé objetiva* (CC, art. 422). Se assim não for, o calendário poderá ser anulado, assim como eventuais atos praticados com fundamento nele, caso gere prejuízo à vítima.

Por fim, o reconhecimento de um vício que contamine o calendário processual, como o prejuízo ao vulnerável ou a violação à ordem pública, pode ensejar a anulação não só da própria convenção, mas da decisão que a homologou, não havendo, nesse caso, que se falar em preclusão. Sempre que possível, essa anulação deve ser parcial, para atingir apenas aqueles atos diretamente relacionados ou impactados pelo vício, não se estendendo aos prazos independentes que sejam plenamente lícitos. Assim, se o calendário contiver prazos ou datas para a prática de diversos atos processuais, eventual nulidade da cláusula que estipule especificamente prazo para o juiz proferir sentença não pode contaminar a convenção como um todo. E, conforme mencionado anteriormente, a anulação total ou parcial do calendário poderá implicar também a anulação ou declaração de ineficácia dos atos processuais dele dependentes, praticados tanto pelas partes quanto pelo juiz, com possibilidade de serem novamente praticados, se necessário.

77. Momento da elaboração do calendário

Como para a validade do calendário processual é necessária a anuência não só de todas as partes, mas também do próprio juiz da causa, é natural que ele seja fixado em uma *audiência* previamente designada, com essa finalidade específica (enunciado n. 299 do FPPC) ou com qualquer outro objetivo. Evidentemente, o calendário não pode ser ajustado antes do próprio ajuizamento da demanda.

A primeira oportunidade para eventualmente ser fixado o calendário processual é na audiência de tentativa de conciliação ou mediação disposta no art. 334. Se as partes não chegarem a um acordo para pôr fim ao processo, e estando presente o juiz responsável pelo processo, é possível, em tese, que ao menos se tente fazer um ajuste sobre a melhor forma de gerenciar a fase inicial do processo, fixando desde então um calendário para alguns atos processuais. Mas isso não é recomendável, pois nesse momento ainda não se definiram os rumos do processo e se será necessária a instrução processual.[379] Sequer a contestação, em regra, terá sido apresentada até então.

Para a efetividade do art. 191, é fundamental que os juízes tenham o hábito de designar *audiência para saneamento e organização do processo*, especialmente nas causas de média e grande complexidade fática ou jurídica, nos termos do art. 357, § 3º. Além de as partes poderem colaborar no saneamento do feito e na delimitação das questões de fato e de direito controvertidas, é nessa audiência o *momento ideal* para os sujeitos processuais ajustarem o calendário processual.[380] Como dito na introdução, o calendário processual normalmente está relacionado à fase instrutória do processo, cujos rumos somente são definidos a partir do saneamento do processo e do deferimento das provas a serem produzidas.

Além disso, conforme está bem lançado no enunciado n. 299 do Fórum Permanente de Processualistas Civis, "o juiz pode designar audiência também (ou só) com objetivo de ajustar com as partes a fixação de calendário para a fase de instrução". Assim, se o juiz optar por sanear o processo sem a presença das partes e se ele achar conveniente, pode convocá-las no mesmo ato para uma audiência com o fim específico de fixar o calendário relativo à instrução probatória, nos termos do art. 139, inc. V. Podem também as partes celebrar negócio processual para que a audiência com esse objetivo seja realizada (art. 190).

Também na audiência de instrução e julgamento (art. 358 ss.) é possível estipular calendário para os próximos atos processuais, inclusive a respeito de novas provas, ou alterar a programação daquilo que já havia sido combinado. Aliás, já na vigência do Código de Processo Civil de 1973 era muito comum, na práxis forense, juízes e advogados ajustarem nessa audiência a data para apresentação de alegações finais por escrito, e isso continuará a ocorrer.

78. Modificação do calendário

O § 1º do art. 191 dispõe que os prazos previstos no calendário processual "somente serão modificados em casos excepcionais, devidamente justificados".

Como em todo negócio, para a validade de sua modificação ou de sua revogação, é indispensável, em primeiro lugar, a intervenção de todos os sujeitos que participaram de sua formação – juiz e partes. Assim, não pode ser

379 No âmbito da arbitragem, nessa audiência inicial costuma-se fixar o calendário processual, contendo ao menos o cronograma com o planejamento dos primeiros atos a serem praticados.

380 Nesse sentido: Wambier-Conceição-Ribeiro-Mello, *Primeiros comentários ao novo Código de Processo Civil*, art. 357, n. 7, p. 694.

invocado o art. 190 apenas para as partes alterarem um prazo processual que elas estipularam juntamente com o juiz.

Essa modificação no calendário deve ser justificada, isto é, deve ser indicado no ato o motivo pelo qual ela se tornou verdadeiramente necessária. Todavia, apesar da sadia determinação da lei, na prática, eventual ausência de motivação não trará, em princípio, consequências relevantes, pois (a) provavelmente ninguém recorrerá da homologação; (b) se recorrer, além de estar agindo contra o dever de boa-fé, não poderá alegar nulidade a que deu causa (art. 276); e, mesmo que superados esses óbices, (c) dificilmente será possível demonstrar a ocorrência de prejuízo que justifique a anulação do ato (arts. 282, § 1º, e 283, parágrafo único).

Conforme mencionado, a modificação do calendário somente produzirá efeitos se for homologada pelo juízo ou tribunal, conforme o caso.

79. Dispensa de intimação

Tendo em vista que as partes e seus advogados têm conhecimento de todos os termos do calendário a que se refere o art. 191, pois necessariamente participaram de sua elaboração e assinaram o respectivo termo – sob pena de nulidade –, o § 2º do art. 191 dispensa a intimação das partes para a prática de ato processual ou para a realização de audiência, cujas datas estejam consignadas no calendário. Afinal, isso seria redundante. Na verdade, uma das vantagens da fixação do calendário é justamente a economia de tempo gerada pela desnecessidade dessa intimação das partes.[381]

Art. 192. Em todos os atos e termos do processo é obrigatório o uso da língua portuguesa.

Parágrafo único. O documento redigido em língua estrangeira somente poderá ser juntado aos autos quando acompanhado de versão para a língua portuguesa tramitada por via diplomática ou pela autoridade central, ou firmada por tradutor juramentado.

CPC de 1973 – arts. 156 e 157

Comparação jurídica – arts. 133 e 134 do CPC português; arts. 122 e 123 do CPC italiano

80. Uso obrigatório da língua portuguesa

Nos termos do art. 13 da Constituição Federal, o idioma oficial no Brasil é a língua portuguesa. É natural, portanto, ser obrigatória sua utilização em

381 LEONARDO DA CUNHA chega a afirmar, com certo exagero, que "a dispensa de intimação das partes é a principal finalidade do calendário processual" (*Comentários ao Código de Processo Civil*, art. 191, n. 7, p. 326).

todos os atos e termos do processo – isto é, manifestações escritas e verbais das partes, decisões judiciais, atos praticados por auxiliares da justiça etc. Para Marcelo Abelha, tal exigência também é projeção do princípio da soberania, contida no art. 1º, inc. I, da Constituição Federal.[382]

Apesar do acordo gramatical para uniformizar a escrita das diversas nações de língua portuguesa (Portugal, Brasil, Angola, Moçambique, Cabo Verde, Guiné-Bissau, São Tomé e Príncipe e Timor-Leste), não se pode negar as diferenças existentes. Considerando essa realidade, o idioma oficial é o *português brasileiro*.[383] Variações internas de linguagem, com a mesma palavra assumindo significados diversos e palavras diversas para indicar o mesmo objeto ou fenômeno, a depender do Estado da Federação, não comprometem a coesão da língua.

A lei não é explícita sobre as consequências da utilização de língua estrangeira sem tradução, mas os atos das partes (petições) devem ser tidos como *ineficazes*, se não puderem ser aproveitados;[384] ou como portadores de mera *irregularidade irrelevante*, se o trecho na língua alienígena puder ser ignorado sem prejuízo ou facilmente compreendido.[385] A propósito, é frequente a utilização de termos e expressões latinas e de outros estrangeirismos, muitos deles de conhecimento geral e às vezes de difícil tradução (como *fumus boni iuris*, *causa petendi* e *spread* bancário). Nessa linha de raciocínio, citações doutrinárias não precisam ter tradução juramentada, apesar de ser recomendável sua tradução livre por quem a transcreve, para ser compreendida.

Os atos do juiz e de seus auxiliares também seguem a mesma lógica. Se a utilização de outro idioma dificultar a compreensão da decisão, do laudo

---

382 *Manual de direito processual civil*, n. 4.3.2, p. 326.

383 Em 2016, o Conselho Nacional de Justiça editou recomendação aos tribunais sobre a não exigência de tradução de documentos estrangeiros redigidos em língua portuguesa (Pedido de Providência n. 0002118-17.2016.2.00.0000).

384 Antes de indeferir a petição inicial, não conhecer do recurso ou de alguma forma desprezar o ato processual contaminado pela exagerada utilização de língua estrangeira, cabe ao juiz determinar à parte que sanar o vício e esclarecer precisamente o que pretendeu dizer, em obediência ao princípio da boa-fé (art. 5º) e colaboração processual (art. 6º).

385 Ao citar doutrina estrangeira, é sempre recomendável constar a versão original e a traduzida – dependendo da sua relevância, a tradução deve ser juramentada. Constando apenas a versão original, em língua estrangeira, corre-se o risco de o juiz não compreender o seu significado e, por isso, desprezar o conteúdo da transcrição. Mas isso jamais comprometerá a eficácia da petição como um todo. A propósito, o STJ já decidiu, na vigência do Código de Processo Civil de 1973, que "o uso de citação de doutrina no idioma francês, conjugado com embasamento claro e suficiente no vernáculo, não caracteriza negativa de vigência do art. 156 do CPC" (STJ, 2ª T., REsp n. 1.043.096-RS, rel. Min. Herman Benjamin, j. 10.6.2008, v.u.).

pericial ou de qualquer outro ato ou termo processual (inclusive certidões e autos), então deverá ser decretada sua *nulidade*.

Em casos de excessivos erros gramaticais e linguísticos, que impeçam a mínima compreensão lógica do ato processual, pode ser tida, excepcionalmente, como violada a regra contida no art. 192.[386]

Na hipótese de a testemunha a ser ouvida não dominar o idioma português, torna-se necessária a utilização de tradutor na audiência em que for colhido o seu depoimento, a fim de fazer a tradução simultânea das perguntas e das respostas, aplicando-se a esse tradutor as regras de impedimento relativas ao juiz (art. 148, inc. II).

A regra do art. 192 é norma de ordem pública, cogente,[387] e, portanto, não pode ser objeto de *negócio jurídico processual* entre as partes, nos termos do art. 190. Como bem ressalta LEONARDO DA CUNHA, a utilização do nosso idioma é necessária "para que se cumpram as exigências de publicidade e fundamentação (e, no tocante à fundamentação, seu fator de legitimidade externo e de controle social por todos que tenham acesso ao processo, que se use a língua portuguesa no processo)".[388]

No *processo arbitral*, contudo, nada impede a utilização de outro idioma se as partes e os árbitros estiverem de acordo.

81. Juntada de documento em língua estrangeira

Para terem valor jurídico perante os diversos órgãos oficiais brasileiros, qualquer documento redigido em idioma estrangeiro deve estar acompanhado da versão traduzida por tradutor juramentado (Lei n. 6.015/73, art. 148), concursado e lotado em território nacional. Nos processos judiciais não poderia ser diferente, e é isso o que determina o parágrafo único do art. 192 do Código de Processo Civil. O art. 963, inc. V, do Código de Processo Civil e o art. 15, letra *d*, da Lei de Introdução às Normas do Direito Brasileiro também exigem a tradução oficial na hipótese específica de pedido de homologação de sentença estrangeira.[389]

> O art. 129, § 6º, da Lei de Registros Públicos impõe, ainda, o *registro* no Cartório de Registro de Títulos e Documentos do documento produzido

---

386 No mesmo sentido: NERY JR. & NERY, *Código de Processo Civil comentado*, art. 192, n. 2, p. 769.

387 Nesse sentido: ANTONIO DALL'AGNOL, *Comentários ao Código de Processo Civil*, vol. 2, art. 157, n. 5, p. 248.

388 *Comentários ao novo Código de Processo Civil*, art. 192, n. 3, p. 328. BARBOSA MOREIRA já afirmava a inadmissibilidade de dispensa na vigência do Código de Processo Civil de 1973 ("Convenções das partes sobre matéria processual", n. 6, p. 94).

389 STJ, Corte Especial, SEC n. 15.720-EX, rel. Min. CAMPBELL MARQUES, j. 8.4.2019, v.u.

no exterior, para produzir efeitos em qualquer instância, juízo ou tribunal. Contudo, se o documento for autenticado pela via consular, o registro é dispensável (Súmula n. 259 do STF). E, segundo decidiu o STJ, tal exigência "constitui condição para a *eficácia das obrigações* objeto do documento estrangeiro, e não para a sua utilização como meio de prova".[390]

O contrato juntado aos autos deve ser traduzido por inteiro, e não apenas a parte considerada relevante pela parte, pois o negócio jurídico deve ser interpretado como um todo, e não em partes.[391]

Entretanto, a ausência de tradução pode ser desprezada em alguns casos específicos se essa irregularidade formal não causar prejuízo às partes (*pas de nullité sans grief*), ou seja, se o documento redigido em língua estrangeira "contiver informações relevantes e de fácil compreensão".[392] Não deve o juiz, portanto, se prender a formalismos exagerados e verificar se a *finalidade da norma* está sendo atendida, que é de viabilizar a ampla defesa do adversário e propiciar que o julgador, como destinatário do documento, compreenda exatamente o seu significado, sem distorção.

De todo modo, não tendo sido juntada a tradução e não sendo possível dispensá-la, o juiz deve intimar a parte para apresentar a tradução do documento em prazo razoável a ser fixado.[393] Somente se a parte quedar-se inerte é que poderá aplicar a consequência processual cabível, se o caso, como a extinção do processo sem julgamento do mérito – caso se trate de documento essencial à propositura da demanda –, o desentranhamento dos autos do documento em língua estrangeira ou, ainda, preferencialmente, a mera desconsideração de sua existência.

82. Ônus financeiro da tradução

Em regra, os custos da tradução – inclusive do tradutor que participar de audiência para oitiva de testemunha estrangeira – são de quem possui *interesse*

---

390 STJ, 3ª T., REsp n. 924.992-PR, rel. Min. PAULO DE TARSO SANSEVERINO, j. 19.5.2011, v.u. De todo modo, documentos escritos em língua estrangeira, mas produzidos no Brasil, não precisam ser registrados, apenas traduzidos.

391 STJ, 3ª T., REsp n. 1.227.053-SP, rel. Min. PAULO DE TARSO SANSEVERINO, j. 22.5.2012, v.u.

392 STJ, 3ª T., AgRg no AREsp n. 489.426-RS, rel. Min. VILLAS BÔAS CUEVA, j. 6.10.2015, v.u. No mesmo sentido: STJ, 1ª T., REsp n. 616.103-SC, rel. Min. TEORI ZAVASCKI, j. 14.9.20104, v.u. Por outro lado, apesar da proximidade do idioma espanhol com a língua portuguesa, é obrigatória a tradução dos documentos redigidos naquela língua (STJ, 3ª T., REsp n. 606.393-RJ, rel. Min. HUMBERTO GOMES DE BARROS, j. 19.5.2005, v.u.).

393 STJ, REsp n. 1.231.152-PR, rel. Min. NANCY ANDRIGHI, j. 20.8.2013, v.u.

naquela prova. Se visar à prova de fatos constitutivos do direito do autor, este deverá arcar com as despesas; e se destinar-se à prova de fatos impeditivos, modificativos ou extintivos do direito daquele, caberá ao réu adiantá-las. Em termos práticos, em situações normais quem junta documento em língua estrangeira, ou quem pede que outro o junte, deve adiantar os custos da tradução, nos termos do art. 82 do Código de Processo Civil. Se o juiz inverter o ônus da prova, poderá (e não deverá) inverter também o ônus financeiro da prova, se necessário.

Se a testemunha estrangeira for arrolada de ofício pelo juiz, o custo do tradutor será do autor (art. 82, § 1º). Se for arrolada pela Fazenda Pública, pelo Ministério Público ou pela Defensoria Pública, então as despesas serão pagas ao final, pelo vencido (art. 91).

Seção II
Da Prática Eletrônica de Atos Processuais

83. Terminologia: processo físico, eletrônico, digital, virtual

Processo físico é aquele cujos autos são constituídos por volumes de papel, isto é, todos os atos e termos processuais são registrados em folhas de papel agrupados numa espécie de caderno montável.

Processo eletrônico, em contraposição, utiliza autos eletrônicos, isto é, sistemas computadorizados dos tribunais, acessíveis pela rede mundial de computadores (internet), para o desenvolvimento das atividades processuais. O art. 3º da Resolução n. 85 do Conselho Nacional de Justiça define autos do processo eletrônico como o "conjunto de metadados e documentos eletrônicos correspondentes a todos os atos, termos e informações do processo".

> Seria preferível referir-se a "procedimento eletrônico", em vez de "processo eletrônico", pois a Lei n. 11.419/20016 (LPE) e o Código de Processo Civil não estabeleceram nova espécie de processo (mas nova regulamentação de determinados atos processuais).[394] Todavia, aquela expressão é utilizada pela legislação e está consagrada na prática forense, razão pela qual será utilizada nestes comentários.

Processo virtual foi o primeiro nome empregado para designar o processo eletrônico. Mas essa expressão foi abandonada, pois pode passar a ideia de processo a ser ajuizado, isto é, que não existe, é meramente hipotético, poten-

394 Nesse sentido: LUCIANO VIANNA ARAÚJO, "O processo eletrônico a partir da jurisprudência do Superior Tribunal de Justiça", n. 3, p. 46.

cial.[395] Permanece frequente, contudo, a expressão julgamento virtual para designar o julgamento colegiado nos tribunais fora da sessão física, por meio de troca de mensagens eletrônicas entre os julgadores.

Processo digital às vezes é equivocadamente utilizado como sinônimo de processo (ou procedimento) eletrônico. Digital é contraposição ao termo analógico e informa os dados por dígitos.

84. Evolução histórica do processo eletrônico no Brasil

Tradicionalmente, até relativamente pouco tempo atrás, os processos sempre foram exclusivamente físicos, isto é, os autos processuais eram compostos de papel. Eram comuns os cartórios judiciais com milhares de volumes de autos físicos espalhados em prateleiras, nas mesas e até mesmo no chão, chegando a comprometer a própria locomoção dos funcionários. Igualmente, muitas salas dos juízes eram completamente ocupadas por pilhas de papel. Ou seja, a desorganização era inevitável. Com frequência, alguns processos não eram localizados quando solicitados pelas partes ou advogados ou eram localizados após vários dias. E o trabalho burocrático dos escreventes era imenso, pois havia necessidade de manusear fisicamente todos esses processos, desde a juntada de peças processuais (petições, laudos, decisões judiciais etc.) até a própria prática de outros atos realmente inerentes à sua atividade.

A Lei n. 9.800/99 (Lei do Fax) foi a primeira lei brasileira que incorporou novas tecnologias da informação para a realização de atos processuais, ao autorizar expressamente o envio de petições por meio de aparelhos de fac-símiles (e que depois de menos de duas décadas já caiu em absoluto desuso, apesar de a lei ainda estar em vigor para os processos físicos).[396]

Contudo, foi apenas na primeira década do século XXI que, no Brasil, a realidade realmente começou a mudar, com o surgimento do processo judicial eletrônico (PJe) para a prática e registro de atos processuais nos sistemas computadorizados dos tribunais. Consta que a primeira experiência com o processo eletrônico se deu em 2005, na 10ª Vara do Juizado Especial de Campo Grande (MS).[397]

---

395 Disponível em: https://pt.wikipedia.org/wiki/Processo_eletr%C3%B4nico_no_Brasil. Acesso em: 5 jan. 2020.

396 O fac-símile não é um sistema digital – mas analógico. Contudo, essa lei está no contexto de utilização de novas tecnologias a favor da efetividade do processo, sendo considerado pela doutrina como um marco na informatização do direito processual brasileiro.

397 Disponível em: https://pt.wikipedia.org/wiki/Processo_eletr%C3%B4nico_no_Brasil. Acesso em: 5 jan. 2020.

Algumas leis introduziram gradativamente a prática de alguns atos processuais eletrônicos, como a Lei n. 11.280/2006, que inseriu o parágrafo único no art. 154 do Código de Processo Civil de 1973 para autorizar que os tribunais disciplinassem a prática e a comunicação dos atos processuais por meio eletrônico, a Lei n. 11.382/2006, que inseriu a penhora *on-line* no Código de Processo Civil de 1973 (arts. 655-a e 659, § 6º), entre outras da mesma época.

Porém, o processo judicial eletrônico ganhou força e evidência com a entrada em vigor da Lei n. 11.419/2006 (LPE), que dispõe sobre a informatização do processo judicial cível, penal e trabalhista, bem como nos Juizados Especiais. Essa lei é decorrência de uma nobre iniciativa da Associação dos Juízes Federais do Brasil – Ajufe, a qual apresentou um anteprojeto de lei à Câmara dos Deputados, bastante alterado em sua tramitação no Senado Federal.

Após tal lei, alguns tribunais e seus conselhos baixaram algumas resoluções sobre o processo judicial eletrônico no âmbito das respectivas jurisdições, como a Resolução n. 344, de 31 de maio de 2007, do STF, a Resolução n. 94, de 23 de março de 2012, do Conselho Superior da Justiça do Trabalho (CSJT), e a Resolução n. 202, de 29 de agosto de 2012, do Conselho da Justiça Federal. E, finalmente, o Conselho Nacional de Justiça baixou a Resolução n. 185, de 18 de dezembro de 2013, que regulamenta a matéria em âmbito nacional. A intenção é, dentro do possível, harmonizar o trato do processo eletrônico, a ser criado por todos os órgãos do Poder Judiciário, diferentemente do que sempre ocorreu, que em nome da autonomia administrativa cada tribunal adotava um sistema próprio.

O Código de Processo Civil de 2015 tratou do processo eletrônico não apenas na presente Seção, mas de forma esparsa em inúmeros artigos, inclusive ao distinguir de algumas regras atinentes ao processo físico. Sua entrada em vigor não traz grandes alterações no sistema anterior, pois foram mantidas as diretrizes gerais da Lei do Processo Eletrônico (LPE), que não foi revogada.

Contudo, essa concomitância de regras de processo físico e de processo eletrônico num Código de Processo Civil moderno demonstra a *impertinência* do momento histórico em que editado.[398] Caso se aguardassem mais alguns anos, o processo físico seria completamente extinto e a nova lei não precisaria dispor sobre os atos processuais praticados fora do ambiente digital. Da forma como redigido, o Código nem é voltado ao processo eletrônico, nem ao processo físico. Ficou num meio do caminho perigoso, que, além de gerar discussões desnecessárias na doutrina e na jurisprudência, em prejuízo do

398 Nesse sentido: LUIS GUILHERME BONDIOLI, *Comentários ao Código de Processo Civil*, vol. XX, art. 1.003, n. 51, p. 66.

jurisdicionado,[399] provavelmente exigirá reformas a médio prazo, mesmo que se tenha optado por definir conceitos fundamentais, deixando para o Conselho Nacional de Justiça a tarefa de aprimorar o sistema por meio da incorporação de novos recursos tecnológicos.

85. Desafios e vantagens do processo eletrônico

O processo eletrônico tem as mesmas características e garantias essenciais do processo físico, mas com diversas *vantagens*. A doutrina chega a afirmar que o processo eletrônico é um "verdadeiro divisor de águas" no cenário processual.[400] Ele é *mais célere*, elimina diversos entraves burocráticos que exigem trabalho dos escreventes, como a juntada de petições e documentos aos autos (o que demanda furá-los e numerá-los), conferências inúteis, transporte físico dos autos de um lugar para o outro (a simples remessa dos autos de uma instância para outra muitas vezes demorava mais de um mês) e até seu extravio, exigindo longo processo de restituição. Ele permite consulta e análise simultânea por diversos partícipes do processo (advogados, desembargadores, ministros etc.) – inclusive por meio de *tablets* e aparelhos celulares –, dispensando a carga sucessiva dos autos, o que, em última análise, retardava o andamento do feito.

O processo eletrônico também facilita o trabalho de todos os envolvidos. Como dito no item anterior, os funcionários dos cartórios tinham enorme trabalho de juntada de petição aos autos, numeração das folhas, localização dos autos etc., possibilitando que eles sejam realocados para outros setores mais úteis para o sistema processual – eles jamais serão substituídos pelos computadores, pois grande parte do seu trabalho intelectual é insubstituível. Ele propicia aos interessados pesquisa a respeito de sua existência e conteúdo muito mais fácil e ágil, dando, assim, mais concretude ao princípio da publicidade e facilitando, consequentemente, a identificação de eventual prevenção, litispendência ou coisa julgada.[401] O trabalho de pessoas portadoras de deficiências físicas também ficou mais fácil, seja porque exige menos deslocamentos, seja porque, pelo princípio da acessibilidade (arts. 194 e 199), os sistemas devem se adaptar às suas necessidades (especialmente aos *softwares* leitores de texto). Daí

399 Exemplo real dessa controvérsia está na interpretação do art. 224, 1º: para alguns, no dia em que o expediente forense for reduzido, também deve ser prorrogado o início ou o fim dos prazos no processo eletrônico. Para outra corrente, tratando-se de autos eletrônicos, apenas a indisponibilidade da comunicação eletrônica autorizaria essa prorrogação.

400 Carlos Henrique Abrão, *Processo eletrônico*, n. 10.1, p. 120.

401 LPE, art. 14, parágrafo único: "os sistemas devem buscar identificar os casos de ocorrência de prevenção, litispendência e coisa julgada".

ser correto concluir que o "processo eletrônico se adequa a uma ideia de ampliação do acesso à justiça",[402] princípio tão caro ao direito processual.

Além disso, é ecologicamente mais adequado, pois evita o consumo de toneladas de papel por ano – apesar de, por outro lado, também gerar lixo causado pela constante substituição de computadores por outros mais modernos e de a maior geração de energia elétrica provocar danos ambientais – e gera enorme economia de espaço de arquivamento – o que compensa parte dos investimentos necessários em informática. Propicia economia de mão de obra no Judiciário, permitindo realocação de funcionários, e também nos escritórios de advocacia, já que não precisam de tantos estagiários se deslocando aos fóruns para serviços burocráticos de extração de cópias dos processos e protocolos. E, ao dispensar deslocamentos constantes de profissionais, gera impacto positivo no trânsito das cidades e na emissão de poluentes.

Contudo, a vida do processo eletrônico não é feita só de encantos. Como diz PETRÔNIO CALMON sobre esse tema, "quando se alteram os métodos, alteram-se os problemas".[403] O grande *desafio* ao avanço do processo eletrônico é a falta de dotação orçamentária. Os tribunais têm autonomia financeira, mas a verba liberada ao Poder Judiciário pelos Estados e pela União é pequena e insuficiente para fazer o investimento necessário. Por isso, além de ainda haver locais onde os novos processos são físicos, naqueles em que já é utilizado o meio eletrônico há anos, geralmente não há recursos para a digitalização dos processos "antigos", que continuam a tramitar fisicamente. A questão da segurança do sistema, especialmente contra fraudes processuais e ataques de *hackers*, deve ser uma preocupação constante e intensa. Além disso, o Poder Judiciário tem que oferecer a todos os advogados carentes equipamentos de informática "necessários à prática de atos processuais e à consulta e ao acesso ao sistema e aos documentos dele constantes" (art. 198), bem como um sistema que propicie acesso irrestrito às pessoas com algum tipo de deficiência (art. 199). É necessário também qualificar os escreventes responsáveis pela operacionalização, para que o sistema funcione corretamente e sem falhas ou lentidão desnecessária. Os magistrados, especialmente os mais antigos, estão muito acostumados a folhear o papel e agora enfrentam a dificuldade de se adaptar à nova realidade digital. Os advogados, além de em muitos casos também terem dificuldade em praticar atos processuais – especialmente os que não são tão jovens –, devem se adaptar a essa dificuldade dos julgadores, preparando petições com fácil consulta a documentos (preferencialmente com a

402 JOSÉ CARLOS ALMEIDA FILHO, *Processo eletrônico e teoria geral do processo eletrônico*, n. 1.3.1, p. 55.

403 *Comentários à Lei de Informatização do Processo Judicial*, n. 2.3, p. 96.

respectiva imagem no corpo da própria petição), pois aqui provas importantes podem facilmente deixar de serem vistas em decorrência do grande volume de documentos, por vezes juntados desordenadamente.

86. Destinatários das normas desta Seção

Normalmente, as normas do Código de Processo Civil são dirigidas às partes, aos juízes, aos auxiliares da justiça e àqueles que de alguma forma atuam no processo. Contudo, a maior parte dos dispositivos contidos na presente Seção é essencialmente direcionada aos administradores do Poder Judiciário e visa a assegurar que os programas de informática relacionados aos processos eletrônicos sejam seguros, estáveis e tenham credibilidade, além de propiciar aos jurisdicionados o pleno respeito às garantias constitucionais e legais do processo. Em outras palavras, pretende-se limitar a liberdade dos programadores dos *softwares* dos tribunais de criar regras para o usuário do processo incompatíveis com o modelo do processo civil brasileiro.

87. Outras normas de processo eletrônico esparsas no Código de Processo Civil

A prática de atos processuais por meio digital também é regulamentada em diversos outros artigos esparsos por todo o Código de Processo Civil de 2015, fora desta Seção. A utilização da *rede mundial de computadores* é mencionada nos arts. 12, § 1º, 156, § 2º, 257, 422, 741, 745, 746, § 3º, 755, § 3º, 886, inc. IV, 887, § 2º, 927, § 5º, 1.029, § 1º, e 1.043, § 4º. Muitos outros dispositivos tratam da forma eletrônica de se praticar um *ato processual*, como os arts. 209, § 1º, 228, § 2º, 229, § 2º, 334, § 7º, 943, 1.007, § 3º, 1.017, § 5º, e 1.053. O atual Código de Processo Civil dispõe, ainda, de forma reiterada em inúmeros artigos que a *comunicação dos atos processuais*, em geral, se dará de forma obrigatória ou preferencialmente eletrônica, conforme o caso (arts. 235, § 1º, 246, § 1º, 263, 270, 1.019, inc. III etc.). A *assinatura digital*, peça-chave para a segurança do processo eletrônico, também é mencionada nos arts. 105, § 1º, 205, § 2º, 209, § 1º, e 943.[404]

O Código de Processo Civil procurou adaptar (parcialmente) suas regras à nova tecnologia disponível, ao exigir, *v.g.*, informação a respeito do endereço eletrônico das partes e dos seus advogados (arts. 287 e 319), do perito judicial (art. 465, § 2º, inc. III) e do inventariante (art. 620, inc. II). Por outro

404 Augusto Marcacini afirma, com razão, que esses dispositivos são meramente exemplificativos, pois não há restrição à utilização da assinatura digital em outras hipóteses (*Breves comentários ao novo Código de Processo Civil*, nota 2 à Seção II, Capítulo I, Título I, Livro IV, Parte Geral, p. 669).

lado, contraditoriamente, em momento algum especificou em quais situações (e por quem) podem ser enviadas mensagens aos endereços eletrônicos informados nos autos.

88. Forma dos atos processuais eletrônicos e procedimento

O procedimento do processo civil, entendido aqui como a sequência dos atos processuais, independe do meio por onde ele tramita, se eletrônico ou físico. Ele será sempre o mesmo procedimento.[405] A essência dos atos processuais também não sofre qualquer alteração relevante.

Todavia, a forma de se praticar alguns atos ou os seus requisitos externos de eficácia pode sofrer algumas adaptações em razão de peculiaridades dessa plataforma processual. De fato, ilustrando, o protocolo da petição física ou da petição eletrônica se dá de modo e em local diverso, além de ter horário limite diverso, mas o *conteúdo* dos atos é o mesmo. Pode ocorrer também de na petição eletrônica ser dispensado o pagamento do porte de remessa e retorno do recurso (art. 1.007, § 3º) ou a juntada das peças no agravo de instrumento (art. 1017, § 5º). Mas, insiste-se, isso não altera o procedimento ou a essência do ato processual.

89. Instrumentalidade das formas

Nos termos do art. 188, em regra, "os atos e termos do processo independem de forma". Todavia, os sistemas dos tribunais são concebidos de tal forma que há um excessivo rigor formal para que os partícipes do processo consigam praticar o ato por meio eletrônico – por força de lei, de resoluções internas ou mesmo por opções técnicas dos seus provedores. Os partícipes do processo (juízes, advogados, promotores, auxiliares da justiça etc.) têm uma única forma de inserir o ato processual nos respectivos autos eletrônicos, baseada em rígidos critérios e nomenclaturas preestabelecidos. Sequer é possível realizar certos atos por meio eletrônico se não for estritamente respeitada a técnica de informática estabelecida nas plataformas dos tribunais, inexistindo, na prática, flexibilidade procedimental.

Contudo, essa rigidez é apenas extrínseca, pois no seu aspecto intrínseco o ato processual se sujeita à *instrumentalidade das formas*. A invalidade do ato, seja ele praticado pelo meio físico ou eletrônico, está sempre condicionada ao não atingimento da sua finalidade e ao prejuízo concreto às partes ou ao pro-

405 José Carlos Almeida Filho, contudo, entende haver procedimento eletrônico autônomo – e não mera plataforma eletrônica –, de modo a existir no direito processual "dois procedimentos: o previsto nos códigos e o procedimento eletrônico" (*Processo eletrônico e teoria geral do processo eletrônico*, n. 8.3.1, p. 180).

cedimento, conforme se extrai dos arts. 276, 277, 282, § 2º, e 283, aplicáveis tanto aos atos dos juízes quanto aos das partes e dos demais partícipes do processo.[406]

90. Negócio processual e processo eletrônico

É *inválido* o negócio processual (art. 190) por meio do qual as partes convencionem a utilização, ou não, do processo eletrônico ou das regras relativas ao seu funcionamento (*v.g.*, eliminação de mecanismos legais de segurança do sistema, como o certificado digital), pois se trata de matéria de ordem pública, relativa ao próprio funcionamento da atividade jurisdicional.

Por outro lado, podem convencionar a respeito da *concessão de benefícios* relacionados, *v.g.*, à acessibilidade para pessoas portadoras de alguma deficiência (art. 199) ou para hipossuficientes sem pleno acesso a equipamentos de informática; ou à prática eletrônica de atos específicos, inclusive se os autos forem físicos, como a citação e a intimação por mensagem eletrônica (*e-mail*), especificando-se o endereço eletrônico a ser utilizado.

Para estimular a utilização do *calendário processual* (art. 191), é aconselhável a criação de novas ferramentas tecnológicas nas plataformas eletrônicas dos tribunais, como o desenvolvimento de agenda eletrônica com alertas individualizados e automáticos de prazos em curso, a serem enviados a todos os partícipes do processo.

> **Art. 193.** Os atos processuais podem ser total ou parcialmente digitais, de forma a permitir que sejam produzidos, comunicados, armazenados e validados por meio eletrônico, na forma da lei.
>
> **Parágrafo único.** O disposto nesta Seção aplica-se, no que for cabível, à prática de atos notariais e de registro.
>
> *CPC de 1973 – art. 154, § 2º*

91. Atos processuais praticados de forma digital

Segundo consta no art. 193, os *atos* processuais podem ser total ou parcialmente digitais. Mas, na verdade, os *autos* é que podem ser digitais ou eletrônicos, conforme consta corretamente do art. 8º da Lei do Processo Eletrônico.[407] Já os atos processuais, entendidos como conduta humana capaz de produzir efeitos sobre o processo, podem ser *praticados* de forma digital ou fí-

---

406 Nesse sentido: Pedro Dinamarco, *Código de Processo Civil interpretado*, art. 243, n. 1, p. 706.

407 Na mesma toada, o art. 209, § 1º, refere-se corretamente a "processo total ou parcialmente documentado em autos eletrônicos".

sica.[408] Ademais, o ato não pode ser praticado parte digitalmente e parte fisicamente;[409] já os autos podem sê-lo.

De fato, o processo pode tramitar inicialmente em autos físicos e, a partir de determinado momento ou fase, passar para o meio eletrônico, mediante a digitalização integral dos autos físicos. Normas dos tribunais podem, inclusive, obrigar essa migração, *v.g.*, a partir da segunda instância ou a partir da liquidação ou do cumprimento de sentença.[410] No STJ, todos os autos físicos que lá chegam são imediatamente digitalizados (Resolução n. 14/2013).[411] Pode ocorrer também de os autos principais serem físicos, mas eventuais agravos e incidentes serem processados em autos eletrônicos.

Sendo eletrônicos os autos a que se destina o ato processual, tal ato deve ser necessariamente praticado por meio eletrônico, sendo ineficaz a petição física, salvo se a parte comprovar a impossibilidade de praticar o ato digitalmente, nos termos dos art. 194 c/c art. 198 ou 199, conforme o caso.

92. Produção, comunicação, armazenamento e validação dos atos processuais por meio eletrônico

A essência do processo judicial, como técnica ordenada de solução de conflitos, independe do meio (físico ou eletrônico) pelo qual tramita. O processo apenas passou a utilizar a tecnologia como instrumento para uma prestação jurisdicional mais célere, acessível e eficiente.

Por isso, nenhuma garantia processual das partes – como do acesso à justiça, do contraditório, da ampla defesa, do devido processo legal e da publicidade – pode ser suprimida ou mitigada em decorrência da utilização da plata-

---

408 Nesse sentido: AUGUSTO MARCACINI, *Breves comentários ao novo Código de Processo Civil*, art. 193, n. 1, p. 671.

409 Em sentido contrário, para AUGUSTO MARCACINI, haveria atos parcialmente digitais, como na excepcional hipótese de a petição ser protocolada na versão física e em seguida ser digitalizada e autuada em autos eletrônicos (*op. loc. cit.*). Para ele, "pode-se considerar o ato processual como totalmente praticado sob a forma digital quando, *desde a manifestação de vontade até sua autuação*, o ato foi praticado com uso de arquivos ou canais de comunicação digital".

410 O TJSP considerou intempestivos *embargos à execução* opostos por meio de petição física, tendo em vista norma daquela Corte que impõe a oposição eletrônica dessa defesa do devedor (TJSP, 6ª Câm. Dir. Público, AgInst n. 2087260-28.2016.8.26.0000, rel. Des. LEME DE CAMPOS, j. 5.9.2016, v.u.). Igualmente, não conheceu de *agravo de instrumento* interposto fisicamente, por ser obrigatório o peticionamento eletrônico perante aquela Corte (TJSP, 6ª Câm. Dir. Privado, AgInst n. 211774834.2014.8.26.0000, rel. Des. PAULO ALCIDES SALLES, j. 9.12.2014, v.u.).

411 Não deixa de ser um contrassenso a digitalização integral justamente na fase final do processo. De todo modo, isso beneficia o trâmite processual naquela Corte.

forma eletrônica. Ao contrário: os recursos tecnológicos devem se adaptar às exigências do direito processual, sob pena de gerar nulidades.

Assim, o sistema de informática colocado pelos tribunais à disposição dos jurisdicionalizados deve permitir, *com a maior facilidade possível*, (a) a realização eletrônica de todos os atos processuais necessários, com sua produção já na via digital, sem necessidade de digitalização de uma prévia versão física (papel); (b) o armazenamento permanente desses atos na rede mundial de computadores, para serem acessados a qualquer momento, ao menos enquanto durar o processo; (c) a comunicação eletrônica dos atos processuais – especialmente intimações, mas também cumprimento de cartas precatórias ou de ordem –, deixando de lado o uso do papel; e (d) a prática dos atos por meio de assinatura eletrônica pessoal, independentemente de quem o pratique (*v.g.*, art. 943). De todo modo, o rol de requisitos constante na parte final do art. 193 é meramente exemplificativo, não excluindo outros.[412]

93. Validação do ato eletrônico: assinatura digital e credenciamento prévio

Para ser praticado qualquer ato processual por meio eletrônico, o art. 2º da Lei do Processo Eletrônico exige a utilização de *certificado digital* pessoal pelo advogado – aqui inclusos procuradores e defensores públicos –, obtido junto a uma autoridade certificadora.[413] Apesar de esse art. 2º não fazer referência aos demais partícipes do processo, tal requisito se aplica também a magistrados, promotores e auxiliares da justiça – outros dispositivos legais inclusive condicionam a validade de atos oficiais específicos à assinatura eletrônica de quem o pratica (*v.g.*, CPC, arts. 205, § 2º, 263 e 882, § 2º; e LPE, art. 4º, § 1º).

O certificado digital é "um documento eletrônico, contendo uma chave pública e dados identificadores de alguém ou de algo (os mesmos certificados podem ser usados por máquinas, não apenas para assinatura, mas para estabelecimento de comunicação segura, sendo então expedidos 'em nome' de domínios de Internet, como, *v.g.*, em nome de 'www.stf.jus.br', para uso no endereço eletrônico respectivo), sendo assinado por um sujeito de hierarquia superior".[414] Sua utilização não se limita ao processo judicial eletrônico, sendo

---

412 Nesse sentido: Augusto Marcacini, *Breves comentários ao novo Código de Processo Civil*, art. 193, n. 2, p. 672.

413 Podem ser emitidos certificados digitais tanto para pessoas físicas quanto para pessoas jurídicas. Mas, como o exercício da advocacia é ato privativo do advogado, individualmente considerado, o certificado a ser utilizado no processo judicial deve ser emitido em nome do próprio advogado, e não do escritório de advocacia ou da empresa em que ele trabalha.

414 Augusto Marcacini, *op. cit.*, nota 4 à Seção VIII, Capítulo XII, Título I, Livro I, Parte Especial, p. 1.251.

exigido também para muitos serviços públicos – *v.g.*, para a apresentação da declaração do imposto de renda – e em atividades privadas.

Ele tem prazo determinado de validade e deve ser renovado periodicamente, a fim de combater possíveis fraudes. E, mesmo estando dentro do prazo de validade, pode, excepcionalmente, ser revogado. Para sua emissão, ou reemissão, é obrigatória a identificação presencial do titular junto a uma autoridade certificadora.

É por meio do certificado digital que se faz a *assinatura digital*, a qual confere autenticidade ao ato processual e o torna válido e eficaz. Ela, por sua vez, não se confunde com a *assinatura eletrônica*. Esta é gênero e aquela é espécie, como bem explica PETRÔNIO CALMON: "assinatura eletrônica diz respeito a toda e qualquer forma de identificação efetuada por meio eletrônico. Já a assinatura digital diz respeito às formas de identificação efetuadas por meio digital envoltas na tecnologia baseada na *criptografia assimétrica*".[415]

A assinatura digital, peça-chave para a segurança do processo eletrônico, é mencionada nos arts. 105, § 1º, 199, 205, § 2º, 209, § 1º, e 943 do Código de Processo Civil.[416] E, segundo o glossário da Infraestrutura de Chaves Públicas Brasileiras – ICP-Brasil, órgão público responsável pela garantia da autenticidade, integridade e validade jurídica de documentos eletrônicos, instituído pela Medida Provisória n. 2.200-2/2001, *assinatura digital* é o "código anexado ou logicamente associado a uma mensagem eletrônica que permite de forma única e exclusiva a comprovação da autoria de um determinado conjunto de dados (um arquivo, um *e-mail* ou uma transação). A assinatura digital comprova que a pessoa criou ou concorda com um documento assinado digitalmente, como a assinatura de próprio punho comprova a autoria de um documento escrito. A verificação da origem do dado é feita com a chave pública do remetente".[417]

AUGUSTO MARCACINI define-a como "o resultado de uma operação matemática criptográfica, que tem como variáveis o documento a assinar (que é

---

415 *Comentários à Lei de Informatização do Processo Judicial*, n. 1.6, p. 25. No mesmo sentido: JOSÉ CARLOS ALMEIDA FILHO, *Processo eletrônico e teoria geral do processo eletrônico*, n. 11, p. 216; MARCEL LEONARDI e GUILHERME SANCHEZ, *Código de Processo Civil anotado*, art. 195, n. 3, p. 317. Exemplo de assinatura eletrônica, não digital, é biometria ou assinatura por meio de acesso com *login* e senha, muito comum em diversos contratos, inclusive bancários.

416 AUGUSTO MARCACINI afirma, com razão, que esses dispositivos são meramente exemplificativos, pois não há restrição à utilização da assinatura digital em outras hipóteses (*Breves comentários ao novo Código de Processo Civil*, nota 2 à Seção II, Capítulo I, Título I, Livro IV, Parte Geral, p. 669).

417 Disponível em: https://www.iti.gov.br/glossario. Acesso em: 7 dez. 2019.

um número) e a chave privada (também um número). O resultado dessa operação é um número estatisticamente único, e gigantesco, com altíssimo grau de improbabilidade de que pudesse ser encontrado sem o conhecimento da chave privada utilizada para calculá-lo. Como esse número – a assinatura – pode ser facilmente decifrado com o uso da chave pública, sem ter-se necessidade de à chave privada, essa outra operação matemática representa uma forma de conferência da assinatura e, ao mesmo tempo, da exclusividade dessa assinatura em relação ao documento, assegurando que se trata da mesma sequência de bits que foi assinada. A correta conferência da assinatura digital produz duas verdades matemáticas: a) quem ou o que (máquinas podem ser programadas para automaticamente assinar documentos) assinou o documento eletrônico utilizou a chave privada correspondente; b) o documento não foi modificado após a assinatura [...]. Um dos modelos empregados para se atribuir a titularidade dessas chaves a pessoas determinadas é por meio da certificação digital e correspondente criação de infraestrutura de chaves públicas (ICP)".[418]

De forma mais sintética, para Petrônio Calmon, ela se caracteriza, na técnica atual, "pela utilização da criptografia assimétrica, onde uma das chaves é de uso exclusivo de seu titular e a outra é de conhecimento público, ou seja, cada pessoa possui uma chave privada e uma pública".[419]

Para a validade da assinatura eletrônica e, consequentemente, do ato processual eletrônico, é suficiente a existência de procuração outorgada ao advogado titular do certificado digital utilizado, sendo irrelevante a ausência de sua *assinatura de próprio punho* na petição protocolada ou eventual divergência entre o advogado que consta como subscritor da peça processual e aquele que a encaminhou por meio eletrônico.[420] Inversamente, é insuficiente a assinatura

418 *Breves comentários ao novo Código de Processo Civil*, nota 4 à Seção VIII, Capítulo XII, Título I, Livro I, Parte Especial, pp. 1.249-1.250.

419 *Comentários à Lei de Informatização do Processo Judicial*, n. 1.7, p. 25.

420 "A prática eletrônica de ato judicial, na forma da Lei n. 11.419/2006, reclama que o titular do certificado digital utilizado possua procuração nos autos, sendo irrelevante que na petição esteja ou não grafado o seu nome" (STJ, Corte Especial, AgRg no REsp n. 1.347.278, rel. Min. Luis Felipe Salomão, j. 19.6.2013, v.u.). Conferir ainda: STJ, 3ª T., EDcl no AgRg nos EDcl no AgRg no Ag n. 1.234.470, rel. Min. Paulo de Tarso Sanseverino, 10.4.2012, v.u.; e STJ, 2ª T., AgRg no REsp n. 1.304.123-AM, rel. Min. Humberto Martins, j. 22.5.2012, v.u. Restou superado, assim, posicionamento extremamente formalista anterior, segundo o qual, "não havendo identidade entre o titular do certificado digital usado para assinar o documento e o nome do advogado indicado como autor da petição, deve esta ser tida como inexistente" (STJ, Corte Especial, AgRg nos EREsp n. 1.256.563, rel. Min. Nancy Andrighi, j. 17.10.2012, v.u.). Aliás, ainda na vigência do Código de Processo Civil de 1973, a doutrina já criticava o posicionamento inicial da jurisprudência, pois "o acesso ao serviço de recebimento de petições depende da utilização pelo

mecânica (digitalizada) lançada pelo advogado na petição digital, se para o protocolo foi utilizado o certificado digital de quem não tem procuração nos autos – essa irregularidade é, todavia, sanável (art. 352).[421]

Como o certificado digital permite a exclusividade do seu proprietário no manejo da sua assinatura, eventual permissão dada pelo seu titular a terceiro para a sua utilização não o isenta de eventuais responsabilidades por atos praticados por este,[422] nem torna nulos ou ineficazes os atos mecânicos de protocolo de petição ou a inserção de atos judiciais nos autos eletrônicos.

De modo realista, o art. 1.053 traz uma salutar regra de transição, atenta ao princípio da instrumentalidade das formas, segundo a qual "os atos processuais praticados por meio eletrônico até a transição definitiva para a certificação digital ficam convalidados, ainda que não tenham observado os requisitos mínimos estabelecidos por este Código, desde que tenham atingido sua finalidade e não tenham havido prejuízo à defesa de qualquer das partes".

Além da assinatura digital, um segundo requisito cumulativo também pode ser exigido para a validade do ato processual: o *credenciamento prévio* do advogado no tribunal (ainda LPE, art. 2º).[423] Para tanto, "os órgãos do Poder Judiciário poderão criar um cadastro único para o credenciamento previsto neste artigo" (LPE, art. 2º, § 3º), tornando a exigência mais racional. Esse cadastro único já foi criado pelo Conselho Nacional de Justiça, numa parceria com a Ordem dos Advogados do Brasil, por meio do denominado *Escritório Digital*, que permitirá unificar o acesso pelos operadores do Direito a todos os processos eletrônicos em trâmite na Justiça brasileira, independentemente do

---

credenciado da sua identidade digital, e que este é pessoal e de uso exclusivo" e, sendo assim, o importante é observar "se aquele que assina digitalmente a peça tenha sido constituído nos autos, mediante regular instrumento de procuração" (LUCIANO ARAÚJO, "O processo eletrônico a partir da jurisprudência do Superior Tribunal de Justiça", n. 4, p. 48).

421 Na jurisprudência do Código de Processo Civil de 1973: "Para efeitos processuais, o subscritor da peça assinada e enviada eletronicamente deverá ter procuração nos autos, não tendo valor eventual assinatura digitalizada de outro advogado, ou que venha a constar, fisicamente, da peça encaminhada e assinada eletronicamente, mesmo que este possua procuração nos autos" (STJ, 2ª T., AgRg no REsp n. 1.404.615-AL, rel. Min. ASSUSETE MAGALHÃES, j. 6.8.2015, v.u.).

422 Nesse sentido, apesar de não se referir especificamente a atos processuais: REGIS QUEIROZ, "Assinatura digital e o tabelião virtual", n. 10, p. 400.

423 MARCEL LEONARDI e GUILHERME SANCHEZ afirmam, contudo, que a assinatura eletrônica, poderia se dar por dois métodos *alternativos*: assinatura digital *ou* cadastro de usuário no Poder Judiciário (*Código de Processo Civil anotado*, art. 195, n. 3, p. 317). PETRÔNIO CALMON afirma que o credenciamento seria uma outra espécie de assinatura eletrônica, ao lado da assinatura digital (*Comentários à Lei de Informatização do Processo Judicial*, n. 2.1, p. 62).

tribunal em que o processo esteja localizado. Mas, infelizmente, essa unificação ainda é excepcional, pois depende da adesão individual de cada um dos tribunais ao projeto, predominando atualmente a completa heterogeneidade de critérios de credenciamento nos diversos tribunais nacionais.

Em alguns tribunais, o advogado consegue fazer seu credenciamento *on-line*, utilizando seu certificado digital. Após o preenchimento de um formulário prévio, ele recebe uma mensagem eletrônica com um *login* e senha para permitir o seu acesso. Todavia, alguns tribunais mais restritivos e quiçá mais protetivos dos interesses corporativos dos profissionais locais exigem o credenciamento presencial, inviabilizando muitas vezes o exercício da advocacia por profissionais de outros Estados da Federação ou exigindo a contratação de "correspondentes" locais para o mero protocolo de petição. Tal exigência sequer confere mais segurança ao credenciamento, justamente porque é necessário o certificado eletrônico, o que já depende de credenciamento presencial.[424] Trata-se, assim, de inadmissível reserva de mercado e encarecimento dos custos de um processo.

De todo modo, realizado o credenciamento no sistema do tribunal, o advogado tem acesso a qualquer processo vinculado àquela plataforma eletrônica, salvo quando decretado segredo de justiça.

Para consulta dos autos sem o cadastro prévio, quando exigido, o advogado precisa ir a cada um dos cartórios para solicitar *login* e senha de acesso para cada processo, como qualquer cidadão.

94. Intimação eletrônica dos advogados

Durante o curso do processo os representantes das partes – advogados, promotores, procuradores do Estado e da União, defensores públicos etc. – devem ser intimados de todos os atos judiciais (despachos, decisões interlocutórias, sentenças e acórdãos) e demais acontecimentos relevantes.[425]

Nos processos eletrônicos, essa intimação ocorre preferencialmente pela via eletrônica (art. 270) – *i.e.*, pelo acesso real ou ficto junto ao portal do respectivo tribunal, onde a informação é lançada,[426] e subsidiariamente por

---

424 Elton Baiocco também classifica como "despropositada" a necessidade de comparecimento pessoal do titular do certificado eletrônico para seu cadastramento (*Processo eletrônico e sistema processual*, n. 2.5.2, p. 118).

425 Art. 269: "Intimação é o ato pelo qual se dá ciência a alguém dos atos e termos do processo".

426 Neste caso, não há necessidade de publicação em *DJe*. Equivoca-se, portanto, José Carlos Almeida Filho quando afirma o oposto: "não se poderá admitir a publicação em portal quando houver, na jurisdição, o *DJe*" (*Processo eletrônico e teoria geral do processo eletrônico*, n. 14.2, p. 313, p. 260).

meio de publicação no *Diário de Justiça eletrônico* (CPC-15, art. 205, § 3º; e LPE, art. 4º).[427]

O art. 246, § 1º, obriga as empresas públicas e privadas, com exceção das micro e pequenas empresas, "a manter cadastro nos sistemas de processos em autos eletrônicos, para efeitos de recebimento de citações e intimações". Atualmente, contudo, a intimação eletrônica ainda não está implementada em todos os sistemas; e em alguns somente os representantes dos órgãos públicos são intimados dessa forma – *v.g.*, no STJ.[428] Contudo, a partir de quando se torna obrigatória a sua utilização, segundo normas internas dos tribunais, é indispensável o cadastramento do destinatário da intimação junto ao sistema. Essa intimação por ser real, no momento em que o profissional acessa os autos com seu certificado eletrônico ou código de identificação, ou ficta (ou presumida), se ele não acessar os autos no prazo de dez dias contados do envio da intimação ao portal (LPE, art. 5º, § 3º). O Código de Processo Civil privilegia essa forma eletrônica de intimação sobre as demais (art. 270).

95. Ato físico ou documento físico no processo eletrônico

Em algumas situações, pode ser necessária a apresentação de documentos físicos, mesmo sendo os autos eletrônicos. Assim, pode ser determinada a juntada da versão original do documento em papel para viabilizar a produção de perícia (especialmente em incidente de arguição de falsidade – art. 430), nos termos do art. 425, § 2º: "tratando-se de cópia digital de título executivo extrajudicial ou de documento relevante à instrução do processo, o juiz poderá determinar seu depósito em cartório ou secretaria". Na mesma linha de raciocínio, o art. 11, § 5º, da Lei do Processo Eletrônico, também dispõe: "os documentos cuja digitalização seja tecnicamente inviável devido ao grande volume ou por motivo de ilegibilidade deverão ser apresentados ao cartório ou secretaria no prazo de 10 (dez) dias contados do envio de petição eletrônica comunicando o fato, os quais serão devolvidos à parte após o trânsito em

---

427 MARCEL LEONARDI e GUILHERME SANCHEZ questionam, sem razão, a legitimidade da concomitância dessas duas vias na legislação processual, pois, segundo eles, além de supostamente gerar insegurança jurídica, a dispensa da publicação das decisões violaria o art. 5º, incs. XXXV e LV, da Constituição Federal (*Código de Processo Civil anotado*, art. 193, n. 4, p. 312). De todo modo, para eliminar ou reduzir o risco de o profissional não tomar conhecimento tempestivo da intimação, deve-se estimular os tribunais a enviar automaticamente uma mensagem eletrônica (*e-mail*) ao destinatário ou publicar uma nota no *Diário da Justiça eletrônico*, informando o lançamento de uma publicação no portal – sem informar seu conteúdo. Essa sadia providência, já adotada por alguns tribunais, deveria se tornar obrigatória.

428 STJ, 3ª T., AgInt no AREsp n. 995.806-RJ, rel. Min. MARCO AURÉLIO BELLIZZE, j. 2.5.2017, v.u.

julgado". Essas situações são meramente exemplificativas, podendo haver outras não especificadas em lei.

Naturalmente, também pode ocorrer o inverso, isto é, ser necessária a juntada em processo físico de uma prova produzida e arquivada em meio eletrônico (arts. 446 a 448) – *v.g.*, muitos contratos, inclusive bancários, são atualmente celebrados eletronicamente.

Além disso, alguns atos processuais são necessariamente realizados em forma não eletrônica. É o caso, *v.g.*, das audiências, das sessões de julgamento e das citações e penhoras por oficial de justiça. Nesses casos, deverá o escrivão, chefe de secretaria ou outro escrevente designado reduzir o ato a termo, lavrar ata ou digitalizar o documento e juntá-lo aos autos eletrônicos, conforme o caso.

96. Atos notariais e de registro

Nos termos do parágrafo único do art. 193, os atos notariais e de registro também podem ser produzidos, comunicados, armazenados e validados de forma eletrônica, sendo aplicáveis a tais atos todas as demais regras contidas na presente Seção, no que for cabível.

Outras regras do processo eletrônico esparsas no Código de Processo Civil, não localizadas especificamente nesta Seção, não têm aplicação subsidiária aos atos notariais e de registro. Mas o intérprete poderá se socorrer da analogia a tais dispositivos dispersos, se necessário.

No mais, a doutrina afirma, com razão, que essa norma não deveria constar do corpo do Código de Processo Civil, pois as atividades dos cartórios extrajudiciais nada têm a ver com as normas relativas ao processo judicial. E os atos notariais e de registros têm leis próprias, como a Lei de Registro Público e a Lei dos Notários e Registradores, que poderiam ser adaptadas à realidade eletrônica.[429]

> **Art. 194.** Os sistemas de automação processual respeitarão a publicidade dos atos, o acesso e a participação das partes e de seus procuradores, inclusive nas audiências e sessões de julgamento, observadas as garantias da disponibilidade, independência da plataforma computacional, acessibilidade e interoperabilidade dos sistemas, serviços, dados e informações que o Poder Judiciário administre no exercício de suas funções.
>
> *CPC de 1973 – sem dispositivo correspondente*

429 Nesse sentido: Nery Jr. & Nery, *Código de Processo Civil comentado*, art. 193, n. 5, p. 772; e Augusto Marcacini, *Breves comentários ao Código de Processo Civil*, art. 193, n. 3, p. 673.

97. Respeito às garantias

O art. 194 traz alguns princípios que devem nortear o Conselho Nacional de Justiça e os tribunais na regulamentação do processo eletrônico, a fim de assegurar o respeito ao devido processo legal e à própria confiabilidade e funcionalidade do sistema. Ou seja, o comando não é dirigido diretamente aos partícipes do processo, mas aos gestores do sistema judicial.

Conforme já dito nos comentários ao artigo anterior, a utilização do processo eletrônico não pode implicar qualquer sacrifício às garantias processuais das partes. Ou seja, todas as garantias e princípios processuais consagrados no processo físico também devem ser integralmente respeitados no processo eletrônico. Nem haveria motivo para ser diferente, pois em sua essência o processo físico ou eletrônico é exatamente o mesmo, apenas a plataforma pela qual transita é diferente.

Assim, nos termos do art. 194, os diversos sistemas de automação processual colocados à disposição pelos Tribunais devem assegurar, entre outras garantias constitucionais, a ampla *publicidade* dos atos processuais – limitada apenas nos casos de segredo de justiça.[430] A propósito, o enunciado n. 264 do Fórum Permanente de Processualistas Civis dispõe que, "salvo hipóteses de segredo de justiça, nos processos em que se realizam intimações exclusivamente por portal eletrônico, deve ser garantida ampla publicidade aos autos eletrônicos, *assegurado o acesso a qualquer um*".

Em prestígio ao contraditório e à ampla defesa, os sistemas operacionais dos tribunais também devem garantir a plena participação das partes e de seus procuradores em todos os acontecimentos do processo, inclusive em audiências e sessões de julgamento. Para tanto, eles devem ser estáveis e de *fácil operação* para o operador do Direito (sem necessidade de frequentar cursos complexos), de preferência com recursos padronizados e flexíveis, e conter mecanismos de acessibilidade aos portadores de deficiência (art. 199).[431] Os sistemas precisam também evoluir para aceitar arquivos eletrônicos "pesados", sem limitações quanto ao tamanho ou formato, pois o próprio Código de Processo Civil consagra a liberdade de forma (art. 188).

A menção às audiências e sessões de julgamento não foi à toa. Os advogados têm direito a ter acesso não apenas a tudo o que lá acontece, mas também à integralidade dos autos aos registros que lá forem feitos, da mesma forma que

430 Sobre publicidade dos atos processuais, inclusive no processo eletrônico, v. art. 189.

431 "Na perspectiva das partes, advogados, juízes e serventuários da justiça, os sistemas devem primar pela facilidade de acesso, permitindo ao usuário a maior flexibilidade possível na realização dos atos processuais" (Marcel Leonardi e Guilherme Sanchez, *Código de Processo Civil anotado*, art. 194, n. 3, p. 314).

acontecia com o processo físico. A título ilustrativo, o juiz só poderá exigir alegações finais em audiência se a parte puder consultar integralmente os autos eletrônicos durante sua apresentação, inclusive os termos das provas orais.

Se a parte não praticar algum ato processual em razão do desrespeito pelo Poder Judiciário aos princípios do processo eletrônico contidos no art. 194, em especial no tocante ao fácil acesso aos autos ou à sua efetiva participação no processo, restará configurada a *justa causa*, nos termos do art. 223, § 1º, de modo a se afastar eventual preclusão e permitir a prática do ato após o prazo inicialmente fixado (art. 223, § 2º). Da mesma forma, as decisões judiciais proferidas sem a observância dos padrões eletrônicos determinados no art. 194 serão nulas, se causarem prejuízo às partes.[432]

98. Requisitos do sistema operacional

O art. 194 contém, ainda, a exigência de "disponibilidade, independência da plataforma computacional, acessibilidade e interoperabilidade dos sistemas, serviços, dados e informações que o Poder Judiciário administre". São termos e expressões próprios da informática, com os quais os profissionais do Direito geralmente não estão tão acostumados, dificultando a compreensão.

99. Disponibilidade

Os sistemas de processo eletrônico administrado pelos tribunais devem estar sempre *disponíveis*, 24 horas por dia, todos os dias do ano, isto é, em constante operação. Essa permanente disponibilidade já era imposta pelo art. 14 da Lei do Processo Eletrônico e pode ser extraída também do art. 213 do Código de Processo Civil.[433] Se o sistema ficar indisponível, inclusive para manutenção, tal fato deverá ser obrigatoriamente certificado no próprio sítio eletrônico do respectivo tribunal,[434] sendo o prazo prorrogado para o primeiro dia útil subsequente se essa indisponibilidade se der no último dia do prazo, sob determinadas condições (LPE, art. 10, § 2º).

432 Nesse sentido: Augusto Marcacini, *Breves comentários ao novo Código de Processo Civil*, art. 194, n. 1, p. 674.

433 Dispõe o art. 14 da Lei do Processo Eletrônico: "os sistemas a serem desenvolvidos pelos órgãos do Poder Judiciário deverão usar, preferencialmente, programas com código aberto, *acessíveis ininterruptamente* por meio da rede mundial de computadores, priorizando-se a sua padronização". E a Resolução n. 185 do Conselho Nacional de Justiça acrescenta: "o PJe estará disponível 24 (vinte e quatro) horas por dia, ininterruptamente, ressalvados os períodos de manutenção do sistema" (art. 8º).

434 A obrigatoriedade de certificação no sítio eletrônico do Tribunal está disposta no art. 10º, § 3º, da Resolução n. 185 do Conselho Nacional de Justiça.

100. Independência da plataforma operacional

Segundo relatório apresentado pelo Deputado EFRAIM FILHO durante a tramitação do projeto de lei que tratava do atual Código de Processo Civil, esse requisito "refere-se à garantia de que os sistemas não devem ser projetados para funcionamento atrelado a determinado sistema operacional, *software*, estrutura de dados ou equipamento, e nem dependentes de tecnologias específicas, garantindo a inovação e o aprimoramento das ferramentas à medida que avancem as tecnologias disponíveis, e evitando a imposição de padrões, inclusive de mercado, que estagnem a automação".[435] Essa independência impede, portanto, que os tribunais contratem empresas com sistemas operacionais fixos e que, mesmo havendo previsão contratual expressa em sentido contrário, sejam impedidos de alterar o sistema operacional ou incorporar novas tecnologias.[436]

101. Acessibilidade

Ao impor a *acessibilidade*, o art. 194 está garantindo a possibilidade de acesso aos sistemas, serviços, dados e informações administrados pelo Poder Judiciário por todos que assim desejarem, em especial aos advogados. Em termos ainda mais concretos, os arts. 198 e 199 asseguram essa acessibilidade impondo o oferecimento gratuito aos interessados de equipamentos necessários à prática de atos processuais e à consulta do sistema e aos documentos nele constantes, bem como facilidades de acesso aos seus sítios eletrônicos por pessoas portadoras de deficiência, em especial por meio dos sistemas dos tribunais com *softwares* leitores de tela para deficientes visuais. Se não forem assegurados mecanismos efetivos de acessibilidade, e o advogado comprovar tal fato, deverá ser-lhe garantido o direito de praticar o ato processual pelo meio não eletrônico (físico), sob pena de violação aos arts. 194 e 198 ou 199, conforme o caso, e consequente possibilidade de se praticar o ato processual por meios

---

435 Disponível em: https://www2.camara.leg.br/atividade-legislativa/comissoes/comissoes-temporarias/especiais/54a-legislatura/8046-10-codigo-de-processo-civil/arquivos/dep.-efraim-novo-atualizacao. Acesso em: 7 dez. 2019. Para AUGUSTO MARCACINI, notório conhecedor de assuntos relacionados a tecnologia e processo, *independência da plataforma computacional* "significa que os sistemas informáticos judiciais devem seguir padrões gerais de comunicação comumente utilizados na Internet, para acesso remoto das partes, procuradores e demais sujeitos interessados, não importando que tipo de *hardware*, *software* ou sistema operacional esses sujeitos utilizem" (*Breves comentários...*, art. 194, n. 4, p. 676).

436 Portanto, essa independência da plataforma operacional não diz respeito à liberdade de escolha do equipamento de *software* e *hardware* pelo usuário, como afirmam MARCEL LEONARDI e GUILHERME SANCHEZ (*Código de Processo Civil anotado*, art. 194, n. IV.2, p. 315).

não processuais, nos termos do parágrafo único do art. 198 – que se aplica também, por analogia, na hipótese de desrespeito ao *caput* do art. 199.[437]

102. Interoperabilidade dos sistemas

O art. 194 impõe, ainda, que todos os diversos tribunais da Federação adotem sistemas operacionais *compatíveis* entre si, independentemente do modelo do sistema operacional adotado por cada um, de modo a viabilizar a plena comunicação entre eles e permitir o envio e recebimento de dados e arquivos, quando necessário, para processamento das informações e integração das soluções. Para tanto, é indispensável a utilização de padrões abertos de comunicação, tal como exigido no art. 195 do Código de Processo Civil de 2015 e no art. 14 da Lei do Processo Eletrônico.

Essa exigência do art. 194 está em consonância com o art. 24, inc. III, do Marco Civil da Internet (Lei n. 12.965/2014), segundo o qual o Poder Público deve promover a "interoperabilidade tecnológica dos serviços de governo eletrônico, entre os diferentes Poderes e âmbitos da Federação, para permitir o intercâmbio de informações e a celeridade de procedimentos".

Isso se dá porque esses sistemas não são ilhas isoladas, mas células de um organismo maior que precisa interagir, trocando entre si *informações* e *serviços* relativos ao próprio Poder Judiciário. A título ilustrativo, a partir de setembro de 2016 os sistemas judiciais eletrônicos do TJSP e do STF passaram a operar de forma integrada, com a adoção do Modelo Nacional de Interoperabilidade (MNI),[438] permitindo que todas as fases de tramitação do processo judicial sejam feitas diretamente do SAJ (sistema adotado no TJSP) para o e-STF. O envio e a devolução dos processos, *v.g.*, passam a ser instantâneos, dispensando o cadastro manual de dados e documentos pela corte paulista no sistema do STF. Aquele tribunal estadual está também trabalhando na integração com o STJ e o TRF da 3ª Região.

Insiste-se, para evitar equívocos, que a interoperabilidade diz respeito ao funcionamento integrado e conjunto dos diversos órgãos judiciais independentes, numa colaboração recíproca. Ela não visa apenas a *indiretamente* facilitar a rotina dos advogados, por meio do melhor funcionamento da máquina judicial. Assim, *v.g.*, a interoperabilidade dos sistemas não impede por si só a

437 Sem prejuízo, o art. 11 da Lei n. 8.420/92 tipifica como ato de improbidade administrativa "deixar de cumprir a exigência de requisitos de acessibilidade previstos na legislação".

438 O MNI estabelece padrões para intercâmbio das informações de processos judiciais entre os diversos órgãos da Administração Pública.

exigência de cadastramento e senha individual aos advogados para acesso à plataforma eletrônica de cada tribunal.

103. Compatibilidade, padronização e uniformização

Para facilitar o acesso dos advogados aos processos eletrônicos existem outros mecanismos. Nos termos do art. 25, inc. I, do Marco Civil da Internet, deve haver a maior *compatibilidade* possível dos sistemas eletrônicos dos tribunais com os diversos sistemas operacionais e aplicativos disponíveis no mercado e comumente utilizados pelos operadores do Direito para acesso ao sistema. Em termos práticos, o Conselho Nacional de Justiça e a Ordem dos Advogados do Brasil firmaram uma louvável parceria para criar o denominado *Escritório Digital*, que permite unificar o acesso completo pelos operadores do Direito a todos os processos eletrônicos que tramitam na Justiça brasileira, independentemente do tribunal em que ele esteja, com utilização de um único *login* e senha ou por meio do certificado digital. O Escritório Digital funciona como um mensageiro, que utiliza o MNI na busca por novas intimações ou comunicações expedidas nos processos,[439] além de permitir o peticionamento eletrônico, inclusive de petição inicial. O acesso ao sistema pode ser feito pelo endereço www.escritoriodigital.jus.br, a partir de qualquer dispositivo conectado à internet, seja ele computador, *smartphone* ou *tablet*.

Isso é de fundamental importância, mas não é suficiente. Além da compatibilidade, é conveniente a *padronização* e até mesmo *unificação* dos sistemas em alguns casos. Sistemas muito diferentes entre si dificultam o exercício da advocacia – especialmente o trabalho daqueles menos adaptados aos avanços tecnológicos –, que é profissão indispensável à administração da justiça. Diversos advogados militam em todas ou quase todas as dezenas de tribunais da Federação. A propósito, o art. 14 da Lei do Processo Eletrônico impõe expressamente a padronização dos sistemas de processo eletrônico a serem desenvolvidos pelos órgãos do Poder Judiciário. O Conselho Nacional de Justiça vem tentando forçar essa uniformização, mas vem encontrando forte resistência, seja pela obsoleta invocação da autonomia administrativa dos tribunais, seja porque o sistema operacional escolhido (PJe) é considerado por advogados e demais operadores como um dos piores de todos os atualmente existentes.

439 O art. 25, inc. III, do Marco Civil da Internet dispõe que "as aplicações de internet de entes do poder público devem buscar" a "compatibilidade tanto com a leitura humana quanto com o tratamento automatizado das informações". Esse *tratamento automatizado* no processo eletrônico é relevantíssimo para o serviço de coleta de publicações no Diário Oficial eletrônico prestado aos advogados, além de viabilizar outros serviços, como o levantamento estatístico de jurisprudência (jurimetria), e se enquadra nas diversas garantias asseguradas no art. 194.

Art. 195. O registro de ato processual eletrônico deverá ser feito em padrões abertos, que atenderão aos requisitos de autenticidade, integridade, temporalidade, não repúdio, conservação e, nos casos que tramitem em segredo de justiça, confidencialidade, observada a infraestrutura de chaves públicas unificada nacionalmente, nos termos da lei.

CPC de 1973 – art. 154, § 1º
Comparação jurídica – art. 132.2 do CPC português

104. Requisitos do registro do ato processual

O art. 195 não é totalmente inovador, pois repete, em sua essência, os requisitos contidos na Lei do Processo Eletrônico. Em apertada síntese, ele traz diversos requisitos que se traduzem, de um lado, em exigências para o administrador dos sistemas de informática processual e, de outro, em garantias para o jurisdicionado de que o processo eletrônico funcionará adequadamente e que será devidamente seguro, sem risco de fraudes que comprometam a prestação jurisdicional. Essas são qualidades genéricas que o sistema de informática deve ter, mas que não emprestam, por si só, absoluta segurança ao sistema, em concreto, já que ele sempre é susceptível de fraudes.

Anote-se que, ao mencionar o "registro do ato processual eletrônico", o art. 195 refere-se essencialmente à autuação eletrônica como um todo e apenas colateralmente aos registros formais de andamento processual e a outras ferramentas de controle.

105. Padrões abertos

Esse requisito já estava contido no art. 14 da Lei do Processo Eletrônico e, segundo a Lei n. 12.965/2014 (Marco Civil da Internet), sua adoção é uma diretriz a ser preferencialmente seguida por todas as esferas do Poder Público. Padrão aberto significa programa com código aberto, isto é, "tem seu código-fonte conhecido de todos, podendo ser conhecido em profundidade e livremente modificado. É também conhecido como *software* livre. O programa com código aberto, além de promover maior segurança, autonomia tecnológica, independência de fornecedores e possibilidade de compartilhamento, também promove maior economia de recursos".[440] Uma de suas vantagens é a transparência, pois permite que seja auditado. Nos termos do art. 4º, inc. IV, da Lei n. 12.965/2014, o padrão aberto visa a "permitir a comunicação, a acessibili-

440 Petrônio Calmon, *Comentários à Lei de Informatização do Processo Judicial*, cap. V, p. 129.

dade e a interoperabilidade entre aplicações e bases de dados", requisitos contidos no art. 194 do Código de Processo Civil de 2015.

106. Autenticidade

O conceito de autenticidade já é amplamente conhecido no meio jurídico e significa a possibilidade de se identificar, com elevado grau de certeza, a autoria de determinada manifestação de vontade representada no documento.[441] Consoante dispõe o art. 411, "considera-se autêntico o documento quando: I – o tabelião reconhecer a firma do signatário; II – a autoria estiver identificada por qualquer outro meio legal de certificação, inclusive eletrônico, nos termos da lei; III – não houver impugnação da parte contra quem foi produzido o documento".

Especificamente para os fins do art. 195, a autenticidade a ser considerada é aquela disposta no inc. II do art. 411, por meio da assinatura eletrônica contida em documento enviado com a certificação eletrônica pertencente a quem afirma ser o seu autor e que confere *presunção de titularidade*, ainda que relativa.[442]

A autenticidade, por assinatura digital, é essencial para a validade e eficácia do ato processual eletrônico, porque é natural a necessidade de se identificar com segurança quem o praticou. A assinatura digitalizada, que é fruto do processo de escaneamento de um documento, não confere qualquer garantia de autenticidade, inclusive por falta de regulamentação.[443] O fato de se utilizar *login* e senha de acesso ao sistema do tribunal (os "meios indiretos") também é insuficiente por si só para dar autenticidade aos atos praticados.[444]

107. Integridade

Significa que o documento eletrônico não pode ser alterado de modo imperceptível no caminho entre o emitente e o receptor ou por uma dessas

441 Segundo o glossário do INSTITUTO NACIONAL DE TECNOLOGIA DA INFORMAÇÃO, primeira autoridade da cadeia de certificação no Brasil, autenticidade é a "qualidade de um documento ser o que diz ser, independente de se tratar de minuta, original ou cópia e que é livre de adulterações ou qualquer outro tipo de corrupção" (Disponível em: https://www.iti.gov.br/glossario. Acesso em: 7 dez. 2019).

442 O titular do certificado eletrônico poderá provar, *v.g.*, não ter sido ele quem utilizou o aparelho, que eventualmente foi furtado. Diante da sua relevância para diversos atos, não só processuais, sua perda ou roubo deve ser imediatamente comunicada às autoridades policiais e certificadoras.

443 Sobre a ineficácia da assinatura digitalizada na vigência do Código de Processo Civil de 1973: STJ, 3ª T., REsp n. 1.442.887-BA, rel. Min. NANCY ANDRIGHI, j. 6.5.2014, v.u. Para mais informações sobre a assinatura digital, v. item 93.

444 A respeito, REGIS QUEIROZ, "Assinatura digital e tabelião virtual", n. 10, p. 397.

partes.[445] É o documento íntegro. Aqui também é indispensável a assinatura eletrônica do titular, para assegurar a integridade do documento. Contudo, a doutrina adverte que a assinatura eletrônica não confere certeza absoluta a respeito do autor do ato praticado, nem quanto à veracidade do documento, conferindo, portanto, presunção relativa.[446]

Apesar disso, surpreendentemente, sabe-se que, ao menos em alguns sistemas, é possível que funcionário do cartório judicial altere não o conteúdo do documento em si, mas a data do protocolo da petição eletrônica, sem deixar vestígios. Se a parte contrária ainda não tiver salvo uma cópia do referido documento e se a alteração de data não tiver sido certificada pelo cartorário – como é seu dever funcional, caso a referida alteração tenha alguma justificativa plausível –, é provável que ninguém jamais descubra esse fato reprovável.[447]

108. Temporalidade

É a "garantia de que se registrem data e hora de determinado evento, de modo a permitir a constatação, em eventual necessidade de comparação, da ordem cronológica em que ocorreram".[448] Para fins processuais, não tem a ver, portanto, com o "prazo de manutenção de determinado documento", como afirma parte da doutrina.449 Esse prazo está ligado ao conceito de conservação, assegurado no mesmo art. 195.

---

445 Nesse sentido: Regis Queiroz, "Assinatura digital e tabelião virtual", n. 5, pp. 384-385.

446 "Nenhum meio é capaz de garantir a preservação e integridade dos dados. O melhor que se pode fazer e seguir as medidas de segurança compatíveis com o atual estado da técnica" (Augusto Marcacini, *Processo e tecnologia*, cap. I, n. 2). No mesmo sentido: Nery Jr. & Nery, *Código de Processo Civil comentado*, art. 195, n. 4, p. 775.

447 Essa alteração de data sem certificação nos autos já ocorreu mais de uma vez em minha experiência profissional.

448 Afirmação constante em relatório apresentado pelo Deputado Efraim Filho durante a tramitação do projeto de lei que tratava do atual Código de Processo Civil. Disponível em: https://www2.camara.leg.br/atividade-legislativa/comissoes/comissoes-temporarias/especiais/54a-legislatura/8046-10-codigo-de-processo-civil/arquivos/dep.-efraim-novo-atualizacao. Acesso em: 7 dez. 2019.

449 Nesse sentido: Nery Jr. & Nery, *Código de Processo Civil comentado*, art. 195, n. 4, p. 775; Augusto Marcacini, *Breves comentários ao novo Código de Processo Civil*, art. 195, n. 5, p. 678; e Leonardo da Cunha, *Comentários ao Código de Processo Civil*, art. 195, n. 1, p. 80. No sentido em que empregado por essa doutrina, a temporariedade parece referir-se apenas a documentos de caráter administrativo, tal como previsto no Decreto n. 8.539/2015.

109. Não repúdio

Significa a "garantia de que o responsável por um ato não possa negar a sua prática".[450] Ou seja, é a possibilidade de plena identificação, pela assinatura eletrônica, do sujeito que praticou determinado ato processual, impedindo, com isso, que o seu autor repudie a autoria e o seu conteúdo. A propósito, o art. 10, § 1º, da Medida Provisória n. 2.200-2/2001, ainda em vigor, dispõe que "as declarações constantes dos documentos em forma eletrônica produzidos com a utilização de processo de certificação disponibilizado pela ICP-Brasil presumem-se verdadeiros em relação aos signatários". Mas essa é uma presunção relativa, que admite prova em contrário, pois pode haver utilização não autorizada do certificado digital por terceiro para enviar o documento eletrônico ou mesmo a invasão do sistema de informática do advogado.[451]

110. Conservação

Se os autos físicos (de papel) estão sujeitos a diversos riscos, como incêndio, inundação, furto e fungos, em relação aos autos eletrônicos também há riscos, apesar de menores, se adotadas medidas de proteção adequadas. Como se sabe, proteger os dados armazenados nos sistemas de informática é tema de extrema relevância, seja no setor público ou no privado.

O princípio da conservação mencionado no art. 195 é a "garantia de que seja adotado um conjunto de medidas e estratégias de ordem administrativa, política e operacional para a preservação da integridade das informações disponíveis, inclusive com políticas claras de cópias de segurança e recuperação em relação a incidentes de danos à estrutura de funcionamento dos sistemas ou às bases de dados, pelo tempo que esta preservação for necessária".[452] Vale

---

450 Afirmação contida no relatório do Deputado EFRAIM FILHO. Disponível em: https://www2.camara.leg.br/atividade-legislativa/comissoes/comissoes-temporarias/especiais/54a-legislatura/8046-10-codigo-de-processo-civil/arquivos/dep.-efraim-novo-atualizacao. Acesso em: 7 dez. 2019. Segundo o glossário do INSTITUTO NACIONAL DE TECNOLOGIA DA INFORMAÇÃO, *não repúdio* é a "garantia que o emissor de uma mensagem ou a pessoa que executou determinada transação de forma eletrônica, não poderá posteriormente negar sua autoria, visto que somente aquela chave privada poderia ter gerado aquela assinatura digital" (Disponível em: https://www.iti.gov.br/glossario. Acesso em: 7 dez. 2019).

451 Para também chegar a essa conclusão, MARCEL LEONARDI e GUILHERME SANCHEZ fazem analogia com a possibilidade de prova em contrário da autenticidade da assinatura com firma reconhecida em Cartório de Notas (*Código de Processo Civil anotado*, art. 195, n. 2, pp. 316-317).

452 Novamente o mencionado relatório apresentado pelo Deputado EFRAIM FILHO. Disponível em: https://www2.camara.leg.br/atividade-legislativa/comissoes/comissoes-temporarias/especiais/54a-legislatura/8046-10-codigo-de-processo-civil/arquivos/dep.-efraim-novo-atualizacao. Acesso em: 7 dez. 2019.

dizer, é a garantia ao jurisdicionado de que serão adotadas medidas para que os autos digitais não desaparecem, ainda que algum acidente ou algum ataque provocado por *hackers* cibernéticos eventualmente venha a ocorrer. Para tanto, cabe aos tribunais, ao desenvolverem seus sistemas operacionais, criar políticas transparentes e eficientes de *backups*, isto é, cópias protegidas de todos os processos eletrônicos ativos.

Após o encerramento definitivo do processo, a garantia da conservação não veda de forma absoluta o descarte dos autos eletrônicos, mas tal providência deve ser evitada, até porque o custo de seu armazenamento é bem menor que o do processo físico, podendo ser considerado ínfimo.

111. Confidencialidade

Como facilmente se percebe, é a impossibilidade de acesso de terceiros aos autos do processo que tramite em segredo de justiça (art. 189), sendo assegurada a consulta apenas às partes e seus advogados. Isso visa a garantir, em regra, o direito à intimidade das partes ou a preservação de informações sigilosas. Esse princípio sequer precisaria estar expressamente previsto aqui no art. 195.

112. Infraestrutura de chaves públicas unificada nacionalmente

É o "conjunto dos órgãos governamentais, entidades privadas, padrões técnicos, normas jurídicas, tecnologias, relações hierárquicas e equipamentos que gerenciam certificados digitais criptografados e oficialmente utilizados no país com o objetivo de assegurar validade jurídica a transações eletrônicas".[453]

O art. 195 remete à observação da infraestrutura de chaves públicas unificada nacionalmente, "nos termos da lei", mas não há lei alguma sobre a

453 Mais uma vez relatório apresentado pelo Deputado Efraim Filho. Disponível em: https://www2.camara.leg.br/atividade-legislativa/comissoes/comissoes-temporarias/especiais/54a-legislatura/8046-10-codigo-de-processo-civil/arquivos/dep.-efraim-novo-atualizacao. Acesso em: 7 dez. 2019. E, segundo o glossário do Instituto Nacional de Tecnologia da Informação, infraestrutura de chaves públicas brasileira – IPC-Brasil é o "conjunto de técnicas, arquitetura, organização, práticas e procedimentos, implementados pelas organizações governamentais e privadas brasileiras que suportam, em conjunto, a implementação e a operação de um sistema de certificação. Tem como objetivo estabelecer os fundamentos técnicos e metodológicos de uma sistema de certificação digital baseado em criptografia de chave pública, para garantir a autenticidade, a integridade e a validade jurídica de documentos em forma eletrônica, das aplicações de suporte e das aplicações habilitadas que utilizem certificados digitais, bem como a realização de transações eletrônicas seguras" (Disponível em: https://www.iti.gov.br/glossario. Acesso em: 7 dez. 2019).

matéria. A Medida Provisória n. 2.200/2001, ainda provisoriamente em vigor,[454] não afirma que o ICP-Brasil, estrutura burocrática instituída que ela cria,[455] seja nacional nem unificado. O Código de Processo Civil de 2015 também não fez referência expressa ao ICP-Brasil. Portanto, conclui-se que há necessidade de se editar uma lei para tratar dessa questão.[456]

113. Regra de transição

Por fim, o art. 1.053 reconhece que a adaptação à nova realidade tecnológica e às novas regras trazidas pelo Código de Processo Civil de 2015 não se dá instantaneamente, com a entrada em vigor da nova lei. Por isso, atento também à instrumentalidade das formas, dispõe: "os atos processuais praticados por meio eletrônico até a transição definitiva para certificação digital ficam convalidados, ainda que não tenham observado os requisitos mínimos estabelecidos por este Código, desde que tenham atingido sua finalidade e não tenha havido prejuízo à defesa de qualquer das partes".

> **Art. 196.** Compete ao Conselho Nacional de Justiça e, supletivamente, aos tribunais, regulamentar a prática e a comunicação oficial de atos processuais por meio eletrônico e velar pela compatibilidade dos sistemas, disciplinando a incorporação progressiva de novos avanços tecnológicos e editando, para esse fim, os atos que forem necessários, respeitadas as normas fundamentais deste Código.
>
> *CPC de 1973 – art. 154, parágrafo único*

114. Delegação de competência: limites

A União tem competência exclusiva para legislar sobre direito processual (Const., art. 22, inc. I). O legislador do Código de Processo Civil exerceu essa competência, traçando as *regras fundamentais* a serem seguidas pelos juízes e demais operadores do direito em relação à prática e à comunicação dos atos processuais por meio eletrônico, delegando, porém, sua regulamentação ao

---

454 Essa medida provisória ainda pende de apreciação pelo Congresso Nacional e continua em vigor por ser anterior à Emenda Constitucional n. 32/2001, conforme determina o art. 2º desta.

455 Nos termos do art. 1º, o ICP-Brasil foi criado "para garantir a autenticidade, a integridade e a validade jurídica de documentos em forma eletrônica, das aplicações de suporte e das aplicações habilitadas que utilizem certificados digitais, bem como a realização de transações eletrônicas seguras". Abaixo dele há uma cadeia de órgãos públicos e privados responsáveis pela concessão de certificados digitais aos usuários finais.

456 Nesse sentido: AUGUSTO MARCACINI, *Breves comentários ao novo Código de Processo Civil*, art. 195, n. 8, p. 679.

Conselho Nacional de Justiça e, subsidiariamente, na ausência de norma federal, aos respectivos tribunais. O art. 196 do Código de Processo Civil de 2015 trilhou, portanto, o mesmo caminho do art. 18 da Lei do Processo Eletrônico, segundo o qual "os órgãos do Poder Judiciário regulamentarão esta Lei, no que couber, no âmbito de suas respectivas competências".[457]

Fez bem o legislador em não inserir detalhadamente todas as regras inerentes ao processo eletrônico, limitando-se apenas às suas normas fundamentais. Primeiro, porque faltaria conhecimento técnico tanto aos integrantes da Comissão de jurista responsável pela elaboração do Anteprojeto do Código de Processo Civil quanto aos congressistas que aprovaram a lei. Segundo, porque, com os avanços tecnológicos, rapidamente essas regras se tornariam obsoletas, sendo muito mais fácil e ágil a alteração diretamente por aqueles órgãos do Judiciário do que pelo Congresso Nacional.

Segundo consta no art. 196, o Conselho Nacional de Justiça e os regimentos internos podem "regulamentar a prática e a comunicação oficial de atos processuais por meio eletrônico e velar pela compatibilidade dos sistemas, disciplinando a incorporação progressiva de novos avanços tecnológicos e editando, para esse fim, os atos que forem necessários".[458] Essa competência legislativa delegada ao Conselho Nacional de Justiça e aos regimentos internos dos tribunais para a prática de atos processuais eletrônicos e sua comunicação

---

457 A constitucionalidade deste e outros dispositivos da Lei n. 11.419/2006 está sendo questionada pela OAB por meio da ADIn n. 3.880, de relatoria do Min. EDSON FACHIN, ajuizada em 2007 e ainda sem previsão de julgamento. O fundamento para a inconstitucionalidade do art. 18 é a alegada violação ao art. 84, inc. IV, da Carta Magna, pois caberia exclusivamente ao Presidente da República regulamentar a lei, de modo que "a delegação legislativa a órgãos do Poder Judiciário, prevista no artigo 18, a par de ser desarrazoada, na medida em que cada tribunal a regulamentará como bem entender, criando uma confusão regulamentar, ofende prerrogativa do Chefe do Poder Executivo". Na mesma época foram propostas outras duas ADIns por aquela mesma autarquia questionando a prática de atos processuais eletrônicos (ADIns n. 3.869 e n. 3.875).

458 É questionável a *constitucionalidade* da delegação de competência feita pelo Código de Processo Civil. O art. 103-B, § 4º, da Constituição Federal dispõe que o Conselho Nacional de Justiça (órgão federal de controle administrativo e financeiro do Poder Judiciário e do cumprimento funcionais dos juízes) pode receber "outras funções que lhe forem conferidas *pelo Estatuto da Magistratura*" – e não por leis ordinárias, de outra natureza. E os Tribunais estaduais só podem receber delegação de competência por meio de *lei complementar* (CF, art. 22, parágrafo único). Para JOSÉ CARLOS ALMEIDA FILHO, todavia, no Brasil inexistiria processo eletrônico, mas *procedimento eletrônico*, e por isso a competência dos Estados seria concorrente (*Processo eletrônico e teoria geral do processo eletrônico*, n. VIII.1, p. 174), dispensando a necessidade de lei complementar para delegar tal competência. Para não polemizar, estes comentários partem da presunção de constitucionalidade do art. 196.

oficial deve ser interpretada de forma *estrita*, sem ampliações indevidas, sob pena de inconstitucionalidade.

Assim, esses órgãos do Poder Judiciário só podem dizer *como* devem ser realizados o ato processual e a respectiva comunicação do ponto de vista operacional e administrativo.[459] Nessa linha, cabe-lhes criar normas internas visando à *regulamentação tecnológica* do sistema de informática;[460] escolher o sistema operacional de informática a ser adotado e suas funcionalidades;[461] impor regras de cadastramento dos usuários;[462] definir as categorias de petição a serem

459 Em razão da competência privativa da União para legislar sobre direito processual (CF, art. 22, inc. I), LUCIANO RINALDI conclui que "caberá ao CNJ, e aos tribunais, tão somente a regulamentação de *questões administrativas* relativas ao processo eletrônico, sem definição de regras de direito processual" (*Comentários ao novo Código de Processo Civil*, art. 196, p. 332). Essa afirmação, todavia, está muito ampla, sem ressalva, e deve ser interpretada com cuidado.

460 Como bem esclarece JOSÉ CARLOS ALMEIDA FILHO, a ideia do art. 18 da Lei do Processo Eletrônico, que igualmente delega competência regulamentar aos órgãos do Poder Judiciário, "não é a de se possibilitar ao Judiciário normatizar o processo eletrônico. Ao contrário, é de permitir que as normas internas se adéquem ao sistema processual eletrônico. Isto porque os tribunais não podem editar normas. Quando muito, editarão portarias e resoluções, que são atos administrativos e somente atingem seus subordinados, não podendo ter o alcance de afetar os jurisdicionados. Não poderão os Tribunais criar novos requisitos e pressupostos" (*Processo eletrônico...*, n. 17.5, p. 319). Em seguida ele acrescenta: "a regulamentação permitida no texto legal deve ser interpretada quanto aos procedimentos informáticos adotados. O *modus operandi*, este sim, pode ser regulamentado pelos Tribunais" (*op. cit.*, n. 17.5, p. 320). AUGUSTO MARCACINI também limita essa poder delegado à possibilidade de "criar normas internas dispondo sobre o uso dos recursos informáticos dentro de sua estrutura; outra questão distinta, porém, é a aplicação da informática aos processos, aos atos processuais, de modo a atingir outros sujeitos que não pertençam sãos seus próprios quadros: partes, advogados, Ministério Público e eventuais terceiros que participem da relação processual" (*Breves comentários ao novo Código de Processo Civil*, art. 196, n. 1, p. 680).

461 Há mais de dez sistemas operacionais utilizados nos tribunais, mas os mais relevantes são o e-SAJ, o PJe e o Projudi. O Conselho Nacional de Justiça, com apoio de parcela da advocacia, vem defendendo a *unificação* desses sistemas, tendo em vista os benefícios da interoperacionalidade (com troca de informações) e da simplificação do trabalho dos advogados e demais profissionais com atuação em diversos tribunais. Essa unificação proposta pelo Conselho Nacional de Justiça se daria em torno do PJe. Mas a resistência ao projeto é grande, tanto em razão da má qualidade desse sistema específico quanto da suposta violação à autonomia administrativa dos órgãos judiciais (CF, art. 99).

462 "A determinação aos magistrados de inscrição em cadastros ou sítios eletrônicos, com finalidade estatística, fiscalizatória ou, então, de viabilizar a materialização de ato processual insere-se perfeitamente nessa competência regulamentar" do CNJ (STF, Pleno, MS n. 27.621-DF, rel. p/ acórdão Min. RICARDO LEWANDOWSKI, j. 7.12.2011, m.v.).

anexadas pelos usuários (petição inicial, petição intermediária, recurso especial ou extraordinário etc.); e definir os mecanismos de consulta aos autos e de andamento processual. Os tribunais também podem definir o momento a partir do qual os novos processos – ou alguma de sua fase, como a recursal e a liquidação ou cumprimento de sentença – passarão a ser obrigatoriamente ajuizados na modalidade eletrônica; criar seu *Diário da Justiça eletrônico* (LPE, art. 4º); e adotar outras providências administrativas necessárias a essa atividade jurisdicional.

Se em alguma situação houver incompatibilidade entre normas do Conselho Nacional de Justiça e de algum tribunal, prevalece aquela. Vale dizer, se o Conselho Nacional de Justiça editar alguma norma válida sobre a plataforma eletrônica ou mesmo sobre processo eletrônico, no exercício regular de sua competência, os regimentos internos dos tribunais não podem ir contra essa norma hierarquicamente superior.

Contudo, a competência delegada do Conselho Nacional de Justiça e dos tribunais é *limitada* às situações taxativamente autorizadas pelo art. 196 e ao quanto disposto na Constituição Federal sobre as atividades desses órgãos públicos.

Nos termos do art. 103-B, § 4º, inc. I, da Constituição Federal, o Conselho Nacional de Justiça só pode expedir atos regulamentares nos limites de sua competência – isto é, de controle da atuação administrativa e financeira. Não pode, assim, interferir em questões puramente jurisdicionais ou sobre o funcionamento interno do processo. Da mesma forma, o art. 96, inc. I, letra *a*, da Constituição Federal autoriza que os regimentos internos dos tribunais disponham apenas "sobre a *competência* e o *funcionamento* dos respectivos órgãos jurisdicionais e administrativos" – isto é, sobre questões internas, tais como: competência dos seus diversos órgãos; prevenção entre câmaras ou desembargadores; periodicidade das sessões de julgamento; remoção de magistrados; e edição de atos de natureza administrativa.

Portanto, a delegação contida no art. 196 deve ser interpretada *conforme a Constituição*, sem extrapolar os limites da competência constitucional do Conselho Nacional de Justiça, sob pena de também restar violado o princípio da separação dos poderes.[463]

---

463 Nos termos do art. 92, inc. I-A, da Constituição Federal, o Conselho Nacional de Justiça é órgão do Poder Judiciário. E, pelo princípio da separação dos Poderes, a delegação de competência somente pode ser feita ao Poder Legislativo, não ao Poder Judiciário. Nesse sentido: Fernando Fonseca e Leonardo Birchal, "Algumas considerações sobre os atos processuais em meio eletrônico: da Lei 9.800/1999 à Lei 11.419/2006", n. 4.2, p. 9.

Assim, eles jamais poderão legislar sobre regras de direito processual, para *criar, extinguir ou reduzir as situações jurídicas processuais* das partes (em especial ônus, poderes e deveres processuais).[464] E, principalmente, não podem impor às partes *consequências processuais negativas* pela inobservância da regra criada.[465]

Assim, *v.g.*, o Conselho Nacional de Justiça e os tribunais *não podem* (a) impor a qualquer das partes o ônus de *digitalizar* os autos que tramitavam de forma física e que, por algum motivo, devem passar a ser eletrônicos, sendo tal encargo exclusivamente da secretaria do juízo ou tribunal;[466] (b) criar nova

464 "2. Com o advento da CF de 1988, delimitou-se, de forma mais criteriosa, o campo de regulamentação das leis e o dos regimentos internos dos tribunais, cabendo a estes últimos o respeito à reserva de lei federal para a edição de regras de natureza processual (CF, art. 22, inc. I), bem como às garantias processuais das partes, 'dispondo sobre a competência e o funcionamento dos respectivos órgãos jurisdicionais e administrativos' (CF, art. 96, inc. I, letra *a*). 3. São normas de direito processual as relativas às garantias do contraditório, do devido processo legal, *dos poderes, direitos e ônus que constituem a relação processual*, como também as normas que regulem os atos destinados a realizar a *causa finalis* da jurisdição. Ante a regra fundamental insculpida no art. 5º, LX, da Carta Magna, a publicidade se tornou pressuposto de validade não apenas do ato de julgamento do Tribunal, mas da própria decisão que é tomada por esse órgão jurisdicional. Presente, portanto, vício formal consubstanciado na invasão da competência privativa da União para legislar sobre direito processual" (STF, Pleno, ADIn n. 2.970, rel. min. ELLEN GRACIE, j. 20.4.2006, v.u.). Na doutrina: AUGUSTO MARCACINI, *Breves comentários ao novo Código de Processo Civil*, art. 196, n. 1, p. 680; e LEONARDO DA CUNHA, *Comentários ao Código de Processo Civil*, art. 196, n. 1, p. 82. MARCEL LEONARDI e GUILHERME SANCHEZ reconhecem que "nem o CNJ nem os tribunais podem, obviamente, legislar em matéria procedimental. Isso não significa, todavia, que não se deva conceder a eles algum grau de autonomia para desenvolver as plataformas eletrônicas necessárias à concretização do intento do legislador" (*Código de Processo Civil anotado*, art. 196, n. 1, p. 317).

465 O Conselho Nacional de Justiça e os tribunais não podem, *v.g.*, impor gravames processuais pelo não cadastramento dos representantes de pessoas jurídicas, públicas ou privadas, junto à administração do tribunal ou do juízo, como *citação ficta* após tantos dias do lançamento da informação no portal do tribunal, suprimindo, com isso, a omissão do Código de Processo Civil e da Lei do Processo Eletrônico a respeito. Podem somente dizer *como* será feito o cadastramento indicado nos arts. 246, §§ 1º e 2º, 1.050 e 1.051 do Código de Processo Civil, bem como o prazo para tal providência. As consequências devem estar necessariamente previstas em lei federal – *v.g.*, presunção de *intimação* (nunca de citação) após dez dias do envio da informação no portal (LPE, art. 5º, § 3º).

466 Os próprios tribunais superiores, ao implantarem a tramitação de processos exclusivamente em meio eletrônico, atribuem corretamente tal tarefa às suas secretarias ou aos tribunais de origem, nunca às partes (*v.g.*, ver Resolução STF n. 427/2010, art. 23; e Resolução STJ n. 14/2013, arts. 9º e 17). Isso não impede, porém, que seja *facultado* às partes digitalizarem os autos, sem imposição de qualquer sanção pelo seu descumprimento.

hipótese de segredo de justiça, não disposta em lei; (c) determinar o indeferimento da petição inicial nos casos de incompetência, para extinguir o feito sem resolução do mérito;[467] (d) regulamentar a citação eletrônica e suas consequências, que o art. 246, inc. V, reserva à lei; (e) limitar o número de páginas da petição ou o tamanho do arquivo eletrônico a ser protocolado[468] etc.

115. Compatibilidade dos sistemas

A autonomia dos tribunais para definir e escolher o sistema operacional do seu processo judicial eletrônico não é e não pode ser ilimitada. O contrário implicaria prejuízo a todos, desde o próprio Poder Judiciário até o jurisdicionado, passando principalmente por quem operacionaliza os diversos sistemas (em especial os advogados, mas também juízes, promotores e auxiliares da justiça em geral).

Afinal, conforme consta no art. 194, deve ser garantida a "*interoperabilidade* dos sistemas, serviços, dados e informações que o Poder Judiciário administre no exercício de suas funções". Em reforço, o art. 14 da Lei do Processo Eletrônico dispõe que os sistemas de processo eletrônico a serem desenvolvidos pelos órgãos do Poder Judiciário deverão priorizar a sua *padronização*. Isto é, os sistemas operacionais dos diversos tribunais devem ter a maior compatibilidade possível entre si, para viabilizar a troca de informações e serviços inerentes à própria prestação jurisdicional.

Daí a pertinência da crítica de parte da doutrina, segundo a qual a autoproclamada autonomia dos tribunais para escolherem seus próprios sistemas vem gerando uma grande diversidade de mecanismos operacionais. A falta de harmonia e padronização é, ademais, um tormento para o exercício da profissão pelos advogados que militam em diversos Estados da Federação e fonte inesgotável de problemas na prática forense.[469]

> **Art. 197.** Os tribunais divulgarão as informações constantes de seu sistema de automação em página própria na rede mundial de computadores, gozando a divulgação de presunção de veracidade e confiabilidade.

---

467 Todavia, é isso o que dispõe o art. 16 da Resolução n. 17/2010, do TRF da 4ª Região, que regulamenta o processo judicial eletrônico no âmbito daquela Justiça Federal.

468 TST, 5ª T., RR n. 105300-73.2009.5.05.0194, rel. Min. Breno Medeiros, j. 21.3.2018, v.u. O fundamento, no entanto, foi o cerceamento do direito de defesa (CF, art. 5º, inc. LV).

469 Nesse sentido: Daniel Assumpção Neves, *Novo Código de Processo Civil comentado*, n. 17.3, p. 178.

Parágrafo único. Nos casos de problema técnico do sistema e de erro ou omissão do auxiliar da justiça responsável pelo registro dos andamentos, poderá ser configurada a justa causa prevista no art. 223, *caput* e § 1º.

CPC de 1973 – sem dispositivo correspondente

116. Presunção de veracidade das informações oficiais

Os tribunais têm o dever de *divulgar* em seus respectivos sítios eletrônicos tanto (a) os *andamentos processuais*, com as respectivas datas de ocorrência, para consulta pelas partes, advogados e, salvo se decretado segredo de justiça, interessados em geral, independentemente de se tratar de autos físicos ou eletrônicos, quanto (b) todas as ocorrências relacionadas a *indisponibilidades* ocorridas no sistema e que tenham inviabilizado o acesso aos autos eletrônicos ou a prática de atos por meio digital. Essa imperatividade, contida no art. 197, decorre do dever geral de *transparência* dos órgãos públicos, que devem prestar informações de interesse particular, coletivo ou geral, nos termos do art. 5º, inc. XXXIII, da Constituição Federal.

Como qualquer declaração emanada por funcionários públicos, as prestadas por serventuários da justiça gozam de fé pública (Const., art. 19, inc. II) e, portanto, de presunção *juris tantum* e *erga omnes* de legitimidade e de veracidade, "prevalecendo, sempre, aquilo que nelas se achar atestado, até que se produza prova idônea e inequívoca em sentido contrário".[470]

O art. 197, *caput*, trata dessa "presunção de veracidade e confiabilidade" das informações oficiais lançadas especificamente no sítio eletrônico dos tribunais, relativas à ficha de andamento processual e à indisponibilidade da plataforma eletrônica – presunção presente em qualquer outra certificação física ou eletrônica.[471] Trata-se, porém, de presunção relativa.

Portanto, as partes podem comprovar qualquer ato ou fato processual de seu interesse (*v.g.*, data de juntada do mandado de citação, data da intimação da decisão, ou mesmo sua inocorrência, encerramento antecipado do expediente ou indisponibilidade do sistema eletrônico) por meio das informações oficiais disponibilizadas na página de *andamento do processo* na rede mundial de computadores (internet).

Justamente em razão da necessária fé pública e imparcialidade, o lançamento do andamento processual e a certificação de eventual indisponibi-

470 STF, 2ª T., AI n. 375.124 AgR-MG, rel. Min. CELSO DE MELLO, j. 26.3.2002, v.u.

471 Essa presunção dá sustentação à validade das *intimações eletrônicas* feitas aos advogados das partes por meio de registro de consulta ao processo no portal do respectivo tribunal, nos termos do que dispõe o art. 5º, inc. I, da Lei do Processo Eletrônico.

> lidade do sistema são *funções exclusivas* dos servidores do Poder Judiciário. Essas funções estatais jamais poderão ser delegadas a outros órgãos, como à Ordem dos Advogados do Brasil ou ao Ministério Público.[472]

O art. 197 tem aplicabilidade aos processos em trâmite por meio tanto de auto físico quanto eletrônico, apesar de topologicamente localizado na Seção dedicada à "Prática Eletrônica de Atos Processuais". Inexiste motivo razoável para se dar tratamento diferente, pois, independentemente da plataforma do trâmite processual, as informações sobre o andamento do processo constam no sistema eletrônico – em substituição às obsoletas fichas físicas tradicionalmente utilizadas pelos cartórios.

O valor probatório a ser conferido pelos juízes aos documentos extraídos do sítio eletrônico deve estar alinhado com a atual conjuntura legislativa e jurisprudencial, "no sentido de, cada vez mais, se *prestigiar a divulgação de informações e a utilização de recursos tecnológicos em favor da melhor prestação jurisdicional*, com evidente economia de recursos públicos e em harmonia com o que dispõe o art. 5º, inciso LXXVIII, da Carta Republicana",[473] que prestigia a razoável duração do processo e os meios que garantam a celeridade de sua tramitação.

De fato, a presunção imposta pelo art. 197 *simplifica* e *agiliza* o processo e o trabalho dos advogados, ao dispensar a árdua tarefa de obter certidão específica junto ao respectivo cartório. Consequentemente, implica também redução do trabalho dos serventuários, agilizando seu trabalho como um todo.

Ademais, há de se ter sempre em mente que o principal objetivo do art. 197 é dar *segurança jurídica* ao sistema, ao conferir *previsibilidade* às informações contidas na página oficial do tribunal, de modo a permitir que as partes e terceiros de boa-fé possam confiar no teor de tais dados, protegendo-as contra injustos danos processuais para os quais não tenha dado causa. Essa proteção deriva da vedação ao *venire contra factum proprium*, ínsito ao princípio da boa-fé (art. 5º), e do dever de colaboração dos órgãos judiciários com as partes (art. 6º).[474]

Por isso, o Judiciário deve sempre procurar prestigiar ao máximo a presunção de validade das informações lançadas pelos seus próprios serventuários

---

472 Em sentido contrário, Luciano Rinaldi admite a delegação da certificação "oficial" de problemas operacionais (*Comentários ao novo Código de Processo Civil*, nota ao art. 197, p. 333).

473 STJ, 3ª T., REsp n. 1.186.276-RS, rel. Min. Massami Uyeda, j. 16.12.2010, v.u. No mesmo sentido, para a 2ª Seção do STJ a certidão do cartório atestando a data do trânsito em julgado do acórdão "confere à parte prejudicada por eventual equívoco a justa expectativa do manejo tempestivo da ação rescisória dentro do prazo certificado" (STJ, 2ª Seção, EDcl na AR n. 4.374-MA, rel. p/ acórdão Raul Araújo, j. 8.5.2013, m.v.).

474 São inúmeros os julgados do STJ reconhecendo e aplicando aos atos judiciais o dever de colaboração com as partes.

no sítio eletrônico do tribunal, bem como conferir validade e eficácia aos atos praticados pelas partes em conformidade com aquele ato oficial.[475]

Nessa toada, as informações colhidas do sítio eletrônico dos tribunais podem comprovar, entre outras hipóteses: (a) o período de indisponibilidade técnica do sistema eletrônico ou a hora do fechamento antecipado do prédio do fórum, para fins do art. 224, § 1º; (b) a ausência de expediente forense em determinado dia da semana, por determinação do tribunal ou mesmo em decorrência de feriado local;[476] e (c) a suspensão dos prazos processuais.[477] Para tanto, porém, deve ser suficientemente indicada a procedência (localização) do documento, com exata especificação do endereço eletrônico da página em que se encontra (o *link* de acesso) e a data do acesso para extração da cópia, para viabilizar a fiscalização de sua autenticidade e eventual impugnação pelo adversário.[478]

117. Justa causa: aspectos gerais

Para prestigiar a mencionada segurança jurídica, o parágrafo único do art. 197 do Código de Processo Civil de 2015 – sem correspondente no Código anterior – dispõe restar caracterizada a *justa causa* prevista no art. 223, *caput* e parágrafo único (o art. 223 não tem § 1º), se houver (a) indisponibilidade do

---

475 Em outras palavras, é o que adequadamente dispõem o art. 575 do Código de Processo Penal ("não serão prejudicados os recursos que, por erro, falta ou omissão dos funcionários, não tiverem seguimento ou não forem apresentados dentro do prazo") e o art. 157.6 do CPC português ("os erros e omissões dos atos praticados pela secretaria judicial não podem, em qualquer caso, prejudicar as partes").

476 Todavia, alguns julgados recentes vêm mantendo, talvez por distração, o seguinte entendimento formado na vigência do Código de Processo Civil de 1973: "a mera juntada de cópia de informações extraídas da página oficial do Tribunal de origem na internet não se revela suficiente para a prorrogação de prazo processual" (STJ, 4ª T., AgRg no AREsp n. 389.309-MS, rel. Min. MARCO BUZZI, j. 18.2.2017, v.u.). Na vigência do Código de Processo Civil de 2015: STJ, 3ª T., AgInt no AREsp n. 1.478.717-SP, rel. Min. MOURA RIBEIRO, j. 28.10.2019, v.u.; e STJ, 4ª T., AgInt no AREsp n. 1.179.173-RJ, rel. Min. LÁZARO GUIMARÃES, j. 17.4.2018, v.u.

477 "As cópias de atos relativos à suspensão dos prazos processuais, no Tribunal de origem, obtidas a partir de sítios eletrônicos da Justiça, contendo identificação da procedência do documento, ou seja, endereço eletrônico de origem e data de reprodução no rodapé da página eletrônica, e cuja veracidade é facilmente verificável, juntadas no instante da interposição do recurso especial, possuem os requisitos necessários para caracterizar prova idônea, podendo ser admitidas como documentos hábeis para demonstrar a tempestividade do recurso, salvo impugnação fundamentada da parte contrária" (STJ, Corte Especial, AgRg no Ag n. 1.251.998-SP, rel. Min. LUIS FELIPE SALOMÃO, j. 15.9.2010, v.u.).

478 STJ, Corte Especial, AgRg no Ag n. 1.251.998-SP, rel. Min. LUIS FELIPE SALOMÃO, j. 15.9.2010, v.u.

sistema de informática do tribunal disponibilizado ao público, por problemas técnicos, impedindo, assim, a prática de atos processuais e o acesso aos autos eletrônicos; ou (b) erro ou omissão no lançamento dos andamentos processuais por falha do serventuário da justiça.

Essa disposição incorporou corrente jurisprudencial segundo a qual, "no caso de haver algum problema técnico do sistema, ou até mesmo algum erro ou omissão do serventuário da justiça, responsável pelo registro dos andamentos, que porventura prejudique umas das partes, poderá ser configurada a justa causa prevista no *caput* e § 1º do art. 183 do Código de Processo Civil *(de 1973)*, salvo impugnação fundamentada da parte contrária".[479]

Assim, se a parte deixar de praticar dentro do prazo algum ato processual por força da referida indisponibilidade técnica ou por ter sido induzida a erro pela informação processual do serventuário da justiça, o juiz tem o dever de reconhecer a justa causa e, consequentemente, a regularidade do ato praticado após o prazo original.

118. Indisponibilidade do sistema e prorrogação do prazo

Segundo dispõe o art. 223, § 2º, "verificada a justa causa, o juiz permitirá à parte a prática do ato no prazo que lhe assinalar".

Todavia, no caso específico de "indisponibilidade da comunicação eletrônica", prevalece a regra contida no art. 224 do Código de Processo Civil, segundo a qual o começo ou vencimento do prazo será *automaticamente prorrogado* para o primeiro dia útil subsequente,[480] independentemente de prévia decisão judicial. Em reforço, ainda em caso de indisponibilidade por problema técnico do sistema do tribunal, o art. 10, § 2º, da Lei do Processo Eletrônico (Lei n. 11.419/2006) determina a postergação do prazo final (não do inicial) "para o primeiro dia útil seguinte à resolução do problema".

Essa indisponibilidade não precisa ocorrer durante todas as 24 horas do dia, conforme consta no art. 11 da Resolução n. 185/2013 do Conselho Nacional de Justiça, ainda em vigor: "os prazos que vencerem no dia da ocorrên-

---

479 STJ, 3ª T., REsp n. 1.186.276-RS, rel. Min. Massami Uyeda, j. 16.12.2010, v.u. No mesmo sentido, para a 2ª Seção do STJ, a certidão do cartório atestando a data do trânsito em julgado do acórdão "confere à parte prejudicada por eventual equívoco a justa expectativa do manejo tempestivo da ação rescisória dentro do prazo certificado" (STJ, 2ª Seção, EDcl na AR n. 4.374-MA, rel. p/ acórdão Raul Araújo, j. 8.5.2013, m.v.).

480 Em sentido equivalente: Resolução STJ n. 14/2013, art. 7º. Na jurisprudência: STJ, 4ª T., AgRg no AREsp n. 587.731-RJ, rel. Min. Marco Buzzi, j. 4.8.2016, v.u. Todavia, a indisponibilidade do sistema eletrônico do tribunal nos *dias intermediários* do prazo (*i.e.*, do segundo ao penúltimo dia) é irrelevante.

cia de indisponibilidade de qualquer dos serviços referidos no art. 8º serão prorrogados para o dia útil seguinte, quando: I – a indisponibilidade for superior a 60 (sessenta) minutos, ininterruptos ou não, se ocorrida entre 6h00 e 23h00; ou II – ocorrer indisponibilidade entre 23h00 e 24h00. § 1º As indisponibilidades ocorridas entre 0h00 e 6h00 dos dias de expediente forense e as ocorridas em feriados e finais de semana, a qualquer hora, não produzirão o efeito do *caput*".[481]

Os motivos técnicos de informática que determinam a prorrogação do prazo são somente aqueles de responsabilidade do órgão judicial. Ou seja, não configuram justa causa problemas relacionados à conexão do *usuário* à rede mundial de computadores, decorrente de "falhas de transmissão de dados entre as estações de trabalho do público externo e a rede de comunicação pública, assim como a impossibilidade técnica que decorra de falhas nos equipamentos ou programas dos usuários" (Resolução n. 185/2013 do CNJ, art. 9º, § 1º) ou da falta de sinal de internet ou de eletricidade na região em que se encontra o advogado.[482]

Ademais, a indisponibilidade do sistema só implica a prorrogação do prazo se os autos forem eletrônicos, não havendo motivo lógico ou jurídico para essa regra também ser aplicável em se tratando de *autos físicos*. Nesse caso, se o sistema de informática estiver indisponível, o acompanhamento processual deverá ser feito de forma presencial. Essa situação é bem diferente da indução a erro por informação falsa contida na ficha de andamento processual.

119. Alegação e comprovação da indisponibilidade técnica

Esse fato processual deve ser preferencialmente alegado e comprovado em capítulo preliminar no ato processual a ser praticado. Contudo, na omissão da parte, deve ser admitida a posterior alegação e comprovação na *primeira opor-*

481 Nos termos do art. 9º da mesma Resolução n. 185/2013 do Conselho Nacional de Justiça, "considera-se indisponibilidade do sistema PJe a falta de oferta ao público externo, diretamente ou por meio de *webservice*, de qualquer dos seguintes serviços: I – consulta aos autos digitais; II – transmissão eletrônica de atos processuais; ou III – acesso a citações, intimações ou notificações". Note-se que o art. 196 do Código de Processo Civil de 2015 delega expressamente ao Conselho Nacional de Justiça a competência para regulamentar a prática de atos processuais eletrônicos. Contudo, essa delegação de competência da União, por meio de lei ordinária, para legislar sobre direito processual é de questionável constitucionalidade, nos termos do art. 22, inc. I, da Constituição Federal (v. art. 196, item 114).

482 "A alegação de impossibilidade de acesso à internet, ocasionada por problemas em seu provedor, não é apta a comprovar a justa causa prevista no artigo 183 do CPC" (STJ, 3ª T., AgRg no REsp n. 1.059.161-RJ, rel. Min. Paulo de Tarso Sanseverino, j. 20.9.2011, v.u.).

tunidade, inclusive em sede de embargos de declaração, conforme se extrai dos arts. 283, 938, § 1º, e 1.029, § 3º. A jurisprudência sobre tal questão, porém, ainda não está definida, havendo julgados nos dois sentidos.[483]

Para viabilizar a comprovação, pelas partes, da ocorrência do problema técnico referido no art. 197, parágrafo único, do Código de Processo Civil e no art. 10, § 2º, da Lei do Processo Eletrônico, a Resolução n. 185/2013 do CNJ, em seu art. 10, § 2º, obriga os tribunais a divulgar em sua página oficial a ocorrência de todas as paralisações do sistema, indicando o instante exato do início e do fim dessa indisponibilidade, bem como a identificação dos serviços paralisados.

A prova da indisponibilidade pode ser feita especialmente por meio de cópia do "relatório de interrupção, *assinado digitalmente e com efeito de certidão*",[484] o qual "estará acessível preferencialmente em *tempo real* ou, no máximo, até às 12h do dia seguinte ao da indisponibilidade" (art. 10, § 3º, da mesma resolução). A brevidade no lançamento dessa informação no sítio eletrônico é essencial para conferir segurança aos advogados quanto à origem do problema e à efetiva prorrogação do prazo,[485] devendo o tribunal adotar todas as medidas para tentar disponibilizar a informação oficial no mesmo dia da indisponibilidade técnica.

Sem prejuízo, devem ser admitidos outros meios idôneos de prova da indisponibilidade, como a ata notarial.

120. Erro na informação eletrônica e justa causa

É relativamente frequente a parte deixar de praticar o ato processual, ou praticá-lo a destempo, por ter sido acreditado em informações equivocada-

483 Admitindo a comprovação da indisponibilidade em sede de *embargos de declaração* e invocando a distinção dessa situação com a hipótese de comprovação do feriado local no ato de interposição: STJ, 3ª T., EDcl no AgInt no AREsp n. 730.114-RJ, rel. Min. Paulo de Tarso Sanseverino, j. 13.6.2017, v.u. Esse entendimento está inclusive *pacificado* nessa Turma (STJ, 3ª T., AgInt no AREsp n. 1.371.775-SP, rel. Min. Marco Aurélio Bellizze, j. 13.3.2019, v.u.). Todavia, em sentido contrário: STJ, 2ª T., AgInt no AREsp n. 1.179.830-SP, rel. Min. Assusete Magalhães, j. 3.5.2018, v.u. Na vigência do Código de Processo Civil de 1973, a jurisprudência do STJ reiteradamente admitia a posterior comprovação do fechamento antecipado do fórum ou tribunal (STJ, 1ª Turma, AgInt no AREsp n. 1.160.493-SP, rel. Min. Napoleão Maia, j. 25.3.2016, v.u.).

484 Nesse caso, deve haver indicação precisa da procedência do documento, em especial do *link* de acesso à página eletrônica do tribunal na qual essa informação foi lançada e a data em que extraída a cópia.

485 Em sentido semelhante, Luciano Rinaldi, *Comentários ao novo Código de Processo Civil*, nota ao art. 197, p. 333.

mente lançadas ou omitidas na ficha eletrônica de andamento processual disponibilizada pelo cartório. Isto é, ser induzida a erro, especialmente em relação à contagem de prazo.

Nesse sentido, *v.g.*, o mandado de citação cumprido pode ser juntado aos autos, dando início ao prazo de contestação, mas não constar na respectiva ficha eletrônica de andamento; contrariamente, pode constar informação equivocada sobre ato ou fato processual inexistente; e pode ocorrer também de o ato ou fato ser lançado na ficha (p. ex., juntada do mandado de citação ou intimação), mas com data posterior à real. Da mesma forma, às vezes é informada data equivocada do trânsito em julgado.

> *Andamento processual* é uma "ficha" oficial elaborada exclusivamente por serventuários do cartório ou secretaria judicial, com a indicação dos acontecimentos do processo. Ele não se confunde com o conteúdo dos *autos eletrônicos*, isto é, com o "corpo digital" do processo,[486] para o qual são encaminhados – e arquivados – todos os atos processuais praticados eletronicamente pelos sujeitos do processo (petições das partes, provimentos judiciais, certidões dos cartórios, laudos periciais etc.).

A ocorrência daqueles graves equívocos a induzir a parte a erro deu origem a grandes discussões a respeito da ocorrência, ou não, de justa causa a justificar a prorrogação do prazo.

Inicialmente, a jurisprudência considerava tais informações processuais como mero instrumento de auxílio às partes e seus advogados, não servindo de fonte confiável ou vinculativa, pois a consulta sempre deveria se dar diretamente nos autos (e não na ficha de acompanhamento). Ou seja, informações errôneas ou ausentes no sistema do tribunal não serviriam de justa causa, a justificar a realização posterior do ato processual por quem foi induzido a erro.[487]

Com a edição da Lei do Processo Eletrônico (Lei n. 11.419/2006), aos poucos essa jurisprudência começou a ser revista e superada, pois as informações processuais veiculadas na página eletrônica dos tribunais passaram a ser legal-

486 Cândido Dinamarco refere-se aos autos tradicionais como o "corpo físico" dos atos processuais (*Vocabulário do processo civil*, n. 30, p. 78).

487 Por todos: STJ, Corte Especial, AgRg no EREsp n. 514.412-DF, rel. Min. Luiz Fux, j. 29.6.2007, v.u.; e STJ, 3ª T., REsp n. 514.412-DF, rel. p/ acórdão Min. Antônio de Pádua Ribeiro, j. 2.10.2003, m.v. Alguns julgados até reconheciam ser "*confiáveis* as informações processuais veiculadas pela internet", mas afirmavam que "elas não podem ser aceitas para fins de contagem do prazo recursal por absoluta *falta de previsão legal*" (STJ, 2ª T., REsp n. 713.012-DF, rel. Min. Eliana Calmon, j. 21.06.2005, v.u.).

mente consideradas oficiais, inclusive em relação aos processos físicos.[488] Dessa forma, nos termos do § 1º do art. 183 do Código de Processo Civil de 1973, passou-se gradativamente a reconhecer que o equívoco e a inexistência de lançamento no relatório de movimentação processual configuravam justa causa, independentemente de o processo ser físico ou eletrônico. Segundo esse novo entendimento do STJ, "a divulgação de andamento processual pelos Tribunais por meio da internet passou a representar a principal fonte de informação dos advogados em relação aos trâmites do feito. A jurisprudência deve acompanhar a realidade em que se insere, sendo impensável punir a parte que confiou nos dados assim fornecidos pelo próprio Judiciário", frustrando, assim, "a boa-fé que deve orientar a relação entre os litigantes e o Judiciário".[489] Mas, infelizmente, essa jurisprudência ainda não era pacífica.[490]

O art. 197, parágrafo único, do Código de Processo Civil de 2015 veio então tentar pôr uma pá de cal nessa discussão, ao dispor expressamente que o "erro ou omissão do auxiliar da justiça responsável pelo registro dos andamentos" processuais do sistema de automação do tribunal poderá configurar a justa causa prevista no art. 223, *caput* e parágrafo único.[491] Não há dúvida, portanto, de que, por força da presunção de veracidade, eventual *informação equivocada* lançada ou certificada por funcionários do cartório judicial no andamento processual – ou nos autos – prevalece sobre a realidade fático-processual diversa, se isso levou a parte a agir em erro.

Surpreendentemente, contudo, ainda há alguns julgados do STJ – quiçá proferidos por assessores de ministros, sem o conhecimento destes – insistindo no suposto caráter não vinculante das informações lançadas por servidores públicos no andamento processual, de modo a inexplicavelmente afastar tanto a *justa causa*, em caso de equívoco de informação,[492] quanto a própria *presunção*

---

488 STJ, Corte Especial, REsp n. 1.324.432-SC, rel. Min. Herman Benjamin, j. 17.12.2012, v.u. No mesmo sentido: STJ, 3ª T., REsp n. 960.280-RS, rel. Min. Paulo de Tarso Sanseverino, j. 7.6.2011, v.u.

489 STJ, novamente o citado REsp n. 1.324.432-SC, da Corte Especial; STJ, 2ª T., AgInt nos EDcl no REsp n. 1.706.871-PE, rel. Og Fernandes, j. 23.10.2018, v.u.; e STJ, 2ª T., REsp n. 1.438.529-MS, rel. Min. Humberto Martins, j. 24.4.2014, v.u.

490 Nesse sentido contrário, versando sobre fatos ocorridos na vigência do Código de Processo Civil de 1973: STJ, 3ª T., AgInt no AREsp n. 1.155.442-MG, rel. Min. Marco Aurélio Bellizze, j. 15.12.2017, v.u.; STJ, 4ª T., AgRg no AREsp n. 76.935-RS, rel. Min. Antonio Carlos Ferreira, j. 18.10.2012, v.u.; e STJ, 2ª T., AgRg no AREsp n. 669.343-MA, Min. Diva Malerbi, j. 4.2.2016, v.u.

491 Nesse sentido: STJ, 1ª T., AgInt no AREsp n. 1.385.652-TO, rel. Min. Gurgel de Faria, j. 23.9.2019, v.u.

492 Afastando a justa causa para informação lançada equivocadamente na vigência do Código de Processo Civil de 2015: STJ, 2ª T., AgInt no AREsp n. 1.451.519 SP,

de veracidade de informação extraída de lá (esta determinada no *caput* do art. 197), para fins de comprovação da tempestividade do recurso.[493]

121. Comprovação da justa causa por equívoco ou ausência de informação

Cabe à parte "prejudicada" pela falha ou ausência da informação oficial o ônus de alegar e comprovar tal fato.

Se a parte deixar de praticar o ato, em razão da falta de lançamento da informação no relatório de acompanhamento processual, ou se o praticar fora do prazo "correto", por acreditar em dado lançado incorretamente, tais fatos devem ser alegados e provados na *primeira oportunidade* de se manifestar nos autos após o seu conhecimento (geralmente por meio da invocação de intempestividade do ato ou do transcurso *in albis* do prazo, pelo adversário ou pelo juiz),[494] sob pena de preclusão (aplicação analógica do art. 278 e do art. 272, § 8º). Dessa forma, se o juiz declarar a intempestividade do ato sem conceder a oportunidade de a parte se justificar previamente, em violação aos arts. 9º e 10, tal justificativa deverá ser apresentada em sede de embargos de declaração (por erro material) ou de recurso dirigido a tribunal superior, conforme o caso.

Essa justa causa pode ser comprovada, conforme o caso, por meio da juntada de cópia digital, digitalizada ou física da página do sistema eletrônico do tribunal, com indicação precisa da procedência do documento, em especial do *link* de acesso à página eletrônica do tribunal contendo a informação equivocada, e da data da extração da informação, a fim de viabilizar a fiscalização de sua autenticidade e eventual impugnação pelo adversário.[495]

---

rel. Min. Francisco Falcão, j. 10.9.2019, v.u.; e STJ, 1ª T., AgInt no AREsp n. 1.346.330-TO, rel. Min. Sérgio Kukina, j. 19.3.2019, v.u. Este último julgado reconhece a *presunção relativa* de tal informação com fundamento no art. 197 do Código de Processo Civil, mas afasta expressamente a justa causa decorrente de "dado notoriamente incorreto acerca do início e/ou termo final de prazo recursal", mesmo quando lançado oficialmente no andamento processual.

493 Negando valor probatório à informação lançada em sítio eletrônico de tribunal (data da intimação), para fins de aferição da tempestividade do recurso, à luz do Código de Processo Civil de 2015: STJ, 1ª T., AgInt no AREsp n. 1.032.592-DF, rel. Min. Regina Helena Costa, j. 7.11.2107, v.u.

494 Ou seja, tal prova não lhe pode ser exigida no próprio momento da realização do ato processual, quando a parte ainda acredita estar praticando-o dentro do prazo disponível.

495 "A recorrente não logrou comprovar, por meio de documento idôneo, a ocorrência de feriado local ou de suspensão do expediente forense na Corte de origem, pois o conteúdo inserto à fl. 1114 não prova o teor e a vigência da mencionada Resolução do Tribunal local, haja vista que não há nenhuma indicação da procedência do documento, tais como endereço eletrônico de origem ou data de reprodução no rodapé da página eletrônica" (STJ, 2ª T., AgRg nos EDcl no REsp n. 1.819.067-SC,

122. Ausência de justa causa

Segundo dispõe o art. 197, parágrafo único, em caso de erro ou omissão do auxiliar da justiça responsável pelo registro da movimentação processual, "*poderá* ser configurada a justa causa". Portanto, ela não restará configurada automaticamente.

Além de depender de *pedido da parte*, estando o juiz impedido de reconhecê-la de ofício (v. art. 223, item 305), qualquer justa causa só pode ser reconhecida se a parte tiver sido *efetivamente prejudicada* pelo erro ou omissão do órgão jurisdicional, isto é, se for razoável presumir ter sido ela induzida a erro.[496]

Assim, essa justa causa deve ser afastada se restarem suficientemente demonstrados nos autos a *ciência inequívoca* da parte a respeito da verdadeira informação processual e, consequentemente, o pleno conhecimento do equívoco da informação lançada (ou omitida) pelo serventuário. Por ser relativa, neste caso a presunção não prevalece.

Por esse motivo, a data real da publicação no *Diário da Justiça eletrônico* (ou da intimação realizada por outro meio inequívoco de comunicação) prevalece sobre a data equivocadamente lançada na ficha pelo cartório.[497] Somente se, excepcionalmente, o advogado demonstrar que naquele caso específico um lançamento equivocado o levou a desconsiderar a intimação formal – *v.g.*, se

---

rel. Min. HERMAN BENJAMIN, j. 27.8.2019, v.u.). Em sentido equivalente: STJ, Corte Especial, AgRg no Ag n. 1.251.998-SP, rel. Min. LUIS FELIPE SALOMÃO, j. 15.9.2010, v.u.; e STJ, 4ª T., AgRg no AREsp n. 687.394-SP, rel. Min. LUIS FELIPE SALOMÃO, j. 23.10.2018, v.u.

496 "Para fins de justa causa, a dúvida deve ser razoável" (STJ, 4ª T., AgInt no REsp n. 1.694.174-TO, rel. Min. LUIS FELIPE SALOMÃO, 4.9.2018, v.u.). Esse acórdão, mesmo reconhecendo a presunção relativa de veracidade, concluiu que o advogado não poderia ter sido induzido a erro pelo lançamento equivocado do termo final do prazo, pois ali também constavam corretamente o termo inicial desse prazo e a quantidade de dias disponíveis para recorrer, cabendo ao advogado confirmar o acerto da informação. Em situação idêntica, mas com decisão em sentido contrário: STJ, 2ª T., EDcl no AgInt no REsp n. 1.664.165-TO, rel. Min. HERMAN BENJAMIN, j. 5.4.2018, v.u.

497 "O STJ entende que as informações processuais disponíveis no sítio eletrônico dos Tribunais não substituem a publicação ou a intimação dos atos processuais pelos meios formais. Assim, eventual omissão no relatório de movimentação processual não é fundamento idôneo para a devolução de prazo processual *quando a parte tiver sido devidamente intimada pelos meios oficiais*" (STJ, 2ª T., REsp n. 1.703.942-SP, rel. Min. HERMAN BENJAMIN, j. 7.12.2017, v.u.). Na doutrina, MARCEL LEONARDI e GUILHERME SANCHEZ, *Código de Processo Civil anotado*, art. 197, n. 1, p. 318. Segundo dizem, a preferência à publicação no *DJe* decorreria da maior confiabilidade desse meio, pois as informações constantes nos sistemas dos tribunais poderiam ser alteradas de maneira instantânea, sem registro fiel de todas as modificações.

constar indevidamente a nulidade da referida publicação –, então deve ser aceita a justa causa para a prorrogação do prazo.[498]

Art. 198. As unidades do Poder Judiciário deverão manter gratuitamente, à disposição dos interessados, equipamentos necessários à prática de atos processuais e à consulta e ao acesso ao sistema e aos documentos dele constantes.

Parágrafo único. Será admitida a prática de atos por meio não eletrônico no local onde não estiverem disponibilizados os equipamentos previstos no *caput*.

CPC de 1973 – sem dispositivo correspondente

123. Oferta de equipamento

O art. 198 dispõe que é dever dos órgãos do Poder Judiciário oferecer gratuitamente aos advogados e demais interessados todos os equipamentos de informática necessários à consulta integral dos autos eletrônicos e à prática de todos os atos processuais.

Os advogados militantes, em sua maioria, costumam ter ao menos computadores ligados à internet e algum aparelho de digitalização de documentos em seus escritórios, pois estas são ferramentas básicas de sua profissão. Mas acontece com alguma frequência de haver necessidade de se elaborar uma petição e protocolá-la durante uma visita ao fórum, ou pode acontecer algum imprevisto nos escritórios, como queda de energia, falha temporária de comunicação com a internet, quebra dos aparelhos de informática etc. Para esses momentos, é indispensável para a categoria de advogados que todos os fóruns tenham salas equipadas para a prática de atos processuais eletrônicos.[499] Usualmente, essa responsabilidade também é assumida, ainda que de forma subsidiária, pela Ordem dos Advogados do Brasil e por associações de classe.[500]

---

498 Nesse sentido: STJ, 1ª T., EDcl no AgRg no REsp n. 1.394.902-MA, rel. Min. Gurgel de Faria, j. 4.10.2016, v.u. O STJ já decidiu, ainda, que a certidão de publicação expedida pelo cartório prevaleceria sobre a cópia da publicação no *DJe* (STJ, 3ª T., AgRg no AREsp n. 804.894-MS, rel. Min. Paulo de Tarso Sanseverino, j. 21.3.2017, v.u.). Todavia, tal entendimento não pode prevalecer, pois a presunção decorrente de qualquer certidão é relativa e a mencionada cópia do documento oficial parece ser prova objetiva em sentido contrário, que deve prevalecer por não estar sujeita a falha humana.

499 Luciano Rinaldi afirma que a lei em comento asseguraria a "instalação de terminais de acesso em todas as serventias, salas de audiência e julgamento" à disposição dos advogados (*Comentários ao novo Código de Processo Civil*, nota ao art. 198, p. 334), o que certamente é inexequível na prática e não é a intenção da lei. Basta haver no Fórum equipamentos proporcionais à demanda local.

500 "Os órgãos do Poder Judiciário poderão realizar convênio com a Ordem dos Advogados do Brasil (OAB) ou outras associações representativas de advogados, bem

Essa oferta tecnológica deve ser disponibilizada em local adequado para o próprio interessado praticar o ato processual, com seu certificado digital. Não pode o escrivão ou outro escrevente do cartório ou secretaria praticá-lo em substituição ao advogado ou à parte, pois essa não é sua função, ainda que mediante lavratura de termo de juntada do material apresentado por aquele sujeito. A solução para a ausência de equipamento à disposição é outra, conforme consta do parágrafo do próprio art. 198.

E essa oferta de equipamento não se dá apenas para os advogados. As partes também têm direito a essas salas equipadas para consultar os autos eletrônicos. Nos Juizados Especiais essa disponibilidade é ainda mais essencial, pois os cidadãos praticam os atos processuais eletrônicos diretamente, sem a obrigatoriedade da intervenção do advogado. E em muitos casos as partes nesses processos são pessoas carentes, que não têm acesso a esses equipamentos – e às vezes sequer sabem operá-los, o que exige a presença de um funcionário habilitado para assessorá-los, sob pena de inocuidade da oferta do computador.[501]

O art. 198 não dispensa o advogado de ter seu próprio certificado digital e de, se necessário, fazer o seu credenciamento no sistema do respectivo tribunal.

O art. 198 não especificou *quais* equipamentos seria obrigatório oferecer, mas, interpretando-o em conjunto com o art. 10, § 3º, da Lei do Processo Eletrônico,[502] resta claro que, *no mínimo*, devem ser disponibilizados computador com acesso à internet e aparelho de digitalização de documentos, em quantidade compatível com o número de pessoas interessadas no serviço naquele foro.

Registre-se que a oferta de equipamento é apenas uma das dificuldades para a inclusão dos advogados no universo do processo eletrônico. Além disso, é preciso ensiná-los, por meio de cursos a eles dirigidos, a operar não apenas os computadores e os aparelhos de digitalização, mas também os diversos sis-

---

como com órgãos públicos, para compartilhar responsabilidades na disponibilização de tais espaços, equipamentos e auxílio técnico presencial" (Resolução n. 185/2013 do CNJ, art. 18).

501 Sobre a necessidade de "funcionários capacitados para operar esses equipamentos", Luciano Rinaldi, *op. loc. cit.*

502 Art. 10, § 3º "Os órgãos do Poder Judiciário deverão manter equipamentos de digitalização e de acesso à rede mundial de computadores à disposição dos interessados para distribuição de peças processuais". Também nos termos do art. 18 da Resolução n. 185/2013 do Conselho Nacional de Justiça, "os órgãos do Poder Judiciário que utilizarem o Processo Judicial Eletrônico – PJe manterão instalados equipamentos à disposição das partes, advogados e interessados para consulta ao conteúdo dos autos digitais, digitalização e envio de peças processuais e documentos em meio eletrônico".

temas operacionais dos tribunais (são dezenas), os certificados digitais etc., tarefa muito árdua especialmente para os mais antigos.

Questão relevante que certamente surgirá na prática forense diz respeito ao *horário* em que esses equipamentos devem estar disponíveis, pois de um lado os sistemas dos tribunais devem funcionar ininterruptamente (art. 194) e os atos processuais eletrônicos podem ser praticados até as 24 horas do último dia do prazo (art. 213), e de outro o horário de funcionamento dos Fóruns para a prática de atos não eletrônicos é, no máximo, das 6 às 20 horas, podendo ser limitado por norma de organização judiciária (art. 212). Mas não parece ser razoável impor ao Poder Judiciário, em todas as Comarcas e Seções Judiciárias, a oferta de um serviço presencial de apoio ininterrupto, o que demandaria uma estrutura direta e indireta de funcionários muito grande. A única solução possível, portanto, é interpretar o art. 198 como sendo portador de uma oferta de equipamento durante o expediente do Fórum, segundo as regras locais pertinentes.

124. Indisponibilidade de equipamento e ato não eletrônico

Fez bem o parágrafo único do art. 198 em especificar que, na hipótese de em determinada localidade não ser disponibilizado equipamento para a realização do ato processual por meio eletrônico, ele poderá ser praticado por meio não eletrônico, isto é, por meio de protocolo de via físico ou por fac-símile (Lei n. 9.800/99, art. 1º). Peticionamento por mensagem eletrônica (*e-mail*) raramente é admitido.[503]

Contudo, surge uma dúvida que a jurisprudência terá de solucionar. A qual "local" se refere o parágrafo único do art. 198 quando trata da indisponibilidade de equipamento: o do usuário ou o do destinatário do ato? Será o local onde o ato será praticado ou o do destinatário? Imagine-se que um advogado do interior do Estado tenha que interpor um recurso em segunda instância, na capital, e que não tenha em sua Comarca oferta de equipamento para a prática do ato. Parece mais razoável e conforme com o espírito da norma que se interprete de modo mais favorável ao usuário, isto é, no local onde o advogado praticar o ato.

503 "2. Não existe previsão legal para a interposição de recurso via *e-mail*. O seu envio não implica dilação de prazo para interposição de quaisquer recursos, sendo intempestiva a interposição do recurso especial após o decurso do prazo legal de 15 dias. 3. A jurisprudência desta Corte firmou-se no sentido de que o envio de petição ao Tribunal via e-mail não configura meio eletrônico equiparado ao fac-símile, para fins da aplicação do disposto no art. 1º da Lei nº 9.800/99" (STJ, 3ª T., AgInt no AREsp n. 1.167.788-PB, rel. Min. MOURA RIBEIRO, j. 10.4.2018, v.u.). Todavia, alguns tribunais vêm recebendo petições por meio dessas mensagens eletrônicas.

Art. 199. As unidades do Poder Judiciário assegurarão às pessoas com deficiência acessibilidade aos seus sítios na rede mundial de computadores, ao meio eletrônico de prática de atos judiciais, à comunicação eletrônica dos atos processuais e à assinatura eletrônica.

CPC de 1973 – sem dispositivo correspondente

125. Portadores de deficiência

Inicialmente, convém delimitar o próprio conceito de "pessoas com deficiência" para fins de aplicação do art. 194.

Segundo dispõe o art. 2º do Estatuto da Pessoa com Deficiência (Lei n. 13.146/2015), pessoa com deficiência é "aquela que tem impedimento de longo prazo de natureza física, mental, intelectual ou sensorial, o qual, em interação com uma ou mais barreiras, pode obstruir sua participação plena e efetiva na sociedade em igualdade de condições com as demais pessoas".[504]

Em termos jurídicos amplos, esse conceito não pode ser aplicado de forma rígida, sob pena de gerar injustiças e distorções, até porque ele está em constante evolução, conforme reconhecido no preâmbulo da Convenção sobre os Direitos da Pessoa com Deficiência (letra *e*). Tampouco pode ser interpretado do ponto de vista exclusivamente médico – apesar de uma doença poder ser sua causadora –, mas como parte da área de desenvolvimento social e de direitos humanos. Por isso, aplica-se o Estatuto da Pessoa com Deficiência também aos portadores de algum problema de ordem exclusivamente *psicológica*.[505]

Todavia, para fins processuais, a proteção do art. 199 do Código de Processo Civil limita-se apenas aos portadores de deficiência física. Mais especificamente, aqueles que merecem maior atenção do administrador público, em termos de adaptações tecnológicas para melhorar a acessibilidade, são os *deficientes visuais* e, eventualmente, os com comprovada *incapacidade de digitação*.[506]

---

504 No mesmo sentido: art. 1º da Convenção sobre os Direitos da Pessoa com Deficiência, patrocinada pela ONU e aprovada no Brasil pelo Decreto Legislativo n. 186/2008; e art. 2º, inc. III, da Lei n. 10.098/2000. E, nos termos do art. 3º do Decreto n. 3.298/99, que regulamentou a Lei n. 7.853/89, deficiência é "toda perda ou anormalidade de uma estrutura ou função psicológica, fisiológica ou anatômica que gere incapacidade para o desempenho de atividade, dentro do padrão considerado normal para o ser humano". Essa lei não foi revogada pelo Estatuto da Pessoa com Deficiência, conforme esclarecem Cristiano Farias, Rogério Cunha e Ronaldo Pinto (*Estatuto da Pessoa com Deficiência comentado*, art. 2º, p. 23).

505 Por todos, Cristiano de Farias e outros, *Estatuto da Pessoa com Deficiência comentado*, art. 2º, pp. 23-24.

506 Augusto Marcacini é taxativo e restritivo ao afirmar que "este artigo é especificamente voltado para pessoas com dificuldade de visão" (*Breves comentários ao novo*

A deficiência ou incapacidade pode também ser *momentânea*, de curto ou médio prazo, mas sempre deve ser comprovada, de preferência por meio de atestado médico.

Os *idosos*, excepcionalmente, podem igualmente ter direito ao auxílio na acessibilidade eletrônica tratada no art. 199, por meio de mecanismo efetivo de inclusão digital.

Quanto às pessoas com *deficiência mental ou intelectual*, salvo melhor juízo, parece não haver providências úteis passíveis de serem tomadas pelo Poder Judiciário para a superação de barreiras tecnológicas por eles. Mas, se houver, elas devem ser adotadas.

De todo modo, os advogados e demais representantes judicias das partes, portadores de deficiência, são os principais destinatários da promessa contida no art. 199, ainda que não sejam os únicos. Pelo seu caráter social e humanístico, da norma em referência deve-se extrair o máximo de utilidade possível, de modo a beneficiar *qualquer portador de deficiência*, seja ele parte, juiz, promotor, defensor público, procurador ou auxiliar da justiça – até porque qualquer pessoa tem direito de ter amplo acesso às aplicações da internet, independentemente de suas capacidades físico-motoras, nos termos do art. 25, inc. II, da Lei n. 12.965/2014.

126. Mecanismos de proteção legal aos carentes de acessibilidade

Ao prometer aos portadores de deficiência plena acessibilidade aos sítios eletrônicos dos tribunais, disponíveis na internet, para a consulta dos autos e prática de atos processuais, o art. 199 reiterou a regra da acessibilidade já contida no art. 194 e em outras leis esparsas.

O art. 63 do Estatuto da Pessoa com Deficiência, que foi editado pouco tempo após o Código de Processo Civil de 2015, dispõe expressamente que "é obrigatória a acessibilidade nos sítios de internet mantidos por empresas com sede ou representação comercial no País ou por órgãos de governo, para o uso da pessoa com deficiência, garantindo-lhes o acesso às informações disponíveis, conforme as melhores práticas e diretrizes de acessibilidade adotadas internacionalmente".

Já o art. 18, § 1º, da Resolução n. 185/2013 do Conselho Nacional de Justiça dispõe que "os órgãos do Poder Judiciário devem providenciar auxílio técnico presencial às pessoas com deficiência *e* que comprovem idade igual ou

---

Código de Processo Civil, art. 199, n. 1, p. 684). E o art. 4º, inc. III, do mencionado Decreto n. 3.298/99 define deficiência visual como "cegueira, na qual a acuidade visual é igual ou menor que 0,05 no melhor olho, com a melhor correção óptica".

superior a 60 (sessenta) anos". Essa exigência etária mínima é claramente discriminatória e violadora da garantia contida no art. 199, pois qualquer pessoa com deficiência tem direito ao auxílio técnico presencial fornecido pelo Poder Judiciário, independentemente da idade. E o idoso não precisa ser portador de deficiência para fazer jus à assistência, inclusive porque em muitos casos eles detêm menos conhecimento tecnológico. Melhor seria, assim, se os requisitos contidos na citada resolução fossem alternativos e não cumulativos.

Enfim, ao implementar suas plataformas dos processos eletrônicos, os tribunais devem se esforçar ao máximo para eliminar as barreiras tecnológicas que possam dificultar o acesso aos autos por pessoas com alguma deficiência ou dificuldade específica, de modo a propiciar sua plena inclusão na sociedade e, com isso, valorizar a dignidade humana.

Para tanto, considera-se *barreira* à pessoa com deficiência "qualquer entrave, obstáculo, atitude ou comportamento que limite ou impeça a participação social da pessoa, bem como o gozo, a fruição e o exercício de seus direitos à acessibilidade, à liberdade de movimento e de expressão, à comunicação, ao acesso à informação, à compreensão, à circulação com segurança" (Lei n. 13.146/2015, art. 3º, inc. IV). Mais especificamente, *barreiras tecnológicas* são aquelas que "dificultam ou impedem o acesso da pessoa com deficiência às tecnologias" (art. 3º, inc. IV, letra *f*).

Conforme esclarece Augusto Marcacini, notório conhecedor de tecnologia e processo, o principal objetivo do art. 199 seria de os sítios informáticos dos tribunais seguirem padrões técnicos que permitam sua leitura automática com o auxílio de *softwares* leitores de tela (*screen readers*) instalados no computador do deficiente visual – ou, eventualmente, de quem tiver alguma dificuldade física de digitação.[507] Para isso, não há necessidade de desenvolvimento de alguma tecnologia específica, nem de gastos vultosos, sendo suficiente que se opte pela utilização de padrões técnicos compatíveis com tais leitores.

Nesse sentido, o Escritório Digital, fruto de convênio do Conselho Nacional de Justiça com a Ordem dos Advogados do Brasil e que permite unificar o acesso pelos operadores do Direito a todos os processos eletrônicos que tramitam na Justiça brasileira, independentemente do tribunal em que o processo estiver, promete ser totalmente acessível a deficientes visuais e pessoas idosas, com interface intuitiva e compatível com os principais *softwares* leitores de tela.

Contudo, o art. 199 não pretende obrigar os tribunais a oferecer gratuitamente a advogados, ou a quem quer que seja, os *softwares* para leitura de tela.

507 *Breves comentários...*, n. 1, p. 684. Esses programas passam por textos e imagens e leem para o usuário o que está na tela, reproduzindo a fala humana.

Tampouco outros equipamentos de uso pessoal, ainda que de extrema importância para o portador de deficiência, como programas que permitam o envio de mensagens por meio de mero piscar (EyeMax) ou o acesso por meio do olhar. Cabe apenas à Administração Pública viabilizar essa aquisição, nos termos do art. 74 do Estatuto da Pessoa com Deficiência.[508]

Uma dificuldade a ser superada por deficientes, especialmente os visuais, diz respeito à utilização de assinatura digital, por meio dos certificados, apesar da promessa de acessibilidade contida no art. 199. Urge a apresentação de solução para esse problema, e isso não depende apenas do Poder Judiciário, mas do Estado brasileiro como um todo.

Não se pode deixar de consignar, ainda, que o processo eletrônico e a informática em geral trouxeram, por si só, muitos efeitos colaterais benéficos aos portadores de deficiência, que superam com folga as novas dificuldades a eles inerentes, pois podem desenvolver suas atividades jurídicas com muito mais facilidade. Eles não precisam mais se deslocar com tanta frequência aos fóruns para consultar os autos ou para protocolar uma petição, podendo agora desenvolver essa atividade diante do computador. Isso sem contar com o mencionado leitor de tela.

127. Aplicação do art. 198, parágrafo único

Quando não estiver presente a acessibilidade de que trata o art. 199, aplica-se analogicamente o disposto no parágrafo único do art. 198, ou seja, será admitida a prática de atos por meios não eletrônicos (físicos).[509]

A propósito, em 2014, o STF concedeu uma medida liminar a uma deficiente visual "a fim de determinar ao CNJ que assegure à impetrante o direito de peticionar fisicamente em todos os órgãos do Poder Judiciário, a exemplo do que ocorre com os *habeas corpus*, até que o processo judicial eletrônico seja desenvolvido de acordo com os padrões internacionais de acessibilidade", isto é, de acordo com as normas internacionais de acessibilidade web (Consórcio W3C).[510]

128. Peticionamento físico equivocado

Excepcionalmente, deve-se ter como válido e eficaz o protocolo físico de petição dirigida a processo eletrônico, desde que tempestivamente aceito pelo

---

508 Para maior exame do assunto, CRISTIANO FARIAS e outros, *Estatuto da Pessoa com Deficiência comentado*, nota ao art. 74, pp. 199-201.

509 Ainda nesse sentido: LEONARDO DA CUNHA, *Comentários ao Código de Processo Civil*, vol. III, n. 2 ao art. 199, p. 89.

510 STF, MS n. 32.751, rel. Min. CELSO DE MELLO, j. 31.1.2014, decisão monocrática.

serventuário responsável e o peticionário tenha agido de *boa-fé*, por *erro escusável* do advogado, sem intenção de retardar o andamento do feito ou o acesso da parte contrária àquele ato processual.[511] Tal entendimento decorre do princípio da instrumentalidade das formas, por ter o ato atingido sua finalidade (CPC-73, art. 244; CPC-2015, art. 277), e da confiança nos atos dos funcionários do Judiciário.

É nesse sentido a jurisprudência majoritária do STJ, que costuma invocar os princípios da instrumentalidade das formas, por ter o ato atingido sua finalidade (CPC-73, art. 244; CPC-2015, art. 277), e da confiança e não surpresa nos atos dos funcionários do Judiciário: "não é razoável exigir que o advogado presuma que o protocolo da petição em papel foi equivocado quando o próprio serventuário a recebeu, dando a entender que foram atendidas as exigências da lei e da Resolução 551/2011 para a apresentação do agravo em recurso especial".[512] Todavia, esse entendimento não é pacífico.[513]

Seção III
Dos Atos das Partes

129. Noções gerais sobre os atos das partes

O Código de Processo Civil de 2015, assim como o anterior, adota expressamente o *critério subjetivo* para a classificação dos atos processuais, isto é, leva em consideração quem os pratica: partes (arts. 200 a 202), juiz (art. 203 a 205) e serventuários (art. 206 a 211).[514]

---

511 O art. 21, § 1º, da Resolução n. 511/2011 do TJSP dispõe que "os Setores de Protocolo dos Fóruns do Estado de São Paulo e do Tribunal de Justiça não poderão receber petições dirigidas aos órgãos jurisdicionais digitais de primeiro e segundo grau".

512 STJ, 3ª T., AgRg no AREsp n. 607.748-SP, rel. Min. João Otávio de Noronha, j. 2.6.2015, v.u. No mesmo sentido: STJ, 3ª T., AgRg no AgRg no AREsp n. 736.500-SP, rel. Min. Paulo de Tarso Sanseverino, j. 1.9.2016; STJ, 2ª T., AgRg no REsp n. 1.512.120-GO, rel. Min. Og Fernandes, j. 6.10.2015, v.u.; e STJ, AREsp n. 564.235, rel. Min. Marco Aurélio Bellizze, j. 1.10.2014, d.m.

513 STJ, 3ª T., AgInt nos EDcl no AREsp n. 1.088.631-SP, rel. Villas Boas Cueva, j. 26.9.2017, v.u. Segundo disse o relator, "é da parte recorrente a responsabilidade pelo zelo na regularidade da interposição do seu recurso, de modo que *não é escusável* a falta de conhecimento de que esse ato somente poderia ser realizado eletronicamente e não de forma física".

514 Para José Frederico Marques, seria mais adequada a *classificação objetiva* dos atos processuais proposta por Jaime Guasp, na qual haveria três grandes categorias: atos de iniciativa, "destinados a instaurar a relação processual"; atos de desenvolvimento, "destinados a movimentar o processo e subdivididos em atos de instrução e de ordenação; e atos de conclusão", que incluem os atos decisórios e os atos disposit-

Consideram-se *atos das partes* aqueles praticados pelos sujeitos parciais da relação processual – demandantes, demandados, terceiros intervenientes ou Ministério Público – no exercício de seus poderes processuais e em cumprimento a estímulos criados por ônus processuais ou, excepcionalmente, por deveres processuais.[515] É sempre uma *conduta voluntária* da parte, ao contrário de alguns atos materiais inevitáveis que ela tem o dever de praticar em atendimento a obrigação reconhecida em juízo – como o pagamento de uma condenação ou a execução de uma obrigação de fazer (*v.g.*, construir um muro). E é uma conduta voluntária porque consiste em ato de defesa de interesse próprio, estimulada por ônus processuais. Dessa forma, nenhuma parte será obrigada a apresentar uma petição, seja ela uma contestação, um recurso, um esclarecimento ou de qualquer outra natureza – esses são ônus cujo descumprimento implica consequências processuais –, salvo em raríssimas exceções em que a lei e o juiz expressamente imponham a prática de ato em cumprimento a dever processual, como o de indicar os bens sujeitos à execução (art. 774, inc. V).

Na síntese de CÂNDIDO DINAMARCO, "os atos de parte serão: a) quanto ao conteúdo ou modo de proceder, *postulatórios ou materiais*; b) quanto à natureza do provimento postulado ao juiz, *pedidos ou requerimentos*; c) quanto à natureza dos efeitos visados, *constitutivos, modificativos ou extintivos*; d) quanto às consequências de sua omissão, *indispensáveis ou convenientes*; e) quanto à autoria material, atos *pessoais ou de advogado*; f) quanto à participação dos litigantes em sua realização, *unilaterais ou consensuais*. Essa última classificação constitui consequência de uma outra muito importante: g) quanto ao modo como incidirão nas situações jurídico-processuais dos litigantes, os atos processuais das partes serão causativos ou indutivos".[516]

Especificamente em relação ao seu conteúdo, contudo, os atos processuais devem ser classificados em três categorias: (a) *atos postulatórios*, como a petição inicial, a contestação e os recursos; (b) atos *instrutórios* ou *probatórios*, que se destinam a formar a convicção do juiz sobre os fatos alegados, como a juntada de documentos e as próprias alegações das partes; e (c) *atos dispositivos*, que dispõem sobre direitos ou poderes, como a desistência da ação ou do recurso.[517]

---

vos das partes, com destaque à renúncia, transação e desistência (*Instituições de direito processual civil*, vol. II, n. 424, pp. 282-284).

515 Para o conceito de poderes, ônus e deveres processuais, v. art. 190, itens 63 a 65, respectivamente.

516 *Instituições de direito processual civil*, vol. II, n. 758, p. 570.

517 Esta também é a divisão de ARAKEN DE ASSIS (*Processo civil brasileiro*, vol. II, t. I, n. 1.109, p. 1.305). FREDERICO MARQUES, com apoio em GABRIEL RESENDE FILHO, acrescenta a essas três categorias os *atos reais* ou *materiais*, que seriam medidas documentais, como o oferecimento de documentos, a prestação de caução às custas etc. (*Instituições de direito processual civil*, vol. II, 429, p. 290). Já ARRUDA ALVIM não reco-

Apenas os atos postulatórios e os dispositivos constituem declarações unilaterais de vontade. As partes podem praticar também, paralelamente, *atos materiais*, como a entrega de bens na execução, o depoimento pessoal em juízo, o recolhimento de custas etc.

> *Pedidos* são postulações das partes relacionadas diretamente ao provimento final (ou à sua antecipação provisória), isto é, pede-se a procedência ou improcedência da demanda, a extinção do processo sem julgamento do mérito ou, ainda, uma tutela provisória (de urgência ou de evidência). *Requerimentos* destinam-se a providências necessárias ou convenientes para a mera preparação do provimento final favorável, como o requerimento de produção de prova, de citação ou intimação de alguém, de juntada de documento, de penhora etc.[518] E ambos são atos postulatórios.

Quando realizados, os atos das partes – e qualquer outro ato processual – *constituem, modificam ou extinguem* situações processuais, como ônus, poderes, faculdades e deveres. Muitas vezes, os atos das partes têm mais de uma consequência. Nessa linha, geralmente eles extinguem um ônus (*v.g.*, de recorrer) e simultaneamente criam um dever (no caso, de o Judiciário julgar o recurso).

Atos indispensáveis são aqueles que, se não praticados, a parte será necessariamente prejudicada, ou ao menos não será beneficiada. É o caso da petição inicial (a tutela jurisdicional não será prestada sem ela) ou da contestação (a omissão gera revelia). Sem a realização dos *atos convenientes*, a parte até pode obter aquele resultado desejado, pois o juiz pode agir de ofício – *v.g.*, o juiz não depende da alegação da matéria de direito pela parte (*jura novit curia*), mas sua invocação aumenta as chances de vitória. Os atos indispensáveis decorrem do cumprimento dos ônus processuais absolutos, enquanto os convenientes estão relacionados aos ônus relativos.

A maioria dos atos processuais – em especial os postulatórios – é praticada necessariamente por meio de advogado devidamente habilitado, em razão de ele presumivelmente conhecer a técnica processual. Os atos processuais dispositivos, como a desistência da ação ou do recurso, também devem ser praticados por advogado. Apenas alguns atos, de natureza material e geralmente ligados à instrução processual, são praticados pela própria parte, como o depoimento em juízo e a submissão pessoal à perícia.

---

nhece os atos probatórios (*Manual de direito processual civil*, n. 143, p. 396). Assim, quanto ao conteúdo, não é aceita aqui a divisão em atos postulatórios e materiais, feita por Cândido Dinamarco e supraindicados.

518 Todavia, tanto o Código de Processo Civil de 1973 quanto o de 2015 utilizam os termos pedido e requerimento de forma indiscriminada e sem rigor técnico, como se fossem sinônimos.

Os atos das partes costumam ser unilaterais, praticados isoladamente por cada litigante (petição inicial, contestação, recurso etc.), mas também há a possibilidade de serem bilaterais ou plurilaterais, como os negócios processuais (v. art. 190, item 40). Aí também se enquadram os *atos processuais conjuntos* (ou requerimentos conjuntos) apresentados pelas partes, consistentes na soma das declarações unilaterais apresentadas simultaneamente por litigantes diversos, representados por advogados diversos, com vista à obtenção de provimento jurisdicional de interesse comum – como o requerimento de vista sucessiva dos autos fora de cartório ou de produção de determinada prova.[519] Difere do negócio processual na medida em que há declarações unilaterais, ainda que simultâneas, e o resultado da pretensão depende sempre do provimento jurisdicional, não estando o juiz vinculado à vontade das partes.[520]

Segundo consta na doutrina, os atos processuais não podem ser praticados sob termo ou condição, pois isso atenta contra a segurança no desenvolvimento da relação processual – mas a maioria das convenções processuais normalmente foge de tal restrição.[521] Isso não impede, contudo, algumas pequenas ressalvas em atos postulatórios, como o demandante pedir a produção de determinada prova apenas para a hipótese de o juiz entender que ainda não há nos autos provas suficientes para julgar a demanda procedente. Sentença condicional é inválida (art. 492, parágrafo único), assim como os demais provimentos jurisdicionais.

Art. 200. Os atos das partes consistentes em declarações unilaterais ou bilaterais de vontade produzem imediatamente a constituição, modificação ou extinção de direitos processuais.

Parágrafo único. A desistência da ação só produzirá efeitos após homologação judicial.

CPC de 1973 – art. 158

130. Extensão do dispositivo

Ao se referir às "declarações unilaterais ou bilaterais de vontade", o art. 200 pretende atingir *qualquer ato processual praticado das partes*, isto é, tanto os unilaterais (*v.g.*, petições em geral, depoimentos pessoais e sustentação oral), cujos efeitos são definidos pela lei, quanto os bilaterais (negócios processuais),[522]

519 Sobre a distinção entre requerimento conjunto e negócio processual, v. art. 190, item 35.

520 Em sentido aproximado, ANTÔNIO CABRAL, *Convenções processuais*, n. 1.3.6, p. 69.

521 BARBOSA MOREIRA, "Convenções das partes sobre matéria processual", n. 6, p. 95.

522 Nesse sentido: LEONARDO DA CUNHA, *Comentários ao Código de Processo Civil*, art. 200, n. 1, p. 335. MARINONI-ARENHART-MITIDIERO dão a entender que qualquer

que também têm natureza jurídica de ato processual (v. art. 190, item 34).[523] Atinge também alguns *fatos processuais*, que independem da vontade do agente, como a morte da parte (art. 313, inc. I) ou de seu advogado – por isso, nesses casos a decisão de suspensão do processo tem efeito *ex tunc*.[524]

E, ao dispor que os atos das partes produzem efeitos "imediatamente", o art. 200 refere-se ao momento em que eles são *praticados* e recebem a qualificação de ato *processual* (*v.g.*, protocolo da petição), e não a quando é manifestada a declaração de vontade, no ambiente externo ao processo (*v.g.*, na assinatura da petição).[525] A análise mais aprofundada dessa questão será feita separadamente, a seguir, na análise dos efeitos dos atos e dos negócios processuais.

131. Efeitos temporais dos atos processuais em geral

Em princípio, os atos processuais produzem efeitos *ex nunc* sobre o processo, isto é, são imediatos e não retroagem. Apenas em raras situações, geralmente especificadas em lei, os atos do juiz e de seus servidores podem eventualmente produzir efeitos *ex tunc* – nunca os atos das partes.[526] Assim ocorre, *v.g.*, com a interrupção da prescrição, como efeito da citação, que retroage à data da propositura da demanda (art. 240, § 1º); ou com a decisão que suspende o processo por força da morte da parte ou de seu advogado, mencionada anteriormente. Por outro lado, em alguns casos os atos das partes podem produzir efeitos apenas a partir de um evento futuro, isto é, sua

---

ato processual é atingido por este artigo, mas não fazem qualquer referência específica aos negócios processuais (*Novo Código de Processo Civil comentado*, art. 200, n. 1, p. 314). Fernando Cais, todavia, limita a aplicação do art. 200 aos negócios jurídicos materiais e processuais, excluindo os demais atos processuais (*Código de Processo Civil anotado*, art. 200, n. 1, p. 321).

523 Segundo Nery Jr. & Nery, a diferença essencial entre atos e negócios jurídicos – e também entre atos e negócios processuais – está no fato de na primeira categoria os efeitos serem determinados por lei, enquanto nos negócios jurídicos, processuais ou não, os efeitos podem ser determinados pelas próprias partes (*Código de Processo Civil comentado*, art. 200, n. 4, p. 779).

524 Assim já era a reiterada jurisprudência do STJ sob a égide do Código de Processo Civil de 1973: STJ, Corte Especial, EREsp n. 270.191-SP, Rel. Min. Peçanha Martins, j. 4.8.2004; e STJ, 3ª Seção, EAR n. 3.358-SC, rel. p/ acórdão Min. Felix Fischer, 10.12.2014, m.v. A respeito, v. comentários ao art. 221.

525 Nesse sentido: Arruda Alvim, *Manual de direito processual civil*, n. 142, p. 394.

526 Cândido Dinamarco admite a possibilidade teórica de retroação do ato da parte, ao afirmar que "*dificilmente* encontrar-se-á um ato de parte que possa produzir eficácia em relação ao passado (*ex tunc*)", mas não indica qualquer situação prática na qual isso poderia ocorrer (*Instituições de direito processual civil*, vol. II, n. 753, p. 561).

eficácia está condicionada a uma decisão judicial homologatória, como se verá adiante (item 135).

132. Efeitos dos atos processuais das partes

Por definição, os atos processuais estão programados a constituir, modificar e/ou extinguir situações jurídicas processuais (ônus, poder, faculdade, dever). Desde a petição inicial até a extinção do processo, cada ato processual extingue uma situação jurídica e automática e imediatamente cria outra, para outro sujeito do processo. Assim, ajuizada regularmente a petição inicial, surge para o juiz o dever de dar impulso oficial ao processo, determinando a citação do réu; este citado, tem o ônus de contestar; apresentada a defesa, o juiz tem o dever de abrir o prazo para o autor cumprir o ônus de replicar; e assim sucessivamente.

Desse modo, é fácil concluir que a expressão "direitos processuais" escrita no art. 200 deve ser compreendida de forma ampla, para dela extrair os ônus, poderes, faculdade e deveres processuais das partes, isto é, como sinônimo das situações jurídicas processuais em geral.[527]

O art. 200 dispõe, ainda, que os atos das partes produzem "imediatamente" aqueles efeitos sobre as situações processuais. Contudo, para compreensão dessa regra, é necessário fazer a distinção entre *atos causativos*, que "operam seu efeito na situação processual de imediato e por si próprios", e *atos indutivos*, que se destinam "a obter do juiz um provimento favorável e, pois, influir sobre sua convicção a respeito da procedência das razões da parte que realiza o ato".[528] São da primeira categoria a desistência da apelação e a renúncia ao direito de recorrer;[529] e da segunda, a petição inicial, a contestação, os recursos e os requerimentos em geral.

Assim, os atos causativos produzem de imediato os efeitos programados em lei, independentemente de qualquer decisão judicial, inclusive de natureza

527 Nesse sentido, exceto quanto aos deveres processuais: MONIZ DE ARAGÃO, *Comentários ao Código de Processo Civil*, art. 158, n. 18, p. 25. Aliás, parte da doutrina sequer reconhece a existência de direitos processuais, tanto que o art. 190 não faz menção à possibilidade de transação sobre esta suposta espécie de situação jurídica (v. *supra*, art. 190, item 61).

528 Conceitos de LIEBMAN, *Manual de direito processual civil*, vol. I, n. 115, p. 324. No mesmo sentido: CÂNDIDO DINAMARCO, *Instituições de direito processual civil*, vol. II, n. 753, p. 561.

529 *Reconhecimento da demanda*, *transação* e *renúncia ao direito* em que se funda a demanda (art. 269, incs. II, III e V) são atos causativos, mas tem natureza jurídica de negócios jurídicos materiais, não sendo, portanto, atos processuais – no máximo, fatos processuais de eficácia causativa. Nesse sentido: novamente CÂNDIDO DINAMARCO, *Instituições...*, vol. II, n. 753, p. 561.

homologatória.[530] Nesse aspecto específico, ele é autossuficiente. Por outro lado, os atos causativos dependem de decisão judicial para produzir seus efeitos programados. Assim, o efeito da desistência do recurso (ato causativo) é imediato, independentemente da concordância das outras partes ou de homologação judicial (art. 998),[531] e a decisão recorrida instantaneamente transitará em julgado; mas, por outro lado, a desistência da ação (ato indutivo) depende da concordância dos réus (art. 485, § 4º) e "só produzirá efeitos após homologação judicial" (art. 200, parágrafo único).

133. Preclusão consumativa

Há cinco espécies de preclusão no direito processual civil: temporal, lógica, mista, hierárquica e, naquilo que interessa aos presentes comentários, consumativa. A inevitável consequência de todas as espécies de preclusões para as partes é a extinção de ônus e poderes processuais, ora pela ação, ora pela omissão de seu titular.[532]

---

530 Segundo constava do anteprojeto do Código de Processo Civil de 1973, os atos das partes "produzem imediatamente, ainda que sem o concurso do juiz, a constituição, a modificação ou a extinção dos direitos processuais". TALAMINI-WAMBIER analisam a questão a partir de ótica diversa da proposta no texto acima, ao afirmar que somente os atos dispositivos seriam declarações unilaterais e bilaterais de vontade, não os postulatórios ou probatórios (*Curso avançado de processo civil*, vol. 1, n. 26.7, p. 495). Nessa mesma linha, para ANTONIO CABRAL, os atos processuais conjuntos são "atos estimulantes (postulativos ou indutivos), que não atingem por si só uma situação processual e que têm seus efeitos produzidos somente após a decisão judicial" (*Convenções processuais*, n. 1.3.6, p. 69). Mas esse enfoque não parece adequado, pois alguns atos dispositivos consistentes em declaração unilateral de vontade (*v.g.*, desistência da ação) também não produzem efeito imediato e dependem de homologação judicial (art. 200, parágrafo único). E atos postulatórios e probatórios (ou instrutórios) podem produzir imediatamente os efeitos programados (*v.g.*, o ajuizamento da demanda induz a litispendência para o demandante), mas não necessariamente conduzem a todos os efeitos desejados pelo seu agente, por geralmente serem atos indutivos de um possível resultado favorável. Ademais, a divisão dos atos entre postulatórios e probatórios não é exata, podendo haver certa superposição entre eles.

531 Às vezes, porém, pode ser necessária decisão homologatória do ato causativo, na qual são abordados apenas aspectos formais da manifestação de vontade (sem adentrar no mérito) – *v.g.*, ao apreciar a desistência do recurso ou a convenção processual a respeito da forma de administração judicial de empresa e da escolha do depositário (art. 862, § 2º), o juiz deve verificar a legitimidade de quem praticou o ato. Essa decisão, porém, tem efeito *ex tunc*, retroagindo ao momento em que a parte praticou o ato.

532 Dizia CHIOVENDA que a essência da preclusão estaria na "perda, extinção ou consumação de uma *faculdade processual*" ("Cosa giudicata e preclusione", n. 1, p. 233). Discute-se na doutrina se os juízes estão sujeitos às mesmas consequências das

No caso, praticado o ato e produzidos de imediato os efeitos programados (art. 200, *caput*), consome-se o poder de praticá-lo, operando-se a preclusão consumativa. Como se vê, é decorrência do princípio do *ne bis in idem*.

MAURÍCIO GIANNICO, após destacar o art. 158 do Código de Processo Civil de 1973 (art. 200 do atual CPC) como o *fundamento legal da preclusão consumativa*,[533] esclarece ainda que ela se opera "pela consumação pura e simples do ato processual, não sendo relevante apurar, para fins de conceituação do instituto, se tal ato se encontra inquinado ou não de eventuais vícios, defeitos ou irregularidades" – salvo se o ato for juridicamente inexistente, hipótese na qual poderá ocorrer a preclusão temporal.[534] Além disso, conforme entendimento pacífico, a desistência em relação ao ato processual já praticado (*v.g.*, um recurso interposto) não reabre a oportunidade para a parte praticá-lo novamente, ainda que dentro do prazo legal, pois o ato produziu instantaneamente seus efeitos ao ser praticado, inclusive a preclusão consumativa.[535]

Como se vê, o art. 200 "afina-se com o princípio da lealdade processual", inclusive ao impedir a prática de atos incompatíveis com aqueles já praticados (o *venire contra factum proprium*, que fere a boa-fé objetiva), na medida em que a livre retratabilidade dos atos praticados abriria espaço para chicanas processuais, induzindo o adversário a um determinado comportamento para depois surpreendê-lo com a alteração de comportamento ou alegações.[536]

Por outro lado, *a lei* pode eventualmente afastar a ocorrência de algumas preclusões consumativas, possibilitando que a parte pratique novamente ou complemente um ato processual já realizado de forma incompleta. Nesse sentido, o art. 1.007 exige a comprovação do pagamento do preparo e do porte de remessa e de retorno "no ato da interposição do recurso", mas seu § 4º permite a comprovação do seu recolhimento após a interposição – afastando, assim, a ocorrência de preclusão consumativa em razão da falta de comprovação de seu recolhimento no ato de interposição do recurso, que era reiterada-

---

preclusões que as partes, prevalecendo o entendimento de que sim, mas com algumas peculiaridades que possibilitam a prática de atos relacionados a questões de ordem pública já decididas.

533 FERNANDO CAIS, todavia, nega que o art. 200 seja o fundamento legal de tal preclusão (*Código de Processo Civil anotado*, art. 200, n. 4, pp. 322-323).

534 *A preclusão no direito processual civil brasileiro*, n. 4.2, pp. 50-51.

535 STJ, 3ª T., EDcl no AgRg no Ag n. 1.049.941-RJ, rel. Min. VILLAS BOAS CUEVA, j. 11.4.2013, v.u. Da mesma forma, a parte que interpõe apelação contra um capítulo da sentença não pode interpor recurso adesivo contra essa mesma sentença, ainda que em relação a outro capítulo independente.

536 Nesse sentido: NELTON DOS SANTOS, *Código de Processo Civil interpretado*, art. 158, n. 2, p. 440.

mente reconhecida pela doutrina e pela jurisprudência à luz do art. 511 do Código de Processo Civil de 1973.[537]

134. Efeitos dos atos omissivos

A omissão da parte, voluntária ou não, quanto à prática de determinado ato processual também pode gerar a criação, a modificação ou a extinção de situações processuais, assim como os atos mencionados no art. 200, influindo, portanto, na relação processual.[538] Por produzir efeitos sobre o processo, mas não ser um ato, essa omissão é *fato processual* e não propriamente "ato omissivo", como prefere parte da doutrina.[539]

Para melhor compreensão, a não interposição tempestiva de apelação gera extinção automática do poder da parte de recorrer – além de sujeitá-la à coisa julgada. E, para a parte contrária, essa omissão criou uma situação processual nova: o poder de exigir o cumprimento da sentença transitada em julgado.

Se a parte se omitir em relação a um ônus processual, as possíveis consequências para si são a preclusão temporal, a ineficácia do ato e a presunção. De fato, com o esgotamento do prazo peremptório fixado em lei ou pelo juiz, opera-se a preclusão temporal, extinguindo-se imediatamente o poder de a parte praticar aquele ato processual. Dessa forma, *v.g.*, se a apelação não for interposta até o último dia do prazo, extingue-se de imediato a possibilidade de recorrer (art. 223, *caput*), formando-se a coisa julgada. Se o prazo peremptório em questão era para apresentar contestação, além da preclusão, será aplicada, ainda, a presunção (relativa) de veracidade dos fatos alegados pelo demandante na petição inicial (art. 344).

Por outro lado, se a omissão estiver vinculada a um *dever processual*, podem lhe ser impostas consequências exclusivamente processuais em conjunto com sanções materiais, externas ao processo. Assim, *v.g.*, poderá o juiz proibir o advogado, representante do Ministério Público ou defensor público a retirar novamente os autos do cartório se, intimado, não os restituir no prazo legal, além de aplicar multa (art. 334, § 2º).

Os efeitos dos fatos omissivos, tradicionalmente, sempre decorreram da lei, mas, com fundamento no art. 190 do Código de Processo Civil de 2015,

---

537 STJ, 2ª Seção, AgRg nos EAREsp n. 236.958- CE, rel. Min. Raul Araújo, j. 2.3.2016, v.u.

538 Nesse sentido: Moniz de Aragão, *Comentários ao Código de Processo Civil*, art. 158, n. 18, p. 26. O saudoso processualista paranaense registra, ainda, a vinculação do surgimento de situações processuais à prática de ato, nunca à omissão.

539 No sentido do texto, mencionando o "tempo como fato processual": Cândido Dinamarco, *Instituições de direito processual civil*, n. 749, p. 555. Em sentido contrário: Moniz de Aragão (*op. loc. cit.*).

agora as partes também podem fixar os efeitos de suas omissões, desde que respeitados os requisitos gerais de existência, validade e eficácia do negócio processual, como não infringir normas de ordem pública, capacidade dos convenentes etc. Podem, *v.g.*, convencionar que, se uma das partes não apresentar determinado documento em sua posse, não será admissível a presunção de veracidade dos fatos alegados pela outra parte (art. 400, inc. I).

135. Desistência da ação e seus efeitos

O parágrafo único do art. 200 do Código de Processo Civil de 2015 dispõe que "a desistência da ação só produzirá efeitos após a homologação judicial",[540] repetindo a fórmula do art. 158, parágrafo único, do Código de Processo Civil de 1973.

Quando o Código de Processo Civil trata da desistência, refere-se à declaração de vontade da parte de não mais insistir em determinada pretensão formulada. A desistência pode ser da ação (ou melhor, do processo), do recurso ou de qualquer ato processual por ele praticado (*v.g.*, da oitiva de uma testemunha arrolada). É ato com efeito exclusivamente processual. Assim, quem desiste eficazmente do processo pode posteriormente ajuizar outro igual, desde que pague os encargos da sucumbência (art. 486, § 2º), pois os efeitos da preclusão consumativa limitam-se apenas àquele processo, não a outro.

Ao contrário do que afirma parcela da doutrina,[541] a desistência da ação não é negócio processual, mas ato processual unilateral da parte cuja eficácia depende de consentimento da parte contrária – ou de declaração concordante.[542] Isso significa que, para ser homologada a desistência do processo de conhecimento formulada após a apresentação de contestação – ou da apresentação de qualquer peça de defesa –,[543] é *obrigatória a concordância do deman-*

540 Nos termos do art. 90 do Código de Processo Civil: "proferida sentença com fundamento em desistência, em renúncia ou em reconhecimento do pedido, as despesas e os honorários serão pagos pela parte que desistiu, renunciou ou reconheceu".

541 Humberto Theodoro Júnior, *Curso de direito processual civil*, vol. I, n. 336, p. 487; Fredie Didier Jr., "Negócios jurídicos processuais atípicos no Código de Processo Civil de 2015", n. 1, p. 61; e Pedro Henrique Nogueira, *Breves comentários ao novo Código de Processo Civil*, art. 190, n. 2, p. 660, entre outros.

542 Como está na clássica doutrina de Barbosa Moreira, "a diferença essencial entre os dois grupos de figuras consiste em que, nas do segundo, as declarações sucessivas não são dirigidas por uma parte à outra, nem se fundem num ato uno; há sempre dois atos distintos e unilaterais, dirigidos ao órgão judicial. Impossível, assim, identificar aí num acordo de vontades a fonte dos efeitos a cuja produção se visa" ("Convenções das partes sobre matéria processual", n. 3, pp. 89-90).

543 Para que se torne indispensável a concordância do demandado, basta que ele tenha apresentado qualquer forma de inconformismo com a pretensão do demandante-

dado (art. 485, § 4º), ainda que tácita por omissão. Se o demandado discordar fundamentadamente,[544] a desistência não pode ser homologada. Se ele concordar sob condição, o juiz só pode homologá-la se o desistente concordar com tal condição. No processo de execução, nem sempre há necessidade de concordância com a desistência, como dito adiante (item 136).

O provimento jurisdicional que homologa a desistência da ação gera efeitos *ex nunc*, não produzindo quaisquer efeitos no período anterior à sua prolação. Nessa toada, doutrina e jurisprudência afirmam, a partir de uma interpretação literal do parágrafo único do art. 200, que, antes da decisão judicial homologando-a, a desistência não produz quaisquer efeitos nem mesmo em relação ao demandante – e muito menos em relação ao demandado e ao processo –, de modo que o desistente pode se *retratar* do ato, enquanto não homologado, a fim de que o feito tenha seu regular prosseguimento.[545] O STJ já decidiu também que, se a desistência da ação não foi homologada e o juízo profere sentença de mérito, então tal ato é válido e não pode ser anulado pelo tribunal.[546]

Como a homologação da desistência da ação não produz efeitos retroativos, até então as partes têm o ônus de praticar regularmente todos os demais atos processuais, como se desistência não houvesse, pois eventual omissão pode lhes causar consequências desfavoráveis caso não haja a homologação – inclusive pela retratação do desistente. Dessa forma, se nesse período houver prazo para especificar provas, é recomendável que as partes o façam, ainda que reiterando o pedido de homologação, sob pena de perderem o poder de especificar posteriormente caso o processo tenha regular prosseguimento.

-desistente, como agravo de instrumento contra decisão concessiva da liminar, pedido de reconsideração da liminar etc. Nesse sentido: Fredie Didier Jr., *Comentários ao novo Código de Processo Civil*, art. 485, n. 9.6, p. 687.

544 A discordância com a desistência do processo deve ser fundamentada, sob pena de caracterizar abuso de direito. Nesse sentido: STJ, 1ª Seção, REsp n. 1.267.995-PB, rel. Min. Mauro Campbell Marques, j. 27.6.2012, v.u.; e STJ, 4ª T., REsp n. 241.780-PR, rel. Min. Sálvio de Figueiredo Teixeira, j. 17.2.2000, v.u.

545 Na vigência do Código de Processo Civil de 1973: STJ, 3ª T., AgRg no REsp n. 1.401.725-MS, rel. Min. Marco Aurélio Bellizze, j. 4.8.2015, v.u.; e STJ, 1ª Seção, AgRg no MS n. 18.448-DF, rel. Min. Herman Benjamin, j. 27.6.2012, v.u. É bastante sustentável, todavia, a tese de que, para o desistente do processo, o ato produz efeito imediato de impedi-lo de se retratar de sua manifestação de vontade (ainda mais se já tiver havido concordância do adversário), apesar de outros efeitos – em especial a efetiva extinção do processo – estarem condicionados à homologação judicial.

546 STJ, 1ª T., REsp n. 1.026.028-AL, rel. Min. José Delgado, j. 1.4.2008, v.u. Nesta hipótese, contudo, cabem embargos declaratórios por omissão (a respeito do ato da parte), por meio dos quais o juiz pode exercer o juízo de retratação para homologar a desistência e, por consequência, anular sua própria sentença.

Homologada a desistência com a concordância do demandado, em princípio as partes não têm interesse recursal. Eventual recurso pode versar apenas sobre os encargos impostos pela sentença, em especial no tocante aos honorários de sucumbência (art. 90). E se por qualquer motivo o juiz não homologar a desistência, infelizmente não cabe agravo de instrumento – apenas mandado de segurança.[547]

Registre-se que em alguns casos, diante da natureza do litígio em jogo, não é válida a desistência da ação, de modo que o juiz não poderá homologá-la ainda que haja concordância expressa do demandado. É o caso, *v.g.*, da ação direta de inconstitucionalidade (Lei n. 9.868/99, arts. 5º e 12-D) e da ação declaratória de constitucionalidade (Lei n. 9.868/99, art. 16).

Ademais, não se admite a desistência da ação após a sentença – ou após a decisão interlocutória que decide parte dos pedidos (equiparável à sentença, para esta finalidade) –, com a revogação desta (art. 485, § 5º). Nesse caso, admitem-se apenas a desistência ou renúncia ao recurso e a substituição consensual da sentença por um acordo que ponha fim definitivo ao litígio (ou àquela parte do litígio já decidida).

136. Desistência do recurso e da execução

Os arts. 775 e 998 autorizam a desistência da execução (ou cumprimento de sentença, por analogia) e do recurso, respectivamente, independentemente da anuência da parte contrária, e, nos termos do art. 200, tampouco condicionam sua eficácia à homologação judicial.[548]

Em qualquer desses casos, esses atos produzem efeitos imediatos para as partes, independentemente de homologação judicial, e *não permitem retratação* por quem os praticou – até porque, no caso de desistência do recurso, forma-se imediatamente a coisa julgada, que é matéria de ordem pública, sobre a qual a parte não pode dispor.[549] Mas é natural que não produza imediatamen-

547 Fredie Didier, contudo, admite o agravo de instrumento, ao afirmar que a desistência da ação seria um negócio processual unilateral e daí *equipará-lo indevidamente* à hipótese de não acolhimento de alegação de convenção de arbitragem (art. 1.015, inc. III) (*Comentários ao novo Código de Processo Civil*, art. 485, n. 9.2, pp. 685-686).

548 Nesse sentido: Theotonio Negrão e outros, *Código de Processo Civil e legislação processual civil em vigor*, art. 998, n. 4, p. 901. A desistência da execução ou do cumprimento de sentença extingue a respectiva defesa se ela versar sobre questões exclusivamente processuais (art. 775, parágrafo único, inc. I). Nos demais casos, que incluem a discussão sobre a existência da dívida e sua extensão, a extinção dos embargos à execução ou da impugnação ao cumprimento de sentença dependerá de concordância expressa ou tácita do credor.

549 "A jurisprudência é pacífica no sentido de que a desistência do recurso produz *efeitos imediatos*, tendo em vista que, nos termos do art. 501 do CPC, 'o recorrente

te *todos* os efeitos programados sobre o processo: para este ser extinto, evidentemente haverá necessidade de um ato judicial, isto é, de uma sentença meramente homologatória do juiz, que fará um controle dos requisitos meramente formais de validade do ato, como a verificação dos poderes e da capacidade postulatória de quem o praticou.

É válida a *renúncia consensual prévia* a eventual recurso contra futura decisão homologatória de acordo ou qualquer decisão interlocutória, sentença ou acórdão que aprecie ou não o mérito da causa.[550] Esse negócio processual atípico (art. 190) não depende de homologação para produzir efeitos e vincula as partes desde que assinada juntada aos autos; mas sua eficácia plena fica contida até que venha a ser proferida a decisão "irrecorrível" (v. *supra*, art. 190, item 60).

Há de se combater uma prática muito comum nos tribunais, de *fracionar a decisão de homologação* da transação e da desistência do recurso a ela vinculada, isto é, de homologar desde logo essa desistência e de determinar a remessa dos autos para o juízo de primeira instância decidir sobre a homologação do acordo, para supostamente não suprimir instância. Trata-se de medida totalmente reprovável, pois, se o acordo não for homologado, uma parte será gravemente prejudicada com o não julgamento do seu recurso e o consequente trânsito em julgado da sentença de primeiro grau. Ou se homologa tudo, ou não se homologa nada. Portanto, fracionar o julgamento é possibilitar que, eventualmente, as condições do acordo também sejam fracionadas, contrariando a própria vontade das partes. E o direito processual civil há tempos acabou com o dogma da supressão da instância, como se vê exemplificativamente no art. 1.013, § 3º, do Código de Processo Civil de 2015 (correspondente ao art. 515, § 3º, do CPC de 1973).

Registre-se, ainda, que em alguns casos, diante da natureza do litígio em jogo, a desistência do recurso da parte não impede que o tribunal aprecie a questão jurídica ali suscitada, para lhe projetar os efeitos da tese decidida sobre

---

poderá, a qualquer tempo, sem a anuência do recorrido ou dos litisconsortes, desistir do recurso'. A produção dos efeitos prescinde, inclusive, de homologação judicial, pois o atual Código de Processo Civil não exige essa providência (STF-RE 65.538/RJ, 1ª T., Rel. Min. Antônio Neder, *DJ* de 18.4.1975; REsp 246.062/SP, 2ª T., rel. Min. Franciulli Netto, *DJ* de 20.5.2004)" (STJ, 1ª T., AgRg nos EDcl no REsp n. 1.014.200-SP, rel. Min. Denise Arruda, j. 7.10.2008, v.u.).

550 Trata-se de negócio processual cuja validade depende de ser aplicável a todos os litigantes, podendo ser tido como abusivo se beneficiar apenas um dos litigantes. Nesse sentido, dispõe o art. 632-1 do CPC português que "é lícito às partes renunciar aos recursos; mas a renúncia antecipada só produzirá efeitos se provier *de ambas as partes*".

outros processos semelhantes, conforme dispõem os arts. 976, § 1º, e 998, parágrafo único.

137. Reconhecimento do pedido, transação e renúncia

Assim como a desistência da ação, também dependem de homologação judicial para produzir *efeitos processuais*: (a) o reconhecimento da procedência do pedido (art. 487, inc. II, letra *a*); (b) qualquer meio de autocomposição, como conciliação, mediação e transação judiciais (arts. 334, § 11, 48, inc. III, letra *b*, e 555, inc. II); e (c) a renúncia à pretensão formulada (art. 487, inc. II, letra *c*).[551] Os efeitos desses atos processuais são *ex nunc*.

Parcela considerável da doutrina entende que tais atos de disposição de direitos teriam natureza de *negócio jurídico processual*.[552] Todavia, trata-se, em verdade, de atos ou negócios jurídicos de direito material, com *efeitos secundários no processo*.[553] Seu principal efeito se dá instantaneamente no plano material (criação, modificação ou extinção de direitos subjetivos e dos correlatos deveres), de modo que esses efeitos retroagem ao momento do acordo, salvo expressa disposição em contrário no próprio documento.[554] Ou seja, a transação no curso do processo, o reconhecimento do pedido e a renúncia a direito postulado em juízo se tornam eficazes em dois momentos sucessivos: (a) no plano material, esses atos jurídicos se tornam imediatamente perfeitos e acabados com a manifestação de vontade convergente pelas partes; e (b) no processo, seus efeitos são prospectivos, a partir da homologação do negócio jurídico celebrado entre as partes.

---

551 Essa equiparação também era feita por Moniz de Aragão na vigência do Código de Processo Civil de 1973 (*Comentários ao Código de Processo Civil*, art. 159, n. 19, p. 27).

552 Nesse sentido: Frederico Marques, *Instituições de direito processual civil*, n. 427, p. 287; e Araken de Assis, *Processo civil brasileiro*, vol. II, t. I, n. 1.109.2, p. 1.306. Especificamente quanto à renúncia como negócio processual: Fredie Didier Jr., "Negócios jurídicos processuais atípicos no Código de Processo Civil de 2015", n. 1, p. 61.

553 Nesse exato sentido: Cândido Dinamarco, *Instituições de direito processual*, vol. III, n. 1.118, p. 315; e Pontes de Miranda, *Tratado de direito privado*, vol. III, n. 278.1, pp. 137-138. Como diz Moniz de Aragão em relação à renúncia, mas que também é válido para a transação e reconhecimento do pedido: "a renúncia, no plano do Direito Material, é por ele regulada e seus efeitos, estes, sim, podem atingir o processo" (*Comentários ao Código de Processo Civil*, n. 560, p. 473). E continua em seguida o processualista paranaense: "admitida embora no Direito Material, será incabível no processual a renúncia condicional, ou a termo" (p. 474).

554 Na transação, as partes podem convencionar, *v.g.*, o efeito prospectivo do ato, a partir da sua homologação.

Justamente por ter eficácia material predominante e imediata, as partes *não podem se arrepender* validamente da transação que põe fim ao litígio (CC, art. 463), tampouco do reconhecimento do pedido ou da renúncia ao direito em que se funda a sua pretensão.[555] Consequentemente, os efeitos processuais programados, secundários em relação aos do direito material, também são inalteráveis por vontade unilateral. Mas esses atos de disposição são *anuláveis* por vício de consentimento, sendo necessário, para tanto, o ajuizamento de outro processo.

Ao juiz não cabe valorar os motivos que levaram a parte a praticar o ato de disposição do direito,[556] limitando-se, assim, a fiscalizar os aspectos formais do ato – como forma escrita (se oral, reduzida a termo), capacidade da parte, disponibilidade do bem, procuração outorgada ao advogado etc. – ou relacionados à licitude do direito material reconhecido.

Havendo litisconsórcio, cabe uma ressalva importante. O ato de disposição atinge apenas quem *participou* do ato e quem dele se *beneficiou*, não prejudicando terceiros. Dessa forma, se um litisconsorte ativo renuncia ao direito subjetivo no qual se funda sua pretensão, tal renúncia pode excluí-lo do processo, mas o processo continuará com o outro demandante (desde que o litisconsórcio não seja unitário, hipótese em que o ato dispositivo será ineficaz). Na transação celebrada por apenas um litisconsorte, aplica-se basicamente o mesmo raciocínio: a decisão interlocutória que a homologa não atinge seus litisconsortes e, em se tratando de litisconsórcio unitário, esse acordo parcial sequer pode ser homologado.

138. Efeitos dos negócios processuais

Apesar da grande diversidade de posições defendidas pela doutrina, a melhor interpretação para a expressão "declarações bilaterais das partes" contida no *caput* do art. 200 é de que ela se refere exclusivamente aos negócios jurídicos processuais.[557] De todo modo, independentemente da exata extensão

---

555 Sobre a irretratabilidade da *transação*: STJ, 4ª T., REsp n. 1.558.015-PR, rel. Min. Luis Felipe Salomão, j. 12.9.2017, v.u.; e STJ, 4ª T., REsp n. 331.059-MG, rel. Min. Sálvio de Figueiredo Teixeira, j. 26.8.2003, v.u. Sobre irretratabilidade do *reconhecimento do pedido*, na vigência do Código de Processo Civil de 1973: STJ, 3ª T., REsp n. 1.317.749-SP, rel. p/ acórdão Min. João Otávio de Noronha, j. 19.11.2013, m.v.

556 STJ, 2ª T., REsp n. 723.614-AL, rel. Min. Mauro Campbell Marques, j. 15.9.2009, v.u.

557 Referindo-se ao art. 158 do Código de Processo Civil de 1973, Arruda Alvim já dizia que "as declarações bilaterais não se constituem, tecnicamente, em atos processuais, porém em negócios processuais" (*Manual de direito processual civil*, n. 143, p. 396). No mesmo sentido, mas já se referindo ao art. 200 do Código de Processo

dessa expressão, ninguém nega a aplicação do art. 200 aos negócios processuais, salvo quando a lei condicionar expressamente sua eficácia à homologação judicial. Isto é, como já dito nos comentários ao art. 190, os negócios processuais produzem efeitos sobre o processo assim que juntados aos autos, salvo quando a lei exigir a prévia homologação judicial.

Os negócios processuais *atípicos* (art. 190) nunca dependem de homologação judicial e, portanto, estão aptos a produzir efeitos imediatos.

Contudo, os efeitos dos negócios processuais *típicos* devem ser analisados caso a caso. Não dependem de homologação e produzem efeitos imediatos assim que a respectiva petição for protocolada, entre outros, a convenção para a suspensão de prazo processual (art. 313, inc. II)[558] e para a retomada dos prazos processuais suspensos por convenção anterior das partes; a inversão convencional do ônus da prova (art. 373, § 3º); e a escolha consensual do perito (art. 471). Já os negócios processuais típicos que, por força de lei, dependem da participação ou homologação do juiz – *v.g.*, o saneamento compartilhado do processo (art. 357, § 3º), a delimitação consensual das questões de fato e de direito relevantes para o julgamento da causa (art. 357, § 2º) e o calendário processual (art. 191) – só estão aptos a produzir todos os seus efeitos a partir da intimação do ato judicial convergente com a vontade das partes.

Note-se, porém, que estar *apto* a produzir efeitos imediatos não significa que o negócio processual necessariamente produzirá tais efeitos de pronto. Afinal, assim como ocorre nos negócios jurídicos de direito material, aqui também a eficácia pode estar condicionada a termo ou condição, isto é, a evento futuro. Fala-se, então, em ineficácia simples.[559] Assim, a convenção que no início do processo escolhe o perito (art. 471) só produzirá efeito *se* o juiz entender necessária a perícia.

E nada impede também de as próprias partes condicionarem a produção dos efeitos da convenção processual à ocorrência de determinado evento futuro – desde que essa condição seja em si válida.[560] Assim, podem convencio-

---

Civil de 2015: ARAKEN DE ASSIS, *Processo civil brasileiro*, vol. II, t. I, n. 1.109.2, p. 1.306. Registre-se, ainda, que nestes comentários adota-se a corrente segundo a qual o negócio processual é uma espécie de ato processual e não fenômeno jurídico diverso.

558 Na vigência do Código de Processo Civil de 1973, doutrina e jurisprudência divergiam sobre os efeitos da homologação relativa à suspensão de prazo. ARAKEN DE ASSIS, *v.g.*, sustentava os efeitos *ex tunc* (*Manual do processo de execução*, n. 149, p. 471), mas o STJ decidiu pelos efeitos *ex nunc* (STJ, 3ª T., HC n. 70.959-SP, rel. Min. CASTRO FILHO, j. 8.3.2007, v.u.).

559 Nesse sentido: ANTÔNIO JUNQUEIRA DE AZEVEDO, *Negócio jurídico*, n. 4, p. 53.

560 CRUZ E TUCCI nega a possibilidade de se alterar os efeitos do ato processual progra-

nar a suspensão do processo não a partir da juntada da petição aos autos, como ocorre nas situações normais, mas a partir da sua homologação pelo juiz.

Art. 201. As partes poderão exigir recibo de petições, arrazoados, papéis e documentos que entregarem em cartório.

CPC de 1973 – art. 160

139. Protocolo físico

Ao impor às partes o ônus de exigir o recibo (legível) de protocolo de suas manifestações,[561] a principal finalidade da regra contida no art. 201 é permitir a comprovação de o ato processual ter sido realizado tempestividade, evitando, com isso, a ocorrência da preclusão temporal, caso tal petição não chegue aos autos a que se destina.[562] É uma garantia de quem realizou o ato, mas também de seu adversário, que tem o direito de exigir a apresentação do recibo, caso seja alegado o extravio da petição, sob pena de presumir-se não praticado o ato.

Ordinariamente, o recibo oficial em petições e outros documentos físicos (papel) se dá por meio de equipamento mecânico ou eletrônico de protocolo do Poder Judiciário junto ao cartório do próprio juízo ou de um cartório geral do Fórum responsável apenas pelo recebimento e encaminhamento de petições. Esse aparelho emite uma chancela com data e hora na cópia da petição ou em qualquer outra espécie de documento apresentado pela parte – e eventualmente por terceiros, como colaboradores eventuais da justiça (testemunhas, peritos etc.).

Essa forma de protocolo substitui com vantagens o recibo manual do escrivão, cujas autoria e autenticidade podem ser facilmente impugnadas.[563]

---

mados em lei (*Comentários ao Código de Processo Civil*, vol. VII, art. 357, n. 173, p. 309), mas a doutrina majoritária admite essa alteração.

561 "O entendimento do STJ se firmou no sentido de que, em caso de ilegibilidade do carimbo da petição original do especial, é dever (*rectius: ônus*) da parte comprovar a tempestividade mediante certidão do Tribunal de origem" (STJ, 4ª T., AgInt nos EDcl no REsp n. 1.664.579/SP, rel. Min. Antonio Carlos Ferreira, j. 5.10.2017, v.u.).

562 O STJ assim decidiu num caso em que o recurso da parte foi localizado um dia *após* o vencimento do prazo, sem protocolo, no setor responsável pelo recebimento das petições: "quem protocoliza petição importante, como a de recurso de apelação, deve exigir o recibo, comprobatório de dia e hora, em separado ou na cópia da petição. A omissão de tal providência já por si frustraria a alegação de tempestividade" (STJ, 3ª T., REsp n. 797.400-SP, rel. Min. Sidnei Beneti, j. 1.12.2009, v.u.).

563 STJ, 5ª T., REsp n. 26.904-RJ, rel. Min. Cid Flaquer Scartezzini, j. 6.5.1997, v.u.

Mas é de fundamental importância para a segurança do sistema que o equipamento mecânico ou, preferencialmente, eletrônico de emissão do recibo seja imune a alterações de horário pelos seus operadores, a fim de evitar as fraudes corriqueiras do passado.

Na vigência do Código de Processo Civil de 1973, o recibo de *postagem* de recurso nas agências dos Correios não era aceito para a aferição da tempestividade do ato,[564] mas o art. 1.003, § 4º, do Código de Processo Civil de 2015 dispôs expressamente o contrário.

O recibo a que se refere o art. 201 comprova a entrega da petição ou documento pela parte e não necessariamente o seu conteúdo.

O art. 201 se aplica também à devolução dos autos pelas partes e por quem mais os houver retirado de cartório para consulta. Aplica-se igualmente a documentos entregues pelas partes e seus assistentes técnicos aos peritos judiciais.

140. Protocolo eletrônico

A redação do art. 201 manteve a redação do art. 160 do revogado Código de Processo Civil de 1973, apesar da velocidade com que o processo físico está sendo eliminado da prática forense, de modo que teria sido aconselhável o aprimoramento de sua linguagem para se adaptar à nova realidade digital. Mas isso não impede que o intérprete extraia da norma o seu objetivo, aplicando-a com racionalidade também ao processo eletrônico.

A Lei do Processo Eletrônico (Lei n. 11.419/2006) é expressa ao impor o fornecimento de "recibo eletrônico de protocolo" a todas as petições dirigidas aos autos eletrônicos (art. 10). E o art. 26, § 3º, da Resolução n. 185/2013 do Conselho Nacional de Justiça esclarece que tal recibo estará "disponível permanentemente para guarda do peticionante, contendo a data e o horário da prática do ato, a identificação do processo, o nome do remetente e/ou do usuário que assinou eletronicamente o documento e, se houver, o assunto, o órgão destinatário da petição e as particularidades de cada arquivo eletrônico, conforme informados pelo remetente". Esse recibo a que se referem a lei e a resolução está vinculado ao certificado individual utilizado para protocolo, para consulta a qualquer momento. Além disso, os sistemas dos tribunais costumam enviar automaticamente ao endereço eletrônico vinculado ao certificado uma mensagem (*e-mail*) com o comprovante de protocolo.

---

564 STJ, 6ª T., AgRg no AREsp n. 925.559-RO, rel. Min. Rogerio Schietti Cruz, j. 2.10.2018, v.u.

Como se vê, "a estrada digital é uma rodovia de mão dupla: o trâmite dos documentos ocorre nos dois sentidos. Sempre que um advogado transmite uma petição, logo em seguida recebe um protocolo eletrônico".[565]

Note-se que a integridade do sistema eletrônico, assegurada pela assinatura eletrônica pessoal do peticionário, confere maior segurança ao sistema, pois, além da certeza de que a petição ou documento chegará aos autos, é muitíssimo improvável haver qualquer alteração no seu conteúdo no caminho entre o emitente e o receptor ou por uma destas partes (v. item 107, art. 195). No processo eletrônico, portanto, o recibo confere maior segurança quanto ao conteúdo do que no processo físico.

Todavia, é surpreendentemente possível que algum serventuário do cartório judicial *altere a data do protocolo da petição eletrônica* sem deixar vestígios. Se a parte contrária ainda não tiver salvo uma cópia do referido documento e se a alteração de data não tiver sido devidamente registrada pelo cartorário – como é seu dever funcional, caso tal alteração tenha alguma justificativa plausível –, ninguém jamais descobrirá esse fato reprovável.[566] Sendo constatada a possível alteração, é ônus do peticionário juntar o recibo eletrônico de protocolo que lhe foi fornecido.

141. Fac-símile

Nos termos da Lei n. 9.800/99, a parte pode protocolar suas petições escritas por meio de *fax* – desde que apresente o original em até cinco dias corridos da data do término do prazo (art. 2º). Nesse caso, o comprovante de protocolo será emitido pelo próprio aparelho de fac-símile.

142. Correios

O Código de Processo Civil de 2015 permite a interposição de *recurso* por meio de postagem em agência de correio, sendo a apuração de sua tempestividade pela data de sua postagem e não pela data do protocolo na secretaria do respectivo tribunal (art. 1.003, § 4º).[567] Assim, o recibo de postagem entregue pela agência dos Correios, com expressa indicação do seu conteúdo, vale como recibo para fins do art. 201.

565 Petrônio Calmon, *Comentários à Lei de Informatização do Processo Judicial*, n. 2.3, p. 98.

566 Essa alteração de data sem certificação nos autos já ocorreu mais de uma vez na experiência profissional do autor destes comentários.

567 Logo, está superada a Súmula n. 216 do STJ, editada na vigência do Código de Processo Civil de 1973, segundo a qual "a tempestividade de recurso interposto no Superior Tribunal de Justiça é aferida pelo registro no protocolo da secretaria e não pela data da entrega na agência do correio".

Art. 202. É vedado lançar nos autos cotas marginais ou interlineares, as quais o juiz mandará riscar, impondo a quem as escrever multa correspondente à metade do salário mínimo.

CPC de 1973 – art. 161

143. Cotas marginais ou interlineares

Normalmente os atos processuais não têm forma específica (art. 188). Porém, o Código de Processo Civil impõe algumas regras mais rígidas, que não chegam a impedir nem dificultar o exercício de defesa. Nesse sentido, para evitar tumulto processual e poluição visual que comprometa a leitura das peças processuais, o art. 202 veda às partes a escrita de cotas, comentários ou qualquer outra forma de manifestação escrita, manual ou não, em qualquer documento constante dos autos. Objetiva, assim, assegurar a fidelidade da documentação dos atos praticados nos autos, além de evitar que sejam dadas respostas *in loco* às afirmações feitas pelos sujeitos processuais, transformando o processo num campo desordenado de disputa.

Moniz de Aragão relata que essa proibição "é velha de séculos", tendo sido tratada nas Ordenações Manuelinas e Filipinas.[568] O Código de Processo Civil de 1973 também já continha essa regra (art. 161), que é nitidamente voltada para o *processo físico* (de papel), tendo em vista que no processo eletrônico, em razão do princípio da integridade, não é possível haver interferências nas peças, próprias ou alheias, já juntadas aos autos.

Essa regra não atinge apenas os litigantes, como pode parecer de uma leitura rápida ou topológica do dispositivo em comento, mas todos aqueles que de alguma forma tenham *acesso aos autos*, como os próprios juízes, seus auxiliares permanentes (serventuários em geral) ou eventuais (peritos, leiloeiros etc.) e terceiros.[569] A própria pessoa que praticou aquele determinado ato – seja petição, provimento jurisdicional, termo ou qualquer documento – é atingida pela proibição do art. 202 após a sua juntada aos autos.

A punição deve ser aplicada em decorrência das "cotas" lançadas nos autos, isto é, em razão de escritos – geralmente feitos à mão – nas entrelinhas ou na margem de petições, decisões e documentos.

Quanto ao ato de *sublinhar* uma petição, sentença ou documento, há na doutrina três correntes: (a) por ser uma norma sancionatória, não se admitiria

568 *Comentários ao Código de Processo Civil*, art. 161, n. 26, p. 32.

569 Nesse sentido: Moniz de Aragão, *Comentários...*, art. 161, n. 26, p. 33; e Leonardo da Cunha, *Comentários ao novo Código de Processo Civil*, art. 202, n. 4, p. 340.

uma interpretação extensiva do art. 202 e, portanto, o juiz não pode punir quem sublinhar trechos dos autos, apesar de essa conduta ser reprovável;[570] (b) ser imediatamente aplicável a multa;[571] e (c) ser aplicável a multa apenas na reincidência, após a advertência do juiz.[572] Parece haver *similitude de resultados* entre o lançamento de cotas interlineares e o sublinhamento dos documentos – ambos geram poluição visual e tumulto das informações constantes dos autos. Por isso, para se dar tratamento igual a situações equivalentes, deve-se admitir a aplicação de multa a quem sublinha trechos dos autos, mesmo que seja pela primeira vez. Aliás, como já se disse num julgamento em que a parte havia sublinhado seletivamente a sentença, "processos não são trabalhos escolares ou livros para estudantes universitários que precisam enfatizar matéria para provas, muito menos é necessário chamar a atenção do juiz para esta ou aquela expressão".[573]

Contudo, deve-se evitar a punição por escritos ou anotações indevidamente feitos a *lápis* – apesar de aqui também haver alguma divergência doutrinária –, por serem facilmente apagáveis e, portanto, não causarem prejuízo ao processo, cabendo ao juiz, nesse caso, advertir o sujeito responsável pela conduta reprovável.[574] Portanto, somente escritos (e sublinhados) feitos em tinta indelével devem receber a sanção do art. 202.

Ademais, a vedação do art. 202 deve ser lida *cum grano salis*, com bom senso. Há de se ter alguma flexibilidade para tolerar, como sempre se tolerou, algumas pequenas manifestações manuscritas dos sujeitos processuais que não comprometam a clareza das peças processuais e demais documentos dos autos. É de longa tradição as breves cotas escritas por advogados e por representantes do Ministério Público, às vezes nas mesmas folhas em que há alguma certidão ou termo do cartório, quando eles tiverem sido intimados a se manifestar sobre algo de menor complexidade no processo (*termos de vista* – art. 208), geralmen-

570 Nesse sentido: Antonio Dall'Agnol, art. 161, n. 6, pp. 262-264.

571 Nesse sentido: Nery Jr. & Nery, *Código de Processo Civil anotado*, art. 202, p. 781. Na jurisprudência, TJSP, 18ª Câm. Dir. Privado, ApCiv n. 9164603-25.2009.8.26.0000, rel. Des. Roque Mesquita, j. 29.6.2011, v.u.

572 Nelton dos Santos, *Código de Processo Civil interpretado*, art. 161, n. 4, p. 446.

573 TJSP, 11ª Câm. Dir. Privado, ApCiv n. 1.205.094-7, rel. Des. Soares Levada, j. 24.1.2008, v.u.

574 Moniz de Aragão afirmava, contudo, quem "nem mesmo os traços a lápis, que Batista Martins dizia toleráveis, devem ser permitidos. A não ser assim, em pouco tempo os autos estarão repletos de traços e sinais, que os desfigurarão" (*Comentários ao Código de Processo Civil*, art. 161, n. 26, p. 33). No mesmo sentido: Humberto Theodoro Júnior, *Curso de direito processual civil*, vol. I, n. 345, p. 501. Na jurisprudência, punindo escritos à lápis: TJMG, 9ª Câm. Cível, ApCiv n. 2.0000.00.493564-6/000, rel. Des. Pedro Bernardes, 21.2.2006, v.u.

te sem prazo peremptório para a prática do ato. Quando admissível, essa breve manifestação, ou cota, substitui a petição devidamente protocolada. Nesse sentido, esclarece o casal NERY JR. & NERY que tal dispositivo alcança apenas as cotas "introduzidas nos autos fora do lugar ou da oportunidade admissíveis, que, por configurarem abusos, o juiz deve coibir [...]. Quando houver expressa determinação judicial de manifestação, é notório e usual, em razão do excessivo serviço a cargo dos ofícios judiciais, o advogado da parte intimada solicitar os autos no balcão do cartório e aí lançar cota manuscrita, deixando espaço para a oportuna aposição do carimbo próprio".[575] É comum, ainda, juízes despacharem em petições apresentadas pela parte (*v.g.*, "j. conclusos" ou "diga a parte contrária").

O art. 202 também se aplica à Justiça do Trabalho, aos Juizados Especiais e, conforme já se decidiu, aos processos criminais por analogia.[576]

144. Multa e seu destinatário

A sanção de multa para o descumprimento da regra contida no art. 202 é objetiva e não dá margem à dosimetria: deve corresponder sempre à metade do salário mínimo nacional vigente no momento da sua fixação, atualizado monetariamente a partir de então até a data do efetivo pagamento.

A multa pode ser imposta pelo juiz, de ofício ou a requerimento da parte, a *qualquer pessoa* que praticar o ato tipificado no art. 202, independentemente de sua condição pessoal, inclusive em se tratando de magistrado, representante do Ministério Público, procurador de órgão público ou escrevente. Nesses casos, a responsabilidade civil pelo pagamento da multa por infração cometida por agente público será do respectivo ente público (Const., art. 37, § 6º), que poderá, eventualmente, exercer o direito de regresso, se o caso. O advogado pode ser pessoalmente responsabilizado pela multa, tal como ocorre com as sanções do art. 234 do Código de Processo Civil.

Ao contrário de outras multas sancionatórias aplicadas aos advogados público e privado – *v.g.*, art. 234, § 2º –, esta deve ser aplicada pelo próprio juiz da causa, tendo em vista a expressa disposição do art. 202 nesse sentido. Outras sanções administrativas, porém, devem ser aplicadas somente pela Ordem dos Advogados do Brasil ou pela corregedoria competente para a fiscali-

575 *Op. loc. cit.* O STJ já decidiu também que "o ato de inserir qualquer anotação nos autos, *quando não for aberta vista ao advogado*, será inserida na denominação de 'cota marginal' ou 'interlinear'" (STJ, 2ª T., REsp n. 708-441-RS, rel. Min. CASTRO MEIRA, j. 7.3.2006, v.u.).

576 TJSP, 4ª Câm. Dir. Criminal, Ap. Crim. n. 990.08.066488-3, rel. Des. LUIS SOARES DE MELLO, j. 10.11.2009, v.u.

zação e punição dos integrantes daquela categoria, cabendo ao juiz apenas comunicar-lhe o fato por ofício.[577]

Quanto ao *destinatário* da multa processual, o art. 202 nada dispôs a esse respeito, abrindo margem para dúvidas. Como se sabe, o Código de Processo Civil não tem uma regra única relativa ao destinatário das multas processuais em geral; ora dispõe ser a parte adversa, ora dispõe ser o Estado ao qual vinculado aquele órgão do Poder Judiciário ou a União, no caso de o processo tramitar na Justiça Federal. Contudo, nessas situações omissas, infelizmente não há um critério objetivo na lei para se definir o seu destinatário, devendo o intérprete analisar principalmente a finalidade a que se destinam a norma e a respectiva sanção: se a proteção do adversário ou da própria administração da justiça. No caso em análise, a tutela não se dá ao adversário, até porque o ato reprovável pode ser praticado por quem não é parte do processo – portanto, não é parte contrária. Parece fora de dúvida, assim, que o bem maior a ser protegido na espécie é a própria atividade jurisdicional que se desenvolve por meio do processo. Daí se concluir que o destinatário da multa deve ser o Estado ou a União, conforme o caso.[578]

Se a multa for fixada em decisão interlocutória em fase inicial de conhecimento, não caberá agravo de instrumento (pois esta hipótese não está no rol taxativo do art. 1.015), devendo a parte se insurgir na sentença. Se em liquidação ou cumprimento de sentença, aí, sim, caberá o agravo. Se a multa tiver sido aplicada a terceiro, como não cabe agravo, deverá ser impetrado mandado de segurança.

Por fim, a multa se torna *exigível* quando não couber mais qualquer meio de impugnação especificamente contra a decisão que a fixar, independentemente de já haver sentença de mérito transitada em julgado ou não.

---

577 "Não merece censura o ato judicial de comunicação à OAB, em decorrência de anomalias inseridas nos autos do inventário pelo procurador da parte" (STJ, 4ª T., RMS n. 698-SP, rel. Min. Sálvio de Figueiredo Teixeira, j. 26.2.1991, v.u.). Em sentido contrário: Theotonio Negrão e outros, *Código de Processo Civil e legislação processual em vigor*, art. 202, n. 5, p. 288.

578 Para Moniz de Aragão, se devida por uma das partes, a multa do art. 161 do Código de Processo Civil de 1973 destinava-se à outra; e se devida por pessoa estranha à relação processual, destina-se aos órgãos fazendários (*Comentários ao Código de Processo Civil*, art. 161, n. 26, p. 33). Essa também é a opinião de Leonardo da Cunha, que invoca o art. 96 do Código de Processo Civil de 2015, relativo à multa por litigância de má-fé (*Comentários ao novo Código de Processo Civil*, art. 202, n. 10, p. 341). Nelton dos Santos, comentando o Código de Processo Civil de 1973, entende que é "devida em favor dos cofres públicos, salvo se o juiz reconhecer má-fé, caso em que o beneficiário será a parte contrária" (*Código de Processo Civil interpretado*, art. 161, n. 3, p. 445).

Seção IV
Dos Pronunciamentos do Juiz

145. Funções do juiz

Os juízes, nas diversas instâncias jurisdicionais, desenvolvem inúmeras atividades dentro do processo e também fora dele, de cunho administrativo, como a administração do cartório judicial.

As atividades mais importantes dos juízes são as jurisdicionais, por óbvio, em especial os pronunciamentos judiciais descritos no art. 203, isto é, a tomada de decisões, que ponham fim ao processo (sentença) ou não (decisão interlocutória), definitivas ou provisórias, acompanhada ou não de imposição de algum comportamento por uma das partes (dever), bem como o impulso do processo por meio de despachos.

Além dessa atividade jurisdicional central, os juízes praticam outros *atos materiais* no processo, como (a) presidir as audiências, inclusive para tentar a conciliação entre os litigantes e obter a colheita de depoimento das partes e testemunhas, (b) fazer inspeção judicial (art. 481) e (c) praticar diretamente alguns atos executivos, tal qual a penhora *on-line*. Apesar da ausência de indicação expressa dos atos materiais entre os atos do juiz, o Código de Processo Civil lhe dá o tratamento sistemático de espécie de ato judicial.

De fato, a presente sessão cuida apenas dos pronunciamentos judiciais, perdendo a oportunidade de fazer aqui expressa menção às demais atividades desenvolvidas pelo juiz, com impacto no processo.

146. Vícios dos pronunciamentos judiciais

Diferentemente dos atos civis, os atos judiciais – em especial os pronunciamentos dos juízes – podem ter apenas três espécies de vícios: inexistência jurídica, nulidade ou mera irregularidade. Esses atos não podem, portanto, ser anuláveis (como acontece com alguns atos da vida civil, como os decorrentes de vício de consentimento). Ineficácia, por outro lado, é conceito reservado aos atos das partes – apesar de ser legítima a aplicação analógica das regras de nulidade dos atos judiciais aos atos das partes e de terceiros.

As regras aplicáveis à nulidade do ato judicial estão dispostas essencialmente entre os arts. 276 e 283 do Código de Processo Civil e englobam também princípios aplicáveis às irregularidades, ainda que de forma não expressa. Deve-se evitar ao máximo o reconhecimento de algum desses vícios, com o consequente desfazimento de atos processuais já praticados. Tais atos devem ser declarados nulos somente quando não atingir sua finalidade (art. 277) e causar prejuízo para o processo ou para as partes (art. 282, § 1º), pois o formalismo excessivo é um mal a ser permanentemente combatido.

O Código de Processo Civil não faz menção aos atos processuais inexistentes e, portanto, não os define nem enumera critérios objetivos para sua constatação. Contudo, é possível afirmar, ainda que de forma vaga, serem inexistentes os atos judiciais que, embora possam apresentar-se formalmente perfeitos, não tenham capacidade intrínseca de produzir os efeitos jurídicos programados pela lei ou aqueles decorrentes da sua própria natureza, independentemente de prévia declaração judicial a respeito, por faltar-lhes, de forma absoluta, algum dos requisitos essenciais e nucleares dispostos em lei. Ao contrário dos atos nulos, não se cogita de sua invalidação, pois, além de ferir a ordem pública, a inexistência antecede qualquer consideração sobre a validade, devendo ser simplesmente ignorado, por nunca ter existido. Assim, o pronunciamento judicial inexistente não fica imunizado pela preclusão, inclusive pela coisa julgada.[579]

Art. 203. Os pronunciamentos do juiz consistirão em sentenças, decisões interlocutórias e despachos.

§ 1º Ressalvadas as disposições expressas dos procedimentos especiais, sentença é o pronunciamento por meio do qual o juiz, com fundamento nos arts. 485 e 487, põe fim à fase cognitiva do procedimento comum, bem como extingue a execução.

§ 2º Decisão interlocutória é todo pronunciamento judicial de natureza decisória que não se enquadre no § 1º.

§ 3º São despachos todos os demais pronunciamentos do juiz praticados no processo, de ofício ou a requerimento da parte.

§ 4º Os atos meramente ordinatórios, como a juntada e a vista obrigatória, independem de despacho, devendo ser praticados de ofício pelo servidor e revistos pelo juiz quando necessário.

CPC de 1973 – art. 162

Comparação jurídica – art. 152.2 do CPC português

147. Pronunciamento judiciais

Há duas categorias distintas de atos praticados pelo juiz no processo: (a) *provimentos jurisdicionais*; e (b) *atos materiais ou reais*, estes relacionados à docu-

579 São exemplos de pronunciamento judicial inexistente: (a) decisão judicial sem assinatura do juiz que a proferiu; (b) decisão prolatada por juiz promovido ou aposentado; (c) sentença que não contenha a parte dispositiva (art. 489, inc. III); (d) sentença ainda não juntada aos autos; (e) decisões proferidas em processo que correu à revelia do réu em decorrência de algum vício grave em sua citação (art. 525, § 1º, inc. I); e (f) sentença que condene a uma prestação materialmente impossível – *v.g.*, construir uma casa na Lua.

mentação ou instrução da causa, como a inspeção judicial e a colheita de depoimento pessoal ou de testemunhas.

Os pronunciamentos ou provimentos judiciais são atos processuais praticados pelos juízes das várias instâncias durante o curso do processo. Como ato processual, constituem-se de "declarações de vontade do Estado-juiz, às vezes acompanhadas de alguma determinação no sentido de mandar realizar ou omitir uma conduta".[580] É verdadeiro ato de poder-dever estatal.

Nos termos do art. 203, há pronunciamentos judiciais de três espécies: sentenças, decisões interlocutórias e despachos (de mero expediente).[581-582] As duas primeiras são decisões em sentido lato, pois contêm algum conteúdo decisório – aptas, portanto, a interferir em direitos e poderes das partes, adotando uma dentre duas ou mais soluções possíveis –,[583] enquanto o despacho nada decide e não é apto a causar prejuízo às partes. A distinção entre sentença e decisão interlocutória se dá exclusivamente pelo critério topológico ou finalístico: se puser fim à fase processual, trata-se de sentença; se não tiver essa finalidade, é uma decisão interlocutória.

Existem, todavia, *pronunciamentos judiciais mistos ou heterogêneos*, sujeitos a regimes jurídicos mistos – *v.g.*, parte com conteúdo de sentença e parte de decisão interlocutória ou despacho. Ou seja, a sentença pode conter capítulos autônomos com conteúdo de decisão interlocutória (*v.g.*, indeferimento de produção de prova ou de tutela provisória) e de despacho (*v.g.*, o "intime-se"); e a decisão interlocutória pode ter conteúdo de sentença (decide parte dos pedidos iniciais) e de despacho, sem resolver questões incidentais do processo.

---

580 CÂNDIDO DINAMARCO, *Instituições de direito processual civil*, vol. II, n. 761, p. 574.

581 Como dito no item 145, além dessas três espécies de pronunciamento tratadas no art. 2.013, o juiz também pratica alguns *atos materiais* no processo, como aqueles relativos à instrução probatória (inquirição das partes e de testemunhas, inspeções judiciais), de tentativa de conciliação e assinatura de termos; e *atos executivos*, por meio dos quais se procura a satisfação do direito do credor, com providências concretas sobre o patrimônio do devedor (*v.g.*, a determinação de penhora, arrematação ou adjudicação de bens deste).

582 Ao contrário daquilo que é diariamente dito pela imprensa, o magistrado não emite *parecer*. Quem o emite é o representante do Ministério Público, quando age como fiscal da lei, ou alguns juristas (desde que habilitados na Ordem dos Advogados do Brasil), quando contratados pela parte para emitir sua opinião acadêmica a respeito de algum aspecto material ou processual do litígio.

583 O Código de Processo Civil de 2015, ao contrário do seu antecessor, foi tecnicamente preciso ao utilizar o termo decisão, em sentido amplo, sempre que se referia tanto à sentença quanto à decisão interlocutória – *v.g.*, ao tratar do cabimento da ação rescisória contra decisões transitadas em julgado (art. 966) ou da homologação de decisões estrangeiras (art. 96).

O despacho, por outro lado, jamais terá outro conteúdo que não o de dar mero andamento ao processo.

Apesar disso, o ato judicial terá sempre *natureza jurídica única*, não podendo ser ao mesmo tempo, *v.g.*, sentença e decisão interlocutória, sujeita a duas espécies diversas de recurso.[584] Por isso, os capítulos da sentença com conteúdo de decisão interlocutória também poderão ser objeto da apelação (art. 1.009, § 3º) ou das respectivas contrarrazões (§ 2º). Já os capítulos da interlocutória ou da sentença que tenham conteúdo de despacho terão tratamento diverso e jamais poderão ser objeto de qualquer recurso, prevalecendo no caso a regra do art. 1.001.

Na maioria das vezes, a decisão nos *embargos de declaração* terá a mesma natureza jurídica do pronunciamento judicial embargado, pois visa a complementá-lo, integrando-lhe novos elementos e, eventualmente, extirpando vícios.[585] Dessa forma, opostos contra a sentença, em regra, a respectiva decisão também será uma sentença; se opostos contra decisão interlocutória, a decisão também terá essa natureza jurídica. Mas, excepcionalmente, se acolhidos com efeitos infringentes (modificativos), tal decisão poderá ter natureza diversa – *v.g.*, se a sentença embargada é anulada em razão de algum vício (especialmente erro material e omissão),[586] ou se o próprio juiz, ao reconhecer algum vício da decisão interlocutória embargada, profere simultaneamente sentença extintiva da fase processual.

Nos tribunais, os *acórdãos* "cumprem uma função análoga à da sentença quando põem fim à fase cognitiva do processo (CPC, art. 203, § 1º) ou das decisões interlocutórias quando não lhe põem fim (art. 203, § 2º)".[587] Da mesma forma, as decisões monocráticas prolatadas pelos relatores. Como se vê, para a definição da natureza jurídica do ato judicial devem ser sempre utilizados os critérios dos parágrafos do art. 203, em qualquer instância jurisdicional.

A identificação da natureza jurídica do pronunciamento judicial pode assumir enorme relevância prática para definir, entre outros, o recurso cabível e a extinção, ou não, da atividade jurisdicional do juízo em relação àquela fase processual, ressalvadas as situações dos incisos do art. 463.[588]

---

584 Em sentido contrário: JOSÉ ALEXANDRE OLIANI, *Sentença no novo CPC*, n. 2.6.5, p. 35.

585 Como está na autorizada doutrina de LUIS GUILHERME BONDIOLI, "com a apreciação dos embargos, o que ocorre é a integração de elementos ao ato decisório anterior ou sua correção ou elucidação" (*Embargos de declaração*, n. 11, p. 66).

586 STJ, 3ª T., REsp n. 1.726.108-AL, rel. Min. NANCY ANDRIGHI, j. 25.6.2019, v.u.

587 CÂNDIDO DINAMARCO, *Instituições de direito processual civil*, vol. II, n. 762, p. 576.

588 Salvo disposição em contrário, contra a sentença caberá apelação (art. 1.009), contra algumas decisões interlocutórias caberá agravo de instrumento (art. 1.015) e os

Em regra, os pronunciamentos do juiz têm a forma escrita (física ou digital), necessariamente na língua portuguesa (art. 192). Quando proferidos oralmente em audiência, devem ser reduzidos a termo escrito (v. art. 205, item 171), correndo os respectivos prazos a partir de sua juntada, se na própria audiência (art. 1.003, § 1º), ou da intimação de sua disponibilização, se posterior (v. art. 210, item 192).

Os prazos para o juiz proferir os pronunciamentos são indicados no art. 226: despachos em 5 dias; decisões interlocutórias em 10 dias; e sentenças em 30 dias. Tais prazos não são peremptórios, podendo ser dilatados por igual prazo se houver motivo justificado (art. 227). E, mesmo excedido injustificadamente o prazo legal, o juiz mantém o poder-dever de praticar o ato, podendo apenas lhe ser aplicada sanção administrativa (art. 235). Somente excepcionalmente a corregedoria do tribunal e o Conselho Nacional de Justiça poderão determinar a remessa dos autos ao substituto legal, para este praticar o ato (art. 235, §§ 2º e 3º).

Os pronunciamentos judiciais passam a *existir* no plano jurídico no momento em que se tornam públicos, por meio da entrega da via física ao escrivão (ou outro serventuário do cartório) ou do envio aos autos eletrônicos diretamente pelo juiz.[589] Nesse momento, torna-se imutável, salvo nas hipóteses do art. 494. Até então, não passa de uma obra de ficção, ainda que assinada. Assim, *v.g.*, se no momento do seu falecimento ou aposentadoria o juiz ainda não tiver entregue a sentença ao escrivão, deixando-a em seu gabinete, esse pronunciamento deve ser tido como inexistente.

Não cuidou o art. 203 do Código de Processo Civil de 2015, tampouco o art. 162 do Código de Processo Civil revogado, de distinguir o provimento judicial *definitivo* do *provisório* (este apenas antecipa no tempo, por meio de

---

despachos são irrecorríveis (art. 1.001). Nos tribunais, os recursos cabíveis são outros e independem da natureza jurídica do ato decisório. Ademais, contra qualquer decisão (interlocutória ou sentença, em qualquer grau de jurisdição) são admissíveis embargos de declaração (art. 1.022).

589 Doutrina e jurisprudência tradicionais referem-se sempre à *entrega ao escrivão* do provimento judicial assinado como sendo o momento em que passa a existir juridicamente. Nesse sentido: CÂNDIDO DINAMARCO, *Instituições de direito processual civil*, vol. III, n. 1.449, p. 787; STJ, 4ª T., AgRg no AgRg no Ag n. 685.829-RS, rel. Min. LUIS FELIPE SALOMÃO, j. 5.10.2010, v.u.; e STJ, 3ª T., REsp n. 750.651-PA, rel. p/ acórdão Min. ARI PARGENDLER, j. 4.4.2006, m.v. O Código de Processo Penal é expresso a esse respeito: "a sentença será publicada em mão do escrivão, que lavrará nos autos o respectivo termo" (art. 389). Já no processo (civil ou penal) eletrônico, não há necessidade de intervenção do serventuário para a sua juntada, razão pela qual os provimentos judiciais se tornam públicos com a sua inserção eletrônica pelo juiz nos respectivos autos.

cognição sumária, os efeitos materiais a serem definitivamente obtidos por meio de cognição exauriente), o que sempre gerou críticas da doutrina.[590] Essa distinção é relevante, pois ambos podem ser indistintamente concedidos por meio de decisão interlocutória ou de sentença.[591]

Nem todo ato praticado por juiz pode ser classificado como pronunciamento judicial, isto é, nem sempre tem caráter decisório ou se destina a dar andamento à marcha processual. Ele também pratica *atos de aperfeiçoamento* de outros atos, para lhes dar eficácia, como a mera nomeação de auxiliares secundários da justiça (perito, administrador judicial, depositário etc.) e a assinatura de mandado de levantamento judicial ou da carta de arrematação.[592]

148. Sentença: evolução histórica do conceito

O termo sentença vem do latim *sententia* e, em direito processual, exprime a ideia de como o juiz *sente* os argumentos de fato e de direito para decidir as pretensões formuladas pelas partes. De fato, apesar de a razão ser elemento fundamental da legitimidade da sentença, de acordo com as normas legais – é vedado o julgamento *contra legem* –, ao juiz é permitido considerar no julgamento da causa também seus sentimentos legítimos.

O Código de Processo Civil de 1973, em sua redação original, conceituava sentença como o ato do juiz que extinguia o processo, decidindo ou não o mérito da causa (art. 162, § 1º). Esse conceito era muito criticado por definir o fenômeno pelas suas consequências, além de o processo não ter seu fim definitivo com a sentença, na medida em que sempre era possível interpor recurso. Por outro lado, não gerava grande polêmica prática quanto à sua identificação em cada caso.

A Lei n. 11.232/2005, que criou o processo sintético de cumprimento de sentença, alterou substancialmente esse dispositivo legal para conceituar a sentença como o ato do juiz que se enquadrasse em alguma das situações arroladas nos arts. 267 e 269 do Código de Processo Civil revogado, isto é, sentença era toda decisão que apreciasse o mérito de um ou mais pedidos ou que reconhecesse a impossibilidade de o mérito vir a ser julgado, independentemente de extinguir o processo ou a fase cognitiva. Assim, a sentença deixou de ser con-

---

590 Por todos, Jorge-Didier Jr.-Rodrigues, *A nova reforma processual*, n. 1.2.3, p. 5 ss.

591 O art. 502 do Código de Processo Civil de 2015 passou a dispor que o objeto da coisa julgada é a "decisão de mérito" e não mais a "sentença" (CPC-1973, art. 467), justamente porque decisões interlocutórias podem conceder tutela definitiva – *v.g.*, ao julgar apenas parte dos pedidos formulados na petição inicial.

592 Em sentido equivalente: Humberto Theodoro Júnior, *Curso de direito processual civil*, vol. I, n. 317, pp. 502-503.

ceituada pela sua consequência (extinção do processo) e passou a ser definida pelo seu conteúdo, de modo que havia sentenças que não punham fim à fase processual.[593] Com isso, o legislador transformou os processos de liquidação e de cumprimento de sentença em fases finais do processo de conhecimento, eliminando a necessidade de novo processo autônomo iniciado com nova citação do devedor, na ilusão de essa alteração tornar o processo automaticamente mais célere e desburocratizado, por dispensar nova citação do demandado.[594]

O art. 203, § 1º, do Código de Processo Civil de 2015 resgatou o conceito original de sentença. Contudo, manteve sua compatibilidade com o sincretismo processual entre as fases de conhecimento, liquidação e cumprimento de sentença. Segundo lá está, sentença é o pronunciamento por meio do qual o juiz *põe fim* à fase de cognição do procedimento comum (ressalvadas eventuais disposições expressas dos procedimentos especiais), com ou sem resolução do mérito, ou que extingue a execução (ou o cumprimento de sentença, por aplicação subsidiária de suas regras), conforme o caso.[595]

---

593 Para parcela da doutrina, porém, tal alteração na lei não trouxe qualquer resultado prático, pois decisão interlocutória continuava a ser definida como o ato judicial que, no curso do processo (portanto sem extingui-lo), decidia questão incidente (CPC-73, art. 162, § 2º), de modo que, por exclusão, sentença continuaria a ser o ato que punha fim ao processo. Segundo decidiu o STJ, mesmo após a alteração ditada pela Lei do Cumprimento de Sentença (LCS), a conceituação de sentença continuava a depender da extinção do processo ou da fase processual (critério finalístico do ato), permanecendo, assim, "a teoria da unidade estrutural da sentença, a obstar a ocorrência de pluralidade de sentenças em uma mesma fase processual" (STJ, 3ª T., REsp n. 1.281.978-RS, rel. VILLAS BÔAS CUEVA, j. 5.5.2015, v.u.). Por outro lado, havia quem, num primeiro momento, sugerisse que da sentença que não pusesse fim ao processo ou à fase procedimental caberia uma inusitada "apelação por instrumento"; mas a jurisprudência se pacificou quanto ao cabimento de agravo de instrumento nesta hipótese.

594 A autonomia concedida pela LCS à fase de cumprimento de sentença é retórica, com reduzida relevância prática. A principal mudança foi no tocante à intimação do devedor por meio de seu advogado, em vez de citação pessoal. Mas essa alteração não exigia a "revolução" de conceitos do processo de execução de sentença, muito menos a mudança no conceito de sentença. A liquidação de sentença já se iniciava por meio de intimação do advogado e sua alteração mais relevante foi no tocante ao recurso cabível contra o ato final de mérito, que pragmaticamente deixou de ser a apelação e passou a ser o agravo de instrumento (CPC-1973, art. 475-H), o que também independia de alteração conceitual. Ademais, na Justiça do Trabalho o processo de execução de sentença não foi afetado pela alteração no Código de Processo Civil, pois ainda começa com a citação do devedor (CLT, art. 880), sendo duplamente irrelevante aquela alteração do conceito de sentença. E esse novo conceito não abordou, ao menos expressamente, as decisões proferidas no processo executivo ou de cumprimento de sentença.

595 A jurisprudência costuma afirmar equivocadamente, porém, ser a sentença identificada por dois elementos concomitantes: critério finalístico (extinção do processo)

Dessa forma, no Código de Processo Civil vigente é requisito obrigatório da sentença que o pronunciamento judicial ponha fim à fase de conhecimento do procedimento comum, com ou sem resolução do mérito (arts. 485 e 487), ou então extinga a execução por título extrajudicial (art. 924) ou a fase de cumprimento de sentença (nos termos do art. 924, por força do art. 513). Assim, o critério voltou a ser prevalentemente finalístico ou topológico, na medida em que a natureza jurídica desse ato judicial é definida apenas pela sua consequência (ou pela sua localização no procedimento). Assim, a sentença deve esgotar todo o objeto (ou seja, todos os pedidos formulados na ação e na reconvenção) e atingir todas as partes do processo (demandante, demandado e eventual terceiro interveniente).

Parcela da doutrina afirma, porém, que o conceito de sentença inclui também o seu *conteúdo*, que, nos termos do art. 203, § 1º, deve obrigatoriamente se enquadrar em uma das hipóteses dos incisos dos arts. 485 e 487.[596] Ocorre que, além de a sentença também poder ter fundamento no art. 924 (na execução ou no cumprimento de sentença), é juridicamente impossível extinguir o processo fora das hipóteses desses três dispositivos legais, mostrando-se irrelevante, portanto, o fundamento utilizado.

Seja como for, deixou de haver dúvida de que se trata de sentença a decisão que julga um ou mais pedidos cumulativamente formulados pelo demandante, com ou sem resolução do mérito, sem pôr fim à relação processual (ou ao menos à fase cognitiva), deixando pendentes outros pedidos.

No mais, cada fase processual admite apenas uma única sentença válida.

E a distinção entre sentença de mérito e sentença terminativa deixou de assumir grande relevância para o processo civil,[597] limitando-se a apenas algumas situações pontuais, pois, como se verá adiante: (a) algumas sentenças terminativas também estão sujeitas à coisa julgada e a respectiva ação não poderá ser reproduzida sem alteração, tal qual ocorre com a sentença de mérito (v. adiante, item 235); (b) o recurso contra a sentença é sempre a apelação, independentemente de ter resolvido o mérito ou não;[598] (c) a ação rescisória

e substancial (conteúdo). Nesse sentido: STJ, 3ª T., REsp n. 1.746.337-RS, rel. Min. Nancy Andrighi, j. 9.4.2019, v.u.; e STJ, 4ª T., REsp n. 1.698.344-MG, rel. Min. Luis Felipe Salomão, j. 22.5.2018, v.u.

596 Nesse sentido: Nery Jr. & Nery, *Código de Processo Civil anotado*, art. 203, n. 5, p. 782; e Marcelo Dias de Souza, *Breves comentários ao novo Código de Processo Civil*, arts. 203-205, n. 7, pp. 696-697.

597 Essa também é a opinião de Marcelo Dias de Souza, *op. cit.*, arts. 203-205, n. 7, pp. 697-698.

598 Salvo quando, em determinada situação específica, a própria lei especificar outro recurso cabível.

também pode ser cabível contra decisões terminativas que julguem o pedido com base em algumas das hipóteses no art. 485 (v. art. 966, § 2º). Uma das poucas situações em que é relevante essa distinção, quiçá a única, diz respeito à fixação de competência de uma determinada Justiça, conforme consta na Súmula Vinculante n. 22 do STF, segundo a qual a sentença de mérito é o marco temporal para a remessa dos processos em curso à Justiça do Trabalho, nas novas hipóteses de competência dessa Justiça especializada, adicionadas ao art. 114 da Constituição Federal pela Emenda Constitucional n. 45/2004. Mesmo assim, nos comentários ao art. 203 as duas espécies de sentença serão analisadas distintamente.

149. Procedimentos especiais

Ao ressalvar as "disposições expressas dos *procedimentos especiais*", o art. 203, § 2º, parece ter considerado situações nas quais a sentença não extinguiria a fase de conhecimento. Essa ressalva é aplicável somente na ausência de regra específica,[599] mas, na prática, é muito difícil (ou impossível) localizá-la no Código de Processo Civil ou em leis processuais esparsas.

O ato final da primeira fase da *ação de exigir contas* – que no Código de Processo Civil de 1973 poderia se enquadrar nesta ressalva – agora é conceituado como decisão interlocutória de mérito (art. 550, § 5º),[600] impugnável por meio de agravo de instrumento (art. 1.015, inc. II).[601] O termo sentença é reservado ao ato que apurar o saldo e constituir título executivo judicial, na segunda fase (art. 552).

A *ação de demarcação de terras* também pode conter duas fases, se for julgada procedente. Na primeira, define-se a linha demarcada; e, na segunda, o

---

599 Novamente: STJ, 3ª T., REsp n. 1.746.337-RS, rel. Min. NANCY ANDRIGHI, j. 9.4.2019, v.u.

600 Nesse sentido: CÂNDIDO DINAMARCO, *Instituições de direito processual civil*, vol. II, n. 764, p. 581.

601 "O ato judicial que julga procedente a primeira fase da ação de exigir contas tem natureza interlocutória (decisão parcial de mérito), sendo impugnável por agravo de instrumento" (STJ, 3ª T., AgInt no REsp n. 1.748.472-SP, rel. Min.VILLAS BÔAS CUEVA, j. 19.8.2019, v.u.). No mesmo sentido: STJ, 4ª T., REsp n. 1.680.168-SP, rel. p/ acórdão Min. RAUL ARAÚJO, j. 9.4.2019, m.v. Na doutrina: CASSIO SCARPINELLA, MANUAL DE DIREITO PROCESSUAL CIVIL, n. 14.3, p. 484; e enunciado n. 177 do FPPC. Mas parcela da jurisprudência (TJSP, 14ª Câm. Dir. Priv., AgRg n. 2232338-53.2016.8.26.0000/50000, rel. Des. MAURÍCIO PESSOA, j. 16.12.2016, v.u.) e da doutrina (GLÁUCIA MARIA COELHO, *Código de Processo Civil anotado*, art. 203, n. 4, p. 326) afirma ter mantido a natureza jurídica de sentença, tal qual no sistema anterior, e portanto sujeita a apelação.

imóvel é dividido entre os condôminos. A primeira fase se encerra por sentença de natureza declaratória (art. 581); e a segunda, por sentença homologatória (art. 587).[602]

A *ação de divisão de imóvel em condomínio*, cumulada ou não com a de demarcação de terras (art. 570), igualmente tem duas fases e as duas são encerradas por meio de sentença.[603]

150. Conceito ampliado de sentença

Muitas vezes, sentença é o termo genérico utilizado pela lei ou pelo operador do Direito, em sentido lato, para designar qualquer provimento final do processo, englobando não só a decisão monocrática de primeira instância, mas também pronunciamentos das demais instâncias. Assim acontece quando a lei se refere, *v.g.*, à liquidação ou cumprimento de sentença (arts. 528 e 509, respectivamente), à ordem cronológica de conclusão para proferir sentença (art. 12), à sentença que condena em honorários de sucumbência (art. 85) e à sentença que faz coisa julgada (art. 506). Na maioria desses casos, o ato judicial costuma ser um acórdão, e não uma sentença de primeira instância.

151. Sentença de mérito

Mérito é a pretensão (pedido) deduzida com vista à satisfação de um alegado direito,[604] seja pelo demandante na petição inicial, seja eventualmente pelo réu no pedido reconvencional ou em algumas espécies de intervenção de terceiro – *v.g.*, na denunciação da lide ou no chamamento ao processo. A causa de pedir é mero elemento de identificação da pretensão,[605] não compondo o conceito de mérito ou objeto do processo.[606]

Mérito é o próprio objeto do processo, a razão de ser deste, e, com vistas ao seu julgamento, são desenvolvidas todas as atividades do processo de conhecimento. Assim, em regra, "julgar o mérito é conceder ou negar a pretensão trazida".[607]

---

602 Nesse sentido: Humberto Theodoro Junior, *Curso de direito processual civil*, vol. II, n. 114, pp. 188-189.

603 Nesse sentido: novamente Humberto Theodoro Junior, *Curso...*, vol. II, n. 121, p. 197.

604 Na linguagem tanto do Código de Processo Civil atual quanto do anterior, inspirada em Carnelutti, o mérito seria a *lide* (CPC de 2015, arts. 113, inc. I, 303, 305, 505 e 509, § 4º).

605 Em sentido equivalente ao deste parágrafo: Cândido Dinamarco, *Capítulos de sentença*, n. 18, p. 56.

606 Cândido Dinamarco, *Capítulos de sentença*, n. 22, p. 63.

607 Ainda, Cândido Dinamarco, *Capítulos de sentença*, n. 18, p. 56.

Contudo, nem sempre a sentença de mérito efetivamente julga a causa. Há no Código de Processo Civil as chamadas "falsas sentenças de mérito" ou "sentenças de mérito por assimilação", por meio das quais o juiz não analisa quem tem o direito, limitando-se a homologar os atos de disposição de direitos praticados pelas partes – como a renúncia, o reconhecimento do pedido e a transação (art. 487, inc. III) –, as quais recebem a mesma força vinculante de qualquer outra sentença de mérito.[608]

O Código de Processo Civil de 2015 privilegia sobremaneira o julgamento do mérito – que, repete-se, é a razão de ser da fase de conhecimento –, ao determinar expressamente ao juiz sempre optar por julgá-lo mesmo se houver motivo formal para extinguir o processo sem sua resolução, desde que não prejudique o beneficiário dessa extinção anômala (art. 488).[609]

A sentença de mérito, quando não mais sujeita a recurso, sempre estará sujeita à coisa julgada formal e material – salvo se for juridicamente inexistente (v. item 146). Consequentemente, somente poderá ser impugnada por meio de ação rescisória (art. 966).

152. Sentença terminativa

Sentença terminativa é a que extingue o processo *sem* resolução do mérito, em decorrência de algum vício formal. Suas hipóteses estão taxativamente elencadas nos incisos do art. 485 e algumas delas, por serem matérias de ordem pública (em especial as condições da ação, os pressupostos processuais, a perempção, a litispendência e a coisa julgada), podem ser reconhecidas pelo juiz *ex officio* ou a requerimento, em qualquer tempo e grau de jurisdição, enquanto não houver trânsito em julgado (art. 485, § 3º).

Para apurar se a sentença é terminativa ou de mérito, não basta analisar a afirmação que consta no dispositivo, mas, sim, a sua essência ou conteúdo. De fato, muitas vezes consta na sentença que o processo é extinto sem resolução

608 Nesse sentido: CÂNDIDO DINAMARCO, *Instituições de direito processual civil*, vol. II, 5ª ed., 2005, n. 651, p. 495; e vol. III, n. 1.115 ss., p. 309 ss. O STJ também já reconheceu a relevância dessa distinção para fins de cabimento dos (agora inexistentes) embargos infringentes, salvo em casos especiais (STJ, 3ª T., REsp n. 1.203.973-MG, rel. Min. PAULO DE TARSO SANSEVERINO, j. 18.9.2012, v.u.). No caso em referência, houve divergência na turma julgadora a respeito do critério de fixação da verba de sucumbência do advogado que havia sido desconstituído pelo seu constituinte na véspera da transação.

609 O Código de Processo Civil de 1973 não tinha disposição com o mesmo sentido. Dispunha apenas que nenhuma *nulidade* deveria ser reconhecida se o juiz pudesse decidir o mérito em favor da parte que seria beneficiada pela anulação do ato (art. 249, § 2º), regra esta que também foi mantida no Código de Processo Civil atual (art. 282, § 2º).

do mérito, quando, na verdade, o mérito foi, sim, analisado.[610] São as chamadas *falsas condições da ação*. Assim, se a sentença afirma não haver responsabilidade do demandado, pois, segundo regras de direito material, ele não tem aquela obrigação, o julgamento é necessariamente de mérito e não de carência de ação.[611] Como ilustra Cândido Dinamarco, a demanda de responsabilidade civil ajuizada em face daquele que consta nos registros oficiais como proprietário do veículo, mas que no momento do acidente de trânsito já havia transferido a terceiro, é improcedente, apesar de rotineiramente ser afirmada a ilegitimidade passiva *ad causam*.[612] Dessa forma, são muito reduzidas as hipóteses de real carência de ação. Além de o Código de Processo Civil de 2015 ter retirado do sistema processual a impossibilidade jurídica do pedido (que era uma improcedência *prima facie*), tem-se que a ilegitimidade de parte e o interesse de agir estão intimamente relacionados à própria *utilidade* prática da tutela jurisdicional pleiteada.

Como se percebe, é tênue a diferença entre condições da ação e mérito. O que ainda justifica a permanência daquela preliminar no sistema é, basicamente, a *economia processual*, pois seu reconhecimento *initio litis* evita o longo desenvolvimento de processos que não têm a mínima aptidão a produzir resultados úteis e juridicamente legítimos, isto é, o desperdício de esforços e de recursos financeiros pelas partes e pelo próprio Judiciário. Por isso, a doutrina tende a afirmar que a carência da ação é uma espécie de improcedência, ou uma constatação *macroscópica* e *prévia* da ausência do direito material.[613]

De todo modo, como o objetivo principal do processo é o julgamento do mérito (na fase de conhecimento) ou a satisfação do crédito (na execução), sua

---

610 "A circunstância de o julgado ter proclamado a carência de ação é irrelevante para o cabimento da rescisória (CPC, art. 485) se na realidade houve pronunciamento de mérito" (STJ, 4ª Turma, REsp n. 1.678-GO, rel. p/ acórdão Sálvio de Figueiredo Teixeira, j. 13.2.1990, m.v.). E como bem afirmado em outro julgamento, "equívoco desse porte, terminológico, não tem o condão de transformar um instituto jurídico em outro" (STJ, 2ª Seção, AR n. 932-SP, rel. Min. Ruy Rosado Aguiar, j. 13.12.200, m.v.).

611 É verdade que o exame das condições da ação é feito essencialmente com base no direito material, em que devem ser apuradas a titularidade da relação jurídica material (legitimidade) e a necessidade-adequação da tutela, relativamente aos fatos narrados nos autos (interesse), como corretamente afirmam Flávio Luiz Yarshell, em sua *Tutela jurisdicional*, n. 4.17, p. 102; e José Roberto Bedaque, "Pressupostos processuais e condições da ação", p. 54. Mas isso não significa haver resolução do mérito na análise das verdadeiras condições da ação. Quanto aos *pressupostos processuais*, o direito material não exerce influência em sua análise.

612 *Instituições de direito processual civil*, vol. II, n. 645, p. 372.

613 Nesse sentido: Luiz Guilherme Marinoni e Sérgio Cruz Arenhart, *Manual do processo de conhecimento*, n. 5.3, p. 70.

extinção sem resolução do mérito deve ser *excepcional*, apenas quando realmente não for possível sanar o vício formal em questão. E, ainda que seja reconhecida alguma das hipóteses do art. 485 no caso concreto, mesmo assim o juiz pode adentrar cumulativamente o mérito do processo, para também julgar improcedente a demanda (art. 488).

153. Sentença terminativa e coisa julgada

Costuma-se afirmar que a sentença terminativa produziria apenas a coisa formal, e não a material – como as sentenças de mérito.[614] Com isso, seria permitida a repropositura da mesma ação, após a extinção do primeiro processo sem a resolução do mérito.

Em um primeiro momento, o *caput* do art. 486 do Código de Processo Civil de 2015 poderia dar a impressão de prestigiar tal entendimento ao dispor: "o pronunciamento judicial que não resolve o mérito não obsta que a parte proponha de novo a ação".[615] Contudo, o seu § 1º foi feliz em ressalvar expressamente que, no caso de extinção por litispendência e nas hipóteses dos incisos I (indeferimento da petição inicial), IV (ausência de pressupostos processuais), VI (ausência de legitimidade e interesse processual) e VII (convenção de arbitragem ou reconhecimento de sua competência pelo juízo arbitral) do art. 485, "a propositura da nova ação depende de *correção do vício* que levou à sentença sem resolução do mérito".[616] Portanto, nestas hipóteses específicas há formação de verdadeira *coisa julgada material* sobre a sentença terminativa – ou sobre a decisão interlocutória com esse mesmo conteúdo. E somente se houver alteração do cenário fático (*v.g.*, fim da litispendência) ou dos elementos da ação (partes, pedido ou causa de pedir),[617] com o saneamento do vício que deu

614 Em síntese, ocorre coisa julgada formal quando a sentença não mais puder ser impugnada *naquele processo*, tornando-se imutável nesses limites; e é material quando não puder ser impugnada naquele ou *em qualquer outro processo*, tornando-se definitiva. A primeira é pressuposto da segunda e não impede, por si só, o julgamento de mérito da segunda demanda, idêntica à primeira. E, conforme assinala Cândido Dinamarco, "o mais significativo efeito processual da coisa julgada material é a *extinção do direito de ação*" (*Instituições de direito processual civil*, vol. III, n. 1.147, p. 365).

615 O art. 268 do Código de Processo Civil de 1973 dispunha que, "salvo o disposto no art. 267, V, a extinção do processo não obsta a que o autor intente de novo a ação".

616 Apesar da omissão do art. 486, deve-se incluir ainda neste rol a perempção e a coisa julgada (art. 485, inc. V).

617 Liebman reconhecia que "a falta das condições da ação não se refere àquele determinado processo, mas à ação em si mesma, que não poderá ser proposta novamente em outro processo *enquanto não mudarem as circunstâncias de fato relevantes*" (*Manual de direito processual civil*, vol. 1, n. 80, p. 175).

ensejo à sentença terminativa, é que a demanda poderá ser eventualmente reproposta (mas não trata mais da mesma ação, pois terá havido modificação de um dos seus elementos: partes, pedido ou causa de pedir). Se assim não fosse, seriam ajuizadas quantas demandas idênticas o autor desejasse, todas fadadas a serem extintas sem julgamento do mérito, em inadmissível violação ao dever de boa-fé processual (art. 5º).

Na verdade, o art. 486 do Código de Processo Civil de 2015 não criou essa regra da coisa julgada material relativamente a algumas sentenças terminativas, apenas normatizou entendimento doutrinário e jurisprudencial já sedimentado durante a vigência do Código de Processo Civil de 1973 – especialmente quando a extinção anômala do processo decorria da ausência das condições da ação ou dos pressupostos processuais.[618]

Observe-se, porém, que, para preservar a lógica do sistema, a decisão terminativa sobre a qual incidir a autoridade da coisa julgada pode ser validamente impugnada por meio de *ação rescisória* (art. 966, § 2º), e só por ela. Do contrário, ela poderia ter um grau de imutabilidade ainda maior do que a decisão de mérito, o que seria um absurdo.

De todo modo, registre-se que nas demais hipóteses do art. 485 – inércia do autor em dar andamento ao feito (incs. II e III) ou desistência da ação (inc. VIII) – não haverá formação da coisa julgada material a impedir a repropositura de demanda idêntica.

154. Estrutura da sentença

A sentença é ato processual solene que deve atender à forma estabelecida em lei. Conforme dispõe o art. 489 do Código de Processo Civil, são elementos essenciais da sentença o relatório, a fundamentação e o dispositivo.

Relatório é onde o juiz indica os nomes das partes, realiza a identificação do caso e faz um histórico de todos os atos relevantes ocorridos no desenvolvimento do processo, indicando em especial a causa de pedir e os pedidos do demandante, bem como os fundamentos de defesa (*causa excipiendi*) e eventuais

618 Nesse sentido: Humberto Theodoro Júnior, "Ação civil pública. Operação bancária de caderneta de poupança", n. 9, p. 128; Galeno Lacerda, *Despacho saneador*, n. VI.3, p. 158; Fábio Gomes, *Teoria geral do processo civil*, n. VI.5, p. 127; e Nelton Santos, *Código de Processo Civil interpretado*, art. 268, n. 1, pp. 813-814. Na jurisprudência: STJ, 4ª T., REsp n. 160.850-SP, rel. Asfor Rocha, j. 17.10.2000, m.v. Em outro julgado, foi reconhecida também a inadmissibilidade da repropositura da ação, mas em razão da preclusão simples, afastando-se a coisa julgada material (STJ, Corte Especial, EREsp n. 160.850-SP, rel. Min. Sálvio de Figueiredo Teixeira, j. 3.2.2003, m.v.).

pedidos formulados pelo demandado. Sua relevância é para a definição das questões que o juiz deve apreciar na fundamentação.[619]

Na *fundamentação da sentença*, o juiz de primeira instância ou tribunal deve analisar e resolver todas as questões de fato e de direito, suscitadas pelas partes ou cognoscíveis de ofício, respondendo a todos os argumentos relevantes levantados no curso do processo e indicando precisamente os motivos que o conduziram a determinada conclusão.[620] A fundamentação completa é a única forma de se assegurar que as alegações das partes foram consideradas na decisão, em respeito ao princípio do contraditório.[621]

No *dispositivo da sentença*, o juiz decide a respeito dos pedidos formulados na demanda inicial e em eventual reconvenção – ainda que a fundamentação possa ser relevante para a interpretação de sua extensão (art. 489, § 3º).[622]

Tradicionalmente, apenas a parte dispositiva da sentença era imunizada pela autoridade da coisa julgada (CPC-73, art. 469, incisos). Todavia, com o Código de Processo Civil de 2015, parte da fundamentação também pode transitar em julgado, especificamente no tocante à "questão prejudicial, decidida expressa e incidentalmente no processo" (art. 503, § 2º). Tal questão incidental pode ser decidida inclusive por meio de decisão interlocutória, e não apenas na sentença.[623]

---

619 Como diz TERESA WAMBIER, "a fundamentação só ganha sentido conjuntamente com o contexto do relatório" (*Omissão judicial e embargos de declaração*, n. 7.1, p. 349).

620 Nos termos do art. 489, § 1º, inc. IV, considera-se não fundamentada a decisão que "não enfrentar todos os argumentos deduzidos no processo capazes de, em tese, infirmar a conclusão adotada pelo julgador". Há na doutrina quem afirme ser dispensável a fundamentação completa das sentenças monocráticas, pois o tribunal poderá analisar em sede de recurso as questões que ainda não tenham sido enfrentadas, revelando, assim, ausência de prejuízo. Todavia, além de a lei ser impositiva e não fazer essa distinção, no Estado de Direito a motivação das decisões é essencial para eventual convencimento das partes e, principalmente, para propiciar que tais decisões sejam adequadamente impugnadas pela parte vencida no recurso. O prejuízo é evidente.

621 Nesse sentido: TERESA ARRUDA ALVIM WAMBIER, *Omissão judicial e embargos de declaração*, n. 3, p. 115.

622 A parte dispositiva da sentença é aquela "em que a tutela é concedida ou negada a quem a pediu, é a resposta afirmativa ou negativa ao pedido feito pelo autor" (CÂNDIDO DINAMARCO, *Capítulos de sentença*, n. 22, p. 63).

623 Ao salientar que "a questão não precisa ser decidida mediante ato jurisdicional autônomo nem mesmo antes da sentença que julga o pedido", podendo "ser decidida no curso da fundamentação da sentença" de mérito, LUIS GUILHERME MARINONI reconhece a possibilidade de tal questão ser decidida por meio de decisão interlocutória ("Coisa julgada sobre questão, inclusive em benefício de terceiro", p. 104).

Naturalmente, deve haver uma coerência interna entre os três elementos estruturais da sentença, de modo a haver perfeita harmonia entre o relatório, a fundamentação e o dispositivo, evidenciando, assim, uma sucessão lógica entre eles, no caminho mental, com começo, meio e fim. A ausência de correlação entre esses elementos gera a nulidade da sentença.

Registre-se que o art. 489 é expresso em exigir que *a sentença* indique claramente essas três partes. E nenhum outro dispositivo do Código de Processo Civil determina, ao menos expressamente, que as decisões interlocutórias também contenham essas três partes, de forma compartimentada – apesar de a fundamentação e a conclusão serem obrigatórias, o relatório é entendido como dispensável. Assim, havendo dúvida real e objetiva a respeito da natureza da decisão judicial, a existência de relatório pode ser um bom elemento *indicativo* de que provavelmente se trata de sentença.

155. Capítulos de sentença

A sentença é ato formalmente único, mas é dividida em diversos capítulos autônomos. Cada capítulo da sentença corresponde a um pedido cumulado formulado na demanda inicial, reconvencional e eventual intervenção de terceiro, ou a um requerimento ali apreciado e decidido (com eficácia processual). É o que ocorre, *v.g.*, quando a sentença (a) afasta preliminares, (b) rejeita requerimentos de provas, julgando antecipadamente o processo para acolher ou rejeitar, no todo ou em parte, os pedidos cumulativos de (b.1) danos materiais, (b.2) danos morais e (b.3) obrigação de fazer ou (c) impõe condenação em custas e honorários advocatícios. Cada um desses itens corresponde a um capítulo de sentença autônomo.

Além disso, um pedido único pode ser analisado de forma fracionada em mais de um capítulo, como na hipótese de um único pedido (*v.g.*, de danos morais) ser parcialmente acolhido, desde que na prática seja possível sua contagem, medição ou qualquer forma de quantificação (em especial o dinheiro). Fala-se aqui em pedido decomponível ou divisível. Assim, se o demandante pede 100 a título de danos morais e a sentença condena em apenas 20, então há dois capítulos, um de procedência e outro de improcedência.

Essa teoria, maciçamente aceita pela doutrina brasileira, tem relevante utilidade prática, tal como: (a) nos recursos – em especial sobre seus limites objetivos e subjetivos, seus efeitos, a admissibilidade do recurso adesivo e a ocorrência de *reformatio in pejus*;[624] (b) na nulidade parcial da sentença (art. 281);

624 Se a parte não recorrer de um capítulo autônomo da sentença, futura anulação da sentença está limitada apenas aos capítulos que foram impugnados na apelação, não podendo atingir aquele que já havia transitado em julgado (STJ, 4ª T., REsp n. 203.132-SP, rel. Min. Sálvio de Figueiredo Teixeira, j. 25.3.2003, v.u.).

(c) na formação gradual da coisa julgada e, consequentemente, na extensão da admissibilidade da ação rescisória; (d) no cumprimento de sentença – em especial na extensão da parcela que é provisória ou definitivamente executável;[625] (e) na liquidação de sentença da parte ilíquida; e (f) na distribuição das verbas de sucumbência (art. 86).[626]

A apelação pode impugnar todos os capítulos da sentença ou apenas parte deles (art. 1.013). Sendo parcial, os capítulos não impugnados transitam em julgado de imediato, enquanto os demais estarão sujeitos à coisa julgada – ou à preclusão, caso tenha conteúdo interlocutório – em outro momento.

A existência de capítulos autônomos da sentença não autoriza, todavia, a interposição de mais de um recurso para impugná-la. Vigora aqui o *princípio da unirrecorribilidade*. Assim, se a sentença contiver capítulo que não esteja relacionado às hipóteses elencadas nos art. 485 e 487 – *v.g.*, concessão de assistência judiciária gratuita ou de tutela provisória (de urgência ou evidência) –, não será admissível, em hipótese alguma, a interposição de agravo de instrumento visando especificamente a impugnação desse capítulo, ainda que não seja interposta apelação. Vale dizer, "uma só sentença, um só recurso".[627]

156. Recorribilidade das sentenças

Qualquer sentença, proferida em qualquer instância, sempre poderá ser impugnada por algum recurso de natureza ordinária e, atendidos os rígidos requisitos formais, por recursos de natureza extraordinária (*v.g.*, recurso especial, embargos de divergência e recurso extraordinário). No plano teórico, apenas os acórdãos proferidos pelo STF e que ponham fim ao processo ou à fase processual podem, em algum momento, se tornar irrecorríveis. As decisões monocráticas do relator com essa natureza também estarão sempre sujeitas a agravo interno, para a matéria ser reapreciada pelo respectivo órgão colegiado. Porém, como dito nos comentários ao art. 190, as partes podem convencionar validamente o não cabimento da apelação ou de qualquer outro recurso contra a decisão judicial com natureza de sentença.

No caso da sentença proferida monocraticamente em primeira instância, o recurso cabível é exclusivamente a *apelação*, dotado, em regra, de efeito sus-

625 Em outras palavras, pode repercutir no *momento de eficácia*, plena ou contida, de cada capítulo da sentença.

626 Sobre essa relevância prática: Cândido Dinamarco, *Capítulos de sentença*, n. 3, pp. 14-15.

627 Nery Jr. & Nery, *Código de Processo Civil anotado*, art. 203, n. 15, p. 787. Conforme afirmam: "para efeitos de recorribilidade, não se admite a divisão da sentença por capítulos".

pensivo automático – ressalvadas as hipóteses do art. 1.012, § 2º. Como também já dito (item 60), as partes podem celebrar validamente negócio processual para retirar o efeito suspensivo automático, mas não podem impedir que, excepcionalmente, o relator conceda tal efeito no tribunal, diante dos requisitos da urgência e da verossimilhança.

É inadmissível a interposição de mais de um recurso contra a mesma sentença (princípio da unirrecorribilidade), ainda que ela contenha capítulos com conteúdo de decisão interlocutória. Assim, *v.g.*, se, incidentalmente, for concedida tutela provisória, de urgência ou de evidência, este capítulo também deverá ser impugnado exclusivamente por meio de apelação – jamais por meio de agravo de instrumento, o que constituiria erro grosseiro.

Note-se que, em alguns casos concretos, pode haver *dúvida objetiva* sobre a natureza da decisão, pois de um lado ela pode não estar arrolada nas hipóteses dos arts. 485, 487 ou 924; e, por outro, ter como efeito prático a extinção da fase procedimental, impondo, inclusive, condenação nas verbas de sucumbência. A dúvida pode acontecer também em relação ao recurso a ser interposto contra a decisão da primeira fase da ação de exigir contas, pois há divergência doutrinária a respeito da natureza desse ato – se sentença ou decisão interlocutória (v. item 149). Em casos de dúvida objetiva como esses, deve-se aplicar a *fungibilidade recursal*, para admitir a apelação no lugar de eventual agravo de instrumento (desde que esse recurso esteja entre as hipóteses taxativas de cabimento), ou vice-versa.[628] Tal princípio decorre de outro princípio, o da instrumentalidade das formas assegurado pelo art. 188 do Código de Processo Civil ("os atos e os termos processuais independem de forma determinada, salvo quando a lei expressamente a exigir, considerando-se válidos os que, *realizados de outro modo*, lhe preencham a finalidade essencial"). Os requisitos formais de ambos os recursos são equivalentes (prazo quinzenal, legitimidade etc.), e eventuais requisitos desatendidos podem ser posteriormente corrigidos ou adaptados pelo recorrente (arts. 932, parágrafo único, 1.007, § 4º, e 1.017, § 3º). Havendo, porém, erro grosseiro – *v.g.*, quando a decisão exclui um litisconsorte, mas o processo continua em relação aos demais; ou se ela rejeita a impugnação ao cumprimento de sentença –, então essa fungibilidade é inaplicável.

---

628 Nery Jr. & Nery negam a aplicação do princípio da fungibilidade por serem taxativas as hipóteses de agravo de instrumento (*Código de Processo Civil anotado*, art. 203, n. 21, p. 788). Todavia, o parágrafo único do art. 1.015 autoriza a interposição do agravo contra *qualquer decisão* interlocutória proferida nas fases de liquidação ou de cumprimento de sentença, na execução de título extrajudicial e no inventário. E a jurisprudência vem mitigando a taxatividade nos demais casos. Pode haver, portanto, dúvida objetiva em algumas situações.

157. Sentença em liquidação e cumprimento de sentença

Apesar da polêmica doutrinária e de o art. 203, § 1º, não fazer referência expressa a eles, o provimento judicial que põe fim à fase de liquidação de sentença ou de cumprimento de sentença deve ser considerado *sentença.*

Em relação ao ato final da liquidação de sentença, para o provimento ser caracterizado como sentença,[629] independe de ele ter tornado líquida a condenação anterior ou ter extinto essa fase sem apuração de qualquer valor de condenação.[630] Afinal, a liquidação é uma *fase cognitiva autônoma*, localizada, cronologicamente, entre a fase inicial de conhecimento e a fase de cumprimento de sentença,[631] e dependente de iniciativa das partes (art. 509),[632] por-

---

629 Quando vigente o conceito original do art. 162, § 1º, do Código de Processo Civil de 1973 para sentença, entendia-se ser dessa inegável natureza "a decisão que homologa cálculo de liquidação" (STJ, 6ª T., AgREsp n. 331.489-RJ, rel. Min. PAULO GALLOTTI, j. 6.2.2003, v.u.). Mas, em tempos mais recentes, "de acordo com a jurisprudência desta Corte, entende-se que a decisão judicial que resolve incidente de liquidação deixa de ter natureza interlocutória *(somente)* se extinguir o próprio processo, sendo cabível nesses casos a impugnação da decisão por meio do recurso de apelação", isto é, o ato judicial somente teria natureza de sentença se a liquidação se encerrar sem a fixação do valor do crédito (STJ, 2ª T., AgInt no REsp n. 1.623.408-PB, rel. Min. FRANCISCO FALCÃO, j. 5.2.2019, v.u.). No mesmo sentido: STJ, 4ª T., AgRg no Ag n. 1.257.123-SP, rel. Min. ISABEL GALLOTTI, j. 6.9.2011, v.u.; e STJ, 1ª T., REsp n. 1.090.429-RJ, rel. Min. TEORI ZAVASCKI, j. 20.5.2010, v.u. Para NERY JR. & NERY, o pronunciamento judicial que põe fim à liquidação de sentença, com apuração do valor da condenação, teria natureza de *decisão interlocutória*, podendo ser de mérito ou não, conforme o caso. Segundo dizem, ele não extinguiria o processo e não conteria as matérias arroladas nos arts. 485 e 487, o que, na sua visão, seria obrigatório para classificar a decisão como sentença, pois o Código de Processo Civil de 2015 teria supostamente adotado critério misto na definição de sentença, conjugando finalidade e conteúdo (*op. cit.*, art. 203, n. 8, pp. 783-784) – e não o critério exclusivamente topológico, como aqui defendido. Na mesma linha, MARINONI-ARENHART-MITIDIERO defendem tratar-se de decisão interlocutória definitiva de mérito (*Novo Código de Processo Civil comentado*, p. 607); assim como CASSIO SCARPINELLA BUENO, *Manual de direito processual civil*, n. 12.4, p. 415. Seja como for, a mera homologação de atualização de cálculo, na fase de cumprimento de sentença, é inegavelmente decisão interlocutória.

630 Em hipóteses excepcionais, o valor do crédito apurado em liquidação pode equivaler a zero, seja por não ter havido prejuízo concreto, seja por ausência de prova da extensão do prejuízo. Nesse sentido: LUIZ WAMBIER, *Breves comentários ao novo Código de Processo Civil*, art. 509, n. 9, p. 1.459; e MARINONI-ARENHART-MITIDIERO, *Novo Código de Processo Civil comentado*, p. 607.

631 No período final de vigência do Código de Processo Civil de 1973, a jurisprudência do STJ já reconhecia a liquidação de sentença como *fase autônoma* do processo. Nesse sentido: STJ, 3ª T., REsp n. 1.380.870-SC, rel. Min. NANCY ANDRIGHI, j. 19.6.2018, v.u.

632 Nesse sentido, afirma LUIZ WAMBIER, reconhecido especialista no tema: "trata-se de *ação de conhecimento* que, embora inserida dentro de um mesmo processo, deno-

tanto, seu provimento final satisfaz a exigência de pôr "fim à fase cognitiva do procedimento comum", contida no art. 203, § 1º. Em reforço, "é entendimento pacífico no STJ de que são cabíveis honorários advocatícios em liquidação de sentença, quando houver impugnação da outra parte",[633] e, segundo o Código de Processo Civil, "a sentença condenará o vencido a pagar honorários ao advogado do vencedor" (CPC-73, art. 20; CPC-2015, art. 85).

E, sendo sentença, o recurso cabível contra esse ato que extingue a fase de liquidação ou do cumprimento de sentença (com ou sem apuração do *quantum*) é a *apelação*.[634] O parágrafo único do art. 1.015 apenas complementa o seu *caput*, ao dispor que qualquer decisão interlocutória proferida nessas fases também é impugnável por meio de agravo de instrumento, não havendo qualquer menção à sentença proferida nessas fases – tampouco afirma ser interlocutória qualquer decisão lá proferida.[635]

Se na fase de *cumprimento de sentença*, relativo apenas aos honorários de sucumbência impostos na sentença exequenda, o juiz decide manter os *benefícios da assistência gratuita* ao devedor concedida ainda na fase de conhecimento – por entender não provada a alteração na situação de insuficiência de recursos –, ele então declarará a *inexigibilidade* da obrigação (CPC, art. 98, § 3º). E essa

---

minado sincrético, é *independente* tanto da ação que originou a sentença de mérito ilíquida quanto da ação executiva que se processará sob a forma de cumprimento de sentença" (*Breves comentários...*, art. 509, n. 2, p. 1.457). E continua a seguir: "o CPC/2015 respeita, na ação de liquidação, o princípio da inércia da jurisdição e o órgão somente se movimenta em função de provocação expressa" (*op. cit.*, n. 3, p. 1.457). O STJ também já reconheceu na vigência do Código de Processo Civil de 1973, em julgamento pela técnica do recurso repetitivo, a *autonomia da fase de liquidação de sentença* (STJ, 2ª Seção, REsp n. 1.274.466-SP, rel. Min. Paulo de Tarso Sanseverino, j. 14.5.2014, v.u.). Não se trata, portanto, de mero incidente processual, como afirmam Marinoni-Arenhart-Mitidiero, *op. cit.*, p. 607.

633 STJ, 2ª T., REsp n. 1.370.590-RJ, rel. Min. Herman Benjamin, j. 22.11.2016, v.u.

634 "No sistema regido pelo NCPC, o recurso cabível da decisão que acolhe impugnação ao cumprimento de sentença e extingue a execução é a apelação. As decisões que acolherem parcialmente a impugnação ou a ela negarem provimento, por não acarretarem a extinção da fase executiva em andamento, tem natureza jurídica de decisão interlocutória, sendo o agravo de instrumento o recurso adequado ao seu enfrentamento" (STJ, 4ª T., REsp n. 1.698.344-MG, rel. Min. Luis Felipe Salomão, j. 22.5.2018, v.u.). Essa jurisprudência confirma ser este ato final uma sentença, como sustentado no texto *supra*.

635 Na vigência do art. 611 do Código de Processo Civil de 1973 – isto é, até a entrada em vigor da Lei de Cumprimento de Sentença –, decidiu o STJ: "sentença que julga liquidação de sentença só existe uma (CPC, art. 611). As demais decisões proferidas no processo de execução (*rectius*, liquidação) são interlocutórias, porque resolvem questão incidente" (STJ, 4ª T., REsp n. 35.579-SP, rel. Min. Torreão Brás, j. 13.2.1993, v.u.).

inexigibilidade, como se sabe, conduz à extinção da execução (art. 525, inc. III).[636] Portanto, o ato judicial que acolhe a impugnação ao cumprimento de sentença para manter a gratuidade da justiça também é sentença.

158. Decisão interlocutória

O termo interlocutório tem origem no latim *inter locutus*, isto é, pronunciado no meio.

O Código de Processo Civil de 1973 definia decisão interlocutória como sendo "o ato pelo qual o juiz, no curso do processo, resolve questão incidente". Esse conceito recebia inúmeras críticas da doutrina, pois tal decisão não se limita a se pronunciar sobre as questões incidentes (em sua motivação), que são os pontos controvertidos, mas principalmente sobre os pedidos e requerimentos formulados pelas partes. Além disso, sentenças também podem resolver questões incidentais.

O art. 203, § 2º, do Código de Processo Civil de 2015, alterando a fórmula utilizada pelo Código de Processo Civil anterior, passou a definir decisão interlocutória por exclusão, sendo "todo pronunciamento judicial de natureza decisória que não se enquadre no § 1º". Vale dizer, é toda decisão judicial que não ponha fim à fase de cognição do processo, ao processo de execução ou à fase de cumprimento de sentença. Ela pode ser pronunciada tanto monocraticamente, pelo juiz de primeira instância ou pelo relator do recurso, quanto de modo colegiado, pelas câmaras, turmas, seções, plenário etc. dos tribunais – neste último caso, é elaborado um acórdão (art. 204).

No processo de conhecimento, ordinariamente, as decisões interlocutórias preparam o processo em direção ao ato final dessa fase cognitiva, que é a sentença. Contudo, essa regra contém exceções, como a decisão sobre o pedido de tutela provisória – de urgência ou de evidência –, que nada prepara, e sim antecipa os efeitos da sentença ou assegura o resultado prático do processo.

O Código de Processo Civil de 2015 não determina, ao menos expressamente, que a decisão interlocutória contenha os três elementos estruturais da sentença (relatório, fundamentação e dispositivo), exigindo, contudo, uma fundamentação exauriente (arts. 11 e 489, § 1º). Mas essa motivação logicamente deve conduzir a uma determinada conclusão a respeito de determinado pedido ou requerimento formulado pela parte – que forma o objeto da decisão –, a qual é justamente o dispositivo, que, por sua vez, é a parte sujeita à pre-

636 TJSP, 3ª Câm. Dir. Públ., Apel. n. 1503873-04.2014.8.26.0014, rel. Des. José Luiz Gavião De Almeida, j. 13.12.2016, v.u.; TJSP, 26ª Câm. Dir. Priv., Apel. n. 1002474-30.2014.8.26.0100, rel. Des. Renato Sartorelli, j. 2.2.2017, v.u.

clusão (art. 507) ou, eventualmente, até mesmo à coisa julgada (art. 502 ss.). Portanto, toda decisão deve ter fundamentação e dispositivo, sendo, em regra, dispensável apenas o relatório. Excepcionalmente, contudo, quando a decisão interlocutória decidir a respeito de parte dos pedidos formulados na petição inicial, com fundamento nos arts. 485, 487 ou 924 (sobre decisão interlocutória com conteúdo de sentença, v. próximo subitem), é no mínimo recomendável conter também um breve relatório dos fatos processuais necessários à sua completa compreensão, de modo a manter estrutura equivalente à da sentença.[637]

Tal qual a sentença, a decisão interlocutória também pode ser cindida em mais de um capítulo (v. *supra*, item 155)[638] e ser acobertada pela coisa julgada formal e material, seja quando contiver conteúdo de sentença (v. a seguir, item 159), seja quando decidir expressamente questão incidental, prejudicial ao julgamento do mérito (art. 503, § 1º).

159. Decisão interlocutória com conteúdo de sentença

Algumas decisões proferidas no curso do processo podem eventualmente apreciar em definitivo apenas parte dos pedidos formulados na demanda inicial ou reconvencional, resolvendo ou não o mérito, mas sem pôr fim à relação processual como um todo (arts. 354, parágrafo único, e 356). Apesar de o conteúdo desses provimentos jurisdicionais se enquadrar nas hipóteses do art. 485 ou 487 (julgamento da demanda inicial com ou sem resolução do mérito), eles não se enquadram no conceito de sentença, pois não põem fim ao processo, e por isso são decisões interlocutórias com conteúdo de sentença.[639]

Tais decisões interlocutórias também estão sujeitas à formação de *coisa julgada* (art. 502 ss.) e, portanto, a partir do momento em que se tornar irrecorrível, não podem ser rediscutidas, naquele ou em outro processo. Nesse caso, o único caminho para a impugnação dessa decisão é a ação rescisória – o art. 966 do Código de Processo Civil de 2015, ao contrário do art. 485 do Código de Processo Civil de 1973, dispõe que qualquer *decisão* de mérito transitada em julgado pode ser impugnada por essa via processual.[640]

---

637 Nesse sentido: José Alexandre Oliani, *Sentença no novo CPC*, n. 1.3, p. 22.

638 Cândido Dinamarco, *Capítulos de sentença*, n. 17, p. 52.

639 A doutrina é reiterada nesse sentido. Por todos, Nery Jr. & Nery, *Código de Processo Civil anotado*, art. 203, n. 9, pp. 784-785.

640 Nesse sentido, o enunciado n. 336 do FPPC: "cabe ação rescisória contra decisão interlocutória de mérito". Aliás, já na vigência do Código revogado, doutrina e jurisprudência eram reiteradas em admitir o ajuizamento de ação rescisória em tal situação. Nesse sentido: STJ, 4ª T., AgInt no REsp n. 1.330.661-RS, rel. Min. Antonio Carlos Ferreira, j. 25.6.2019, v.u.

Doutrina e jurisprudência reconhecem ainda, com acerto, que a decisão interlocutória com conteúdo de sentença deve condenar imediatamente o vencido a arcar com os encargos da sucumbência, desde que definitiva, apesar de o art. 85 do Código de Processo Civil se referir apenas à "sentença".[641]

Tal qual a sentença, a decisão interlocutória com conteúdo de sentença deve conter as matérias elencadas nos arts 485, 487 ou 924. Isto é, pode ser terminativa ou de mérito; ou ambas.

160. Decisão interlocutória terminativa

É o provimento do juiz que aprecia definitivamente apenas um ou mais pedidos formulados na fase de conhecimento, sem resolver o mérito, com fundamento no art. 485 do Código de Processo Civil, ou indefere parte dos pedidos formulados na execução (ou no cumprimento de sentença), de modo a manter ativa a relação processual existente entre as partes para a prestação jurisdicional dos demais pedidos ainda não apreciados.

É o caso, *v.g.*, da decisão que, no curso do processo: (a) homologar a desistência parcial da demanda, em relação a algum dos pedidos; (b) reconhecer a carência de ação em relação a parte dos pedidos ou a um litisconsorte; (c) extinguir sem resolução do mérito toda a pretensão do demandante (indeferir a inicial, reconhecer coisa julgada etc.), mas determinar o prosseguimento da reconvenção; (d) indeferir parte dos pedidos formulados em execução ou cumprimento de sentença, com fundamento no art. 924, inc. I, do Código de Processo Civil; e (e) indeferir liminarmente a denunciação da lide.

161. Decisão interlocutória de mérito

Na vigência do Código de Processo Civil de 1973, parcela significativa da doutrina e da jurisprudência não admitia a cisão do julgamento do mérito.

Contudo, o Código de Processo Civil de 2015 passou a admitir esse fracionamento, afastando qualquer possível discussão a esse respeito. Seu art. 356 é expresso ao permitir que o juiz julgue "parcialmente o mérito quando um ou mais dos pedidos formulados ou parcela deles" for incontroverso (inc. I) ou se estiver "maduro" para o imediato julgamento antecipado (inc. II). E o art. 1.015, inc. II, faz referência ao cabimento de agravo de instrumento contra a decisão interlocutória que verse sobre o mérito do processo.

641 Por todos: Bruno Lopes, *Comentários ao Código de Processo Civil*, art. 85, n. 115, p. 152. Muitas vezes, contudo, os juízes ainda deixam para fixá-los apenas na sentença final, mantendo inadvertidamente uma prática que fazia sentido apenas quando era admitida a compensação da verba honorária, se as partes saíssem simultaneamente vencedores e vencidos.

Assim, o juiz pode fracionar o julgamento da causa quando apenas parte dos pedidos puder ser julgada antecipadamente, por independer da produção de novas provas, enquanto outra parcela dos pedidos ainda depender de maior instrução probatória e, por isso, só poder ser julgada posteriormente.

É de mérito o pronunciamento judicial que, antecipadamente e em definitivo, na fase de conhecimento julga parte dos pedidos formulados pelo demandante com fundamento no art. 487 do Código de Processo Civil; ou na execução ou fase de cumprimento de sentença exclui parte da pretensão executiva com base no art. 924, incs. II a V, em ambos os casos mantendo ativa a relação processual existente entre as partes. Aqueles pedidos já analisados em definitivo não podem ser decididos novamente no mesmo processo, salvo por meio de agravo de instrumento (art. 1.015, inc. II).

O pronunciamento judicial pode ser considerado decisão interlocutória de mérito por força da própria natureza das coisas ou por força de lei. Enquadra-se na primeira categoria, entre outras, a decisão que decide antecipadamente apenas alguns dos pedidos (*v.g.*, de indenização por danos materiais), por mostrar-se incontroverso (art. 356, inc. I)[642] ou por independer de novas provas, inclusive por força dos efeitos da revelia (inc. II), postergando o julgamento dos demais pedidos para momento posterior (*v.g.*, de indenização por danos morais e de obrigação de fazer). Amolda-se, porém, na segunda categoria a que resolve o incidente de desconsideração de personalidade jurídica (art. 136).

Na execução ou na fase de cumprimento de sentença também pode haver decisão interlocutória de mérito, independentemente da apresentação de impugnação. É o caso, *v.g.*, da decisão que reconhece incidentalmente a prescrição parcial ou homologa cálculo do contador relativo à atualização do crédito.[643]

A decisão interlocutória de mérito também está sujeita à coisa julgada e pode ser impugnada em ação rescisória.

---

642 Na hipótese de incontrovérsia sobre parte do(s) pedido(s) formulado(s) na petição inicial, o Código de Processo Civil de 1973 autorizava somente a concessão de tutela antecipada (art. 273, § 6º). A doutrina discutia, contudo, se essa decisão podia fazer coisa julgada material ou se, ao contrário, havia necessidade de o juiz decidir novamente a seu respeito na sentença. Contra a ocorrência da *res judicata*: Bruno Lopes, *Tutela antecipada sancionatória*, n. 23, p. 100. Na jurisprudência do STJ, há julgados nos dois sentidos. A favor da coisa julgada, inclusive para fins de expedição de precatório relativo à parte incontroversa: STJ, 1ª T., AgRg no REsp n. 1.073.490-PE, rel. Denise Arruda, j. 3.3.2009, v.u. Em sentido contrário: STJ, 3ª T., REsp n. 1.234.887-RJ, rel. Min. Villas Bôas Cueva, j. 19.9.2013, v.u.

643 STJ, 3ª T., REsp n. 1.190.094-SP, rel. Min. Sidnei Beneti, j. 12.3.2013, v.u.

162. Recorribilidade das decisões interlocutórias

As decisões interlocutórias taxativamente especificadas nos incisos e no parágrafo único do art. 1.015 podem ser impugnadas por meio de agravo de instrumento.[644] Isso significa, em primeiro lugar, que nenhum outro recurso é cabível, sequer em tese, contra decisão interlocutória proferida em primeira instância – e os arts. 354, parágrafo único, e 356, § 5º, ao tratarem da recorribilidade das interlocutórias com conteúdo de sentença, apenas reforçam tal entendimento –, e, em segundo lugar, que não seria cabível agravo de instrumento contra qualquer outra decisão não especificada no mencionado art. 1.015. Ademais, não sendo interposto agravo de instrumento contra decisão especificada em tal dispositivo legal, esta estará sujeita à preclusão – ou à coisa julgada, caso diga respeito ao mérito.

> Conforme consta na Exposição de Motivos do Anteprojeto do Código de Processo Civil, o evidente objetivo dessa tarifação é *reduzir* a quantidade de agravos de instrumento, exponencialmente majorada desde a bem-intencionada reforma processual introduzida pela Lei n. 9.139/95, que superlotou os tribunais brasileiros com o julgamento de questões secundárias. A ideia é priorizar nos tribunais o julgamento das questões centrais do processo (o mérito da causa, em sede de apelação ou em ações de competência originária).

Os onze primeiros incisos do art. 1.015 especificam as decisões agraváveis, enquanto o inciso XXIII faz remissão a "outros casos expressamente referidos em lei". Nesse sentido, pode-se mencionar o art. 19, § 1º, da Lei da Ação Popular ("das decisões interlocutórias cabe agravo de instrumento"); e o art. 12 da Lei da Ação Civil Pública, que autoriza o agravo especificamente contra a decisão concessiva de medida de urgência, situação já abrangida pelo inc. I do art. 1.015 do Código de Processo Civil.[645]

Na execução, nas fases de liquidação e cumprimento de sentença e no inventário, *todas* as decisões interlocutórias são impugnáveis por meio de agravo de instrumento (art. 1.015, parágrafo único). Equiparam-se à execução, para esses fins, a *recuperação judicial* e a *falência*, pois estas não deixam de ser uma execução

---

644 A versão do Código de Processo Civil aprovada pela Câmara dos Deputados autorizava, em seu art. 1.028, a interposição de agravo contra outras decisões – *v.g.*, que versassem sobre competência; a que indeferisse a reconvenção ou a julgasse liminarmente improcedente; e a que recusasse a aplicação de negócio processual –, mas o Senado infelizmente excluiu tais hipóteses.

645 A Lei do Mandado de Segurança contém uma única disposição autorizando a interposição de agravo de instrumento (contra a concessão ou negativa de medida liminar – art. 7º, § 1º), estando o respectivo processo sujeito ao regime geral da recorribilidade das interlocutórias regulado pelo Código de Processo Civil, conforme reconhecido no enunciado n. 351 do FPPC.

universal e não faria sentido aguardar-se a prolação de sentença de encerramento da recuperação judicial ou da falência (Lei n. 11.101/2005, arts. 63 e 156, respectivamente), para só então serem impugnadas as decisões interlocutórias.[646]

À exceção das decisões relativas ao incidente de desconsideração de personalidade jurídica (art. 1.015, inc. IV), exclusão de litisconsorte (art. 1.015, inc. VII), admissão ou não da intervenção de terceiro (art. 1.015, inc. IX) e eventuais outras hipóteses expressamente referidas em lei (art. 1.015, inc. XIII), em princípio, as *decisões interlocutórias terminativas* não são agraváveis (*v.g.*, indeferindo apenas parte dos pedidos iniciais ou reconvencionais, por inépcia ou carência de ação), pois não estão indicadas no rol do art. 1.015. Por outro lado, as *decisões interlocutórias de mérito* são agraváveis (art. 1.015, inc. II), de modo que eventual ausência de recurso produz coisa julgada.

Há consenso em doutrina e jurisprudência de que o rol taxativo é muito enxuto, sendo aconselhável, portanto, haver alteração da lei para ampliar tais hipóteses, a partir da constatação das dificuldades concretas enfrentadas no dia a dia forense.[647] E, justamente em razão dessas dificuldades práticas, o STJ houve por bem *substituir* a manifesta vontade da lei (em vez de limitar-se a interpretá-la), para mitigar a taxatividade do rol do art. 1.015 e *permitir* a interposição de agravo de instrumento contra outras decisões interlocutórias, "quando verificada a urgência decorrente da inutilidade do julgamento da questão no recurso de apelação".[648]

Excepcionalmente, algumas decisões interlocutórias são impugnáveis por meio de *reclamação*, se estiverem contidas no rol do art. 988.

A doutrina costuma indicar, ainda, o cabimento de *mandado de segurança* contra as decisões não impugnáveis por meio de agravo de instrumento. Todavia, em sentido contrário, a 3ª Turma do STJ já decidiu ser ele *incabível* se a decisão interlocutória puder ser impugnada por meio de futura apelação, invocando, para tanto, a Súmula n. 267 do STF ("não cabe mandado de segurança contra ato judicial passível de recurso ou correição").[649]

---

646 TJSP, 1ª Câm. Reservada Dir. Empresarial, AgRg n. 2238791-64.2016.8.26.0000/50000, rel. Des. Fortes Barbosa Filho, j. 22.2.2017, v.u. Tal qual ocorre nas execuções, na recuperação judicial e na falência as partes sequer costumam ter interesse em recorrer da sentença e, portanto, muitas apelações visariam apenas a impugnação tardia de decisões interlocutórias.

647 Por todos: Cassio Scarpinella Bueno, *Novo Código de Processo Civil anotado*, art. 1.015, p. 840. E como bem dizem Nery Jr. & Nery, a irrecorribilidade das interlocutórias criou "um imbróglio de proporções ainda desconhecidas" (*Código de Processo Civil anotado*, art. 203, n. 9, p. 785).

648 STJ, Corte Especial, REsp repetitivo n. 1.704.520-MT (tema 988), rel. Min. Nancy Andrighi, j. 5.12.2018, m.v.

649 STJ, 3ª T., RMS n. 60.641-MG, rel. Min. Nancy Andrighi, j. 5.11.2019, v.u.

As decisões dos tribunais com conteúdo de interlocutória são recorríveis, especialmente as monocráticas (do relator) e as colegiadas proferidas pelos tribunais estaduais ou regionais. Mas o recurso será outro (agravo interno, recurso especial/extraordinário etc.).

Na *Justiça do Trabalho* (CLT, art. 893, § 1º) e nos *Juizados Especiais Cíveis*, as decisões interlocutórias são irrecorríveis em separado, podendo ser impugnadas apenas em conjunto com a sentença final. Nos Juizados Especiais Federais caberá agravo apenas contra a decisão que deferir tutela de urgência (LJEF, art. 5º).

163. Despacho

O art. 203, § 3º, define despacho, também conhecido como *despacho de mero expediente*,[650] por exclusão: "todos os demais pronunciamentos do juiz praticados no processo, de ofício ou a requerimento da parte". A essência desse ato, porém, não é definida na lei.

Trata-se de ordem judicial decorrente do princípio do impulso oficial (art. 2º), praticado pelo juiz de ofício ou a requerimento da parte, com o objetivo de *dar andamento* ao processo em direção à decisão final, ou mesmo interlocutória, sem nada decidir. Daí por que o art. 183 do Anteprojeto de Código Modelo para Ibero-América lhe dá o sugestivo nome de "providencias de trámite".[651]

---

650 José Alexandre Oliani distingue o *despacho* de *despacho do mero expediente*, de acordo com seu conteúdo. Segundo diz, os despachos teriam conteúdo decisório rarefeito ou irrelevante e precisariam ser necessariamente proferidos por juiz por haver a "necessidade de realização de algum juízo sobre qual a atitude adequada". Já os despachos de mero expediente visariam a dar mero andamento ao processo, sem exigir qualquer juízo acerca da providência a ser adotada (*Sentença no novo CPC*, n. 1.2, p. 20). Todavia, essa distinção, além de não ter utilidade prática, não tem apoio na lei e na doutrina, que os tratam como sinônimos (nesse sentido: Humberto Theodoro Júnior, *Curso de direito processual civil*, vol. I, n. 350, p. 507; Cândido Dinamarco, *Instituições...*, vol. II, n. 767, p. 583; Nery & Nery, *Código de Processo Civil anotado*, art. 203, n. 23, p. 789; e Daniel Mitidiero, *Comentários ao Código de Processo Civil*, art. 162, n. 27, p. 61). Vale dizer, todo despacho é de mero expediente. Aliás, o art. 189, inc. I, do Código de Processo Civil de 1973 fazia menção aos "despachos de expediente", mas agora o art. 226, inc. I, do Código de Processo Civil de 2015 suprimiu o termo "expediente".

651 Em Portugal, dispõe o art. 152.4 do CPC: "os despachos de mero expediente destinam-se a prover ao andamento regular do processo, sem interferir no conflito de interesses entre as partes; consideram-se proferidos no uso legal de um poder discricionário os despachos que decidam matérias confiadas ao prudente arbítrio do julgador".

O despacho não cria ou reconhece deveres e obrigações, nem elimina poderes, faculdades ou deveres processuais, podendo apenas impor alguns ônus processuais (*v.g.*, "diga a parte contrária"). Por não ter caráter decisório, é insuscetível de causar prejuízo às partes e, consequentemente, não precisa ser fundamentado. Ou seja, se o provimento for apto a causar algum dano material ou processual às partes ou a terceiros, então se trata de decisão interlocutória.[652]

Ele tampouco se equipara aos *atos materiais* do juiz, relacionados à instrução ou à documentação da causa, como a colheita de depoimento pessoal ou de testemunhas.

São exemplo de despacho: (a) o "cite-se", que o juiz profere no início do processo;[653] (b) a determinação de juntada de petições ou documentos aos autos; (c) o ato que posterga a análise de preliminares processuais (carência de ação, pressupostos processuais etc.) para momento posterior;[654] (d) a abertura de vista às partes para se manifestarem sobre a juntada de documento (art. 437, § 1º), sobre alguma petição da parte contrária (arts. 9º e 10), para responder a recurso interposto (arts. 331, § 1º, 1.009, § 1º etc.) ou, ainda, para especificarem as provas que pretendem produzir (arts. 348 e 437, § 1º); e) a designação de audiência de conciliação (art. 334) ou saneamento (art. 357, § 3º); f) a determinação de arquivamento dos autos[655] ou redistribuição do processo;[656] g) a determinação de providência pelo escrivão, como a renumeração das folhas dos autos etc.

O verbo *despachar* pode ter ainda outros significados no meio forense, diverso daquele tratado pelo art. 203, § 3º. Diz-se que um advogado despacha com o juiz quando aquele é recebido por este em sua sala ou gabinete para tratar de algum pedido ou requerimento formulado nos autos, conforme au-

---

652 "Enquanto os despachos são pronunciamentos meramente ordinatórios, que visam impulsionar o andamento do processo, sem solucionar controvérsia, a decisão interlocutória, por sua vez, ao contrário dos despachos, possui conteúdo decisório e causa prejuízo às partes" (STJ, 1ª T., AgRg na PET na AR n. 4.824-RJ, rel. Min. Mauro Campbell Marques, j. 14.5.2014, v.u.). No mesmo sentido: Humberto Theodoro Júnior, citando José Frederico Marques, *op. loc. cit.*

653 Para Nelton dos Santos, todavia, a ordem de citação, por depender de um juízo preliminar e provisório de admissibilidade da petição inicial, seria uma decisão interlocutória, mas não estaria sujeito a agravo de instrumento mesmo na vigência do Código de Processo Civil de 1973 (*Código de Processo Civil interpretado*, art. 162, n. 11, p. 453).

654 STJ, 3ª T., AgRg no AREsp n. 667.752-MG, rel. Min. Marco Aurélio Bellizze, j. 28.4.2015, v.u.

655 STF, 2ª T., AgR em HC n. 109.317-DF, rel. Min. Celso de Mello, j. 6.5.2014, v.u.

656 STJ, Corte Especial, AgRg na Rcl n. 9.858-CE, rel. Min. Felix Fischer, j. 4.2.2015, v.u.; e STJ, 4ª T., AgInt no REsp n. 1.758.549-CE, rel. Min. Raul Araújo, j. 30.5.2019, v.u.

toriza o art. 7º, inc. VIII, do Estatuto da Advocacia. Além disso, ao se dizer que o juiz *despachou* nos autos, na verdade se está dizendo que o juiz ali se manifestou, proferindo um pronunciamento judicial (despacho propriamente dito, decisão interlocutória e, eventualmente, sentença).

Deste último sentido deriva a incorreta utilização do substantivo despacho para indicar algumas decisões interlocutórias. Nessa linha, é frequente a indevida referência feita no cotidiano forense, *v.g.*, ao "despacho saneador", ao "despacho de negativa de seguimento do recurso especial" ou ao "despacho interlocutório", atos estes com relevante conteúdo decisório.

164. Irrecorribilidade dos despachos

O art. 1.001 é taxativo ao dispor que "dos despachos não cabe recurso".

Durante a vigência do Código de Processo Civil de 1973 essa regra, contida em seu art. 504, era interpretada com ressalvas. Havia inúmeros precedentes que corretamente a relativizavam para admitir a impugnação recursal de alguns atos tradicionalmente definidos como despachos, mas que em determinadas situações específicas e excepcionais podiam conter algum conteúdo decisório causador de prejuízo à parte. Afinal, independentemente do nome dado ao pronunciamento judicial, o que devia ser considerado para fins de cabimento de agravo de instrumento era a existência de conteúdo decisório do ato que pudesse causar prejuízo às partes. É o caso, *v.g.*, do "cite-se" ou da impertinente determinação ao autor para emendar petição.[657]

A partir da entrada em vigor do Código de Processo Civil de 2015, todavia, passou a ser absolutamente inadmissível a interposição de agravo de instrumento contra "despacho" com conteúdo decisório, pois essa situação não está elencada no rol taxativo do seu art. 1.015.[658] Assim, apenas quando o despacho com algum conteúdo decisório tiver sido proferido nos tribunais, pelos relatores, é que será admissível, excepcionalmente, a interposição de recurso, denominado agravo interno (art. 1.021, cujo rol não é taxativo).

Contudo, sendo irrecorrível, o despacho não está sujeito a preclusão, podendo ser invocada a matéria em sede de apelação, se necessário, mediante aplicação, por extensão, do art. 1.009, § 1º.

---

657 STJ, 4ª T., REsp n. 1.277.394-SC, rel. Min. Marco Buzzi, j. 16.2.2016, v.u.; STJ, 3ª T., REsp n. 1.219.082-GO, rel. Min. Nancy Andrighi, j. 2.4.2013, v.u.; e STJ, 2ª T., REsp n. 1.235.006/MG, rel. Min. Castro Meira, j. 25.10.2011, v.u.

658 Para parte da doutrina, talvez por mera falha de revisão, os despachos com eventual conteúdo decisório continuariam a ser recorríveis por meio de agravo de instrumento (Nery Jr. & Nery, *Código de Processo Civil comentado*, art. 203, n. 24, p. 789; e Marcelo Dias de Souza, *Breves comentários ao novo Código de Processo Civil*, arts. 203-205, n. 9, p. 698).

165. Atos ordinatórios

O art. 204, § 4º, repetindo os termos do art. 162, § 4º, do Código de Processo Civil de 1973 (com a redação da Lei n. 8.952/94), não define o ato ordinatório ou de ordenação. Diz apenas que ele pode ser praticado de ofício pelo servidor (escrivão, chefe de secretaria etc.), independentemente de "despacho" do juiz, que, por sua vez, tem autoridade para revê-lo, se necessário; e exemplifica duas situações em que pode ser praticado: a juntada e a vista obrigatória.

O art. 152, inc. VI, dispõe em complemento que incumbe ao escrivão ou ao chefe de secretaria – ou qualquer outro servidor do respectivo cartório – "praticar, de ofício, os atos meramente ordinatórios". O § 1º do art. 152 acrescenta que compete ao juiz titular responsável *regulamentar* a prática desses atos pelos funcionários de seu cartório.

Apesar da deficiência da definição legal, entende-se por ato ordinatório a providência burocrática, padronizada, praticada por servidor judicial e que visa a dar mero andamento de ofício ao processo, sem qualquer conteúdo decisório. Sua prática decorre do princípio do impulso oficial do processo (art. 2º) e não pode decorrer de qualquer opção ou interpretação do funcionário encarregado.

Em termos práticos, despacho e ato ordinatório são atos processuais muito parecidos, e a distinção entre eles é relevante apenas para a definição da possibilidade de delegar sua prática para algum servidor da justiça – o princípio da indelegabilidade da função jurisdicional impede a transferência ao escrivão de competência para a prática de atos decisórios.[659] Pode-se dizer até que todo ato ordinatório seria um despacho, se praticado por juiz – mas o inverso não é verdadeiro.

São exemplos de ato ordinatório delegável aos auxiliares de cartório: (a) intimação das partes para complementação do preparo recursal;[660] (b) determinação ao credor para que indique bens sujeito à penhora;[661] (c) vista às partes; (d) juntada obrigatória de peças ou documentos aos autos; (e) comunicação às partes do retorno dos autos da instância superior etc.

Os atos ordinatórios praticados pelo escrivão podem, como diz o texto legal, ser revistos pelo juiz de ofício ou a requerimento. Nesse caso, haverá verdadeira decisão interlocutória.

---

659 Para Daniel Mitidiero, os atos ordinatórios seriam praticados por despacho (*Comentários ao Código de Processo Civil*, art. 162, n. 28, p. 61). Ocorre que tais atos são geralmente praticados pelos funcionários do cartório ou secretaria, que por sua vez não proferem despacho.

660 STJ, 4ª T., AgRg no AREsp n. 480.543-RJ, rel. Min. Marco Buzzi, j. 6.9.2016, v.u.

661 STJ, 3ª T., REsp n. 821.779-RJ, rel. Min. Nancy Andrighi, j. 3.9.2009, v.u.

É da tradição nacional que cada juízo ou tribunal especifique – por meio de *portarias, provimentos ou ordens de serviço* – quais atos podem, ou não, ser diretamente praticados pelos serventuários. Trata-se de providência recomendável, por conferir segurança aos jurisdicionados e aos próprios funcionários sobre os limites dessa competência delegada, mas deve-se tomar muito cuidado ao elaborar tais normas internas, para não serem extrapolados os limites legais – não se pode autorizar o escrivão, *v.g.*, a determinar às partes a regularização da representação processual; ou a expedição e assinatura, de ofício, do mandado de penhora ou da carta precatória).[662]

166. Irrecorribilidade dos atos ordinatórios

Os atos tidos como ordinatórios são irrecorríveis, por não terem conteúdo decisório e por não serem praticados pelo juiz. Aplica-se aqui, por extensão, o art. 1.001.

Da mesma forma, a decisão do juiz que na fase inicial de conhecimento analisar alguma alegação de irregularidade do ato ordinatório praticado pelo funcionário do cartório, por não constar do rol taxativo do art. 1.015, é irrecorrível. Na liquidação ou cumprimento de sentença, na execução e no inventário, contudo, será cabível o agravo de instrumento contra tal decisão (art. 1.015, parágrafo único).

Art. 204. Acórdão é o julgamento colegiado proferido pelos tribunais.

CPC de 1973 – art. 163

167. Acórdão

Conforme esclarece Cândido Dinamarco, "o substantivo *acórdão* é corruptela da forma verbal *acordam*, empregada em velhas fórmulas cartorárias como: *acordam os desembargadores deste tribunal em dar provimento ao recurso.* Onde está *acordam*, leia-se *concordam.* Seja o substantivo, seja essa forma verbal, são inerências dos julgamentos colegiados, que se tomam pelo acordo da unanimidade ou maioria dos julgadores".[663]

662 Todavia, o STJ já decidiu, com questionável acerto, inexistir nulidade na delegação ao serventuário da justiça da decisão a respeito da "intimação das partes para complementação do preparo recursal", por constituir-se suposto ato ordinatório (STJ, 4ª T., AgRg no AREsp n. 480.543-RJ, rel. Min. Marco Buzzi, j. 6.9.2016, v.u.). Todavia, nesse caso há verdadeiro juízo de valor a respeito da suficiência, ou não, do valor do preparo e, portanto, o ato tem *caráter decisório*, apto a causar prejuízo à parte.

663 *Instituições de direito processual civil*, vol. II, n. 769, p. 586. Em sentido equivalente, Antonio Dall'Agnol, *Comentários ao Código de Processo Civil*, art. 263, n. 1, p. 279.

Como se percebe, o critério para definição daquilo que seja considerado acórdão não leva em consideração o seu conteúdo, mas apenas se foi proferido por órgão colegiado de um tribunal qualquer – ou por colégio recursal, nos Juizados Especiais –, conforme dispõe o art. 204. Esse órgão colegiado do tribunal pode ser câmara, turma, seção, órgão especial, plenário etc.[664]

Haverá acórdão sempre que houver julgamento colegiado de qualquer espécie de recurso (apelação, agravo de instrumento, recurso especial ou extraordinário, embargos de declaração etc.) ou ação de competência originária do tribunal (ação rescisória, reclamação, ação direta de inconstitucionalidade etc.) que o preceda.

O acórdão, porém, não se confunde com o próprio julgamento colegiado, sendo a materialização escrita do quanto ocorreu no julgamento.

A *natureza jurídica* do acórdão será sempre de sentença, decisão interlocutória ou, excepcionalmente, despacho,[665] isto é, corresponderá a uma das três figuras de pronunciamentos judiciais elencadas no art. 203. Em outras palavras, os acórdãos "cumprem uma *função análoga* à da sentença quando põe fim à fase cognitiva do processo (CPC, art. 203, § 1º) ou das decisões interlocutórias quando não lhe põem fim (art. 203, § 2º)".[666] Assim, a diferença de um acórdão para os pronunciamentos de primeira instância está apenas no órgão prolator – além do respectivo meio de impugnação recursal –, de modo que o acórdão que conhece do recurso, e lhe dá ou nega provimento, é um *doublé* do julgamento ocorrido na instância inferior, pois portador do mesmo conteúdo substancial, na medida em que o substitui (art. 1.008).[667]

---

664 O Código de Processo Civil de 2015 corrigiu imprecisão técnica do Código de Processo Civil de 1973, que definia genericamente acórdão como sendo o "julgamento proferido pelos tribunais", sem qualquer referência aos órgãos colegiados, em contraposição às suas decisões monocráticas.

665 Nos tribunais, despachos são, na enorme maioria das vezes, proferidos monocraticamente pelo relator e igualmente não estão sujeitos a recurso (nem mesmo a agravo interno), conforme dispõe o art. 1.001. Cândido Dinamarco chega a afirmar que "não se concebem acórdãos com a *eficácia de mero despacho*: nos tribunais atividades dessa ordem são realizadas por órgãos singulares, como os presidentes, vice-presidentes ou relatores" (*Instituições...*, vol. II, n. 769, p. 586). No mesmo sentido: José Alexandre Oliani, *Sentença no novo CPC*, 2.6.6, p. 36, entre outros. Todavia, há acórdãos que determinam, *v.g.*, a mera redistribuição da ação ou do recurso para outro órgão colegiado do tribunal, ato este que, segundo reiterado entendimento jurisprudencial, tem natureza jurídica de despacho. Portanto, apesar de raros, não se pode excluir totalmente a sua existência.

666 Cândido Dinamarco, *Instituições de direito processual civil*, vol. II, n. 762, p. 576. Por isso, há na doutrina quem denomine tais pronunciamentos como acórdão sentença e acórdão interlocutório, respectivamente (José Alexandre Oliani, *Sentença no novo CPC*, n. 2.6.6, p. 36).

667 Cândido Dinamarco, *Capítulos de sentença*, n. 17, p. 53. Mas há situações nas quais a natureza do ato judicial pode ser alterada no julgamento do recurso. Assim ocorre,

Também se aplica ao acórdão a teoria dos *capítulos de sentença* (v. *supra*, art. 203, item 155),[668] a permitir sua decomposição em diversas partes autônomas – ainda que eventualmente vinculadas entre si, e até mesmo condicionadas uma à outra.

168. Requisitos do acórdão

São *elementos essenciais* do acórdão, cuja ausência pode gerar sua nulidade, se for constatado prejuízo daí decorrente: (a) a ementa,[669] (b) a certidão de julgamento e, principalmente, (c) o voto vencedor e eventual voto vencido – podendo, em alguns casos, ser necessário também o voto de outros integrantes da turma julgadora. Trata-se aqui de requisitos intrínsecos, enquanto os extrínsecos (registro, assinatura e data) estão especificados no art. 205.

Na *ementa* (art. 943, § 1º) constará breve síntese do que foi decidido, de forma objetiva, em especial na tese jurídica adotada pela turma julgadora,[670] com a inclusão de palavras-chave, o que é relevante para a pesquisa jurisprudencial, especialmente no atual sistema de valorização de precedentes, pois tal pesquisa na internet se faz por meio da ementa.[671] Contudo, havendo alguma divergência com o corpo do acórdão, deve prevalecer o que constar na declaração de voto vencedor sobre as informações constantes na ementa, pois esta não integra a decisão colegiada.[672]

---

v.g., quando, em agravo de instrumento contra a decisão saneadora, o tribunal acolhe preliminar de mérito (carência de ação, ausência de pressupostos processuais etc.) e extingue o processo. Ou quando a sentença é anulada no julgamento da apelação, para serem produzidas provas ou para afastar a carência de ação acolhida no juízo inferior.

668 Nesse sentido: Cândido Dinamarco, *Capítulos de sentença*, n. 17, p. 53.

669 Leonardo da Cunha afirma, porém, que "o acórdão deve conter ementa, mas esta não constitui elemento essencial daquele" (*Comentários ao novo Código de Processo Civil*, art. 205, n. 4, p. 345).

670 "Apesar de *obrigatória*, nos termos do art. 563 do CPC, a ementa não tem seu conteúdo vinculado à observância de critérios legais, cabendo ao relator, fazendo uso de sua sensibilidade, resumir aquilo que, no seu sentir, há de mais relevante no acórdão, condensando seu conteúdo. Sendo a ementa um enunciado sintético das teses jurídicas discutidas no acórdão, nada obsta que nela se incluam também os argumentos que resultaram vencidos, notadamente a ressalva quanto ao entendimento pessoal do Relator" (STJ, 3ª T., EDcl no REsp n. 1.009.591-RS, rel. Min. Nancy Andrighi, j. 5.10.2010, v.u.).

671 Preferencialmente, a ementa deve ter a mesma fonte do texto do acórdão, sem negritos e sublinhados, mas com alteração da sua margem esquerda, a fim de lhe dar destaque. É recomendável, ainda, que os vários assuntos lá tratados sejam numerados em sequência lógica.

672 STJ, 2ª T., AgRg no REsp n. 413.656-RJ, rel. Min. João Otávio Noronha, j. 19.12.2003, v.u.; e STJ, 4ª T., REsp n. 466.526-DF, rel. Min. Fernando Gonçalves, j. 12.8.2003, v.u.

Essa ementa deverá ser *publicada* no Diário de Justiça (art. 205, § 3º), no prazo recomendável de dez dias, contados de sua lavratura (art. 943, § 2º), ou enviada para o portal do respectivo tribunal no mesmo prazo (LPE, art. 5º). Se não for publicada no prazo máximo de trinta dias, a partir da conclusão do julgamento, o presidente do tribunal poderá lavrar as conclusões e a ementa, a partir das notas taquigráficas, e mandará publicar o acórdão (art. 944, *caput* e parágrafo único), o que muito raramente ocorre na prática, apesar de enormes atrasos serem frequentes.

A ausência de ementa, porém, não gera nulidade absoluta do acórdão,[673] que de todo modo pode ser corrigido por meio de embargos de declaração por omissão.[674] Na verdade, a falta de ementa provocará, aí sim, a nulidade da intimação das partes por meio de Diário da Justiça, pois este é um requisito indispensável da publicação, mas sem qualquer consequência sobre a substância da decisão.[675]

A *certidão de julgamento* deve indicar o órgão julgador (tribunal e câmara ou turma), todos os magistrados que participaram do julgamento, com indicação clara do voto proferido por cada um deles – e, portanto, se o resultado do julgamento se deu por unanimidade ou por maioria de votos –, bem como a respectiva data. Se, por qualquer motivo, o julgamento não começar e terminar no mesmo dia (*v.g.*, em razão de pedido de vista), então deverá ser lançada a data da última sessão.

Nos termos do art. 941, cabe ao relator da ação originária ou recurso redigir o acórdão, salvo se ele sair vencido no julgamento, hipótese na qual caberá tal função àquele magistrado que proferir o primeiro voto vencedor, em termos cronológicos. Assim, tendo havido no julgamento unanimidade entre os magistrados, geralmente constará apenas o voto por ele proferido, exceto se por algum outro magistrado também quiser apresentar declaração de voto vencedor. Por outro lado, se o julgamento for por maioria de votos, é obrigatório que no acórdão constem ao menos um voto vencedor e um voto vencido (art. 941, § 3º).

No acórdão – ou melhor, nos votos que o integram – devem constar, obrigatoriamente, os três elementos indicados no art. 489 (relatório, funda-

673 Leonardo da Cunha afirma que "o acórdão deve conter ementa, mas esta não constitui elemento essencial daquele" (*Comentários ao novo Código de Processo Civil*, art. 205, n. 4, p. 345). O STJ também já afirmou que "a falta de ementa não torna o julgado nulo" (STJ, 4ª T., REsp n. 101.121, rel. Min. Barros Monteiro, j. 11.6.2002, v.u.).

674 STJ, 3ª T., REsp n. 223.486-MG, rel. Min. Menezes Direito, j. 8.2.2000, v.u.

675 STJ, 1ª T., REsp n. 87.739-SP, rel. Min. Humberto Gomes de Barros, j. 5.9.1996, v.u.

mentação e dispositivo),[676] independentemente de sua natureza jurídica (sentença, interlocutória ou despacho).

O Código de Processo Civil não impõe a transcrição de *notas taquigráficas* com as discussões havidas na sessão de julgamento, mas alguns regimentos internos de tribunais o fazem (*v.g.*, RISTJ, art. 103). Sua juntada "somente é exigida quando indispensáveis à compreensão do julgamento",[677] ou para eventual correção do teor do acórdão, hipóteses nas quais "as notas taquigráficas da sessão de julgamento *integram* o acórdão nela proferido".[678] Portanto, com a sua juntada aos autos, o prazo recursal da parte deve ser reaberto, mediante regular intimação.[679]

169. Meios de impugnação

Para anular ou reformar um acórdão, o art. 994 do Código de Processo Civil admite a interposição dos seguintes recursos, conforme a situação: recurso ordinário, recurso especial, recurso extraordinário e embargos de divergência, além dos embargos de declaração, cujo objetivo primário não é a re-

---

676 Como se sabe, é a parte dispositiva da sentença ou acórdão que transita em julgado (art. 504, inc. I), ainda que a fundamentação seja relevante para sua interpretação. Daí por que, segundo Leonardo da Cunha, o acórdão sem a parte dispositivo seria juridicamente inexistente (*Comentários ao novo Código de Processo Civil*, n. 3 ao art. 204, p. 345). Mas, segundo entendimento corrente, a ausência de dispositivo pode ser facilmente ignorada se a fundamentação do acórdão contiver, com clareza, o resultado a que chegaram os magistrados. E se a ausência pode ser sanada, não se trata de inexistência jurídica, cujo vício é insanável, mas de nulidade. De qualquer forma, registre-se que, apesar de recomendável que a parte dispositiva esteja na parte final do pronunciamento judicial, ela também pode "ser encontrada no corpo da sentença ou voto" (STJ, 1ª T., AgRg no REsp n. 1.337.068-RJ, rel. Min. Napoleão Nunes Maia Filho, j. 14.5.2015, v.u.).

677 Sobre a juntada para compreensão do acórdão: STJ, 3ª T., EDcl no REsp n. 1.296.434-SC, rel. Min. Villas Bôas Cueva, j. 19.5.2016, v.u.

678 STJ, Corte Especial, EDcl nos EREsp n. 1.194.697-MS, rel. Min. Napoleão Nunes Maia Filho, j. 7.10.2015, *DJe* 19.10.2015. Esse acórdão consignou, na linha de outros precedentes do STJ, que "a regra da juntada obrigatória ao acórdão das notas taquigráficas da sessão de julgamento, prevista no art. 103 do RISTJ, foi flexibilizada, em atenção ao princípio da celeridade processual ressalvando-se as hipóteses de pedido formulado por um dos Ministros ou pelas partes". Há também precedentes daquela Corte negando o acesso da parte à transcrição das notas taquigráficas, pois elas supostamente poderiam ser desconsideradas pelos ministros "se constatarem que o voto escrito melhor retrata a posição firmada no julgamento do recurso" (STJ, 3ª T., EDcl nos EREsp n. 1.194.697-MS, rel. Min. Paulo de Tarso Sanseverino, j. 28.5.2013, v.u.).

679 Novamente EDcl nos EREsp n. 1.194.697-MS, citado logo acima.

forma.[680] Além desses recursos, existem outros mecanismos de impugnação, como a ação rescisória (art. 966), a reclamação (art. 988) e até mesmo a ação anulatória, quando o acórdão apenas homologar ato de disposição de direito praticado pelas partes (art. 966, § 4º).

170. Decisão monocrática nos tribunais

Nem toda decisão proferida nos tribunais é um acórdão, pois há um número bastante grande de situações em que o relator do processo ou recurso pode decidir sozinho, monocraticamente, sem participação do órgão colegiado. Presidentes e vice-presidentes também podem proferir algumas decisões monocráticas nos processos, dentro de sua competência legal ou regimental, como a que indefere o seguimento a recurso especial ou extraordinário.

O Código de Processo Civil de 1973, na redação original, não dava muita liberdade para as decisões monocráticas do relator, mas uma série de minirreformas trouxe gradativamente inúmeras hipóteses em que isso passou a ser autorizado, especialmente – mas não só – quando houvesse jurisprudência formada a respeito da matéria (*v.g.*, arts. 120, parágrafo único, 138, § 2º, 527, incs. I e III, 531, 544, § 4º, incs. I e II, 557 e 558). Visava com isso agilizar os julgamentos provisórios (de urgência) e definitivos, evitando que matérias tidas como mais simples sobrecarregassem a pauta dos órgãos colegiados – o que, todavia, não impedia, em regra, a interposição de recurso contra a decisão monocrática (agravo interno), a ser apreciado pelo colegiado.

O Código de Processo Civil de 2015 manteve a maioria dessas autorizações ao relator (*v.g.*, arts. 932, incs. III e IV, *a*, 1.019, inc. I, e 1.029, § 5º) e até as ampliou (*v.g.*, arts. 76, 2º, 99, § 7º, 101, § 2º, 136, parágrafo único, 138 e 932, inc. II, letra *e*).[681]

Essas decisões monocráticas podem ter natureza jurídica tanto de sentença quanto de decisão interlocutória, dependendo sempre se põe fim ao pro-

680 Apenas acórdãos podem ser impugnados por meio de recurso especial ou extraordinário, ou por embargos de divergência; jamais decisões monocráticas proferidas nos tribunais (contra as quais cabe agravo interno). Nesse sentido é que são interpretados os arts. 102, inc. III, e 105, inc. III, da Constituição Federal, quando se referem à decisão da causa em "única ou última instância". Nesse sentido: STJ, 2ª T., AgRg no AREsp n. 610.024-SP, rel. Min. Mauro Campbell, j. 7.4.2015, v.u. Tal entendimento vem assentado na Súmula n. 281 do STF: "é inadmissível o recurso extraordinário, quando couber na justiça de origem, recurso ordinário da decisão impugnada".

681 Por outro lado, o Código de Processo Civil de 2015 extinguiu por completo a figura do *revisor*, que era da tradição do direito processual brasileiro.

cesso ou não. E contra elas sempre será admissível a interposição de agravo interno para o respectivo órgão colegiado (art. 1.021).

Art. 205. Os despachos, as decisões, as sentenças e os acórdãos serão redigidos, datados e assinados pelos juízes.

§ 1º Quando os pronunciamentos previstos no *caput* forem proferidos oralmente, o servidor os documentará, submetendo-os aos juízes para revisão e assinatura.

§ 2º A assinatura dos juízes, em todos os graus de jurisdição, pode ser feita eletronicamente, na forma da lei.

§ 3º Os despachos, as decisões interlocutórias, o dispositivo das sentenças e a ementa dos acórdãos serão publicados no Diário de Justiça Eletrônico.

CPC de 1973 – art. 164
Comparação jurídica – art. 157 do CPC português

171. Registro escrito dos pronunciamentos judiciais

O juiz pode externar seu pronunciamento por meio da palavra escrita ou oral – a manifestação oral costuma ser feita apenas em audiência e, raramente, em inspeções judiciais. Mas, sendo oral, o servidor tem o dever de documentá-lo necessariamente *por escrito*, conforme consta expressamente nos arts. 205 e 943,[682] ainda que seja recomendável preservar nos autos a gravação da versão oral, caso tenha sido registrada em arquivo digital, bem como a taquigrafia, a estenotipia ou qualquer outro meio original de documentação do ocorrido (art. 210), se o caso.

Caso a parte entenda haver divergência entre o que foi dito oralmente e o que consta do termo elaborado pelo servidor, deverá ela impugnar imediatamente o documento escrito. Se a sua juntada se der na própria audiência, a impugnação deverá ser apresentada oralmente nessa ocasião (aplicação analógica do art. 209, § 2º), sob pena de preclusão. Caso seja juntada posteriormente, a impugnação deverá se dar no prazo eventualmente fixado pelo juiz ou, na omissão deste, no prazo máximo de cinco dias úteis (art. 218, § 3º), podendo, inclusive, ser solicitada a apresentação da gravação digital, taquigrafia ou estenotipia devidamente degravada ou de qualquer outro meio de registro dos fatos orais (v. art. 210, item 192).

Ainda na hipótese de juntada da versão escrita após o encerramento da audiência, os prazos somente começarão a correr após a intimação das partes a esse respeito, podendo ser suspenso caso a dúvida suscitada impeça a im-

682 Nesse sentido: LEONARDO DA CUNHA, *Comentários ao novo Código de Processo Civil*, art. 205, n. 1, p. 346.

pugnação ou a prática do ato – apesar de a lei nada dispor expressamente a esse respeito.[683]

172. Assinatura dos pronunciamentos judiciais

A assinatura do juiz em qualquer ato processual por ele praticado visa a conferir-lhe autenticidade e veracidade, e, com isso, vincular o magistrado, pois pressupõe que ele tenha praticado o ato diretamente – ou, no mínimo, o tenha analisado e revisto. Assim, sem sua assinatura não é possível imputar-lhe responsabilidade administrativa, civil ou criminal por eventuais erros e omissões.[684]

Por isso, qualquer pronunciamento judicial sem assinatura do juiz é *ato juridicamente inexistente* e não produz efeitos, conforme entendimento pacífico da doutrina.[685] E, sendo inexistente, sua ausência não pode ser sanada, ainda que reste caracterizada a ausência de prejuízo.[686] Evidentemente, contudo, a rubrica do juiz nas folhas da decisão supre a ausência de assinatura formal, pois seus objetivos são igualmente atingidos, já que ela nada mais é do que uma assinatura abreviada.[687]

Especificamente em relação aos julgamentos colegiados dos tribunais, não há necessidade de todos os magistrados participantes firmarem o *acórdão*. Nesse caso, o art. 205 exige apenas a assinatura do relator, cuja declaração goza de fé pública.[688] Contudo, se o relator sorteado ficar vencido, parece necessário, en-

---

683 É esse o entendimento da jurisprudência a respeito da hipótese expressa no 169, § 3º, do Código de Processo Civil de 1973 (correspondente ao art. 209, § 2º, do CPC atual): STF, Pleno, RE n. 106.588 ED-MG, rel. Min. Aldir Passarinho, j. 26.4.1989, v.u.; e STJ, 1ª T., EDcl no AgRg no RMS n. 36.497-RJ, rel. Min. Benedito Gonçalves, j. 21.5.2013, v.u.

684 Como se sabe, muitas decisões são proferidas pelos assessores dos desembargadores e ministros, diante do enorme acúmulo de trabalho. Mas a responsabilidade pelo que lá estiver escrito é exclusiva do magistrado, razão pela qual eles devem (ou deveriam) ao menos rever essas decisões antes de assiná-las.

685 Por todos, Leonardo da Cunha, *Comentários ao novo Código de Processo Civil*, art. 205, n. 5, p. 346; Nelton dos Santos, *Código de Processo Civil interpretado*, art. 164, n. 2, p. 458; e Antonio Dall'Agnol, *Comentários ao Código de Processo Civil*, vol. II, art. 164, n. 4, p. 284. Na jurisprudência: STJ, 1ª T., AgRg n. 549.734-DF, rel. Min. Denise Arruda, j. 24.8.2004, v.u.

686 O STJ, contudo, também já entendeu tratar-se de vício sanável, aplicando indevidamente o princípio da instrumentalidade das formas conjugado com o da celeridade processual e o da segurança jurídica, pois "as circunstâncias do processo permitiriam chegar à conclusão de que o ato judicial seria verdadeiro" (STJ, 2ª T., REsp n. 1.033.509-SP, rel. Min. Mauro Campbell, j. 4.6.2009, v.u.).

687 Nesse sentido: Daniel Mitidiero, *Comentários ao Código de Processo Civil*, t. II, art. 164, n. 30, p. 66.

688 É reiterada a jurisprudência nesse sentido, formada a partir da interpretação do art. 164 do Código de Processo Civil de 1973: STJ, 2ª T., REsp n. 819.731 RR, rel.

tão, que o acórdão também seja assinado pelo relator para acórdão, isto é, pelo primeiro magistrado que tenha proferido voto vencedor (art. 941). Sendo o julgamento por maioria de votos, mas prevalecendo o voto do relator, parece ao menos recomendável que haja a assinatura do primeiro magistrado a proferir voto vencido – já que é obrigado a declarar por escrito o voto (art. 941, § 3º).

Nos processos físicos, a assinatura do magistrado deve ser feita manualmente, *de próprio punho*. É vedada, portanto, a utilização de carimbos ou assinaturas digitalizadas e "coladas" no pronunciamento judicial ainda no arquivo de computador. Afinal, esses mecanismos não conferem qualquer atestado de autenticidade e veracidade ao documento.

E nos processos eletrônicos, a assinatura do magistrado deve ser feita eletronicamente, na forma da lei, o que pressupõe a obrigatória utilização de certificado digital pessoal.

173. Data

O *caput* do art. 205 também exige que todos os pronunciamentos judiciais sejam datados.

Contudo, essa é uma exigência de menor importância, conforme reconhecido maciçamente pela doutrina. Sua ausência não torna o ato inexistente e muito dificilmente poderá dar ensejo à anulação, pois, em regra, não é apto a causar prejuízo. Afinal, nesta hipótese considera-se praticado no dia que constar na certidão de sua juntada aos autos (art. 208) ou, se também ausente essa informação, no dia da devolução dos autos ao cartório.

E apenas se suscitar alguma dúvida relevante a respeito de fatores circundantes, o que muito raramente ocorre, é que poderá ser excepcionalmente anulado.

174. Publicação dos pronunciamentos judiciais

O termo "publicação" tem dois significados em processo civil, no tocante aos pronunciamentos judiciais. O primeiro é de *tornar público* o ato, o que se dá com a sua mera juntada aos autos; é neste momento que ele passa a existir juridicamente. Contudo, o art. 205, § 3º, evidentemente se refere ao outro significado do termo, que é *divulgar* sua existência. Essa divulgação, por sua vez, pode ter dois objetivos complementares. O primeiro e mais importante é

Min. CASTRO MEIRA, j. 20.5.2008, v.u.; e STJ, 4ª T., REsp n. 140.743-MG, rel. Min. RUY ROSADO DE AGUIAR, j. 17.3.1998, v.u. Em Portugal, o art. 157 do Código de Processo Civil dispõe expressamente: "os acórdãos serão também assinados pelos outros juízes que hajam intervindo".

o de *intimar* as partes (ou melhor, de seus advogados ou procuradores) a respeito de determinado pronunciamento judicial, por meio do *Diário da Justiça* – ou por meio eletrônico (art. 270) –, a fim de que a contagem dos respectivos prazos tenha início.[689] O segundo objetivo é o de dar maior efetividade ao princípio constitucional da publicidade (Const., art. 93, inc. IX; e CPC, art. 189).

Daí por que, quando as intimações se derem por meio eletrônico, em *portal do tribunal* – meio preferencial determinado por lei (CPC, art. 270; e LPE, art. 5º, *caput*) –,[690] qualquer terceiro deverá ter amplo acesso aos autos eletrônicos, conforme consignado no enunciado n. 264 do Fórum Permanente de Processualistas Civis, *dispensando-se a publicação concomitante no DJe*. E nos casos que tramitam em segredo de justiça, deve-se assegurar igualmente às partes a publicidade dos pronunciamentos judiciais por meio de publicação no *Diário da Justiça eletrônico*, se o caso, tendo-se apenas o cuidado obrigatório de jamais indicar o nome completo das partes (inclusive no corpo da decisão), mas apenas suas iniciais.

Em primeira instância, os despachos e as decisões interlocutórias devem ser publicados em sua integralidade. E na publicação das sentenças deve constar, obrigatoriamente, apenas a sua parte dispositiva – apesar de obviamente ser permitida sua publicação na íntegra.

Nos tribunais, por outro lado, é obrigatória na intimação dos acórdãos a transcrição integral da *ementa*, isto é, o resumo do entendimento da turma julgadora a respeito da matéria julgada, sob pena de nulidade.[691] A intimação das partes a respeito das decisões monocráticas proferidas nos tribunais se sujeita às mesmas regras aplicáveis às de primeira instância, de modo a constar, no mínimo, sua conclusão, com eventual comando imposto.[692]

---

689 Para exame mais detalhado do *início dos prazos*, v. comentários ao art. 231, inc. VII. Registre-se aqui, porém, que as intimações dirigidas diretamente às partes não podem ser validamente feitas por meio de Diário da Justiça, devendo ser realizadas por carta, oficial de justiça ou edital, conforme o caso.

690 O art. 270, § 1º, faz remissão ao art. 246, § 1º, de modo a determinar (apenas) ao Ministério Público, à Defensoria Pública e à Advocacia Pública o ônus processual de se cadastrar nesses portais para fins de recebimento das intimações nos processos eletrônicos. Os advogados privados das partes também têm esse ônus se os tribunais decidirem administrativamente passar a intimá-los eletronicamente (LPE, art. 5º, *caput* e parágrafos). Nos processos em curso, porém, é obrigatória a prévia intimação pelo *DJe* dos advogados, concedendo-lhes prazo razoável para cadastramento junto ao respectivo tribunal.

691 A ementa é parte obrigatória do acórdão (art. 943, § 1º). Sobre o seu conceito, v. art. 204, item 168.

692 Para Daniel Neves, "como a decisão unipessoal substitui o acórdão, deve ser a ela aplicada a regra dele" (*Novo Código de Processo Civil comentado*, art. 205, n. 2, p. 356).

Ademais, não se pode confundir a publicação da ementa dos acórdãos com a publicação do mero resultado do julgamento. Nesse caso, é apenas informado se o recurso foi provido ou não, ou se a ação de competência originária foi julgada procedente ou não, sem informar minimamente a extensão do resultado nem os fundamentos adotados.

Por fim, nas publicações das decisões em geral, especialmente das sentenças e dos acórdãos, deve constar o *valor das custas* de preparo e, sendo os autos físicos, de porte de remessa e retorno dos autos a serem recolhidas na interposição de eventual recurso (art. 1.007). Trata-se aqui de ato ordinatório a ser praticado pelo próprio cartório.

Seção V

Dos Atos do Escrivão ou do Chefe de Secretaria

175. Escrivão, chefe de secretaria, escrevente: auxiliares permanentes da justiça

A máquina judicial tem funcionários permanentes, servidores públicos, que auxiliam o juiz em atividades-meio, permitindo-lhe que seu tempo seja dedicado a questões mais importantes, como a condução do processo e a tomada de decisões. Por isso, são conceituados genericamente de *serventuários* nos art. 228 e 233. São os escrivães, chefes de secretaria, escreventes em geral, oficiais de justiça, contadores etc.[693] A eles se somam os auxiliares eventuais da justiça, que colaboram esporadicamente com a atividade judicial sem ser funcionários permanentes do Poder Judiciário, sendo chamados apenas para alguma colaboração pontual. São os peritos judiciais, intérpretes, leiloeiros, inventariantes, administradores judiciais, conciliadores etc.

Na Justiça estadual, o funcionário mais graduado do cartório e responsável por muitas das atividades de confiança solicitadas pelo juiz é o *escrivão*, enquanto na Justiça Federal recebe o nome de *chefe de secretaria*.[694] Em alguns

693 Os atos processuais praticados pelos escrivães, e pelos demais serventuários da justiça, são considerados "a verdadeira mola do impulso de impulso processual subsequente ao ajuizamento da causa. Sem que pratique espontânea e rapidamente os atos a seu cargo, o processo não caminha" (MONIZ DE ARAGÃO, *Comentários ao Código de Processo Civil*, art. 190, n. 138, p. 127).

694 Essa distinção não é muito tratada na doutrina e mesmo assim há divergência. No sentido do texto: CÂNDIDO DINAMARCO e BRUNO LOPES, *Teoria geral do novo processo civil*, n. 58, p. 98. Para LUANA CRUZ, todavia, escrivão seria a denominação dada ao serventuário em primeira instância e chefe de secretaria seria a denominação utilizada nos tribunais (*Breves comentários ao novo Código de Processo Civil*, art. 206, n. 1, p. 701). De todo modo, na Justiça do Trabalho a lei utiliza o termo *secretário* em ambas as instâncias (CLT, arts. 710 e 718).

lugares, porém, essa terminologia já foi abandonada e substituída por escrevente técnico, auxiliar judiciário ou, ainda, outro termo.

Normalmente, as leis de organização judiciária, assim como a Lei de Organização da Justiça Federal (Lei n. 5.010/66, art. 36, § 5º), exigem que esses profissionais sejam bacharéis em Direito.

Quando o Código de Processo Civil outorga funções especificamente ao escrivão ou ao chefe de secretaria – *v.g.*, nos arts. 155, 206, 207, 208, 209, 246, inc. III,[695] 254, 273 etc. –, nada impede que tal serviço seja delegado a qualquer funcionário do cartório. Não se trata de função personalíssima. Tanto é assim que o art. 152, § 2º, ao tratar do rol de suas atribuições funcionais, dispõe que, "no impedimento do escrivão ou chefe de secretaria, o juiz convocará substituto e, não o havendo, nomeará pessoa idônea para o ato". Aliás, como está na doutrina de MONIZ DE ARAGÃO, "às Leis de Organização Judiciária é que incumbe disciplinar os serviços da justiça, de modo que os atos processuais poderão ficar a cargo dos auxiliares do escrivão, mediante designação deste. Ocorre o mesmo em relação ao chefe de secretaria, pois as atribuições deste não se se personalizam nele".[696]

176. Sujeitos secundários do processo

Os escrivães, chefes de secretarias e servidores do cartório judicial em geral desenvolvem *atividades complementares* às dos juízes, dando-lhes apoio em seus serviços sob sua subordinação e fiscalização. Mesmo que o juiz tenha capacidade técnica de desenvolver essas atividades acessórias, elas ocupariam de modo irracional o seu valioso tempo, prejudicando sua atividade central, que é julgar.

Na medida em que recebem atribuições para praticar alguns atos no processo, eles também são considerados sujeitos processuais (secundários) e titulares de algumas situações jurídicas processuais (poderes e deveres). Portanto, participam da relação processual.[697]

Assim como os juízes, os auxiliares da justiça devem ser sujeitos desinteressados na solução do litígio e têm dever de imparcialidade. Como qualquer sujeito do processo, eles respondem civilmente por seus atos sempre que, sem

695 Da mesma forma, já na vigência do Código de Processo Civil de 1973 vinha sustentando a admissibilidade de citação pelo escrivão, se o citando comparecesse em cartório, numa aplicação analógica do então art. 238 (PEDRO DINAMARCO, *Código de Processo Civil interpretado*, art. 221, n. 1, p. 626).

696 *Comentários ao Código de Processo Civil*, art. 166, n. 51, p. 58.

697 Nesse sentido: CÂNDIDO DINAMARCO, *Instituições de direito processual civil*, vol. II, n. 596, p. 282.

justo motivo, se recusarem a praticar os atos determinados pela lei ou pelo juiz ou quando agirem com dolo ou culpa (art. 155). Podem também responder por ato de improbidade administrativa.

Os serventuários devem agir com zelo, correção e urbanidade com os juízes, advogados e público em geral.

177. Funções

As principais funções do escrivão e do chefe de secretaria – e dos escreventes de cartório em geral, por delegação – estão descritas no art. 152 – mas não apenas ali. Consistem basicamente em expedir ofícios, mandados, cartas (precatórias, rogatórias, de ordem ou de citação), para que sejam efetivados; auxiliar o juiz nas audiências; zelar pela segurança dos autos processuais; expedir certidões de qualquer ato ou termo do processo, inclusive de objeto e pé; remeter os autos à conclusão e encaminhar os pronunciamentos judiciais à publicação (art. 153); praticar atos meramente ordinatórios atribuídos pelo juiz, como a juntada e a vista obrigatória, sob sua supervisão (art. 203, § 4º); praticar os demais atos que lhe forem atribuídos pelas normas de organização judiciária, entre outros.

Para fins da presente seção, importa especialmente a função de documentar os atos ou fatos processuais, em especial a lavratura de termo, auto e certidão. Essa função é de extrema importância para o processo e deve ser feita com muito esmero. Mesmo assim são comuns as deficiências da documentação em razão de redação imprecisa ou incompleta e, por isso, seu conteúdo não reflete com exatidão o ocorrido. Além disso, ocorrem falhas puramente formais na escrituração, como rasuras e emendas, que a comprometem (v. art. 211). Essas falhas de conteúdo ou de forma podem conduzir à nulidade do ato de documentação praticado pelo serventuário da justiça.

Termo processual é a mera documentação escrita de um ato ou fato processual praticada no cartório judicial ou na sala do juiz, feita por um servidor da justiça, de ofício (art. 152, inc. V) ou por determinação do juiz; é a redução a escrito do que ele viu, ouviu ou fez.[698] Fala-se, assim, em termo de juntada,

---

698 JOSÉ FREDERICO MARQUES conceituava *termo* como "escrito público e autêntico, lavrado por oficial ou serventuário de justiça para comprovar um ato processual e deixá-lo documentado no procedimento", funcionando como testemunho "a) dos fatos que eles praticam; b) das declarações que tomam; c) dos fatos que se passam com a sua presença e assistência". Mas afirmava que esse vocábulo "é um dos mais equívocos da linguagem processual", pois em boa técnica "indica o momento temporal da realização de um ato" (o que hoje denominamos prazo). E esclarece, com base em PEDRO BATISTA MARTINS, que esse significado surgiu no Código de Processo Civil de 1973, "para significar a expressão de um ato, 'escrita no processo com

termo de conclusão, termo de audiência, termo de abertura de testamento (art. 735, § 1º) etc. Quando o ato é praticado fora do prédio do Fórum, costuma-se dizer *auto* (de penhora, de arrombamento, de demarcação, de orçamento da partilha, de ocorrência ou resistência etc.),[699] salvo no que diz respeito às citações e intimações por oficial de justiça, quando ele deverá emitir uma certidão (arts. 251, inc. III, e 253, § 3º). *Certidão* é a afirmação de um escrivão ou serventuário sobre a veracidade de um fato ou ato processual,[700] independentemente de ratificação pelo juiz. Esses termos, autos e certidões devem ser redigidos na língua portuguesa (art. 192), mas independem de forma específica, salvo quando, excepcionalmente, a lei a exigir (art. 188).

Muitas dessas funções dos auxiliares permanentes da justiça descritos no Código de Processo Civil tendem a desaparecer na mesma velocidade da eliminação dos autos físicos, permanecendo apenas as que dependem de intervenção intelectual e as que são realizadas no ambiente externo do Fórum e não podem ser substituídas pelo computador (especialmente aquelas desenvolvidas pelo oficial de justiça). Mera aposição de carimbos e outras tarefas meramente mecânicas tendem a não ser mais necessárias.

Os atos dos auxiliares permanentes da justiça gozam de fé pública. Nesse sentido, o parágrafo único do art. 197 dispõe que, nos casos "de erro ou omissão do auxiliar da justiça responsável pelo registro dos andamentos, poderá ser configurada a justa causa prevista no art. 223, *caput* e § 1º". Ou seja, apesar de a lei processual brasileira não ser tão expressa, é válida aqui a ideia contida no art. 157.6 do CPC português, segundo a qual "os erros e omissões dos atos praticados pela secretaria judicial não podem, em qualquer caso, prejudicar as partes". Mas a presunção de veracidade dos atos por eles praticados é relativa e admite prova em sentido contrário.

178. Fé pública

Conforme entendimento pacífico, "as declarações emanadas dos servidores estatais que atuam no âmbito das Secretarias dos Tribunais judiciários, consubstanciadas em *certidões* exaradas em razão de seu ofício, revestem-se – essencialmente em função da fé pública de que gozam tais agentes auxiliares do Juízo – de presunção *juris tantum* de legitimidade e de veracidade (*RTJ* 133/1235), prevalecendo, sempre, aquilo que nelas se achar atestado, até que

---

o propósito de documentar a existência do ato'" (*Instituições de direito processual civil*, vol. II, nn. 440-441, pp. 307 a 311).

699 Nesse sentido: Nelton dos Santos, *Código de Processo Civil interpretado*, art. 154, n. 2, p. 428.

700 João Batista Lopes, *Curso de direito processual civil*, n. 3.4, p. 170.

se produza prova idônea e inequívoca em sentido contrário".[701] O seja, com o objetivo de conferir *certeza jurídica*, os atos praticados pelos serventuários da justiça e outros servidores públicos gozam de presunção relativa de veracidade, que prevalece salvo se produzida prova em sentido contrário.

Esse entendimento é parcialmente reforçado pelo art. 197 do Código de Processo Civil, segundo o qual as informações lançadas pelos serventuários nos sistemas de automação eletrônica dos tribunais gozam de "presunção de veracidade e confiabilidade".

> **Art. 206.** Ao receber a petição inicial de processo, o escrivão ou o chefe de secretaria a autuará, mencionando o juízo, a natureza do processo, o número de seu registro, os nomes das partes e a data de seu início, e procederá do mesmo modo em relação aos volumes em formação.
>
> *CPC de 1973 – art. 166*

179. Autuação dos processos em geral

Quando um processo é ajuizado, ele deve ser *registrado* no sistema de informática do tribunal (ou em livro próprio, se ainda não houver informatização) e, onde houver mais de um juiz ou cartório, deve ser distribuído (art. 284). Nesse registro devem constar os principais dados do processo, como o nome de todas as partes, a natureza do processo, o seu número de registro, a identificação do juízo, o valor da causa, o nome do advogado etc. O principal objetivo do registro é dar publicidade ao feito, mas também visa a evitar manobras fraudulentas e outras finalidades indicadas pela doutrina: estatísticas, fiscais, históricas, administrativas etc.[702]

Paralelamente ao art. 284, dispõe o art. 206 que todo processo deve ser *autuado* no respectivo cartório, assim que distribuída a petição inicial. Autuar significava originalmente colocar uma capa de papel – onde ficam abrigados os atos e documentos do processo – e lançar os dados de identificação do feito. No processo eletrônico não há propriamente uma autuação, pois inexiste o elemento físico; mas, por uma questão didática e de praxe, costuma-se referir à autuação dos autos eletrônicos, sem o devido rigor técnico.

Independentemente da plataforma dos autos (física ou eletrônica), o art. 206 também impõe ao cartório indicar nos "autos" – isto é, na capa física ou

---

701 STF, 2ª Turma, AI n. 375.124 AgR-MG, rel. Min. CELSO DE MELLO, j. 26.3.2002, v.u.

702 Nesse sentido: PEDRO DINAMARCO, *Código de Processo Civil interpretado*, art. 251, n. 1, p. 747.

no portal eletrônico de acesso à documentação do processo – os dados para a completa identificação do juízo (ou da câmara, turma ou seção, se no tribunal), a natureza do processo (o tipo de rito, eventual fase de cumprimento de sentença etc.), o número de seu registro (segundo as regras do CNJ), os nomes das partes litigantes e a data do ajuizamento da demanda. Apesar de não constar no referido artigo, deve ser indicado também o nome dos advogados das partes – inclusive para agilizar as publicações –, bem como outras anotações, como eventual tramitação em sigilo ou atuação do Ministério Público no feito.

Nos autos físicos, sendo formados novos volumes, as informações de que trata o art. 206 devem ali também constar. Sendo reconhecida a incompetência do juízo ou passando o processo a tramitar em outra instância, também será necessária nova autuação, inclusive no processo eletrônico.

180. Autuação no processo eletrônico pelo escrevente

Distribuído o processo pelo cartório distribuidor para uma das varas competentes, o escrivão do juízo fará a autuação do processo, com o lançamento das informações cabíveis. Essa autuação não é automática nem mesmo em se tratando de autos eletrônicos, dependendo de atuação humana do serventuário do Poder Judiciário.

Numa aparente contradição, o art. 10 da Lei n. 11.419/2006 dispõe que "a distribuição da petição inicial e a juntada da contestação, dos recursos e das petições em geral, todos em formato digital, nos autos de processo eletrônico, podem ser feitas diretamente pelos advogados públicos e privados, *sem necessidade da intervenção do cartório ou secretaria judicial, situação em que a autuação deverá se dar de forma automática*". Mas, na verdade, essa dispensa da intervenção do serventuário do cartório limita-se à juntada de petições intermediárias, sendo inaplicável apenas em relação à petição inicial.

> **Art. 207.** O escrivão ou o chefe de secretaria numerará e rubricará todas as folhas dos autos.
>
> **Parágrafo único.** À parte, ao procurador, ao membro do Ministério Público, ao defensor público e aos auxiliares da justiça é facultado rubricar as folhas correspondentes aos atos em que intervierem.

CPC de 1973 – art. 167

Comparação jurídica – art. 165 do CPC português

181. Função delegável

Segundo o art. 207, compete ao escrivão ou chefe de secretaria numerar e rubricar todas as folhas dos autos. Essa tarefa é ordinariamente delegada para serventuários a eles subordinados, tendo em vista que àqueles profissionais são reservadas funções mais complexas, que dependam de maior qualificação.[703]

182. Numeração das folhas dos autos

A *numeração* das folhas dos autos deve ocorrer obrigatoriamente em qualquer plataforma processual, isto é, física ou eletrônica. Essa numeração é contínua e, segundo a praxe forense, fica sempre localizada no canto superior direito. Nos processos eletrônicos, essa numeração nem sempre é lançada nas próprias folhas dos autos – para não comprometer a integridade do documento –, mas no correspondente *link* de abertura.

Essa numeração é essencial para que os sujeitos processuais possam fazer referência à exata localização nos autos de uma petição, decisão ou documento, sempre que isso for relevante para a comprovação de alguma afirmação ou para o juiz especificar o objeto da abertura de vista às partes. Além disso, torna possível garantir o controle da sequência de atos processuais, facilitando a identificação de eventual eliminação de folhas dos autos – o que não ocorre no processo eletrônico, tendo em vista outros mecanismos de segurança a ele inerentes (v. art. 195).

183. Rubrica

A *rubrica* evidentemente só é possível em autos físicos (de papel) e costuma ser lançada pelo escrivão ou seu preposto logo abaixo do número da página. Sua finalidade é atestar a autenticidade da juntada do documento, evitando-se a substituição de folhas dos autos, o que é desnecessário no processo eletrônico diante dos mecanismos de segurança que lhe são inerentes.[704] Trata-se aqui de dever do escrevente do cartório, que tende a desaparecer junto com os autos físicos.

Igualmente, visando a evitar fraude, qualquer outro partícipe do processo – juiz, parte, representante do *Parquet*, defensor público, procurador do Estado, perito, tradutor etc. – tem a faculdade de lançar livremente sua rubrica sobre os documentos dos quais tenha participado diretamente, seja decisão,

---

703 ANTONIO DALL'AGNOL, contudo, critica a prática de delegar a função de rubricar as folhas dos autos, pois no seu entendimento tal função dependeria de fé pública inerente ao cargo de escrivão ou chefe de secretaria (*Comentários ao Código de Processo Civil*, art. 167, n. 1, p. 291). Tal crítica só faria sentido em cartório judicial privado, com funcionários eventualmente não dotados de fé pública. Não é o caso dos serventuários concursados atuando em cartórios estatizados.

704 O art. 161.3 do CPC português é explícito em dispor que nos atos praticados por meios eletrônicos não há rubrica das folhas dos autos.

petição, instrumento de transação, depoimento, laudo ou qualquer outro documento destinado a ser juntado aos autos. Essa faculdade, porém, não lhe desobriga de assinar o termo ou ato do qual tenha participado (art. 209), pois assinatura e rubrica possuem objetivos diversos.[705]

O partícipe não pode, contudo, lançar qualquer cota marginal ou interlinear em quaisquer documentos (art. 202), tampouco rubricar documento alheio.

Art. 208. Os termos de juntada, vista, conclusão e outros semelhantes constarão de notas datadas e rubricadas pelo escrivão ou pelo chefe de secretaria.

CPC de 1973 – art. 168

CLT – art. 773

Comparação jurídica – art. 161.1 do CPC português

184. Nota datada e rubricada

O art. 208 determina ao escrivão ou ao chefe de secretaria, conforme o caso, ou, ainda, ao escrevente a quem essa função for delegada, a indicação da data e a oposição de rubrica em todo *termo* que for lavrado nos autos, seja ele de juntada de algum ato processual aos autos (como de mandado de citação ou intimação, petição das partes, laudo pericial etc.), de abertura de vista para as partes ou Ministério Público se manifestarem sobre algum ato processual ou documento, de remessa dos autos à conclusão ou com qualquer outro objeto, como a documentação do trâmite de remessa e de recebimento dos autos.[706] A ausência de data e rubrica pode gerar a nulidade do termo, caso não seja apto a atingir a finalidade documental que dele se espera.

Documentos juntados aos autos sem termo formal de juntada também podem ser dali extraídos, não produzindo os efeitos esperados. É o que aconteceria com uma guia de custas de preparo de recurso que aparecesse nos autos sem que tivesse uma petição devidamente protocolada ou que sua juntada constasse em termo próprio, hipótese em que a deserção do respectivo recurso deve ser decretada.

O lançamento da *data* do termo de juntada de um ato processual pelo escrivão pode ter enorme importância no processo civil. Como tem *fé pública*,

---

705 O STJ, todavia, já decidiu corretamente que recurso sem assinatura do advogado, mas com sua rubrica, deve ser conhecido, sob pena de formalismo excessivo, especialmente se no caso for possível identificar com precisão o autor da rubrica (STJ, 4ª T., REsp n. 646.678-MS, rel. Min. Luis Felipe Salomão, j. 5.4.2011, v.u.).

706 Sobre o conceito de *termo*, v. *supra*, item 177 (v. seção V, n. 3).

essa declaração faz prova (relativa) do momento em que o ato processual foi juntado aos autos ou realizado, conforme o caso. Assim, é a partir da data em que lavrado o termo de juntada da sentença aos autos que ela é considerada "publicada" para os fins do art. 494, de modo a se tornar juridicamente existente e inviabilizar sua alteração, salvo nas hipóteses arroladas nos seus incisos. Além disso, a data constante no termo de carga dos autos pelo advogado é o momento inicial dos prazos a serem eventualmente cumpridos por ele (art. 231, inc. VIII).

Em algumas situações, o Código de Processo Civil determina a rubrica e a assinatura do termo também por outras pessoas, como o termo de audiência (art. 367, §§ 1º e 2º) e o termo de inventariança (art. 620).

Os cartórios e secretarias também expedem *certidões* em que atestam a ocorrência de um fato ou ato processual (art. 152, inc. V). Há diversas espécies de certidões, com finalidades variadas. Podem se destinar ao correto andamento do próprio processo, como a certidão de publicação de uma decisão para comprovar a tempestividade de um recurso; ou à prática de atos fora dos autos processuais, como protesto de título executivo judicial (art. 517, § 2º), averbação de execução no registro de imóveis, de veículos ou de outros bens sujeitos a penhora (art. 828), e certidão de objeto e pé em que se informam o objeto e o estágio do processo, como requisito de negócio jurídico (*v.g.*, compra e venda de imóvel). E para que a certidão seja válida, também são indispensáveis a data e a assinatura do escrivão ou do chefe de secretaria, aplicando-se, por analogia, o art. 208 do Código de Processo Civil.[707]

Auxiliares da justiça também podem lavrar *auto* (auto de penhora, de arrombamento etc.), que é a documentação de ato processual realizado fora do prédio do Fórum e que igualmente deve ser datado e rubricado – ou assinado – para ter pleno valor jurídico. Mas, em regra, não é o funcionário interno do cartório – escrivão, chefe de secretaria ou escreventes em geral – que o lavra, mas principalmente oficiais de justiça.

185. Processo eletrônico

No processo eletrônico também pode haver necessidade de se expedir termo, auto ou certidão, os quais também devem ser elaborados na plataforma eletrônica, com a utilização do *certificado digital*. Nos termos do art. 197, as informações divulgadas pelo tribunal ou seus prepostos nos autos eletrônicos gozam de presunção de veracidade e confiabilidade.

707 STJ, 3ª T., AgRg no Ag n. 599.457-MG, rel. Min. NANCY ANDRIGHI, j. 13.9.2005, v.u.; e STJ, 6ª Turma, AgRg nos EDcl no Ag n. 1.048.846-SC, rel. Min. OG FERNANDES, j. 25.11.2008, v.u.

A parte ou interessado pode imprimir o documento, no qual será possível visualizar a assinatura digital do serventuário em sua parte lateral e que terá a mesma validade de um documento expedido originalmente na via física. Querendo, seu destinatário poderá consultar os autos eletrônicos para atestar sua autenticidade – salvo nos casos de segredo de justiça. Contudo, nada impede que, havendo real necessidade, a parte ou interessado solicite sua expedição originalmente pela via física, pois o processo eletrônico deve ser visto como um facilitador, não como um obstáculo para o jurisdicionado.

Art. 209. Os atos e os termos do processo serão assinados pelas pessoas que neles intervierem, todavia, quando essas não puderem ou não quiserem firmá-los, o escrivão ou o chefe de secretaria certificará a ocorrência.

§ 1º Quando se tratar de processo total ou parcialmente documentado em autos eletrônicos, os atos processuais praticados na presença do juiz poderão ser produzidos e armazenados de modo integralmente digital em arquivo eletrônico inviolável, na forma da lei, mediante registro em termo, que será assinado digitalmente pelo juiz e pelo escrivão ou chefe de secretaria, bem como pelos advogados das partes.

§ 2º Na hipótese do § 1º, eventuais contradições na transcrição deverão ser suscitadas oralmente no momento de realização do ato, sob pena de preclusão, devendo o juiz decidir de plano e ordenar o registro, no termo, da alegação e da decisão.

CPC de 1973 – art. 169

CLT – arts. 771 e 772

Comparação jurídica – arts. 160 e 164 do CPC português

186. Fim da obrigatoriedade dos atos escritos em tinta escura e indelével

O art. 169 do Código de Processo Civil de 1973 exigia que os atos e termos do processo fossem datilografados ou escritos com tinta escura e indelével. Em razão do avanço tecnológico, o art. 209 do Código de Processo Civil de 2015 abandonou essas exigências obsoletas, de modo que é possível imaginar no futuro um *processo predominantemente oral*, tantas vezes idealizado por doutrinadores clássicos, no qual os principais atos processuais (inclusive petição inicial, contestação, sentença etc.) serão ditados pelos sujeitos processuais e gravados numa plataforma digital própria. Audiências de instrução e julgamento, *v.g.*, já podem ser integralmente registradas dessa forma (art. 376, § 5º), mas, infelizmente, nem todos os atos processuais podem ser praticados e registrados dessa forma, tal como as decisões judiciais e as petições iniciais – as demais manifestações das partes não encontram óbices instransponíveis para o registro da versão oral, ao menos nos processos eletrônicos.

187. Assinatura de quem intervier ou rubrica do escrivão

O art. 209 manteve, contudo, a regra segundo a qual, além de deverem ser datados e assinados pelo escrivão ou chefes de secretaria (art. 207), todos os termos do processo físico precisam também ser assinados pelas demais pessoas que nele eventualmente intervierem, para que seu conteúdo não seja posteriormente questionado.[708]

A obrigatoriedade de assinatura se aplica ao juiz, às partes e aos seus advogados, e a terceiros em geral, como auxiliares eventuais da justiça (peritos, intérpretes, conciliadores etc.) e outros colaboradores (como testemunhas e terceiros detentores de documento alheio).

O descumprimento desse dever não pode gerar qualquer sanção. A consequência é somente a certificação pelo escrivão ou chefe de secretaria – ou serventuário a quem for delegada função – da negativa em assinar o termo, justificando eventuais motivos apresentados para a recusa (que pode decorrer justamente da desconformidade entre o ato e o que está escrito) e obtendo a assinatura de testemunhas presentes no ato, sob pena de nulidade.[709] Preenchidos os requisitos, tal certidão goza de fé pública e, portanto, de presunção relativa de veracidade. Essa presunção não é absoluta, ainda mais quando não apresentados os motivos da negativa.

188. Processo eletrônico

Os §§ 1º e 2º do art. 209 são reprodução dos §§ 2º e 3º do art. 169 do revogado Código de Processo Civil de 1973, respectivamente, introduzidos pela Lei n. 11.419/2006.

O § 1º do art. 209 permite, inicialmente, que qualquer ato processual praticado na presença do juiz, em especial nas audiências, seja produzido e armazenado de modo integralmente digital em arquivo eletrônico inviolável. Como esclarece Petrônio Calmon, "isso significa que a audiência poderá ser gravada em vídeo e áudio, produzindo-se arquivo digital que será armazenado na memória do computador do juízo junto com os atos escritos, fazendo parte dos autos digitais. Não será necessária a transcrição escrita dos depoimentos

---

708 O Código de Processo Civil de 1973 repetia essa imposição de assinatura em seu art. 417. O Código vigente, contudo, suprimiu essa desnecessária reiteração.

709 Nesse sentido: Moniz de Aragão, *Comentários ao Código de Processo Civil*, art. 169, n. 67, p. 64. Prossegue o saudoso processualista: "a informação do escrivão de que alguém não pode assinar, por não saber ou não poder fazê-lo, valerá com a mesma eficácia que se o ato tivesse sido assinado", desde que assinado por testemunha da concordância, após a leitura da certidão. Para Antonio Dall'Agnol também é obrigatória a indicação da causa da recusa (*Comentários ao Código de Processo Civil*, art. 169, n. 3, p. 295).

das testemunhas, das alegações finais nem tampouco dos atos do juiz praticados durante a audiência. Imagem e som serão registrados em meio digital e qualquer das partes ou interessados ou órgãos recursais poderão verificar seu conteúdo simplesmente assistindo à gravação audiovisual".[710]

O arquivamento da audiência gravada deve se dar, em regra, incidentalmente nos próprios autos eletrônicos.[711] Arquivamento em mídia eletrônica (CD, DVD) anexada aos autos se dá apenas quando o processo tramita pelo meio físico.

Depois, o § 1º do art. 209 determina ainda que esse ato praticado e arquivado digitalmente seja registrado em termo assinado digitalmente pelo juiz, pelo escrivão, pelos advogados das partes (no que se incluem defensores públicos, procuradores do Estado etc.) e, eventualmente, representantes do Ministério Público, quando atuarem como fiscais da lei ou como demandantes.

Como se sabe, qualquer assinatura no processo eletrônico sempre se dá por meio da utilização de certificado digital. E, para que mais de uma pessoa assine o documento, é indispensável que o *software* utilizado pelo tribunal permita essa operação. Mas, infelizmente, essa não é a realidade atual. A grande maioria dos sistemas dos tribunais brasileiros admite a assinatura de apenas um usuário, sendo raros os que estão preparados para a multiplicidade de assinaturas digitais num único documento.

Assim, ainda é muito frequente a lavratura de termos de audiência por escrito, com o resumo dos seus principais acontecimentos e com as decisões ali proferidas, as quais são impressas, assinadas mecanicamente pelos presentes e posteriormente digitalizadas e anexadas aos autos eletrônicos. Essa transcrição dos fatos ocorridos em audiência, insiste-se, não é obrigatória, podendo ser integralmente arquivados em forma digital.

189. Transcrição no processo eletrônico?

O art. 209, § 2º, dispõe que, no processo eletrônico, eventuais erros ou contradições na transcrição constantes no termo de audiência deverão ser

---

710 *Comentários à Lei de Informatização do Processo Judicial*, nota ao art. 169, § 2º, do Código de Processo Civil de 1973 (introduzido pela referida lei), p. 144. Outros dispositivos do próprio Código de Processo Civil permitem o registro do ato processual em arquivo digital (*v.g.*, art. 367, § 5º). Todavia, pode haver alguma dificuldade prática em se aceitar o registro de pronunciamentos judiciais em forma não escrita, isto é, pronunciado oralmente e registrado em mídia eletrônica.

711 Nos termos do art. 1º, § 1º, da Resolução n. 105/2010 do Conselho Nacional de Justiça, "os tribunais deverão desenvolver sistema eletrônico para o armazenamento dos depoimentos documentados pelo sistema eletrônico audiovisual". Apesar de os "considerandos" dessa resolução fazerem referência apenas ao processo penal, tal norma também é aplicável ao processo civil.

imediatamente suscitados pela parte ou interessado, sob pena de preclusão, devendo o juiz decidir de plano, fazendo constar a alegação de erro e a respectiva decisão.

Inicialmente, tem-se a falta de técnica do texto legal – originário da Lei do Processo Eletrônico (Lei n. 11.419/2006), responsável pela inserção do § 3º no art. 169 do Código de Processo Civil de 1973 – ao referir-se a eventuais contradições na "transcrição", termo este que significa passar para a versão gráfica, ou escrita, aquilo que aconteceu oralmente. Vale dizer, o juiz dita para o escrevente os depoimentos das partes e testemunhas, bem como os demais fatos da audiência (contraditas, impugnações, desistências etc.). Todavia, no processo eletrônico "os depoimentos documentados por meio audiovisual não precisam de transcrição", com posterior digitalização do respectivo documento, conforme reconhece o art. 2º da Resolução n. 105/2010 do Conselho Nacional de Justiça.[712] Essa redução do depoimento a termo muitas vezes gerava graves e desnecessárias distorções nas declarações, por eventual má compreensão pelo juiz ou por supressão de informação relevante. Os demais fatos ocorridos na audiência tampouco precisam ser transcritos.

190. Preclusão

O citado § 2º do art. 209 trata, ainda, da preclusão do direito de alegar a divergência entre o que foi dito e o que foi registrado na transcrição digital. Na linha do quanto dito no item anterior, no sentido de que inexiste transcrição no processo eletrônico – os depoimentos devem ser gravados –, essa norma mostra-se *inócua*, sem qualquer aplicação prática.[713]

No processo físico, se houver desconformidade entre o que foi dito e o que for registrado, a parte (preferencialmente por meio de seu advogado) ou interessado deverá consignar tal fato antes de assinar o termo, sob pena de não poder alegar o erro posteriormente.

Se o juiz houver por bem não fazer as alterações solicitadas, o discordante deverá recusar-se a assinar, fazendo constar na ata de audiência seu requerimento de alteração e a decisão do juiz – que, na nova sistemática processual, não pode ser objeto de agravo de instrumento, mas de eventual apelação ou contrarrazões de apelação (art. 1.009, § 1º).

A legitimidade para impugnar o conteúdo da transcrição é de todo declarante, ainda que não seja parte (*v.g.*, testemunha). Além dele, qualquer das

---

712 Nesse mesmo sentido: novamente PETRÔNIO CALMON, *op. cit.*, nota ao art. 169, § 3º, do Código de Processo Civil de 1973 (introduzido pela LPE), pp. 144-145.

713 Nesse sentido: mais uma vez PETRÔNIO CALMON, *op. cit.*, p. 145.

partes, por meio de seu advogado, também pode alegar a desconformidade entre o que foi dito e o que consta no termo.

Em relação aos depoimentos registrados em notas taquigráficas e em estenotipia, não há que se falar em preclusão por ter sido ali lançada a assinatura sem ressalva, tendo em vista o completo desconhecido do conteúdo daquele documento, que será revelado posteriormente, quando passada para a versão datilográfica por profissional habilitado. Eventual preclusão, nesse caso, ocorrerá somente depois da indispensável abertura do prazo para as partes se manifestarem sobre o teor de tal transcrição.[714] E "se não for requerida de imediato a transcrição, nem por isso preclui a oportunidade de pedi-la posteriormente, desde que ainda tenha a providência utilidade para a parte requerente".[715]

> **Art. 210.** É lícito o uso da taquigrafia, da estenotipia ou de outro método idôneo em qualquer juízo ou tribunal.
>
> *CPC de 1973 – art. 170*

191. Conceitos

Taquigrafia e estenotipia são modalidades de estenotipia e estão cada vez mais em desuso.

Taquigrafia "é um termo geral que define todo método abreviado ou simbólico de escrita, com o objetivo de melhorar a velocidade da escrita ou a brevidade, em comparação com um método padrão de escrita. A diferença entre taquigrafia e estenotipia é que a taquigrafia é feita a mão, geralmente usando lápis ou caneta; já a estenotipia utiliza máquinas próprias na composição dos taquigramas. Os sistemas típicos da taquigrafia fornecem símbolos ou abreviaturas para as palavras e as frases comuns, o que permite que alguém, bem treinado no sistema, escreva tão rapidamente que possa acompanhar as falas de um discurso".[716] A taquigrafia consiste em atribuir um taquigrama para cada som vogal, consonantal ou par de fonemas homorgânicos.

A *estenotipia* também obtém o registro do que é falado na mesma velocidade com que as palavras são pronunciadas, em tempo real, por meio de uma máquina denominada estenótipo, que apenas algumas poucas unidades dos tribunais têm.

---

714 Nesse sentido: Fábio Tabosa Pessoa, *Código de Processo Civil interpretado*, art. 417, n. 1, p. 1.344.

715 Fábio Tabosa Pessoa, *op. cit.*, art. 417, n. 2, p. 1.345.

716 Disponível em: https://pt.wikipedia.org/wiki/Taquigrafia. Acesso em: 7 dez. 2019.

Apenas profissionais altamente treinados são capazes de utilizar esses dois sistemas e posteriormente traduzir os registros para a língua portuguesa corrente, viabilizando sua leitura e compreensão pelo público em geral (juízes, partes, advogados etc.). No caso específico da estenotipia, essa "tradução" é feita acoplando-se o estenótipo a computador equipado com *software* específico.

O Código de Processo Civil ainda permitiu outros métodos idôneos de documentação da prova e daquilo que é dito nas audiências e sessões dos tribunais. Para ser idôneo, tais métodos precisam atender a alguns requisitos, em especial: (a) não comprometer a agilidade na sua colheita,[717] a autorização de outros métodos não convencionais de registro visa justamente a viabilizar a celeridade processual; (b) permitir a maior fidelidade possível do registro dos fatos ocorridos; (c) manter a segurança na conservação do material; (d) viabilizar o acesso ao conteúdo da gravação pelas partes, juízes e demais interessados; e (e) ser de difícil adulteração, isto é, não permitir que seja facilmente fraudado o seu conteúdo.

Entre esses outros métodos idôneos estão, evidentemente, a digitação em arquivo eletrônico e a gravação em áudio ou vídeo, por meio de câmera acoplada ao computador (art. 367, § 5º). É permitida também a videoconferência (Resolução n. 105 do CNJ). Esses métodos de gravação da imagem e do som atualmente são os mais adequados, por serem mais fiéis aos fatos e evitarem equívocos de quem dita ou digita o texto escrito.

192. Aplicação

A escolha do meio de registro dos atos processuais realizados em audiência fica a critério exclusivo do juiz, não tendo a parte o poder de interferir nessa escolha.

A utilização da taquigrafia e da estenotipia desperta algumas preocupações nos operadores do direito.

Inicialmente, conforme bem registrado por CARLOS HENRIQUE ABRÃO, a faculdade de uso de taquigrafia, de estenotipia, ou de qualquer outro método disciplinado internamente pelos Tribunais, somente pode ser aceita se estiver estruturada e conectada com o ambiente tecnológico da rede e do sistema computadorizado.[718] Além disso, como já dito, depende de material humano bem treinado.

717 O art. 417 do Código de Processo Civil de 1973, com a redação dada pela Lei n. 8.952/94, também permitia o uso de taquigrafia, estenotipia e outros métodos tidos como não convencionais para a documentação de depoimentos, reiterando o disposto no art. 170. Essa reiteração foi suprimida no Código de Processo Civil de 2015.

718 *Processo eletrônico – processo digital*, n. 10.5, p. 133.

O desembargador paulista Fábio Tabosa Pessoa anota também que "sistemas como a estenotipia e taquigrafia, pela própria forma condensada de representação das declarações, nem sempre serão aptos a captar detalhes por vezes relevantes ou decisivos no contexto de um depoimento; a par disso, há sempre a insegurança ditada pelo desconhecimento, pelo juiz e advogados, do teor dos registros feitos, somente passíveis de conferência a partir da correspondente transcrição", que não é feita no mesmo dia.[719]

Contudo, elas podem ser muito úteis. O STF e o STJ costumam utilizar o serviço de taquigrafia em suas *sessões de julgamento*, o que é muito importante para esclarecer eventuais dúvidas em relação àquilo que ali foi efetivamente decidido pelos Ministros, podendo, inclusive, ser utilizadas para alterar o resultado do julgamento em sede de embargos de declaração.[720] Mas poucos tribunais estaduais ou federais dispõem desse serviço. Alguns fazem gravação em áudio e outros infelizmente não têm qualquer forma de registro detalhado do que é dito nas sessões de julgamento.

Sendo a sessão de julgamento registrada em notas taquigráficas, sua juntada aos autos "somente é exigida quando indispensáveis à compreensão do julgamento",[721] ou para eventual correção do teor do acórdão. Nesse caso, elas se tornam *parte integrante* do acórdão,[722] tendo início o prazo recursal somente após a intimação da parte a respeito de sua disponibilização.[723]

Em primeira instância, se em audiência for proferida sentença (ou decisão interlocutória recorrível, como a concessiva de tutela provisória), a respectiva intimação (art. 1.003, § 1º) só será válida se as partes e seus advogados tiverem

---

719 *Código de Processo Civil interpretado*, art. 417, n. 1, p. 1.344.

720 É o que aconteceu, *v.g.*, nos seguintes casos: STF, Pleno, RE n. 106.588 ED-MG, rel. Min. Aldir Passarinho, j. 26.4.1989, v.u.; STJ, 1ª T., EDcl no AgRg no RMS n. 36.497-RJ, rel. Min. Benedito Gonçalves, j. 21.5.2013, v.u.; STJ, 5ª T., EDcl no HC n. 232.444-RN, rel. Min. Campos Marques, j. 13.11.2012, v.u.

721 STJ, 3ª T., EDcl no REsp n. 1.296.434-SC, rel. Min. Villas Bôas Cueva, j. 19.5.2016, v.u.

722 STJ, Corte Especial, EDcl nos EREsp n. 1.194.697-MS, rel. Min. Napoleão Maia Filho, j. 7.10.2015, v.u. Esse acórdão consignou, na linha de outros precedentes do STJ, que "a regra da juntada obrigatória ao acórdão das notas taquigráficas da sessão de julgamento, prevista no art. 103 do RISTJ, foi flexibilizada, em atenção ao princípio da celeridade processual ressalvando-se as hipóteses de pedido formulado por um dos Ministros ou pelas partes". Há também precedentes daquela Corte negando o acesso da parte à transcrição das notas taquigráficas, pois elas supostamente poderiam ser desconsideradas pelos ministros "se constatarem que o voto escrito melhor retrata a posição firmada no julgamento do recurso" (STJ, 3ª T., EDcl nos EREsp n. 1.194.697-MS, rel. Min. Paulo de Tarso Sanseverino, j. 28.5.2013, v.u.).

723 Novamente EDcl nos EREsp n. 1.194.697-MS, citado logo acima.

acesso integral aos termos da audiência, em especial se o *decisum* fizer referência a provas ali colhidas. Caso ainda seja necessário transcrever as notas taquigráficas, ou de estenotipia, relativas aos depoimentos colhidos naquela ocasião, então será obrigatória nova intimação após passada para a versão datilográfica ou digital.[724]

Ademais, se houver impugnação ao teor da transcrição – por desconformidade com o que foi efetivamente dito em audiência –, suspende-se o prazo para recurso até que tal questão seja decidida.[725] Caso necessário, admite-se a apresentação de arguição de falsidade (art. 430 ss.), por se tratar de documento, com produção de prova do descompasso entre o fato e aquilo que foi registrado ou prova da má transcrição.

A jurisprudência vem afirmando também que cabe ao juízo deprecado a faculdade de usar ou não a taquigrafia e a estenotipia. Contudo, se utilizar esses recursos não convencionais na colheita de depoimentos, deve necessariamente providenciar a transcrição, pois, além de isso integrar o cumprimento da carta precatória, o juízo deprecante muitas vezes não tem equipamento e material humano para tal tarefa.[726] Quando a audiência é gravada em áudio ou vídeo, contudo, não há necessidade de qualquer transcrição, pois é de fácil reprodução.

193. Juizados Especiais e processo penal e trabalhista

O art. 13, § 3º, da Lei n. 9.099/95 permite que nos Juizados Especiais os atos essenciais sejam resumidamente registrados também em notas taquigrafadas e estenotipadas, além de manuscritas ou datilografadas.

O art. 405, §§ 1º e 2º, do Código de Processo Penal, com a redação dada pela Lei n. 11.719/2008, também permite nas audiências o uso de recursos de gravação magnética, estenotipia, digital ou técnica similar, não havendo necessidade de transcrição dos depoimentos. Consoante reiteradamente reconhecido pela jurisprudência, essa norma veio inspirada no princípio da celeridade processual (Const., art. 5º, inc. LXXVIII).[727]

---

724 Nesse sentido: FÁBIO TABOSA PESSOA, *Código de Processo Civil interpretado*, art. 417, n. 2, p. 1.345. Na jurisprudência: STJ, 3ª T., REsp n. 1.257.713-RS, rel. Min. NANCY ANDRIGHI, j. 18.4.2013, v.u.; e STJ, 1ª Turma, REsp n. 692.819-RS, rel. Min. TEORI ZAVASCKI, j. 11.3.2008, v.u.

725 Nesse sentido: FÁBIO TABOSA PESSOA, *op. loc. cit.*

726 STJ, 2ª Seção, CC n. 126.747-RS, rel. Min. LUIS FELIPE SALOMÃO, j. 25.9.2013, v.u.; TST, Subseção II, CC n. 10634-88.2013.5.07.0031, rel. Min. ANTONIO JOSÉ DE BARROS LEVENHAGEN. j. 28.6.2016, v.u.

727 STJ, 5ª Turma, RHC n. 40.875-RS, rel. MARCO AURÉLIO BELLIZZE, j. 24.4.2014, v.u.; e STJ, 6ª T., HC n. 247.912-RS, rel. NEFI CORDEIRO, j. 3.6.2014, v.u.

Na Justiça do Trabalho, o art. 210 vem sendo aplicado aos seus processos diante da ausência de regra específica na legislação trabalhista.

Art. 211. Não se admitem nos atos e termos processuais espaços em branco, salvo os que forem inutilizados, assim como entrelinhas, emendas ou rasuras, exceto quando expressamente ressalvadas.

CPC de 1973 – art. 171

194. Registro escorreito

O aspecto formal da documentação dos fatos e atos processuais é muito importante e, portanto, a escrituração não pode dar margens a dúvidas que lhe tirem a confiabilidade.

Por isso, o art. 211 veda que os atos e termos praticados pelos escrivães, chefes de secretaria e demais integrantes de cartório judicial contenham espaços em branco em que se possa, posteriormente, inserir indevidamente algum escrito (isto é, abrindo margem a fraudes), bem como entrelinhas, emendas ou rasuras, que possam sugerir a ocorrência de adulteração.

Espaço em branco é todo pedaço do papel no qual é possível inserir alguma palavra ou frase sem que se possa perceber que foi inserida *a posteriori*. Entrelinhas, esclarecia Pontes de Miranda, "como o nome diz, são escritos, letras, algarismos ou sinais, que não fiquem nas linhas (pautas) e se insiram entre duas ou mais linhas. Ou são corretivas (cancelatórias); ou precalares, ou intercalares, ou poscalares, em relação a alguma palavra ou parte de linha; ou são simplesmente interespaciais, quando o escrivão lança entre duas linhas proposição que faça sentido".[728] "Rasura", continuava o Mestre, "é todo ato do que roeu, raspou o papel, ou destruiu a tinta que antes estava";[729] e "emenda, na terminologia do Código, é todo ato que, sem entrelinhar, nem rasurar, corrige ou muda o que se escreveu [...], é acréscimo com a mudança de alguma letra, sílaba ou palavra inteira, afeiçoando-lhe os traços a ponto de alterá-las e acomodá-las a outra letra, sílaba ou palavra inteira, ou destruição parcial ou substituição parcial (emenda + rasura)".[730]

Para evitar riscos de fraude que comprometam a validade da escrituração, os espaços em branco devem ser claramente inutilizados, o que ordinariamente se faz riscando com tinta tais espaços, de modo a impedir que terceiros completem indevidamente a informação lançada pelo serventuário da justiça, com a inserção de novas palavras antes ou depois daquele registro.

---

728 *Comentários ao Código de Processo Civil*, art. 171, n. 2, p. 95.

729 *Op. cit.*, art. 171, n. 3, p. 95.

730 Ainda, Pontes de Miranda, *Comentários...*, art. 171, n. 4, p. 96.

Com a mesma finalidade, o Código de Processo Civil determina que qualquer entrelinha, emenda ou rasura deve ser expressamente ressalvada pela própria pessoa que praticou o ato ou termo processual,[731] sob pena de torná-lo nulo e sem efeito. A margem de flexibilização dessa regra é muito pequena e não pode ser alargada, para não pairar dúvidas a respeito da lisura do trâmite processual.[732] A rasura no número de uma única folha dos autos pode não gerar sequer suspeitas numa situação concreta, mas rasuras em diversas folhas sequenciais, de atos ou documentos independentes entre si, podem gerar fundadas suspeitas de inclusão ou retirada de material dos autos. Rasura na data lançada num termo ou certidão também compromete a credibilidade do ato.

Havendo suspeitas de adulteração na documentação do termo ou ato processual, em razão de rasuras, emendas ou de qualquer acréscimo tido como irregular, é admissível a arguição de falsidade do documento de que tratam o art. 430 ss.[733] E, nos termos do art. 426, o juiz apreciará fundamentadamente a fé que esse documento deva merecer, o que inclusive pode ser feito de ofício.

195. Processo eletrônico

Pelo princípio da integridade (v. art. 195), o ato processual eletrônico é praticado em ambiente seguro que não permite sua posterior alteração por terceiro ou pelo próprio agente que o praticou (v. art. 195, item 107). Vale a pena lembrar que qualquer ato ou documento deve conter a assinatura digital de quem o envia para ser incluído nos autos eletrônicos, o que depende de um certificado digital pessoal que lhe confere autenticidade, ou seja, certeza quanto à autoria.

Ou seja, como nesses processos não há possibilidade de se alterar o documento eletrônico emitido pelos serventuários da justiça – ou de qualquer outro partícipe do processo –, inexiste razão para se preocupar com o indevido lançamento posterior de emendas, rasuras e acréscimos em geral. Daí por que a regra do art. 211 é totalmente *inócua* e inaplicável no processo eletrônico e tende a cair rapidamente em desuso com o esperado fim dos autos físicos.[734]

---

731 Ressalva, no caso, significa a informação escrita de que algo inesperado ocorreu durante a elaboração do ato ou termo processual, tornando necessária a realização da emenda, rasura ou entrelinha. Para produzir o efeito desejado, a ressalva deve ser imediata. Se feita após sua conclusão, deve-se lançar a observação denominada "em tempo" e também deverá ser assinada e, se o caso, datada.

732 Nesse sentido: Nelton dos Santos, *Código de Processo Civil interpretado*, art. 171, n. 2, p. 469.

733 Nesse sentido: Luana Cruz, *Breves comentários ao novo Código de Processo Civil*, art. 211, n. 1, p. 708.

734 Leonardo da Cunha também reconhece a incompatibilidade do art. 211 com o processo eletrônico (*Comentários ao novo Código de Processo Civil*, art. 211, n. 2, p. 353).

CAPÍTULO II
DO TEMPO E DO LUGAR DOS ATOS PROCESSUAIS

Seção I
Do Tempo

Art. 212. Os atos processuais serão realizados em dias úteis, das 6 (seis) às 20 (vinte) horas.

§ 1º Serão concluídos após as 20 (vinte) horas os atos iniciados antes, quando o adiamento prejudicar a diligência ou causar grave dano.

§ 2º Independentemente de autorização judicial, as citações, intimações e penhoras poderão realizar-se no período de férias forenses, onde as houver, e nos feriados ou dias úteis fora do horário estabelecido neste artigo, observado o disposto no art. 5º, inciso XI, da Constituição Federal.

§ 3º Quando o ato tiver de ser praticado por meio de petição em autos não eletrônicos, essa deverá ser protocolada no horário de funcionamento do fórum ou tribunal, conforme o disposto na lei de organização judiciária local.

CPC de 1973 – art. 172
CLT – art. 770

196. Introdução

O tempo e o lugar do ato processual são *requisitos extrínsecos* do ato processual, e sua eventual nulidade pode ser reconhecida de ofício pelo juiz. Conforme doutrina Cândido Dinamarco, esses requisitos dizem respeito a três aspectos distintos: (a) "*os períodos do ano* em que os órgãos judiciários exercem normalmente suas funções e os períodos em que só o fazem em relação a situações urgentes" (arts. 214 e 215); (b) "*os dias, isoladamente considerados*, em que há e em que não há serviço forense" (art. 216); e (c) "*a parte de cada dia útil* em que as atividades serão realizadas" (arts. 212 e 213).[735]

Este capítulo "do tempo e do lugar dos atos processuais" trata desses requisitos, tendo seu conteúdo sofrido apenas pequenos ajustes em relação ao Código de Processo Civil de 1973, inclusive para adaptá-lo ao processo eletrônico.

Nesse sentido, o art. 212, que trata do período do dia em que podem ser validamente realizados os atos processuais, manteve a limitação do expediente forense aos dias úteis, entre 6 e 20 horas, com possibilidade de redução do horário de funcionamento dos fóruns e tribunais por leis estaduais de organização judiciária (§ 3º) – e sempre o são. Todavia, dispensou autorização prévia

735 *Instituições de direito processual civil*, vol. II, n. 797, p. 636.

para a prática de determinados atos externos fora do horário forense (§ 2º) e esclareceu que os atos escritos devem ser protocolados dentro do horário de funcionamento do fórum apenas quando se tratar de autos físicos (§ 3º) – enquanto o art. 213, sem correspondência no Código de Processo Civil anterior, tratou do horário do protocolo de petições nos processos eletrônicos.[736]

Todavia, considerando que nos processos eletrônicos são comuns os atos físicos (*v.g.*, citação por oficial de justiça, audiência e julgamento presencial nos tribunais), as regras do art. 212 também podem ser eventualmente aplicáveis aos *autos* eletrônicos, e não apenas aos físicos.

197. Dia de expediente

Dispõe o art. 212 que os atos processuais devem ser realizados somente em "dias úteis", referindo-se aos dias em que haja expediente forense, ainda que em horário reduzido.[737] Vale dizer, ou o dia é útil ou é *feriado*, este entendido como aqueles declarados em lei, "os sábados, os domingos e os dias em que não haja expediente" (art. 216).

E o dia é considerado útil – portanto, de expediente – mesmo que o prédio do fórum abra após ou feche antes do horário fixado em lei de organização judiciária, hipótese na qual a consequência processual é apenas a prorrogação do termo inicial ou final do prazo (art. 224, § 1º).

Há dias, ainda, em que há desenvolvimento parcial das atividades jurisdicionais pelos juízes e serventuários, mas ocorre suspensão dos prazos por força de lei ou por provimento administrativo. É o caso do período de férias dos advogados (art. 220) e da suspensão dos prazos em razão da pandemia da Covid-19. Estes não deixam de ser dias úteis, mas com a peculiaridade de que os prazos processuais não fluem.

198. Horário dos atos processuais internos e externos

Segundo o *caput* do art. 212, em dia de expediente forense os atos processuais podem ser realizados apenas das 6 às 20 horas, autorizando, porém, a norma de organização judiciária local a reduzir o horário de expediente do fórum e do tribunal. Na prática, todas reduzem.

Essa autorização para alterar o "horário de funcionamento do fórum ou tribunal", contudo, refere-se apenas aos *atos processuais internos*. Portanto, qualquer ato *externo* ao prédio do fórum ou tribunal, como citação ou perícia, pode

---

736 Os *atos eletrônicos* podem ser praticados nos 365 dias do ano, 24 horas por dia (art. 213), tendo em vista a garantia de disponibilidade permanente da plataforma eletrônica (art. 194).

737 Como dito no item 200, a vedação à prática de atos fora desse horário não é absoluta.

sempre ser praticado entre as 6 e as 20 horas,[738] ainda que a lei local indevidamente disponha de modo diverso.

De todo modo, o horário máximo do expediente forense fixado pela lei local não se refere exclusivamente ao protocolo de petição física,[739] como poderia parecer da leitura fria do texto legal, mas à generalidade dos atos processuais internos, como atendimento nos cartórios judiciais, realização de audiência e sessão de julgamento nos tribunais.

199. Leis estaduais de organização judiciária

Como dito, o § 3º do art. 212 dispõe que a lei de organização judiciária deve dispor sobre o horário de funcionamento do fórum ou tribunal. E, segundo o art. 125, inc. I, da Constituição Federal, a lei de organização judiciária é de iniciativa da respectiva corte.

Assim, nas Justiças estaduais, os Tribunais de Justiça devem encaminhar proposta legislativa às respectivas Assembleias Legislativas. No caso da Justiça Federal, o art. 54 da Lei n. 5.010/66 delega expressamente ao Conselho da Justiça Federal a definição do horário de funcionamento dos serviços judiciários.

Isso significa que apenas leis com esse objeto específico, editadas pelo Poder Legislativo a partir de proposta apresentada pelo tribunal competente, podem definir o horário de funcionamento da Justiça. Leis com outro objeto ou normas internas dos tribunais não podem regulamentar o horário de expediente forense,[740] sendo irrelevante o argumento da autonomia administrativa dos tribunais (Const., arts. 96, inc. I, letra *a*, e 99), pois essa matéria também contém reflexos diretos na atividade judicial – e não só administrativa.

De fato, como diz Cândido Dinamarco, essa delimitação do expediente "tem acima de tudo o aspecto jurídico-administrativo de um *regime de trabalho* dos agentes do Poder Judiciário mas em um segundo momento vêm as relevantes repercussões que essa disciplina projeta sobre a *admissibilidade da prática de atos processuais* e sobre a validade destes".[741]

É inválida também a nobre tentativa do Conselho Nacional de Justiça de *uniformizar* o horário de expediente em território nacional, ao recomendar

---

738 Nesse sentido: Denise Machado, *Código de Processo Civil anotado*, art. 212, n. 1, p. 335; Moniz de Aragão, *Comentários ao Código de Processo Civil*, art. 172, n. 76, p. 76; e Luiz Fux, *Curso de direito processual civil*, n. 4.2, p. 295.

739 No processo eletrônico, o sistema de protocolo é disponível ininterruptamente, salvo se ocorrer falha ou manutenção, e as petições podem ser protocolados até as 24 horas do último dia do prazo (v. comentários ao art. 213, item 207).

740 Atos dos tribunais podem, contudo, determinar a suspensão do expediente forense ou reduzir o seu horário de funcionamento em dias específicos, por motivo de ordem pública.

741 *Instituições de direito processual civil*, vol. I, n. 212, pp. 542-543.

que "o expediente dos órgãos jurisdicionais para atendimento ao público deve ser de segunda a sexta-feira, das 9h às 18h, no mínimo" (Resolução CNJ n. 88/2005, art. 1º, § 3º).[742] Afinal, com tal iniciativa, o Conselho Nacional de Justiça extrapolou sua competência constitucional (Const., art. 103-B, § 4º) e invadiu a mencionada competência exclusiva do Congresso Nacional – delegada apenas às leis orgânicas. Sem adentrar no exame da inconstitucionalidade, o Min. LUIZ FUX suspendeu liminarmente os efeitos dessa resolução, citando precedente do próprio Conselho Nacional de Justiça reconhecendo sua *incompetência* para legislar sobre horário de expediente e a dificuldade técnica e financeira manifestada por diversos tribunais para respeitarem aquele horário mínimo, pois exigiria a imediata contratação de novos funcionários.[743]

Todavia, sabe-se que, *na prática*, não é isso o que acontece e são os próprios tribunais que definem como querem o horário de expediente forense, em flagrante violação ao art. 125, inc. I, da Constituição Federal e ao art. 212, § 3º, do Código de Processo Civil. E não há notícia a respeito de questionamentos judiciais dessa suposta competência legislativa dos tribunais e muito menos de decisões a esse respeito.

Superada a questão da competência formal e material para a sua edição, tem-se que as leis de organização judiciária podem validamente apenas *reduzir* o período máximo de expediente contido no art. 212, jamais ampliá-lo.[744] E o horário em que é permitido o protocolo não precisa necessariamente coincidir com o de funcionamento dos cartórios judiciais, podendo aquele se encerrar antes ou depois deste, estando isso dentro da margem de discricionariedade do legislador.[745]

Dessa forma, será considerada intempestiva a petição não eletrônica apresentada pela parte (contestação, recurso etc.) após a hora definida na norma de

---

742 Esse § 3º foi acrescentado pela Resolução CNJ n. 130/2011, que também inseriu o § 4º nesse art. 1º da Resolução n. 88/2005: "no caso de insuficiência de recursos humanos ou de necessidade de respeito a costumes locais, deve ser adotada a jornada de 8h diárias, em dois turnos, com intervalo para o almoço".

743 STF, ADI n. 4.598 MC-DF, rel. Min. LUIZ FUX, j. 30.11.2011, d.m.

744 A respeito da validade dessa limitação pela lei de organização judiciária em confronto com o art. 172, § 3º, do Código de Processo Civil de 1973, cf. STJ, 2ª T., REsp n. 1.728.514-AL, j. 5.6.2018, v.u.; STJ, 4ª T., AgRg nos ED no AREsp n. 707.115-SC, rel. Min. LUIS FELIPE SALOMÃO, j. 5.11.2015, v.u.; e STJ, 3ª T., AgRg no REsp n. 1.385.900-PI, rel. Min. PAULO DE TARSO SANSEVERINO, j. 5.5.2015, v.u., entre muitos outros.

745 Nesse sentido já decidia o STJ na vigência do Código de Processo Civil de 1973: STJ, 2ª T., AgRg no REsp n. 645.563-PI, rel. p/ acórdão Min. JOÃO OTÁVIO DE NORONHA, j. 16.10.2007, m.v.

organização judiciária,[746] ainda que antes das 20 horas e aceito por servidor do Judiciário ou enviado por fac-símile ou correio.[747]

Contudo, sendo omissa a lei local a respeito desse horário de funcionamento dos fóruns e tribunais – ainda que a matéria seja regulamentada por norma local de outra natureza –, são tempestivos os atos processuais praticados entre as 6 e as 20 horas.[748]

Registre-se, ainda, que a matéria referente a *protocolo integrado* de petições é de competência de tribunal local.[749]

200. Proibição relativa de praticar atos fora do horário

Como visto, os atos processuais internos devem ser praticados apenas nos dias úteis, dentro do horário estabelecido na norma de organização judiciária (art. 212, *caput* e § 3º), enquanto os atos externos devem ocorrer das 6 às 20 horas. O outro lado da mesma moeda é a vedação à realização desses atos fora dos períodos estipulados (art. 214) ou quando o processo estiver suspenso (arts. 314 e 923).[750] Essa regra, porém, não é absoluta.

Em alguns casos, é a própria lei que autoriza expressamente a prática de certos atos fora do horário de expediente ou durante a suspensão do processo (*v.g.*, arts. 212, §§ 1º e 2º, e 214, incs. I e II). Em outros, cabe ao hermeneuta extrair a intenção da lei, para aplicar as permissões a atos equivalentes, e até mesmo interpretar restritivamente a vedação geral, para considerar que os profissionais do processo podem praticar certos atos fora do horário estipulado, desde que para tanto não seja necessário impor a participação simultânea de outrem (v. adiante, art. 214, item 211).

Ademais, mesmo se o juiz concluir que determinado ato não poderia ter sido praticado ou concluído naquele momento, por não estarem incluídos nas

---

746 "É inadmissível o protocolo de petição recursal após o horário do expediente forense estabelecido pela lei de organização judiciária local" (STJ, Corte Especial, AgRg nos EREsp n. 1.320.182-PI, rel. Min. João Otávio de Noronha, j. 4.5.2016, v.u.).

747 Quanto à intempestividade do recurso enviado por fax após o expediente forense: STJ, 2ª T., REsp n. 1.697.898-PR, rel. Min. Herman Benjamin, j. 21.11.2017, v.u. E quando postado numa agência dos correios após o limite de protocolo: STJ, 1ª T., AgRg no REsp n. 1.206.707-PB, rel. Min. Napoleão Maia, j. 22.4.2014, v.u.; e Leonardo da Cunha, *Comentários ao Código de Processo Civil*, art. 212, n. 6, p. 137.

748 STJ, Corte Especial, EREsp n. 645.563-PI, rel. p/ acórdão Min. Maria Thereza de Assis Moura, j. 4.6.2014, m.v.

749 STJ, 4ª T., AgInt no AREsp n. 1.124.323-ES, rel. Min. Luis Felipe Salomão, j. 20.2.2018, v.u.

750 O art. 214 refere-se a férias e feriados. Mas, nos termos do art. 93, inc. XII, as férias forenses subsistem somente nos *tribunais superiores* (STF, STJ, TST etc.).

ressalvas legais, somente deverá anulá-lo se vislumbrar algum *prejuízo* concreto para as partes ou para o processo (arts. 277 e 282, § 1º).

201. Conclusão dos atos já iniciados

Por economia e celeridade processual, o § 1º do art. 212 – que reproduz sem alteração o art. 172, § 1º, do Código de Processo Civil de 1973 – permite a conclusão após o encerramento do horário de expediente dos atos já iniciados anteriormente, se a paralisação e o adiamento do ato em curso puderem causar prejuízo às partes ou ao bom andamento do processo. Sempre que possível, a constatação desse possível dano ou prejuízo deve ser feito *incontinenti* pelo agente que estiver conduzindo o ato (o próprio juiz ou o seu auxiliar da justiça, conforme o caso).

Apesar de o § 1º não fazer qualquer distinção, a interpretação sistemática do art. 212 recomenda que a menção aos atos iniciados antes das 20 horas seja lida como dirigida somente aos *atos processuais externos*. Quanto aos atos internos, para a norma fazer sentido, deve ser considerada a hora do encerramento usual do expediente forense, fixada na lei de organização judiciária.

Ademais, esse dispositivo não especifica a natureza do ato a ser continuado mesmo após o horário. E, por não haver incompatibilidade sistemática, deve-se considerar aplicável a qualquer ato processual, seja ele unilateral ou subjetivamente complexo, interno ou externo. Por isso, a perícia ou audiência iniciada em horário regular, mas que se prolongou além do expediente forense, deve ter prosseguimento normal até o fim. Também por esse motivo, é tempestiva a petição da parte que começou a ser enviada por fac-símile antes do fim do expediente local, mas cuja conclusão se deu posteriormente.

Contudo, ressalvando-se as hipóteses do § 2º, não há autorização legal para se *iniciar* o ato fora do período de atividades forenses (apenas para se concluir), ainda que tenha sido designado para momento anterior. Dessa forma, a audiência deve ser adiada se, em razão de atraso da pauta, não começar antes do encerramento do expediente forense, salvo se todos os presentes concordarem com sua realização, sendo irrelevante que tenha sido designada dentro do horário de expediente.

202. Citação, intimação, penhora e atos equivalentes

O Código de Processo Civil de 2015 repetiu, no art. 212, § 2º, a autorização contida no Código anterior para que citações,[751] intimações e penhoras

751 Nesses casos, a citação normalmente é efetivada por oficial de justiça, mas, diante da ausência de ressalva e por inexistir razão para vedar, também são admissíveis

se realizem fora do horário em que ordinariamente se praticam os atos processuais, desde que respeitada a inviolabilidade do domicílio. Assim, esses atos – e outros atos equivalentes – podem ser realizados em qualquer dia da semana, inclusive aos sábados, domingos e feriados, e em qualquer hora do dia.

O rol de exceções do § 2º é *exemplificativo*,[752] podendo a ressalva ser igualmente aplicada em outras situações equivalentes, *v.g.*, para efetivar hasta pública,[753] tendo em vista sua similitude com a penhora. Da mesma forma, devem ser admitidos o *sequestro*, o *arresto* e a *busca e apreensão*,[754] seja em razão da similitude com as hipóteses legais, seja porque algumas delas se enquadram na hipótese do art. 214, inc. II (tutela de urgência). É aplicável, ainda, aos *protestos*, *notificações* e *interpelações*, que, além de se equipararem às intimações, são medidas de urgência. Outros atos também devem ser admitidos se não causarem prejuízo a qualquer das partes.

Essa autorização refere-se essencialmente a *atos externos* ao prédio do fórum, a serem realizados por *oficial de justiça* (art. 154, inc. I) e que normalmente têm como destinatário a parte ou terceiro interessado. Contudo, as *comunicações postais ou eletrônicas* também podem ser realizadas e recebidas pelo destinatário em qualquer dia e horário, pois, além de não haver mecanismos eficazes de controle do momento da entrega, não há, nessa hipótese, invasão da privacidade do destinatário ou de terceiros.

Da mesma forma, não há óbice à *penhora eletrônica* realizada após o expediente forense, ainda que a considere como ato interno, praticado a partir do computador do juiz ou do escrivão.

O § 2º, interpretado à luz da sua finalidade e dos princípios da celeridade e economia processual, permite, excepcionalmente, a prática de alguns atos

---

outros meios de citação, como a eletrônica e a postal. Estefânia Viveiros defende, inclusive, a fluência do prazo de dilação (art. 257, inc. III) se o edital de citação ou intimação for publicado em dia sem expediente forense, por não se tratar de prazo processual (*Breves comentários aos novo Código de Processo Civil*, art. 214, p. 715). Contudo, esse prazo é processual sim, pois tem início, se desenvolve e se encerra no processo. Por isso, aplica-se a esses prazos de tolerância a regra geral de fluência a partir do primeiro dia útil subsequente.

752 Nesse sentido: Daniel Neves, *Novo Código de Processo Civil comentado*, art. 212, n. 3, p. 363; e Moniz de Aragão, *Comentários ao Código de Processo Civil*, art. 172, n. 77, p. 76.

753 STJ, 1ª T., REsp n. 1.089.731-PR, rel. Luiz Fux, j. 4.8.2009, v.u.

754 Deve-se analisar com cuidado a relação de atos que a doutrina admitia durante a vigência do Código de Processo Civil de 1973, pois os incisos do seu art. 173 continham relação parcialmente diversa de atos que poderiam ser praticados durante as férias e feriado, não permitindo, assim, a repetição *automática* dos antigos exemplos, sem prévia reflexão caso a caso.

no interior do fórum ou tribunal, *v.g.*, a intimação da parte ou seu advogado pelo escrivão, em caso de comparecimento espontâneo em cartório.

O bom senso, contudo, sugere que se evite a realização desses atos externos fora do período de expediente forense. Apesar de agora a autorização ser ampla e não mais se restringir aos "casos excepcionais", como dispunha o art. 172, § 2º, do Código de Processo Civil revogado, ela deve ser utilizada com moderação, em respeito ao direito ao descanso do destinatário. Somente quando constatada alguma dificuldade na execução do ato dentro do horário indicado no *caput* do art. 212 é que se deve proceder à diligência em outros períodos, pois a finalidade central dessas exceções é alcançar aqueles que tentam fugir do oficial de justiça ou que por qualquer outro motivo não são acessíveis em horário comercial, de modo a dar celeridade e efetividade ao processo. Mas, se praticado desnecessariamente fora do horário legal, o ato não será nulo, ocasionando apenas eventuais sanções administrativas ao oficial de justiça.[755]

O art. 212, § 2º, inovou em relação ao art. 172 do Código de Processo Civil de 1973 ao *dispensar autorização judicial* expressa para tanto.[756] E fez bem em desburocratizar o procedimento. A prática mostrava que essa era uma autorização meramente formal, sem qualquer análise da necessidade concreta da medida, geralmente lançada de forma automática em todos os mandados expedidos pelo cartório, enquanto eventual ausência da permissão gerava longas e desnecessárias discussões a respeito da nulidade do ato.

O § 2º faz referência ainda ao art. 5º, inc. XI, da Constituição Federal, para reforçar ao oficial de justiça a necessidade de respeitar a *inviolabilidade do domicílio* – que, além da residência, abrange quarto de hotel, escritório, consultório e, de modo geral, locais onde a pessoa exerça profissão ou atividade rotineira –, bem jurídico penalmente protegido também no art. 150 do Código Penal. Contudo, o domicílio não é um *bunker* totalmente imune às investidas do Judiciário, e, portanto, "se o executado fechar as portas da casa a fim de obstar a penhora dos bens, o oficial de justiça comunicará o fato ao juiz, solicitando-lhe ordem de arrombamento" (art. 846), que, nos termos do

755 Nesse sentido: ESTEFÂNIA VIVEIROS, *Breves comentários ao Código de Processo Civil*, art. 212, p. 711. Esta processualista afirma, ainda, que haveria nulidade do ato se constatado prejuízo decorrente da execução da ordem judicial de arrombamento em período noturno.

756 Em Portugal, o art. 143.2 do CPC permite que "as citações e notificações, os registros de penhora e os *atos que se destinem a evitar dano irreparável*" sejam realizados nos dias em que não haja expediente forense. E não faz qualquer menção sobre a necessidade, ou não, de autorização judicial.

art. 5º, inc. XI, da Constituição Federal, só pode ser executado durante o dia. Além disso, por óbvio, as limitações de caráter geral também devem ser respeitadas, em especial as do art. 244 e 245.

Registre-se, ainda, que a citação ou intimação pessoal, a penhora ou qualquer outro ato a elas equiparado, quando realizada em dia sem expediente forense (sábado, domingo, feriado), será considerada como efetivada no primeiro dia útil subsequente, para fins de fluência de prazo.

203. Ônus de chegar tempestivamente à fila do protocolo

O ônus da parte é apenas de chegar à *fila do protocolo* judicial antes do seu horário de fechamento previsto na norma de organização judiciária.[757] Se a hora limite para a parte praticar o ato processual se esgotar antes de ele ser atendido, deve ser reconhecida a justa causa e, excepcionalmente, aceita a tempestividade da petição protocolada após o encerramento do expediente forense ou no dia útil seguinte (art. 223, parte final). Afinal, não pode a parte ser prejudicada por essa falha (demora) na prestação do serviço do Poder Judiciário – o serviço ágil evita filas.[758] Apesar de ser inegável o direito do adversário à observância dos prazos, é preciso considerar que, havendo duas interpretações possíveis e igualmente razoáveis, o intérprete deve optar por aquela que conduza à *validade do ato* (v. item 10).

Se a petição for efetivamente protocolada pouquíssimos minutos após o encerramento do expediente, pode-se até aceitar que o portador tenha chegado antes do fim do prazo e que o atraso se deu por culpa do mecanismo judiciário, na linha do citado precedente do STF no RE n. 188.349 ED-RS. Porém, se o protocolo ocorrer no dia seguinte, ou mesmo após vários minutos, a parte tem o ônus de provar que chegou tempestivamente à fila do protocolo, fazendo-o por certidão expedida no mesmo dia por funcionário do cartório ou pelas eventuais imagens das câmeras de segurança do fórum.

---

757 Em sentido aproximado, cf. Maurício Giannico, *A preclusão no direito processual civil brasileiro*, n. 10.9, pp. 226-227.

758 Nesse sentido, já decidiu o STF que, se a parte conseguiu protocolar a petição após o horário normal de expediente, "é de *presumir-se* que o funcionamento da Secretaria fora estendido além da hora prevista, ou que, cerradas as portas do protocolo daquela Corte às 18:00 horas, as partes que *lá estavam* foram admitidas a permanecer no recinto para efetivarem a entrega da peça. 1.2. O possível acúmulo de trabalho naquela Seção Judiciária não pode prejudicar a parte recorrente" (STF, 2ª T., RE n. 188.349 ED-RS, rel. Min. Maurício Corrêa, j. 29.11.1996, v.u.). Cf., ainda, TJSP, 3ª Câm. Dir. Público, AgInst n. 2168142-11.2015.8.26.0000, rel. Des. Ronaldo Andrade, j. 20.10.2015, v.u.

204. Atos materiais

Os atos materiais a serem praticados diretamente pela parte, geralmente em atenção a uma obrigação reconhecida em decisão judicial, não estão sujeitos à limitação temporal indicada no *caput* do art. 212.

205. Juizados Especiais

A Lei n. 9.099/95 permite expressamente que os atos processuais sejam realizados "em horário noturno, conforme dispuserem as normas de organização judiciária". Dessa forma, mesmo que se trate de autos físicos, os atos processuais podem ser praticados a qualquer hora, inclusive após as 20 horas, mas desde que dentro do horário previsto em lei local. Não se aplica, portanto, a limitação contida no *caput* do art. 212.

206. Negócios processuais

As partes podem *reduzir* o horário fixado em lei de organização judiciária para protocolo das petições. Podem também *ampliá-lo*, mas desde que isso não exija alteração na estrutura administrativa do juízo, pois nenhuma convenção processual pode impor comportamentos a quem dela não participou, inclusive ao estado-juiz. Portanto, a ampliação do horário é válida para protocolo por fax e em agência dos correios, mas não se depender de protocolo físico na própria sede do juízo ou tribunal.

As partes também podem convencionar a redução ou ampliação do rol de atos que podem ser praticados fora do horário normal de expediente, mas sempre condicionado a não haver interferência no funcionamento do Judiciário. Assim, *v.g.*, podem limitar o horário de comunicação dos atos processuais *por oficial de justiça* e de constrição de bens, a fim de preservar a intimidade e o sossego da parte.[759]

> **Art. 213.** A prática eletrônica de ato processual pode ocorrer em qualquer horário até as 24 (vinte e quatro) horas do último dia do prazo.
>
> **Parágrafo único.** O horário vigente no juízo perante o qual o ato deve ser praticado será considerado para fins de atendimento do prazo.
>
> *CPC de 1973 – sem dispositivo correspondente*
>
> *Comparação jurídica – art. 137.4 do CPC português*

759 Contudo, neste caso, se a citação, intimação ou penhora for realizada em desconformidade com a convenção, o ato não deve ser anulado se não for constatado prejuízo concreto para a parte no processo.

207. Horário para a prática do ato processual eletrônico

Como visto no art. 212, os atos processuais internos – especialmente as petições das partes – só podem ser praticados em dias úteis e no horário disposto na norma de organização judiciária local. O Judiciário sequer teria condições econômicas e humanas de manter seus prédios abertos 24 horas por dia, 365 por ano.

Ocorre que, nos processos eletrônicos, a oferta permanente de infraestrutura tecnológica adequada para a prática dos atos eletrônicos não só é possível como também obrigatória. Pela garantia da *disponibilidade*, contida no art. 194 do Código de Processo Civil, as plataformas de processo eletrônico devem estar disponíveis para as partes durante 24 horas por dia, todos os dias do ano, salvo em eventuais períodos de manutenção programada e se houver falhas imprevisíveis.[760] Ou seja, as plataformas dos tribunais devem aceitar *ininterruptamente* o protocolo eletrônico de petições – bem como a inserção aos autos de outros atos escritos, como sentença, certidões do cartório e laudo pericial.

Partindo dessa nova realidade fática, o art. 213 reproduz o teor do art. 10, § 1º, da Lei n. 11.419/2006 (LPE) – ainda vigente –, para considerar tempestivo o protocolo eletrônico de petições "até as 24 (vinte e quatro) horas do último dia do prazo".[761]

Portanto, *a contrario sensu*, numa leitura conjunta com o art. 223, é ineficaz o protocolo feito a partir do primeiro segundo do dia seguinte do prazo, pois o direito de praticar o ato escrito se encerra exatamente à meia-noite.[762]

O termo inicial ou final será, todavia, *prorrogado* para o próximo dia útil se houver comprovada indisponibilidade da comunicação eletrônica do tribunal que impeça o protocolo (CPC, art. 224, § 1º, *in fine*; LPE, art. 10, § 2º; e Resolução n. 185/2013 do CNJ, art. 10, § 2º).[763]

---

760 Em reforço, a Resolução n. 185/2013 do Conselho Nacional de Justiça – endossada pelo regimento interno de diversos tribunais – dispõe que "o PJe estará disponível 24 (vinte e quatro) horas por dia, *ininterruptamente*, ressalvados os períodos de manutenção do sistema" (art. 8º). Portanto, a lei de organização judiciária, ou qualquer outra lei de menor hierarquia, não pode reduzir o horário de funcionamento do protocolo eletrônico ou determinar sua indisponibilidade aos fins de semana e feriados.

761 Por petição eletrônica entende-se aquela transmitida pelo sistema eletrônico do respectivo órgão do Poder Judiciário, que se utiliza da rede mundial de computadores (internet) e atende as regras e definições da Lei n. 11.419/2006 e do próprio Código de Processo Civil. Portanto, petição enviada por *e-mail* não é considerada petição eletrônica, para fins processuais.

762 TJSP, 10ª Câm. Dir. Privado, AgRg n. 2105841-62.2014.8.26.0000, rel. Des. JOÃO CARLOS SALETTI, j. 24.2.2015, v.u.

763 Para maiores informações sobre a prorrogação do prazo em razão da indisponibilidade do sistema eletrônico, v. adiante, art. 224, item 314.

Registre-se, ainda, que o art. 213 é claramente dirigido aos *prazos próprios*, sujeitos a preclusão temporal (art. 223), e, portanto, é aplicável apenas aos prazos das *partes*. Os atos dos juízes e seus auxiliares dizem respeito a deveres funcionais que não se extinguem com o decurso do prazo (impróprio), sendo válidos e eficazes se praticados após o escoamento do lapso temporal fixado.

208. Horário vigente no juízo destinatário do ato

Conforme dispõe o art. 213, parágrafo único, para a aferição da tempestividade da petição eletrônica, deve ser considerado o horário oficial vigente na sede do juízo (ou tribunal) perante o qual o ato deve ser praticado.[764]

Vale dizer, se houver diferença de fuso horário entre o local do computador do usuário, de onde for enviada a petição (no escritório de advocacia), e o juízo destinatário dessa petição, prevalece sempre a hora local do segundo.[765] E juízo destinatário da petição não é sempre e necessariamente o juízo pelo qual tramita o processo principal, mas aquele para onde a petição é encaminhada, pois, exemplificativamente, a petição pode ser dirigida ao juízo deprecado.

Em complemento, a Lei do Processo Eletrônico (Lei n. 11.419/2006) dispõe que "consideram-se realizados os atos processuais por meio eletrônico no dia e hora do seu envio ao sistema do Poder Judiciário, do que deverá ser fornecido protocolo eletrônico" (art. 3º). Assim, se eventualmente houver algum atraso no recebimento do arquivo pelo destinatário – o que é diferente de indisponibilidade do sistema –, essa falha não poderá ser imputada à parte, prevalecendo sempre o horário constante no protocolo eletrônico enviado por *e-mail* ao advogado no ato de peticionamento.[766]

---

764 Seguindo a mesma linha de raciocínio, a pacífica jurisprudência do STJ considera corretamente que sempre deve prevalecer o *calendário* do juízo destinatário do ato, *v.g.*, para considerar ou não o feriado local na contagem do prazo.

765 Daniel Assumpção Neves reconhece que a norma se presta a tratar dos diferentes fusos horários existentes no país, apesar de sua primeira interpretação ter sido outra, de que a menção ao "horário vigente" se referia ao horário de expediente local (*Novo Código de Processo Civil comentado*, art. 213, n. 1, p. 364).

766 Dispõem os §§ 3º e 5º do art. 26 da Resolução n. 185/2013 do Conselho Nacional de Justiça: "§ 3º O sistema fornecerá ao usuário externo recibo eletrônico da prática do ato processual, disponível permanentemente para guarda do peticionante, contendo a data e o horário da prática do ato, a identificação do processo, o nome do remetente e/ou do usuário que assinou eletronicamente o documento e, se houver, o assunto, o órgão destinatário da petição e as particularidades de cada arquivo eletrônico, conforme informados pelo remetente"; "§ 5º Não serão considerados, para fins de tempestividade, o horário inicial de conexão do usuário à

Art. 214. Durante as férias forenses e nos feriados, não se praticarão atos processuais, excetuando-se:

I – os atos previstos no art. 212, § 2º;

II – a tutela de urgência.

CPC de 1973 – art. 173

CPP – art. 798, § 3º

Comparação jurídica – art. 143 do CPC português

209. Férias e feriados

O art. 214 dispõe que, durante o período de férias forenses ou nos dias de feriado, segundo calendário vigente na respectiva comarca ou seção judiciária, é vedada a realização de *atos processuais* (art. 214), salvo quanto a alguns externos (citações, intimações e penhoras e outros equivalentes) ou relativos à concessão e efetivação de tutela de urgência.[767]

Como dito nos comentários ao art. 215, as férias estão restritas aos tribunais superiores (STF, STJ, TST etc.), por força do art. 93, inc. XII, da Constituição Federal. Mas nessas cortes é raro haver necessidade de se praticar atos externos ou mesmo de se conceder uma tutela de urgência durante as férias. Por isso, a grande utilidade prática do art. 214 diz respeito aos dias de feriado.

E o Código de Processo Civil de 2015 inovou ao definir feriado, para efeito forense, como qualquer dia "em que não haja expediente forense", em especial aqueles declarados em lei, os sábados e os domingos (art. 216).[768] E dele se extrai que, para fins do art. 219, *dia útil* é aquele no qual haja expedien-

internet, o horário de acesso do usuário ao sítio eletrônico do Tribunal ou ao PJe, tampouco os horários registrados pelos equipamentos do remetente".

767 O art. 173 do Código de Processo Civil anterior continha uma *relação parcialmente diversa* dos atos processuais que podiam ser praticados nos dias sem expediente forense. Também autorizava a citação, mas desde que necessária para evitar o perecimento do direito, e a penhora. Mas a intimação não constava da lista. E, em vez de indicar genericamente a tutela de urgência, mencionava algumas medidas específicas que considerava urgentes, que poderiam ser estendidas a "outros atos análogos": produção antecipada de prova, arresto, sequestro, arrecadação, busca e apreensão, depósito, prisão, separação de corpos, abertura de testamento, embargos de terceiro, nunciação de obra nova.

768 Na vigência do Código de Processo Civil revogado, os sábados eram considerados como dia útil para fins processuais, pois inexistia lei declarando-os feriado. Consequentemente, o art. 173 (atual art. 214) não proibia a prática de qualquer ato processual nesses dias, inclusive as citações e penhoras. Nesse sentido: STJ, 1ª T., REsp n. 1.089.731-PR, rel. Min. Luiz Fux, j. 4.8.2009, v.u.

te forense, ainda que parcial. Para mais informações a respeito do conceito de feriado, v. comentários ao art. 216, item 224.

Evidentemente, por força da garantia constitucional da inafastabilidade do controle jurisdicional e da aplicação analógica do art. 212, § 2º, os atos indicados nos incisos do art. 214 também podem ser praticados em dias úteis, fora do horário de expediente forense fixado pela lei de organização judiciária. Os atos de efetivação da decisão judicial, que podem ser internos ou externos (expedição de mandado ou carta precatória, intimação pelo oficial de justiça etc.), independem de autorização judicial.

210. Critérios interpretativos

As vedações e autorizações contidas no art. 214 devem ser interpretadas à luz dos *princípios da celeridade* e *da instrumentalidade*, de modo a privilegiar o avanço da marcha do processo. Consequentemente, a proibição legal à prática de atos processuais ordinários deve ser interpretada *restritivamente*; ou, em outros termos, as permissões legais para a prática dos atos nas férias e feriados devem ser interpretadas extensivamente.

O art. 214 também deve ser *interpretado em conjunto* com o art. 212 ("os atos processuais serão realizados em dias úteis"), que aborda a mesma questão sob o ângulo inverso. Isto é, enquanto ele diz quando os atos podem ser praticados, o artigo ora em comento diz quando eles não podem ser praticados. Daí por que os comentários feitos a tal artigo também são aplicáveis ao art. 214 – e vice-versa –,[769] salvo na eventual hipótese de incompatibilidade.[770]

Além disso, deve considerar que o *objetivo* da limitação à prática dos atos é possibilitar o descanso dos profissionais do processo (advogados, juízes, serventuários e outros auxiliares da justiça) nesses dias, desobrigando-os de cumprir prazos (nos processos físicos, isso sequer seria faticamente possível) e de participar de audiências, julgamentos etc.

211. Validade e nulidade dos atos

Se por um lado os profissionais que atuam no processo não são *obrigados* a praticar seus atos durante os dias de feriado, por outro, nem sempre eles são

---

769 *V.g.*, o art. 212, § 2º, deve ser interpretado como se lá também houvesse menção à tutela de urgência, que consta somente do art. 214, inc. II.

770 A similitude das exceções dos arts. 212 e 214 em relação aos arts. 314 e 923 limita-se aos atos urgentes, não sendo sequer admitida, durante a suspensão do processo, a citação, intimação ou penhora, salvo para preservação de direito. Daí por que nesse caso a aplicação analógica de suas regras é menos provável.

efetivamente *proibidos* de praticá-los – desde que para a validade do seu ato não seja necessário impor a participação simultânea de outrem.

O próprio Código de Processo Civil autoriza a parte a efetuar validamente o *protocolo eletrônico* de petições em qualquer dia e hora, inclusive durante o feriado (art. 213) – desde que o prazo ainda não tenha se esgotado, é óbvio –, devendo, para tanto, a plataforma de acesso aos processos eletrônicos estar acessível às partes e advogados de forma *ininterrupta* (art. 194).[771] O art. 26, § 2º, da Resolução n. 185/2013 do Conselho Nacional de Justiça é ainda mais expresso: "a suspensão dos prazos processuais não impedirá o encaminhamento de petições e a movimentação de processos eletrônicos...". E mais: não existe mais a intempestividade do ato por ter sido praticado prematuramente (art. 218, § 4º).

Da mesma forma, o juiz pode proferir decisões e eventualmente juntá-las aos autos durante esse período – produzindo seus efeitos somente a partir do primeiro dia útil seguinte.[772]

São nulos, contudo, entre outros *atos complexos*, a audiência e o julgamento realizado em segunda instância em dia sem expediente ou durante a suspensão do processo. Mas essa nulidade também não é absoluta e só deve ser declarada se restar demonstrado prejuízo para a parte, nos termos dos arts. 277 e 282, § 1º. Assim, *v.g.*, se a audiência para a oitiva de testemunhas for designada para um sábado, somente deve ser anulada se os advogados – e, eventualmente, as partes, se necessária sua presença – não comparecerem tempestivamente a ela, impedindo o exercício do seu direito de defesa. Aliás, desde que a estrutura do Judiciário permita e que haja consenso entre todos os envolvidos, o *calendário processual* celebrado pelo juiz em conjunto com as partes (art. 191) pode impor a realização de qualquer ato processual em dia de feriado, inclusive audiência.

Enfim, o juiz e os demais intérpretes devem se esforçar para preservar a validade do ato, especialmente quando não evidenciada a má-fé, a intenção de causar prejuízo a alguém ou ao processo. O ato só deve ser desconsiderado,

---

771 Aplica-se analogicamente, em razão da identidade dos motivos subjacentes, o art. 26, § 2º, da Resolução n. 185/2013 do Conselho Nacional de Justiça: "a suspensão dos prazos processuais não impedirá o encaminhamento de petições e a movimentação de processos eletrônicos, podendo a apreciação dos pedidos decorrentes desses prazos ocorrer, a critério do juiz, após o termino do prazo de suspensão, ressalvados os casos de urgência". A competência do Conselho Nacional de Justiça para regulamentar essa questão decorre do art. 196 do Código de Processo Civil de 2015.

772 Em sentido equivalente, STJ, 2ª T., AgRg no REsp n. 744.426-AL, rel. Min. Castro Meira, j. 14.10.2008, v.u. Na doutrina, Heitor Sica, *Comentários ao Código de Processo Civil*, art. 212, n. 4, p. 789.

portanto, se, além de o ato não ser unilateral, tiver causado prejuízo concreto a qualquer das partes ou ao processo.

212. Atos externos

Ao remeter ao art. 212, § 2º, o art. 214, inc. I, expressamente autoriza a realização de citação, intimação e penhora e outros atos equivalentes nos dias em que não haja expediente forense. Esses atos são ordinariamente praticados fora do prédio em que está a sede do juízo ou tribunal e por oficial de justiça, que tem certa flexibilidade de horário de trabalho.

Como dito nos comentários ao art. 212 (item 202), e considerando os critérios interpretativos expostos anteriormente, essa relação não é exaustiva,[773] sendo igualmente admitida a realização de atos externos equivalentes, como sequestro, arresto, hasta pública, notificação e interpelação.

Podem também ser excepcionalmente praticados alguns poucos atos internos, desde que necessários para a execução daqueles atos externos, como a expedição de mandado de penhora. Contudo, o inc. I não se aplica à generalidade dos atos internos, ainda que decorrentes do ato externo permitido, como a substituição de penhora e a juntada do mandado de citação ou intimação aos autos.

A nulidade dos atos praticados durante os feriados – ou na suspensão do processo – não é absoluta, podendo ser validada quando restar demonstrada a urgência na sua realização, a fim de assegurar a utilidade do processo ou quando não houver prejuízo para as partes ou para o processo (arts. 277 e 282, § 1º).[774]

213. Tutela de urgência: concessão e efetivação

Mais do que o acesso formal ao Judiciário, a garantia constitucional da inafastabilidade do controle jurisdicional (art. 5º, inc. XXXV) visa a garantir o *acesso à ordem jurídica justa*, por meio da oferta de uma tutela jurisdicional tempestiva, efetiva e adequada, conforme clássica lição de KAZUO WATANABE.[775] Com projeção nesse postulado, o art. 214, inc. II, autoriza não apenas o *pedido* e a *concessão* de tutela de urgência (tutela cautelar e tutela antecipada) durante as férias e feriados – pelo juiz designado pelo tribunal para o plantão judiciário

---

773 HEITOR SICA, contudo, afirma que esse rol seria taxativo (*op. cit.*, art. 214, n. 2, p. 791).

774 Sobre a validade dos atos quando não restar caracterizado o prejuízo, THEOTONIO NEGRÃO e outros, *Código de Processo Civil e legislação processual em vigor*, art. 314, n. 1, p. 388.

775 "Apontamentos sobre: tutela jurisdicional dos interesses difusos...", p. 327.

–, mas também sua *efetivação* imediata, praticando-se, para tanto, todos os atos necessários.[776]

À expressão *tutela de urgência* deve-se dar uma interpretação ampla, para incluir todas as providências cautelares e antecipatórias, isto é, que de algum modo digam respeito ao poder geral de cautela do juiz.[777] Não está restrita, portanto, às hipóteses dos arts. 300 a 310. Assim, pode dizer respeito à tutela antecipatória ou cautelar típica, como a de reintegração de posse (art. 562), à antecipação da tutela recursal (art. 1.019, inc. I), à concessão de efeito suspensivo aos embargos à execução, entre outras.

Aliás, em respeito ao princípio da igualdade, que assegura a paridade de armas, também devem ser admitidos e decididos os *atos de reação* pela parte prejudicada, desde que demonstrada a urgência, em especial o pedido de reconsideração, os embargos de declaração e o agravo de instrumento contra a decisão concessiva da tutela de urgência.[778] Para não haver dúvida, o ato que deu ensejo à reação não precisa ter sido necessariamente praticado fora do horário de expediente normal, basta a parte demonstrar que a providência solicitada não pode esperar até a volta do expediente para ser apreciada.

214. Momento de eficácia do ato

Segundo sólido entendimento estabelecido com fundamento nos arts. 184, § 2º, e 240, parágrafo único, do Código de Processo Civil de 1973, o ato da parte, do juiz ou de seus auxiliares, quando praticado nas férias ou em feriado, é existente, válido, mas apenas se torna eficaz no *primeiro dia útil subsequente.* Vale dizer, é como se ele tivesse sido realizado no próximo dia útil, estando até lá com a *eficácia suspensa.*[779] Apesar de o Código de Processo Civil

---

776 Quanto à inclusão dos atos de efetivação nessa autorização, Cassio Scarpinella Bueno, *Novo Código de Processo Civil anotado*, art. 214, p. 217.

777 Para Heitor Sica, contudo, essa expressão deveria ser interpretada *restritivamente*, para evitar fraude ao princípio do juiz natural, por se saber que o juiz plantonista tem um perfil mais favorável à sua pretensão (*Comentários...*, art. 214, n. 5, pp. 792-793). Esse alerta é realmente relevante e, de fato, o plantonista deve verificar se a parte poderia ter formulado antes o pedido, ao próprio juiz da causa, mas optou intencionalmente por aguardar o plantão. Isso, porém, nada tem a ver com o critério de interpretação do rol do art. 214.

778 Nesse sentido: Marinoni-Arenhart-Mitidiero, *Código de Processo Civil comentado*, art. 214, n. 3, p. 321; e Daniel Neves, *Novo Código de Processo Civil comentado*, art. 214, n. 1, p. 365.

779 STJ, 3ª T., EDcl no REsp n. 1.236.276-MG, rel. Min. João Otávio de Noronha, j. 18.11.2014, v.u.; STJ, 3ª T., AgRg no REsp n. 1.249.720-DF, rel. Min. Paulo de Tarso Sanseverino, j. 13.8.2013, v.u.; STJ, 2ª T., AgRg no REsp n. 744.426-AL, rel. Min. Castro Meira, j. 14.10.2008, v.u.

de 2015 não conter dispositivo genérico expresso a esse respeito, em regra, tal entendimento deve ser mantido.[780]

Todavia, no caso de *disponibilização* da informação no *Diário da Justiça eletrônico* em dia sem expediente forense na sede do juízo, o primeiro dia útil seguinte será considerado o dia da publicação, e não da disponibilização, já que o art. 224, § 2º, assim dispõe sem qualquer ressalva.

215. Atos durante a suspensão do processo ou dos prazos processuais

Os art. 314 e 923 vedam a realização de qualquer desses atos externos durante a *suspensão do processo.* Por isso, é nula a citação, intimação ou penhora e outros atos externos equivalentes realizados nesse período, salvo se necessária à preservação de direito, em razão da sua urgência,[781] ou se não causar prejuízo concreto à parte. Por outro lado, autorizam nesse período os atos urgentes, a fim de evitar dano irreparável, salvo no caso de essa suspensão decorrer de arguição de impedimento ou suspeição do juiz.

Já no *período anual de suspensão dos prazos processuais,* entre 20 de dezembro e 20 de janeiro (art. 220), podem ser praticados todos e quaisquer atos necessários ao bom desenvolvimento do procedimento – exceto audiências e sessões de julgamento (parágrafo único) –, pois não se trata de férias, recesso ou feriado (v. item 280).

Todavia, entre 20 de dezembro e 6 de janeiro há ainda a questionável *suspensão de expediente* na Justiça Federal (Lei n. 5.010/66, art. 62, inc. I) e nas justiças estaduais (Resolução n. 8/2005 do CNJ, art. 1º). Segundo a letra da lei, esses dias seriam considerados apenas feriado; mas, materialmente, trata-se de verdadeiro recesso ou *férias* por 18 dias.[782] Tanto que, na vigência do Código de Processo Civil revogado, a jurisprudência pacificamente entendia que

---

780 Nesse sentido, entre outros: HEITOR SICA, *Comentários ao Código de Processo Civil,* art. 212, n. 4, p. 789; e ESTEFÂNIA VIVEIROS, *Breves comentários...,* art. 214, p. 716.

781 STJ, 3ª T., REsp n. 1.643.012-RS, rel. Min. NANCY ANDRIGHI, j. 22.3.2018, v.u. Nesse acórdão foi dito que "a penhora era indispensável para assegurar a utilidade e a satisfatividade da execução em curso, que se prolongava por muitos anos sem nenhuma perspectiva de adimplemento do crédito materializado no título executivo, assumindo a penhora, nesse contexto, o papel de medida assecuratória e conservativa de direito, de modo a atrair a incidência da exceção prevista na parte final do art. 793 do CPC/73".

782 De fato, esse período se enquadra perfeitamente no conceito de férias fornecido por HUMBERTO THEODORO JÚNIOR: "férias forenses são as paralisações que afetam, regular e coletivamente, durante determinados períodos do ano, todo o funcionamento do juízo" e "correspondem à ideia de suspensão dos serviços forenses por um período prolongado" (*Novo Código de Processo Civil anotado,* art. 214, p. 258).

nesse período os prazos eram *suspensos*, justamente por se equipararem às férias forenses para efeitos da fluência dos prazos.[783] Portanto, manter os fóruns e os tribunais fechados por tanto tempo, sem a possibilidade de se praticar a esmagadora maioria dos atos procedimentais, constitui flagrante violação ao art. 93, inc. XII, da Constituição Federal.

Art. 215. Processam-se durante as férias forenses, onde as houver, e não se suspendem pela superveniência delas:

I – os procedimentos de jurisdição voluntária e os necessários à conservação de direitos, quando puderem ser prejudicados pelo adiamento;

II – a ação de alimentos e os processos de nomeação ou remoção de tutor e curador;

III – os processos que a lei determinar.

CPC de 1973 – art. 174

216. Inutilidade da disposição legal

Enquanto o art. 214 trata dos *atos processuais* que excepcionalmente podem ser praticados durante as férias (ou recesso) e feriados, o art. 215 pretende tratar das espécies de processos que não se suspendem especificamente durante as férias. A ideia central de ambos é que durante as férias e feriados não são praticados atos processuais, salvo nos casos especificados nesses artigos. Em tese, um complementa o outro, apesar de haver situações pontuais de redundância.

O art. 215 é, infelizmente, uma reprodução do art. 174 do Código de Processo Civil de 1973, com pequenos e insuficientes ajustes terminológicos. Mas ele é praticamente *inócuo* e deveria ser eliminado, para evitar discussões desnecessárias.

Em primeira e segunda instâncias são vedadas as férias coletivas (Const., art. 93, inc. XII). Restam, então, apenas e tão somente os atos a serem praticados nos *tribunais superiores* (STF, STJ, TST etc.), nos meses de julho e janeiro. Contudo, nesse período todos os ministros dessas cortes estão ausentes para o gozo das férias coletivas (LOMAN, art. 66, § 1º), funcionando somente o *plantão judiciário* para a apreciação de pedidos *urgentes* (Const., art. 93, inc.

---

783 "O termo 'férias', constante do art. 179 do CPC-1973 deve ser compreendido como 'recesso forense'. Segundo esse dispositivo, o recesso forense provoca a suspensão dos prazos" (STJ, Corte Especial, EREsp n. 1.517.176-SP, rel. Min. João Otávio de Noronha, j. 5.4.2017, v.u.). No mesmo sentido, STJ, 1ª T., REsp n. 589.992-PE, rel. Min. Teori Zavascki, j. 17.11.2005, v.u.; e STJ, 2ª T., REsp n. 851.476-MG, rel. Min. Humberto Martins, j. 7.11.2006, v.u. Na doutrina, Leonardo da Cunha, *Comentários...*, art. 214, n. 2, p. 141.

XII).[784] E atos urgentes podem ser praticados com fundamento no art. 214, inc. II, independentemente de ser uma das espécies de processo arroladas no art. 215. Ou seja, na prática, nenhuma decisão é proferida nesses processos durante as férias.[785]

Restariam os atos dos serventuários (como as intimações), cuja consequência para o avanço do procedimento seria dar início e fluência aos prazos das partes.[786] Mas também esses atos não costumam ser praticados.

Ademais, nos termos do art. 220, os prazos processuais das partes estão *suspensos* em todo e qualquer processo entre os dias 20 de dezembro e 20 de janeiro – o que não se confunde com as férias –, inclusive nos tribunais superiores. Sobram, então, 11 dias corridos em janeiro e 30 dias em julho.

E há uma tendência a limitar essa autorização aos atos urgentes, o que sepulta de vez a utilidade do art. 215, pois a prática desses atos de urgência durante as férias já é autorizada pelo art. 214, inc. II.

Portando, mesmo que se entenda não estar restrito aos atos urgentes, o art. 215 só seria aplicável se presentes cumulativamente os seguintes requisitos: (a) a ação se enquadrar em algum dos seus incisos; (b) o processo ou recurso estar em trâmite perante algum tribunal superior; (c) dizer respeito aos atos e prazos *das partes* e *dos serventuários da justiça*; (d) o prazo da parte não estar suspenso por força do art. 220 ou por qualquer outro motivo legal.

Além disso, muitos dos processos indicados no art. 215 para tramitar nas férias, em especial os procedimentos de jurisdição voluntária, não costumam subir para julgamento nos tribunais superiores.

Por todos esses motivos, seria melhor simplesmente abolir o art. 215, assim como outros dispositivos equivalentes contidos em outras leis processuais esparsas. De um lado, seus benefícios são insignificantes – poderia arriscar em dizer que atinge menos de 0,1% dos processos existentes no Judiciário nacional –, e, de outro, há o grave risco de a divergência interpretativa gerar desnecessários danos aos jurisdicionados, em especial relativos à perda de prazo.

---

784 Os atos a serem praticados nas instâncias ordinárias, ainda que dirigidas ao julgamento pelos tribunais superiores, como o recurso especial ou extraordinário, não são influenciados pelas férias dos ministros (STJ, 4ª T., AgRg no Ag n. 798.181-SP, rel. Min. MASSAMI UYEDA, j. 26.06.2007, v.u.).

785 NELTON DOS SANTOS já dizia que, em razão da Emenda Constitucional n. 45/2004, na prática, "a tramitação dos recursos fica suspensa, ainda que se trate de qualquer daquelas situações" indicadas no art. 174 do Código de Processo Civil de 1973 (*Código de Processo Civil interpretado*, art. 174, n. 1, p. 476).

786 O regimento interno do STF, porém, determina a suspensão "dos trabalhos do Tribunal durante o recesso e as férias..." (art. 78, § 2º). E o RISTJ determina a suspensão das "atividades judicantes do Tribunal nos feriados, nas férias coletivas...".

Exemplo de controvérsia desnecessária gerada por esse dispositivo está na respeitável posição de Wambier-Conceição-Ribeiro-Mello, que, na tentativa de salvar sua utilidade, interpretam o termo férias como se fosse o *período de suspensão dos prazos* referido no art. 220.[787] Essa interpretação não conta com o apoio da doutrina, pois se choca com a própria *ratio* daquela suspensão, de permitir o descanso dos advogados; mas, se vier a ser adotada pela jurisprudência, muitos atos processuais serão considerados intempestivos.

O período de *recesso forense* determinado pelos tribunais entre 20 de janeiro e 6 de janeiro, apesar de ilegal e inconstitucional (v. comentários ao art. 212, item 281), é uma praxe que permanece. E a jurisprudência vem, desde a vigência do Código de Processo Civil revogado, reiteradamente equiparando esse período às férias forenses para efeitos de fluência dos prazos.[788] Consequentemente, as ações indicadas no art. 215 devem – ou deveriam – tramitar durante esse recesso de fim de ano, ainda que tramitem em primeira ou segunda instância,[789] mas com a relevante ressalva de que seus prazos não podem ter curso, nem podem ser realizadas audiências ou sessões de julgamento (art. 220), o que acaba por novamente tornar a regra inócua.

Igualmente, pode haver dúvida interpretativa quanto à fluência, ou não, durante as férias dos prazos relativos às causas especificadas no art. 215 – especialmente para a interposição de recurso contra decisão proferida nos próprios tribunais superiores, como o prazo de agravo interno e de recurso extraordinário contra acórdão do STJ.

De todo modo, como pode haver casos de trâmite de processo durante as férias e os recessos, é necessário tecer adiante alguns comentários sobre as hipóteses indicadas no art. 215.[790]

E desde já se destaca que o trâmite da fase de *cumprimento de sentença* nas férias segue a mesma regra da fase de conhecimento na qual se originou o título executivo judicial.[791]

---

787 *Primeiros comentários ao novo Código de Processo Civil*, art. 215, n. 1, pp. 430-431.

788 STJ, 1ª T., REsp n. 589.992-PE, rel. Min. Teori Zavascki, j. 17.11.2005, v.u.; e STJ, 2ª T., REsp n. 851.476-MG, rel. Min. Humberto Martins, j. 7.11.2006, v.u.

789 Nesse sentido: Daniel Neves, *Novo Código de Processo Civil comentado*, art. 215, p. 366; e Denise Machado, *Código de Processo Civil anotado*, art. 215, n. 1, p. 342.

790 Segundo Estefânia Viveiros, "não se trata de norma facultativa, mas sim imperativa oriunda de uma ordem" (*Breves comentários ao Código de Processo Civil*, art. 215, p. 718).

791 Em sentido semelhante, na vigência do Código de Processo Civil de 1973 o STJ decidiu que o processo de execução de sentença tinha trâmite nas férias, se o processo de conhecimento também o tivesse (STJ, 2ª T., REsp n. 401.018-ES, rel. Min. Peçanha Martins, j. 9.8.2005, v.u.).

217. Fluência de prazo durante as férias

Nos termos do art. 215, *caput*, como regra geral, os processos são suspensos durante as férias nos tribunais superiores – salvo aqueles indicados nos seus incisos –, não podendo ser praticados quaisquer atos nesse período. Como consequência lógica, os *prazos* que começaram a correr antes do seu início são automaticamente suspensos em razão de sua superveniência, voltando a correr a partir do primeiro dia útil superveniente.[792] Da mesma forma, os prazos processuais decorrentes de eventuais intimações e citações ocorridas nas férias começam a correr apenas no primeiro dia útil após o término desse período.[793]

Por outro lado, nos processos que, segundo a lei, correm durante as férias, os prazos devem ter fluência normal – salvo no período compreendido entre 20 de dezembro e 20 de janeiro, em que todo e qualquer prazo processual é suspenso (art. 220), inclusive aqueles arrolados no art. 215.[794] Todavia, não é isso o que vem ocorrendo na prática. No STJ, todos os prazos são suspensos entre 20 de dezembro e 31 de janeiro, sem qualquer ressalva.[795]

218. Termo final do prazo durante as férias

Os prazos prescricionais, os decadenciais, inclusive os extraprocessuais (fixados por lei processual, como o de ação rescisória), geralmente são fixados em meses ou anos e correm de forma ininterrupta. Alguns poucos prazos processuais também são contados de forma ininterrupta, por assim determinar expressamente a lei (*v.g.*, o prazo de 10 dias "corridos" para a parte acessar a intimação eletrônica – LPE, art. 5º, § 3º).

---

792 STJ, Corte Especial, EREsp n. 1.517.176-SP, rel. Min. João Otávio de Noronha, j. 5.4.2017, v.u. Na doutrina, Estefânia Viveiros, *op. cit.*, art. 215, p. 719. Em sentido contrário, Leonardo da Cunha afirma: "a superveniência das férias suspende os processos, mas não suspende os prazos em curso" (*Comentários ao novo Código de Processo Civil*, art. 215, n. 1, p. 360).

793 STJ, 4ª T., REsp n. 259.053-PR, rel. Min. Ruy Rosado de Aguiar, j. 21.9.2000, v.u.; e STJ, 2ª T., REsp n. 790.250, rel. Min. Eliana Calmon, j. 20.3.2007, v.u.

794 Há, porém, na jurisprudência precedente analisado à luz do Código de Processo Civil de 1973 no qual se afirma não haver *transcurso de prazo* para a parte interpor recurso, ainda que se discuta medida de urgência. Segundo dito lá, "a tempestividade ou intempestividade do recurso não pode depender do eventual pedido de efeito suspensivo" (STJ, 4ª T., REsp n. 721.764-SC, rel. Min. João Otávio de Noronha, j. 20.10.2009, v.u.).

795 Segundo comunicado contido no art. 1º da Portaria STJ/CDG n. 835/2018, *v.g.*, os prazos processuais ficaram suspensos a partir de 20 de dezembro de 2017, voltando a fluir em 1º de fevereiro de 2018, não havendo ressalva alguma quanto a determinadas espécies de ações civis (apenas aos prazos em matéria penal). Invocou para tanto o art. 66, § 1º, da LOMAN e os arts. 81 e 106 do Regimento Interno.

Assim, caso tenha vencimento durante as férias, o prazo para o ajuizamento da ação será prorrogado automaticamente para o primeiro dia útil subsequente (interpretação conjunta dos arts. 214, 216 e 223, § 2º, do CPC, e art. 132, § 1º, do CC).

219. Jurisdição voluntária e conservação de direitos

O inc. I do art. 215 indica inicialmente que os *procedimentos de jurisdição voluntária* e os *necessários à conservação de direitos* são processados durante as férias forenses "quando puderem ser prejudicados pelo adiamento".

O Código de Processo Civil de 1973 fazia referência aos "*atos* de jurisdição voluntária" e daí entendia-se que apenas determinados atos pontuais desse procedimento corriam durante as férias. Portanto, os demais atos dos procedimentos de jurisdição voluntária ficavam suspensos.[796] Por outro lado, o Código de Processo Civil de 2015 optou por substituir o termo "atos" por "procedimentos", de modo a não mais restringir a tramitação nas férias aos atos urgentes, mas a todo e qualquer ato.[797] Nem se invoque a ressalva relativa aos atos que "puderem ser prejudicados pelo adiamento", pois ela se aplica apenas aos processos necessários à conservação de direitos, e não aos procedimentos especiais.

Os procedimentos de jurisdição voluntária estão especificados no Livro I, Título III, Capítulo XV: pedidos de emancipação (art. 725, inc. I); sub-rogação (art. 725, inc. II); alienação, arrendamento ou oneração de bens de criança ou adolescentes, de órfãos ou interditos (art. 725, inc. III); alienação, locação e administração de coisa comum (art. 725, inc. IV); alienação de quinhão em coisa comum (art. 725, inc. V); extinção de usufruto, quando não decorrer da morte do usufrutuário, do termo de sua duração ou da consolidação, e de fideicomisso, quando decorrer de renúncia ou quando ocorrer antes do evento que caracterizar a condição resolutória (art. 725, inc. VI); expedição de alvará judicial; homologação extrajudicial, de qualquer natureza ou valor (art. 725, inc. VII); notificação e interpelação (arts. 726 a 729); alienação judicial (art. 730); divórcio e separação consensuais, extinção da união estável e alteração do regime de bens (arts. 731 a 734); testamento e codicilos (arts. 735 a 737); herança jacente (arts. 738 a 743); bens dos ausentes (arts. 744 e 745); coisas vagas (art. 746); interdição (arts. 747 a 758); tutela e curatela (arts. 759 a 763); organização e fiscalização de fundações (arts. 764 e 765); e ratificação dos protestos marítimos e processos testemunháveis formados a bordo (arts. 766 a 770).

796 Luiz Fux, *Curso de direito processual civil*, n. 4.2, p. 297

797 Estefânia Viveiros, *Breves comentários...*, art. 215, p. 718.

A alteração de "atos" para "procedimentos" também se refere às medidas de *conservação de direitos*, o que levaria o hermeneuta mais apressado a concluir que todos os atos desses processos podem ser práticos. Contudo, o inc. I permite a realização de atos durante as férias apenas "quando puderem ser prejudicados pelo adiamento". A doutrina vem entendendo que esse paradoxo na lei leva à possibilidade de tramitação somente dos atos urgentes.[798]

Essa expressão "conservação de direitos" deve ser interpretada de forma abrangente, incluindo não apenas as tutelas cautelares e antecipatórias (art. 300 ss.), mas também qualquer ato urgente que surja no curso do processo, como a concessão de antecipação dos efeitos da tutela recursal e de efeito suspensivo aos embargos à execução e até a realização de intimação e citação para impedir a ocorrência de eventual prescrição ou decadência.

220. Ação de alimentos e de nomeação ou remoção de tutor ou curador

O inc. II do art. 215 autoriza o trâmite regular de dois processos específicos durante as férias. Ou seja, nessas ações podem ser praticados todos e quaisquer atos processuais, e não só aqueles urgentes.

O trâmite da *ação de alimentos* durante as férias se justifica pelo seu importante caráter alimentar, necessário à própria subsistência do alimentando, e, portanto, pelo desejo de se obter uma tutela final e definitiva mais célere. Justamente por isso a expressão "ação de alimentos" deve ser interpretada de forma ampla, para incluir não só todos os atos do procedimento, mas também a ação de oferta de alimentos, a revisional de alimentos e as respectivas fases de cumprimento de sentença ou ações rescisórias.[799] Em especial, no período de férias devem ser aceitos e apreciados todos aqueles *atos de reação* do devedor, sob pena de restar configurada evidente violação ao princípio constitucional e legal da *isonomia*, que pressupõe igualdade de armas entre as partes.

E o fato de a ação de alimentos vir *cumulada* com outra demanda – *v.g.*, de divórcio ou de guarda – não impede a tramitação nas férias, sob pena de ser violado o art. 215, inc. II. Mas esse não era o entendimento dominante na

---

798 Novamente Estefânia Viveiros, *op. cit.*, art. 215, p. 718.

799 O Código de Processo Civil de 1973 se referia a "causa de alimentos provisionais" (art. 174, inc. II) e, em razão disso, doutrina e jurisprudência admitiam nesse período somente a *fixação* dos alimentos e os respectivos *atos executivos* (por todos, Arruda Alvim, *Manual de direito processual civil*, vol. I, n. 148, p. 417), excluindo a possibilidade de revogação e redução dos alimentos, ou mesmo a apreciação de justificativas do devedor de alimentos intimado a pagar. Porém, o Código de Processo Civil de 2015 passou a se referir mais genericamente à "ação de alimentos", fazendo com que aquela interpretação restrita perdesse sustentação legal.

vigência do Código de Processo Civil revogado e inexiste, ainda, uma posição sólida da doutrina e da jurisprudência à luz do atual Código de Processo Civil.

O inc. II menciona também a ação de *nomeação ou remoção de tutor e curador*. Essa menção parece ter sido fruto de mera repetição do texto do art. 174, inc. II, do Código de Processo Civil de 1973, sem maior reflexão pelo legislador, pois essa hipótese já está abrangida no inc. I deste art. 215. É verdade que o inc. II autoriza mais amplamente a prática de qualquer ato do procedimento – e não apenas os atos urgentes, como está no inc. I –, mas não há justificativa razoável para se dar prioridade ao trâmite desse tipo de processo.

221. Outras ações que correm nas férias

Algumas outras leis autorizam o trâmite de determinados processos durante as férias. Evidentemente, apenas leis federais podem ampliar o (inócuo) rol do art. 215, jamais leis estaduais – ainda que de organização judiciária – ou normas do Conselho Nacional de Justiça ou dos Tribunais, diante da competência exclusiva da União imposta pelo art. 22, inc. I, da Constituição Federal.[800]

Nesse sentido, o art. 58, inc. I, da Lei do Inquilinato (Lei n. 8.245/91) determina o trâmite das ações de despejo, da consignação em pagamento de aluguel e acessório da locação, das revisionais de aluguel e das renovatórias de locação. Da mesma forma, as ações de *desapropriação* (Decreto n. 3.365/41, art. 39), as ações de indenização por *acidente de trabalho* (Lei n. 6.338/76, art. 1º, e Lei n. 8.213/91, art. 129, inc. II); os *habeas data* (Lei n. 9.507/97, art. 19), entre outras.

Por outro lado, por falta de expressa previsão legal, *não correm* durante as férias: (a) as ações de *recuperação judicial* e *falência*, pois a Lei n. 11.101/2005 em vigor não reproduziu o art. 204 da anterior (Decreto-lei n. 7.661/45); (b) o mandado de segurança; (c) as ações de competência dos Juizados Especiais; (d) as execuções fiscais; (e) os processos de inventário, entre muitas outras.

---

800 Nesse sentido: Arruda Alvim, *Manual...*, vol. I, n. 148, p. 417. O STF já declarou, antes mesmo da Constituição Federal de 1988, a inconstitucionalidade de uma lei paranaense que definia casos que tramitariam durante as férias, por ampliar indevidamente o rol do art. 174 do Código de Processo Civil de 1973 (STF, Pleno, RE n. 87.728-2, rel. Min. Décio Miranda, j. 5.3.1980, m.v.). O STJ também já decidiu que "não pode o legislador estadual, competente apenas para dizer sobre organização judiciária, inserir, complementarmente, novas hipóteses de ações que não devam restar suspensas durante as férias" (STJ, 3ª T., REsp n. 7.481-SC, rel. Min. Dias Trindade, j. 29.4.1991, v.u.). Portanto, as regras sobre férias contidas nos arts. 109 a 115 do Código Judiciário do Estado de São Paulo (Decreto-lei n. 3/1969, com a redação da Lei Complementar n. 701/92), e outras equivalentes dos demais estados, não foram recepcionadas pela Constituição Federal de 1988.

222. Atos praticados durante as férias

Ainda que o processo não tenha curso durante as ditas férias, eventuais atos praticados pelas partes nesse período são válidos e eficazes. Sua eficácia, porém, fica suspensa até o primeiro dia útil seguinte ao fim das férias.[801] Os atos dos juízes também serão válidos, salvo se restar caracterizado evidente prejuízo às partes – como a realização de audiência ou sessão de julgamento sem a participação dos advogados.

223. Negócio processual sobre trâmite nas férias e feriados

As partes *não podem* celebrar negócio jurídico processual (art. 190) para incluir outros processos no rol dos que tramitam durante as férias, pois é vedado convencionar sobre algo que imponha aos tribunais superiores a adaptação casuística das suas atividades.

Contudo, podem convencionar que seus *prazos* fluem normalmente durante as férias, sob pena de preclusão. E como nos tribunais superiores, em que há férias, os processos tramitam em autos eletrônicos, não há de se cogitar em dificuldade de acesso ou de protocolo de petição nesse período (art. 213).

> **Art. 216.** Além dos declarados em lei, são feriados, para efeito forense, os sábados, os domingos e os dias em que não haja expediente forense.
>
> *CPC de 1973 – art. 175*

224. Feriados e seus efeitos no processo

O art. 216 trata dos *critérios* para a identificação dos dias considerados como *feriado*. Em termos processuais, os feriados são utilizados em oposição aos dias úteis, nos quais há expediente forense, ainda que parcial.[802]

A definição dos dias de feriado é muito importante para a aferição da possibilidade de prática de atos processuais em geral (art. 214) e, em especial, para o início, a fluência e o vencimento dos prazos processuais (art. 219).

Eles podem ser de duas espécies, ambos com os mesmos efeitos sobre o processo: os *feriados civis* (aí incluídos os religiosos), de abrangência geral, declarados em leis civis, e os *feriados forenses*, de abrangência estritamente processual, isto é, sábados, domingos e demais dias em que por qualquer motivo não haja expediente forense – o que frequentemente é declarado pelo respectivo

---

801 STJ, 3ª T., AgRg no REsp n. 1.249.720-DF, rel. Min. PAULO DE TARSO SANSEVERINO, j. 13.8.2013, v.u., entre outros.

802 A respeito do conceito de dia útil, v. *supra*, art. 212, item 197.

tribunal ou pelo juiz diretor do fórum. Muitas vezes há sobreposição entre essas duas espécies de feriados.

A identificação dos feriados é de extrema relevância para o processo, principalmente para contagem dos prazos e para o exame da validade de certos atos oficiais realizados nessas datas (*v.g.*, audiências).[803]

A contagem dos prazos processuais passou a se dar apenas em *dias úteis* (art. 219), e não mais em dias corridos, o que, *a contrario sensu*, implica não computar sábados, domingos e feriados. Há cinco artigos do Código de Processo Civil que fazem referência direta ao impacto dos dias de feriado nos prazos ou à possibilidade ou não de prática de atos processuais: arts. 212, § 2º, 214, 216, 975, § 1º, e 1.003. E há vários que fazem menção aos dias úteis em contraposição aos feriados, para fins de contagem de prazo e possibilidade de prática de atos processuais nos dias úteis: arts. 212, 219, 224, §§ 1º, 2º e 3º, 231, incs. IV e V, 975, § 1º etc. Na legislação processual extravagante também há referências aos feriados e aos dias úteis, com aquelas finalidades (*v.g.*, LPE, arts. 4º, §§ 3º e 4º, 5º, § 2º, e 10, § 2º; e LOJF, art. 62).

Importante registrar que, para fins de contagem de prazo, dia sem expediente é diferente de dia com expediente reduzido. No primeiro caso, o prazo não é computado; e no segundo, a redução do horário normal só é relevante para prorrogação do prazo se coincidir com o seu termo inicial ou final, mas não se ele ocorrer nos demais dias do seu transcurso (art. 224, § 1º).

225. Feriados civis declarados em lei

Os feriados civis podem ser nacionais, estaduais ou municipais.

No âmbito *nacional*, em todo e qualquer ano são feriados declarados em lei federal os seguintes dias: 1º de janeiro (Lei n. 662/49, art. 1º);[804] terça-feira de Carnaval (Lei n. 1.408/51, art. 5º); sexta-feira Santa (Lei n. 1.408/51, art. 5º); dia 21 de abril, homenagem a Tiradentes (Lei n. 662/49, art. 1º); 1º de maio, Dia do Trabalho (Lei n. 662/49, art. 1º); dia 7 de setembro, Dia da Independência (Lei n. 662/49, art. 1º); dia 12 de outubro, Dia de Nossa Senhora Aparecida (Lei n. 6.802/80, art. 1º); dia 2 de novembro, Finados (Lei n. 662/49, art. 1º); dia 15 de novembro, Proclamação da República (Lei n. 662/49, art. 1º); e dia 25 de dezembro, Natal (Lei n. 662/49, art. 1º).[805]

---

803 Nos processos eletrônicos, as partes podem a qualquer momento, antes do fim do prazo, praticar validamente seus atos processuais escritos, inclusive nos feriados e fora do horário de expediente forense. Nos físicos, porém, há uma impossibilidade prática para a realização desses atos, em razão do fechamento da sede do fórum e do tribunal e, consequentemente, indisponibilidade do sistema de protocolo.

804 O art. 1º da Lei n. 662/49 tem a redação dada pela Lei n. 10.607/2002.

805 O art. 380 da Lei n. 4.737/65 dispõe ainda que "será feriado nacional o dia em que

Por outro lado, *não são* feriados nacionais,[806] entre outros: (a) *Corpus Christi*;[807] (b) segunda-feira de Carnaval e quarta-feira de Cinzas;[808] (c) os dias que precedem a sexta-feira Santa;[809] (d) o dia 11 de agosto (Dia do Advogado);[810] (e) o Dia do Servidor Público; e (f) os dias 1º e 3 de novembro, anterior e posterior a Finados.[811] Nada impede, por óbvio, que esses dias sejam declarados feriados por leis estaduais ou municipais.

Estados e municípios também têm competência legislativa para decretar seus feriados locais. O art. 1º da Lei n. 9.093/95 dispõe que são feriados *estaduais* a "data magna do Estado fixada em lei estadual" (inc. I) e "os dias do início e do término do centenário de fundação do Município, fixados em lei municipal" (inc. II), sem prejuízo de outros que sejam fixados por norma local. E o art. 2º acrescenta serem "feriados religiosos os dias de guarda, declarados em lei municipal, de acordo com a tradição local e em número não superior a quatro".

Os feriados estaduais e municipais são relevantes não apenas na Justiça estadual, mas também nas unidades da Justiça Federal daquela localidade, pois implicam a dispensa de todos os trabalhadores, inclusive os funcionários públicos federais ali atuantes.

---

se realizarem eleições de data fixada pela Constituição Federal", mas normalmente as eleições ocorrem aos domingos.

806 "Segundo entendimento do STJ, 'o dia do servidor público (28 de outubro), a segunda-feira de carnaval, a quarta-feira de cinzas, os dias que precedem a sexta-feira da paixão e, também, o dia de Corpus Christi – não são feriados nacionais, sendo imprescindível a comprovação de suspensão do expediente forense na origem' (AgInt no REsp 1.715.972/MA, Relator Ministro Mauro Campbell Marques, Segunda Turma, julgado em 15.5.2018, *DJe* 18.5.2018)" (STJ, 3ª T., AgInt no AREsp n. 1.392.162-RJ, rel. Min. MARCO AURÉLIO BELLIZZE, j. 25.3.2019, v.u.).

807 STJ, 3ª T., AgInt no AREsp n. 1.167.193-GO, rel. Min. VILLAS BÔAS CUEVA, j. 22.3.2018, v.u.; e STJ, 4ª Turma, AgInt no AREsp n. 1.156.485-MG, rel. Min. LUIS FELIPE SALOMÃO, j. 20.2.2018, v.u.

808 STJ, 4ª T., AgInt no AREsp n. 1.220.023-SP, rel. Min. LUIS FELIPE SALOMÃO, j. 17.5.2018, v.u.; e STJ, 3ª T., AgInt no AREsp n. 1.279.019-MG, rel. Min. MOURA RIBEIRO, j. 29.10.2018, respectivamente. Esses dias são *ponto facultativo*, podendo o presidente da República defini-los como feriado por decreto, usualmente baixado no início do ano. Seja como for, nesses dias normalmente não há expediente forense.

809 STJ, 4ª T., AgInt no AREsp n. 1.322.021-RJ, rel. Min. MARCO BUZZI, j. 12.11.2018, v.u.

810 STJ, 2ª T., AgInt no AREsp n. 1.291.661-PE, rel. Min. ASSUSETE MAGALHÃES, j. 17.10.2018, v.u.

811 STJ, 4ª T., AgInt no AREsp n. 1.294.405-SP, rel. Min. LUIS FELIPE SALOMÃO, j. 13.12.2018, v.u.

Já os dias em que há mero *ponto facultativo* no serviço público, tal como o Dia do Funcionário Público (28 de outubro), não são considerados como feriado civil. Nesses dias, porém, não costuma haver expediente forense.

226. Feriados forenses ou por equiparação

O art. 216 *equipara* a feriado "os sábados, os domingos e os dias em que não haja expediente forense". Trata-se de inovação parcial em relação ao art. 175 do Código de Processo Civil de 1973, o qual não fazia menção aos sábados e aos dias sem expediente forense, mas apenas aos domingos e aos "dias declarados em lei" (isto é, feriados civis).

Sábados, domingos e demais dias sem expediente forense – apesar de não serem dias de feriado civil – são considerados feriados exclusivamente para *efeitos endoprocessuais*, não projetando qualquer efeito sobre a vida civil da sociedade. Da mesma forma, o art. 5º da Lei n. 1.408/51 dispõe ser feriado para fins exclusivamente forenses todo dia 8 de dezembro, considerado Dia da Justiça.[812]

O critério geral de identificação do feriado forense só pode ser eventualmente alterado ou ampliado por outra *lei federal*, por se tratar de competência exclusiva da União legislar sobre direito processual (Const., art. 22, inc. I). Ou seja, normas estaduais, municipais, do Conselho Nacional de Justiça ou dos tribunais não podem definir outras regras para identificação de feriado para efeito estritamente forense.

Todavia, não somente leis federais, mas também normas locais, inclusive dos tribunais, também podem *determinar quando não haverá expediente forense*.[813] Nesse sentido, o art. 5º da Lei n. 1.408/51 dispõe não haver expediente forense "nos dias que a Lei estadual designar". O art. 1º da Lei n. 1.408 exige, porém, "motivo de ordem pública" para fechamento do foro. Contudo, como está na doutrina de Pontes de Miranda, a falta de motivo verdadeiro não impede a incidência da regra do art. 216,[814] pois o princípio da

812 Outra lei federal que fixa dias específicos de feriado forense, ainda limitados ao Distrito Federal e territórios, é a Lei n. 11.697/2008 (Lei de Organização Judiciária do DF e territórios, art. 60, *caput* e § 3º).

813 É válido, portanto, o art. 81, § 2º, do Regimento Interno do STJ (que não é lei federal), segundo o qual é feriado (leia-se, não haverá expediente) naquela Corte, além dos declarados em lei, os "dias da Semana Santa, compreendidos desde a quarta-feira até o domingo de Páscoa" (inc. II); "segunda e terça-feira de carnaval" (inc. III) e "os dias 11 de agosto, 1º e 2 de novembro e 8 de dezembro" (inc. IV). Tal competência decorre da autonomia administrativa do tribunal.

814 *Comentários ao Código de Processo Civil*, vol. III, nota 3 aos comentários iniciais ao capítulo dos prazos, p. 114.

segurança jurídica não permite que a parte seja punida por confiar na presunção de legalidade do ato oficial.

Especificamente na *Justiça Federal* – inclusive os tribunais superiores –, o art. 62 da Lei federal n. 5.010/66 considera feriado, para efeitos processuais, "os dias compreendidos entre 20 de dezembro e 6 de janeiro, inclusive" (inc. I);[815] as quartas e as quintas-feiras da Semana Santa (inc. II); a segunda-feira de Carnaval (inc. III); os dias 11 de agosto, Dia do Advogado, 1º de novembro, véspera de Finado, e, novamente, 8 de dezembro, Dia da Justiça (inc. IV).[816]

227. Calendário do local da prática do ato

Por vezes, um ato deve ser praticado numa comarca ou tribunal, mas é dirigido a outro. Nesse caso, para fins de cômputo como férias ou feriado deve sempre ser considerado o calendário do local onde o ato deva ser praticado, e não necessariamente onde ele será apreciado ou julgado, sendo irrelevante se o advogado ou a parte tenha domicílio em outra comarca.

Assim, *v.g.*, não deve ser computado como dia útil, para fins de contagem de prazo, o feriado no local onde sediado o tribunal no qual deve ser protocolado o recurso destinado ao STJ ou ao STF. Por outro lado, é absolutamente irrelevante neste caso se durante o transcurso do prazo há algum feriado em Brasília ou se aqueles tribunais de sobreposição estão em férias.[817]

---

815 A Resolução n. 244/2016 do Conselho Nacional de Justiça permite que os Tribunais de Justiça também suspendam o expediente forense no período de 20 de dezembro a 6 de janeiro. Essa norma é de evidente *inconstitucionalidade*, por violar o art. 93, inc. XII, e por extrapolar a competência do Conselho Nacional de Justiça (art. 103-B, § 4º), com indevida invasão da competência exclusiva do Congresso Nacional (arts. 22, inc. I, e 48). Nem se alegue que formalmente se trata de mero feriado forense, pois, materialmente, esses 18 dias de fechamento da Justiça equivalem a verdadeiras férias coletivas. A propósito, v. *infra*, art. 220, item 281.

816 "Os Tribunais de Justiça estaduais não se beneficiam do recesso do art. 62, inciso I da Lei 5.010/66, porquanto a referida lei tem aplicação restrita à Justiça Federal e aos Tribunais Superiores por expressa disposição" (STJ, Corte Especial, EREsp n. 1.214.133-SP, rel. p/ acórdão Min. NANCY ANDRIGHI, j. 13.3.2014, m.v.). No mesmo sentido: STJ, 1ª T., AgInt nos EDcl no AREsp n. 1.165.298-PR, rel. Min. BENEDITO GONÇALVES, j. 28.8.2018, v.u.; e STJ, 4ª T., AgInt no AREsp n. 1.165.733-SP, rel. LÁZARO GUIMARÃES, j. 12.6.2018, v.u.

817 "Os recursos interpostos na instância de origem, mesmo que endereçados a esta Corte Superior, observam o calendário de funcionamento do tribunal local, não podendo se utilizar, para todos os casos, dos feriados e das suspensões previstas em Portaria e no Regimento Interno do Superior Tribunal de Justiça, que muitas vezes não coincidem com os da Justiça estadual" (STJ, 3ª T., AgRg no AREsp n. 700.715-MG, rel. Min. VILLAS BÔAS CUEVA, j. 17.5.2016, v.u.). No mesmo sentido, STJ, 1ª T., AgInt nos EDcl no AREsp n. 992.298-SC, rel. Min. NAPOLEÃO MAIA, j. 8.4.2019,

Da mesma forma, deve ser considerado apenas o feriado no local da sede do tribunal, quando se tratar de agravo de instrumento a ser interposto diretamente no órgão *ad quem* (art. 1.016).

228. Prorrogação do prazo vencido no feriado

Os prazos corridos que se esgotarem em dia de feriado devem ser prorrogados para o primeiro dia útil subsequente, diante de uma interpretação sistemática dos arts. 214, 216 e 223, § 2º, do Código de Processo Civil, e analógica do art. 132, § 1º, do Código Civil. No caso do prazo de ação rescisória, o art. 975, § 1º, é expresso em determinar essa prorrogação, o que confirma a interpretação afirmada sistemática.

229. Comprovação do feriado

Os feriados civis e forenses fixados em lei federal contam com a *presunção* absoluta de conhecimento por qualquer magistrado que atua no país (LINDB, art. 3º), sendo dispensada sua prova em qualquer instância do Judiciário.[818]

Contudo, as leis e demais normas estaduais e municipais, bem como as normas dos tribunais que instituírem feriado ou determinarem o fechamento do fórum, são de conhecimento obrigatório apenas pelos juízes que atuam naquele estado ou município, respectivamente.

Portanto, nos recursos para instância superior, caberá ao recorrente o ônus de provar a ocorrência de feriado local, civil ou forense, durante o transcurso do prazo processual, mediante documento oficial (Diário Oficial, preferencialmente, ou certidão do cartório).

Segundo a jurisprudência defensiva do STJ, construída a partir do art. 1.003, § 6º, essa comprovação deveria ser feita no ato de interposição do recurso, não podendo ser apresentada aos autos posteriormente. A doutrina, contudo, critica maciçamente essa esdrúxula interpretação, pois o art. 932, parágrafo único, dispõe que em situações assim o magistrado deve dar prévia oportunidade para a parte sanar a omissão.[819]

---

v.u.; e STJ, 4ª T., AgInt no REsp n. 1.688.099-SP, rel. Min. Luis Felipe Salomão, j. 20.2.2018, v.u.

818 STJ, 3ª T., AgRg no REsp n. 1.128.676-RJ, rel. Min. Sidnei Beneti, j. 25.10.2011, v.u.

819 O Pleno do STF e a Corte Especial do STJ adotaram esse entendimento ora defendido no fim do período de vigência do Código de Processo Civil de 1973, permitindo que a parte comprove a tempestividade em sucessivo agravo interno. Entre outros, cf. STF, Pleno, AgRg em RE n. 626.358-MG, rel. Min. Cezar Peluso, j. 23.8.2012, m.v.; e STJ, Corte Especial, AgRg no AREsp n. 137.141-SE, j. 19.9.2012,

Seção II
Do Lugar

Art. 217. Os atos processuais realizar-se-ão ordinariamente na sede do juízo, ou, excepcionalmente, em outro lugar em razão de deferência, de interesse da justiça, da natureza do ato ou de obstáculo arguido pelo interessado e acolhido pelo juiz.

CPC de 1973 – art. 176

CPP – art. 792

Comparação jurídica – art. 143 do CPC português

230. Atos internos

Todo ato processual é praticado em determinado momento e lugar. Os arts. 212 a 216 tratam do primeiro aspecto e o art. 217 trata do local.

E, segundo está no art. 217, independentemente de os autos serem físicos ou eletrônicos, os atos processuais devem ser ordinariamente praticados dentro do(s) prédio(s) do fórum ou tribunal – salvo nas situações que especifica. Tal determinação se justifica não só pela *segurança* do local, pois se trata de repartição pública presumivelmente protegida, mas também para melhor *organização* dos serviços judiciais, por ali estarem os juízes e seus auxiliares e por haver a possibilidade de controle do horário de funcionamento.[820] Além disso, a realização dos atos processuais dentro do prédio do fórum ou tribunal lhe traz maior transparência, o que dificulta a ocorrência de eventuais desvios de conduta pelos agentes públicos.

O art. 217 destina-se prioritariamente aos sujeitos da relação processual (partes, juízes e seus auxiliares), pois, tecnicamente, somente eles praticam atos processuais (v. *supra*, item 1).[821] Todavia, até por uma questão prática, em certos casos terceiros também se submetem a essa regra geral, pois o contrário implicaria o absurdo de permitir que eles atendessem às ordens de colaboração em qualquer outro lugar, gerando verdadeira desorganização processual. É o que aconteceria, *v.g.*, com a resposta escrita a respeito da posse, ou não, de algum documento (art. 401) ou com a própria apresentação do documento solicitado.

---

v.u. Mas infelizmente esse entendimento foi revisto com a entrada em vigor do Código de Processo Civil de 2015.

820 Cf. Cândido Dinamarco, *Instituições de direito processual civil*, vol. II, n. 796, p. 635.

821 Para Antonio Dall'Agnol, porém, a regra do art. 176 do Código de Processo Civil de 1973 (equivalente ao art. 217 do CPC de 2015) referia-se apenas a alguns atos do juiz e aos atos do escrivão e auxiliares deste (*Comentários ao Código de Processo Civil*, vol. 2, art. 176, n. 2, p. 321).

São sempre considerados atos internos o protocolo de petições (inclusive as eletrônicas, ainda que o advogado esteja em seu escritório),[822] os termos e certidões emitidos pelos serventuários, os provimentos judiciais e as audiências (inclusive por videoconferência).[823]

Equivale ao ato praticado na sede do juízo a apresentação de petição no *protocolo integrado*, ainda que em outra comarca, desde que autorizado pelas regras locais.[824] Sem essa autorização legal, contudo, a petição protocolada em local diverso deve ser desconsiderada,[825] salvo se a serventia que receber encaminhá-la dentro do prazo para o juízo competente.[826]

Consigne-se ainda que a Constituição Federal autoriza a instalação de "*justiça itinerante*, com a realização de audiências e demais funções da atividade jurisdicional, nos limites territoriais da respectiva jurisdição, servindo-se de equipamentos públicos e comunitários" (arts. 107, § 2º, 115, § 1º, e 125, § 7º, com redação dada pela EC n. 45/2004). Nesse caso, o Judiciário sai de sua estrutura física fixa e presta serviços de menor complexidade – especialmente atos de conciliação – dentro de uma estrutura móvel, como ônibus adaptados, como forma de alcançar a população mais distante e carente. Para todos os fins, a estrutura da justiça itinerante também equivale à sede do juízo.[827]

231. Sede do juízo

A lei processual utiliza a expressão "sede do juízo" com dois sentidos distintos. O primeiro refere-se aos atos processuais internos, praticados *dentro do prédio* do fórum ou tribunal onde permanentemente tramita o processo ou

822 Para Heitor Sica, porém, a regra geral do art. 217 não se aplica às petições eletrônicas e às apresentadas por meio de fac-símile ou correio, pois podem ser enviadas de qualquer local (*Comentários ao Código de Processo Civil*, vol. I, art. 217, n. 2, p. 796).

823 Nada impede que os juízes profiram seus votos, sentenças e decisões em geral na tranquilidade de suas residências, pois esses atos somente se tornam públicos e oficiais com a sua juntada aos autos, da mesma forma que as petições protocoladas pelos advogados.

824 Em sentido equivalente, Heitor Sica diz que o protocolo integrado implica alargamento da definição de sede do juízo (*Comentários...*, vol. I, art. 217, n. 2, p. 796).

825 "É ônus do advogado protocolizar as petições e os recursos no juízo correto, não podendo ser considerada a data de protocolo promovido em local indevido" (STJ, 3ª T., AgInt no REsp n. 1.738.247-SC, rel. Min. Villas Bôas Cueva, j. 17.12.2018, v.u.).

826 Ressalva feita por Heitor Sica, com base em precedentes do TJSP (*op. loc. cit.*).

827 Para Leonardo da Cunha, os atos praticados na justiça itinerante seria *exceção* à regra geral do art. 217 (*Comentários ao novo Código de Processo Civil*, art. 217, n. 4.2, p. 363). Ou entende tratar-se de ato externo.

incidente. Lá estão instalados as varas, as salas de audiência ou de sessão de audiência e os cartórios ou secretarias, onde os juízes e seus funcionários exercem suas atividades e recebem os advogados e, eventualmente, as partes e terceiros interessados durante o expediente. Além do art. 217, utilizam a expressão "sede do juízo" com esse sentido os arts. 217, 449 e 454, § 2º, do Código de Processo Civil, o art. 32 da Lei n. 5.010/66 (LOJF), o art. 792 do Código de Processo Penal, entre outros.

O segundo sentido, não aplicável ao art. 217, diz respeito aos atos a serem praticados dentro dos limites territoriais da *competência jurisdicional* do juízo – *v.g.*, arts. 273, 669, inc. IV, e 887, §§ 3º e 4º, do Código de Processo Civil, art. 6º da Lei n. 9.028/95 e arts. 391, 660, § 6º, e 689, § 2º, do Código de Processo Penal. Portanto, os atos processuais praticados por meio de carta precatória, de ordem ou rogatória não têm qualquer relação com o art. 217, podendo, inclusive, ser considerados internos os atos lá praticados (como a oitiva de testemunha em outra comarca ou sessão judiciária).

232. Atos externos

Certos atos processuais, porém, devem ser praticados fora do prédio do fórum ou tribunal, seja em razão de sua natureza, de dificuldades pontuais do sujeito para praticá-lo internamente ou de expressa opção legislativa, independentemente de os autos serem físicos ou eletrônicos.[828] O próprio art. 217 traz *critérios gerais* para a identificação desses atos externos, enquanto outros artigos trazem regras específicas para determinados atos, que normalmente se enquadram numa daquelas hipóteses genéricas.

Fora dessas situações dispostas em lei, o ato processual não pode ser realizado externamente, sob pena de conter vício processual. Inversamente, não se pode impor a realização do ato na sede do juízo, se a lei dispõe o contrário – *v.g.*, se for prerrogativa da testemunha ser ouvida em seu domicílio. Contudo, a *nulidade* só deve ser declarada se o ato deixar de ser realizado ou não atingir sua finalidade e causar prejuízo ao destinatário da norma (arts. 277, 281, § 1º, e 283, parágrafo único).[829]

Nada impede, contudo, que as exceções do art. 217 sejam interpretadas *extensivamente*, se isso levar a maior eficiência, economia e celeridade para o processo ou menor onerosidade e sacrifício para os que dele participam.

---

828 De fato, como diz ESTEFÂNIA VIVEIROS, "as exceções previstas no art. 217 do CPC/2015 permanecerão ocorrendo, independentemente de ser processo físico ou eletrônico" (*Breves comentários ao novo Código de Processo Civil*, art. 217, p. 721).

829 Nesse sentido: LEONARDO DA CUNHA, *op. cit.*, art. 217, n. 5, p. 363.

233. Deferência a autoridades públicas

A primeira hipótese tratada no art. 217 para a prática do ato fora da sede do juízo é a deferência a determinadas pessoas.

Assim, apesar de o art. 453 dispor que as testemunhas devem depor perante o juiz da causa, portanto no prédio do fórum, o art. 454 autoriza que, em razão do seu *cargo público*, algumas pessoas sejam inquiridas como testemunhas "em sua residência ou onde exercem sua função". Os 12 incisos desse artigo mencionam integrantes de altos cargos dos Poderes Executivo (Federal, Estadual e Municipal), Legislativo e Judiciário, do Ministério Público, do Conselho Nacional de Justiça e embaixadores. O art. 33, inc. I, da Lei Orgânica da Magistratura Nacional (Lei Complementar n. 35/79) e o art. 40, inc. I, da Lei Orgânica do Ministério Público (Lei n. 8.626/93) concedem a mesma prerrogativa a juízes dos tribunais e promotores em geral, mas essa deferência é limitada à sua oitiva como testemunha, não como parte ativa ou passiva do processo, e cessa com a desinvestidura do cargo.

De todo modo, excepcionalmente, o juiz pode estender a deferência a outras situações não dispostas expressamente em lei, mas que no caso concreto se mostrem, segundo seu prudente juízo, necessárias ou convenientes.[830] É o que pode ocorrer, *v.g.*, na oitiva de um ex-presidente da República.

234. Interesse da justiça

A segunda hipótese de cabimento do ato externo é o interesse da justiça, por não haver local disponível no prédio do fórum ou tribunal para a sua realização ou porque sua realização em outro local se mostra mais simples, econômica ou eficiente. Porém, são raras as situações em que esta hipótese se faz efetivamente presente.

As audiências de conciliação e mediação presididas por conciliadores ou mediadores particulares não têm local rígido para ocorrer, de modo que podem ser realizadas na sede da câmara privada de conciliação e mediação ou órgão semelhante.[831] De fato, algumas dessas audiências, em especial aquelas preliminares a que se refere o art. 334, começam a ser realizadas com mais frequência na sede de câmaras especializadas em conciliação e mediação devidamente habilitadas junto ao respectivo tribunal.

830 Em sentido equivalente, Antonio Dall'Agnol, *Comentários ao Código de Processo Civil*, vol. 2, art. 217, n. 4, p. 322.

831 A Resolução n. 125/2010 do Conselho Nacional de Justiça dispõe que os Centros Judiciários de Solução de Conflitos e Cidadania, unidades do Poder Judiciário, devem estar localizados no próprio prédio do Fórum (art. 8º, § 2º) ou ao menos em prédio próximo (§ 6º). Mas não faz tal exigência em relação às câmaras privadas ou aos órgãos semelhantes.

Pode haver também interesse da justiça na oitiva em outro local de uma celebridade cuja presença certamente traria grande tumulto de fãs ao prédio do fórum, comprometendo o trabalho de todos que lá se encontrem.

A doutrina costuma qualificar a inspeção judicial *in loco* como interesse da justiça na realização do ato fora da sede do juízo. Mas essa hipótese se enquadra melhor na natureza do ato – ainda que esse rigor técnico seja irrelevante na prática.

235. Natureza do ato

O art. 217 incluiu expressamente a natureza do ato como uma nova hipótese de realização do ato fora da sede do juízo, ainda que isso já pudesse ser implicitamente deduzido do art. 176 do Código de Processo Civil de 1973. Mas não especificou em quais situações a natureza do ato processual exige ou recomenda sua realização externamente.

Mesmo assim, é possível indicar alguns atos que, em razão da sua natureza, normalmente são realizados em ambiente externo, alguns deles realizados na presença do próprio juiz, outros por seus auxiliares, com ou sem a participação das partes. Atos processuais externos sem a participação desses representantes do Estado são excepcionais.[832]

Na grande maioria das vezes, os principais atos praticados por oficiais de justiça precisam ocorrer fora do prédio do fórum, como a citação, a intimação,[833] a busca e apreensão, a prisão e a constrição, em especial a penhora, o arresto e o sequestro de coisa móvel.

Alguns atos subsequentes à constrição, destinados à expropriação de bens, também são praticados fora da sede de juízo, como o leilão judicial (arts. 882, § 3º, e 884, inc. II) e a prévia divulgação de sua ocorrência (art. 887, § 4º).

Da mesma forma, alguns atos probatórios são naturalmente realizados fora do prédio do fórum. É o caso da perícia, a ser realizada geralmente no escritório ou consultório do perito (art. 474), e da inspeção judicial, a ser realizada pelo próprio juiz no local onde se encontre a pessoa ou coisa a ser analisada (arts. 483 e 751, § 1º).

---

832 Raro exemplo de ato processual externo sem a participação do Estado é a intimação enviada pelo advogado de uma das partes ao da outra (art. 269, § 1º).

833 Tendo em vista que a citação e a intimação podem ocorrer em qualquer local onde a parte se encontre (art. 251), eventualmente elas também podem se realizar no interior do Fórum, em especial no cartório judicial (arts. 152, inc. II, 272, § 6º, e 274).

236. Obstáculo arguido pelo interessado e acolhido pelo juiz

Em certas circunstâncias, a parte ou terceiro não conseguem se deslocar à sede do fórum, em especial por ser portador de alguma necessidade especial ou de enfermidade que impeça ou dificulte muito a locomoção até o local. Nesses casos, eles podem pedir, e o juiz autorizar, que o ato seja praticado em outro local, desde que tal dificuldade seja relevante e suficientemente comprovada.

Nesse sentido, dispõe o art. 449, parágrafo único: "quando a parte ou a testemunha, por enfermidade ou por outro motivo relevante, estiver impossibilitada de comparecer, mas não de prestar depoimento, o juiz designará, conforme as circunstâncias, dia, hora e lugar para inquiri-la". E o art. 751, § 1º, determina que, na interdição, "não podendo o interditando deslocar-se, o juiz o ouvirá no local onde estiver".

237. Imposição legal

Apesar de o art. 217 não fazer menção expressa, é óbvio que o ato processual pode ser praticado externamente sempre que algum outro dispositivo legal assim dispuser. É o caso, *v.g.*, do art. 340, que permite o protocolo da contestação no domicílio do réu quando houver alegação de incompetência.

238. Negócio processual

Como regra geral, as partes *não podem* celebrar negócio processual para alterar o local do ato processual, pois isso implicaria inadmissível interferência nas regras de organização judiciária (v. art. 190, item 50).

Todavia, podem decidir, excepcionalmente, sobre o local de alguns *atos externos*, desde que para tanto não interfira no funcionamento da estrutura judiciária, como a definição de determinado endereço para a citação ou intimação da parte.

CAPÍTULO III
DOS PRAZOS

239. Abrangência do capítulo: regras gerais sobre prazos do processo

Este capítulo III trata dos *critérios gerais* relativos aos prazos dos sujeitos processuais, isto é, o seu termo inicial, modo de contagem (consideração apenas de dias úteis, hipóteses de suspensão, prorrogação, de contagem em dobro para litisconsortes etc.), além das consequências da não realização tempestiva do ato pela parte (em especial a preclusão), pelo juiz e pelos seus auxiliares.

Sem prejuízo, outras regras gerais estão dispostas em outros trechos do Código de Processo Civil e em outras leis (em especial na LPE e na Lei n. 1.408/51).

A legislação processual também contém *regras especiais* sobre prazo, que afastam ou complementam as gerais, relativas à prática de atos específicos (*v.g.*, sobre defesa, recurso e cumprimento de sentença), dirigidas a pessoas especiais (*v.g.*, para o Poder Público) ou em determinada espécie de processo ou procedimento (*v.g.*, em mandado de segurança).

Os prazos tratados nestes comentários são apenas aqueles *fixados em lei processual.*[834] Não são abordados aqui os fixados em leis materiais, sujeitos a regras parcialmente diversas, ainda que tenham alguma influência sobre a vida do processo, como os prazos de prescrição. No máximo, estes serão invocados para reforçar alguma interpretação ou para aplicar a analogia.

240. Conceito e noções iniciais sobre prazo

Em direito processual, há um constante antagonismo entre o tempo e a qualidade (ou segurança) da atividade jurisdicional. Para uma decisão ser mais justa, o ideal seria os sujeitos processuais agirem sem muita pressa, tal como acontece nos laboratórios de pesquisa. Mas não só as partes, como também a própria sociedade tem necessidade de prestação jurisdicional rápida, como forma de pacificação social. Na difícil tarefa de harmonizar esses valores (ce leridade *x* segurança), o legislador processual criou diversos mecanismos, ciente de que valorizar um deles implica automaticamente desprestigiar o outro. No que aqui importa, foram criados *prazos máximos* para a prática dos atos do processo, como forma de acelerar a atividade jurisdicional com o menor sacrifício possível à justiça das decisões, e *prazos mínimos* a serem respeitados, como forma de garantir a ampla defesa e a justiça da tutela jurisdicional.

Como se percebe, a maioria dos prazos representa *estímulo* à prática de atos dentro de um tempo que se considera razoável, sob pena de preclusão do direito de praticá-los depois (art. 223). Com isso, pretende-se impor maior *celeridade* ao processo, para atender a promessa constitucional de sua "duração razoável" (Const., art. 5º, inc. LXXVIII).[835] Sem a imposição desses prazos, as

---

834 Para muitos, a expressão *prazo processual*, utilizada em alguns artigos do Código de Processo Civil, teria o mesmo significado de prazo fixado em lei processual. Todavia, nestes comentários tal expressão designa apenas uma das três espécies contidas na legislação processual, ao lado do prazo material e do prazo extraprocessual. A propósito, v. *infra*, item 269.

835 Como está na doutrina de Luiz Guilherme Wagner Junior, "não é possível se pensar em viabilizar princípios constitucionais, em especial o da 'razoável duração do processo', sem que se tenha cuidadosa atenção à regulamentação dos prazos no sistema processual" (*Breves comentários ao novo Código de Processo Civil*, p. 723).

partes praticariam seus atos quando bem entendessem, sem consequências, e o processo seria muito mais lento. Por outro lado, para assegurar o exercício da ampla defesa pela parte e a qualidade da atividade jurisdicional, em algumas situações a lei também fixa a distância temporal mínima entre dois atos – geralmente para ser respeitado pelo próprio juiz e seus auxiliares –, o que logicamente dilata o tempo do processo.

Assim, prazo é o lapso de tempo entre um momento inicial (termo *a quo*) e um final (termo *ad quem*), para que atos sejam eficazmente praticados pelos sujeitos do processo ou para que terceiros colaborem com a justiça – *v.g.*, apresentem documentos que estejam em sua posse.[836] Esse tempo pode ser computado em minutos, horas, dias, meses ou anos, conforme o caso. Excepcionalmente, o prazo pode ser limitado temporalmente por um evento processual específico (*v.g.*, até a audiência). Como se vê, "os prazos não existem por si; os prazos existem para que dentro deles ou após eles se *execute algum ato*" relevante para o processo.[837]

Termo inicial do prazo para a parte praticar um ato geralmente é a data em que realizada a comunicação (citação ou intimação) dirigida ao destinatário, ou ciência inequívoca, a respeito de outro ato processual,[838] tendo, porém, o legislador, em alguns casos, postergado esse momento inicial para momento posterior que indica (v. comentários ao art. 231).[839] E *termo final* é a data ou a hora em que se esgota o tempo fixado em lei, pelo juiz ou pelas próprias partes para a realização daquele ato processual específico; ou, ao contrário, o momento após o qual o ato pode ser validamente praticado. Ambos os termos (inicial e final) devem ser certificados nos autos pelo escrivão, com presunção relativa de veracidade.

Os prazos geralmente são fixados em lei, mas, se ela for omissa, o juiz deve fixá-los para determinada situação concreta (art. 218). As partes também têm liberdade para convencionar a respeito dos seus próprios prazos (arts. 190 e 191).

---

836 Em sentido equivalente, Humberto Theodoro Júnior, *Novo Código de Processo Civil anotado*, nota ao art. 218, p. 262; e Cassio Scarpinella Bueno, *Manual de direito processual civil*, n. 5.6, p. 222.

837 Pontes de Miranda, *Comentários ao Código de Processo Civil*, t. III, arts. 240-241, p. 309.

838 A intimação surgiu no direito romano justamente para fornecer "prova segura e indiscutível do dia em que a parte tomava conhecimento do julgado" (Chiovenda, "Sulla pubblicazione e notificazione dele sentenze civile", n. 14, p. 252). No mesmo sentido, explica Humberto Theodoro Júnior: "além de propiciar a ciência oficial do ato ao interessado, as intimações determinam o *dies a quo* dos prazos processuais" (*Novo Código de Processo Civil anotado*, art. 230, p. 277).

839 Nos termos do art. 218, § 4º, o ato processual também pode ser eficazmente praticado pela parte *antes* do termo inicial do prazo.

Naturalmente, a parte tem o *poder* de praticar o ato a qualquer momento, desde que ainda não esgotado o prazo. Tal direito é assegurado por norma de ordem pública, extraída dos arts. 218, *caput* e § 4º, e 223, de modo que eventual desconsideração do ato tempestivo configura ilegítima violação ao direito/poder constitucional da ação e da ampla defesa. De outro lado, por isonomia e em nome da segurança jurídica, a parte adversária também tem o poder de exigir o reconhecimento da intempestividade do ato praticado após o decurso do prazo sujeito a preclusão temporal (*v.g.*, para contestar e recorrer – art. 223) ou mista (quando o prazo for impróprio).[840]

Por ser matéria de ordem pública, eventual intempestividade dos atos praticados pelas partes pode ser reconhecida *ex officio* pelo juiz, independentemente de provocação do interessado.[841]

241. Correr (fluir) e contar

Correr ou *fluir* significa acionar o cômputo do prazo para a prática de um ato, ou seja, corresponde a acionar o "relógio" do prazo. Em outras palavras, o prazo começa a correr no seu termo inicial, segundo as regras contidas nos arts. 230 e 231 e em outros dispositivos do próprio Código de Processo Civil (*v.g.*, art. 1.003) e de leis processuais esparsas.

Contar o prazo, diferentemente, significa *quantificar* em determinada unidade de tempo (ano, mês, dia, hora etc.) o período transcorrido a partir do seu termo inicial, com vista a identificar seu termo final. Tratando-se de prazo estipulado em dias, em regra, conta-se o primeiro dia apenas no primeiro dia útil subsequente ao termo inicial (art. 224, *caput* e § 3º), salvo se houver disposição específica em contrário.

Todavia, repetindo e agravando grave equívoco terminológico do Código de Processo Civil revogado, por diversas vezes o Código de Processo Civil atual utiliza o verbo *contar* como sinônimo de *correr* (*v.g.*, arts. 146, 157, § 1º, 183, 224, § 3º, 230 e 1.003) e vice-versa. Mas há também, em alguns casos, a utilização da terminologia correta (*v.g.*, arts. 219, 331, § 2º, 335, § 2º, 921, § 4º etc.), a demonstrar a absoluta falta de critério do legislador.

242. Sujeitos dos prazos

Todos os sujeitos processuais se submetem a prazos para praticar atos no processo, apesar de as consequências de eventual omissão poderem ser diversas.

---

840 Sobre esse direito/poder, STJ, 4ª T., REsp n. 280.382-MG, rel. Min. Sálvio de Figueiredo Teixeira, j. 22.3.2001, m.v.

841 STJ, 4ª T., EDcl no AgRg no AREsp n. 135.104-SC, rel. Min. Isabel Gallotti, j. 11.2.2014, v.u.

Normalmente, os prazos impostos pela legislação processual às *partes* são para cumprimento de ônus processuais – de contestar, recorrer, manifestar-se nos autos etc. –, cujo não atendimento gera consequências exclusivamente endoprocessuais, quais sejam, preclusão temporal (art. 223) ou mista,[842] consequente ineficácia dos atos eventualmente praticados após o decurso de tempo estipulado e presunções. Apenas excepcionalmente é que lhes são impostos prazos relacionados a algum *dever* – em especial para cumprir alguma ordem ou condenação judicial –, hipótese em que lhes podem ser impostas sanções extraprocessual, de natureza pecuniária e até penal.[843]

Da mesma forma, os prazos fixados para *terceiros* – que não participam da relação processual – relacionam-se a ônus (*v.g.*, para intervir no processo) ou a dever (*v.g.*, testemunhar ou entregar documento que esteja em sua posse). No primeiro caso, a consequência também é exclusivamente processual (*v.g.*, perda do direito de intervir), enquanto na segunda situação lhe poderão ser impostas sanções criminais ou pecuniárias.

Os *juízes e os serventuários da justiça*, como agentes estatais, têm deveres processuais e eventual atraso no cumprimento do prazo estipulado pode ensejar a substituição desse agente – inclusive do perito –, permanecendo para o Poder Judiciário o dever de praticar aquele ato, ainda que intempestivamente. Do ponto de vista pessoal do agente omisso, a consequência é a eventual (e raríssima) aplicação de *sanção administrativa* (arts. 233 a 235).

243. Suspensão, interrupção, prorrogação e devolução do prazo

Após começarem a correr e antes de se esgotarem, os prazos do processo podem eventualmente ser suspensos, interrompidos ou prorrogados, conforme o caso.

Interrupção de prazo significa parar totalmente sua contagem em razão de algum evento que a lei considere processualmente relevante, fazendo com que o cálculo do novo prazo comece a correr do zero, a partir de novo evento, desconsiderando, portanto, o tempo anteriormente percorrido. Assim, a oposição de embargos de declaração interrompe o prazo para as partes recorrerem (art. 1.026) e, com a intimação da decisão ali proferida, as partes novamente dispõem do prazo integral para interpor seu recurso.

---

842 A preclusão mista decorre do decurso do prazo impróprio aliado à existência de ato processual procedimentalmente posterior incompatível com o ato não praticado tempestivamente.

843 Ônus é *imperativo do próprio interesse* ou estímulo à realização de algum ato facultativo que pode beneficiar o próprio onerado, enquanto dever é imperativo do interesse alheio, sendo o ato obrigatório e sujeito a sanção. A respeito desses conceitos, v. nota ao art. 190, item 63.

Na *suspensão* de prazo – que é fenômeno diverso da suspensão do processo ou de algum ato processual específico, como a audiência –, o lapso temporal em curso deixa de correr, temporariamente, pela ocorrência de um fato processual, até que outro ocorra, quando então volta a correr a partir do mesmo ponto em que estava quando foi suspenso. Ela também pode ocorrer em determinados períodos do ano especificados em lei. A diferença para a interrupção, portanto, é que os dias já transcorridos até o fato suspensivo são computados quando o prazo volta a correr.

A interrupção ou suspensão é determinada em lei, sendo raras as situações em que este segundo fenômeno processual ocorre (*v.g.*, arts. 113, § 2º, 220, 221 e 1.004). As partes também podem convencionar a suspensão tanto do processo quanto dos prazos (arts. 190 e 313, inc. II). Assim, o juiz não pode, arbitrariamente, suspender prazos, se não houver fundamento na lei ou em convenção das partes.

Por outro lado, por terem natureza decadencial, prazos *extraprocessuais* não podem ser suspensos ou interrompidos (CC, art. 207).

Já a *prorrogação* ou *dilatação* do prazo ocorre quando o juiz concede, antes do seu vencimento, prazo maior para se praticar determinado ato processual (*v.g.*, arts. 107, § 4º, 222, 224, § 1º, 476 e 478, § 2º).[844] Sendo o prazo legal e próprio, sujeito a preclusão temporal (art. 223, *caput*), o juiz só pode estendê-lo, em decisão fundamentada, em situações excepcionais expressamente autorizadas em lei (*v.g.*, arts. 222, 437, § 1º; e LAP, art. 7º, inc. IV) e desde que ainda não se tenha esgotado o prazo original.[845] Já a extensão do prazo impróprio pelo juiz independe de específica autorização da lei e poderá ser deferida mesmo após o fim do prazo inicial, mas desde que não tenha havido preclusão mista, em decorrência de ato processual posterior com ele incompatível. Os prazos para os juízes também podem ser prorrogados (*v.g.*, arts. 235, § 2º, e 940, § 1º).

---

844 Ao autorizar o protocolo de petições por meio de fac-símile, o art. 2º da Lei n. 9.800/99 permitiu a apresentação da via original em "até cinco dias da data de seu término" (do prazo original), os quais, por serem *prorrogação do prazo original*, são "contados a partir do termo final do prazo para a apresentação do recurso", ainda que a petição tenha sido protocolada previamente (STJ, 4ª T., AgInt no REsp n. 1.800.168-MG, rel. Min. Marco Buzzi, j. 27.8.2019, v.u.).

845 O art. 139, inc. VI, autoriza ao juiz, independentemente da prévia concordância das partes, "dilatar os prazos processuais [...], adequando-os às necessidades do conflito de modo a conferir maior efetividade à tutela do direito". Essa regra específica, porém, é inaplicável aos prazos próprios, por ser incompatível com o art. 218 (v. item 260). Na Itália, permanece a distinção entre prazo peremptório e ordinatório, dispondo o art. 154 do *Codice di Procedura Civile* expressamente que o juiz só pode abreviar ou prorrogar o prazo impróprio desde que ainda não escoado o prazo originalmente fixado.

A *justa causa* (arts. 197, parágrafo único, e 223) pode gerar tanto a *prorrogação* quanto a *devolução* total ou parcial do prazo – inclusive próprio ou peremptório –, conforme o caso.

E quando o juiz reconhecer a nulidade da intimação, considerar-se-á que o prazo sequer teve início, não podendo, portanto, se falar em suspensão, interrupção ou devolução. Nesse caso, cabe à parte praticar imediatamente o ato, arguindo em item preliminar sua tempestividade em razão do vício de comunicação (art. 272, § 8º); ou requerer a devolução do prazo apenas se for impossível praticar o ato desde então, por não ter prévio acesso aos autos (art. 272, § 9º).

244. Principais alterações legislativas sobre prazo processuais

Na vigência do Código de Processo Civil de 1973, ordinariamente, os prazos eram *contínuos*, não se suspendendo nos sábados, domingos e feriados (art. 178). Mas os prazos vencidos nesses dias de descanso eram automaticamente prorrogados para o primeiro dia útil subsequente. Durante as férias, todavia, os prazos eram automaticamente suspensos (art. 179).[846]

Apesar de manter muitas das regras anteriores, com pequenos ajustes técnicos, o Código de Processo Civil de 2015 trouxe algumas importantes inovações. A principal delas, em termos práticos, foi a determinação para contagem de prazo processual em *dias* úteis (e não mais corridos), o que implica deixar de computar sábados, domingos e feriados. Como consequência de tal alteração, o prazo processual jamais pode vencer em dia não útil; e justamente por isso o Código de Processo Civil deixou de dispor sobre a prorrogação dos prazos vencidos nesses dias. Mas manteve, apenas para evitar discussões desnecessárias, a proibição de o termo *a quo* do prazo ser dia não útil (art. 224, § 3º).

A suspensão automática dos prazos processuais no período de férias passou a ocorrer entre os dias 20 de dezembro e 20 de janeiro, ainda que nesse período o fórum e os tribunais locais devam – ou devessem – funcionar normalmente (art. 220).

Além disso, a contagem em dobro de prazo para partes com procuradores, além de se limitar aos processos físicos, só incide quando os litisconsortes forem patrocinados por advogados de escritórios diferentes, não se aplicando quando houver revelia (art. 229, *caput* e parágrafos).

---

846 Em Portugal, ainda vigora regra idêntica de continuidade dos prazos, sendo suspensos apenas durante as férias. E se vencidos quando o fórum estiver fechado, são prorrogados para o primeiro dia útil subsequente (CPC, arts. 138.1 e 138.2).

Fez bem o art. 218, § 4º, ao esclarecer expressamente ser tempestivo o recurso interposto antes do termo inicial do prazo, isto é, da intimação das partes, pondo fim, assim, a antiga divergência doutrinária e jurisprudencial.

A renúncia a prazo continua admissível, mas agora está claro que ela só pode ser manifestada de forma expressa (art. 225).

E, atendendo a justa reivindicação da doutrina, incorporou-se nesta Seção algumas das regras gerais para a definição do início da contagem de prazo, com algumas pequenas alterações e adaptações pontuais (v. arts. 230 e 231), que antes estavam localizadas na Seção relativa à comunicação dos atos processuais, em especial no capítulo das intimações. Há, porém, algumas dessas regras que ainda estão espalhadas em outras partes do Código de Processo Civil (*v.g.*, arts. 272, § 9º, 334, 335 e 1.003).

Ademais, em razão do disposto no art. 190, passou-se a admitir a convenção das partes a respeito de qualquer prazo, inclusive dos próprios – que estão sujeitos a preclusão automática com o decurso do tempo previsto. E justamente por isso deixaram de existir os prazos peremptórios, assim entendidos aqueles insuscetíveis de redução ou dilação pelo juiz ou pelas partes.

245. Classificação dos prazos

Não há na doutrina e na jurisprudência critérios uniformes ou homogêneos de classificação dos prazos fixados na *legislação processual*, variando, assim, conforme a preferência pessoal de cada estudioso.

Nestes comentários os prazos fixados em leis processuais são classificados em *oito categorias*, de acordo com o critério utilizado: (a) processuais, extraprocessuais e materiais; (b) próprios e impróprios; c) peremptórios e dispositivos (ordinatórios); d) legais, judiciais e convencionais; (e) máximo (ou aceleratório) e mínimo (ou dilatório); (f) evolutivos e regressivos; (g) particulares e comuns; e (h) autônomos e sucessivos.[847] Essa classificação é de elevada im-

847 Cândido Dinamarco classifica os prazos em: (a) aceleratórios e dilatórios; (b) próprios e impróprios; (c) endoprocessuais e extraprocessuais; (d) legais e judiciais; (e) peremptórios e dispositivos ou ordinatórios (*Instituições de direito processual*, vol. II, n. 801 ss., p. 641 ss.). Para Arruda Alvim, os prazos são: (a) peremptórios e dilatórios; (b) legais, judiciais e convencionais; (c) comuns e particulares; e (d) próprios e impróprios (*Manual de direito processual civil*, vol. I, pp. 420-422). Marinoni-Arenhart-Mitidiero indicam quatro critérios de classificação: "a) quanto à origem, os prazos são legais ou judiciais (art. 218, CPC); b) quanto ao descumprimento, próprios ou impróprios (art. 223, CPC); c) quanto à exclusividade, comuns ou particulares; e d) quanto à atuação, de atuação ou de espera" (*Novo Código de Processo Civil comentado*, nota 2 às disposições gerais sobre prazo, p. 322). Heitor Sica também classifica os prazos em quatro espécies, mas parcialmente diversas: (a)

portância para a correta compreensão dos artigos de lei que tratam dos prazos e do que se dirá adiante a respeito deles.

Evidentemente, qualquer prazo sempre se enquadrará em pelo menos uma dessas oito categorias.

246. Quanto à fonte: prazos legais, judiciais e convencionais

Quando o prazo para a prática de um ato é fixado em lei processual, diz-se *prazo legal* (art. 218, *caput*).

Quando fixado pelo juiz, diz-se que o prazo é *judicial*. Ordinariamente, o juiz fixa um prazo processual quando a lei é omissa ou quando determina que ele o fixe (art. 218, § 1º). Excepcionalmente, o juiz também pode majorar os prazos processuais impróprios (não sujeitos a preclusão temporal) já fixados em lei, para adequá-los às necessidades do conflito (art. 139, inc. VI).[848] Os prazos extrajudiciais e materiais não podem ser modificados pelo juiz, por falta de autorização legal.

E prazos *convencionais* são aqueles originalmente criados pela lei ou pelo juiz e em seguida alterados pelos litigantes; ou excepcionalmente criados e fixados por convenção entre eles.[849] É possível celebrar negócio processual a respeito de qualquer prazo de natureza processual ou material, ainda que próprio. Para tanto, devem respeitar algumas regras gerais, quanto aos requisitos de existência, validade e eficácia de qualquer negócio processual (art. 190), e especiais, relativas especificamente aos prazos (como a impossibilidade de afastar *a posteriori* a preclusão do art. 223, *caput*). Também são convencionais

---

próprios e impróprios; (b) legais, judiciais e convencionais; (c) endoprocessuais e extraprocessuais; (d) progressivos e regressivos (*Comentários ao Código de Processo Civil*, nota 2 ao art. 218, pp. 798-799). Na vigência do Código de Processo Civil anterior era indiscutível a existência de prazos peremptórios (*infra*, item 249), então essa categoria era considerada pela doutrina. Assim, Nelton dos Santos classificava os prazos em: (a) particulares e comuns; (b) dilatórios e aceleratórios; (c) peremptórios e ordinatórios; e (d) próprios e impróprios (*Código de Processo Civil interpretado*, notas ao art. 177, pp. 482-484). Sálvio de Figueiredo Teixeira em: (a) próprios e impróprios; (b) comuns e particulares; (c) legais, judiciais e convencionais; (d) dilatórios e peremptórios; (e) gerais e especiais; (f) evolutivos e regressivos; e (g) de anos, meses, dias, horas e minutos (*Código de Processo Civil anotado*, art. 177, p. 136); e Antônio Dall'Agnol: (a) legais, judiciais e convencionais; (b) comuns e particulares; (c) próprios e impróprios; e (d) peremptórios e dilatórios (*Comentários ao Código de Processo Civil*, vol. II, nota às disposições gerais sobre prazo, pp. 32-329).

848 Como está nos comentários ao art. 218, item 260, o art. 139, inc. VI, não se aplica aos prazos próprios, salvo se houver autorização na lei.

849 No Código de Processo Civil de 1973, era inválida a convenção das partes para reduzir ou ampliar prazos próprios, como os de contestação e recursal.

os prazos fixados pelo juiz em comum acordo com as partes e constantes em calendário processual (art. 191).

Tal negócio processual deve ser celebrado necessariamente antes de o prazo próprio se esgotar, pois a preclusão temporal que aí se forma é matéria de ordem pública e, portanto, indisponível. Prazos impróprios das partes podem ser eventualmente convencionados após o seu esgotamento original, desde que não tenha sido realizado ato processual subsequente, com eles incompatível.

É duvidosa a admissibilidade de criação de *prazo extraprocessual* por convenção entre os litigantes, apesar de o art. 211 do Código Civil permitir a estipulação de prazo decadencial. Mas, sendo admitida a estipulação, as partes evidentemente podem ajustar seu prazo.[850] E se tal prazo for estipulado em lei, pode haver apenas a sua *redução*, jamais majoração, diante do interesse público na limitação do tempo para ajuizamento dessas demandas (*v.g.*, para a ação rescisória, os embargos de terceiro, o mandado de segurança e para atacar a estabilização da tutela antecipada).

247. Quanto à natureza do ato: prazos processuais, extraprocessuais e materiais

Para uma corrente doutrinária, seriam *prazos processuais* todos aqueles *fixados em norma de natureza processual* para a prática de atos de qualquer natureza, ainda que não processual, bastando, para tanto, que nasçam e extingam-se dentro da relação processual, produzindo algum *efeito sobre o procedimento*. Para seus defensores, portanto, todos os prazos fixados no Código de Processo Civil e nas demais leis processuais seriam prazos processuais, inclusive para ajuizamento de determinadas demandas (*v.g.*, de ação rescisória) e para cumprimento de sentença.[851] Já os *prazos materiais* seriam aqueles fixados em *leis materiais*. Consequentemente, de modo geral, os defensores dessa teoria tendem a afirmar que *todos* os prazos nascidos no processo poderiam ser dilatados pelo

850 "Quem tem poder para estabelecer uma condição ao exercício do direito, também o tem para revogar essa condição, e outra coisa não é a renúncia da decadência se não uma revogação da condição de exercício em determinado termo, a que foi subordinado o direito" (CÂMARA LEAL, *Da prescrição e da decadência*, n. 84, p. 128).

851 Nesse sentido aproximado: LEONARDO DA CUNHA, *Comentários ao Código de Processo Civil*, vol. III, art. 219, n. 1, p. 157; TERESA WAMBIER e ARTHUR LOBO ("prazos processuais são os prazos fixados em lei ou em decisão judicial que determinam 'quando' e 'como' devem ocorrer situações jurídicas que geram efeitos processuais. São atos que marcam as fases do processo e impulsionam o feito para a fase seguinte"), "Prazos processuais devem ser contados em dias úteis com novo CPC"; HEITOR SICA, *Comentários ao Código de Processo Civil*, art. 219, n. 2, p. 802; e NERY JUNIOR & NERY, *Código de Processo Civil comentado*, art. 219, n. 4, p. 808. Na jurisprudência, 3ª T., REsp n. 1.307.530-SP, rel. p/ acórdão SIDNEI BENETI, j. 11.12.2012, m.v.

juiz (art. 139, inc. VI), estariam sujeitos à contagem em dias úteis (art. 219 – salvo se fixados em outra unidade de tempo) e seriam suspensos durante o período de descanso dos advogados (art. 220).

Todavia, o autor destes comentários adota outra corrente, segundo a qual há *na legislação processual* três espécies de prazos: (endo)processuais, materiais e extraprocessuais.[852] Eles se distinguem basicamente em razão do *tipo de ato a ser praticado* para seu cumprimento (atos processuais, atos materiais e ato processual de ajuizamento de demanda, respectivamente).[853] Ou seja, diferentemente da primeira teoria, *não é porque fixado em lei processual que se trata de prazo processual*, pois ainda depende de o ato a ser praticado projetar *efeitos diretos* naquele determinado processo em curso – e não no plano material (o efeito primário do pagamento é a extinção da obrigação; e o secundário é a eventual extinção do processo) ou na constituição de um novo processo (*v.g.*, ajuizamento da rescisória).[854]

De fato, o Código de Processo Civil parece ter adotado implicitamente essa corrente. Nesse sentido, não se pode interpretar que a lei tenha usado aleatoriamente o termo "prazo" e a expressão "prazo processual" com o mesmíssimo sentido semântico, como se a qualificadora "processual" não

---

852 Em comum, nas duas teorias (a) são desprezados os prazos fixados em leis de outra natureza, denominados de *prazos não processuais* – este Capítulo III ("dos prazos") trata apenas dos prazos fixados em normas processuais; e (b) afere-se no processo o início e a extinção do prazo.

853 Em sentido equivalente, mas sem menção explícita aos prazos materiais, Cândido Dinamarco, *Instituições de direito processual civil*, vol. II, n. 803, p. 647. Esse entendimento também pode ser extraído do seguinte julgado, ainda que implicitamente: STJ, 3ª T., REsp n. 1.698.283-GO, rel. Min. Marco Aurélio Bellizze, j. 21.5.2019, v.u. Andre Roque, por sua vez, reconhece que "o conceito de prazo processual é intuitivo: período de tempo estabelecido para a prática de um ato processual" (*Teoria geral do processo*, art. 219, n. 4, p. 707), mas em seguida afirma que o prazo para pagamento voluntário da condenação seria processual (e não material), pois "se destina (ainda que não exclusivamente) a produzir efeitos no processo" (*op. cit.*, art. 219, n. 4.1, p. 708), de modo que, na prática, parece filiar-se à primeira corrente.

854 Em seu primeiro precedente a respeito do prazo para cumprimento voluntário da sentença condenatória em obrigação de pagar, a 4ª Turma do STJ parece ter adotado uma *corrente mista*, ao afirmar que tal prazo deveria ser computado em dias úteis e que teria "natureza dúplice", pois "cuida-se de ato a ser praticado pela própria parte", mas ao mesmo tempo o lapso temporal "inicia-se com a intimação do advogado pela imprensa oficial" (STJ, 4ª T., REsp n. 1.693.784-DF, rel. Min. Luis Felipe Salomão, j. 28.11.2017, v.u.). Ou seja, ao mesmo tempo que considerou a natureza material do ato a ser praticado pela parte (elemento essencial da segunda corrente), deu elevada relevância ao fato de o prazo ter início e projetar consequências no processo (elementos essenciais da primeira corrente). Esse critério, contudo, não parece ter qualquer viabilidade prática ou base científica.

tivesse um propósito específico – ainda que, inversamente, a lei também se refira genericamente a "prazo" para se referir a "prazo processual". Como se sabe, não se interpreta a lei como se houvesse palavras inúteis ou supérfluas (*verba cum effectu sunt accipienda*).[855] Essa distinção entre prazo processual e as demais espécies de prazos fixadas em norma processual é reforçada por hipóteses em que expressamente se confere tratamento diverso especificamente ao prazo para a prática de ato material pela parte (*v.g.*, art. 231, § 3º – início do prazo a partir da própria intimação, independentemente da forma de envio da comunicação).

A partir dessas considerações, *prazo processual* (ou endoprocessual) é aquele fixado em lei processual, pelo juiz ou pelas próprias partes, que se destina a estimular a parte ou obrigar o juiz e seus auxiliares a praticar determinado *ato processual* no curso do processo e dentro de determinado lapso temporal.[856] *Ato processual* é toda conduta humana voluntariamente realizada no processo pelos sujeitos da relação jurídica processual (partes, juiz, seus auxiliares e, eventualmente, advogados), capaz de produzir efeitos diretos sobre tal processo, criando, extinguindo ou modificando situações jurídicas processuais (v. item 1).[857] Não têm tal natureza, portanto, os atos cujo efeito principal se dê no plano material (*v.g.*, o pagamento gera extinção da obrigação) e efeitos apenas *secundários* sobre o processo (no mesmo exemplo, a extinção do processo).[858] É processual a enorme maioria dos prazos

855 Literalmente, "devem-se compreender as palavras como tendo alguma eficácia". Nesse sentido: Carlos Maximiliano, *Hermenêutica e aplicação do direito*, n. 307, p. 204.

856 De modo geral, os atos processuais das partes são praticados em atendimento a estímulos criados pelos ônus processuais e os dos juízes e seus auxiliares são respostas a *deveres processuais*. Esses estímulos são materializados por meio dos prazos e das consequências previstas para o seu descumprimento.

857 São três os *elementos essenciais* do ato processual: (a) ser praticado pelos sujeitos da relação processual ou pelos auxiliares do juízo; (b) ser fruto da livre manifestação de vontade; e (c) ser necessariamente dotado da capacidade de produzir efeitos sobre a relação processual. A doutrina tradicional costumava acrescentar a necessidade de o ato ocorrer dentro do processo, mas, modernamente, isso vem sendo rejeitado. Acrescente-se que os efeitos do ato processual são fixados em lei (ou por convenção entre os litigantes) e não pela vontade da parte que o pratica, necessariamente por meio de seu advogado, que detém capacidade postulatória.

858 "A transação e o pagamento continuam sendo atos de direito material, apenas com *efeitos reflexos* sobre o processo. Não adquirem natureza diversa apenas porque praticados durante o processo. Ato processual será o uso desses atos materiais para obter a extinção do processo, como a arguição de transação, e sua homologação pelo juiz, bem como a dedução, pela parte, da exceção de pagamento. Para, enfim, ter-se ato processual, em sentido próprio, é necessário que o ato tenha sido praticado no processo, com *efeito imediato* sobre ele, e que, ainda, somente possa ser praticado

havidos no curso do processo – *v.g.*, para as partes contestarem, recorrerem, recolherem as custas de preparo do recurso e, de modo geral, se manifestarem nos autos, bem como para o juiz decidir.

Por sua vez, *prazo material* é aquele que se destina à prática de *ato material* pela parte ou terceiro, sem a intermediação obrigatória de representante judicial,[859] com vista ao cumprimento de dever existente no plano material e reconhecido provisória ou definitivamente em juízo (*v.g.*, pagamento).[860] Assim, seu efeito primário e principal se projeta fora da relação processual e apenas secundariamente no processo (*v.g.*, o pagamento gera a extinção da obrigação e, por consequência, a extinção do processo). São dessa natureza, portanto, os prazos para cumprimento da sentença condenatória e para o fiador purgar a mora e evitar a rescisão do contrato de locação (LI, art. 62, inc. II).[861] Em regra, e salvo se a lei dispuser de forma diversa (em especial, art. 513, § 2º, inc. I), o prazo material começa a fluir a partir da *intimação pessoal da parte* (art. 231, § 3º), não é suspenso no período estipulado no art. 220 e não pode ser dilatado pelo juiz (art. 139, inc. VI). E considera-se cumprido independentemente da respectiva comprovação nos autos.[862]

Há ainda prazos estabelecidos em lei processual que fluem fora do processo e consistem em estímulo à prática de ato processual específico (petição inicial), a ser praticado em *novo processo* – *v.g.*, impetração de mandado de segurança contra ato processual.[863] Tais prazos têm *natureza decadencial* e deno-

no processo" (Humberto Theodoro Junior, *Curso de direito processual civil*, vol. I, n. 328, p. 476).

859 Terceiros também podem se submeter a prazo material, *v.g.*, relativo à entrega de documento que esteja em seu poder e seja relevante para a instrução probatória daquele processo do qual não é parte.

860 Por ser adepto da primeira corrente, Leonardo da Cunha afirma que "não importa se o ato a ser praticado é processual ou material: o que importa é que o prazo seja processual, vale dizer, que inicie, corra e termine no processo" (*Comentários ao Código de Processo Civil*, vol. III, art. 219, n. 1, p. 157).

861 O prazo especificado no art. 523 do Código de Processo Civil visa à prática de ato material (pagamento de dívida reconhecida judicialmente), em cumprimento a um dever imposto pela lei material (e apenas reconhecido pelo Judiciário), embora o não cumprimento desse dever dentro do prazo legal possa gerar efeitos secundários sobre o processo, como o início automático do prazo de impugnação (art. 525).

862 "Eventual omissão em trazer aos autos o demonstrativo do depósito judicial ou do pagamento feito ao credor dentro do prazo legal, não impõe ao devedor o ônus do art. 475-J do CPC" (STJ, 3ª T., REsp n. 1.047.510-RS, rel. Min. Nancy Andrighi, j. 17.11.2009, v.u.). No mesmo sentido: STJ, 4ª T., AgInt no AgInt no AREsp n. 1.082.286-MG, rel. Min. Luis Felipe Salomão, j. 11.9.2018, v.u.

863 Conforme doutrina Cândido Dinamarco, tais prazos, "embora digam respeito ao sistema processual e estejam disciplinados na lei do processo, fluem fora deste e à vezes até antes que algum processo se instaure"; e "esse prazo flui entre dois pro-

minam-se *extraprocessuais*. Eles costumam ser longos, contados em meses e até em anos, de modo corrido, sem suspensão, sendo-lhes inaplicáveis os arts. 219 e 220. Por outro lado, e por questão de coerência sistemática, a primeira corrente doutrinária supraindicada precisaria passar a defender a suspensão também dos prazos extraprocessuais entre 20 de dezembro e 20 de janeiro – *v.g.*, o prazo de 120 dias para o mandado de segurança –, o que seria uma aberração e confirma a impertinência dessa teoria.[864] De todo modo, não há dúvida a respeito da possibilidade de tais prazos serem prorrogados, caso o vencimento se dê em dia sem expediente forense completo.[865] Seu termo inicial costuma ser a *ciência* da parte ou de seu advogado a respeito de determinado *ato* (*v.g.*, art. 304, § 5º) ou *fato processual*, como o "trânsito em julgado da última decisão proferido no processo" original, para a ação rescisória (art. 975, *caput*); a adjudicação, alienação ou arrematação do bem, no caso dos embargos de terceiros (art. 675); ou a morte, para abertura do inventário (art. 611). Como se vê, ao contrário das outras duas espécies, em regra, é desnecessária a intimação específica da parte para o prazo extraprocessual começar a correr.

Enquanto o descumprimento de um prazo processual ou extraprocessual gera *consequências exclusivamente processuais* (preclusão, decadência, presunção, ineficácia do ato intempestivo etc.), o de um prazo material pode acarretar *sanções* previstas em lei com projeção fora do processo (multa pecuniária, rescisão do contrato e até prisão por dívida de alimentos).[866]

248. Quanto às consequências: prazos próprios e impróprios[867]

Prazos próprios ou preclusivos são aqueles em que a parte deve necessariamente praticar o ato processual dentro do limite temporal fixado em lei,[868] sob

---

cessos e não no interior de um deles" (*Instituições de direito processual civil*, vol. 2, n. 803, p. 647).

864 Ademais, esse prazo de impetração deveria ser computado apenas em *dias úteis* (art. 219).

865 O art. 975, § 1º, é expresso a respeito da prorrogação do termo final para ajuizamento da ação rescisória quando se esgotar em dia sem expediente forense. Quanto à prorrogação para o dia seguinte do prazo do mandado de segurança, STJ, 1ª T., RMS n. 3.243-ES, rel. Min. SÉRGIO KUKINA, j. 14.11.2017, v.u.

866 Contudo, segundo entendimento jurisprudencial pacífico, a punição pelo crime de desobediência, como a prisão, depende da instauração de processo criminal autônomo perante o juízo competente. Nesse sentido: STJ, 6ª T., HC n. 123.256-RJ, rel. MARIA THEREZA ASSIS MOURA, j. 27.9.2011, v.u.

867 CASSIO SCARPINELLA BUENO, porém, afirma não haver "fundamento constitucional nem legal" para a distinção entre prazo próprio e impróprio (*Curso sistematizado de direito processual civil*, vol. 1, n. 4.5.1, p. 642).

868 "Os prazos judiciais, em sentido próprio, podem ser encurtados e alargados, os prazos legais somente o podem ser se satisfeitos todos os pressupostos especialmen-

pena de sofrer as consequências processuais dispostas em lei.[869] A principal consequência é a imediata *preclusão temporal* (art. 223, *caput*), mas há outras também aplicáveis, como a ineficácia do ato intempestivo, a sujeição da parte a eventuais presunções legais (*v.g.*, veracidade dos fatos alegados pelo adversário), entre outras de menor relevância sistemática (*v.g.*, art. 107, § 4º: vedação a retirar novamente os autos de cartório). Não se admite, contudo, a incidência de mecanismos de coerção ou sanção fora da dinâmica da relação processual, como multa e prisão.

Prazos impróprios são aqueles em que o respectivo ato processual pode eventualmente ser praticado de modo eficaz após o decurso do tempo estipulado, não havendo, portanto, preclusão temporal.[870] As partes que descumprirem esses prazos podem estar sujeitas, todavia, à *preclusão mista*,[871] decorrente da soma de dois fatores concorrentes: não realização do ato no prazo estipulado e realização de algum outro ato processual posterior (especialmente pelo juiz) incompatível com aquele ato que deveria ter sido praticado, pois a anulação do ato procedimentalmente subsequente implicaria inadmissível marcha a ré do processo – *v.g.*, a parte pode eventualmente pagar os honorários pro-

---

te mencionados, precisamente, em lei" (Pontes de Miranda, *Comentários ao Código de Processo Civil*, v. III, p. 118).

869 Em sentido equivalente, Cândido Dinamarco, *Instituições de direito processual civil*, vol. II, n. 802, p. 645; Heitor Sica, *Comentários ao Código de Processo Civil*, vol. I, nota 2 ao art. 218, p. 798; e Marinoni-Arenhart-Mitidiero, *Novo Código de Processo Civil comentado*, nota 2 às disposições gerais sobre prazo, p. 322. A jurisprudência, contudo, costuma chamar, equivocadamente, os prazos próprios de *peremptórios*. No STJ, infelizmente, "prazo próprio" é utilizado apenas como sinônimo de "prazo específico" para a prática de determinado ato – *v.g.*, a execução individual de sentença coletiva genérica se submete ao prazo próprio das ações coletivas. Curiosamente, contudo, as Turmas de Direito Penal do STJ utilizam corretamente a expressão "prazo impróprio", para se referir aos prazos cujo descumprimento não implica preclusão imediata para a parte onerada, como o prazo para aditar a denúncia.

870 "Tem-se permitido, em casos excepcionais, que, mesmo fora do prazo estabelecido, a parte pratique determinados atos processuais, desde que o procedimento ainda não se tenha adiantado" (STJ, 3ª T., REsp n. 373.683-MG, rel. Min. Vasco Della Giustina, j. 6.10.2009, v.u.).

871 Liebman, *Manual de direito processual civil*, vol. I, n. 107, p. 302. No mesmo sentido, esclarece Cândido Dinamarco: "embora a lei estabeleça prazo para a manifestação das partes, os juízos e tribunais atenuam esse rigor temporal e admitem que o autor fale mesmo depois de ocorrido, só havendo preclusão se o processo tiver prosseguido. Por isso é que em casos assim, havido por relativamente extraordinários no sistema, a preclusão depende do duplo requisito do decurso do prazo e eventual prosseguimento do processo (daí ser ela *mista*)" (*Instituições...*, vol. II, n. 741, p. 529).

visórios do perito após o fim do prazo, salvo se, em razão da omissão, o juiz já tiver declarado a preclusão dessa prova e proferido sentença.[872]

A identificação do prazo como próprio ou impróprio é muito difícil, porque a lei nada diz a esse respeito. Há apenas alguns *indícios*, como a utilização pela lei dos termos "deverá" ou "poderá". Por isso, há necessidade de se socorrer a jurisprudência. Mas essa é uma tarefa perigosa, pois, infelizmente, ela reiteradamente comete equívoco terminológico ao chamar de peremptórios os prazos fatais que tecnicamente denominam-se próprios.

De todo modo, pode-se concluir da análise da jurisprudência que são exemplos de *prazos próprios*: o de contestação e o de ali apresentar preliminar de incompetência relativa; o de interposição de recursos em geral; o dos embargos à execução ou de impugnação ao cumprimento de sentença;[873] e o de justificar a impossibilidade de pagamento dos alimentos.[874]

São exemplos de *prazos impróprios*: de emenda da petição inicial, por determinação do juiz;[875] de apresentação de quesitos para a perícia e indicação de assistente técnico;[876] para este depositar seu laudo técnico;[877] para as partes

872 STJ, 3ª T., REsp n. 1.109.357-RJ, rel. Min. NANCY ANDRIGHI, j. 20.10.2009, v.u. Contraditoriamente, contudo, a mesma Turma julgadora já havia decidido que "não se anula o processo em face da entrega, em cartório, do rol de testemunhas arroladas pela outra parte a oito dias da audiência, porquanto indemonstrado que a diminuição de dois dias do prazo exigido pelo art. 407 do CPC teria impossibilitado a contradita de quaisquer delas ou trazido prejuízo de outra natureza", invocando, para tanto, a instrumentalidade das formas (STJ, 3ª T., REsp n. 648.457-MT, rel. Min. NANCY ANDRIGHI, j. 4.8.2005, v.u.). Ora, se o prazo é próprio, não aceita relativização. Do contrário, poder-se-á relativizar também o prazo de defesa ou de recurso. Na verdade, melhor seria afirmar que esse prazo é impróprio.

873 Todavia, após o transcurso do prazo de defesa na execução ou no cumprimento de sentença, ainda é possível a apresentação de objeção de pré-executividade, caso haja matéria cognoscível de ofício (STJ, 2ª T., AgRg nos EDcl no REsp n. 1.339.353-SP, rel. Min. MAURO CAMPBELL, 13.11.2012, v.u.).

874 STJ, 3ª T., REsp n. 1.601.338-SP, rel. p/ acórdão NANCY ANDRIGHI, j. 13.12.2016, m.v.

875 STJ, 2ª Seção, REsp repetitivo n. 1.133.689-PE, rel. Min. MASSAMI UYEDA, j. 28.3.2012, v.u.

876 STJ, 1ª T., REsp n. 151.400-PR, rel. Min. DEMÓCRITO REINALDO, j. 4.5.1999, v.u.

877 Todavia, para a jurisprudência majoritária do STJ, o prazo para o assistente técnico manifestar-se sobre o laudo oficial estaria sujeito a preclusão temporal, isto é, seria *próprio* (STJ, 1ª T., REsp n. 918.121-SP, rel. Min. LUIZ FUX, j. 2.12.2008, v.u.; e STJ, 3ª T., REsp n. 792.741-RS, rel. Min. NANCY ANDRIGHI, j. 9.10.2007, v.u.). Por outro lado, também já se decidiu que, mesmo sendo supostamente próprio, tal prazo pode ser *prorrogado* pelo juiz, em razão da excepcional complexidade e extensão do laudo pericial, motivo pelo qual negou haver violação ao art. 433, parágrafo único, do Código de Processo Civil de 1973 (STJ, 4ª T., AgInt no AREsp n. 1.080.586-SP, rel. Min. LUIS FELIPE SALOMÃO, j. 8.2.2018, v.u). Ora, ou o prazo é

se manifestarem sobre a prova produzida[878] e a respeito da satisfação do débito executado;[879] para regularizar a procuração outorgada aos advogados da parte, para o Ministério Público emitir parecer na qualidade de fiscal da lei;[880] os decorrentes de despachos como "digam as partes" ou equivalentes e para purgar a mora na execução administrativa fundada em alienação fiduciária (art. 30 do Decreto-lei n. 70/66).[881] Apesar de haver corrente jurisprudencial em sentido contrário, deve-se considerar também como impróprio o prazo de contrarrazões recursais, pois sua intempestividade não causa qualquer prejuízo e porque, de todo modo, a qualquer momento a parte pode apresentar os mesmos argumentos dando outro nome à manifestação (*v.g.*, memorial).

Há também situações em que a jurisprudência ainda é oscilante, havendo precedentes nos dois sentidos, como no caso de apresentação em cartório do rol de testemunhas.[882]

Essa classificação aqui tratada, porém, diz respeito somente ao prazo para a prática de *ato processual* relacionado a algum ônus processual (interesse próprio). Se disser respeito a algum dever – *v.g.*, cumprir a condenação judicial –, ele permanece enquanto não satisfeita a obrigação, não se submetendo à preclusão temporal ou mista por força do decurso do tempo. Nesse caso, as consequências são outras, em especial multa.

Como se percebe, normalmente as *partes* – inclusive o Poder Público, o Ministério Público e a pessoa física defendida pela Defensoria Pública –[883] e

---

próprio, e não pode ser alterado pelo juiz (v. art. 218, item 260), ou é impróprio, sendo, então, válida a prorrogação judicial. Assim, a conclusão dessa decisão está correta, não porque se trata de prazo próprio prorrogável, mas de verdadeiro prazo impróprio.

878 Consequentemente, "o juiz pode, de ofício, dilatar o prazo para a parte se manifestar sobre a prova documental produzida" (enunciado n. 107 do FPPC).

879 STJ, 4ª T., AgInt no AREsp n. 452.338-SP, rel. Min. Isabel Gallotti, j. 20.2.2018, v.u.

880 STJ, 1ª T., RMS n. 32.880-SP, rel. Min. Teori Zavascki, j. 20.9.2011, v.u.

881 Confirmando esta última hipótese, STJ, Corte Especial, REsp repetitivo n. 1.160.435-PE, rel. Min. Benedito Gonçalves, j. 6.4.2011, v.u.

882 Afirmando corretamente que não deve ser desconsiderado o depoimento da testemunha arrolada dois dias após o prazo legal e, portanto, que o prazo é *impróprio*, STJ, 3ª T., REsp n. 648.457-MT, rel. Min. Nancy Andrighi, j. 4.8.2005, v.u. Em sentido contrário, entendendo ser *próprio*: STJ, 4ª T., AgInt no AREsp n. 175.512-SP, rel. Min. Raul Araújo, j. 18.10.2018, v.u.; e STJ, 3ª T., AgRg no AREsp n. 43.477-PR, rel. Min. Villas Bôas Cueva, j. 5.12.2013, v.u. Neste último caso, foram opostos embargos de divergência, tendo a relatora, Min. Isabel Gallotti, mantido monocraticamente tal entendimento. Em seguida foi interposto agravo interno.

883 Nelton dos Santos reconhece que o *Parquet* está sujeito a prazos próprios também quando atua como *custos legis* e que a omissão pode causar sanção administrativa do

terceiros intervenientes se submetem a prazos próprios e à respectiva preclusão temporal,[884] apesar de, excepcionalmente, poderem se sujeitar aos impróprios. Já os *juízes e seus servidores* estão quase sempre sujeitos aos prazos impróprios, inocorrendo preclusão (nem mesmo a mista) para o cumprimento de deveres, como proferir sentença ou expedir certidões.[885] Apenas excepcionalissimamente os magistrados estão sujeitos a prazos próprios, como para votar na sessão de julgamento virtual, perante os tribunais (*v.g.*, RISTF, art. 324, § 1º; e RISTJ, art. 184-E).[886]

Assim, mostra-se equivocada a afirmação de parte da doutrina de que a distinção entre prazo próprio e impróprio levaria em conta o seu *destinatário*. Segundo essa corrente, os prazos próprios destinar-se-iam às partes e ao Ministério Público, tendo como consequência a preclusão, enquanto os impróprios seriam meros parâmetros a serem observados pelos juízes e serventuários da justiça.[887]

Anota-se, ainda, que, na vigência do Código de Processo Civil de 1973, era pacífico o entendimento de que as parte não podiam convencionar a *suspensão* ou a *interrupção* dos prazos próprios em curso, tampouco alterá-los.[888] Todavia, essa vedação deixou de existir na vigência do Código de Processo Civil de 2015, como se verá no próximo item. Mas os juízes continuam proibidos de suspendê-los, interrompê-los ou majorá-los fora das hipóteses

---

promotor ou procurador responsável (*Código de Processo Civil interpretado*, nota 7.2, p. 484). Além disso, sua omissão dolosa ou por culpa grave pode gerar responsabilidade civil do Estado, e regressivamente a dele, pelos prejuízos causados à sociedade ou aos substituídos, nos termos do art. 181 (Pedro Dinamarco, "Responsabilidade civil do promotor de justiça no inquérito civil", n. 2, p. 255).

884 Contudo, os prazos para *terceiros* praticarem atos de interesse das partes ou do próprio processo são impróprios – *v.g.*, apresentar documentos que estejam em sua posse.

885 "É natural que sejam impróprios os prazos fixados para o juiz porque ele não defende interesses pessoais no processo, mas cumpre deveres" (Cândido Dinamarco, *Instituições de direito processual civil*, vol. II, n. 802, p. 645). Todavia, a demora injustificada poderá lhes causar sanções administrativas (arts. 233, § 1º, e 235, § 2º) e até mesmo a substituição do juiz por outro (art. 235, § 3º), além da aplicação de sanção pecuniária (art. 143, inc. II), impostas pela Corregedoria do respectivo tribunal ou pelo Conselho Nacional de Justiça.

886 V. comentários ao art. 227, item 331.

887 Antonio Dall'Agnol, *Comentários ao Código de Processo Civil*, vol. II, nota às disposições gerais sobre prazo, p. 328; Moniz de Aragão, *Comentários ao Código de Processo Civil*, vol. II, n. 100, p. 97; José Frederico Marques, *Instituições de direito processual civil*, vol. II, n. 447, p. 322; Nelton dos Santos, *Código de Processo Civil interpretado*, nota 7.2 ao art. 177, p. 484; e Leonardo da Cunha, *Comentários ao Código de Processo Civil*, vol. III, art. 218, nota 1.1, p. 138.

888 Por todos: STJ, 4ª T., REsp n. 10.864-SP, rel. Min. Sálvio de Figueiredo Teixeira, j. 16.03.1993, v.u.

contidas em lei. Reduzi-los, somente com a anuência do destinatário (art. 222, § 1º).

249. Quanto à disponibilidade: prazos peremptórios e ordinatórios (ou dispositivos)

Segundo entendimento dominante na doutrina e cientificamente mais adequado, prazos *peremptórios* são expressamente fixados em normas cogentes, de ordem pública, sobre os quais as partes ou o juiz não poderiam dispor de modo diverso, para majorá-los ou reduzi-los.[889] São, assim, inelásticos. Todavia, a jurisprudência de modo geral, e parte reduzida da doutrina, refere-se equivocadamente aos prazos peremptórios como sendo os preclusivos, isto é, como sinônimo de prazos próprios.[890]

Por outro lado, os prazos *ordinatórios ou dispositivos* são aqueles disponíveis, isto é, que podem ser validamente majorados ou reduzidos pelas partes ou pelo juiz.[891] No Código de Processo Civil de 1973 apenas os prazos impróprios podiam ser simultaneamente dispositivos.[892]

Ocorre que, a partir da entrada em vigor do Código de Processo Civil de 2015, *não existem mais prazos processuais peremptórios*, pois seu art. 190 autoriza expressamente as partes convencionarem sobre procedimento e sobre seus ônus e deveres processuais. Essa ampla autorização de negociação, se-

---

889 Essa definição de prazo peremptório é adotada pela doutrina majoritária: Cândido Dinamarco, *Instituições...*, vol. II, n. 808, pp. 651-652; Pontes de Miranda, *Comentários ao Código de Processo Civil*, vol. III, p. 113; Arruda Alvim, *Manual de direito processual civil*, vol. I, n. 148, p. 419; Wambier-Talamini, *Curso avançado de processo civil*, vol. 1, n. 30.5, p. 580; Heitor Sica, *Comentários ao Código de Processo Civil*, nota 2 ao art. 218, p. 798. Na jurisprudência, entre os raros precedentes que utilizam corretamente o termo peremptório, STJ, 2ª Seção, REsp n. 1.133.689-PE (repetitivo), rel. Min. Massami Uyeda, j. 28.3.2012, v.u. Este é também o conceito adotado pelo CPC italiano: "os prazos peremptórios não podem ser abreviados ou prorrogados, nem mesmo pelo acordo das partes" (art. 153).

890 Nesse outro sentido: Antonio Dall'Agnol, *Comentários ao Código de Processo Civil*, vol. II, nota 1 ao art. 182, pp. 345-346; e na jurisprudência, por todos, STJ, 4ª T., REsp n. 1.129.215-DF, rel. Min. Luis Felipe Salomão, j. 8.3.2016, v.u. Consta na ementa desse julgado: "um dos requisitos de admissibilidade dos recursos é a tempestividade, implicando dizer que deve ser interposto dentro do prazo peremptório estabelecido em lei, sob pena de preclusão ou, em se decidindo o mérito da causa, de formação da coisa julgada".

891 É comum a doutrina tratar os *prazos dilatórios* como sendo o oposto dos peremptórios, quando, na verdade, estes são o antônimo dos *prazos aceleratórios*. O art. 154 do *Codice di Procedura Civile* italiano, corretamente, também chama de *ordinatório* o prazo prorrogável.

892 Quanto à vedação à convenção das partes sobre prazo de recurso: STJ, 4ª T., REsp n. 82.599-RJ, rel. Min. Aldir Passarinho, j. 28.6.2005, v.u.

gundo entendimento majoritário, também se aplica a qualquer prazo, inclusive aos próprios (*v.g.*, para contestar e recorrer), impondo-se apenas algumas exigências gerais, válidas para qualquer convenção processual, como a possibilidade de autocomposição entre as partes, agente capaz etc. (art. 190), e outras específicas, tal qual ainda não ter transcorrido *in albis* o prazo original (art. 223 e analogia ao art. 139, parágrafo único).[893] Ademais, o Código de Processo Civil de 1973 dispunha ser "defeso às partes, ainda que estejam de acordo, reduzir ou prorrogar os prazos peremptórios" (art. 182) e o Código de Processo Civil atual suprimiu essa vedação, passando a permitir expressamente ao juiz reduzir os prazos ditos peremptórios, desde que as partes anuam (art. 222, 1º), bem como majorar os prazos processuais impróprios fixados em lei (art. 139, inc. VI),[894] em especial para as partes se manifestarem sobre a prova documental produzida (art. 437, § 2º). Como se vê, o conceito tradicional de prazo peremptório, aqui adotado, tornou-se incompatível com a nova sistemática.

É verdade que, como visto, o art. 222, § 1º, contém menção ao prazo peremptório, o que poderia levar à conclusão de que ele sobrevive no sistema, mas essa referência parece ter sido fruto de mera distração ou descuido do legislador, e não da intenção deliberada em mantê-los com o significado adotado neste comentário.[895]

Da mesma forma, inexistem *prazos materiais* peremptórios na legislação processual, podendo eles ser livremente negociados pelas partes. Assim, *v.g.*, podem as partes dispor previamente, no próprio contrato subjacente ao litígio ou no curso daquele processo, qual será o prazo para eventual cumprimento voluntário da sentença.

Tampouco os *prazos extraprocessuais* são peremptórios. Se por um lado eles não podem ser ampliados, diante do interesse público na limitação do tempo

---

893 Nesse exato sentido, Wambier-Talamini, *Curso avançado do processo civil*, n. 30.5, p. 580; Marinoni-Arenhart-Mitidiero, *Novo Código de Processo Civil comentado*, nota 3 às disposições gerais sobre prazo, p. 322; Heitor Sica, *Comentários ao Código de Processo Civil*, nota 2 ao art. 218, p. 798; e Andre Roque, *Teoria geral do processo*, n. 2, p. 720. Cândido Dinamarco, todavia, não apenas rejeita a possibilidade de negócios processuais a respeito de prazos peremptórios, por serem de ordem pública, como também sustenta a necessidade de homologação judicial quanto aos prazos meramente ordinatórios (*Instituições de direito processual civil*, vol. II, n. 809, p. 653).

894 Como dito nos comentários ao art. 218, item 260, os prazos próprios não podem ser majorados pelo juiz com fundamento no art. 139, inc. VI.

895 Luiz Guilherme Wagner Junior afirma que o Código de Processo Civil de 2015 só não aboliu *por completo* a distinção entre prazos peremptório e ordinatório em razão da disposição do art. 222, § 1º, dando a entender que essa seria a única hipótese de distinção entre eles (*Breves comentários ao novo Código de Processo Civil*, nota 5 ao art. 222, p. 734).

para ajuizamento dessas demandas, por outro, eles podem ser reduzidos por convenção entre as partes.

250. Quanto aos objetivos: prazos aceleratórios (ou máximos) e dilatórios (ou mínimos)[896]

São *aceleratórios* os prazos que fixam lapso temporal *máximo* para a prática de um ato e visam a agilizar o andamento da marcha processual, evitando, assim, longas esperas. Ou seja, o ato deve ser realizado antes do termo final daquele prazo. Nesta espécie encontra-se a enorme maioria dos atos processuais – como a contestação, os recursos e as manifestações em geral.

Há também prazos aceleratórios que podem ser atendidos a qualquer momento até a ocorrência de outro ato ou fato processual especificado na lei ou pelo juiz, quando então se extingue automaticamente o poder de a parte realizar o ato processual ínsito àquele prazo (*v.g.*, arts. 607, 628, 675 e 826).

Por outro lado, os *prazos dilatórios* são os que impõem lapso temporal *mínimo* entre um ato e outro e, consequentemente, dilatam, aumentam o tempo de processo.[897] Eles visam a assegurar o contraditório e a ampla defesa às partes, que precisam de um tempo mínimo para se preparar para sua realização, conferindo, assim, maior segurança jurídica ao processo e seus atos. Trata-se, portanto, de prazos de espera.[898] São exemplos dessa espécie a exigência de prazo mínimo de 20 dias entre a citação e a audiência preliminar de conciliação (art. 334), dos mesmos 20 dias entre a apresentação do laudo pericial e a audiência de instrução e julgamento (art. 477), e de 5 dias entre a publicação de edital de alienação de bem penhorado e a data do respectivo leilão (art. 887, § 1º).

Tratando-se de ato do qual o juiz participa – *v.g.*, audiência –, ou realizado por um dos seus auxiliares – *v.g.*, praça judicial realizada por leiloeiro por ele nomeado –, a consequência do não atendimento do prazo dilatório míni-

---

896 CÂNDIDO DINAMARCO trata de forma distinta esses prazos (aceleratórios e máximos, de um lado; e dilatórios e mínimos, de outro), apesar de reconhecer que o prazo máximo é sempre aceleratório e que o mínimo é sempre dilatório.

897 Parte da doutrina e da jurisprudência trata o *prazo dilatório* como contraposto ao peremptório. O CPC português também dispõe que "o prazo é dilatório ou peremptório". Todavia, o oposto deste último é o prazo ordinatório, como corretamente disposto nos arts.153 e 154 do CPC italiano.

898 Em outras palavras, "na maioria dos casos a lei estabelece que determinado ato do processo *seja* realizado antes de decorrido certo tempo a partir do momento em que o ato antecedente foi realizado; outras vezes, que ele *não seja* realizado antes que certa quantidade de tempo já se tenha passado. Os primeiros, que constituem rotina na vida dos sujeitos do processo, são prazos *máximos*; os segundos, *mínimos*" (CÂNDIDO DINAMARCO, *Instituições de direito processual civil*, vol. II, n. 801, p. 641).

mo será a sua *nulidade*; se o ato for praticado isoladamente pela parte, ele será considerado *ineficaz*.

Registre-se que a identificação do prazo recursal como aceleratório foi bastante destacada pela doutrina nacional, junto com outros argumentos, para criticar a jurisprudência do STJ segundo a qual seriam intempestivos os recursos interpostos antes da publicação da decisão recorrida. O novo art. 218, § 4º, acabou com a polêmica e passou a permitir a prática do ato antes mesmo do termo inicial do prazo – salvo se tiver sido fixado prazo mínimo.

251. Quanto à forma de contagem: prazos evolutivos e regressivos

Na maioria das vezes, os prazos são *evolutivos*, isto é, contados a partir de um determinado fato ou de sua ciência (termo *a quo*) até um momento futuro (termo *ad quem*). Em quase sua totalidade, esses prazos também são aceleratórios, como os prazos de contestação, de recurso e de manifestações em geral. Mas, excepcionalmente, tais prazos podem ser simultaneamente dilatórios – *v.g.*, prazo mínimo de dois dias para a parte comparecer em juízo (art. 218, § 2º).

Já os prazos *regressivos* são contados a partir de um fato futuro para uma data anterior no tempo e são excepcionais no sistema. Em regra, o prazo regressivo também é dilatório ou mínimo. Exemplificativamente, exige-se prazo mínimo de 20 dias antes da audiência de instrução e julgamento para o perito apresentar o laudo (art. 477) e de 5 dias para a publicação de edital de alienação de bem penhorado antes da data do respectivo leilão (art. 887, § 1º).

252. Quanto à extensão subjetiva: prazos particulares e comuns

O prazo para a prática de determinado ato pode se destinar a apenas um dos partícipes do processo ou, ao contrário, simultaneamente para mais de um deles. No primeiro caso, diz-se que o prazo é *particular*; e no segundo, que ele é *comum*.[899]

Essa classificação assume maior relevância prática quando os autos são *físicos*, em que o prazo comum pode impossibilitar a parte de retirar os autos de cartório (art. 107) e na eventual utilização de prazo em dobro pelos litisconsortes (art. 229).[900]

O prazo comum pode começar a correr de forma independente para cada parte, nos termos do art. 231, § 2º ("havendo mais de um intimado, o prazo

---

899 Por todos, ANTONIO DALL'AGNOL, *Comentários ao Código de Processo Civil*, vol. II, nota às disposições gerais sobre prazo, p. 327.

900 Durante o prazo comum, os advogados das partes podem retirar os autos de cartório por, no máximo, seis horas (art. 107, § 3º). A carga dos autos por período superior pode configurar justa causa para a devolução do prazo para as demais partes.

para cada um é contado individualmente"), mas, usualmente, a intimação de todas as partes ocorre simultaneamente, por meio de publicação no *Diário da Justiça eletrônico*.

253. Quanto à extensão objetiva: prazos autônomos e sucessivos

Os prazos geralmente são *autônomos* entre si, isto é, começam a correr da intimação da parte e não influenciam nem são direta e automaticamente influenciados pelo transcurso de outros prazos do processo. Assim são, *v.g.*, o prazo de contestação e o dos recursos em geral.

Contudo, há também alguns prazos *sucessivos*, que se sucedem cronologicamente, pois, ao término de um primeiro prazo, automaticamente começa a correr o segundo, independentemente de nova intimação. São exemplos dessa espécie o prazo de apresentação de alegações finais (arts. 364, § 2º, e 973) e o de impugnação ao cumprimento de sentença, sucessivo ao prazo para pagamento voluntário (art. 525). O juiz também tem discricionariedade para fixar alguns prazos sucessivos, isoladamente (art. 218) ou em conjunto com as próprias partes (art. 191 – calendário processual).

Nada impede que o primeiro prazo sucessivo seja contado em dias corridos, por força de lei especial, e o segundo seja contado em dias úteis; e vice-versa. E, em regra, o primeiro dia da contagem desse novo prazo ocorre no dia útil subsequente ao término do prazo inicial (art. 224, § 3º); mas, excepcionalmente, quando o segundo prazo for contado em dias corridos e de forma "ininterrupta", essa nova contagem pode ter início aos sábados, domingos ou feriados (*v.g.*, o prazo de cinco dias para juntar o original do recurso interposto por fac-símile – Lei n. 9.800/99, art. 2º).[901]

O prazo extraprocessual de ajuizamento de ação rescisória também é, em regra, um prazo sucessivo, pois geralmente começa a fluir a partir do término *in albis* do prazo de recurso contra a última decisão proferida no processo (art. 975), quando se forma a coisa julgada.

254. Interpretação dos prazos estipulados na lei processual

Conforme muito bem afirmou o saudoso Min. Sálvio de Figueiredo Teixeira, "em se tratando de prazos, o intérprete, sempre que possível, deve orientar-se pela *exegese mais liberal*, atento às tendências do processo civil contemporâneo – calcado nos princípios da efetividade e da instrumentalidade – e à advertência da doutrina de que as sutilezas da lei nunca devem servir para

901 Para mais informações sobre o início da contagem do prazo sucessivo, v. art. 231, item 375.

impedir o exercício de um direito".[902] Por isso, "segundo a jurisprudência do STJ, havendo dúvidas quanto à tempestividade do recurso interposto, é de rigor seu conhecimento em homenagem aos princípios constitucionais do devido processo legal, do contraditório e da ampla defesa".[903] Essa é uma regra de ouro para ser utilizada pelo intérprete apenas e tão somente em caso de *dúvida objetiva*.

Evidentemente, os representantes judiciais das partes (advogados, promotores, defensores públicos) não podem confiar previamente nessa regra liberal. Em matéria de prazo, ele deve ser o mais conservador possível, para não expor seu cliente a risco. Somente deve invocar a interpretação mais benéfica se *a posteriori* surgir nos autos alguma alegação de intempestividade.

255. Direito intertemporal

Aplica-se aos prazos a norma vigente no seu termo inicial, ou seja, fixa-se o termo final do prazo segundo as regras vigentes quando ele começa a correr. Daí o acerto do enunciado n. 267 do Fórum Permanente de Processualistas Civis: "os prazos processuais iniciados antes da vigência do CPC serão integralmente regulados pelo regime revogado". Contudo, não são apenas os prazos processuais que estão sujeitos a essa regra, pois os extraprocessuais e os materiais também a ela se sujeitam.

No caso de *interrupção* do prazo processual iniciado originalmente na vigência da lei processual anterior, devem ser aplicados os dispositivos legais

---

902 STJ, 4ª T., REsp n. 11.834-PB, rel. Min. SÁLVIO DE FIGUEIREDO TEIXEIRA, j. 17.12.1991, v.u. Mais recentemente, mas ainda na vigência do Código de Processo Civil anterior, a Corte Especial do STJ expressamente validou por unanimidade tal entendimento, em julgamento pela técnica de recurso repetitivo (STJ, Corte Especial, REsp n. 1.112.864 MG, rel. Min. LAURITA VAZ, j. 19.11.2014, v.u.). E, finalmente, o STF, ao tratar da tempestividade de um recurso, reconheceu que "o princípio da instrumentalidade do Direito Processual reclama a necessidade de interpretar os seus institutos sempre do modo *mais favorável* ao acesso à justiça (art. 5º, XXXV, CRFB) e à efetividade dos direitos materiais" (STF, Pleno, AI n. 703.269 AgR-ED-ED-EDv-ED, rel. Min. LUIZ FUX, j. 5.3.2015, v.u.). Em caso no qual o protocolo da petição se deu poucos minutos após o encerramento do expediente, os Ministros RUY ROSADO DE AGUIAR e CESAR ASFOR ROCHA defenderam, vencidos, ser tempestivo o ato: "no caso, diante de sua peculiaridade – a pequena diferença de *dois minutos* – não se justifica o decreto de intempestividade. Não se trata apenas de rejeitar um ato processual, mas do próprio exercício da ação. Ademais, nesta sala, dificilmente dois relógios não têm diferença de dois minutos" (STJ, 4ª T., REsp n. 280.382-MG, rel. Min. SÁLVIO DE FIGUEIREDO TEIXEIRA, j. 22.3.2001, m.v.). Na doutrina, dizia CARLOS MAXIMILIANO: "faz-se liberalmente a contagem dos prazos em geral" (*Hermenêutica e aplicação do direito*, n. 231, p. 167).

903 STJ, 2ª T., REsp n. 900.104-RS, rel. Min. MAURO CAMPBELL, j. 23.11.2010, v.u.; e STJ, REsp n. 1.353.870-SP, rel. Min. LUIS FELIPE SALOMÃO, j. 12.6.2017, d.m.

vigentes no momento em que o ato que põe fim à interrupção tiver sido juntado aos autos – *v.g.*, quando a decisão dos embargos de declaração se tornar pública.[904] Por outro lado, se tiver havido *suspensão* do prazo, aplicam-se, então, as regras originalmente aplicáveis, como se não tivesse havido suspensão alguma.

256. Seguro profissional

Algumas seguradoras especializadas vêm oferecendo a advogados contratos de seguro pela perda involuntária de prazo em processo judicial. Essa é uma garantia importante para o advogado, que responde com seu patrimônio pessoal pelos danos que causar ao seu cliente, solidariamente à sociedade da qual faça parte.

Seção I
Disposições Gerais

Art. 218. Os atos processuais serão realizados nos prazos prescritos em lei.

§ 1º Quando a lei for omissa, o juiz determinará os prazos em consideração à complexidade do ato.

§ 2º Quando a lei ou o juiz não determinar prazo, as intimações somente obrigarão após decorridas 48 (quarenta e oito) horas.

§ 3º Inexistindo preceito legal ou prazo determinado pelo juiz, será de 5 (cinco) dias o prazo para a prática de ato processual a cargo da parte.

§ 4º Será considerado tempestivo o ato praticado antes do termo inicial do prazo.

CPC de 1973 – arts. 177, 185 e 192

Comparação jurídica – art. 149 do CPC português; e art. 152 do Codice di Procedura Civile da Itália

257. Prazos legais

O art. 218 repete o comando contido na primeira parte do art. 177 do Código revogado, ao dispor que os atos processuais das partes devem ser realizados nos prazos fixados em lei – sob pena de sofrer as consequências processuais previstas em lei, em especial a preclusão temporal (art. 223, *caput*).

904 Enunciado n. 477 do FPPC: "publicada em cartório ou inserida nos autos eletrônicos a decisão que julga embargos de declaração sob a vigência do CPC de 2015, computar-se-ão apenas os dias úteis no prazo para o recurso subsequente, ainda que a decisão embargada tenha sido proferida ao tempo do CPC de 1973, tendo em vista a interrupção do prazo prevista no art. 1.026".

Praticar o ato no prazo legal não significa praticá-lo exatamente no exato instante fixado em lei, mas que ele não pode ser realizado *após* o decurso desse prazo. Assim, pode ser praticado a qualquer momento até o seu término, inclusive antes de a parte ser intimada (§ 3º).

Naturalmente, a imposição de se praticar o ato necessariamente dentro do prazo é bastante rígida apenas quando se tratar de prazo próprio, havendo, por outro lado, certa flexibilidade em relação aos impróprios, que podem ser validamente praticados após seu decurso, se ainda não existir ato processual posterior com ele incompatível (hipótese de preclusão mista).[905]

Os juízes e seus auxiliares também devem praticar os atos processuais dentro do prazo estipulado em lei. Contudo, como seus prazos são sempre impróprios e relacionados a deveres funcionais, não estão sujeitos a preclusão. As possíveis consequências cabíveis pela extrapolação de seus prazos, mas que muito raramente são aplicadas, são a nomeação de substituto para prática daquele ato (art. 235, § 3º) e sanções de natureza puramente administrativa.

Evidentemente, apesar de o *caput* do art. 218 referir-se apenas aos "prazos prescritos em lei", ele deve ser interpretado de modo a abranger também os prazos judiciais e os convencionais.

258. Prazos judiciais: generalidades

Diz-se que o prazo é judicial quando fixado pelo juiz. Isso pode ocorrer em razão da *omissão* da lei, pela expressa *delegação* legal ou pela *alteração* do prazo fixado em lei, em situações excepcionais tratadas logo adiante. A atividade judicial aqui é, portanto, supletiva.[906]

Ao fixá-lo, cabe ao juiz especificar precisamente a qual ato se refere, não sendo válida a indicação genérica ou que torne dúbia a conduta esperada do destinatário, sob pena de limitação à ampla defesa. O processo inadmite surpresas, ainda mais quando provocadas pelo próprio juiz, que também está sujeito ao princípio da colaboração.

---

905 ANTONIO DALL'AGNOL já dizia, com apoio em outros comentadores do Código de Processo Civil revogado, que a primeira parte do art. 177 daquele Código era dirigida apenas a essa espécie de prazo fatal, que, todavia, ele denominava de "peremptório" (*Comentários ao Código de Processo Civil*, vol. II, art. 177, n. 1, p. 329).

906 Há na doutrina quem denomine o prazo fixado pelo juiz em razão de expressa delegação da lei – *v.g.*, arts. 257, inc. III, e 357, § 4º – como *prazo misto* (CRISTINA FERRAZ). Todavia, doutrina e jurisprudência preferem tratar essa hipótese também como prazo judicial (por todos, LEONARDO DA CUNHA, *Comentários ao Código de Processo Civil*, vol. III, art. 218, n. 1.3, p. 153), não havendo sequer utilidade nessa classificação proposta.

Normalmente, os prazos judiciais são dirigidos às partes e terceiros, mas também podem ser dirigidos aos serventuários e demais auxiliares do juiz – *v.g.*, ao perito (art. 465). Da mesma forma, pode ser fixado por um magistrado para que outro a ele hierarquicamente subordinado faça algo (*v.g.*, preste informações num recurso ou dê cumprimento a uma decisão superior).

É legítimo, ainda, que o juiz determine *data específica* como momento ou como limite para se realizar o ato, sendo isso até mesmo recomendável em alguns casos.

Em regra, os prazos processuais fixados pelo juiz e dirigidos às partes são *impróprios*, sujeitos apenas à preclusão mista. Os próprios, sujeitos à preclusão temporal (art. 223), devem ser fixados em lei, e somente quando houver autorização em lei o juiz pode estipulá-los ou alterá-los.[907] O descumprimento de prazo judicial por terceiro, relacionado a um dever, não enseja a incidência de qualquer preclusão, e sim de eventuais sanções pecuniárias e criminais, se igualmente houver previsão legal – *v.g.*, se deixar de entregar um documento que esteja em sua posse.

Os prazos judiciais também podem eventualmente ser *sucessivos*: primeiro para uma parte e depois para a outra. A jurisprudência vem entendendo não haver ilegalidade alguma nessa sucessão de prazos, por eventual quebra da isonomia.

Os prazos judiciais, assim como qualquer outro, estão sujeitos aos *prazos em dobro*, aplicando-se tanto o art. 229 quanto os dispositivos que conferem essa prerrogativa a pessoas especiais, como a Fazenda Pública e o Ministério Público.[908]

Em princípio, contudo, o provimento judicial de primeira instância que fixa prazo é *irrecorrível* – cabendo, contudo, embargos de declaração. Para ser impugnável, primeiramente a decisão precisa ser teratológica ou causar evidente desequilíbrio entre as partes. Mas isso pode não ser suficiente. Se impugnada na apelação (art. 1009, § 1º), o tribunal dificilmente acolherá a im-

---

907 A jurisprudência reconhece a possibilidade de o juiz fixar prazos próprios. Nesse sentido, diz ser próprio o prazo judicial para as partes depositarem o rol de testemunhas (STJ, 3ª T., AgRg no AREsp n. 43.477-PR, rel. Min. Villas Bôas Cueva, j. 5.12.2013, v.u.) e o novo prazo para a parte realizar alguns atos processuais não realizados antes, como para pagamento ou complementação de custas de preparo, sob pena de deserção do recurso (art. 1.007, §§ 2º e 4º, respectivamente). Aliás, o art. 152 do *Codice* italiano é expresso em exigir base legal para a incidência da preclusão. Pontes de Miranda, contudo, afirmava que os prazos próprios (por ele chamados de peremptórios) seriam sempre legais (*Comentários ao Código de Processo Civil*, vol. III, nota 1 aos arts. 177-178, p. 120).

908 Nesse sentido: Luiz Fux, *Curso de direito processual civil*, n. 4.3, p. 315.

pugnação, por ser muito difícil identificar o prejuízo da parte naquela fase, a justificar a anulação do processo. Para cabimento de *agravo de instrumento* na fase de conhecimento, é necessário demonstrar a *urgência* na sua análise, isto é, o prejuízo real e imediato ao seu direito à ampla defesa, com *inutilidade* prática de sua apreciação apenas no julgamento de futura apelação, conforme entendimento do STJ.[909]

259. Prazos judiciais: omissão da lei

Quando a lei *não fixar* o prazo processual para determinado ato ser praticado, caberá ao juiz fazê-lo *antes* do início de sua fluência, de modo a afastar eventual insegurança jurídica e tumulto processual.

Note-se que apenas os prazos *impróprios* podem ser originalmente fixados pelo juiz, pois a lei não se omite em relação a eles.

Infelizmente, o art. 218, § 1º, indica um único critério para a fixação do prazo pelo juiz em caso de omissão da lei: a *complexidade do ato*.[910] Assim, o juiz tem grande margem de *discricionariedade* na sua fixação, até porque doutrina e jurisprudência não se dedicam suficientemente ao assunto.

Contudo, o juiz não pode ser arbitrário. Ao contrário, deve decidir com *razoabilidade*,[911] ou bom senso, diante de cada situação concreta, e adotar como parâmetro prazos legais para atos de complexidade equivalente. Assim, em situações normais, relativas a atos de baixa complexidade, o ideal é fixá-lo em cinco dias úteis, por similitude ao art. 218, § 3º. De complexidade *média para alta*, pode chegar a quinze dias, pois esse é o prazo, *v.g.*, para a parte se manifestar sobre documentos juntados pelo adversário (art. 437, § 1º) e para a interposição de recurso (art. 1.003), sendo este último um dos atos mais complexos do processo. Apenas diante de atos muito complexos ou que exigem longa e atenta análise – como a manifestação sobre laudo pericial extenso ou a apresentação de documento antigo e de difícil acesso –, deve ser fixado prazo maior, preferencialmente não superior a trinta dias úteis. Na verdade, apenas o prazo de suspensão do processo pode ser fixado em período mais extenso, caso necessário. Enfim, como dito por MONIZ DE ARAGÃO, "constitui abuso de poder

909 Como amplamente divulgado no meio jurídico, ao analisar o rol do art. 1.015 do Código de Processo Civil, o STJ adotou a teoria da *taxatividade mitigada* (STJ, Corte Especial, REsp n. 1.704.520-MT, rel. Min. NANCY ANDRIGHI, j. 5.12.2018, m.v.).

910 Trata-se de aprimoramento em relação ao art. 177 do Código de Processo Civil anterior, que equivocadamente indicava como parâmetro para o juiz a complexidade *da causa*. Ora, causas complexas podem demandar atos processuais simples e causas simples, por vezes, exigem atos complexos.

911 O critério da razoabilidade também é invocado por ANTÔNIO DALL'AGNOL (*Comentários ao Código de Processo Civil*, art. 177, n. 4, p. 332).

fixá-lo tão curto que torne impossível praticar o ato, ou distendê-lo de tal modo que sirva de vantagem a uma parte em detrimento da outra".[912]

260. Prazos judiciais: alteração do prazo legal

Na vigência do Código de Processo Civil de 1973, era pacífico o entendimento, à luz do art. 177, de ser vedada ao juiz (ou às partes) a alteração dos prazos processuais próprios fixados em lei.[913]

Com o Código de Processo Civil de 2015 essa discussão foi reacendida, indagando-se se o art. 218, § 1º, permitiria a alteração dos prazos legais e em qual extensão, pois contém autorização genérica para o juiz a *majorar* prazos legais a fim de adequá-los às necessidades do conflito (art. 139, inc. VI).

Para alguns, qualquer prazo processual poderia ser dilatado pelo juiz, ainda que de natureza própria (preclusiva) ou peremptória, bastando que o faça "até o término do prazo regular",[914] pois o art. 139, inc. VI, não faz qualquer ressalva ou exigência.[915]

Todavia, tal autorização deve ser aplicada somente aos *prazos impróprios* ou se houver autorização legal expressa para ele alterar algum prazo próprio. Isso porque tal dispositivo deve ser interpretado em conjunto com o art. 218, § 1º, que permite ao juiz fixar o prazo apenas "quando a lei for *omissa*", agindo, portanto, de forma supletiva e não substitutiva. Diante dessa aparente antinomia, cabe ao hermeneuta conciliar a liberdade do juiz em majorá-los segundo a necessidade do processo, emprestando alguma utilidade ao artigo, com a autorização para majorá-lo somente *se* a lei for omissa. Daí por que se mostra mais adequada a solução intermediária aqui proposta, segundo a qual o juiz somente pode majorar *a priori* os prazos legais se eles forem impróprios,[916] ou,

912 *Comentários ao Código de Processo Civil*, vol. II, art. 177, nota 101.

913 "Por ser o prazo recursal legal, próprio e peremptório, é que ao juiz não é permitido ampliá-lo, salvo em havendo justa causa (CPC, art. 183, § 1º)" (STJ, 4ª T., REsp n. 1.129.215-DF, rel. Min. Luis Felipe Salomão, j. 8.3.2016, v.u.). No mesmo sentido: STJ, 1ª T., REsp n. 44.758-MS, rel. Min. Milton Luiz Pereira, j. 9.8.1995, v.u.

914 Fernando Gajardoni, *Comentários ao novo Código de Processo Civil*, nota 12 ao art. 139, p. 255.

915 Wambier-Talamini, *Curso avançado de processo civil*, n. 30.5, p. 580; e Fabiano Carvalho, *Código de Processo Civil anotado*, art. 139, n. 8, p. 223.

916 Nesse sentido: Olavo de Oliveira Neto, *Comentários ao Código de Processo Civil*, vol. I, nota 8 ao art. 139, pp. 627-628. O STJ também já afirmou que o art. 139, inc. VI, "não abre espaço para violação da tempestividade dos recursos" (STJ, 4ª T., REsp n. 1.129.215-DF, rel. Min. Luis Felipe Salomão, j. 8.3.2016, v.u.). O art. 154 do *Codice di Procedura Civile* igualmente permite ao juiz italiano alterar somente os prazos não sujeitos a preclusão temporal (leia-se, prazos próprios).

sendo próprio, se houver autorização na lei.[917] Na verdade, se houver autorização legal para majorar determinado prazo, é irrelevante a natureza do prazo, sendo indispensável apenas que ele ainda não tenha se esgotado no momento da sua alteração pelo juiz.[918]

De todo modo, mesmo que o juiz majore *contra legem* o prazo legal, o ato praticado pela parte dentro desse novo prazo fixado não pode ser desconsiderado *a posteriori*, em prejuízo daquele que confiou na *presunção de validade* da decisão, pois, além de violar o art. 222, § 1º, do Código de Processo Civil, isso atentaria contra a segurança jurídica, a presunção de validade do ato oficial e a boa-fé.[919]

Ademais, o juiz também pode *reduzir* o prazo. Contudo, se ele for próprio (dito "peremptório"), deve, necessariamente, haver prévia anuência dos litigantes (art. 222, § 1º).[920]

261. Prazos judiciais: sua alteração

Em situações excepcionais e desde que isso se mostre realmente necessário, os prazos judiciais podem ser alterados pelo próprio juiz, ainda que a decisão que originalmente a fixou tenha restado preclusa ou até mesmo transitada em julgado – salvo se esta questão específica já tiver sido discutida e não

917 *V.g.*, quando se tratar de prazo a ser cumprido em comarca, seção ou subseção judiciária de difícil acesso (art. 222, *caput*), ou se houver calamidade pública (§ 2º); para as partes manifestarem-se sobre a prova documental juntada aos autos (art. 437, § 2º); ou, ainda, para o réu contestar a ação popular (LAP, art. 7º, inc. IV).

918 O ideal é que ele seja alterado pelo juiz antes mesmo do seu termo inicial. Porém, quando a majoração depender de requerimento da parte, é natural que o novo lapso temporal possa ser fixado quando já iniciado.

919 "Não obstante prazo peremptório, ainda assim o juízo prorrogou o prazo, sendo inadmissível declarar intempestivos embargos que atenderam determinação judicial" (STJ, 1ª T., REsp n. 713.507-PR, rel. LUIZ FUX, j. 6.12.2005, v.u.). Ainda sobre a eficácia do ato ilegal que versa sobre prazo: STJ, 1ª T., RMS 52.463-RJ, rel. Min. GURGEL DE FARIA, j. 4.9.2018, v.u. O STJ também entende que a vedação ao *venire contra factum proprio*, ínsito ao princípio da boa-fé, também se aplica aos atos dos juízes – inclusive no tocante aos prazos – e, portanto, do Judiciário como um todo (STJ, 1ª T., REsp n. 1.306.463-RS, rel. Min. HERMAN BENJAMIN, j. 4.9.2012, v.u.). Enfim, como igualmente está na jurisprudência, "exercitando a parte o ato processual com observância do prazo renovado pelo juízo, descabe a alegação de intempestividade e preclusão, com eventual ofensa aos arts. 177 e 183 do CPC, uma vez que compete ao magistrado, legitimamente, manter a ordem e legalidade dos atos processuais (CPC, art. 125)" (STJ, 5ª T., REsp n. 200.269-SP, rel. Min. GILSON DIPP, j. 23.11.1999, v.u.).

920 *Prazo peremptório* é aquele que não pode ser alterado pelas partes ou pelo juiz. Na verdade, o legislador quis referir-se ao *prazo próprio*, sujeito à preclusão temporal (art. 223). Daí o equívoco terminológico da lei.

houver questões novas. Nesse sentido, o STJ já decidiu que, "constatada a complexidade dos cálculos e a impossibilidade de prestação das contas no termo fixado na primeira fase da respectiva ação (de prestação de contas), agiu com acerto o juiz ao admitir fosse a obrigação cumprida num prazo maior, razoável e condizendo com a realidade dos fatos", de modo a corrigir eventuais incoerências.[921]

262. Fixação judicial de prazos materiais e extraprocessuais

O juiz pode *fixar* prazos materiais se a lei for omissa. É o caso dos prazos para as partes cumprirem condenação em obrigação de fazer, não fazer ou entregar coisa (v. arts. 536 e 538), respectivamente.[922] Em alguns casos, a própria lei concede expressamente ao juiz o poder de fixar o prazo – *v.g.*, para o devedor entregar coisa (art. 498).

O juiz também pode *alterar* os prazos processuais fixados em lei, mas somente se a lei autorizar expressamente ou se for impróprio (não preclusivo). Assim, o juiz pode majorar o prazo para a parte manifestar-se sobre documento apresentado pelo adversário ou para praticar qualquer dos atos indicados no art. 436, conforme autoriza o art. 437, § 2º. Não pode, contudo, alterar o prazo material e próprio de 15 dias para cumprimento da sentença que reconheça obrigação de pagar ou de 3 dias para pagar a condenação em alimentos (art. 528).

Os prazos *extraprocessuais*, por sua vez, não podem ser fixados judicialmente, pois, além de não haver casos de omissão de sua fixação pela lei, o juiz não pode estipular prazo para a prática de ato em outro processo (a ser ajuizado). Tampouco pode ser alterado pelo juiz – o que é bem diferente de reconhecer a ocorrência de eventual justa causa ou força maior autorizadora da prorrogação. Assim, *v.g.*, nenhuma decisão judicial pode ampliar, reduzir ou prorrogar o prazo decadencial da ação rescisória fixado em lei.

263. Prazos convencionais

Também é possível a fixação de prazos processuais e materiais diretamente pelas partes, nos termos do art. 190 do Código de Processo Civil,

---

921 STJ, 3ª T., REsp 1.194.493-RJ, rel. Min. Nancy Andrighi, j. 23.10.2012, v.u.

922 Neste último exemplo, cabe ao juiz fixar o prazo de cumprimento da sua ordem já ao proferir sentença ou ao conceder tutela de urgência. Apenas se o seu provimento for omisso é que o juiz da fase executiva deve fixá-lo no despacho que determinar a intimação do devedor. Curiosamente, essa determinação existe apenas em relação ao cumprimento específico da ordem de entrega de coisa, ainda que em sede liminar (art. 498), mas pode igualmente ser aplicada nas demandas que versem sobre obrigações de fazer e não fazer.

independentemente de a lei ser omissa ou não a seu respeito e de se tratar de prazo próprio ou impróprio. A liberdade das partes para convencionar sobre prazos em geral é bastante ampla, mas desde que ainda tenha havido preclusão e que ele não seja nem muito longo (*v.g.*, prazo de seis meses para recorrer) nem excessivamente curto (*v.g.*, vinte e quatro horas para contestar), de modo a comprometer a duração razoável do processo ou a ampla defesa de uma das partes.

As partes também podem fixar ou alterar prazos em conjunto com o juiz, estipulando o denominado *calendário processual* (art. 191). Nesse caso, é comum inclusive serem fixadas algumas datas exatas como limite para a prática de cada ato, em vez de lapso temporal máximo.

As partes não podem, contudo, revogar o disposto no § 4º do art. 218, pois isso afrontaria inutilmente a ideia de celeridade do processo. E há certo interesse público na preservação da possibilidade de se praticar o ato processual o quanto antes.

264. Omissão da lei, do juiz e das partes

Se a lei, o juiz ou as partes não especificarem o prazo para a prática de determinado ato processual, presume-se, então, que ele deve ser praticado em cinco dias úteis.[923]

Se, todavia, a lei determinar ao juiz a fixação de prazo caso a caso, respeitado o *limite máximo* ali estipulado, e ele omitir-se a respeito, então o prazo disponível não deve ser de cinco dias, mas aquele limite máximo estipulado na lei. Assim, *v.g.*, se o juiz nada disser no saneador sobre o prazo para depósito do rol de testemunhas, como determina o art. 357, § 4º, deve ser aceito o rol apresentado no décimo quinto dia.[924]

Da mesma forma, se a lei apenas fixar o prazo mínimo a ser disponibilizado à parte, na omissão do juiz deve prevalecer esse mínimo. Nesse sentido, concedida a tutela antecipada antecedente, cabe ao autor aditar a petição inicial "em 15 (quinze) dias ou em outro prazo maior que o juiz fixar" (art. 303, § 1º, inc. I); se o juiz nada disser a respeito, então a parte gozará desse quinquídio.

---

923 Em Portugal, "na falta de disposição especial, é de 10 dias o prazo para as partes requererem qualquer ato ou diligência, arguirem nulidades, deduzirem incidentes ou exercerem qualquer outro pode processual; e também é de 10 dias o prazo para a parte responder ao que for deduzido pela parte contrária" (CPC, art. 149).

924 O art. 407 do Código de Processo Civil de 1973, com a redação dada pela Lei n. 10.358/2001, dispunha expressamente que, no silêncio do juiz, o rol de testemunhas deveria ser apresentado "até 10 (dez) dias antes da audiência".

Ademais, segundo leitura fria do § 3º do art. 218, a regra ali contida aplicar-se-ia exclusivamente aos *prazos processuais*. Ocorre que nem sempre a lei fixa o prazo para a prática de *atos materiais*, o que impõe a aplicação dessa regra também a esses outros prazos. E pode acontecer de o juiz também deixar de fixá-lo. É o que pode acontecer, *v.g.*, com o prazo para cumprimento da tutela provisória (de urgência ou evidência): a lei nada disse a respeito e, se o juiz também se omitir, então deve-se entender que o prazo é de cinco dias.

Já os *prazos extraprocessuais* estão sempre expressamente previstos na lei processual e costumam ser muito mais longos, de meses ou anos. Meros cinco dias seriam insuficientes para a realização do ato (ajuizamento de nova demanda judicial).

265. Prazo de comparecimento

Fez bem o art. 218, § 2º, do Código de Processo Civil de 2015 em aumentar de 24 para 48 horas o prazo para *comparecimento pessoal da parte*, quando não houver outro prazo fixado em lei ou pelo juiz. Essa regra também é aplicável a terceiros e auxiliares eventuais da justiça, mas não se aplica aos advogados.

As principais hipóteses de incidência desse prazo são o comparecimento a algumas audiências, para a submissão a exame ou perícia, e a prática de atos relacionados à expropriação.

O art. 218, § 2º, contudo, é *inaplicável* em ao menos duas situações. Primeiramente, quando houver outro prazo fixado em lei. Nesse sentido, prevalece o prazo mínimo de 20 dias de antecedência da citação do réu para a audiência prévia de conciliação ou mediação de que trata o art. 334, de 3 dias da audiência de instrução para a juntada do comprovante de intimação das testemunhas (art. 445, § 1º) e de 5 dias de intimação para o leilão de bens penhorados (art. 889).

Aquele prazo tampouco é aplicável se for necessária a prática de algum ato específico pela parte (como cumprir uma decisão) ou por terceiro. Nessa hipótese, o prazo será de cinco dias, conforme dispõe o § 3º desse mesmo art. 218. Há, contudo, precedentes na jurisprudência aplicando esse prazo mínimo em outras situações, nas quais a parte precise ser intimada pessoalmente. Assim, *v.g.*, já se decidiu que a *intimação para a praça* deve respeitar o prazo especificado no art. 192 do Código de Processo Civil de 1973 (atual art. 218, § 2º).[925]

---

925 STJ, 3ª T., REsp n. 234.389-GO, rel. Min. Ari Pargendler, j. 15.8.2000; e STJ, 3ª T., REsp n. 51.604-PR, rel. Min. Menezes Direito, j. 8.6.1999, m.v.

Esse comparecimento pessoal ora tratado pode ser tanto na sede do juízo quanto em outro local indicado pelo juiz,[926] se localizado na mesma comarca.

Quando a intimação para comparecimento é feita pessoalmente, a contagem desse prazo deve ser feita hora a hora. Para tanto, o oficial de justiça ou serventuário deve certificar a hora exata da intimação – sob pena de ser tida como realizada no momento da juntada da certidão aos autos,[927] ou no encerramento do expediente forense (caso também não conste a hora do termo de juntada). Sobre a forma de contagem em horas, v. adiante, comentários ao art. 219, item 276.

266. Ato processual realizado antes do início do prazo

Apesar da veemente crítica da doutrina,[928] prevalecia na jurisprudência a esdrúxula tese da "intempestividade do ato da parte por prematuridade",[929] isto é, o recurso interposto antes da publicação da decisão era tido como intempestivo, porque o prazo sequer havia começado a correr. Nos últimos dias de vigência do Código de Processo Civil de 1973, porém, o Pleno do STF afastou esse entendimento, pois "o princípio da instrumentalidade do Direito Processual reclama a necessidade de interpretar os seus institutos sempre do

---

926 Na vigência do Código de Processo Civil anterior: STJ, 5ª T., REsp n. 884.180-RJ, rel. Min. ARNALDO ESTEVES LIMA, j. 1.4.2008, v.u.

927 Nesse sentido: MONIZ DE ARAGÃO, *Comentários ao Código de Processo Civil*, vol. II, art. 192, n. 142, p. 133.

928 Na doutrina, CÂNDIDO DINAMARCO, "Tempestividade dos recursos". Sua crítica se baseia em diversos fundamentos, dos quais se destacam: a relevante diferença entre os dois significados do verbo *publicar*: como ato de tornar o ato público e juridicamente existente por meio da entrega do provimento judicial ao escrivão e, outro, como ato de intimar; e a *natureza aceleratória* dos prazos recursais e a incoerência com o pacífico entendimento de a ciência inequívoca pela parte dar causa ao início do seu prazo. No mesmo sentido: PEDRO DINAMARCO, *Código de Processo Civil interpretado*, art. 241, n. 1, p. 696.

929 Nesse sentido: STF, 1ª T., ARE n. 665.977 AgR-DF, rel. Min. LUIZ FUX, j. 26.6.2012, m.v.; STF, 2ª T., AI n. 375.124 AgR-ED-MG, rel. Min. CELSO DE MELLO, j. 28.5.2002, v.u.; STJ, 4ª T., AgRg no AREsp n. 558.116-SP, rel. Min. LUIS FELIPE SALOMÃO, j. 2.10.2014, v.u. Mas esse entendimento perdeu força mesmo com a aplicação do Código de Processo Civil de 1973 (STJ, 2ª T., EDcl nos EDcl no AgRg no AREsp n. 789.805-SP, rel. Min. CAMPBELL MARQUES, j. 18.10.2016, v.u.). Ademais, ao contrário do que alguns afirmam, a Súmula n. 418 do STJ ("é inadmissível o recurso especial interposto antes da publicação do acórdão dos embargos de declaração, sem posterior ratificação") não diz respeito a essa questão ora tratada, mas ao cabimento do recurso antes do próprio julgamento dos declaratórios, por ainda não ter havido esgotamento da instância ordinária. Tal súmula foi expressamente cancelada pela Corte Especial do STJ, em razão do novel art. 1.024, §§ 4º e 5º.

modo mais favorável ao acesso à justiça (art. 5º, XXXV, CRFB) e à efetividade dos direitos materiais".[930]

Ao assim decidir, aplicou corretamente os princípios informadores do § 4º do art. 218 do Código de Processo Civil de 2015, que expressamente reconhece a tempestividade do ato processual praticado antes mesmo do termo inicial do respectivo prazo.[931]

Essa nova e sadia regra é nitidamente voltada apenas aos prazos *aceleratórios*, que fixam prazos máximos a serem respeitados pelas partes – em especial nos prazos recursais –, a fim de provocar o célere andamento da marcha processual. Nos *dilatórios*, destinados a impor lapso temporal mínimo entre um ato e outro e a assegurar o direito de defesa, evidentemente não se aplica a regra do art. 218, § 4º, pois sua razão de ser é justamente impor esperas aos sujeitos processuais.[932]

Nos processos *trabalhistas*, *criminais* e nos *Juizados Especiais* também deve ser aplicada a regra desse § 4º, pois inexiste qualquer incompatibilidade legal ou sistemática a impedir sua aplicação subsidiária.[933]

> **Art. 219.** Na contagem de prazo em dias, estabelecido por lei ou pelo juiz, computar-se-ão somente os dias úteis.
>
> **Parágrafo único.** O disposto neste artigo aplica-se somente aos prazos processuais.
>
> *CPC de 1973 – art. 178.*
>
> *CLT – art. 775; CPP – art. 798*
>
> *Comparação jurídica – art. 138.1 do CPC português*

267. Introdução

Na vigência do Código de Processo Civil de 1973, os prazos processuais fixados em dias eram ordinariamente contados de forma corrida (art. 178). Apenas algumas raras leis processuais esparsas já fixavam alguns prazos em dias úteis, como se vê no art. 8º, § 1º, da Lei da Ação Civil Pública e no art. 4º, § 2º, da Lei do Mandado de Segurança.

---

930 STF, Pleno, AI n. 703.269 AgR-ED-ED-EDv-ED, rel. Min. Luiz Fux, j. 5.3.2015, v.u.

931 Nesse sentido: enunciado n. 23 do FPPC.

932 Nesse sentido: Cândido Dinamarco, "Tempestividade dos recursos", n. 609, p. 1.107.

933 No âmbito criminal: STJ, 5ª T., HC n. 288.640-MG, rel. Min. Ribeiro Dantas, j. 21.6.2016, v.u. E no âmbito trabalhista: enunciado n. 266 do FPPC.

Contudo, o que era excepcional virou a regra geral e a contagem dos prazos processuais passou a se dar apenas em *dias úteis* (CPC-15, art. 219), salvo expressa disposição em contrário (v. a seguir, item 271).[934] Assim, prazos fixados genericamente em "dias", por lei anterior ou posterior ao atual Código de Processo Civil, agora devem ser contados em dias úteis.

Apesar de a contagem em dias úteis implicar, na prática, majoração do lapso temporal total – isto é, aumento da quantidade de dias corridos disponíveis –, seu impacto sobre a duração do processo é irrisório, razão pela qual *não viola* o princípio constitucional da celeridade e da duração razoável do processo (art. 5º, inc. LXXVIII, com a redação da EC n. 45/2004). O que realmente torna o processo lento é o seu "tempo morto", isto é, os longos períodos em que inutilmente se aguarda sua movimentação pela máquina judiciária, em total desrespeito aos prazos fixados nos arts. 226 e 228 para os juízes e serventuários praticarem seus atos, além da excessiva quantidade de atos exigidos ou permitidos pelo modelo processual brasileiro – agravado pela tendência de muitos juízes a desnecessária e frequentemente abrirem vista às partes para se manifestarem sobre qualquer manifestação do adversário.

268. Dia útil e dia não útil

Considera-se dia útil, para a contagem de prazo processual, aqueles em que haja *expediente forense* no local onde deve ser praticado o ato, ainda que tenha iniciado depois ou encerrado antes ou mesmo que a fluência dos prazos processuais esteja suspensa.[935] Vale dizer, ou o dia é útil ou é *feriado*, sendo este entendido como aqueles declarados em lei, "os sábados, os domingos e os dias em que não haja expediente" (art. 216).[936]

---

934 Moniz de Aragão, sempre vanguardista, já reivindicava essa alteração legislativa durante a vigência do Código de Processo Civil de 1973 (*Comentários ao Código de Processo Civil*, art. 178, n. 103-A, p. 101).

935 Em sentido amplo, segundo o Novo Dicionário Aurélio da Língua Portuguesa (p. 674), dia útil é *dia de trabalho*.

936 Sobre os dias de feriado, v. comentários ao art. 216. Destaca-se aqui o comando do art. 1.003, § 6º, segundo o qual "o recorrente comprovará a ocorrência de feriado *no ato de interposição do recurso*". O STJ vem interpretando-o de forma excessivamente rigorosa, para não permitir admitir que essa omissão seja sanada posteriormente, violando, com isso, o art. 932, parágrafo único, que privilegia a instrumentalidade do processo ao impor ao relator a concessão de prazo para o recorrente complementar a documentação exigível. Insiste-se, ainda, que o processo deve sempre adotar, para fins de apuração de ocorrência de feriado municipal ou estadual, o calendário do local da realização do ato sujeito a prazo e não do seu eventual destinatário (o tribunal *ad quem*). Nesse sentido: Luis Guilherme Wagner Jr., *Breves comentários...*, art. 219, n. 2, p. 730 e farta jurisprudência.

Assim, para fins de contagem de prazo, não são considerados dias úteis os feriados do local onde o ato processual deve ser praticado – e não necessariamente onde ele será analisado ou julgado –, e qualquer outro dia no qual, por decisão administrativa do juiz ou do respectivo tribunal, não haja expediente forense. Os dias em que o expediente começar mais tarde ou se encerrar mais cedo são considerados dias úteis para os fins do art. 219, mas neles os prazos não se iniciam nem se encerram (art. 224, § 1º).

Como dito nos comentários ao art. 216 (item 227), o calendário de prazos processuais leva sempre em consideração o expediente no local da prática do ato. Portanto, na contagem do prazo de apelação considera-se dia não útil se for feriado municipal na comarca em que tramita o processo; e dia útil se for feriado apenas na sede do tribunal competente para julgar o recurso. Da mesma forma, o dia em que houver feriado (ou férias) apenas em Brasília será considerado, na contagem do prazo de recurso especial ou extraordinário, como dia útil na sede do tribunal *a quo*.[937]

269. Prazo processual, extraprocessual e material

O parágrafo único do art. 219 é expresso em dispor que apenas os *prazos processuais* devem ser computados em dias úteis. Todavia, doutrina e jurisprudência divergem a respeito do real significado da expressão "prazos processuais", com relevante consequência prática a respeito da interpretação não só do art. 219, mas de outros dispositivos do Código de Processo Civil (em especial, arts. 139, inc. VI, 220 e 229).

Como dito no item 247, para uma corrente doutrinária seriam processuais *todos* os prazos fixados no Código de Processo Civil e nas demais leis processuais para a prática de atos de qualquer natureza, ainda que não processual, independentemente de seus *efeitos* sobre o processo serem diretos ou indiretos.

Para outra corrente, adotada nestes comentários, a legislação processual contém três espécies de prazos: (endo)processuais, materiais e extraprocessuais, que se distinguem pelo *tipo de ato a ser praticado* para seu cumprimento (atos processuais, atos materiais e ato processual de ajuizamento de demanda, respectivamente).[938]

---

937 "Os recursos interpostos na instância de origem, mesmo que direcionados a esta Corte Superior, observam o calendário de funcionamento do tribunal local, não podendo se utilizar, para todos os casos, dos feriados e das suspensões previstas em Portaria e no Regimento Interno do Superior Tribunal de Justiça, que muitas vezes não coincidem com os da Justiça estadual" (STJ, 3ª T., AgRg no AREsp n. 700.715-MG, rel. Min. Villas Bôas Cueva, j. 17.5.2016, v.u.). No mesmo sentido: STJ, 4ª T., AgInt no AREsp n. 1.294.405-SP, rel. Min. Luis Felipe Salomão, j. 13.12.2018, v.u.

938 Em sentido equivalente, mas sem menção explícita aos prazos materiais, Cândido Dinamarco, *Instituições de direito processual civil*, vol. II, n. 803, p. 647.

Assim, *prazo processual* (ou endoprocessual) é aquele fixado tanto em lei processual quanto pelo juiz ou pelas próprias partes e que se destina a estimular os sujeitos processuais (ou terceiros) a praticar determinado ato *no processo*, dentro de um certo lapso temporal.[939] *Ato processual* é toda conduta humana voluntariamente realizada no processo pelos sujeitos da relação jurídica processual (partes, juiz, seus auxiliares e advogados)[940] capaz de produzir *efeitos diretos* sobre tal processo, criando, extinguindo ou modificando situações jurídicas processuais (v. item 1).[941] Não têm essa natureza processual os atos cujo efeito principal se dê no plano material (*v.g.*, o pagamento gera extinção da obrigação) e efeitos apenas *secundários* sobre o processo (no mesmo exemplo, a extinção do processo).[942] A enorme maioria dos prazos havidos no curso do processo é dessa natureza – *v.g.*, para contestação, recurso, recolhimento das custas de preparo do recurso e, de modo geral, para se manifestarem nos autos, bem como para o juiz decidir.

A utilização da expressão "prazos processuais" no parágrafo único do art. 219 não é fruto de distração, mas de clara *opção* do legislador. Portanto, *prazos extraprocessuais* e *materiais* fixados em lei processual em dias devem ser computados de forma corrida, incluindo, portanto, os fins de semana e feriados.[943]

---

939 De modo geral, os atos processuais das partes são praticados em atendimento a estímulos criados pelos ônus processuais e os dos juízes e seus auxiliares são respostas a *deveres processuais*. Tecnicamente, terceiros não praticam atos processuais, mas, apenas para facilitar a compreensão, o texto fez menção a atos processuais praticados por terceiros.

940 Como se sabe, os atos processuais das partes devem ser necessariamente praticados por advogados, pois estes detêm com exclusividade a capacidade postulatória. Já os atos materiais independem dessa intervenção.

941 São três os *elementos essenciais* do ato processual: (a) serem praticados pelos sujeitos da relação processual ou pelos auxiliares do juízo; (b) ser fruto da livre manifestação de vontade; e (c) necessariamente ser dotado da capacidade de produzir efeitos sobre a relação processual. A doutrina tradicional costumava acrescentar ainda um quarto requisito, que modernamente vem sendo rejeitado: ter sido praticado dentro do processo e não fora dele. Os efeitos do ato processual são fixados em lei (ou por convenção entre os litigantes) e não pela vontade da parte que o pratica.

942 Nesse sentido: HUMBERTO THEODORO JÚNIOR, *Curso de direito processual civil*, vol. I, n. 328, p. 476.

943 Nesse sentido: CÂNDIDO DINAMARCO, *Instituições de direito processual civil*, vol. II, n. 823, pp. 670-671; SÉRGIO SHIMURA, *Breves comentários ao novo Código de Processo Civil*, nota 1.1 ao art. 523, p. 1.505; DANIEL NEVES, *Novo Código de Processo Civil comentado*, art. 219, n. 2, p. 371; WAMBIER-CONCEIÇÃO-RIBEIRO-MELLO, *Primeiros comentários ao novo Código de Processo Civil*, art. 219, n. 2, p. 436; e GUILHERME PERES DE OLIVEIRA, *Comentários ao novo Código de Processo Civil*, nota 2 ao art. 219, p. 366. ANDRE ROQUE, apesar de afirmar que "o conceito de prazo processual é intuitivo: período de tempo estabelecido para a prática de um ato processual" (*Teoria geral do*

Não se pode interpretar a lei como se o termo "prazo" e a expressão "prazo processual" tivessem o mesmíssimo sentido semântico, isto é, de modo que a qualificadora "processual" não tivesse um propósito específico – ainda que, inversamente, a lei também se refira genericamente a "prazo" para se referir a "prazo processual". Como se sabe, não se interpreta a lei como se nela houvesse palavras inúteis ou supérfluas (*verba cum effectu sunt accipienda*).[944]

Contudo, nos primeiros julgados do STJ infelizmente tem prevalecido o entendimento de que o prazo para pagamento da condenação judicial deve ser contado apenas em dias úteis. Ora afirma tratar-se de prazo com "natureza dúplice", pois "cuida-se de ato a ser praticado pela própria parte", mas ao mesmo tempo o lapso temporal "inicia-se com a intimação do advogado pela imprensa oficial";[945] ora afirma ser um *prazo processual* propriamente dito.[946]

---

processo, art. 219, n. 4, p. 707), afirma em seguida que o prazo para pagamento voluntário da condenação seria processual, pois "se destina (ainda que não exclusivamente) a produzir efeitos no processo" (*op. cit.*, art. 219, n. 4.1, p. 708). Heitor Sica não reconhece os prazos extraprocessuais, ao afirmar que há "prazos processuais exercidos com a finalidade de instaurar um processo, como, por exemplo, os prazos decadenciais para impetração do mandado de segurança" (*Comentários ao Código de Processo Civil*, vol. 1, art. 219, n. 2, p. 802). Para Pedro Nogueira, prazo decadencial (extraprocessual) fixado em dias, apesar de não ser processual, deveria ser contado apenas nos dias úteis (*Código de Processo Civil anotado*, art. 219, n. 2, p. 347).

944 "Devem-se compreender as palavras como tendo alguma eficácia". Nesse sentido: Carlos Maximiliano, *Hermenêutica e aplicação do direito*, n. 307, p. 204.

945 STJ, 4ª T., REsp n. 1.693.784-DF, rel. Min. Luis Felipe Salomão, j. 28.11.2017, v.u. Com a mesma conclusão, enunciado n. 89 da I Jornada de Direito Processual Civil do Conselho da Justiça Federal.

946 STJ, 3ª T., REsp 1.708.348-RJ, rel. Min. Marco Aurélio Bellizze, j. 25.6.2019, v.u. Segundo consta neste acórdão, "não seria razoável fazer a contagem dos primeiros 15 (quinze) dias para o pagamento voluntário do débito em dias corridos, se considerar o prazo de natureza material, e, após o transcurso desse prazo, contar os 15 (quinze) dias subsequentes, para a apresentação da impugnação, em dias úteis, por se tratar de prazo processual". Ocorre que, contraditoriamente, em outras situações equivalentes a jurisprudência do STJ já utiliza dois critérios diversos na contagem de prazos sucessivos: dez *dias corridos* para a parte acessar a informação nos autos eletrônicos, após os quais o prazo para a prática do ato é contado em *dias úteis* (STJ, 3ª T., AgInt nos EDcl no AREsp n. 1.188.358-PB, rel. Min. Villas Bôas Cueva, j. 5.6.2018, v.u.); e prazos em dias úteis para enviar manifestações escritas em geral por meio de fac-símile, segundo regra aplicável, após os quais haveria mais cinco dias corridos para envio do original. É equivocada também a afirmação lá contida de que esse prazo "tem como finalidade a prática de um *ato processual*, pois, além de estar previsto na própria legislação processual (CPC), também traz consequências para o processo" (multa, honorários adicionais, possibilidade de penhora etc.). Ora, como dito no texto acima, esse é um efeito processual *secundário*, pois o principal ocorre no plano do direito material (extinção da obrigação). Por fim, é totalmente irrelevante o fato de a intimação se dar (normalmente) na pessoa do

Especificamente na *execução de alimentos*, o prazo é para pagar (art. 528 – ato material) *ou* justificar por petição a impossibilidade de pagamento (art. 911 – ato processual). A contagem de cada um desses prazos deve se dar por regras distintas, apesar de acionados simultaneamente: em dias úteis para justificar e em dias corridos para pagar.[947]

A contagem dos *prazos extraprocessuais* em dias corridos é ainda mais evidente.[948] Além de o parágrafo único do art. 219 excluir essa hipótese, tais prazos já costumam ser muito longos e contados em meses e anos, que por si só estão sujeitos a outro critério de contagem (v. *infra*, item 276). Assim, se a lei fixar o prazo em dias e se prevalecer a interpretação restritiva do art. 219, adotada nestes comentários, o prazo de ajuizamento da demanda de declaração de nulidade da sentença arbitral (art. 33, § 1º, da Lei n. 9.307/96) e para impetrar o mandado de segurança deverá ser contado em *dias corridos*.[949] Por outro lado, admitindo-se *hipoteticamente* a eventual incidência do *caput* do art. 219 aos prazos extraprocessuais, por coerência, deve-se afirmar também, *v.g.*, que o prazo de ajuizamento daquela demanda de declaração de nulidade da sentença arbitral e do mandado de segurança passaria a ser de 90 e de 120 dias úteis, respectivamente, enquanto os prazos fixados em meses e anos – como o da ação rescisória – permaneceriam inalterados. Da mesma forma, o prazo para a impetração do mandado de segurança contra ato judicial seria de 120 *dias úteis*,[950] apesar de os respectivos prazos endoprocessuais serem computados em dias úteis.[951]

---

advogado, pois não se define a natureza do instituto de acordo com o receptor da mensagem, mas por quem tem o dever de praticar o ato.

947 Caso se opte por solução única para a contagem desses dois prazos distintos, de modo a prestigiar a segurança jurídica, deve-se, então, adotar a postura mais liberal e sempre contar tais prazos para o devedor de alimentos em dias úteis – nunca em dias corridos.

948 Nesse sentido: Leonardo da Cunha, *Comentários ao Código de Processo Civil*, vol. III, art. 219, n. 1, p. 157. Todavia, para Heitor Sica, os prazos fixados em lei processual para ajuizamento de certos processos também seriam processuais. E por isso deveriam ser considerados somente os dias úteis (*Comentários...*, vol. 1, art. 219, n. 2, p. 802).

949 Nesse sentido: Cândido Dinamarco, *Instituições de direito processual civil*, vol. II, n. 823, p. 671.

950 Em sentido contrário, e apesar de entender que o prazo do mandado de segurança também seria processual, Andre Roque afirma que a contagem do prazo de impetração deve se dar em dias corridos, em razão da sua natureza decadencial (*Teoria geral do processo*, art. 219, n. 6, p. 708). Ocorre que os prazos extrajudiciais em geral já têm essa natureza decadencial, como o de ajuizamento de ação rescisória. Parece, portanto, incompatível afirmar que os prazos aqui chamados extraprocessuais seriam contados em dias úteis, mas que o mandado de segurança não.

951 Nesse sentido: enunciado n. 11 do Fórum Nacional do Poder Público.

270. Prazos legais, judiciais e convencionais

O *caput* do art. 219 faz referência apenas aos prazos legais e judiciais. Todavia, a omissão do texto em relação aos prazos convencionados pelas próprias partes é fruto de mera distração do legislador. Não faria sentido vedar o critério legal no negócio processual e qualquer interpretação restritiva implicaria violação também ao art. 190.[952] Tampouco haveria por que vedar a convenção entre as partes para a contagem dos prazos em dias corridos.[953] Mais do que isso, na omissão das partes quanto à forma de contagem, os prazos estipulados em negócio processual devem ser interpretados de acordo com o art. 219, isto é, computando-se apenas os dias úteis. Como reconhece Heitor Sica, "não há por que recusar, em uma interpretação sistemática, que também os prazos convencionais sejam computados apenas em dias úteis, salvo se as partes previrem expressamente o contrário".[954]

271. Prazos processuais em dias corridos

Apesar de o art. 219 dispor que os prazos processuais devem ser contados em dias úteis, sem ressalvas, doutrina e jurisprudência reconhecem corretamente a manutenção no sistema dos prazos fixados em dias corridos por leis processuais especiais. É o caso do prazo de cinco dias corridos disposto no art. 2º da Lei n. 9.800/99 para a apresentação da via original da petição protocolada via fac-símile;[955] e do prazo de dez dias corridos para a parte acessar os autos eletrônicos, contados do envio da intimação ao portal, sob pena de ser tida como fictamente intimada do ato (LPE, art. 5º, § 3º).[956]

---

952 Inversamente, no plano do direito material, cujos prazos são contados em dias corridos, as partes também podem convencionar a contagem dos prazos em dias úteis (STJ, 3ª T., REsp n. 1.727.939-DF, rel. Min. Paulo de Tarso Sanseverino, j. 11.9.2018, v.u.).

953 Nesse sentido: enunciado n. 579 do FPPC.

954 *Comentários ao Código de Processo Civil*, vol. I, nota 2 ao art. 219, p. 801. No mesmo sentido: Wambier-Conceição-Ribeiro-Mello, *Primeiros comentários ao novo Código de Processo Civil*, art. 219, n. 2.1, p. 436; Andre Roque, *Teoria geral do processo*, art. 219, n. 2.3, p. 707; e enunciado n. 579 do FPPC. Em sentido contrário, o casal Nery Junior & Nery afirma que nos prazos convencionais "a regra ainda é a do prazo que flui de forma contínua, porque não previstos em lei nem fixados pelo juiz" (*Código de Processo Civil comentado*, art. 219, n. 4, p. 808).

955 STJ, 2ª T., EDcl no AgInt no AREsp n. 843.116-RS, rel. Min. Og Fernandes, j. 21.8.2018, v.u.; e STJ, 4ª T., AgInt no AREsp n. 1.227.627-SC, rel. Min. Luis Felipe Salomão, j. 17.5.2018, v.u.

956 A jurisprudência do STJ continua contando esse prazo em dias corridos (STJ, 3ª T., AgInt nos EDcl no AREsp n. 1.188.358-PB, rel. Min. Villas Bôas Cueva, j. 5.6.2018, v.u., entre outros). Na doutrina, Daniel Neves também defende o cômputo corrido (*Novo Código de Processo Civil*, art. 219, n. 3, p. 371). Contudo, Teresa C. Arruda Alvim e Arthur Lobo defendem a contagem desse prazo de tole-

Se o prazo corrido – fixado em horas, dias, meses ou anos – vencer em dia sem expediente forense, inviabilizando ou dificultando a prática do ato, ele deve ser automaticamente *postergado* para o dia seguinte. Apesar de o Código de Processo Civil de 2015 não reproduzir o art. 184, § 1º, do Código de Processo Civil revogado, que era expresso a esse respeito, o atual art. 216 equipara a feriado, "para efeito forense, os sábados, os domingos e os dias em que não haja expediente forense", enquanto o art. 214 dispõe não serem praticados atos processuais nos feriados. E mais: se o prazo é prorrogado quando o expediente é apenas parcial (art. 224, § 1º), com mais razão ainda o será quando não houver expediente algum.[957] Pode-se ainda aplicar analogicamente o art. 132, § 1º, do Código Civil, além de haver evidente justa causa para a prorrogação (art. 223, § 2º). Ademais, a prorrogação do prazo é expressamente admitida para a ação rescisória (art. 975, § 1º), não havendo motivo para se adotar critério diverso em relação aos demais prazos.[958]

272. Prazos de espera e de suspensão do processo

O art. 219 não faz qualquer referência restritiva aos prazos de espera ou relacionados à impossibilidade de prática de atos. Por isso, também é aplicável aos prazos de suspensão do processo fixados em dias ou de espera para a eficácia plena do edital de citação, apesar de nesses casos se tratar de prazo para a *não realização* de atos processuais.[959]

273. Recuperação judicial

Doutrina e jurisprudência ainda não pacificaram o entendimento a respeito da natureza jurídica e da forma de contagem dos prazos processuais em geral na recuperação judicial. Porém, não há motivo razoável para afastar a aplicação do art. 219 quando o prazo disser respeito à prática de ato incontro-

---

rância em dias úteis ("Prazos processuais devem ser contados em dias úteis com novo CPC").

957 O Código de Processo Civil de 2015 não reproduziu o art. 184, § 1º, do Código de Processo Civil de 1973, que era expresso sobre a prorrogação dos prazos vencidos em feriado ou em dia que não houvesse expediente forense, mas a mesma solução é facilmente alcançada pela análise conjunta dos citados arts. 214, 216 e 224, § 1º.

958 Para o STJ, também "o prazo para a impetração do mandado de segurança, apesar de ser decadencial, *prorroga-se* quando o termo final recair em feriado forense" (STJ, 3ª Seção, MS n. 10.220-DF, rel. Min. ARNALDO ESTEVES LIMA, j. 27.6.2007, v.u.). Em Portugal, o art. 138.4 do CPC dispõe expressamente que os prazos para a propositura também são prorrogados para o primeiro dia útil subsequente, quando o fórum ou tribunal estiverem fechados.

959 Em sentido contrário, por entenderem não ter natureza processual: LEONARDO DA CUNHA, *Comentários ao Código de Processo Civil*, vol. III, art. 219, n. 4, p. 160; e ANDRE ROQUE, *Teoria geral do processo*, art. 219, n. 4, p. 708.

versamente processual, *v.g.*, para habilitação de crédito (ainda que deva ser apresentada fora dos autos ao administrador judicial), interposição de recurso e manifestações em geral. Afinal, no que couber, o Código de Processo Civil tem aplicação subsidiária a esse procedimento (Lei n. 11.101/2005, art. 189).

Especificamente em relação ao *stay period* da recuperação judicial – isto é, o período de 180 dias em que todas as ações ajuizadas em face da recuperanda ficam suspensas a partir do deferimento do seu processamento (LRJ, art. 6º, *caput* e § 4º) –, parece mais adequado reconhecer tratar-se de *prazo processual*, como qualquer outro prazo de suspensão de processo – como nas hipóteses dos incisos do art. 313 do Código de Processo Civil –, apesar de produzir efeitos apenas em outros processos. E, consequentemente, considerar apenas os *dias úteis* no cálculo desse prazo. Mas essa não tem sido a posição inicial das duas Turmas que compõem a Seção de Direito Privado do STJ.[960]

960 Entendendo que a contagem deve ser feita de forma *corrida*: STJ, 4ª T., REsp n. 1.699.528-MG, rel. Min. Luis Felipe Salomão, j. 10.4.2018, v.u.; e STJ, 3ª T., REsp n. 1.698.283-GO, rel. Min. Marco Aurélio Bellizze, j. 21.5.2019, v.u. Neste último acórdão, está dito que "constituem *requisitos* necessários à aplicação subsidiária do CPC/2015, no que tange à forma de contagem em dias úteis nos prazos estabelecidos na LRF, *simultaneamente*: primeiro, se tratar de prazo processual; e segundo, não contrariar a lógica temporal estabelecida na Lei n. 11.101/2005", e que no *stay período* devedores e credores praticam "uma série de atos voltados à consecução da assembleia geral de credores", de modo que, "ainda que desenvolvidos no bojo do processo recuperacional, referem-se diretamente à *relação material* de liquidação, constituindo verdadeiro exercício de direitos (atrelados à relação creditícia subjacente)", daí por que tal prazo teria natureza material e não processual. Por fim, invocou também o princípio da celeridade. *Em sentido contrário*, contando apenas os dias úteis: TJSP, 1ª Câm. Dir. Reservado, AgInt 2210315-16.2016.8.26.0000, rel. Des. Hamid Bdine, j. 16.3.2017, v.u. Nesse julgado da Corte paulista, constou que "o cômputo dos dias úteis contribui para a segurança jurídica ao estabelecer critério objetivo ao mesmo tempo em que favorece a *eficiência* da recuperação judicial e *maior oportunidade* para a recuperanda cumprir os atos processuais que visam à recuperação judicial em prol de sua própria preservação (art. 47 da Lei n. 11.101/05)". Ou seja, ao contrário do julgado da 3ª Turma do STJ, aqui se deu preferência à efetividade da recuperação, em detrimento da maior celeridade. Na doutrina, Teresa Arruda Alvim Wambier e Arthur Lobo defendem a contagem desse prazo em dias úteis ("Prazos processuais devem ser contados em dias úteis com novo CPC"). De todo modo, esses 180 dias foram estimados pelo legislador em consonância com a *soma dos prazos* dos principais atos da recuperação judicial, em especial a apresentação do plano de recuperação, a apresentação de objeções pelos credores e a realização da assembleia geral para sua aprovação. Se contarmos todos os prazos processuais do *stay period* em dias úteis, teremos aproximadamente aqueles 180 dias úteis; da mesma forma, se contarmos aqueles prazos de forma corrida, em situações normais chegaremos próximo a 180 dias corridos. Portanto, é indispensável haver *uniformidade no critério* de contagem do prazo do *stay period* e dos demais atos do processo de recuperação judicial, como o fez aquele acórdão da 3ª Turma do STJ anteriormen-

274. Criança e adolescente

Nas ações regidas pelo Estatuto da Criança e do Adolescente (Lei n. 8.069/90), os prazos fixados em dias serão calculados de forma corrida, diante da regra especial contida em seu art. 152, § 2º ("os prazos estabelecidos nesta Lei e aplicáveis aos seus procedimentos são contados em dias corridos"), que prevalece sobre a regra geral do art. 219 do Código de Processo Civil.

275. Destinatários

Todo aquele que participar do processo está sujeito à regra do art. 219. Portanto, é aplicável a qualquer parte ou terceiro,[961] sejam pessoas jurídicas de direito público, Ministério Público – inclusive quando atuar como fiscal da lei –, pessoas físicas – inclusive quando defendidas pela Defensoria Pública –, empresas, associações, fundações etc., sem exceção. Aplica-se também aos juízes e seus auxiliares.

276. Contagem em outras unidades de tempo

Ao dispor que na contagem de prazo processual fixado *em dias* devem ser computados somente os dias úteis, o art. 219, *caput* e parágrafo único, não trata dos prazos fixados em minutos, horas, meses ou anos. Nesses casos, à exceção dos prazos em minutos, aplicam-se, analogicamente, as regras dos §§ 3º e 4º do art. 132 do Código Civil, por falta de disposição na lei processual.[962]

Quando o prazo é fixado em *horas*,[963] doutrina e jurisprudência majoritárias vêm aplicando analogicamente o art. 132, § 4º, do Código Civil, de

---

te citado, ao consignar que "os prazos diretamente a ele adstritos devem seguir a mesma forma de contagem". Por fim, registre-se que o Projeto de Lei n. 6.862/2017 pretende pôr fim a essa discussão, ao propor que o cômputo desse prazo seja computado apenas em dias úteis (https://www.camara.leg.br/proposicoesWeb/fichadetramitacao?idProposicao=2123135).

961 A jurisprudência do STJ é pacífica no sentido de que "o terceiro prejudicado possui o mesmo prazo para recorrer a que se submetem as demais partes do processo, em obediência ao princípio da igualdade processual" (STJ, 2ª T., AgInt no REsp n. 1.544.325-DF, rel. Min. OG FERNANDES, j. 4.5.2017, v.u.).

962 Nesse sentido, mas mencionando apenas os prazos em meses e horas: HUMBERTO THEODORO JÚNIOR, *Novo Código de Processo Civil anotado*, art. 219, pp. 263-26; e ANDRE ROQUE, *Teoria geral do processo*, art. 224, n. 2, p. 726. O art. 155, 2ª parte, do CPC italiano dispõe expressamente que, "para o cômputo dos prazos em meses ou em anos, observa-se o calendário comum", isto é, corrido.

963 *V.g.*, o direito do advogado de "retirar os autos para obtenção de cópias, pelo prazo de 2 (duas) a 6 (seis) horas" (art. 107, § 3º); o prazo de 24 horas para a instituição financeira cancelar a indisponibilidade de ativos financeiros do executado (art. 854, §§ 1º e 8º); e o prazo de 72 horas para a pessoa jurídica de direito público se manifestar previamente sobre pedido de tutela de urgência formulado em mandado de segurança e em ação civil pública (Lei n. 8.437/92, art. 2º).

modo a também contá-lo "minuto a minuto",[964] de forma corrida.[965] Mas essa afirmação é insuficiente para explicar sua forma de contagem.

Numa leitura a partir do disposto no art. 178 do Código de Processo Civil de 1973, entendia-se que o prazo fixado em horas seria contado *ininterruptamente* até o seu vencimento, prorrogando-se para o dia seguinte caso se encerrasse fora do horário de expediente.[966] Essa interpretação, porém, deve ser ajustada ao Código de Processo Civil de 2015, que alterou a premissa. Agora, segundo regra contida no art. 219, na contagem dos prazos passaram a ser integralmente *desconsiderados* os dias em que não houver expediente forense – sem, porém, determinar a desconsideração das horas em que o fórum ou tribunal estejam fechados, nos dias úteis. Por isso, a partir do momento em que começar a correr, o prazo fixado em horas deve ser contado ininterruptamente, mas excluídas todas as horas dos dias em que não houver expediente, por serem férias ou feriado.

Prevalecendo ou não esse novo entendimento aqui defendido, são necessários mais alguns esclarecimentos adicionais sobre a contagem em horas.

Se for certificada nos autos a hora exata da intimação, esse prazo em horas começa a fluir imediatamente, no próprio dia da intimação, sendo, portanto, inaplicável o *caput* do art. 224.[967] Se não for certificada, então a intimação deve ser tida como consumada no último minuto daquele dia e só começa a correr no primeiro minuto do dia útil subsequente, pois a parte não pode ser prejudicada pela omissão do serventuário.[968] E se a intimação for feita pela imprensa oficial, deve-se considerar como realizada no primeiro minuto do dia útil seguinte à sua *disponibilização* no *Diário da Justiça eletrônico*, isto é, no primeiro minuto do dia da publicação (art. 224, § 2º).[969]

---

964 STJ, 4ª T., AgRg no Ag n. 1.101.396-GO, rel. Min. Isabel Gallotti, j. 11.2.2014, v.u.; e STJ, 1ª T., RMS n. 18.508-PR, rel. Min. Luiz Fux, j. 6.12.2005, v.u. Na doutrina: Antonio Dall'Agnol, *Comentários ao Código de Processo Civil*, vol. II, art. 196, n. 3, p. 434. Mas, na prática, saber que a contagem do prazo em horas se faz minuto a minuto pouco ajuda nessa tarefa.

965 A contagem corrida se dá em razão da inexistência de regra específica na legislação material e processual.

966 STJ, 2ª T., AgInt no REsp n. 1.616.719-MT, rel. Min. Francisco Falcão, j. 28.3.2019, v.u. e STJ, 3ª T., AgInt no REsp n. 1.517.129-MT, rel. Min. Nancy Andrighi. 24.4.2018, v.u.

967 Nesse sentido: Luiz Fux, *Curso de direito processual civil*, n. 4.3, p. 311.

968 Nesse sentido: Andre Roque, *Teoria geral do processo*, art. 224, n. 2.3, p. 726. De todo modo, se o escrivão certificar a hora da juntada do mandado aos autos, este será o termo inicial do prazo (Moniz de Aragão, *Comentários ao Código de Processo Civil*, vol. II, art. 192, n. 142, p. 133).

969 Nesse sentido: Andre Roque, *Teoria geral do processo*, art. 224, n. 2.3, p. 726. Mais liberal, o STJ já considerou consumada a intimação pela imprensa no primeiro

Quanto ao momento final do prazo em horas, a melhor interpretação é a que sempre permite a prática do ato *até o fim do dia de seu vencimento*, desconsiderando, assim, a exatidão da hora do início do prazo, tal como defendido doutrinariamente por LUIZ FUX.[970] Essa regra se extrai do art. 224 e, nos processos eletrônicos, do art. 3º, parágrafo único, da Lei n. 11.419/2006[971] e do art. 11, § 2º, incs. I e II, da Resolução n. 185/2013 do Conselho Nacional de Justiça.[972]

Contudo, infelizmente, esse não é o entendimento prevalente no STJ. Segundo já decidido, quando o prazo vence em dia no qual não haja expediente forense – o que é incompatível com o art. 219, como dito –, ele será prorrogado para o *primeiro minuto* do próximo expediente forense, num exagero que certamente implica grave cerceamento do direito de defesa.[973]

Os prazos longos, contados em *meses* ou *anos*, costumam ser extraprocessuais (v. item 247, no início desta Seção) e não se lhes aplica a regra do art. 219. E, diante da ausência de norma específica, devem ser contados de forma *corrida*, incluindo aí os dias de feriado, com aplicação analógica do art. 132, § 3º, do Código Civil: "os prazos de meses e anos expiram no dia de igual número do de início, ou no imediato, se faltar exata correspondência".[974]

---

minuto do expediente do *dia útil seguinte ao da publicação*: STJ, 3ª T., AgInt no REsp n. 1.517.129-MT, rel. Min. NANCY ANDRIGHI, j. 24.4.2018, v.u. Todavia, não há qualquer motivo para tanto, pois esse critério não é utilizado nem nos prazos fixados em dias. No voto da relatora também constou expressamente que a contagem em horas deveria ser *corrida*. Discutia-se nesse caso eventual descumprimento do prazo mínimo e regressivo de 48 horas de antecedência para se publicar a pauta de julgamento.

970 "O prazo fixado por horas, em que a intimação é pessoal (e não pela imprensa), vence à meia-noite do dia correspondente" (*Curso de direito processual civil*, n. 4.3, p. 311).

971 "Quando a petição eletrônica for enviada para atender prazo processual, serão consideradas tempestivas as transmitidas *até as 24 (vinte e quatro) horas do seu último dia*".

972 "§ 2º Os prazos fixados em hora ou minuto serão *prorrogados até às 24h00* do dia útil seguinte quando: I – ocorrer indisponibilidade superior a 60 (sessenta) minutos, ininterruptos ou não, nas últimas 24 (vinte e quatro) horas do prazo; ou II – ocorrer indisponibilidade nos 60 (sessenta) minutos anteriores ao seu término".

973 Novamente, STJ, 4ª T., AgRg no Ag n. 1.101.396-GO, rel. Min. ISABEL GALLOTTI, j. 11.2.2014, v.u. Mas imaginem que a parte seja intimada numa sexta-feira, uma hora antes do encerramento do expediente forense, a se manifestar sobre algo ou a comparecer em juízo em 48 horas. Aplicando-se o entendimento *supra*, seu prazo se esgotará no primeiro minuto do expediente da segunda-feira, impossibilitando, inclusive, o próprio acesso aos autos nesse reduzido lapso de tempo, o que é inadmissível.

974 Diferentemente dos prazos em horas, o critério de cálculo dos prazos fixados em meses ou anos fixado no art. 132, § 3º, do Código Civil não é compatível com eventual exclusão dos dias úteis. Vale dizer, para excluir os dias úteis, seria necessário computar 30 dias úteis em vez de 1 mês, ou 365 dias úteis em vez de 1 ano.

Se esse prazo se esgotar em dia sem expediente forense, então deve-se *prorrogar* tal prazo para o primeiro dia útil subsequente, conforme dito anteriormente (item 271). E se nesse dia houver expediente reduzido, o prazo só será prorrogado caso os autos sejam físicos, sendo irrelevante para os eletrônicos (v. art. 224, item 313).[975]

São raros na lei os prazos endoprocessuais fixados em meses (*v.g.*, arts. 130, parágrafo único, 222, 313, § 4º, 334, § 2º, e 861) ou em ano (*v.g.*, arts. 313, § 4º, 315, § 2º, 485, inc. II, 896, 921, §§ 1º e 2º, e 980). Mas as partes podem, excepcionalmente, convencionar utilizar essas medidas de tempo na fixação dos seus prazos, desde que não causem exagerado e injustificado atraso na marcha processual.[976]

Nos poucos casos em que a lei processual fixar prazo em *minutos*,[977] ele é computado ininterruptamente minuto a minuto, não se interrompendo mesmo com o encerramento do horário de expediente.

277. Juizados Especiais, processo trabalhista e penal

A Lei n. 13.728/2018 acrescentou o art. 12-A à Lei n. 9.099/95, determinando expressamente a contagem apenas dos dias úteis, solucionando, assim, a controvérsia instaurada na entrada em vigor do Código de Processo Civil de 2015 quanto à aplicabilidade do art. 219 nos *Juizados Especiais*.[978] Nem haveria motivo para ser diferente, pois inexiste nas leis dos diversos Juizados Especiais qualquer disposição especial determinando a contagem corrida dos prazos. Ademais, nessa Justiça Especial há pouquíssimos prazos a serem cumpridos pelas partes, e essa forma de contagem não é apta a comprometer sua celeridade.

Na *Justiça do Trabalho*, a Lei n. 13.467/2017 alterou o art. 775 da Consolidação das Leis do Trabalho e, a partir de então, a contagem dos prazos deixou de ser em dias corridos e passou a ser também em dias úteis. Assim, até a en-

---

975 Nesse sentido: Cassio Scarpinella Bueno, *Novo Código de Processo Civil anotado*, art. 224, p. 224; e Andre Roque, *Teoria geral do processo*, art. 224, nn. 6 e 7, p. 727.

976 Não é válida, *v.g.*, a convenção que concede um ano para a parte contestar, recorrer ou se manifestar sobre algum documento dos autos. Por outro lado, podem convencionar a suspensão do processo por tal período, mas apenas se houver motivo justo para tanto.

977 *V.g.*, vinte minutos, prorrogáveis por mais dez, para apresentar alegações finais (art. 364); e quinze minutos para sustentação oral (art. 937).

978 Apoiavam a contagem apenas em dias úteis: enunciados n. 415 e n. 416 do FPPC; enunciado n. 45 do ENFAM; e enunciado n. 175 do Fonajef. Em dias corridos: enunciado n. 165 do Fonaje.

trada em vigor dessa alteração legislativa, mostrava-se correto o teor da Instrução Normativa n. 39/2016 do Pleno do TST, que rejeitava a aplicação do art. 219 do Código de Processo Civil ao processo do trabalho. Contudo, a Consolidação das Leis do Trabalho não restringe a aplicação da contagem em dias úteis apenas aos prazos processuais, ao determinar a aplicação daquela regra a todos os prazos indicados no seu título X ("Do processo judiciário do trabalho"), que contém prazos materiais.

No *processo penal*, a jurisprudência pacífica do STJ afasta corretamente a contagem em dias úteis, na medida em que deve prevalecer a regra específica contida no art. 798 do Código de Processo Penal (ou no art. 30 da Lei n. 8.038/90, no caso de prazo em *habeas corpus*), que impõe a contagem em dias corridos.[979]

278. Processos administrativos extrajudiciais

De modo geral, as leis que regulam as diversas espécies de processo administrativo não contêm disposição alguma a respeito da forma de contagem dos prazos ali estipulados, criando uma lacuna a esse respeito. É o caso, *v.g.*, da Lei do Processo Administrativo Federal (Lei n. 9.784/99) e da Lei dos Registros Públicos (Lei n. 6.015/73).

Todavia, como o Código de Processo Civil é aplicável subsidiariamente aos processos administrativos (art. 15), naquilo em que a respectiva lei for omissa, neles deve ser aplicado o art. 219 do Código de Processo Civil, de modo a considerar apenas os dias úteis na contagem dos prazos lá estipulados. É assim, *v.g.*, que se deve contar o prazo de 15 dias de afixação do edital de proclamas, com vista à habilitação para o casamento (LRP, art. 67, § 3º).

Essa questão ainda não recebeu a devida atenção da doutrina e da jurisprudência.

Art. 220. Suspende-se o curso do prazo processual nos dias compreendidos entre 20 de dezembro e 20 de janeiro, inclusive.

§ 1º Ressalvadas as férias individuais e os feriados instituídos por lei, os juízes, os membros do Ministério Público, da Defensoria Pública e da Advocacia Pública e os auxiliares da Justiça exercerão suas atribuições durante o período previsto no *caput*.

979 STJ, Corte Especial, AgRg no RE nos EDcl no AgRg no AREsp n. 1.043.615-CE, rel. Min. Humberto Martins, j. 16.5.2018, v.u.; STJ, 3ª Seção, AgInt no CC n. 145.748-PR, rel. Min. Maria Thereza de Assis Moura, j. 13.4.2016, m.v.; STJ, 5ª T., AgRg no AREsp n. 1.079.661-RS, rel. Min. Joel Ilan Paciornik, j. 24.10.2017, v.u.; e STJ, 3ª T., RHC n. 109.330-MG, rel. Min. Nancy Andrighi, j. 9.4.2019, v.u.

§ 2º Durante a suspensão do prazo, não se realizarão audiências nem sessões de julgamento.

CPC de 1973 – art. 179.
CLT – art. 775-A

279. Constitucionalidade da suspensão dos prazos

O art. 220 impõe a suspensão legal dos prazos processuais no período de 20 de dezembro a 20 de janeiro, em todas as instâncias, o que não se confunde com *férias coletivas* dos funcionários do Poder Judiciário, vedada nas instâncias ordinárias pelo art. 93, inc. XII, da Constituição Federal – com a redação da Emenda Constitucional n. 45/2004.[980]

Assim, quando o Código de Processo Civil (arts. 212, § 2º, 214, 215 e 975, § 1º) ou alguma lei processual extravagante (*v.g.*, LOMAN, art. 68) mencionar o período de *férias* no Judiciário, refere-se apenas aos *tribunais superiores* (STF, STJ, TST etc.), que estão excluídos da referida limitação constitucional,[981] ou então deve ser declarada inconstitucional ou não recepcionada pela Emenda Constitucional n. 45/2004. Ou seja, nas instâncias ordinárias inexistem férias e no período mencionado no art. 220 haverá a *suspensão dos prazos processuais* em todo e qualquer processo da Justiça Comum, independentemente da sua natureza.

Portanto, a sede do juízo inferior e dos tribunais de segundo grau deve (ou deveria) manter-se *aberta ao público* em geral durante todo esse período de suspensão dos prazos, como em qualquer outro período do ano, no horário indicado na lei de organização judiciária, prestando-se regularmente todos os serviços judiciários, inclusive com prática de diversos atos processuais (art. 220, § 1º), como citação e intimação, o protocolo de qualquer petição, física ou eletrônica, e até mesmo prolação de decisões judiciais. Assim, o que diferencia esse período de 20 de dezembro a 20 de janeiro do resto do ano é exclusivamente a suspensão dos prazos e a vedação à realização de audiências, a fim de

980 Art. 93, inc. XII: "a atividade jurisdicional será ininterrupta, sendo vedado férias coletivas nos juízos e tribunais de segundo grau, funcionando, nos dias em que não houver expediente forense normal, juízes em plantão permanente".

981 Nos tribunais superiores, em Brasília, as *férias coletivas* dos ministros ocorrem em janeiro e julho, por força do art. 66 da Loman e dos regimentos internos desses tribunais (*v.g.*, RISTF, art. 78; RISTJ, art. 81; RITST, art. 11), sem prejuízo do feriado oficial entre os dias 20 de dezembro e 6 de janeiro (*v.g.*, RISTF, art. 78, § 1º; e RISTJ, art. 81, § 2º). Nesses períodos, todos os trabalhos desses tribunais infelizmente são suspensos ou ao menos intensamente reduzidos, inclusive os de cartório.

propiciar descanso para os advogados privados. Daí por que o art. 220, da forma como está escrito, *não viola* o art. 93, inc. XII, da Constituição Federal.[982]

280. Recesso/férias

Terminologicamente, recesso significa "suspensão temporária das atividades do legislativo e do judiciário".[983]

Assim, tem característica de *férias*.[984] Ocorre que o § 1º do art. 220 (interpretado em conjunto com o art. 93, inc. XII, da CF) não autoriza a suspensão do expediente forense entre os dias 20 de dezembro e 20 de janeiro, com consequente dispensa dos juízes e funcionários.

Há quem sustente também que o recesso tem características de *feriado*, pois, nos termos do art. 216, consideram-se como tal, para efeito forense, "os dias em que não haja expediente forense".

Por isso, é pertinente a afirmação de que o recesso forense seria uma "figura singular intermediária entre as férias e os feriados", na qual "o expediente forense trabalha em regime de plantão".[985]

Assim, fica claro que o período de que trata o art. 220 não se enquadra no conceito de recesso forense.[986] Mais adequado, portanto, tratá-lo como *período legal de suspensão dos prazos processuais.*

281. Recesso forense entre 20 de dezembro e 6 de janeiro

Na prática, entre os dias 20 de dezembro e 6 de janeiro há verdadeiro recesso em todo o território nacional.

Nesse período, há o indevido fechamento das sedes dos foros e tribunais, dispensa generalizada de magistrados e funcionários (o que equivale a férias

---

982 Nesse mesmo sentido: CASSIO SCARPINELLA BUENO, *Manual de direito processual civil*, n. 5.6, p. 222. LUIZ GUILHERME WAGNER JUNIOR também afasta a inconstitucionalidade do art. 220 ao afirmar que nesse período de suspensão dos prazos os juízes, promotores e serventuários, entre outros, "exercerão normalmente as suas atribuições" e, portanto, "as atividades judiciárias não se paralisam, na medida em que os agentes estarão trabalhando normalmente, adiantando seus expedientes" (*Breves comentários ao novo Código de Processo Civil*, art. 220, n. 3, p. 731). Mas, como se dirá no próximo item, na prática, não é bem isso o que acontece...

983 AURÉLIO BUARQUE DE HOLANDA FERREIRA, *Novo dicionário Aurélio*, p. 1.717.

984 Conforme há tempos vem afirmando o STJ, "o período de recesso tem o mesmo efeito de férias, suspendendo-se a contagem dos prazos" (STJ, 4ª T., REsp n. 87.830-SP, rel. Min. RUY ROSADO DE AGUIAR, j. 14.5.1996, v.u.).

985 LUIZ FUX, *Curso de direito processual civil*, n. 4.3, p. 302.

986 Nesse sentido: CASSIO SCARPINELLA BUENO, *Novo Código de Processo Civil comentado*, nota ao art. 220, p. 221. Por outro lado, MARINONI-ARENHART-MITIDIERO inadvertidamente utilizam a expressão "recesso forense" para se referir a esse período.

coletivas) e consequente suspensão de todos os processos. Na Justiça Federal de primeira e segunda instância esse período é formalmente tido como "feriado forense" pelo art. 62, inc. I, da Lei n. 5.010/66. Os Tribunais de Justiça dos Estados também editam normas internas suspendendo o expediente forense e as intimações nesse mesmo período, com suporte na Resolução n. 244/2016 do Conselho Nacional de Justiça.

Todavia, essas normas agridem frontalmente o art. 93, inc. XII, da Constituição Federal, cuja principal intenção é *proibir a interrupção do procedimento e da prestação jurisdicional*, sendo, por isso, insuficiente a mera disponibilização do plantão judiciário para as medidas de urgência. Nesse sentido, o Min. Ricardo Lewandowski, no exercício da presidência do STF, já reconheceu que, em decorrência do caráter ininterrupto da atividade jurisdicional, "salvo nos casos em que se comprovar a *imprescindibilidade da suspensão* da atividade jurisdicional pelos juízos e tribunais de segundo grau, é vedado ao Judiciário interromper a sua atividade".[987]

Ademais, ao editar a referida Resolução n. 244/2016, o Conselho Nacional de Justiça também violou art. 103-B, § 4º, da Constituição Federal, ao extrapolar os limites de sua competência, e os arts. 22, inc. I, e 48, também da Constituição Federal, ao invadir a competência exclusiva do Congresso Nacional. Nem se invoque, em defesa da validade dos atos dos tribunais, a autonomia administrativa destes (Const., arts. 96, inc. I, letra *a*, e 99), pois, mesmo sendo aceita sua questionável competência, nenhuma norma infraconstitucional poderia autorizar a interrupção do serviço judicial.

Urge, portanto, declarar a não recepção e a inconstitucionalidade das normas de suspensão do expediente forense no período de fim de ano, conforme o caso. E isso não prejudicará o descanso dos advogados privados. Ao contrário, beneficiará não apenas essa categoria, mas também as próprias partes. Nesse período de menor movimento, juízes e servidores poderiam organizar os serviços pendentes – em alguns cartórios judiciais, inclusive no Estado de São Paulo, a mera juntada de petição física demora, pasmem, mais de dois anos – e realizar treinamentos internos.

282. Contagem dos prazos: suspensão e retomada

Os prazos iniciados antes do dia 20 de dezembro, e que ainda não se esgotaram, devem ser automaticamente suspensos nessa data.

Com o fim da suspensão dos prazos e a retomada da rotina processual, os prazos voltam a fluir automaticamente por tempo igual ao que faltava para seu

987 STF, MS n. 34.280 MC-PA, rel. Min. Ricardo Lewandowski, j. 11.7.2016. Discutia-se nesse mandado de segurança a validade do ato do Tribunal de Justiça que havia declarado ponto facultativo em todas as sextas-feiras do mês de julho de 2016.

vencimento, a partir do primeiro dia útil posterior ao dia 20 de janeiro.[988] Assim, se o dia 21 de janeiro for um sábado, o prazo volta automaticamente a ser contado a partir do dia 23, segunda-feira (salvo se este dia for feriado). Se no momento da suspensão já haviam sido consumidos oito dias da contagem do prazo recursal, este dia 23 será o nono dia do prazo. Não se aplica, portanto, o art. 224, *caput*, pois aqui não há "começo" do prazo.[989]

283. Intimações durante o período de suspensão

Eventuais intimações ocorridas entre 20 de dezembro e 20 de janeiro são *válidas*, pois o art. 220 não as proíbe.[990] Nesse caso, apesar de o Código de Processo Civil de 2015 não conter dispositivo equivalente ao art. 240, parágrafo único, do Código de Processo Civil anterior ("as intimações consideram-se realizadas no primeiro dia útil seguinte, se tiverem ocorrido em dia em que não tenha havido expediente forense"), em princípio, tais intimações devem continuar a ser tidas como *realizadas* no primeiro dia útil subsequente àquele período,[991] pela aplicação analógica do art. 3º da Lei n. 1.408/51 e do art. 224, § 1º, do Código de Processo Civil.[992]

É irrelevante o fato de, tecnicamente, o dia da intimação realizada nesse período ser considerado útil (v. item 197), pois tal suspensão impede de forma absoluta qualquer forma de "curso" (ou movimento) dos prazos processuais.

---

988 Nesse sentido: HEITOR SICA, *Comentários ao Código de Processo Civil*, vol. I, art. 220, n. 2, p. 803. Aliás, o art. 179 do Código de Processo Civil de 1973, que tratava da suspensão dos prazos pela superveniência das férias, dispunha expressamente: o prazo "que lhe sobejar recomeçará a correr no primeiro dia útil seguinte ao termo das férias".

989 HUMBERTO THEODORO JÚNIOR, com apoio na doutrina de SERGIO BERMUDES, reconhece que o primeiro dia após a suspensão dos prazos deve ser computado, por não ser o *dies a quo*, mas ressalva a validade dessa regra apenas quando "a suspensão for com termo certo", sem necessidade de nova intimação (*Curso de direito processual*, vol. I, n. 367, p. 531).

990 Nesse sentido, DANIEL NEVES anota que, durante esse período, "os atos judiciais que não dependam da participação das partes" podem ser "normalmente praticados" nesse período (*Novo Código de Processo Civil comentado*, art. 220, n. 2, p. 372). Todavia, extrapolando os limites de sua competência constitucional, o Conselho Nacional de Justiça editou a Resolução n. 244, vedando as publicações durante eventual suspensão do expediente entre os dias 20 de dezembro e 6 de janeiro (art. 2º). Diante da sua inconstitucionalidade formal, essa norma deve ser desconsiderada.

991 STJ, 3ª T., REsp n. 975.807-RJ, rel. p/ acórdão Min. NANCY ANDRIGHI, j. 2.9.2008, m.v. Em sentido aparentemente contrário, considerando, no cálculo do termo *ad quem*, o primeiro dia após o fim da suspensão dos prazos como o início da própria contagem (d1): STJ, 3ª Turma, AgInt no AREsp 1.468.810-GO, rel. Min. Marco Aurélio Bellizze, j. 2.9.2019, v.u.

992 Dispõe o mencionado art. 3º: "Os prazos judiciais que se iniciarem ou vencerem *aos sábados* serão prorrogados por um dia útil".

Ela impede, assim, tanto o início da sua fluência (acionamento do "relógio") quanto a sua contagem.

Essa regra, porém, não se aplica quando durante aquele período houver consulta da intimação eletrônica ou publicação no *Diário da Justiça eletrônico*, isto é, nesses casos, o prazo já começa a *correr* no primeiro útil subsequente ao dia 20 de janeiro, e não no após mais um dia útil (v. comentários ao art. 231, itens 367 e 369, respectivamente).

284. Prazos materiais

Na primeira decisão do STJ a respeito da contagem dos *prazos materiais* durante o período de suspensão de que trata o art. 220, sua 4ª Turma decidiu que os prazos para cumprimento de sentença também seriam *suspensos* – além de computados somente os dias úteis (art. 219).[993] Todavia, essa não é a melhor interpretação. Como já dito no item 247, os prazos fixados em lei processual para cumprimento de sentença ou decisões provisórias pelas partes – e não por seus advogados – são conceituados como *prazos materiais*. E o art. 220 determina a suspensão somente dos *prazos processuais*! Nem haveria motivo para ser diferente, pois tais atos não são praticados por advogados, nem precisam ser comprovados nos autos durante o período legal de seu descanso. Espera-se, portanto, que a jurisprudência superveniente supere aquele entendimento inicial, para reconhecer o cômputo ininterrupto de tais prazos.

Por outro lado, se o prazo material for acionado por meio de *intimação do procurador judicial* – em especial para cumprimento da condenação a pagar (art. 513, § 2º, inc. I) –,[994] não é razoável ter sua *fluência iniciada* durante o período de férias dos advogados. Não faria sentido impor-lhes, durante seu descanso anual, o oneroso encargo de acompanhar as publicações e comunicar formalmente seu cliente (devedor) a respeito do prazo de pagamento e seu valor – sob pena de eventual responsabilidade pessoal, em regresso, pela incidência de multa e honorários indicados no art. 523, § 1º.[995]

285. Prazos extraprocessuais

Os prazos extraprocessuais, de natureza decadencial, também devem fluir ininterruptamente entre 20 de dezembro e 20 de janeiro, pois o parágrafo único os excluiu do período de suspensão, limitando-o aos prazos processuais.

---

993 STJ, 4ª T., REsp n. 1.693.784-DF, rel. Min. Luis Felipe Salomão, j. 28.11.2017, v.u.

994 Conforme afirma Daniel Neves, o art. 513, § 2º, não discrimina a espécie de obrigação exequenda, permitindo concluir que em qualquer delas seria admissível a intimação na pessoa do advogado (*Novo Código de Processo Civil comentado*, art. 515, n. 4).

995 Nesse sentido, no citado julgamento do REsp n. 1.693.784-DF, o Min. Luis Felipe Salomão justifica a autorização do prazo em dobro na natureza dúplice desse prazo, que se inicia com a intimação do advogado (e é cumprido pela parte).

Todavia, tratando-se de *autos físicos* e se a sede do fórum do tribunal estiver fechada – em especial entre os dias 20 de dezembro e 6 de janeiro ou em fim de semana –, tornando impossível a prática do ato, então esses prazos devem ser *prorrogados* para o primeiro dia útil subsequente.[996] Essa é a solução adotada pelo art. 975, § 1º, em relação à ação rescisória e deve ser aplicada por analogia aos demais prazos.[997]

286. Audiências e sessões de julgamento

Igualmente a fim de permitir que os advogados tenham efetivo período de descanso, o § 2º do art. 220 dispõe que, no período de 20 de dezembro a 20 de janeiro, "não se realizarão audiências nem sessões de julgamento", ou seja, não se realizarão atos judiciais que dependam da participação dos advogados das partes, sob pena de nulidade. Contudo, se mesmo assim ela se realizar, com a presença de todos os interessados e sem a caracterização de prejuízo, essa nulidade deve ser relevada.

Ademais, como bem anota CASSIO SCARPINELLA BUENO, o art. 220 não impede a realização de audiências e sessões de julgamento "nos casos justificadamente urgentes, sob pena de atritar com o inciso XII do art. 93 da CF", segundo o qual a atividade jurisdicional é ininterrupta.[998] Em termos mais específicos e acrescentando-se na argumentação os princípios da inafastabilidade do controle jurisdicional e da duração razoável do processo (Const., art. 5º, incs. XXXV e LVIII), tem-se que nas instâncias ordinárias a audiência e a sessão de julgamento devem ser excepcionalmente admitidas, para justificar o pedido de tutela de urgência, ouvir antecipadamente testemunhas, sob pena de perecimento, ou se o relator entender conveniente o julgamento colegiado para deliberar sobre pedido de tutela cautelar ou antecipatória. Como se vê, nessas situações a parte não precisa se socorrer do juiz do plantão judiciário, que não conhece o processo e pode não ter acesso à integralidade dos autos.

287. Juizados Especiais, Justiça do Trabalho e processo penal

No período a que se refere o art. 220, os prazos processuais também devem ser suspensos nos processos dos Juizados Especiais Cíveis, da Fazenda Pública e Federal.[999] Não faz sentido suspender os prazos na Justiça Comum

---

996 Nesse sentido: HUMBERTO THEODORO JÚNIOR, *Novo Código de Processo Civil anotado*, art. 220, p. 264.

997 Para o STJ, também "o prazo para a impetração do mandado de segurança, apesar de ser decadencial, *prorroga-se* quando o termo final recair em feriado forense" (STJ, 3ª Seção, MS n. 10.220-DF, rel. Min. ARNALDO ESTEVES LIMA, j. 27.6.2007, v.u.).

998 *Novo Código de Processo Civil anotado*, nota ao art. 222, p. 221.

999 Nesse sentido: enunciado n. 269 do FPPC. Na doutrina, WAMBIER-CONCEIÇÃO--RIBEIRO-MELLO, *Primeiros comentários ao novo Código de Processo Civil*, art. 220, n.

para os advogados descansarem tranquilamente e ao mesmo tempo exigir deles a prática de atos (inclusive audiências) no Juizado Especial. Do contrário, o principal destinatário da regra do art. 220 – o advogado solitário, sem a estrutura de um grande escritório a lhe permitir ausentar-se do trabalho em qualquer época do ano – não usufruiria das suas necessárias férias.

Na *Justiça do Trabalho*, o art. 775-A da Consolidação das Leis do Trabalho – acrescentado pela Lei n. 13.545/2017 – reproduziu o conteúdo do art. 220 do Código de Processo Civil e, portanto, os prazos processuais também estão suspensos entre 20 de dezembro e 20 de janeiro.

No *processo penal*, a jurisprudência do STJ pacificamente afasta a suspensão de prazos processuais nesse período, na medida em que o art. 798, § 3º, do Código de Processo Penal dispõe expressamente em sentido contrário.[1000]

Urge, portanto, que o Congresso Nacional aprove leis determinando a suspensão dos prazos processuais em todas as esferas da Justiça, dando a todos os advogados – especialmente aqueles que atuam sozinhos ou em pequenas estruturas e atendem em vários ramos (cível, criminal e trabalhista) – o efetivo direito ao descanso, essencial para a sua dignidade e produtividade.

288. Negócio processual

É válido o negócio processual que convenciona a *contagem dos prazos processuais das partes* durante o período de 20 de dezembro a 20 de janeiro e, portanto, revoga o disposto no art. 220 do Código de Processo Civil. Tal convenção está de acordo com uma das principais regras norteadoras de sua validade, ao contribuir para a celeridade da prestação jurisdicional (v. art. 190, item 46).

> **Art. 221.** Suspende-se o curso do prazo por obstáculo criado em detrimento da parte ou ocorrendo qualquer das hipóteses do art. 313, devendo o prazo ser restituído por tempo igual ao que faltava para sua complementação.
>
> **Parágrafo único.** Suspendem-se os prazos durante a execução de programa instituído pelo Poder Judiciário para promover a autocomposição, incumbindo aos tribunais especificar, com antecedência, a duração dos trabalhos.
>
> *CPC de 1973 – art. 180*
>
> *CPP – art. 798, § 4º*

2.4, p. 438; e Daniel Neves, *Novo Código de Processo Civil comentado*, art. 220, n. 2, p. 373. Em sentido contrário: enunciado n. 86 do Fonaje.

1000 STJ, Corte Especial, AgRg no Inq n. 1.105-DF, rel. Min. Herman Benjamin, j. 29.3.2017, v.u.; e STJ, 5ª T., AgRg nos EDcl no REsp n. 1.744.776-SP, rel. Min. Jorge Mussi, j. 18.10.2018, v.u.

289. Introdução

O *caput* do art. 221 repete a fórmula contida no art. 180 do Código de Processo Civil de 1973 e apenas amplia ligeiramente as hipóteses de suspensão dos prazos processuais. Os dois dispositivos mencionam a *suspensão* dos prazos em curso por força de obstáculos criados em desfavor da parte, mas o art. 221 do Código de Processo Civil atual fez referência a todas as hipóteses de suspensão do processo elencadas no art. 313, enquanto o revogado art. 180 fazia referência a apenas duas das seis hipóteses contidas no então art. 265 ("morte ou perda da capacidade processual de qualquer das partes, de seu representante legal ou de seu procurador" – inc. I; e quando oposta exceção de incompetência, suspeição ou impedimento – inc. III).[1001] Além disso, agora há suspensão dos prazos durante o mutirão de conciliação promovido pelo Poder Judiciário.

Resumindo, o art. 221 indica três hipóteses de suspensão do curso dos prazos processuais, às quais podem se somar outras situações indicadas no próprio Código de Processo Civil e em leis processuais esparsas: (a) obstáculo criado à parte, que a impede de praticar o ato; (b) a suspensão do próprio processo; e (c) durante o período fixado pelos respectivos tribunais para execução do programa de promoção da autocomposição entre as partes.

Caracterizada qualquer das situações indicadas, é *obrigatória* a suspensão dos prazos processuais durante todo o período em que caracterizada uma das hipóteses do art. 221, inclusive retroativamente, se necessário, devendo tal prazo ser restituído por tempo igual ao que faltava para sua complementação. Por outro lado, o juiz *não pode* suspender prazos processuais fora das hipóteses expressamente previstas em lei. Sua decisão a respeito é, portanto, vinculada às hipóteses legais e não discricionária.[1002]

De todo modo, durante o período de suspensão dos prazos – inclusive naquele indicado no art. 220 – as partes podem realizar voluntariamente atos processuais,[1003] relacionados ou não ao prazo suspenso. A vedação contida no

---

1001 Para o conceito de suspensão do prazo processual e sua distinção da interrupção e da prorrogação do prazo, v. item 243.

1002 O STJ já decidiu que "os prazos recursais podem ser suspensos e interrompidos nas hipóteses especificadas em lei, sendo irrelevante eventos estranhos à previsão normativa" (STJ, 4ª T., REsp n. 1.129.215-DF, rel. Min. Luis Felipe Salomão, j. 8.3.2016, v.u.). Apesar de esse julgado referir-se ao Código de Processo Civil de 1973, essa afirmação continua plenamente válida.

1003 STF, 1ª T., AI n. 125.605 AgR-RJ, rel. Min. Sepúlveda Pertence, j. 23.5.1989, v.u. A jurisprudência do STJ também reconhece que a não suspensão do processo pela morte da parte "enseja apenas *nulidade relativa*, sendo válidos os atos praticados, desde que não comprovado o prejuízo. Precedentes" (STJ, 2ª Seção, AR n. 3.743-MG, rel. Min. Villas Bôas Cueva, j. 13.11.2013, v.u.; e STJ, 4ª T., AgInt no AREsp n. 1.111.708-SP, rel. Min. Antonio Carlos Ferreira, j. 23.8.2018, v.u.).

art. 314, por sua vez, deve ser interpretada com *grano salis*, para invalidar apenas os atos dos juízes e de seus auxiliares e desde que causem manifesto prejuízo às partes (como imposição de sanção à parte pelo não comparecimento à audiência).[1004] Assim, podem ser protocoladas petições, proferidas e publicadas decisões judiciais, emitidos termos e certidões pelo cartório, realizadas citações etc. Audiências também podem ser realizadas, salvo no período descrito no art. 220.

290. Obstáculos criados à parte

Nos termos do art. 221, *caput*, o curso do prazo da parte deve ser suspenso se restar demonstrada a ocorrência de obstáculo criado pela parte contrária ou pelo próprio mecanismo judiciário,[1005] que lhe impossibilite ou dificulte a prática do respectivo ato.

Nos processos físicos, percebe-se dos exemplos colhidos da doutrina e da jurisprudência que esse obstáculo à realização do ato diz respeito invariavelmente à *indisponibilidade dos autos* para carga pelo advogado da parte no curso do prazo simples – o que deve ser comprovado por meio de termo ou certidão do escrivão ou chefe de secretaria.[1006] E assim deve ser interpretado, para diferenciá-lo da *justa causa* a que se refere o art. 223. De fato, é assim com a indevida carga dos autos pela outra parte, ou pelo litisconsorte patrocinado por outro advogado, ou também a sua remessa à conclusão ou ao setor de contadoria.[1007] Os prazos também costumam ser suspensos se a indisponibilidade se der em razão de os autos não terem sido localizados ou ainda não estarem devidamente regularizados.

1004 Se praticado o ato enquanto o processo estava suspenso, considera-se realizado no primeiro dia útil após o fim do período de suspensão.

1005 Esse obstáculo pode ser causado pelo próprio juiz (STJ, 4ª T., AgRg no REsp n. 1.119.410-RS, rel. Min. Marco Buzzi, j. 28.2.2012, v.u.). Na doutrina, Pedro Nogueira, *Código de Processo Civil anotado*, nota 3 ao art. 221, p. 349. Para Antonio Dall'Agnol, todavia, apenas o fato criado pela parte contrária poderia ser enquadrado como o obstáculo indicado no art. 180 do Código de Processo Civil de 1973 (art. 221 do CPC atual), enquanto o obstáculo causado por outra pessoa daria ensejo à justa causa. Mas não há motivo razoável ou jurídico para se fazer essa distinção.

1006 Dispõe o art. 107, § 2º, que, "sendo o prazo comum às partes, os procuradores poderão retirar os autos somente em conjunto ou mediante prévio ajuste, por petição nos autos". Sem essa convenção entre as partes, a impossibilidade de carga não caracteriza o óbice mencionado no art. 221, § 2º, mas a indisponibilidade dos autos para a consulta em cartório certamente impõe a suspensão do prazo comum, em benefício de ambas as partes.

1007 STJ, 4ª T., AgRg no REsp n. 1.356.627-SP, rel. Min. Antonio Carlos Ferreira, j. 2.2.2016, v.u.

No processo eletrônico, a *indisponibilidade temporária* do sítio eletrônico do tribunal no último dia do prazo, a impedir ou dificultar o protocolo eletrônico de petições pela parte, não configura o obstáculo a que se refere o art. 221, mas hipótese de *prorrogação* do prazo para o primeiro dia útil após a resolução do problema técnico, conforme dispõem o art. 224, § 1º, do Código de Processo Civil e o art. 10, § 2º, da Lei n. 11.419/2006.

291. Suspensão do processo

Conforme anotado por CASSIO SCARPINELLA BUENO, o texto legislativo aprovado no Congresso fazia referência apenas ao inc. I do art. 313 e a menção a "qualquer das hipóteses do art. 313" foi posteriormente incorporada ao art. 221, sob o falso pretexto de revisão final do texto, ensejando, assim, a *inconstitucionalidade* dessa alteração, por violação ao art. 65 da Constituição Federal.[1008] Todavia, como se sabe, há outros inúmeros e notórios casos na legislação brasileira em que esse tipo de vício formal também ocorreu, inclusive no próprio texto constitucional, sempre sem qualquer consequência jurídica. De todo modo, eventual declaração de inconstitucionalidade não traria qualquer efeito prático, pois a suspensão do processo como um todo – independentemente do fundamento – é incompatível com a fluência dos seus prazos.

O mencionado art. 313 contém dez incisos com as hipóteses de suspensão do processo, assim sintetizadas: I) morte ou perda da capacidade processual de qualquer das partes, seu representante legal ou advogado;[1009-1010] II) convenção entre as partes; III) arguição de impedimento ou de suspeição do juiz ou de algum auxiliar, IV) admissão de incidente de resolução de demandas repetitivas;[1011] V) quando houver prejudicialidade externa, ou seja, a sentença

---

1008 *Novo Código de Processo Civil anotado*, nota ao art. 221, p. 222. SCARPINELLA registra, ainda, que o termo *autocomposição* também foi inserido na fase de revisão, mas aí, sim, era questão meramente redacional, como deve ser.

1009 Essa regra visa a preservar os interesses do espólio e dos herdeiros do falecido. Por isso, MONIZ DE ARAGÃO sustentava que a morte da parte ou de seu procurador não justificaria a suspensão dos prazos da outra parte, não atingida pelo acontecimento (*Comentários ao Código de Processo Civil*, art. 180, n. 109, p. 104). Todavia, faria menos sentido ainda suspender o próprio processo em razão do falecimento, mas permitir que seus prazos continuem a correr. No mesmo sentido: ANTONIO DALL'AGNOL, *Comentários ao Código de Processo Civil*, art. 180, n. 4, p. 338.

1010 Quando a parte é representada por diversos advogados, o falecimento de um deles não enseja a suspensão do processo. Todavia, "É nula a intimação de ato processual realizada, exclusivamente, em nome de advogado que vem a falecer ainda no curso do respectivo prazo recursal" (STJ, 1ª T., AgInt na Pet no REsp n. 1.673.685-RJ, rel. Min. SERGIO KUKINA, j. 5.6.2018, v.u.).

1011 Doutrina e jurisprudência ainda não pacificaram o entendimento a respeito de eventual suspensão dos processos individuais em decorrência do *incidente de avocação*

de mérito depender do resultado de outro processo ou da produção de prova requerida em outro juízo;[1012] VI) por força maior; VII) quando o Tribunal Marítimo precisar decidir previamente a respeito de acidentes e fatos da navegação de sua competência; VIII) nos demais casos previsto no Código de Processo Civil – e em outras leis; IX) pelo parto ou pela concessão de adoção à advogada da parte, quando ela for a única responsável pela defesa; e X) quando o único advogado que a parte tenha constituído nos autos tornar-se pai.[1013]

Não é o caso de tratar de cada uma dessas hipóteses, bastando remeter o leitor aos profundos comentários feitos por Heitor Sica ao art. 313, no volume VI desta coleção. Convém, porém, fazer breve referência especial à *força maior*, em razão da grande proximidade com a justa causa (art. 223), autorizadora da suspensão do processo.

Moniz de Aragão já alertava que "o conceito de força maior é fixado pela doutrina e não pela lei, que o indica casuisticamente", sugerindo, ainda, que ela deveria ser apreciada caso a caso, "sem prefixação de limites".[1014] Bedaque define-a como "acontecimento involuntário e necessário, normalmente ligado a agentes da natureza (incêndio, inundação), mas que podem também resultar de ação do homem (guerra, revolução, greve)", que produz "efeitos inevitáveis e incompatíveis com o desenvolvimento da relação" processual.[1015]

---

de competência (IAC), em analogia aos IRDRs. Mas a tendência parece ser de o relator ter a discricionariedade para tanto. Num caso específico, ao admitir o IAC, o STJ decidiu expressamente que os processos que versassem sobre a mesma matéria não seriam suspensos na origem (STJ, 2ª Seção, ProAfR no REsp n. 1.610.728-RS, rel. Min. Nancy Andrighi, j. 10.4.2018, v.u.).

1012 Para o estudo aprofundado do instituto da prejudicialidade: Clarisse Lara Leite, *Prejudicialidade no processo civil.*

1013 Art. 1.004. Se, durante o prazo para a interposição do recurso, sobrevier o falecimento da parte ou de seu advogado ou ocorrer motivo de força maior que suspenda o curso do processo, será tal prazo restituído em proveito da parte, do herdeiro ou do sucessor, contra quem começará a correr novamente depois da intimação.

1014 *Comentários ao Código de Processo Civil*, art. 265, nota 491, p. 406.

1015 *Comentários ao novo Código de Processo Civil*, nota 7 ao art. 313, p. 495. Na mesma linha de um dos exemplos anteriores, a Corte Especial do STJ deferiu a suspensão dos prazos processuais dos processos oriundos do Estado de Santa Catarina, no período de 24 de novembro a 1º de dezembro de 2008, em razão de severas *enchentes* lá ocorridas. E posteriormente aplicou com acerto essa suspensão a processos que, embora oriundos de outro Estado, eram patrocinados por advogados sediados em Santa Catarina (STJ, 2ª T., AgRg nos EDcl no REsp n. 950.386-PR, rel. Min. Eliana Calmon, j. 16.6.2009). Em outro caso, considerou tempestivo o recurso interposto no dia seguinte ao fim do prazo, pois naquele dia a cidade de São Paulo "encontrava-se em verdadeiro caos, com chuvas torrenciais, alagamentos e quedas de energia elétrica constantes, impossibilitando, *não só a recorrente*, mas a grande maioria dos cidadãos paulistanos, de se locomoverem, o que levou a recorrente à

No Código Civil, está definida como "o fato necessário, cujos efeitos não era possível evitar ou impedir" (art. 393, parágrafo único). Enfim, a força maior independe da vontade do agente e *impede* não só a realização do ato, mas o próprio desenvolvimento regular do procedimento (entendido como uma sucessão de atos praticados pelos diversos sujeitos processuais).

Doutrina e jurisprudência não dão a devida atenção à distinção entre "força maior" (art. 221 c/c art. 313, inc. VI) e "justa causa" (art. 223), para afastar a preclusão. Mas há diferenças, tanto que elas trazem consequências parcialmente diversas, ainda que essa distinção seja bastante difícil e sutil. A principal diferença parece estar na *intensidade*: de um lado, a força maior impede ou dificulta a prática de qualquer ato do procedimento, pelos sujeitos processuais em geral (e não apenas aquele que deve cumprir o prazo), e impõe a suspensão de ofício do próprio processo;[1016] de outro, a justa causa é obstáculo para a realização de determinado ato dentro do prazo por apenas uma das partes e a lei determina a devolução apenas daquele prazo – sem suspensão do processo.[1017] Essa distinção pode ser confirmada pelos exemplos encontrados na doutrina e na jurisprudência que ilustram cada uma das situações.[1018]

De todo modo, tem-se que os incisos do art. 313 não indicam todas as hipóteses de suspensão do processo que implicam a simultânea suspensão dos seus prazos. A referência contida em seu inc. VIII quanto aos "demais casos que este Código regula" deve ser lida com alguma flexibilidade, para incluir

---

impossibilidade de entregar seu recurso naquele dia" (STJ, 1ª T., AgRg no Ag n. 387.643-SP, rel. Min. José Delgado, j. 14.8.2001, v.u.).

1016 Como se percebe, essa afirmação está plenamente alinhada com o conceito e os exemplos de força maior fornecidos por Bedaque e pela jurisprudência supracitada. Contudo, Moniz de Aragão dizia que a força maior se caracterizaria "pela invencibilidade para uma das partes, apenas, e não para todos os que tivessem de praticar atos em série" (novamente *Comentários*..., art. 265, nota 491, p. 406). Ora, se fosse assim, por que então todo o processo é suspenso, e não apenas aquele ato?

1017 Cheguei a cogitar de outro critério de distinção, também ligado à intensidade, mas que se mostra sujeito a críticas pertinentes. Haveria *força maior* quando o agente simplesmente não consegue praticar o ato, com o esforço que razoavelmente dele se espera. E haveria *justa causa* quando seria objetivamente possível praticar o ato, mas, diante das circunstâncias do caso, isso implicaria injustificável sacrifício ou comprometimento da qualidade do ato e da própria defesa dos interesses do agente, ou, ainda, quando objetivamente lhe tiver sido criada uma expectativa diversa. Uma crítica a esse critério está no fato de o art. 223, § 1º, dispor expressamente que a justa impede a prática do ato e não apenas o dificulta.

1018 São exemplos de justa causa colhidos da jurisprudência: doença do advogado da parte, desde que a moléstia seja imprevisível e capaz de impedir a prática daquele ato processual; equívoco ou omissão nas informações processuais prestadas na página eletrônica dos tribunais; equívoco ou omissão no mandado de citação a respeito do prazo para apresentar defesa etc.

por analogia outras hipóteses de suspensão do processo previstas em *leis processuais extravagantes*. Para tanto, deve-se verificar caso a caso se há similitude de motivos com as hipóteses de suspensão do processo com fundamento no art. 313, que, *grosso modo*, visam a garantir a regularidade do processo e do contraditório ou a harmonia da futura sentença com decisão proferida em outro processo – isto é, objetivam evitar a nulidade do processo em decorrência da restrição ao direito à ampla defesa ou prestigiar a coerência e a previsibilidade das decisões judiciais a serem proferidas nesse processo.

Exemplificativamente, nas seguintes situações a suspensão do próprio processo deve gerar a reflexa suspensão dos prazos processuais em curso: nas ações de família, enquanto os litigantes se submetem a mediação extrajudicial ou a atendimento multidisciplinar (art. 694, parágrafo único); nos processos individuais, se for admitida a repercussão geral do recurso extraordinário (art. 1.035, § 5º) ou se o julgamento do recurso especial ou extraordinário for afetado para julgamento pela técnica do recurso repetitivo (arts. 1.036, § 1º, e 1.037, inc. II); deferimento de recuperação judicial ou falência do réu-devedor (LFRJ, arts. 6º e 99, inc. V); nos tribunais superiores, durante o período de férias coletivas (CPC, art. 214; e LOMAN, art. 66).

Já nas hipóteses de suspensão do *processo de execução*, ou da fase de conhecimento, com fundamento em algum dos incisos do art. 921, os prazos não devem ser suspensos. A razão de ser das situações ali indicadas, como a concessão de efeito suspensivo aos embargos ou a não localização de bens, é diversa daquelas arroladas no art. 313, o que desautoriza sua aplicação analógica ou extensiva.

292. Mutirão de conciliação

A nova hipótese de suspensão dos prazos processuais, contida no parágrafo único do art. 221, está inserida dentro da ideologia de estímulo aos mecanismos de solução consensual dos litígios, proclamada pelo art. 3º, §§ 2º e 3º, do Código de Processo Civil como regra fundamental do processo civil. O objetivo da suspensão dos prazos, nesse caso, é obter o maior engajamento das partes e de seus advogados nessa campanha.

Contudo, conforme lembrado por Cassio Scarpinella Bueno, essa regra do parágrafo único do art. 221 "merece ser entendida de maneira *restritiva*, isto é, de modo a não afetar os processos que, por qualquer razão, não estejam ou não podem estar sujeitos àqueles programas".[1019] Assim, deve haver suspensão de prazos somente nos processos que efetivamente sejam remetidos ao mutirão

---

1019 *Manual de direito processual civil*, n. 5.6, p. 222.

de conciliação.[1020] Nos demais processos, os prazos correm normalmente, pois a estrutura judiciária continua a funcionar.

Alguns tribunais costumam instituir ainda outros tipos de mutirões, com finalidade diversa da autocomposição, e que por vezes geram a interrupção de toda a máquina judiciária – em alguns Estados, *v.g.*, por vezes há força-tarefa dos juízes para proferir sentenças e acórdãos, com vista a cumprir metas impostas pelo Conselho Nacional de Justiça. Nesses casos, usualmente a própria norma do tribunal que cria o mutirão já determina a suspensão de todos os prazos processuais ou até mesmo dos processos.

293. Suspensão dos prazos por norma de tribunal

É muito comum os órgãos administrativos dos tribunais editarem uma norma (portaria, resolução etc.) suspendendo genericamente todos os prazos processuais em sua área de jurisdição, pelos mais variados motivos. Entre tais motivos, encontram-se os mutirões dos juízes, jogos da seleção brasileira de futebol, greve nos transportes etc.[1021]

Ainda que por qualquer motivo venha a ser reconhecida a nulidade ou ilegalidade do ato de suspensão, seus efeitos devem ser preservados, em homenagem aos princípios da segurança jurídica e da boa-fé, que vedam o *venire contra factum proprio* e prestigiam a expectativa legitimamente criada à parte, por acreditar na presunção de legalidade do ato oficial do próprio Poder Judiciário.[1022]

294. Início e fim da suspensão, requerimento e decisão

Como regra geral, a suspensão do processo se dá *automaticamente* a partir do exato momento em que ocorrer o evento descrito no art. 221, ainda que

1020 Em muitos casos, o mutirão diz respeito exclusivamente a litígios que digam respeito a determinadas espécies de relação jurídica que geram conflitos em massa (contratos bancários, securitários, de telecomunicações etc.).

1021 O art. 1º da Lei n. 1.408/51 permite o fechamento do foro, com suspensão do expediente forense, "por motivo de ordem pública" (art. 1º), a ser determinada "pelo presidente dos Tribunais de Justiça, nas Comarcas onde esses tribunais tiverem a sede e pelos juízes de direito nas respectivas Comarcas" (art. 5º).

1022 Nesse sentido: THEOTONIO NEGRÃO e outros, *Código de Processo Civil e legislação processual civil em vigor*, nota 3 ao art. 221, p. 296. Num caso decidido pelo STJ, ato administrativo do tribunal local havia suspendido todos os prazos processuais de determinada sociedade de economia mista, em razão da greve de seus servidores, e, apesar de reconhecer a ilegalidade desse ato, foram mantidos seus efeitos em nome da segurança jurídica (STJ, 1ª T., RMS n. 52.463-RJ, rel. Min. GURGEL DE FARIA, j. 4.9.2018, v.u.).

sua comprovação nos autos seja posterior, e não a partir da decisão do juiz a respeito desse fato.[1023]

A suspensão, portanto, se dá *ope legis*, sendo a decisão do juiz meramente declarativa, com efeito *ex tunc*. Justamente por isso, a parte não tem o ônus de pedir o prévio reconhecimento da causa de suspensão do processo, podendo suscitá-la em capítulo preliminar da manifestação a ser apresentada,[1024] bastando, para a tempestividade do ato, que seja descontado o período de suspensão do processo.[1025]

Todavia, em situações excepcionais, quando for impossível, ou muito difícil, precisar o exato momento do evento que impõe a suspensão do processo – *v.g.*, quando a sentença de mérito depender do julgamento de outra causa ou da produção de prova em outro processo (art. 313, inc. V) –, o prazo só será suspenso a partir da decisão que determinar a suspensão do próprio processo.

No caso específico de *obstáculo* criado em detrimento da parte (art. 221, *caput*, primeira parte), não há propriamente a suspensão ou reabertura do prazo, mas a admissão de que o ato seja validamente praticado logo após a extin-

---

1023 Nesse sentido: "a suspensão do processo em razão da paternidade se opera *tão logo ocorre o fato gerador* (nascimento ou adoção), não se podendo exigir do causídico, para tanto, que realize a comunicação imediata ao Juízo, porque isso seria esvaziar o alcance do benefício legal. [...] No que tange ao momento da comprovação, a propósito, também não há vedação legal, tampouco se vislumbra qualquer prejuízo, para que seja ela feita no momento da interposição do recurso, ou da prática do primeiro ato processual do advogado – desde que, frise-se, computados os 8 (oito) dias, não se tenha operado a preclusão" (STJ, 3ª T., REsp n. 1.799.166-GO, rel. Min. Nancy Andrighi, j. 2.4.2019, v.u.). No mesmo sentido: STJ, 2ª T., REsp n. 1.623.603-MS, rel. Min. Herman Benjamin, j. 19.12.2017, v.u. Na doutrina, José Frederico Marques, *Instituições de direito processual civil*, vol. II, n. 451, p. 327; e Guilherme Oliveira, *Comentários ao novo Código de Processo Civil*, nota 1 ao art. 221, p. 367.

1024 STJ, 4ª T., AgRg no REsp n. 1.119.410-RS, rel. Min. Marco Buzzi, j. 28.2.2012, v.u.; STJ, 3ª T., REsp n. 1.191.059-MA, rel. Min. Nancy Andrighi, j. 1.9.2011, v.u.; e STJ, 1ª T., AgRg no REsp n. 1.060.706-AL, rel. Min. Teori Albino Zavascki, j. 2.6.2011, v.u.

1025 "6. Por força da lei, a suspensão do processo pela paternidade tem início imediatamente à data do nascimento ou adoção, ainda que outra seja a data da comprovação nos autos, desde que esta se dê antes de operada a preclusão, *já considerado no cômputo do respectivo prazo o período suspenso de 8 (oito) dias.* 7. No que tange ao momento da comprovação, não há vedação legal, tampouco se vislumbra qualquer prejuízo, para que seja ela feita no momento da interposição do recurso ou da prática do primeiro ato processual do advogado" (STJ, 3ª T., REsp n. 1.799.166-GO, rel. Min. Nancy Andrighi, j. 2.4.2019, v.u.).

ção do óbice,[1026] descontando-se da contagem do prazo o período em que o obstáculo esteve comprovadamente presente. Se a parte, todavia, optar por formular requerimento avulso – o que é recomendável –, deverá fazê-lo em até cinco dias (art. 218, § 3º).

A *retomada dos prazos*, por sua vez, também pode operar de forma automática, ou não, a depender da situação. Quando o fato for de *presumível conhecimento* daquela parte – *v.g.*, fim do período convencionado entre as partes (art. 313, inc. I) ou do período de 30 dias de suspensão pela maternidade (art. 313, inc. IX e § 6º) –, o prazo volta a correr instantaneamente, independentemente de intimação.

Há, porém, outras situações em que a retomada depende da *intimação* das partes, seja a respeito de um *fato* – *v.g.*, devolução dos autos, cuja retirada constitui obstáculo à prática do ato por uma das partes –, seja a respeito de um *ato judicial* – *v.g.*, decisão admite a habilitação dos herdeiros como sucessores processuais, na hipótese do art. 313, inc. I, que decide a arguição de suspeição ou impedimento (art. 313, inc. III) ou que julga o incidente de resolução de demandas repetitivas (art. 313, inc. IV).[1027] Tendo os prazos sido suspensos por portaria do tribunal ou do próprio juízo, o prazo terá reinício a partir da publicação do "ato pelo qual o tribunal comunica às partes e aos procuradores a cessação da situação de anormalidade e a retomada no andamento dos processos".[1028] Nesses casos, seria injurídico impor à parte o pesado ônus de adivinhar ou fiscalizar a ocorrência do fato novo ou da decisão não publicada, pois tal surpresa comprometeria o exercício do contraditório e da ampla defesa.

Com a retomada do prazo suspenso, de forma automática ou provocada por intimação, deve-se levar em consideração na sua contagem também esse dia inicial, sem a aplicação *in casu* da regra do art. 224, *caput*, pois este não é o "dia do começo" do prazo.[1029] Vale dizer, o dia em que se considera feita a intimação também deve ser incluído nessa contagem.

1026 Em termos gerais, é o que afirmava PONTES DE MIRANDA, invocando LEO ROSEMBERG (*Comentários ao Código de Processo Civil*, vol. III, nota 2 aos arts. 177-178, p. 120).

1027 "Cessada a causa da suspensão, com a devolução dos autos ao cartório, necessário se faz noticiar a parte interessada que o prazo para defesa retoma seu curso normal" (STJ, 3ª T., REsp n. 32.053-SP, rel. Min. CLÁUDIO SANTOS, j. 25.5.1993, v.u.). Na doutrina, mencionando a necessidade de intimação, sem, contudo, a ressalva quanto à distinção das situações, ANTONIO DALL'AGNOL, *Comentários...*, art. 180, nota 6, p. 339; e HEITOR SICA, *Comentários ao Código de Processo Civil*, vol. I, nota 1 ao art. 221, p. 805. Na jurisprudência.

1028 STJ, 4ª T., REsp n. 17.649-SP, j. 16.3.1992, v.u.

1029 HUMBERTO THEODORO JR. reconhece a fluência do prazo a partir do primeiro dia após a suspensão do prazo, mas desde que para sua retomada não seja necessária nova intimação (*Curso de direito processual*, vol. I, n. 367, p. 531).

295. Prazos materiais e extraprocessuais

Os prazos materiais também podem ser suspensos com fundamento em alguma das hipóteses do *caput* do art. 221, como a indisponibilidade dos autos em cartório que impeça o devedor de apurar o valor que lhe é cobrado em cumprimento de sentença, ou a própria morte deste. A confirmar, dispõe a Súmula n. 173 do STF: "em caso de obstáculo judicial, admite-se a purga da mora, pelo locatário, além do prazo legal".

Todavia, os prazos extraprocessuais, como o de ajuizamento da ação rescisória, que têm natureza decadencial, não se suspendem nem se interrompem,[1030] nem mesmo em decorrência dos fatores arrolados nos incisos do art. 313, como a morte da parte ou a pendência de incidente de resolução de demandas repetitivas. Da mesma forma, não é válido negócio processual suspendendo ou ampliando prazos extraprocessuais, em especial da ação rescisória, por ferirem norma de ordem pública.

> **Art. 222.** Na comarca, seção ou subseção judiciária onde for difícil o transporte, o juiz poderá prorrogar os prazos por até 2 (dois) meses.
>
> **§ 1º** Ao juiz é vedado reduzir prazos peremptórios sem anuência das partes.
>
> **§ 2º** Havendo calamidade pública, o limite previsto no *caput* para prorrogação de prazos poderá ser excedido.
>
> *CPC de 1973 – art. 182.*
>
> *Comparação jurídica – art. 154 do CPC italiano*

296. Prorrogação

Em qualquer ramo do direito, situações fáticas atípicas exigem modificação nas regras impostas pelo legislador, sob pena de gerar inadmissível sacrifício a outros valores de considerável relevância.[1031] E, sendo o direito processual um ramo do direito público, é fundamental o reconhecimento legislativo da inaplicabilidade de certos *standarts* legais a situações excepcionais, para possibilitar a flexibilização de exigências formais. No caso, impedir a majoração dos prazos onde houver dificuldade de acesso ou locomoção, poderia implicar grave violação ao contraditório e à ampla defesa.

1030 "A jurisprudência do STJ consolidou o entendimento de que o prazo decadencial para o ajuizamento da ação rescisória, que não se suspende nem se interrompe" (STJ, 1ª Seção, AR n. 4.726-PR, rel. Benedito Gonçalves, j. 14.11.2018, v.u.).

1031 No direito administrativo, *v.g.*, o estado de emergência ou de calamidade pública autoriza a dispensa de licitação (Lei n. 9.666/93, art. 24, inc. IV).

Daí por que o *caput* e o § 2º do art. 222 permitem que, havendo obstáculos temporários ou permanentes de acesso ao local onde deve ser praticado o ato – por dificuldade de transporte ou em razão de calamidade pública –, o juiz excepcionalmente majore o lapso temporal do prazo da parte ou de terceiro.[1032] Pretende-se com isso viabilizar a prática adequada do ato, garantindo, assim, a efetividade da ampla defesa e do contraditório. Mas não é qualquer dificuldade que permite essa prorrogação, e sim aquela que fuja bastante das situações ordinárias. E só é possível reconhecer a dificuldade de transporte a quem não reside naquela localidade e que para lá precisa se deslocar para consultar os autos ou mesmo para praticar o ato.

Prorrogar significa estender o lapso temporal, sem solução de continuidade. Por isso mesmo, a prorrogação deve se dar necessariamente *antes* de o prazo se esgotar. Ela pode ser determinada de ofício ou a requerimento da parte, de preferência tão logo seja constatada a ocorrência dos elementos autorizadores. Se o obstáculo for reconhecido *após* o escoamento do prazo, então a hipótese será de devolução do prazo, com fundamento principalmente no art. 223, § 2º.

> A prorrogação – ou majoração – dos prazos impróprios também é autorizada pelo art. 139, VI, do Código de Processo Civil, para adequá-los "às necessidades do conflito de modo a conferir maior efetividade à tutela do direito". E o art. 7º, IV, da Lei da Ação Popular permite ao juiz prorrogar o prazo próprio de vinte dias para contestar, por igual período, se difícil a produção de prova documental necessária para a apresentação de defesa, condicionando-a ao requerimento do réu.

O art. 222 autoriza a prorrogação de *qualquer prazo*, sendo ele indistintamente aplicável a prazos próprios e impróprios;[1033] legais, judiciais e convencionais; bem como aos prazos processuais e materiais.[1034] Contudo, a autori-

---

1032 Incluem-se também nas regras do art. 222, portanto, os prazos dirigidos ao Ministério Público, órgãos públicos, *amicus curiae*, assistentes, terceiros intervenientes, auxiliares eventuais da justiça, terceiros colaboradores com a justiça etc.

1033 "Estando-se, *in casu*, diante de prazo peremptório, vale dizer, fixado por norma cogente, de cuja inobservância exsurgirá a preclusão do direito de praticar o ato, tem-se que sua dilação pelo juiz seria concebível apenas quando da ocorrência de razão objetiva relevante (art. 182, do CPC) ou, ainda, quando configurada justa causa, nos moldes do art. 183, §§ 1º e 2º" (STJ, 1ª T., REsp n. 713.507-PR, j. 6.12.2005, v.u.). No mesmo sentido: Cândido Dinamarco, *Instituições de direito processual civil*, vol. II, n. 810, p. 655.

1034 Andre Roque e Marinoni-Arenhart-Mitidiero também reconhecem que essa prorrogação pode ser aplicada a "qualquer prazo" (*Teoria geral do processo*, art. 222, n. 1, p. 720, e *Código de Processo Civil comentado*, art. 222, n. 1, p. 325, respectivamente). No mesmo sentido: Antonio Dall'Agnol, *Comentários ao Código de Processo Civil*, vol. 2, art. 182, n. 3, p. 347.

zação do seu *caput* não se aplica aos prazos extraprocessuais para ajuizamento de demanda – até porque, nesse caso, sequer há processo a proferir *a priori* tal decisão –, de modo que eventual prorrogação de tais prazos somente pode se dar *a posteriori* em decorrência de obstáculos causados por calamidade pública (§ 2º), que configura verdadeira *força maior* para a prática tempestiva do ato (art. 221 c/c art. 313, inc. VI).

Ademais, a aplicabilidade do art. 222 é limitada aos processos que tramitam em *autos físicos* ou, excepcionalmente, para a prática de alguns atos físicos vinculados a autos eletrônicos (*v.g.*, o comparecimento da parte ou advogado em cartório ou o pagamento da condenação). Se o ato precisar ser praticado eletronicamente e alguma calamidade pública tornar temporariamente *indisponível* o sistema processual do tribunal, a solução se encontra no art. 10, § 2º, da Lei do Processo Eletrônico e no art. 224, § 1º, do Código de Processo Civil, com a prorrogação automática do prazo inicial ou final. Porém, se a calamidade gerar a queda prolongada do sistema eletrônico, impedindo o acesso aos autos e o protocolo eletrônico por vários dias, aí então é o caso de suspensão ou devolução dos prazos em curso (art. 221).[1035]

Para o prazo ser prorrogado com fundamento no art. 222, *caput*, não há necessidade de prévia *concordância* da parte contrária – ao contrário do que ocorre com a sua redução (§ 1º) –, pois não há discricionariedade do juiz em concedê-la. O critério é objetivo: dificuldade permanente ou provisória de transporte ou se houver alguma calamidade pública no local. Todavia, sempre que possível, o juiz deve dar às partes a oportunidade de se manifestarem antes de decidir, nos termos dos art. 9º e 10.

De todo modo, é inadmissível declarar intempestivo o ato processual praticado pela parte dentro do novo prazo fixado pelo juízo, ainda que se trate de prazo peremptório ou próprio, pois a parte não pode ser prejudicada por falha no mecanismo judicial,[1036] sob pena de grave insegurança jurídica e violação do dever de boa-fé pelo próprio Judiciário. Há, nesse caso, justa causa para a realização do ato fora do prazo legal (art. 223).

297. Dificuldade de transporte

Para fins de dilação de prazo com fundamento no *caput* do art. 222, deve ser considerada comarca, seção ou subseção judiciária de difícil acesso ou

1035 Para Heitor Sica, o *caput* do art. 222 não seria aplicável "quando os atos processuais puderem ser praticados eletronicamente, ao passo que o § 2º poderia se aplicar indistintamente a processos físicos ou eletrônicos" (*Comentários ao Código de Processo Civil*, art. 222, n. 1, p. 805).

1036 STJ, 1ª T., REsp n. 713.507-PR, rel. Min. Luiz Fux, j. 6.2012.2005, v.u.

transporte aquela localizada distante dos grandes centros urbanos e para onde o transporte de passageiros seja muito limitado, a exigir *permanente ou temporariamente* muito mais tempo de deslocamento do que o aceitável. É o caso, *v.g.*, de alguns juízos localizados no meio da selva amazônica, cujo acesso se dá exclusivamente por meio de pequenos barcos.

Local de difícil acesso ou transporte evidentemente é conceito diverso de *acesso impossível*, então deverá ser editada portaria suspendendo todos os prazos daquela localidade.

Lugar inacessível tem, do ponto de vista processual, conceito diverso e conduz a outras consequências. A inacessibilidade também pode ser provisória (*v.g.*, pelo bloqueio das estradas de acesso ou por enchente na cidade) ou permanente. E deve conduzir à suspensão do processo por força maior (art. 223, inc. VI). Ademais, lugar inacessível também tem relevância apenas nas citações e intimações, permitindo o art. 256, inc. II, que a comunicação seja realizada por edital.

Por razões óbvias, comarcas, seções judiciárias e tribunais sediados em capitais ou em grandes cidades jamais poderão ser considerados como de difícil acesso, de modo que o art. 222 só pode ser aplicado aos prazos em curso em pouquíssimas comarcas de primeira instância, localizadas nos rincões do país em que o acesso aéreo ou rodoviário seja física ou economicamente inviável, em especial na região amazônica.[1037]

298. Prazo de dois meses e sua contagem

O Código de Processo Civil anterior autorizava a prorrogação judicial do prazo por até 60 dias. O Código de Processo Civil de 2015, porém, fixou esse prazo em até dois meses com a nítida intenção de fugir da contagem em dias úteis determinada no art. 219.

Nos termos do art. 132, § 3º, do Código Civil, aplicado analogicamente, o termo final do prazo adicional fixado em mês corresponde exatamente ao dia do término do prazo original, dois meses depois. Essa contagem, portanto, se dá nos moldes dos *prazos sucessivos* (v. art. 231, item 375). Se, porém, em sua decisão o juiz já fixar o novo prazo total – e não adicional –, o que é absolutamente legítimo desde que respeitado o prazo máximo fixado na lei, prevalece, então, a forma tradicional de contagem, inclusive em dias úteis (art. 219), se o caso.

1037 Alguns Tribunais Regionais do Trabalho estão sediados fora de uma capital. É o caso do TRT da 15ª Região, localizado em Campinas-SP, com jurisdição em todo o Estado de São Paulo, excetuadas a região metropolitana e a Baixada Santista, que permanecem vinculadas ao TRT da 2ª Região, sediado em São Paulo.

Esse lapso temporal máximo é *adicional* ao prazo original, pois o art. 222 é taxativo em autorizar o juiz a "prorrogar os prazos por até 2 (dois) meses".[1038]

Para prorrogar e fixar o novo prazo, já dizia Pontes de Miranda, o juiz tem de apreciar todas as circunstâncias da real dificuldade de transporte, inclusive a situação física e financeira do destinatário do prazo – sem exigir esforço financeiro da parte abastada desproporcional à importância da causa.[1039] Ademais, quando a dificuldade de transporte for irrelevante, em razão de a parte ou seu procurador poder praticar o ato em *outro local* – inclusive por meio de protocolo integrado –, porque tais sujeitos residem na mesma comarca ou subseção judiciária, então o juiz não deverá conceder essa benesse.

De todo modo, ainda que o juiz fixe prazo adicional superior a dois meses, o ato praticado pela parte dentro desse prazo maior concedido pelo juiz é válido e eficaz, pois a parte não pode ser prejudicada por eventual erro da máquina judiciária, sob pena de violação à segurança jurídica e à presunção de legalidade dos atos oficiais, conforme reiteradamente reconhecido pela jurisprudência.

299. Calamidade pública

Calamidade pública é uma catástrofe, uma desgraça natural ou provocada pelo ser humano, que atinge uma área extensa de determinada localidade e que envolve um grande número de pessoas.[1040] Como exemplo, podem-se citar grandes enchentes, tsunamis e desabamentos de terra das encostas de morro, bem como uma guerra continuada.

Apesar de o *reconhecimento oficial* da calamidade pública pelo Poder Executivo ser recomendável, ele não é indispensável, pois "o ato de decretação de

---

1038 Nesse sentido: Pedro Nogueira, *Código de Processo Civil anotado*, art. 222, n. 2, p. 349. Na vigência do Código de Processo Civil anterior, este já era o entendimento majoritário da doutrina (Nelton dos Santos, *Código de Processo Civil interpretado*, art. 182, n. 2, p. 498; Moniz de Aragão, *Comentários ao Código de Processo Civil*, vol. II, n. 114, p. 107). Porém, como a redação do antigo art. 182 dispunha, diferentemente do Código de Processo Civil atual, que a prorrogação nunca poderia ser "por mais de sessenta (60) dias", era razoável também a interpretação de Dall'Agnol de que esse seria o prazo máximo, já incluído o original (*Comentários*..., vol. II, art. 182, n. 3, p. 348).

1039 *Comentários ao Código de Processo Civil*, art. 182, n. 2, p. 134.

1040 Dispõe o art. 2º, inc. VI, do Decreto n. 7.257/2010: "estado de calamidade pública: situação anormal, provocada por desastres, causando danos e prejuízos que impliquem o comprometimento substancial da capacidade de resposta do poder público do ente atingido". Antonio Dall'Agnol a conceitua como "evento infeliz que, de modo repentino, afeta o curso ordinário da vida de um número indeterminado de pessoas em certa região" (*Comentários*..., art. 182, n. 4, p. 349).

calamidade pública tem efeito meramente declaratório", consoante já reconheceu o STJ.[1041] Assim, mesmo não havendo esse ato do Poder Público, o juiz pode reconhecê-lo por meio de portaria administrativa (como diretor do fórum) ou de decisão no caso concreto.[1042]

Quando, porém, não houver esse ato oficial, a parte tem o ônus de requerer a prorrogação (ou suspensão) do seu prazo *antes* do seu vencimento, salvo se demonstrar que tal situação extraordinária também a impediu de apresentar o requerimento. Eventualmente, esse prazo pode ser deferido após o escoamento do prazo original, se não for possível fazê-lo antes.

Contudo, como já dito por ANTONIO DALL'AGNOL, essa regra "não tem nenhuma razão de ser", pois de todo modo a calamidade pública já autoriza a suspensão do próprio processo por motivo de força maior (art. 313, inc. VI) e, consequentemente, dos seus prazos (art. 221).[1043] De fato, nesse caso é muito adequado suspender processo, pois essa prorrogação apriorística, que é por prazo ilimitado, poderá se mostrar insuficiente ou exagerada. A suspensão, ao contrário, se daria na exata medida do tempo em que a calamidade comprometer a prática dos atos processuais.

Por isso, nada impede que, em caso de calamidade, o juiz opte por *suspender* o processo com fundamento no citado art. 313, inc. VI, em vez de prorrogar prazos específicos.[1044] Ademais, o juiz também pode suspender o prazo já previamente prorrogado, se este vier a se mostrar insuficiente.

De todo modo, o juiz deve aplicar as regras de excepcionalidade dos arts. 221 e 222, § 2º, com *razoabilidade* e *proporcionalidade*, de modo a somente dilatar ou suspender o prazo quando a calamidade pública não declarada oficialmente efetivamente dificultar a prática de atos processuais.

1041 STJ, 2ª T., REsp n. 1.150.496- PB, rel. Min. ELIANA CALMON, j. 4.2.2010, v.u. Ao reconhecer o efeito meramente declaratório, o STJ concedeu a uma vítima da calamidade pública isenção tributária por fatos *anteriores ao ato oficial*. De fato, como está no art. 7º do Decreto n. 7.257/2010, é da competência do Poder Executivo Federal reconhecer com efeito meramente declarativo o estado de calamidade pública, a requerimento do ente federativo afetado pelo desastre.

1042 Nos termos do art. 2º da Lei n. 1.408/51, "o fechamento extraordinário do Foro e dos edifícios anexos e as demais medidas, e que se refere o art. 1º, poderão ser determinados pelo Presidente dos Tribunais de Justiça, nas Comarcas onde esses tribunais tiverem a sede e pelos juízes de Direito nas respectivas Comarcas".

1043 *Comentários ao Código de Processo Civil*, art. 182, n. 4, p. 349. No mesmo sentido, PONTES DE MIRANDA realçava ser difícil de pensar numa calamidade pública que atingisse um único processo (*Comentários...*, art. 182, n. 5, p. 135).

1044 Nesse sentido: DANIEL NEVES, *Novo Código de Processo Civil comentado*, art. 222, n. 1, p. 375.

300. Redução judicial do prazo preclusivo

O Código de Processo Civil de 1973 vedava a majoração ou a redução dos prazos próprios pelo juiz ou pelas partes, salvo em hipóteses muito específicas (como a de calamidade pública). O Código de Processo Civil de 2015 passou a permitir a majoração e a redução de qualquer prazo processual ou material por meio de livre convenção entre as partes (art. 190),[1045] mantendo, contudo, a proibição de majoração judicial de prazos próprios,[1046] salvo quando expressamente autorizado em lei (*v.g.*, art. 222, *caput* e § 2º).

Quanto à *redução judicial* dos prazos, o art. 222, § 1º, apenas a condiciona à prévia concordância das partes, quando se tratar de prazo próprio (art. 222, § 1º, que manteve o equívoco terminológico, ao tratá-lo como "peremptório").[1047] Essa concordância, contudo, "é de difícil consecução porque sempre dependerá de uma rápida comunicação entre o juiz e os patronos das partes – e, como se sabe, essas comunicações são processadas com extrema lentidão".[1048]

Tratando-se de *prazo impróprio*, porém, a lei não exige a anuência do interessado.[1049] Mas, antes de reduzi-los, o juiz tem o dever de ao menos *consultar* a parte interessada a esse respeito, conforme determinam os arts. 9º

1045 Essa liberdade, porém, não é total. A convenção é nula se houver *abuso*. Para a validade de qualquer negócio processual, é necessário que não haja o comprometimento demasiado da celeridade do processo, pois tal instituto decorre do princípio da colaboração entre as partes (art. 6º), que, por sua vez, visa a uma tutela jurisdicional célere e efetiva. Portanto, a *majoração* deve ser razoável, não podendo, *v.g.*, ser concedido prazo de seis meses para a parte praticar um ato processual, como contestar, recorrer etc., especialmente se não houver justificativa relevante para tanto. Da mesma forma, será nula a *redução* exagerada, que impeça ou dificulte desproporcionalmente o exercício do direito de defesa por aquele contra quem corre o prazo. Ademais, a convenção processual só é admitida nas causas em que for admissível a autocomposição.

1046 Apesar de controvertida na doutrina, a majoração judicial do prazo é limitada aos *prazos impróprios* (v. art. 218, item 260).

1047 Marinoni-Arenhart-Mitidiero também interpretam a referência ao prazo peremptório como sendo prazo próprio, sujeito a preclusão (*Código de Processo Civil comentado*, art. 222, n. 2, p. 325). Como já dito na introdução deste Capítulo (item 249), jurisprudência e parte da doutrina costumam referir-se aos prazos peremptórios como sendo aqueles sujeitos a preclusão (art. 223, *caput*, primeira parte). Todavia, essa é a característica apenas dos prazos próprios. Na verdade, os *prazos peremptórios* deixaram de existir no sistema processual civil brasileiro. Segundo doutrina dominante, eles se caracterizam justamente por não admitir majoração ou redução, mas, conforme se depreende do art. 190, qualquer prazo pode ser alterado consensualmente pelas próprias partes.

1048 Cândido Dinamarco, *Instituições de direito processual civil*, vol. II, n. 810, p. 656.

1049 Em sentido contrário: Daniel Neves, *Novo Código de Processo Civil comentado*, n. 2, p. 376.

e 10 (princípio da não surpresa), mesmo não estando vinculado a eventual discordância.

A propósito, o § 1º do art. 222 contém um segundo equívoco (parcial): ao contrário do que lá está escrito, para a redução do prazo próprio não há necessidade de concordância de *todas* as partes, mas somente aquele sujeito a quem ele é dirigido, pois as demais partes sequer teriam interesse prático e jurídico em discordar.

De todo modo, a anuência da parte com a redução do prazo próprio deve ser *prévia*, sob pena de nulidade, se restar caracterizado prejuízo à parte – *v.g.*, se ele descumprir o prazo reduzido ou cumpri-lo de forma defeituosa por causa da escassez de prazo –, com anulação dos atos processuais posteriores que dele dependam (art. 281). Vale dizer, se a parte praticar adequada e tempestivamente o ato no novo prazo, mesmo sem sua prévia concordância com a redução, então o vício estará sanado (arts. 282, § 1º, e 283, parágrafo único).

Contudo, essa concordância prévia não precisa ser expressa. Se, intimado a se manifestar sobre tal redução, a parte quedar-se silente, presume-se sua concordância *tácita*.

301. Recurso

Se a *redução* indevida do prazo peremptório pelo juízo de primeiro grau causar prejuízo que possa comprometer o exercício da ampla defesa pela parte prejudicada – *v.g.*, gerar a revelia e, por isso, dificultar o deferimento de provas –, então será excepcionalmente admissível a interposição de *agravo de instrumento*, ainda que tal hipótese não esteja taxativamente arrolada no art. 1.015.[1050] Do contrário, a redução somente poderá ser impugnada por meio de apelação (art. 1.009, § 1º).

E se a redução do prazo se der por meio de decisão monocrática do relator, no tribunal, caberá sempre agravo interno (art. 1.021).

No caso de decisão que *prorrogar* indevidamente o prazo, dificilmente será possível demonstrar prejuízo a justificar o cabimento de qualquer recurso, em especial o de agravo de instrumento.

> **Art. 223.** Decorrido o prazo, extingue-se o direito de praticar ou de emendar o ato processual, independentemente de declaração judicial, ficando assegurado, porém, à parte provar que não o realizou por justa causa.

1050 A Corte Especial do STJ definiu pela técnica do recurso repetitivo ser cabível agravo de instrumento, fora do rol do art. 1.015, "quando verificada a urgência decorrente da inutilidade do julgamento da questão no recurso de apelação" (STJ, Corte Especial, REsp n. 1.704.520-MT, tema repetitivo 988, rel. Min. NANCY ANDRIGHI, j. 5.12.2018, m.v.).

§ 1º Considera-se justa causa o evento alheio à vontade da parte e que a impediu de praticar o ato por si ou por mandatário.

§ 2º Verificada a justa causa, o juiz permitirá à parte a prática do ato no prazo que lhe assinar.

CPC de 1973 – art. 183

CLT – art. 775, § 1º, inc. II

Comparação jurídica – arts. 139 e 140 do CPC português; e art. 154 do Codice di Procedura Civile da Itália

302. Preclusão e suas espécies

Etimologicamente, o verbo *precluir* significa *fechar, proibir, vedar.* No processo, preclusão é perda ou extinção do poder de praticar determinado ato, seja porque não o praticou a tempo, seja porque já o praticou ou praticou outro ato com ele incompatível.

É, portanto, fenômeno endoprocessual que provoca automaticamente a extinção de uma situação jurídica – direito, poder, ônus ou faculdade – dos sujeitos parciais da relação processual, cujo exercício poderia trazer alguma consequência favorável ao seu titular. Em termos práticos, impede que a parte pratique o ato de modo eficaz. Não é, contudo, uma sanção processual.

Nas palavras de Chiovenda, a essência da preclusão está na "perda, extinção ou consumação de uma *faculdade processual* que se sofre pelo fato: (a) ou de não ter se praticado um ato em cumprimento de um ônus – como os prazos peremptórios ou a sucessão legal da atividade e das exceções; (b) ou de haver realizado uma atividade incompatível com o exercício da faculdade, como a propositura de uma exceção incompatível com outra, ou o cumprimento de um ato incompatível com a intenção de impugnar a sentença; (c) ou de já ter exercido validade uma vez a faculdade (consumação propriamente dita)".[1051] Como se percebe, essa definição deu origem à classificação da preclusão em temporal, lógica e consumativa, respectivamente, como bem anotado por Maurício Giannico.[1052] E a elas se somam ainda a preclusão hierárquica e a mista.

1051 "Cosa giudicata e preclusione", n. 1, p. 233. Não é correto, todavia, falar em perda ou extinção das *faculdades processuais*, pois, conceitualmente, o descumprimento dessa situação jurídica não gera consequências negativas para o agente. Por isso, é preferível referir-se aos *poderes processuais*, assim entendidos como a capacidade de seu titular exigir uma manifestação do órgão jurisdicional, se devidamente exercido. E a todo poder corresponde uma sujeição de outro sujeito da relação processual, no caso o Estado.

1052 *A preclusão no direito processual civil brasileiro*, n. 4.2, nota 98, p. 41.

O *caput* do art. 223 trata especificamente da *preclusão temporal* a que estão sujeitos os *prazos próprios* das partes, a qual será abordada no próximo item.

Entretanto, no estudo dos prazos processuais e das consequências de seu não cumprimento também assume especial relevância a *preclusão mista*, mencionada diversas vezes nestes comentários.[1053] É uma situação intermediária entre a preclusão temporária e a consumativa, que ocorre em decorrência da soma de *dois fatores* concorrentes: a parte não realizar o ato no prazo estipulado e a existência de algum outro ato processual posterior (especialmente pelo juiz) incompatível com aquele ato que deveria ter sido praticado. Isso porque se, de um lado, a menor relevância do ato não autoriza a aplicação rigorosa da preclusão temporal, sob pena de prejudicar a ampla defesa, por outro, não faria sentido anular o ato procedimentalmente subsequente já praticado, dando marcha a ré no processo e retardando demasiadamente seu desfecho. Nesse sentido, a parte pode validamente pagar os honorários provisórios do perito após o fim do prazo, salvo se, em razão da omissão, o juiz já tiver declarado a preclusão dessa prova e proferido sentença.[1054]

Tratou-se até aqui da preclusão que podem atingir os poderes das partes, impedindo-a de praticar ou tornando ineficazes eventuais atos realizados após a sua consumação. Os juízes, além de se sujeitarem à preclusão consumativa (art. 505), desde que não se trate de matéria de ordem pública, submetem-se ainda à *preclusão hierárquica*, por força de decisão proferida por órgão hierarquicamente superior e que não pode ser desconsiderada.[1055]

1053 Doutrina e jurisprudência não costumam abordar adequadamente essa espécie de preclusão, ainda que eventualmente reconheçam sua ocorrência na prática. Quem primeiro tratou do tema foi LIEBMAN, em seu clássico *Manual de direito processual civil*, vol. I, n. 107, p. 302. Mas essa terminologia aparece pela primeira vez já no início do século XXI, nas *Instituições* de CÂNDIDO DINAMARCO: "embora a lei estabeleça prazo para a manifestação das partes, os juízos e tribunais atenuam esse rigor temporal e admitem que o autor fale mesmo depois de ocorrido, só havendo preclusão se o processo tiver prosseguido. Por isso é que em casos assim, havido por relativamente extraordinários no sistema, a preclusão depende do duplo requisito do decurso do prazo e eventual prosseguimento do processo (daí ser ela *mista*)" (*Instituições de direito processual civil*, vol. II, n. 741, p. 529). HEITOR SICA, por outro lado, defende que a preclusão decorrente da superação de uma fase processual também seria puramente temporal, isto é, para ele seria o mesmo fenômeno (*Preclusão processual civil*, n. 7.3.2.1, p. 129).

1054 "A declaração de preclusão do direito à produção de prova pericial não é razoável unicamente porque a parte depositou os honorários periciais com quatro dias de atraso. Trata-se de excessivo rigor formal, que não se coaduna com o princípio da ampla defesa, sobretudo considerando a inexistência de qualquer prejuízo para a parte contrária, tampouco para o perito judicial" (STJ, 3ª T., REsp n. 1.109.357-RJ, rel. Min. NANCY ANDRIGHI, j. 20.10.2009, v.u.).

1055 "Se um órgão jurisdicional superior decide sobre uma das condições da ação, a matéria não pode ser reapreciada por órgão inferior de modo diverso, sob pena de

303. Preclusão temporal

Conforme dispõe o *caput* do art. 223, se a parte não praticar o ato que lhe compete dentro do prazo fixado na lei processual, extingue-se automaticamente a possibilidade de posteriormente praticá-lo ou emendá-lo, independentemente de decisão do juiz. Ou seja, opera-se neste caso a preclusão temporal *ope legis* a desfavor daquela parte inerte e a decisão judicial tem eficácia meramente declaratória e efeitos *ex tunc.*[1056] O ato da parte, se praticado após o decurso do prazo, é ineficaz, não produzindo os efeitos programados, mas não autoriza a imposição de qualquer sanção.

A preclusão temporal é o principal efeito do não cumprimento de um ônus processual,[1057] não se podendo falar na sua incidência pelo descumprimento de um dever – nesse caso, pode ser aplicada sanção (*v.g.*, multa disposta no art. 523, § 1º). Como bem esclarece ARRUDA ALVIM, "a figura do ônus, aliada à da preclusão, faz com que a parte saia de sua inércia e atue utilmente no processo".[1058]

Essa preclusão temporal atinge automaticamente apenas os *prazos processuais próprios*, pois, como visto, os impróprios impostos às partes estão sujeitos à preclusão mista.[1059] Já os prazos *extraprocessuais* estão sujeitos a fenômeno similar, que também impede a realização do ato após o decurso de todo o prazo fixado na lei, mas que se denomina decadência. E apenas excepcionalmente, quando relacionados a um ônus, os prazos *materiais* serão preclusivos – *v.g.*, para prazo para o inquilino ou fiador purgar a mora para evitar o despejo (LI, art. 62, inc. II) –, pois quase sempre dizem respeito a um dever, especialmente de cumprir o comando judicial (para pagar, fazer, não fazer ou entregar).[1060]

Acrescente-se que a *indisponibilidade do direito* discutido não impede a ocorrência de preclusão temporal, que existe em qualquer processo, indepen-

violar a preclusão hierárquica" (STJ, 1ª T., AgInt no REsp n. 1.650.256-RS, rel. GURGEL DE FARIA, j. 3.4.2018, v.u.).

1056 Nesse sentido: HEITOR SICA, *Preclusão processual civil*, n. 7.3.2.1, p. 128.

1057 Nesse sentido: HEITOR SICA, *Comentários ao Código de Processo Civil*, vol. I, art. 223, n. 2, p. 806. COMOGLIO chega a afirmar que a preclusão "outra coisa não é senão a consequência processual do inadimplemento de um ônus" ("Preclusione istruttorie", p. 974). Todavia, há certo exagero em tal afirmação, pois pode haver outras consequências, como presunção e ineficácia do ato.

1058 ARRUDA ALVIM, *Manual de direito processual civil*, vol. I, n. 152, p. 426. Essa afirmação é válida apenas para a preclusão temporal e a mista.

1059 Nesse sentido: PEDRO NOGUEIRA, *Código de Processo Civil anotado*, art. 223, n. 1, p. 350.

1060 Para o conceito de prazos processuais, extraprocessuais e materiais, v. *supra*, item 247. E sobre o conceito de prazos próprios, v. item 248.

dentemente da qualidade da parte (*v.g.*, Fazenda Pública) e da natureza do direito (*v.g.*, alimentos). Ela apenas impede alguns outros fenômenos, como a revelia e a redistribuição do ônus da prova.[1061] Mas, em algumas situações, a preclusão não atinge matérias de ordem pública, como as condições da ação, podendo o interessado alegá-las a qualquer momento.

Conforme entendimento prevalente na doutrina atual, do *caput* do art. 223 pode-se extrair, ainda, a possibilidade de a parte *emendar* eficazmente o ato processual anteriormente praticado, desde que não decorrido o prazo.[1062] Vale dizer, reduziu a abrangência da preclusão consumativa, que na vigência do Código de Processo Civil de 1973 era majoritariamente afirmada por doutrina e jurisprudência para impedir o aditamento do ato. Dessa forma, desde que dentro do prazo original, agora a parte pode aditar um recurso, comprovar posteriormente o recolhimento das custas recursais e pagar uma condenação judicial por meio de depósitos em diversos dias.

Ademais, a preclusão temporal não atinge apenas a prática do ato em si. Ainda que o ato tenha sido tempestivamente praticado, mas de forma incompleta, ela impede a formulação de novas alegações que só poderiam ter sido feitas naquela oportunidade. Assim, a parte só pode alegar a existência de convenção de arbitragem na contestação; se omitir-se, resta preclusa a possibilidade de alegá-la após o prazo de defesa, presumindo-se aceita a jurisdição estatal (art. 337, § 6º).

304. Justa causa como fato impeditivo da preclusão temporal

A *única* situação admitida no art. 223 como excludente da incidência da preclusão temporal é a justa causa – mas há outras excludentes legais, dispostas especialmente no art. 221 (obstáculos em geral e força maior em particular).

Havendo justa causa para não ser praticado o ato no prazo, cabe à parte praticá-lo imediatamente após o fim do impedimento, suscitando e comprovando em preliminar esse fato impeditivo.[1063] Não sendo possível, deve alegá-

---

1061 Nesse sentido: NELTON DOS SANTOS, *Código de Processo Civil interpretado*, art. 183, n. 2, p. 500.

1062 Nesse sentido: atualizadores do *Código de Processo Civil e legislação processual em vigor*, de THEOTONIO NEGRÃO, nota 1 ao art. 223, p. 299; e HEITOR SICA, *Comentários...*, vol. I, art. 223, nota 5, pp. 809-811.

1063 O STJ também já decidiu que, reconhecida a justa causa (no caso, uma tempestade no último dia do prazo), é excepcionalmente válido o recurso interposto por *e-mail*: STJ, 3ª T., AgRg no REsp n. 1.492.964-RS, rel. Min. PAULO DE TARSO SANSEVERINO, j. 28.5.2015, v.u.

-la em até no máximo cinco dias do fim desse impedimento (art. 218, § 3º),[1064] requerendo permissão ao juiz para praticar o ato.

Ao contrário das hipóteses de suspensão do prazo processual indicadas no art. 221 (entre as quais, a força maior), não pode o juiz reconhecer de ofício a justa causa. Tampouco pode acolher a alegação sem dar à parte contrária a oportunidade de se manifestar, em atenção ao princípio do contraditório.

A justa causa é motivo de *devolução* ou prorrogação do prazo, conforme o caso, e não de suspensão. Reconhecida sua ocorrência, deve ser aceito o ato praticado assim que superado o obstáculo ou ser fixado judicialmente novo prazo para a sua prática, anulando-se eventuais atos realizados nesse ínterim.

A lei não fixa critérios para a estipulação desse novo prazo, mas o juiz deverá tomar como parâmetro o tempo restante no momento da ocorrência da justa causa (assim como ocorre na hipótese do *caput* do art. 221), sem jamais ultrapassar o próprio prazo original.[1065] Se a justa causa atuar durante todo o prazo, desde o seu início, o juiz deve restituí-lo integralmente. E, no silêncio do juiz quanto ao novo prazo, ele será de cinco dias (art. 218, § 3º).

Essa justa causa deve ser "alheia à vontade do agente", de modo a inviabilizar a prática do ato com a mesma qualidade "por si ou por mandatário", *ou* ser fruto de legítima expectativa de poder agir de modo diverso. O art. 223, § 1º, do Código de Processo Civil de 2015 excluiu da definição de justa causa a "imprevisibilidade" do evento, que constava no art. 183, § 1º, do Código de Processo Civil anterior, razão pela qual este deixou de ser requisito para sua configuração.[1066] Assim, *não há* justa causa se: era possível praticar o ato, por si ou por outrem, ainda que mediante esforço maior que o usual e sem perda na sua qualidade; ou o agente tiver dado causa ao obstáculo lamentado. Na segunda hipótese, enquadram-se as situações em que a parte acredita estar praticando regularmente o ato, dentro do prazo legal, em razão de legítima expectativa criada pelo próprio mecanismo judiciário – *v.g.*, quando o sítio eletrônico do tribunal der informação equivocada sobre a data de juntada do mandado de citação (art. 197, parágrafo único).

O *esgotamento do prazo* não parece ser pressuposto inevitável da justa causa, ao contrário do afirmado por Pontes de Miranda e Dall'Agnol. Não se

---

1064 Apenas em situações excepcionais deve-se admitir outro meio de prova, quando não for razoável exigir prova documental do alegado.

1065 Nesse exato sentido, Nelton dos Santos, *op. cit.*, art. 183, n. 5, p. 502.

1066 Mesmo assim, parte da doutrina autorizada continua a indicar a imprevisibilidade como elemento essencial da justa causa, quiçá por não ter percebido a eliminação desse requisito do conceito legal. Nesse sentido: Heitor Sica, *Comentários ao Código de Processo Civil*, vol. I, art. 223, n. 4, pp. 808-809; e Pedro Nogueira, *Código de Processo Civil anotado*, art. 223, n. 3, p. 350.

pode concordar com a afirmação do primeiro, de que "quem sofre o óbice de justa causa até o penúltimo dia ainda tem o último dia para a prática do ato".[1067] Se a preparação do ato implicar certa complexidade (*v.g.*, elaboração de recurso), não se pode exigir da parte sua preparação apenas no último dia do prazo, pois isso comprometerá seriamente sua ampla defesa. Apenas quando, diante das circunstâncias do caso, o prazo remanescente for inegavelmente suficiente para a correta elaboração e realização do ato, a salvo de qualquer dúvida razoável, pode ser cautelosamente afastada a justa causa – *v.g.*, caso se trate de prazo para recolhimento de uma simples guia de baixo valor.

A autorização legal para se praticar o ato após o decurso do prazo, quando caracterizada a justa causa, decorre do princípio geral do processo civil de que a parte não pode ser prejudicada por uma falha do mecanismo judicial ou por injusto obstáculo que lhe foi causado.[1068]

A justa causa deve ser interpretada de forma *estrita*, sem generosidade ou mesquinhez, para evitar tanto os abusos e estratégias procrastinatórias (que gerariam desigualdade entre as parte) quanto o cerceamento do direito à ampla defesa.[1069] Porém, havendo forte dúvida sobre sua ocorrência, ou não, deve-se adotar a *exegese mais liberal*, em atenção aos princípios da efetividade, da instrumentalidade e da ampla defesa.[1070]

Note-se que em algumas situações a jurisprudência do STJ parece tratar "força maior" (art. 221 c/c art. 313, inc. VI) e "justa causa" (art. 223) como expressões equivalentes, para fins de possibilidade de prática do ato processual após o prazo original, sem incidência da preclusão. A doutrina também não dá a devida atenção a essa distinção. Mas é certo que há diferenças conceituais, tanto que as consequências de seu reconhecimento são parcialmente diversas, ainda que essa distinção seja bastante difícil. A principal diferença parece estar na *intensidade* do obstáculo: de um lado, a força maior impede ou torna não recomendável a prática imediata de qualquer ato do procedimento pelos sujeitos processuais e impõe a suspensão de ofício do próprio processo; de outro, a

1067 PONTES DE MIRANDA, *Comentários ao Código de Processo Civil*, vol. III, art. 183, n. 4, p. 139; e DALL'AGNOL, *Comentários...*, art. 183, n. 4, p. 353.

1068 O STJ já reconheceu que a *ratio essendi* da justa causa é vedar que a parte "sofra prejuízo por obstáculo judicial" (STJ, 1ª T., REsp n. 713.507-PR, rel. Min. LUIZ FUX, j. 6.12.2005, v.u.).

1069 ARRUDA ALVIM, porém, sustenta que a justa causa deveria ser interpretada restritivamente (*Manual de direito processual civil*, vol. I, n. 149, p. 421).

1070 STJ, Corte Especial, REsp n. 1.112.864-MG, rel. Min. LAURITA VAZ, j. 19.11.2014, v.u.; STJ, 4ª T., REsp n. 11.834-PB, rel. Min. SÁLVIO DE FIGUEIREDO TEIXEIRA, j. 17.12.1991, v.u.; e STJ, REsp n. 1.353.870-SP, rel. Min. LUIS FELIPE SALOMÃO, j. 21.6.2017, d.m.

justa causa é obstáculo que compromete a realização tempestiva do ato por uma das partes durante o prazo em curso, implicando, por isso mesmo, a devolução apenas daquele prazo – sem suspensão do processo.

Essa distinção se confirma pelos *exemplos* de justa causa colhidos da jurisprudência: doença do advogado da parte, desde que a moléstia seja imprevisível e capaz de impedir a prática daquele ato processual;[1071] parte que foi induzida a erro quanto ao prazo pelo juiz ou seus auxiliares, *v.g.*, quando há equívoco ou omissão nas informações processuais prestadas na página eletrônica dos tribunais,[1072] equívoco ou omissão no mandado de citação a respeito do prazo para apresentar defesa (art. 250, inc. II) e certificação mais benéfica do termo inicial de determinado prazo; greve dos bancários, que impeça o recolhimento tempestivo das custas;[1073] atraso na emissão da guia de recolhimento de preparo ou de depósito pela secretaria do juízo ou tribunal;[1074] gra-

---

1071 "Advogado não é instrumento fungível. Pelo contrário, é um técnico, um artesão, normalmente insubstituível na confiança do cliente e no escopo de conseguir-se um trabalho eficaz. Exigir que o advogado, vítima de mal súbito e transitório, substabeleça a qualquer um o seu mandato, para que se elabore às pressas e precariamente um ato processual, é forçá-lo a trair a confiança de seu constituinte" – citado por STJ, 1ª T., REsp n. 627.867MG, rel. Min. José Delgado, j. 11.5.2004, v.u. Mas, na prática, infelizmente, a jurisprudência majoritária é bastante restritiva quanto à devolução do prazo por doença do advogado, ao exigir não apenas a inexistência de outros advogados daquela parte constituídos nos autos, mas também a demonstração de a doença ter impossibilitado "totalmente de exercer a profissão ou de substabelecer o mandato" (STJ, 2ª T., REsp n. 1.736.568-SP, rel. Min. Herman Benjamin, j. 12.6.2018, v.u.).

1072 "Segundo a nova orientação desta Corte, 'ainda que os dados disponibilizados pela internet sejam 'meramente informativos' e não substituam a publicação oficial (fundamento dos precedentes em contrário), isso não impede que se reconheça ter havido justa causa no descumprimento do prazo recursal pelo litigante (art. 183, *caput*, do CPC), induzido por erro cometido pelo próprio Tribunal' (REsp 1.324.432-SC, rel. Min. Herman Benjamin, Corte Especial, *DJe* 10.5.2013)" (STJ, 2ª T., REsp n. 1.438.529-MS, rel. Min. Humberto Martins, j. 24.4.2014, v.u.). No mesmo sentido: STJ, 2ª T., EDcl no AgInt no REsp n. 1.664.165-TO, rel. Min. Herman Benjamin, j. 5.4.2018, v.u. Além da justa causa admitida pela jurisprudência, justifica-se, ainda, a eficácia do ato praticado pela parte no prazo indicado pelo funcionário do cartório em razão da presunção das informações contidas no sítio eletrônico (art. 197); da inadmissibilidade de a parte ser prejudicada pelo mecanismo judiciário; do princípio da boa-fé aplicável inclusive aos atos dos juízes e de seus auxiliares (que veda todos os sujeitos do processo a agirem num *venire contra factum proprio*); e do princípio da segurança jurídica. Entretanto, por incrível que pareça, esse entendimento ainda não é totalmente pacífico no STJ.

1073 Essa hipótese recebe tratamento específico da jurisprudência quanto aos prazos de alegação e comprovação de sua ocorrência, conforme dito no próximo item.

1074 STJ, 3ª T., REsp n. 525.792-RJ, rel. Min. Castro Filho, j. 14.11.2006, v.u.

ve inundação que tenha provocado a paralização da cidade, impossibilitando a locomoção do advogado da parte.[1075]

Por outro lado, *não configura* justa causa (ou força maior) para a devolução do prazo processual: movimento grevista realizado pela própria parte ou pelo órgão responsável pela defesa;[1076] greve dos correios;[1077] entre outros.[1078]

A justa causa também se aplica aos *prazos materiais* e *extraprocessuais*, ainda que sejam excepcionais as hipóteses de sua ocorrência. Nesse sentido, a 2ª Seção do STJ já decidiu que a certidão do cartório atestando a data do trânsito em julgado do acórdão "confere à parte prejudicada por eventual equívoco a justa expectativa do manejo tempestivo da ação rescisória dentro do prazo certificado", acrescentando que, "mesmo em se tratando de prazo decadencial, há situações em que excepcionalmente se admite sua prorrogação".[1079]

305. Alegação e prova da justa causa

O juiz não pode devolver *ex officio* o prazo em razão da justa causa. Atenta ao espírito colaborativo, cabe à parte alegar e comprovar a justa causa na maior brevidade possível, preferencialmente antes do fim do prazo para a prática do ato ou, no máximo, em até cinco dias após cessado o obstáculo (art. 218, § 3º), sob pena de preclusão temporal.[1080] No mesmo prazo de cinco dias

1075 THEOTONIO NEGRÃO e outros, *Código de Processo Civil e legislação processual extravagante*, art. 223, n. 3, p. 299; e LUIZ FUX, *Curso de direito processual civil*, n. 4.3, p. 308.

1076 STJ, 5ª T., AgRg no REsp n. 900.795-RS, rel. Min. NAPOLEÃO MAIA NUNES, j. 23.4.2009, v.u. No caso, a Advocacia-Geral da União havia pleiteado a devolução do prazo em razão da greve na própria instituição. Correta a decisão, pois, como dito anteriormente, não constitui justa causa o obstáculo criado pela própria interessada.

1077 STJ, 3ª T., AgInt no AREsp n. 1.024.535-SP, rel. Min. MOURA RIBEIRO, j. 13.6.2017, v.u.; e STJ, Corte Especial, AgRg no ARE no RE nos EDcl na RCDESP no RMS n. 29.907-PA, rel. Min. ELIANA CALMON, j. 17.12.2012, v.u. Entende-se que, ao enviar a petição por via postal, a parte assume o risco pela intempestividade do ato, já que o prazo é considerado satisfeito apenas com a entrada da petição no fórum ou tribunal, não ao postá-la nos correios.

1078 A justiça paulista já decidiu, equivocadamente, que não constituiria justa causa a queda da energia elétrica no bairro ou cidade em que localizado o advogado, nas horas que antecedem o término do prazo, apesar de esse fato ser imprevisível e de escapar do controle do causídico. Mas não é razoável exigir que a petição tivesse sido protocolada com maior antecedência, pois isso na prática implicaria reduzir o prazo disponível.

1079 STJ, 2ª Seção, EDcl na AR n. 4.374-MA, rel. p/ acórdão RAUL ARAÚJO, j. 8.5.2013, m.v.

1080 "A jurisprudência desta Corte Superior é remansosa no sentido de que a parte prejudicada deve requerer e comprovar a justa causa no prazo legal para a prática do ato ou em lapso temporal razoável, assim entendido até cinco dias após cessado o

a parte também pode praticar diretamente o ato, sem o prévio requerimento de que ora se trata, arguindo em preliminar a tempestividade do ato em razão da justa causa.

O requerimento, em petição avulsa ou em preliminar da manifestação, já deve vir instruído com a demonstração suficiente da justa causa, se possível por meio de documento oficial. Apenas em situações excepcionais deve ser admitida a dilação probatória para comprovar sua ocorrência, com oitiva de testemunhas, perícia etc.[1081]

Especificamente na hipótese de impossibilidade de pagamento de custas de preparo em razão de greve dos bancários, a jurisprudência do STJ afirma que a parte deve interpor o recurso dentro do prazo legal e nesse mesmo ato já alegar e comprovar a justa causa para o recolhimento, bem como comprovar nos autos, no *dia seguinte* à paralisação da greve (ou no prazo eventualmente fixado pelo respectivo tribunal via portaria), tanto o pagamento das custas quanto a data do término do momento grevista.[1082]

> **Art. 224.** Salvo disposição em contrário, os prazos serão contados excluindo o dia do começo e incluindo o dia do vencimento.
>
> **§ 1º** Os dias do começo e do vencimento do prazo serão protraídos para o primeiro dia útil seguinte, se coincidirem com dia em que o expediente forense for encerrado antes ou iniciado depois da hora normal ou houver indisponibilidade da comunicação eletrônica.
>
> **§ 2º** Considera-se como data de publicação o primeiro dia útil seguinte ao da disponibilização da informação no Diário da Justiça eletrônico.
>
> **§ 3º** A contagem do prazo terá início no primeiro dia útil que seguir ao da publicação.
>
> *CPC de 1973 – art. 184*
>
> *CLT – art. 775; CPP – art. 798, § 1º*
>
> *Comparação jurídica – art. 155 do CPC italiano*

---

impedimento, sob pena de preclusão, consoante previsão do art. 185 do CPC" (STJ, 4ª T., AgRg nos EDcl no AREsp n. 121.484-PR, rel. Min. Raul Araújo, j. 11.11.2013, v.u.). No mesmo sentido: STJ, 3ª T., AgRg no Ag n. 1.274.773-CE, rel. Min. Massami Uyeda, j. 17.8.2010, v.u.

1081 Sobre a admissibilidade de outros meios de prova a respeito da justa causa: Antonio Dall'Agnol, *Comentários ao Código de Processo Civil*, art. 183, n. 4, p. 353; e Nelton dos Santos, *Código de Processo Civil interpretado*, art. 183, n. 5, p. 502.

1082 STJ, 2ª Seção, AgRg nos EREsp n. 1.002.237-SP, rel. Min. Nancy Andrighi, j. 14.11.2012, v.u; STJ, 4ª T., AgInt no AREsp n. 1.176.388-SP, rel. Min. Luis Felipe Salomão, j. 24.9.2018, v.u., e STJ, 2ª T., AgInt no AREsp n. 1.108.666-RJ, rel. Min. Mauro Campbell, j. 17.10.2017, v.u., entre outros.

306. Correr e contar

Para a correta compreensão do artigo ora comentado, deve-se ter sempre em mente a relevantíssima distinção entre correr e contar o prazo, já tratado na introdução ao presente capítulo do Código, item 241. Em síntese, a *corrida* ou *fluência* de um prazo corresponde ao movimento do tempo desde um momento inicial (*dies a quo*) – dia zero, como se o cronômetro do "relógio" do prazo fosse acionado e o prazo começasse a existir – até um momento final (*dies ad quem*). E para se aferir quando é o seu termo final, há a necessidade de se fazer a *contagem* do prazo, que nada mais é do que contabilizar as unidades de tempo disponíveis para a prática daquele determinado ato até o seu vencimento (*v.g.*, quinze dias para recorrer), segundo os critérios gerais preestabelecidos (em especial nos arts. 219 e 224).

A quantidade de tempo disponível para cada tipo específico de ato (em horas, dias, meses etc.) e as regras sobre o início da fluência e da contagem dos prazos e sobre a forma de cômputo das unidades de tempo (desprezo aos dias não úteis, prorrogação quando o expediente for reduzido etc.) podem ser fixadas em lei, pelo juiz, ou consensualmente, pelas próprias partes.

Nesse contexto, o art. 231 indica critérios não exaustivos para se verificar o exato momento em que os prazos começam a correr e existir. E, partindo dessa prévia constatação, o art. 224 trata do modo como deve ser feita a contagem dos prazos acionados durante a vida do processo e, mais especificamente, a exclusão do primeiro dia útil e a inclusão do último (*caput*), a prorrogação do primeiro ou do último dia do prazo, quando houver indisponibilidade técnica da comunicação eletrônica ou redução de expediente (§ 1º), e a desconsideração nessa contagem tanto do próprio dia da disponibilização da informação processual no *Diário da Justiça eletrônico* (§§ 2º e 3º) quanto do dia seguinte, considerado como o da publicação (§ 3º).

307. Qualquer prazo

O art. 224 e seus parágrafos referem-se aos prazos em geral, sem qualquer restrição. Mais especificamente, não restringem expressamente sua incidência aos prazos processuais.

Por isso, diferentemente dos arts. 219 e 220, entre outros, as regras do art. 224 são aplicáveis na contagem de qualquer prazo, inclusive dos *prazos materiais* (*v.g.*, para cumprimento de sentença) e *extraprocessuais* (*v.g.*, para a demanda de declaração de nulidade da sentença arbitral ou para a impetração do mandado de segurança),[1083] além dos *endoprocessuais* (de contestação, de recurso etc.).

1083 STJ, 1ª T., AgInt no REsp n. 1.321.632-SP, rel. Min. Sérgio Kukina, j. 21.8.2018, v.u.; e STJ, 1ª T., RMS 36.054-MG, rel. Min. Gurgel de Faria, j. 10.5.2016, v.u.

308. Exclusão do dia do começo

Pela regra do *caput* do art. 224, na contagem de qualquer prazo estabelecido em lei processual deve ser desconsiderado "o dia do começo" (isto é, o *dia zero*, quando começa a correr, segundo as regras do art. 231) e deve ser incluído "o dia do vencimento".[1084] A primeira parte dessa regra decorre do fato de as citações e intimações geralmente ocorrerem após o início do expediente forense e, portanto, a inclusão desse dia na contagem implicaria redução do prazo. No dia do vencimento, porém, não há esse risco, razão pela qual ele é sempre contado.[1085]

Trata-se de elementar regra jurídica (e aritmética), de conhecimento obrigatório por todos os profissionais que atuam no contencioso cível, aplicável na contagem de prazos decorrentes de qualquer forma de intimação (inclusive a ficta – art. 5º, § 3º, da LPE) ou da ciência inequívoca da parte.

Isso significa que o *dia um* da contagem do prazo fixado em dias – isto é, a partir de quando o ponteiro do "relógio" completa a primeira volta e está dando a segunda – deve ser o primeiro útil subsequente ao do seu termo inicial (dia zero), este geralmente fixado pelo art. 231.

O art. 224, *caput*, refere-se somente aos prazos contados em *dias*, mas é possível aplicá-lo por analogia também aos fixados em *minutos* ou *horas*.[1086] E quando fixados em *meses* ou *anos*, essa discussão é irrelevante, pois tais prazos sempre "expiram no dia de igual número do de início" (CC, art. 132, § 3º), independentemente do dia em que começam a contar. Ou seja, nessas situações importa somente o termo inicial, quando o prazo começa a correr, o que é auferível segundo as regras contidas no art. 231.[1087]

Nesse caso, o dia útil subsequente à ciência da decisão impugnada pelo impetrante foi corretamente considerado como o primeiro dia da contagem do prazo para a impetração do mandado de segurança. Todavia, invocou-se equivocadamente que tal prazo teria natureza processual (e não extraprocessual). Na vigência do Código de Processo Civil anterior, Daniel Mitidiero sustentava a inaplicabilidade de regra idêntica ao prazo de impetração do mandado de segurança, por se tratar de suposto prazo de direito material (*Comentários ao Código de Processo Civil*, art. 184, n. 103, p. 143). Mas, neste ponto, a Lei do Mandado de Segurança é uma lei processual, pois o não exercício desse direito não implica a perda de qualquer direito material, podendo, ainda, a parte utilizar as vias ordinárias.

1084 O art. 132 do Código Civil, o art. 184 do revogado Código de Processo Civil de 1973, o art. 798, § 1º, do Código de Processo Penal, o art. 775 da Consolidação das Leis do Trabalho e o art. 66 da Lei n. 9.784/99 (Lei do Procedimento Administrativo Federal) têm conteúdo idêntico.

1085 Nesse sentido: Humberto Theodoro Júnior, *Novo Código de Processo Civil anotado*, art. 224, p. 270; e Daniel Mitidiero, *Comentários...*, art. 184, n. 103, p. 145.

1086 Nesse sentido: Arruda Alvim, *Manual de direito processual civil*, vol. I, n. 150, p. 424.

1087 "Os prazos em anos expiram no dia de igual número do de início (CC, art. 132, § 3º). Ademais, na contagem dos prazos, exclui-se o dia do começo e inclui-se o

Ademais, as partes podem *alterar consensualmente* essa regra ora em comento, que não é absoluta nem de ordem pública e que prevalece "salvo disposição em contrário".

309. Inclusão do dia do vencimento

Por outro lado, o dia do vencimento do prazo deve ser incluído na sua contagem, isto é, inclui-se o último dia disponível para a realização do ato. Nos processos físicos, esse ato pode ser praticado até a hora estipulada na norma de organização judiciária aplicável, desde que não seja posterior às 20 horas (art. 212, *caput* e § 3º). Nos processos eletrônicos, o limite é à meia-noite (art. 213), não podendo lei estadual reduzir esse período.

310. Contagem de prazos regressivos

O *caput* do art. 224 se aplica igualmente aos prazos regressivos, ou de espera,[1088] nos quais é fixada antecedência mínima para a prática de um ato em relação a outro – *v.g.*, antecedência mínima de 20 dias úteis entre a citação do réu e a data designada para a audiência preliminar a que se refere o art. 334.

Assim, o "relógio" do prazo começa a *correr* ou *fluir* a partir da data do evento futuro (*v.g.*, da audiência). E o *dia um* dessa contagem é o primeiro dia útil anterior a esse termo inicial. Por outro lado, inclui-se nessa contagem o dia do termo *ad quem*, isto é, a data máxima a ser praticado o ato em questão. Para confirmar se esse termo final encontrado está correto, basta fazer em seguida o cálculo contrário, isto é, de forma evolutiva a partir dessa data até o dia do evento futuro.

Exemplificando, o prazo mínimo de cinco dias de antecedência da publicação do edital de divulgação do leilão de bem penhorado (art. 887, § 1º), se designado para uma segunda-feira, começa a ser contado regressivamente a partir da sexta-feira, vencendo-se na segunda-feira anterior.[1089]

---

do vencimento (CC, art. 132, *caput*; CPC, art. 224). Logo, datando o trânsito em julgado da decisão rescindenda de 17/03/2015, o ajuizamento da ação rescisória deveria ocorrer até o dia 17/03/2017, mas se deu apenas em 18/03/2017. Decadência reconhecida" (STJ, Corte Especial, AR n. 6.000-CE, rel. Min. FRANCISCO FALCÃO, j. 15.5.2019, v.u.).

1088 STJ, 4ª T., REsp n. 118.180-SP, rel. Min. SÁLVIO DE FIGUEIREDO TEIXEIRA, j. 13.10.1998. Na doutrina, HEITOR SICA, *Comentários ao Código de Processo Civil*, vol. 1, art. 224, n. 1, p. 812.

1089 STJ, REsp n. 299.211-MG, 4ª T., rel. Min. RUY ROSADO DE AGUIAR, j. 17.5.2001, v.u.

A mesma regra vale para eventuais prazos regressivos fixados em horas, que são contados minuto a minuto (CC, art. 132, § 4º).[1090]

Excepcionalmente, porém, quando a contagem de algum *prazo extraprocessual* – *v.g.*, prazo para ajuizamento de ação renovatória de aluguel ou para impetração de mandado de segurança – terminar em dia sem expediente forense, então a demanda poderá ser validamente ajuizada no dia útil subsequente.[1091]

311. Reinício do prazo suspenso, interrompido ou prorrogado

Ao ser retomada a contagem do prazo suspenso – *v.g.*, nas hipóteses do art. 221 –, deve ser computado o primeiro dia desse novo período de fluência de prazo. Nesse caso, não se aplica o *caput* do art. 224, pois não se trata do "dia do começo" do prazo.[1092] Dessa forma, se a parte for intimada do fim do período de suspensão pela imprensa oficial, o dia da publicação deve ser incluído no cômputo do prazo.

Da mesma forma, se o prazo tiver sido *prorrogado* ou *estendido* por um período adicional pelo juiz, sem haver novo começo de prazo, o *dia um* desse prazo será o dia seguinte ao do término do prazo original. Essa prorrogação ocorre, *v.g.*, na hipótese do art. 222 ou para o protocolo da petição original, quando o ato tiver sido praticado por fac-símile.[1093]

Por outro lado, se o prazo for *interrompido* (*v.g.*, pela oposição de embargos de declaração), na nova contagem deve ser considerada a regra do art. 224, *caput*.

312. Prorrogação do prazo inicial ou final

No Código de Processo Civil de 1973, o prazo final seria prorrogado para o dia útil subsequente somente se nesse dia o fórum não abrisse ou se fechasse mais cedo (art. 184, § 1º).

1090 Sobre a contagem de prazo em horas, v. art. 219, item 276.

1091 STJ, 2ª T., AgRg no AREsp n. 687.431-PA, rel. Min. Herman Benjamin, j. 18.6.2015, v.u.

1092 Mas, como doutrina Humberto Theodoro Júnior, o primeiro dia após a suspensão dos prazos deve ser computado somente se não houver necessidade de intimação, isto é, se "a suspensão for com termo certo" (*Curso de direito processual*, vol. I, n. 367, p. 531).

1093 STJ, Corte Especial, EDcl no AgRg nos EAREsp n. 127.736-GO, rel. Min. Jorge Mussi, j. 4.2.2015, v.u.; e STJ, 1ª T., AgRg no AREsp n. 41.098-PE, rel. Min. Teori Zavascki, j. 22.11.2011, v.u. Assim, "o termo inicial (da contagem) desse quinquídio é o *dia imediatamente subsequente* ao termo final do prazo recursal, *ainda que não haja expediente forense* ou a interposição por fax tenha ocorrido anteriormente" (STJ, 3ª T., AgRg no AREsp n. 18.110-RS, rel. Min. Massami Uyeda, j. 15.12.2011, v.u.).

O art. 224, § 1º, do Código de Processo Civil de 2015 *manteve* (a) o adiamento do prazo final na hipótese de encerramento prematuro do expediente forense, e a esta hipótese *acrescentou* (b) o início tardio do expediente forense e (c) a indisponibilidade da comunicação no sítio eletrônico do tribunal.[1094] Além disso, inovou ao determinar a prorrogação também do *termo inicial*, se ocorrer qualquer daquelas três situações anteriores. Por outro lado, referido § 1º suprimiu a menção da prorrogação automática do prazo que se vencesse em feriado, mas essa regra ainda prevalece, pois nesses dias "não se praticarão atos processuais" (art. 214).

Daí se pode afirmar que o prazo só começa a correr e só se esgota em *dias plenamente úteis*,[1095] segundo as regras locais, ou se o sistema de automação eletrônica tenha se mantido *disponível*, conforme se trate de atos processuais físicos ou eletrônicos, respectivamente.

A alteração da hora de início ou de encerramento do expediente forense – em relação ao *horário padrão* disposto na respectiva norma de organização judiciária (art. 212, § 3º) ou no Conselho da Justiça Federal (Lei n. 5.010/66, art. 54), conforme o caso –,[1096] ou, ainda, a indisponibilidade do sistema eletrônico só são relevantes se isso ocorrer no primeiro ou no último dia do prazo. Vale dizer, essa alteração do horário de expediente não produz qualquer efeito no processo se ocorrer em *qualquer outro dia* durante o transcurso do prazo.[1097]

1094 Em sentido parcialmente equivalente, dispõe o art. 1º da Lei n. 1.408/51, ainda em vigor: "sempre que, por motivo de ordem pública, se fizer necessário o *fechamento* do Fôro, de edifícios anexos ou de quaisquer dependências do serviço judiciário ou o respectivo expediente tiver de ser encerrado *antes da hora legal*, observar-se-á o seguinte: a) os prazos serão restituídos aos interessados na medida que houverem sido atingidos pela providência tomada; b) as audiências, que ficarem prejudicadas, serão realizadas em outro dia mediante designação da autoridade competente". O adiamento do termo final pela *indisponibilidade* do sistema eletrônico também está previsto no art. 10, § 2º, da Lei do Processo Eletrônico (Lei n. 11.419/2006).

1095 Feliz expressão utilizada por Luis Guilherme Bondioli para designar o dia com expediente completo (*Comentários ao Código de Processo Civil*, vol. XX, art. 1.003, n. 50, p. 65).

1096 Qualquer alteração pontual nesse horário padrão, para retardar a abertura ou antecipar o fechamento, só pode ser determinada por meio de *ato oficial* devidamente fundamento, exarado pelo magistrado responsável pelo juízo, fórum ou tribunal. E deve ser obrigatoriamente informado no sítio eletrônico e ser imediatamente publicado no Diário Oficial.

1097 STJ, Corte Especial, AgInt no RE no AgInt no AREsp n. 1.189.211-SP, rel. Min. Maria Thereza de Assis Moura, j. 27.11.2018, v.u.; STJ, 4ª T., AgInt no AREsp n. 1.362.978-SP, rel. Min. Isabel Gallotti, j. 23.4.2019, v.u.; e STJ, 3ª T., AgInt no REsp n. 1.664.678-SP, rel. Min. Marco Aurélio Bellizze, j. 17.10.2017, v.u.

Além disso, apesar de não haver ressalva expressa na lei, a alteração do horário de funcionamento do fórum ou tribunal *não prorroga* o prazo se o respectivo ato processual tiver de ser praticado por *meio eletrônico*, diante da absoluta irrelevância daquele fato. Vale dizer, "em caso de autos com tramitação eletrônica, a única hipótese de prorrogação do prazo para a prática de ato processual deve ser a indisponibilidade da comunicação eletrônica, ante a inexistência de prejuízo pelo expediente forense distinto dos demais dias úteis".[1098] Tratando-se de *autos físicos*, a indisponibilidade do sistema de informática também é absolutamente irrelevante e, por isso, o prazo não deve ser prorrogado.[1099] Trata-se de interpretação que leva em consideração a *ratio* do art. 224, § 1º, que é impedir que a parte seja prejudicada quando houver *justa causa* (art. 223, § 2º), causada pela dificuldade tanto de consulta aos autos quanto de protocolo de petição.[1100]

Tenha-se presente, ainda, que o *primeiro dia* do prazo a que se refere o art. 224, § 1º, é aquele no qual ele começa a *correr* (dia zero), segundo os critérios elencados no art. 231, e não a partir de quando ele começa a ser contado (dia um), segundo regra do *caput* do artigo ora comentado. Assim, *v.g.*, esse dia "do começo" é o da juntada do mandado ou carta de citação/intimação aos autos e o da publicação no *Diário da Justiça eletrônico* (não o da disponibilização).

Em qualquer das hipóteses enumeradas no artigo em comento, a prorrogação do prazo se dá *automaticamente*,[1101] mediante alegação do fato em capítulo preliminar no ato processual a ser praticado, devidamente comprovada por documento idôneo (em especial, ato oficial publicado no Diário Oficial ou no sítio eletrônico do tribunal). Mas, excepcionalmente, deve ser admitida a *comprovação* desse fato processual *após* a prática do respectivo ato, inclusive em sede

---

1098 STJ, 3ª T., AgInt no REsp n. 1.720.049-CE, rel. Min. Marco Aurélio Bellizze, j. 12.11.2018, v.u.

1099 Nesse sentido: Cassio Scarpinella Bueno, *Novo Código de Processo Civil anotado*, art. 224, p. 224. Essa também é a posição de Andre Roque, que defende, porém, a prorrogação do prazo em razão da redução do horário de expediente do fórum nos processos que tramitam tanto em autos físicos quanto eletrônicos, pois o dispositivo em análise "não promoveu qualquer distinção" (*Teoria geral do processo*, art. 224, nn. 6 e 7, p. 727). Com o devido respeito, inexiste ressalva para qualquer das situações arroladas do art. 224, § 1º, de modo que sua justificativa em relação à redução do horário também deveria implicar a prorrogação indiscriminada dos prazos por força da indisponibilidade do sistema, sem limitá-la aos autos eletrônicos.

1100 Como bem assinalado por Heitor Sica, o art. 214, § 1º, dá "concretude a algumas hipóteses (não taxativas) de justa causa para efeito de contornar a preclusão para atos das partes" (*Comentários ao Código de Processo Civil*, vol. I, art. 224, n. 2, p. 812).

1101 STJ, 4ª T., AgInt no AREsp n. 1.312.555-SP, rel. Min. Antonio Carlos Ferreira, j. 28.5.2019, v.u.

de embargos de declaração, conforme se extrai dos arts. 283, 938, § 1º, e 1.029, § 3º. A jurisprudência sobre tal questão, todavia, ainda está indefinida, havendo julgados nos dois sentidos.[1102] De todo modo, é inaplicável a jurisprudência defensiva sobre a suposta necessidade de comprovação da ocorrência de feriado local já no ato da interposição do recurso, pois ela tem como fundamento específico o art. 1.003, § 6º, que trata de hipótese diversa.

O art. 224, § 1º, também é aplicável no processo do trabalho (enunciado n. 270 do FPPC) e nos Juizados Especiais Cíveis, por falta de expressa disposição legal em sentido contrário.

Tecnicamente, porém, o § 1º do art. 224 é *inaplicável* quando o fórum estiver *fechado*, pois esses dias, não sendo considerados úteis (art. 216), simplesmente não são incluídos no cômputo do prazo (art. 219), independentemente de tal fato ocorrer no início, no meio ou no fim do lapso temporal.

313. Redução do horário de expediente forense

A abertura tardia ou o encerramento precoce do expediente forense é relativamente comum e tem causas bastante variadas: greve dos transportes coletivos ou de outros serviços públicos essenciais, chuvas excessivas, jogos de Copa do Mundo de futebol etc. Costuma ocorrer também nas quartas-feiras de cinza, quando normalmente não há expediente no período matutino.

A alteração pontual no horário das atividades forenses pode ser determinada "pelo Presidente dos Tribunais de Justiça, nas Comarcas onde esses tribunais tiverem a sede e pelos juízes de Direito nas respectivas Comarcas" (Lei n. 1.408/51, art. 2º).

Em regra, para efeito dessa prorrogação do prazo, a alteração no horário de expediente deve ocorrer no fórum ou tribunal em que o ato deve ser praticado, isto é, *por onde tramita* o processo ou recurso (art. 217). E deve,

---

1102 Admitindo a comprovação da indisponibilidade em sede de *embargos de declaração* e invocando a distinção dessa situação com a hipótese de comprovação do feriado local no ato de interposição: STJ, 3ª T., EDcl no AgInt no AREsp n. 730.114-RJ, rel. Min. PAULO DE TARSO SANSEVERINO, j. 13.6.2017, v.u. Consta nesse julgado, corretamente, que a causa da prorrogação "se situa no mundo dos fatos, e que, portanto, somente pode ser apurada e certificada em momento posterior à sua ocorrência, não necessariamente antes do término do prazo recursal". Esse entendimento está inclusive *pacificado* naquela Turma (STJ, 3ª T., AgInt no AREsp n. 1.371.775-SP, rel. Min. MARCO AURÉLIO BELLIZZE, j. 25.2.2019, v.u.). Todavia, em sentido contrário: STJ, 2ª T., AgInt no AREsp n. 1.179.830-SP, rel. Min. ASSUSETE MAGALHÃES, j. 3.5.2018, v.u. Na vigência do Código de Processo Civil de 1973, a jurisprudência do STJ admitia a posterior comprovação do fechamento antecipado do fórum ou tribunal.

necessariamente, comprometer, no todo ou em parte, a possibilidade de praticá-lo.[1103]

Todavia, há situações excepcionais nas quais deve ser considerada como justa causa a alteração no horário de funcionamento de *outro local* de serviço judiciário, em que a parte praticaria o ato, considerando, para tanto, que ela não pode ser prejudicada por falha na atividade regular do Poder Judiciário, ou dos seus serviços complementares, pois a ele também são impostos os deveres de boa-fé (art. 5°) e de cooperação (art. 6°). Por isso, deve ser prorrogado para o dia útil subsequente se a parte comprovar que no último dia do prazo o *protocolo integrado* estava indisponível, porque fechou suas portas antes do horário normal – e sem que também houvesse tempo suficiente para protocolar a petição em outro fórum.

No mesmo sentido, há algum tempo a jurisprudência também vem admitindo "que o preparo seja efetuado no primeiro dia útil subsequente, quando a interposição do recurso ocorrer após o encerramento do expediente bancário" (Súmula n. 484 do STJ),[1104] independentemente de o protocolo ter se dado ou não no último dia do prazo. Ou seja, admite-se a realização do preparo no dia seguinte se o serviço bancário, complementar ao serviço judiciário e prestado fora do prédio do fórum por onde tramita o feito, encerrar antes do fim do expediente forense.

314. Indisponibilidade do sistema de comunicação eletrônica

O art. 224, § 1°, reproduzindo parcialmente o teor do art. 10, § 2°, da Lei n. 11.419/2006 (LPE), traz um terceiro motivo para a prorrogação automática do *termo a quo* ou *ad quem* do prazo, específico para os autos eletrônicos – os outros dois são aplicáveis apenas nos autos físicos.[1105] É a indisponibilidade do sistema de informática do tribunal no começo ou no vencimento do prazo, assim considerada "a falta de oferta ao público externo, diretamente ou por meio de *webservice*, de qualquer dos seguintes serviços: I – consulta aos autos digitais; II – transmissão eletrônica de atos processuais" (Resolução n. 185/2013 do CNJ, art. 9°).[1106]

1103 Nesse sentido: Moniz de Aragão, *Comentários ao Código de Processo Civil*, n. 122, p. 115.

1104 No mesmo sentido: STJ, 2ª Seção, AgRg nos EREsp n. 1.537.003-PA, rel. Min. Luis Felipe Salomão, j. 25.11.2015, v.u.; e STJ, Corte Especial, EREsp n. 144.958-RS, rel. Min. Nilson Naves, j. 2.9.1998, m.v.

1105 A Lei do Processo Eletrônico fazia referência apenas ao prolongamento do termo final, não do inicial, seguindo o antigo critério adotado no Código de Processo Civil de 1973.

1106 Por outro lado, "não caracterizam indisponibilidade as falhas de transmissão de dados entre as estações de trabalho do público externo e a rede de comunicação

AUGUSTO MARCACINI critica a omissão da lei em "fixar alguma *medida da indisponibilidade* para que se possa considerar o prazo automaticamente prorrogado", o que causa grande omissão às partes.[1107] Todavia, o art. 11 da referida Resolução n. 185/2013 trata dessa questão ao dispor que: "os prazos que *vencerem* no dia da ocorrência de indisponibilidade de quaisquer dos serviços referidos no art. 8° serão prorrogados para o dia útil seguinte, quando: I – a indisponibilidade for *superior a 60 (sessenta) minutos*, ininterruptos ou não, se ocorrida entre 6h00 e 23h00;[1108] ou II – ocorrer indisponibilidade *entre 23h00 e 24h00*. § 1° As indisponibilidades ocorridas entre 0h00 e 6h00 dos dias de expediente forense e as ocorridas em feriados e finais de semana, a qualquer hora, não produzirão o efeito do *caput*". É verdade que tal resolução não trata especificamente da prorrogação do termo inicial, mas essa omissão pode ser facilmente resolvida com a aplicação analógica dos critérios do art. 11 também a essa situação.

Essa indisponibilidade deve ser obrigatoriamente *certificada* de imediato no sítio eletrônico do tribunal – ou, no máximo, até as 12 horas do dia seguinte –, com a indicação exata do início e do fim dessa indisponibilidade, bem como a especificação dos serviços indisponíveis. Com base nessa certidão a parte comprova a justa causa que impediu a prática do ato eletrônico, pois ela goza de *presunção de veracidade* (CPC, art. 197; e Resolução n. 185/2013 do CNJ, art. 10, § 2°).[1109]

---

pública, assim como a impossibilidade técnica que decorra de falhas nos equipamentos ou programas *dos usuários*" (art. 9°, § 1°). Nesse sentido: STJ, 3ª T., AgRg no REsp n. 1.059.161-RJ, rel. Min. PAULO DE TARSO SANSEVERINO, j. 20.9.2011, v.u.; e STJ, 6ª T., AgInt nos EDcl no REsp n. 1.377.795-DF, j. 15.3.2018, v.u. Em sentido contrário, contudo, o STJ surpreendentemente já reconheceu, no âmbito criminal, a tempestividade do recurso por força de "certidão acostada aos autos certificando a indisponibilidade do sistema de integração eletrônica *entre o MPF e o STJ*" (STJ, 6ª T., EDcl nos EDcl no AgRg no AREsp n. 575.787-DF, rel. Min. ANTONIO SALDANHA PALHEIRO, j. 12.12.2017, v.u.

1107 *Breves comentários ao Código de Processo Civil*, art. 194, n. 4, p. 676.

1108 Nesse sentido: "há prorrogação do prazo recursal quando se comprovar que o sistema de peticionamento eletrônico do Superior Tribunal de Justiça esteve indisponível no último dia de vencimento do prazo processual por período superior a 60 minutos, ininterruptos ou não, no período de 6 às 23 horas (art. 7° da Resolução STJ/GP n° 10 de 6 de outubro de 2015)" (STJ, 3ª T., EDcl no AgRg nos EDcl no REsp n. 1.309.826-RS, rel. Min. VILLAS BÔAS CUEVA, j. 1.3.2016, v.u.).

1109 Todavia, surpreendentemente e de forma ilegal, o STJ já decidiu que "a comprovação de eventual indisponibilidade do sistema local de peticionamento eletrônico deve ser realizada por meio de documentação idônea, sendo *insuficiente*, para tanto, cópia de notícia divulgada no sítio eletrônico do Poder Judiciário estadual" (STJ, 3ª T., AgInt no AREsp n. 1.371.775-SP, rel. Min. MARCO AURÉLIO BELLIZZE, j. 25.2.2019, v.u.).

315. Disponibilização e publicação

O § 2º do art. 224 reproduz *ipsis litteris* os termos do art. 4º, § 3º, da Lei do Processo Eletrônico, segundo o qual a data da publicação pela imprensa será considerada como efetivada no primeiro dia útil seguinte ao da disponibilização da informação no *Diário da Justiça eletrônico*,[1110] independentemente da hora que ela tenha sido disponibilizada. Assim, quando o advogado da parte é intimado por meio do *Diário Oficial*, o prazo começa a *correr* a partir do dia útil seguinte ao da disponibilização da informação, isto é, a partir da publicação do ato (art. 231, inc. VII, c/c art. 224, § 3º). E o primeiro dia da *contagem* desse prazo é o dia útil seguinte ao da publicação (CPC, art. 224, § 3º; e LPE, art. 4º, § 4º).[1111] Portanto, o prazo começa a ser contado a partir do *segundo dia útil* após a disponibilização da intimação no *Diário da Justiça eletrônico.*

> O termo *publicação* pode ter dois significados distintos: o primeiro é o de tornar pública a decisão, o que se dá com sua mera juntada aos autos; e o segundo corresponde à intimação da parte pelo *Diário da Justiça eletrônico.* No art. 224, §§ 2º e 3º, ele é utilizado exclusivamente no segundo sentido.[1112]

Nos termos da correta jurisprudência do STJ, é irrelevante se a disponibilização no *Diário da Justiça eletrônico* ocorrer durante o período de *recesso* ou em dia *sem expediente forense.* Nesse caso, considera-se igualmente ocorrida a publicação no primeiro dia útil subsequente ao da disponibilização no *DJe.*[1113] Assim, se disponibilizado na sexta-feira ou no sábado, o prazo igualmente começa a correr na segunda-feira.

As partes podem *convencionar* entre si de modo diverso do que dispõe o art. 224, § 2º, mas uma decisão judicial e uma norma do legislativo estadual ou do tribunal local não podem desconsiderar a regra lá contida, para eliminar

---

1110 STJ, 3ª T., AgInt no AREsp n. 949.839-RS, rel. Min. Moura Ribeiro, j. 24.4.2018, v.u. Anote-se, ainda, que não existe mais a publicação em Diário Oficial impresso.

1111 O § 3º do art. 224 reproduz, com linguagem mais aprimorada, os termos do art. 4º, § 4º, da Lei n. 11.419/2006 (LPE) e do art. 184, § 2º, do Código de Processo Civil revogado.

1112 "O simples fato de o ato processual ter sido publicado em cartório não se equivale à efetiva publicação no Diário da Justiça, de modo que se torna público somente no dia útil seguinte a sua disponibilização, conforme dispõe o art. 4º da Lei n. 11.419/2006" (STJ, 3ª T., AgInt no REsp n. 1.679.307-ES, rel. Min. Nancy Andrighi, j. 8.5.2018, v.u).

1113 Na vigência do Código de Processo Civil de 1973, esse entendimento já vinha sendo adotado pela jurisprudência (STJ, 1ª T., REsp n. 1.538.450-GO, rel. Sérgio Kukina, j. 25.8.2015, v.u.) e por parte da doutrina (Luciano Araújo, "O processo eletrônico a partir da jurisprudência do Superior Tribunal de Justiça", n. 4, p. 50).

ou ampliar esse lapso temporal entre a data da disponibilização e a data da publicação.[1114]

Por fim, os §§ 2º e 3º do art. 224 estariam topologicamente mais bem alocados no art. 231, que trata das diversas regras relativas ao *marco zero* da fluência dos prazos, conforme o meio de intimação do destinatário. Impertinente, portanto, inseri-los num artigo que trata da forma de *contagem* dos prazos.

Art. 225. A parte poderá renunciar ao prazo estabelecido exclusivamente em seu favor, desde que o faça de maneira expressa.

CPC de 1973 – art. 186

316. Introdução

O art. 225 reproduz integralmente o art. 186 do Código de Processo Civil revogado, autorizando a parte a renunciar aos prazos fixados exclusivamente a seu favor, acrescentando apenas a necessidade de a renúncia ser expressa para ser válida.

O art. 225 impõe somente *dois requisitos* de validade da renúncia: (a) o prazo ter sido estabelecido exclusivamente em favor do renunciante; e (b) ela ter sido manifestada de forma expressa – inadmite, portanto, a renúncia tácita ou presumida. Mas o sistema processual contém outros requisitos para a validade desse ato (v. adiante, item 319).

Apesar de o art. 225 dar a impressão de a renúncia se dar somente por meio de ato unilateral, eventualmente ela também pode ser manifestada por meio de *ato bilateral ou plurilateral* de vontade (negócio processual atípico e calendário processual – arts. 190 e 191). Porém, de preferência, essas renúncias devem ser recíprocas, de modo a atingir isonomicamente todos os subscritores, pois os negócios processuais gratuitos tendem a ser mais facilmente nulos, por onerar excessivamente apenas uma das partes (v. comentário ao art. 190, item 39). Dessa forma, as partes podem convencionar, antes ou durante o processo, a redução de todos os prazos de 15 para 10 dias, com renúncia expressa ao excedente.

1114 "A Lei 11.419/2006 que disciplinou a informatização do processo judicial não prevê *interstício mínimo* entre a disponibilização da decisão e sua publicação no *DJe*, apenas prevê que será considerada a decisão publicada no primeiro dia útil seguinte à disponibilização" (STJ, 1ª T., EDcl no AgRg no AREsp n. 484.420-SP, rel. Min. Napoleão Maia Filho, j. 19.11.2015, v.u.). Na doutrina, Heitor Sica também afirma que a palavra publicação foi utilizada como sinônimo de intimação (*Comentários ao Código de Processo Civil*, vol. I, art. 224, n. 3, p. 813).

Como se vê, a renúncia ao prazo pode ser total ou parcial. No primeiro caso, por óbvio, ela deve ser manifestada antes mesmo de o prazo começar a correr. Hipótese de renúncia parcial está no art. 222, § 1º, ao dispor que o juiz somente poderá reduzir um prazo peremptório se houver anuência das partes (ou melhor, da parte a quem é dirigido aquele prazo).

317. Prazo estabelecido exclusivamente em seu favor

A limitação da renúncia a prazos estabelecidos "exclusivamente em seu favor" significa que sua eficácia é restrita aos poderes processuais pertencentes ao próprio renunciante, não prejudicando os poderes dos outros sujeitos processuais com poderes e ônus autônomos. Ou, como bem dizem Marinoni-Arenhart-Mitidiero, em favor "(d)aquele que pode potencialmente beneficiar-se com o ato processual a ser praticado".[1115] Essa regra é elementar, pois ninguém pode renunciar àquilo que não lhe pertence.

Assim, "se forem duas ou mais as pessoas a favor de quem se fixou o prazo, todas elas precisam acordar na renúncia".[1116] Portanto, não atinge o *litisconsorte* do renunciante, que é considerado litigante distinto em relação à parte adversa (art. 117), inclusive se o litisconsórcio for unitário.[1117] É nesse sentido que a lei utiliza o advérbio "exclusivamente".

Contudo, apesar de a parte poder renunciar apenas "ao prazo estabelecido exclusivamente em seu favor", tal pode eventualmente atingir o prazo de *terceiros* que ingressaram na relação processual, quando a atuação destes se der apenas para *auxiliar* a defesa dos interesses da parte renunciante, tal qual o assistente simples (art. 121) e o *amicus curiae* (art. 138).[1118] Já o assistente litiscon-

---

1115 *Novo Código de Processo Civil comentado*, art. 225, n. 1, p. 327. Parte da doutrina, contudo, vem há tempos afirmando que "prazo estabelecido exclusivamente em seu favor" seriam os prazos que, apesar de fixar ônus para uma das partes, visaria a beneficiar a outra, dando-se como exemplo o prazo para a apresentação do rol de testemunhas (por todos, Moniz de Aragão, *Comentários ao Código de Processo Civil*, art. 186, n. 126, p. 119; e Leonardo da Cunha, *Comentários ao Código de Processo Civil*, vol. III, art. 225, n. 1, p. 171).

1116 Pontes de Miranda, *Comentários ao Código de Processo Civil*, tomo III, art. 186, n. 1, p. 144.

1117 Nesse sentido: Marcelo Abelha, *Manual de direito processual civil*, n. 4.5.3, p. 344.

1118 Se "a assistência simples não obsta a que a parte principal reconheça a procedência do pedido, desista da ação, renuncie ao direito sobre o que se funda a ação ou transija sobre direitos controvertidos" (art. 122), então logicamente também não pode impedir a mera renúncia a prazos processuais. O *amicus curiae* não é titular de qualquer direito subjetivo *sub judice*, sendo sua atuação "próxima a de uma assistente, com menos poderes" (Pedro Dinamarco, *Código de Processo Civil anotado*, art. 138, n. 1, p. 215), estes fixados pelo juiz (art. 138, § 2º).

sorcial – *v.g.*, o fiador em relação ao afiançado –, por ter uma relação jurídica direta com o adversário do assistido (art. 124) e "exercer os mesmos poderes e sujeitar-se aos mesmos ônus" do assistido, não pode ser eficazmente atingido pela disposição de direitos ou poderes feita por este – e vice-versa.[1119]

Em alguns casos, terceiros também podem renunciar expressamente a certos prazos que lhe tenham sido estabelecidos, tal como ao prazo para embargos de terceiros.

Ademais, os prazos também podem ser *majorados* excepcionalmente por meio de negócios processuais ou por ato do juiz (art. 222), apesar de o art. 225 não tratar dessa hipótese.

318. Renúncia expressa

Como dito, a única alteração trazida pelo art. 225 em relação ao revogado art. 216 está na indispensabilidade de a renúncia ao prazo ser expressa, para ser válida. Consequentemente, não se admite que o mero comportamento da parte seja interpretado como renúncia ao prazo, salvo quando a lei expressamente autorizar (*v.g.*, CPC, arts. 157, § 1º, 337, § 6º, 760, § 1º, e 916, § 6º; CC, arts. 191 e 1.436). Assim, é nula a decisão que, ao homologar transação celebrada pelas partes, certifica desde então o seu trânsito em julgado, por considerar o acordo incompatível com a vontade de recorrer (isto é, renúncia tácita ao prazo recursal).

E fez bem o legislador em exigir a explicitude da renúncia. Não se deve admitir consequências tão graves, como a perda de poder processual, a partir de meras presunções a respeito da intenção da parte, que conduziriam à renúncia tácita, até porque, em caso de dúvida, a renúncia deve ser sempre interpretada de forma *estrita* (CC, art. 114).[1120] E mais: de modo geral, a intenção das partes costuma ser de manter seus direitos, o que aumenta a chance de erro quando se presume ter havido renúncia tácita.

Para ser expressa, todavia, a renúncia não precisa necessariamente conter declaração textual, com a utilização desse termo. Muitas vezes a parte limita-se a informar, *v.g.*, que não pretende fazer uso do prazo disponível ou que não tem interesse em praticar o ato, sendo isso suficiente para atender ao requisito do art. 225.[1121]

1119 Cândido Dinamarco, *Instituições de direito processual civil*, vol. II, n. 693, pp. 450-452.

1120 Sobre a interpretação estrita das manifestações de renúncia, João Otávio Neto, *Interpretação dos atos processuais*, n. 3.2.2, pp. 87-91.

1121 Nesse sentido: Nelton dos Santos, *Código de Processo Civil interpretado*, art. 186, n. 2, p. 511.

319. Outros requisitos de validade

Como já dito, os requisitos para a validade da renúncia ao prazo processual pelas partes não se limitam àqueles dois indicados expressamente no art. 225, havendo outros por questão de *coerência lógica* ou *de ordem pública.*

Assim, para produzir algum efeito, a renúncia, logicamente, só pode ser manifestada *antes* de esgotado o prazo para a prática do ato processual e se ele ainda não tiver sido integralmente praticado. Se já praticado, então a parte pode desistir desse ato (v. próximo item).[1122]

Contudo, a renúncia ao prazo recursal, ou a qualquer outro prazo, pode ocorrer antes mesmo do início de sua fluência (isto é, antes de a parte tomar ciência da decisão judicial ou da determinação para se manifestar).[1123] Com o Código de Processo Civil de 2015, a renúncia pode até mesmo ocorrer em negócio processual prévio ao próprio ajuizamento da demanda.[1124]

A renúncia ao prazo depende também de *capacidade postulatória* de quem a manifesta, isto é, deve ser manifestada por advogado regularmente constituído, conforme sólido entendimento doutrinário e jurisprudencial.[1125] Todavia, para praticá-lo, não há necessidade de outorga dos poderes especiais de que trata o art. 105.[1126]

1122 Como disserta Ricardo Aprigliano, "a diferença fundamental entre a desistência e a renúncia consiste em que aquela é exercida após a interposição do recurso, enquanto esta pressupõe justamente o contrário, que ainda não tenha sido interposto o recurso que se pretende renunciar" (*A apelação e seus efeitos*, n. 1.2, p. 22).

1123 É comum constar nos acordos judiciais a cláusula de *renúncia ao direito de recorrer* da respectiva sentença homologatória, antes mesmo de ela ser proferida. No Código de Processo Civil de 1973, infelizmente prevalecia na jurisprudência o entendimento segundo o qual "para que a parte renuncie é preciso a preexistência da sentença. Não se pode renunciar previamente ao recurso, sem se conhecer o teor da decisão sobre a qual se vai recorrer" (STJ, 1ª T., EREsp n. 87.531-SP, rel. Min. Demócrito Reinaldo, j. 19.2.1997, m.v.). Da mesma forma, a doutrina majoritária não admitia a renúncia ao prazo abstrato, ainda não iniciado (por todos, Ricardo Aprigliano, *op. cit.*, n. 1.2, p. 22; e Daniel Mitidiero, *Comentários ao Código de Processo Civil*, tomo II, art. 186, n. 109, p. 151).

1124 Nesse sentido: Luis Guilherme Bondioli, *Comentários ao Código de Processo Civil*, vol. XX, nota 37 ao art. 999, p. 56.

1125 Sobre a necessidade de capacidade postulatória para renunciar ao direito de recorrer – que na prática equivale à renúncia do prazo de recurso –, STJ, 3ª T., REsp n. 1.251.728-PE, rel. Min. Paulo de Tarso Sanseverino, j. 14.5.2013, v.u.

1126 Nesse sentido: Leonardo da Cunha, *Comentários ao Código de Processo Civil*, vol. III, art. 225, n. 1, p. 170; Andre Roque, *Teoria geral do processo*, art. 225, n. 1, p. 730; e, ainda na vigência do Código de Processo Civil de 1973, Antonio Dall'Agnol, *Comentários ao Código de Processo Civil*, vol. 2, art. 186, n. 4, p. 392. Especificamente quanto à necessidade desses poderes especiais para *desistir do recurso* (art. 998), Luis Guilherme Bondioli, *Comentários ao Código de Processo Civil*, vol.

Depende, ainda, de o direito defendido pelo destinatário do prazo poder ser objeto de *autocomposição* (aplicação analógica do art. 190).[1127]

Por outro lado, não exigem *forma específica* (art. 188), sendo geralmente manifestadas por meio de petição escrita, mas também podem ser apresentadas oralmente em audiência ou sessão de julgamento.

320. Prazos processuais, materiais e extraprocessuais

A parte pode renunciar a *qualquer prazo processual* (ou endoprocessual),[1128] inclusive os próprios (preclusivos) ou impróprios, aceleratórios ou dilatórios, particulares ou comuns etc.[1129] Tais prazos visam à prática de atos processuais e trazem consigo a imposição de algum ônus. Essa situação processual, por significar imperativo do próprio interesse, implica ampla liberdade de o onerado praticá-lo ou não. Daí por que não haveria motivo para restringir a possibilidade de renúncia nesse caso.

Todavia, apesar da ausência de ressalva expressa no art. 225 – como há em outros dispositivos do Código de Processo Civil, como nos arts. 219, parágrafo único, e 220 –, há prazos *irrenunciáveis* fixados em lei processual.

Inicialmente, os sujeitos processuais não podem validamente renunciar, tácita ou expressamente, a prazos relacionados a *deveres*, se isso implicar seu descumprimento. Afinal, nesse caso, o interesse jurídico subjacente pertence

---

XX, art. 998, n. 32, p. 52; BRUNO LOPES, *Comentários ao Código de Processo Civil*, vol. II, art. 105, n. 206, p. 270; e, no Código de Processo Civil anterior, JOSÉ ROBERTO BEDAQUE, *Código de Processo Civil interpretado*, art. 38, n. 2, p. 106. Mas, por se tratar de exceção à regra, a interpretação do termo "desistir" deve ser restritiva, limitada à desistência da ação. Nem faria sentido sistemático exigir poderes especiais para desistir do recurso se o art. 105 bem como o art. 999 não os exigem para renunciar ao direito de recorrer (e aos prazos).

1127 Para parte da doutrina, porém, só seria válida a renúncia ao prazo se o direito for *disponível*, não bastando, portanto, ser admissível a autocomposição. Nesse sentido: HUMBERTO THEODORO JÚNIOR, *Novo Código de Processo Civil anotado*, art. 225, p. 283; e MONIZ DE ARAGÃO, *Comentários ao Código de Processo Civil*, art. 186, n. 126, p. 119. Quando a Fazenda Pública tem a prerrogativa do *reexame necessário*, é admissível à renúncia apenas ao prazo para recurso voluntário.

1128 Sobre o conceito de prazo processual, material e extraprocessual, aqui tratados, v. *supra*, item 247, na introdução deste capítulo III.

1129 Deve ser admitida inclusive a renúncia da parte ao seu próprio prazo quando ele for comum e o *litisconsórcio unitário*. Essa renúncia, porém, não prejudica o prazo de seus litisconsortes. Nesse sentido: DANIEL NEVES, *Novo Código de Processo Civil comentado*, art. 225, n. 1, pp. 380-381. A doutrina majoritária, entretanto, vem afirmando que aquela renúncia só produziria efeitos se todos os litisconsortes renunciassem, não sendo admissível a renúncia subjetivamente parcial.

a terceiro e não ao seu destinatário, de modo que o prazo não é estabelecido "em seu favor", mas contra. Portanto, a parte não pode renunciar ao *prazo material*, *v.g.*, para o cumprimento de sentença ou para purgar a mora na ação de despejo por falta de pagamento. Se renunciar sem praticar o ato, o dever permanece e a única consequência será a possibilidade de imposição da sanção ou do mecanismo de coerção desde então.

Pode, porém, *reduzir* voluntária e expressamente a esses prazos materiais – o que equivale à renúncia parcial –, inclusive por meio de negócio processual.[1130] Pode também, por óbvio, praticar esses atos antecipadamente, tornando irrelevante o prazo adicional.

Juízes e seus auxiliares, por estarem sujeitos somente a deveres, também não podem renunciar aos prazos que lhes forem impostos, sem praticar o ato.

As partes também não podem renunciar a *prazos extraprocessuais* – *v.g.*, para o ajuizamento de ação rescisória e mandado de segurança –, apesar de relacionados a um ônus (de demandar). Afinal, isso implicaria violação à garantia constitucional da inafastabilidade do controle jurisdicional (art. 5º, inc. XXXV) e, portanto, a norma de ordem pública.[1131] Assim, a parte pode não exercer esse poder, mas antes do seu escoamento ele é irrenunciável, assim como os prazos prescricionais e decadenciais em geral (CC, arts. 191 e 209).

No plano do *direito material*, é admitida a renúncia tácita a alguns prazos, inclusive prescricionais, deduzível do comportamento da parte.[1132]

321. Renúncia a prazo e desistência do ato

Como já dito, renúncia ao prazo para praticar o ato corresponde, ao menos em termos práticos, à renúncia ao próprio direito de praticá-lo (*v.g.*, ao direito de recorrer – art. 999).

1130 Diferentemente do descumprimento de um ônus processual, que gera consequências exclusivamente processuais – como preclusão (art. 223, *caput*), presunção de veracidade de fatos alegados e inadmissibilidade de se praticar posteriormente o ato –, o descumprimento de um dever *não exime* o sujeito de praticar o respectivo ato material, sendo cabível, inclusive, a imposição de mecanismos de coerção e de sanção.

1131 O art. 209 do Código Civil dispõe ser "nula a renúncia à decadência fixada em lei". Contudo, apesar de os prazos processuais em geral terem natureza decadencial, esse art. 209 é inaplicável aos extraprocessuais porque essa renúncia, assim como nos prazos prescricionais, só é válida quando realizada após sua consumação (CC, art. 191).

1132 "A jurisprudência desta Corte Superior firmou entendimento de que reconhecimento administrativo do direito, após decorrido por inteiro o prazo prescricional, implica renúncia à prescrição" (STJ, 1ª T., AgInt no AREsp n. 1.289.161-RS, rel. Min. Napoleão Maia Filho, j. 13.12.2018, v.u.).

Porém, é fenômeno diverso da desistência do ato já praticado (*v.g.*, art. 998). Enquanto a renúncia deve ser prévia e expressa, a desistência é posterior e pode ser tácita.[1133] Além disso, durante o período transcorrido entre o momento em que praticado e o da respectiva desistência, o ato produz os efeitos programados em lei ou em negócio processual.[1134]

322. Eficácia imediata e preclusão temporal

A renúncia expressa ao prazo produz efeitos imediatos (art. 200) e, portanto, independe de anuência do adversário ou de homologação judicial,[1135] além de não admitir retratação.[1136] Assim, a partir daquele exato momento o ato está sujeito à preclusão temporal (art. 223, *caput*).[1137]

Em termos práticos, ao renunciar ao prazo, a parte também está *renunciando ao próprio direito de vir a praticar* o respectivo ato – *v.g.*, se a parte renuncia

---

1133 STJ, 3ª T., EDcl no AgInt no AgInt no REsp n. 1.475.626-RS, rel. Min. MOURA RIBEIRO, j. 27.8.2018, v.u. Nesse caso, o relator indagou o recorrente se permanecia seu interesse recursal e o silêncio foi interpretado como desistência. Na vigência do Código anterior, havia quem sustentasse que o pagamento voluntário na fase de cumprimento provisório de sentença implicaria desistência tácita do recurso pendente e, para afastar essa interpretação, o Código de Processo Civil de 2015 dispôs expressamente o contrário (art. 520, § 3º).

1134 De fato, (a) o ajuizamento da demanda interrompe a prescrição ainda que o autor desista da ação, se o demandado tiver sido regularmente citado (art. 240, § 1º); (b) os embargos de declaração interrompem o prazo dos demais recursos para todas as partes (art. 1.026), ainda que haja a desistência pelo embargante (STJ, 3ª T., REsp n. 1.546.119-BA, rel. Min. PAULO DE TARSO SANSEVERINO, j. 24.4.2014, d.m.; STJ, 3ª T., AgInt no AREsp n. 898.338, rel. Min. MARCO AURÉLIO BELLIZZE, j. 13.11.2017, d.m.; e STJ, 1ª T., REsp n. 1.608.640-PE, rel. Min. REGINA HELENA COSTA, j. 17.10.2016, d.m.); e (c) os recursos em geral impedem, enquanto pendentes, a formação de coisa julgada.

1135 Nesse sentido: PEDRO NOGUEIRA, *Código de Processo Civil anotado*, art. 225, n. 2, p. 352; e, na vigência do Código de Processo Civil de 1973, ANTONIO DALL'AGNOL, *Comentários ao Código de Processo Civil*, art. 225, n. 1, p. 390. Aliás, se a anuência do adversário ou do litisconsorte é dispensável para a validade da desistência do recurso interposto (art. 998), com mais razão não se exige a anuência para a renúncia ao prazo para interpô-lo. Todavia, "*no processo do trabalho*, diante da hipossuficiência do empregado, qualquer ato de disposição de direitos ou prazos deve ter a expressa concordância e homologação do magistrado trabalhista" (BRUNO FREIRE E SILVA, *O novo CPC e o processo do trabalho*, vol. I, art. 225, p. 174).

1136 PEDRO NOGUEIRA também sustenta a irretratabilidade da renúncia a prazo, mas trata a questão como renúncia ao poder de praticar o ato (*Código de Processo Civil anotado*, nota 2 ao art. 225, p. 342).

1137 Contudo, o juiz pode e deve exercer o controle de validade do ato de manifestação de vontade, de modo que ele deve sempre verificar se estão presentes seus requisitos de admissibilidade. Essa decisão tem eficácia declarativa *ex tunc*.

ao prazo de recurso, ela manifesta sua intenção de acolher a decisão sem impugná-la, nos termos do art. 1.000.[1138] E essa renúncia é irretratável.

Se, porém, no momento da renúncia do prazo o ato já houver sido praticado, então ela deve ser interpretada somente em relação ao *prazo de aditamento*, que é o vencimento do prazo original (v. próximo item), e não como desistência do ato.

323. Preclusão consumativa

A partir de uma interpretação do art. 186 do Código de Processo Civil de 1973, a jurisprudência dominante entendia, com certa resistência da doutrina, que a prática do ato antes do vencimento do prazo implicaria *renúncia tácita* ao período restante, ocorrendo, assim, a preclusão consumativa. Isso impediria a parte a *complementá-lo* ou *substituí-lo*, ainda que dentro do prazo original.

Contudo, como na vigência do Código de Processo Civil de 2015 a renúncia a prazo deve ser expressa (art. 225) e "o direito de praticar ou de emendar o ato processual" extingue-se somente quando "decorrido o prazo" original (art. 223), então agora o ato praticado antecipadamente pode ser validamente *emendado* ou *corrigido* até o vencimento do prazo fixado, salvo em caso de renúncia expressa.[1139]

Aliás, se a parte pode aditar a petição inicial da ação rescisória ou do mandado de segurança,[1140] mesmo após o transcurso do prazo legal (art. 321), não há motivo para impedir a emenda do recurso ou de qualquer outro ato processual, se ainda no prazo.

Art. 226. O juiz proferirá:

I – os despachos no prazo de 5 (cinco) dias;

II – as decisões interlocutórias no prazo de 10 (dez) dias;

III – as sentenças no prazo de 30 (trinta) dias.

CPC de 1973 – art. 189

CPP – art. 800

Comparação jurídica – arts. 156 e 607 do CPC português

1138 STJ, 2ª T., AgRg no REsp n. 1.568.902-PR, rel. Min. Mauro Campbell Marques, j. 10.5.2016, v.u.

1139 Nesse sentido: Heitor Sica, *Comentários ao Código de Processo Civil – parte geral*, nota 5 ao art. 223, p. 809, e nota ao art. 225, p. 814. Wambier-Talamini, todavia, defendem a manutenção daquele entendimento anterior (*Curso avançado de processo civil*, vol. 1, n. 31.2.2, p. 505).

1140 Ou ainda dos embargos à execução: STJ, 3ª T., REsp n. 848.064-RS, rel. Min. Sidnei Beneti, j. 19.5.2009, v.u.

324. Introdução

De pouco adiantaria serem fixados prazos para as partes, com vista a acelerar o processo, se os atos dos juízes e seus auxiliares também não estivessem sujeitos a limites temporais.[1141] Mais do que isso, como representante do Estado, cabe ao juiz dar o exemplo.

Por isso, pensando na *celeridade processual*, o art. 226 impõe aos juízes de primeira instância *prazos impróprios* para proferir seus provimentos jurisdicionais, isto é, de 5 dias úteis para dar andamento ao processo (despachos – art. 203, § 3º); de 10 dias úteis para decidir questões incidentais ou de mérito que não ponham fim ao processo ou fase (decisões interlocutórias – art. 203, § 2º);[1142] e de 30 dias úteis para extinguir o processo com ou sem resolução do mérito (sentença – art. 203, § 1º).[1143] Coerentemente, o art. 366 reforça o prazo de 30 dias para sentenciar, a partir da audiência de instrução e julgamento, quando não proferida naquela oportunidade. Outros artigos do Código de Processo Civil especificam os prazos dos magistrados nos tribunais (v. a seguir, item 325). Esses prazos, porém, podem ser duplicados por "motivo justificado" (art. 227).

Contudo, os prazos do art. 226 podem ser *alterados por normas especiais* – inclusive do próprio Código de Processo Civil. De fato, alguns dispositivos legais alteram validamente a extensão dos lapsos temporais fixados no art. 226 para que sejam proferidos certos provimentos jurisdicionais – *v.g.*, 5 dias para decidir os embargos de declaração (art. 1.024); 15 dias para sentenciar a ação popular (LAP, art. 7º, inc. VI); 5 dias para sentenciar a ação de busca e apreensão fundada em contrato de alienação fiduciária (Decreto-lei n. 911/69, art. 3º, § 4º); 30 dias para decidir se rejeitará de plano ou determinará o prosseguimento da ação de improbidade administrativa, sendo irrelevante se o ato será uma decisão interlocutória ou sentença (LIA, art. 17, § 8º); e, na sessão de

---

1141 "As partes têm os seus prazos fixados em lei com o escopo do atingimento da *causa finalis* do processo. Nada disso teria sentido se o representante do juízo e seus auxiliares também não se submetessem ao império dos prazos" (LUIZ FUX, *Curso de direito processual civil*, n. 4.3, p. 315).

1142 Como bem ressaltado por NELTON DOS SANTOS, apesar de o Código de Processo Civil não distinguir as decisões interlocutórias entre si, "o juiz deverá conferir prioridade paras as questões urgentes" (*Código de Processo Civil interpretado*, art. 189, n. 3, p. 517).

1143 O art. 189 do Código de Processo Civil de 1973 concedia prazo de apenas dois dias para o juiz proferir os despachos, os mesmos dez dias para as decisões em geral, entendendo corretamente parte da doutrina que esse prazo também se aplicava às sentenças. Nesse sentido: DANIEL MITIDIERO, *Comentários ao Código de Processo Civil*, art. 189, n. 118, p. 162. Em sentido contrário: PONTES DE MIRANDA, *Comentários ao Código de Processo Civil*, vol. III, art. 189, n. 1, p. 147.

julgamento nos tribunais, o relator ou outro juiz pode pedir vista dos autos por 10 dias para preparar seu voto (CPC, art. 940; e LOMAN, art. 121).

Em outros casos, pode haver prazo específico para o juízo realizar ou proporcionar a realização de atos processuais de *outra natureza*, que não provimento jurisdicional. Tais prazos são *fixados em lei* – *v.g.*, de até 30 dias para realizar audiência de mediação em ação de reintegração de posse, no litígio coletivo (art. 565) – *ou por outro juiz* – *v.g.*, o juízo deprecante deve fixar o prazo para o deprecado cumprir as cartas (art. 261); o relator da ação rescisória pode fixar prazo de um a três meses para o órgão que proferiu a decisão rescindenda produzir as provas que especificar (art. 972); e o tribunal pode fixar prazo para cumprimento de uma ordem sua, como realizar uma audiência de instrução ou expedir ofícios a órgãos públicos ou particulares em atenção ao quanto decidido (para desfazer penhora, liberar carteira de motorista ou passaporte por ele indevidamente apreendidos etc.).[1144]

O art. 35 da Lei Orgânica da Magistratura Nacional, por sua vez, dispõe que é dever do juiz "não exceder injustificadamente os prazos para sentenciar ou despachar" (inc. II) e "determinar as providências necessárias para que os atos processuais se realizem nos prazos legais" (inc. III).

Ademais, independentemente de respeitar ou não os prazos, o art. 12 dispõe que "os juízes e os tribunais atenderão, preferencialmente, à ordem cronológica de conclusão para proferir sentença ou acórdão". Para DANIEL NEVES, tal dispositivo seria "incongruente" com o art. 226.[1145] Mas essa questão parece ser mais um problema de gestão do trabalho judicial, pois, quanto menor a "fila" de processos conclusos, maior a probabilidade de o trintídio legal ser respeitado; e vice-versa.

Todavia, todos esses prazos dos juízes dispostos na legislação processual constituem verdadeira *utopia legal*, já que, na prática, raramente os frequentes e reiterados atrasos geram as consequências previstas em lei, consistentes em sanções administrativas, providências processuais (como a substituição do juiz pelo seu substituto) ou o dever de indenizar (sobre essas possíveis consequências, v. comentários ao art. 235, itens 409, 411 e 412).

1144 A qualquer outra pessoa, inclusive ao *juiz* subordinado, que intencionalmente crie embaraços ao cumprimento de decisão do tribunal (art. 77, inc. IV), pode ser imposta multa de até 20% do valor da causa por ato atentatório à dignidade da justiça (art. 77, § 2º). Nesse sentido: PEDRO DINAMARCO, "O novo art. 14 do Código de Processo Civil: atos atentatórios à dignidade da justiça", n. 2, p. 32. Em sentido contrário: STJ, 4ª T., REsp n. 1.548.783-RS, rel. Min. LUIS FELIPE SALOMÃO, j. 11.6.2019, v.u.

1145 *Novo Código de Processo Civil comentado*, art. 226, n. 1, p. 381.

Ademais, por serem impróprios, ainda que esses prazos sejam descumpridos, permanece por tempo indeterminado o poder-dever do Estado-juiz de praticar validamente aquele ato.[1146]

325. Destinatários

Os prazos dispostos no art. 226 são dirigidos somente aos pronunciamentos dos *juízes de primeira instância*.[1147]

Desembargadores dos tribunais locais (TJs e TRFs) e ministros dos tribunais superiores, enquanto *relatores*, estão sujeitos a outras regras específicas e incompatíveis com o art. 226, das quais se destacam os seguintes prazos: (a) trinta dias para elaborar o relatório e proferir o voto (art. 931); (b) no *agravo de instrumento*, cinco dias para adotar as providências indicadas nos incisos do art. 1.019, em especial para decidir sobre pedido de antecipação da tutela recursal (inc. I); (c) os *embargos de declaração* devem ser levados a julgamento em mesa na primeira sessão subsequente (art. 1.024, § 1º); e (d) nos *incidente de resolução de demandas repetitivas*, o processamento e o julgamento devem ocorrer dentro de um ano (art. 980).

Especificamente no STJ, o art. 110 do seu regimento interno dispõe que "os prazos para os Ministros, salvo acúmulo de serviço, se de outra forma não dispuser a lei processual ou este Regimento, são os seguintes: I – dez dias para atos administrativos e para decisões interlocutórias; II – vinte dias para o 'visto' do revisor; e III – trinta dias para o 'visto' do relator".

Além disso, o desembargador ou ministro que pedir vista dos autos durante a sessão de qualquer julgamento terá o prazo de dez dias para preparar seu voto (art. 940), prorrogáveis por mais dez dias, sob pena de reinclusão do processo na pauta de julgamento (§ 1º) e sua eventual substituição, caso ainda não se sinta habilitado a votar (§ 2º).

Há também prazos para os integrantes das câmaras ou turmas julgadoras, nos tribunais, emitirem seu voto no julgamento virtual. Esses prazos geralmente estão dispostos em regimentos internos dos tribunais.

326. Fluência e contagem dos prazos

Conforme está na doutrina, "os prazos do juiz começam (*a correr*) quando os autos lhe são conclusos",[1148] devendo, para tanto, o escrivão ou chefe de

---

1146 "Os atos do juiz, a despeito da extemporaneidade, são válidos e eficazes" (PONTES DE MIRANDA, *Comentários...*, art. 187, n. 2, p. 144).

1147 Em sentido contrário: ANDRE ROQUE, *Teoria geral do processo*, art. 226, n. 1, p. 731; e NELTON DOS SANTOS, *Código de Processo Civil interpretado*, art. 189, n. 1, p. 517.

1148 CÂNDIDO DINAMARCO, *Instituições de direito processual civil*, vol. II, n. 814, p. 659. No

secretaria expedir o termo de conclusão (art. 208).[1149] Mas a lei pode estabelecer de modo diverso o termo inicial desse prazo (*v.g.*, art. 1.020).

Por serem processuais, os prazos dos juízes são contados da mesma forma que os das partes. Assim, salvo disposição legal específica em sentido contrário, são computados apenas os dias úteis (art. 219),[1150] excluindo-se o dia do começo e incluindo-se, integralmente, o do vencimento (art. 224, *caput*),[1151] salvo se nesses dias o expediente do fórum começar mais tarde ou se encerrar mais cedo, ou, ainda, se o sistema de automação eletrônica do tribunal estiver indisponível (art. 224, § 1º).

Aos prazos dos juízes também são aplicáveis os mesmos motivos de *suspensão, interrupção* ou *prorrogação* dos prazos das partes, inclusive quando houver obstáculos ou justa causa que impeçam ou dificultem a realização dos atos (arts. 221, 222 e 223, § 1º), como a indisponibilidade do sistema eletrônico (art. 224, § 1º). Mais especificamente, tais prazos não correm durante a suspensão do processo.

327. Parte não pode ser prejudicada pela omissão do cartório

Pelo princípio da boa-fé e da colaboração, aos quais juízes e serventuários também estão sujeitos, as partes não podem ser prejudicadas em suas situações

---

Estado de São Paulo, a Portaria n. 30/2013 da Corregedoria-Geral da Justiça veda a permanência dos autos em cartório depois de assinados os respectivos termos (art. 98, § 1º) e dispõe que "todas as conclusões ao juiz serão anotadas no sistema informatizado". Trata-se de medidas extremamente salutares, a serem copiadas por todos os tribunais.

1149 Guilherme Nucci, ao comentar o art. 800 do Código de Processo Penal, esclarece que, "para apurar se o magistrado verdadeiramente, atrasou o seu expediente, deve-se conferir no livro de carga de autos, que é de uso obrigatório no cartório" (*Código de Processo Penal comentado*, art. 801, n. 28, p. 1.588), raciocínio este plenamente aplicável ao processo civil. Note-se, ainda, que o Código de Processo Civil não impõe eventuais sanções ao serventuário que lançar incorretamente a data da remessa dos autos no termo de conclusão, mas no processo penal ele está sujeito a multa e, no caso de reincidência, suspensão de até 30 dias (art. 800, § 4º).

1150 O art. 184-E do RISTJ, cuja redação é posterior à entrada em vigor do Código de Processo Civil de 2015, dispõe ser de sete dias *corridos* o prazo para os ministros emitirem seus votos no julgamento virtual. Apesar de questionável a legalidade dessa regra regimental, por contrariar norma federal, ela vem sendo aplicada.

1151 Também para Daniel Neves, esses prazos são "contados a partir do primeiro dia útil subsequente à remessa pela serventia dos autos à conclusão" (*op. cit.*, art. 226, n. 1, p. 381). No mesmíssimo sentido, ainda que à luz do Código de Processo Civil de 1973, Marinoni-Arenhart-Mitidiero, *Novo Código de Processo Civil comentado*, art. 226, n. 1, p. 328; e Antonio Dall'Agnol, *Comentários ao Código de Processo Civil*, art. 189, n. 5, p. 410.

jurídico-processuais ativas (direitos e poderes) em decorrência de falha imputável ao mecanismo judiciário, como o não cumprimento tempestivo de um dever pelo serventuário (ou pelo juiz).

Essa regra está contida no art. 240, § 3º ("a parte não será prejudicada pela demora imputável exclusivamente ao serviço judiciário"), e, embora dirigida à interrupção da prescrição pela citação, vem sendo aplicada genericamente no processo civil para as mais diversas situações. Assim, é aplicável não somente no caso de demora do cartório na expedição do mandado de citação, mas em qualquer outra situação equivalente. Nesse sentido, o ato da parte não pode deixar de ser conhecido porque não foi apresentada a certidão cartorária no momento da sua realização, se ela tiver sido requerida com antecedência de cinco dias;[1152] ou se o processo não teve andamento regular durante anos por omissão dos serventuários (*v.g.*, falta de publicação da decisão que determinou a paralisação do feito), não há que se falar em prescrição intercorrente.[1153]

328. Momento do cumprimento do prazo

Considera-se praticado o ato escrito, e, portanto, cumprido o prazo, no momento em que o juiz o anexa diretamente aos autos eletrônicos (LPE, art. 3º) – tal qual os atos escritos das partes – ou entrega a versão em papel, devidamente assinada, ao escrivão ou chefe de secretaria para que seja (imediatamente) juntada aos autos físicos.[1154]

329. Processo penal e trabalhista

No *processo penal*, dispõe o art. 800 do Código de Processo Penal que o juiz tem o prazo de dez dias (corridos) para proferir sentença ou decisão interlocutória mista (inc. I); de cinco dias para a decisão interlocutória simples (inc. II); e de apenas um dia para o despacho (inc. III), contados sempre do

1152 *V.g.*, o recurso deve ser conhecido ainda que a parte não tenha a ele anexado a certidão informando equívoco na data da publicação da decisão anteriormente certificada nos autos, se tiver havido atraso injustificado do cartório ou secretaria na sua expedição.

1153 STJ, 2ª T., REsp n. 796.382-RO, rel. Min. PEÇANHA MARTINS, j. 6.12.2005, v.u.

1154 "É com a entrega da sentença assinada pelo juiz ao escrivão que se consuma a sua publicação" (STJ, 4ª T., AgRg no AgRg no Ag n. 685.829-RS, rel. Min. LUIS FELIPE SALOMÃO, j. 5.10.2010, v.u.), isto é, que ela se torna pública e, portanto, considera realizado o ato. No mesmo sentido: CÂNDIDO DINAMARCO, "Tempestividade dos recursos", p. 1.095. Consequência disso, aliás, é a nulidade da sentença se o juiz que a proferiu entregá-la quando não mais estava no exercício daquele cargo, por promoção, aposentadoria ou qualquer outro motivo (STJ, 3ª T., REsp n. 750.651-PA, rel. p/ acórdão Min. ARI PARGENDLER, j. 4.4.2006, m.v.).

termo de conclusão lançado pelo serventuário. Tais prazos poderão ser excedidos por igual tempo se for declarado motivo justo (§ 3º).[1155]

A Consolidação das Leis do Trabalho não contém regras gerais para os prazos dos juízes. Por isso, salvo quando houver disposição para algum ato específico (*v.g.*, art. 855-D – prazo para análise de acordo extrajudicial), os prazos do art. 226 são plenamente aplicáveis ao *processo trabalhista.*

Art. 227. Em qualquer grau de jurisdição, havendo motivo justificado, pode o juiz exceder, por igual tempo, os prazos a que está submetido.

CPC de 1973 – art. 187
CPP – arts. 614 e 800, § 3º

330. Motivo justificado

Segundo consta no art. 227, o juiz somente pode exceder seus prazos processuais, por igual tempo e por uma única vez, se houver *motivo justificado* para tanto.[1156] Trata-se de dispositivo dirigido exclusivamente aos prazos dos magistrados, nunca das partes ou mesmo dos serventuários.[1157]

Pela leitura do art. 227, toda vez que utilizar o prazo maior do que o disposto em lei – seja ele em dobro ou ainda maior – para a prática de determinado ato ou providência, o juiz teria o *dever de justificar o atraso*, especificando nos autos o motivo para tanto.[1158] Aliás, a razão de ser dessa exigência é evitar o arbítrio do juiz.[1159] Todavia, na prática, essa justificativa raramente acontece, sem qualquer consequência ao juiz ou ao processo.[1160] Como seus

---

1155 E o art. 802 impõe sanções mais severas ao magistrado (e promotores): desconto de "tantos dias de vencimentos quantos forem os excedidos" e perda do dobro de dias excedidos na contagem do tempo de serviço, para efeito de promoção na carreira e aposentadoria.

1156 O art. 227 também é aplicável ao processo trabalhista. Não é aplicável ao processo penal, mas o Código de Processo Penal contém dispositivo com igual conteúdo (art. 800, § 3º).

1157 A inaplicabilidade do art. 227 aos prazos das partes é pacífica na doutrina (Heitor Sica, *Comentários ao Código de Processo Civil*, vol. 1, n. 1, p. 815) e na jurisprudência (STJ, 2ª T., AgRg no REsp n. 871.211-CE, rel. Min. Humberto Martins, j. 25.11.2008, v.u.).

1158 Para Pontes de Miranda, o juiz comete ato ilícito se "considera justo o motivo sem que o seja" (*Comentários ao Código de Processo Civil*, vol. III, art. 187, n. 1, p. 144).

1159 Nesse sentido: Antonio Dall'Agnol, *Comentários ao Código de Processo Civil*, vol. 3, art. 187, n. 2, p. 393.

1160 Os arts. 226 e 227 não impõem qualquer consequência para o juiz, ou para o processo, em decorrência do descumprimento de seus prazos processuais, simples ou

prazos são quase sempre *impróprios*, os correspondentes atos processuais podem (e devem) ser validamente cumpridos a qualquer tempo, mesmo após o escoamento desse prazo adicional. Em tese, caberia apenas a imposição de sanções administrativas, providências processuais (em especial a substituição do magistrado), pela Corregedoria do Tribunal ou do Conselho Nacional de Justiça (art. 235), bem como pagamento de indenização pelo Estado à parte prejudicada, mas, na prática, isso também não costuma ocorrer. Trata-se aqui, portanto, de mais uma *utopia legal*.

Seja como for, "motivo justificado", segundo LUIZ FUX, corresponderia à *justa causa* para a parte disposta nos parágrafos do art. 223.[1161] Na verdade, pode-se dizer que equivale, mais amplamente, a *qualquer obstáculo* alheio à sua vontade que autorizaria também as partes a praticarem o ato após o prazo estipulado – por impossibilidade, ou elevada dificuldade, de realizá-lo dentro do prazo. Vale dizer, sempre que possível, na apuração de eventual descumprimento do prazo pelo juiz, o intérprete (principalmente o corregedor responsável pela fiscalização) deve considerar a ocorrência de fatos que implicariam a suspensão ou prorrogação também dos prazos das partes, como a justa causa, os obstáculos a que se refere o art. 221 – em especial a força maior – e a calamidade pública.

331. Qualquer prazo do juiz

Diferentemente do art. 226,[1162] o art. 227 é expressamente dirigido a juízes de "qualquer grau de jurisdição", inclusive dos tribunais locais e superiores.[1163]

A incidência do art. 227 tampouco se limita aos prazos para os juízes proferirem provimentos jurisdicionais (despacho, decisão interlocutória e sentença), sendo igualmente aplicável aos prazos para ele adotar as providências de qualquer espécie que lhe couber, como para o cumprimento de cartas em geral e para processamento e julgamento de determinadas demandas ou recursos. Para sua incidência, é igualmente irrelevante se o prazo foi fixado no Código de Processo Civil ou na legislação processual extravagante.

---

em dobro. Tais medidas estão dispostas de modo difuso na legislação processual e em normas expedidas pelos respectivos tribunais ou pelo Conselho Nacional de Justiça (v. art. 335, item 411).

1161 *Curso de direito processual civil*, n. 4.3, p. 308.

1162 Aliás, teria sido melhor se o legislador tivesse lançado o art. 227 como parágrafo único do art. 226, pois complementar a este.

1163 Nesse sentido: LUIZ GUILHERME WAGNER JUNIOR, *Breves comentários ao novo Código de Processo Civil*, arts 226-227, n. 9, p. 740; e ANTONIO DALL'AGNOL, *Comentários...*, vol. 3, art. 187, n. 1, p. 393.

Contudo, salvo expressa disposição em sentido contrário, o art. 227 não é aplicável às raríssimas hipóteses de *prazo próprio* para o juiz, como o prazo preclusivo para votar no julgamento virtual perante os tribunais (*v.g.*, RISTF, art. 324, § 1º; e RISTJ, art. 184-E).

Art. 228. Incumbirá ao serventuário remeter os autos conclusos no prazo de 1 (um) dia e executar os atos processuais no prazo de 5 (cinco) dias, contado da data em que:

I – houver concluído o ato processual anterior, se lhe foi imposto pela lei;

II – tiver ciência da ordem, quando determinada pelo juiz.

§ 1º Ao receber os autos, o serventuário certificará o dia e a hora em que teve ciência da ordem referida no inciso II.

§ 2º Nos processos em autos eletrônicos, a juntada de petições ou de manifestações em geral ocorrerá de forma automática, independentemente de ato de serventuário da justiça.

CPC de 1973 – art. 190

CPP – art. 799

Comparação jurídica – art. 162 do CPC português

332. Serventuários

O Código de Processo Civil, na maioria das vezes, atribui a prática de determinados atos processuais relacionados ao impulso do processo, ou à certificação de outros atos, apenas aos escrivães e chefes de secretaria (arts. 152, 153, 206 a 209, 231, inc. III, 241, 246, inc. III, 248, 250, inc. VI, 254, 265, 273, 367, §§ 2º e 3º, 423, 425, inc. I, 469, parágrafo único, 620, 626, § 4º, 735, 740, 846, § 3º, 877, § 1º, e 1.006), apesar de serem usualmente realizados por qualquer funcionário do cartório ou secretaria. Essa participação humana na realização desses atos jamais poderá ser totalmente substituída por máquinas,[1164] ainda que nos processos eletrônicos sua relevância seja gradativamente reduzida.

Ao tratar dos prazos para a prática daqueles atos dos auxiliares e de sua fiscalização, contudo, os arts. 228 e 233 utilizam intencionalmente o termo serventuário, que tem *maior abrangência*. Também utilizou tal termo quando tratou do destino da multa por má-fé (art. 96) e do dever de testemunhar desses funcionários (art. 715, 4º). Em todos esses quatro dispositivos, parece

---

1164 Nesse sentido: José Carlos Almeida Filho, *Processo eletrônico*, n. X.1.1, p. 195. Esse autor informa ainda que "já há defensores da tese de que o ato processual de registro – a certificação – poderá ser realizado eletrônica e automaticamente".

claro o objetivo do legislador de evitar eventual interpretação muito restritiva quanto aos seus destinatários que levasse à impunidade, frustrando, com isso, sua efetividade.

Assim, para fins do art. 228, devem ser considerados como serventuário ou servidores judiciais os escrivães chefes de secretaria e demais funcionários que exerçam atividade como auxiliar permanente da justiça nos cartórios judiciais, secretarias ou gabinetes e que tenham vínculo funcional com o Estado.[1165-1166] Eles são responsáveis por praticar atos de mero andamento do processo, em qualquer instância da Justiça. Também são serventuários o distribuidor, o avaliador, o contador e o assistente social, desde que efetivos com vínculo jurídico permanente com o Poder Judiciário.

Por outro lado, *não se submetem* à regra do art. 228 os oficiais de justiça – apesar de serem tecnicamente serventuários –[1167] e os *auxiliares eventuais da justiça* sem aquele vínculo funcional permanente, como peritos,[1168] depositários, administradores judiciais, síndicos da falência, intérpretes, tradutores, mediadores e conciliadores judiciais.[1169]

1165 MONIZ DE ARAGÃO também realçava a necessidade desse vínculo com o Estado – o que afasta os auxiliares eventuais, como os peritos –, mas conferia ao termo em referência abrangência subjetiva ainda maior, para incluir os auxiliares da justiça com *atividade externa* ao cartório ou secretaria, desde que responsáveis pela prática de atos processuais, segundo disposto no Código de Processo Civil ou nas leis locais de organização judiciária (*Comentários ao Código de Processo Civil*, art. 190, n. 136, p. 127). Os serventuários permanentes da Justiça Federal estão sujeitos ao Regime Jurídico dos Servidores Públicos Civis da União ou pela Consolidação das Leis do Trabalho, conforme o caso (Lei n. 8.112/90, art. 243, *caput* e § 5º). Normalmente, as leis de organização judiciária dispõem lhes ser aplicável o Regime Jurídico dos Servidores Públicos Civis do Estado ou da União, conforme se trate de justiça federal ou estadual (*v.g.*, art. 76 da Lei n. 11.697/2008 – LOJDFT; e art. 220 do Decreto-lei Complementar Paulista n. 3/1969 do CJESP).

1166 No STJ, "cada Ministro disporá de um gabinete para executar os serviços administrativos e de assessoramento jurídico" que lhe for atribuído (RISTJ, art. 325, *caput*), formado por servidores e assessores, podendo estes *não* ser recrutados do quadro permanente de pessoal da secretaria (§ 2º).

1167 Nem o art. 228 nem qualquer outro artigo do Código de Processo Civil dispõe sobre os prazos dos oficiais de justiça, o que pode e deve constar em norma local. Nesse sentido, o art. 995, § 2º, do Provimento n. 20/2013 da Corregedoria-Geral da Justiça de São Paulo dispõe que, "inexistindo prazo expressamente determinado, os mandados serão cumpridos dentro de *15 (quinze) dias*".

1168 O perito deve entregar o seu laudo no prazo que o juiz fixar. Apesar de esse prazo ser impróprio, o juiz poderá substituí-lo por outro profissional e abrir processo administrativo sancionatório se ele não entregar o laudo mesmo após ser intimado do novo prazo concedido. Ademais, ele está sujeito a *prazo próprio* de 15 dias para escusar-se do encargo (art. 17, § 1º).

1169 Para MARCELO ABELHA, contudo, no conceito de serventuário da justiça estariam

333. Prazos

Assim como os dos juízes, são *impróprios* os prazos dos serventuários e demais auxiliares da justiça – ainda que sem vínculo permanente com o Estado –,[1170] não havendo de se falar em preclusão do dever de praticar os respectivos atos, mas apenas em eventual sanção disciplinar ao responsável (art. 233). Ademais, admitem disposição legal especial em sentido contrário.[1171] E, mesmo quando fixados em lei, podem ser eventualmente *alterados* pelo juiz, conforme a complexidade do ato, sua urgência e o acúmulo de serviço, limitada eventual majoração a período igual ao original (art. 227, por analogia).

Visando a limitar o tempo inútil de permanência do processo na mesa do serventuário enquanto aguarda alguma providência e a dar efetividade ao princípio da *celeridade* processual, o art. 228 dispõe ser de apenas um dia útil o prazo para ele remeter os autos à conclusão e de cinco dias para executar os demais atos processuais, salvo expressa disposição legal em sentido contrário.[1172] Com isso, aboliu os prazos estabelecidos em *horas* no art. 190 do Código de Processo Civil de 1973 (24 e 48 horas, respectivamente).

Esses prazos são reiterados em diversas normas legais.[1173] Contudo, *prazos diversos* também são estabelecidos em outros dispositivos do Código de Proces-

---

incluídos todos aqueles auxiliares da justiça indicados no art. 149, inclusive os eventuais (*Manual de direito processual civil*, n. 4.5.5, p. 346).

1170 O prazo fixado pelo juiz para o perito entregar o laudo (art. 465) também é impróprio, apesar de ele poder ser substituído se imotivadamente deixar de cumprir o encargo naquele prazo (art. 468, inc. II). A propósito, o STF já decidiu ser impróprio o prazo de dez dias do laudo pericial em *processo criminal* (STF, 2ª T., HC n. 12.507-SP, j. 10.5.2016, v.u.). E não há motivo para se entender que no processo civil tal prazo teria outra natureza.

1171 Em sentido equivalente, o art. 111 do RISTJ também dispõe que, "*salvo disposição em contrário*, os servidores do Tribunal terão o prazo de cinco dias para executar os atos do processo, inclusive para certificar a data do trânsito em julgado da decisão e, na sequência, independentemente de despacho e conforme o caso, arquivar os autos, remeter ao Supremo Tribunal Federal ou baixar ao juízo de origem".

1172 É bastante salutar a regra da Corregedoria-Geral da Justiça de São Paulo, segundo a qual "nenhum processo permanecerá paralisado em cartório, além dos prazos legais ou fixados, ou ficará sem andamento por mais de 30 (trinta) dias, no aguardo de diligências (informações, respostas a ofícios ou requisições, providências das parte etc.)" (Portaria n. 30/2013, art. 99). Infelizmente, o Código de Processo Civil não contém qualquer artigo equivalente, impondo aos serventuários o dever de movimentar de ofício o processo após determinado período de inatividade.

1173 Cabe aos serventuários, no prazo de cinco dias, providenciar a baixa dos autos ao juízo de origem, contados da certificação do trânsito em julgado (art. 1.006); e, no STJ, "executar os atos do processo, inclusive para certificar a data do trânsito em julgado da decisão", salvo disposição em contrário (RISTJ, art. 111).

so Civil e da legislação processual extravagante (inclusive regimentos internos).[1174] Nesse sentido, cabe aos serventuários, *v.g.*, (a) no mandado de segurança, enviar os autos à conclusão em até *cinco dias* (LMS, art. 20, § 3º); (b) no prazo de dois dias justificar ao juiz a preterição da ordem cronológica de seu serviço, quando houver reclamação da parte (art. 153, § 4º); (c) no prazo de *dez dias* da juntada do mandado aos autos, enviar ao demandado ou interessado carta, telegrama ou correspondência eletrônica, dando-lhe ciência da citação por hora certa (art. 254);[1175] (d) *no mesmo dia*, ou no seguinte ao recebimento da carta de ordem ou precatória enviada por mensagem eletrônica ou telefone, confirmar os seus termos com o remetente (art. 265, § 1º); (e) no prazo de *dez dias* do cumprimento da carta precatória ou de ordem, devolvê-la ao juízo deprecante (art. 268), sem prejuízo de informá-lo "imediatamente", por meio eletrônico, a realização de citação ou intimação (art. 232);[1176] e (f) também no prazo de *dez dias* publicar a ementa do acórdão (art. 943, § 2º).

Tais prazos, entretanto, podem ser excepcionalmente extrapolados (somente) se houver "motivo legítimo", em especial acúmulo de serviço, conforme se extrai do art. 233.[1177] E, apesar de o art. 227 ser dirigido somente aos prazos dos juízes, ele deve ser aplicado por analogia para limitar o tempo adicional para os serventuários praticarem seus atos.[1178] Não faria sentido limitar o tempo do juiz, em caso de justo motivo, e não fazer o mesmo com seus auxiliares.

Como se vê, os serventuários são *essenciais* ao bom andamento do processo. Eles recebem os atos escritos das partes (petições), do juiz (provimentos em geral), de outros auxiliares da justiça (laudos periciais, mandado de citação ou intimação cumprido pelo oficial de justiça, autos de penhora etc.) e de terceiros em geral, devendo juntá-los rapidamente aos autos físicos e, conforme o caso, encaminhar para conclusão ou para publicação. Eles também executam as ordens do juiz. Daí os atos processuais por eles praticados serem considera-

1174 Nesse sentido: Heitor Sica, *Comentários ao Código de Processo Civil*, vol. 1, art. 228, n. 3, p. 817.

1175 "A remessa pelo escrivão de carta, telegrama ou radiograma, dando ciência ao réu da citação feita por hora certa é requisito obrigatório desta modalidade de citação e sua inobservância gera nulidade" (STJ, 3ª T., REsp n. 468.249-SP, rel. Min. Nancy Andrighi, j. 5.8.2003, v.u.). Portanto, o envio intempestivo também pode gerar tal nulidade – especialmente se enviado após o transcurso do prazo de defesa.

1176 "Imediatamente" significa, no caso, que a comunicação deve ser feita no mesmo dia ou, no máximo, no dia seguinte.

1177 Nesse sentido: Andre Roque, *Comentários ao Código de Processo Civil*, art. 228, n. 1, p. 733.

1178 Nesse sentido: Daniel Mitidiero, *Comentários ao Código de Processo Civil*, t. II, art. 190, p. 164.

dos "a verdadeira mola do impulso processual subsequente ao ajuizamento da causa. Sem que pratique espontânea e rapidamente os atos a seu cargo, o processo não caminha".[1179] Por isso, também os prazos para sua realização precisam ser curtos.[1180]

É verdade que nos processos eletrônicos a quantidade de atividades dos serventuários é menor, pois vários dos atos processuais por eles praticados deixaram de ser necessários, como a sua intervenção para a juntada aos autos das manifestações das partes e das decisões dos juízes, nos termos do art. 228, § 2º (v. item 337). Mas os atos que ainda praticam continuam essenciais à marcha processual.

Daí a importância da fixação na lei, ou pelo juiz, de prazos para os serventuários praticarem seus atos – que se pressupõem suficientes em situações normais –, permitindo, com isso, a fiscalização (art. 233) e a busca pela desejada celeridade do processo.

334. Fluência e contagem do prazo

O próprio art. 228 dispõe que nos prazos *fixados em lei*, em que ele deve agir de ofício independentemente de provocação ou ordem específica do juiz, o prazo do serventuário começa a correr automaticamente do dia em que ele próprio "houver concluído o ato processual anterior" (inc. I), o que logicamente deve certificar naquela ocasião. E quando a prática de algum ato processual específico lhe tiver sido determinada pelo juiz, o termo inicial é a data em que "tiver ciência da ordem" judicial (inc. II), certificando, para tanto, o dia e a hora em que teve ciência dessa determinação (§ 1º).[1181]

Contudo, essa regra não é absoluta e outros dispositivos legais podem estabelecer, eventualmente, de modo diverso, o termo inicial do prazo para a prática de atos específicos (*v.g.*, art. 254).

Por serem processuais, os prazos dos juízes são contados da mesma forma que os das partes (e dos juízes). Assim, salvo eventual disposição legal especí-

---

1179 Moniz de Aragão, *Comentários ao Código de Processo Civil*, art. 190, n. 138, pp. 127-128.

1180 Nesse sentido: Humberto Theodoro Júnior, *Novo Código de Processo Civil anotado*, art. 228, p. 274. O tempo exíguo também se justifica por tais atos serem *individualmente simples*, ainda que na totalidade de processos do cartório ou secretaria haja uma grande quantidade de atos a serem praticados.

1181 O art. 190 do Código de Processo Civil de 1973 fixava os prazos dos serventuários, enquanto o art. 288 do Código de Processo Civil atual passou a fixá-los em dias. Assim, não faz mais sentido a manutenção da necessidade de ser certificada a *hora* da ciência, já que de qualquer forma seu prazo se esgotará sempre no fim do expediente.

fica em sentido contrário, são computados apenas os dias úteis (art. 219), excluindo-se o dia do começo e incluindo-se, integralmente, o do vencimento (art. 224, *caput*), salvo se nesses dias o expediente do fórum começar mais tarde ou se encerrar mais cedo, ou, ainda, se o sistema de automação eletrônica do tribunal estiver indisponível (art. 224, § 1º).

Aos prazos dos serventuários também são aplicáveis os mesmos motivos de *suspensão*, *interrupção* ou *prorrogação* dos prazos das partes (e dos juízes), inclusive quando houver obstáculos que caracterizem justa causa ou força maior e impeçam ou dificultem a realização dos atos (arts. 221, 222 e 223, § 1º), como a indisponibilidade do sistema eletrônico (art. 224, § 1º) ou a falta de energia elétrica no prédio do fórum. Mais especificamente, tais prazos não correm durante a suspensão do processo (art. 313).

E considera-se cumprido o prazo do serventuário no dia em que ele praticar o ato diretamente nos autos. Assim, a certificação feita pelo escrivão ou serventuário do cartório atestando a prática de algum ato ou a ocorrência de algum fato relevante para o processo é tida como realizada no dia e hora por ele declarados, independentemente de termo autônomo de sua juntada aos autos. Se lançar informação sabidamente falsa, comete ilícito e pode ser punido administrativamente por isso, sem prejuízo da correção desse dado incorreto.

335. Parte não pode ser prejudicada pela omissão ou demora do cartório

Pelo princípio da *boa-fé* e da *colaboração*, aos quais juízes e serventuários também estão sujeitos, as partes não podem ser prejudicadas em suas situações jurídico-processuais ativas (direitos e poderes) em decorrência de falha imputável ao mecanismo judiciário, como o não cumprimento tempestivo de um dever pelo serventuário (ou pelo juiz).

Essa regra está expressamente reconhecida no art. 240, § 3º ("a parte não será prejudicada pela demora imputável exclusivamente ao serviço judiciário"), e, ainda que formalmente direcionada à interrupção da prescrição pela citação, vem sendo aplicada genericamente no processo civil para as mais diversas situações. Assim, é aplicável não apenas no caso de demora do cartório na expedição do mandado de citação, mas em qualquer outra situação equivalente. Nesse sentido, (a) o ato da parte não pode deixar de ser conhecido porque não foi apresentada a certidão cartorária no momento da sua realização, se ela tiver sido requerida com antecedência de cinco dias;[1182] (b) paralisado o processo

1182 Exemplificando, o recurso deve ser conhecido ainda que a parte não tenha a ele anexado a certidão informando equívoco na data da publicação da decisão anteriormente certificada nos autos, se tiver havido atraso injustificado do cartório ou secretaria na sua expedição.

durante vários anos por omissão dos serventuários em relação à prática de ato relacionado ao andamento processual (*v.g.*, falta de publicação da decisão que determinou a paralisação do feito), não há que se falar em prescrição intercorrente;[1183] (c) a ausência de informação no andamento processual disponibilizado no sítio eletrônico do tribunal a respeito da juntada da carta ou mandado de citação é justa causa para afastar a intempestividade da contestação;[1184] e (d) "se o recorrente protocolizou regularmente a petição de desistência do recurso, a qual só foi acostada aos autos, por falha da secretaria, após o julgamento, não deve a parte sofrer as consequências da deficiência a que não deu causa".[1185]

336. Fiscalização

O art. 35, incs. III e VII, da Lei Orgânica da Magistratura Nacional dispõe que o juiz tem o dever de, respectivamente, "determinar as providências necessárias para que os atos processuais se realizem nos prazos legais" e "exercer assídua fiscalização sobre os subordinados". Em complemento, o art. 233, § 1º, do Código de Processo Civil dispõe que, "constatada a falha (pelo excesso imotivado no prazo), o juiz ordenará a instauração de processo administrativo, na forma da lei".

337. Juntada de petição (§ 2º)

Entre as diversas funções do serventuário da justiça arroladas no art. 152 e em diversos outros dispositivos legais está a juntada de ofício de petições, manifestações e documentos em geral aos *autos físicos*, tenham sido eles apresentados pelas partes, juiz ou auxiliar externo do juízo (como peritos e oficiais de justiça). E deverá fazê-lo no prazo de cinco dias. Na prática forense, contudo, é muito comum haver cartórios com serviço acumulado – muitas vezes por culpa da falta de *gestão administrativa* competente e não apenas pela falta de funcionários –, em que atos de extrema simplicidade, como a juntada de petição, são praticados após muitos *meses* sem qualquer aplicação de sanção ou ao menos a adoção de providências para sanar essa lentidão.

Por outro lado, nos termos do art. 228, § 2º, a juntada das petições das partes aos *autos eletrônicos* deve se dar de forma *automática*, sem qualquer intervenção de serventuário da justiça. O art. 10 da Lei n. 11.419/2006 (LPE) é

1183 STJ, 2ª T., REsp n. 796.382-RO, rel. Min. Peçanha Martins, j. 6.12.2005, v.u.

1184 TJSP, 23ª Câm. Dir. Privado, AgInst n. 2109845-45.2014.8.26.0000, rel. Des. Sebastião Flávio, j. 11.3.2015, v.u.

1185 STJ, 4ª T., REsp n. 508.037-SP, rel. Min. Barros Monteiro, j. 7.6.2005, v.u.

ainda mais incisivo a respeito: "a distribuição da petição inicial e a juntada da contestação, dos recursos e das petições em geral, todos em formato digital, nos autos de processo eletrônico, podem ser feitas diretamente pelos advogados públicos e privados, *sem necessidade da intervenção do cartório ou secretaria judicial*, situação em que a autuação deverá se dar de forma *automática*".[1186]

Por óbvio, os pronunciamentos do juiz estão sujeitos a essa mesma regra do § 2º – salvo quando proferida oralmente em audiência (art. 225, § 1º) –, ainda que a lei não seja expressa a esse respeito. Se fosse exigível, ou mesmo facultado, o prévio envio dos atos judiciais ao escrivão, então a exigência de utilização de certificado digital pelo juiz (LPE, art. 4º, § 1º) perderia todo o sentido.

O evidente e salutar objetivo central dessa regra, ao eliminar a atividade burocrática e desnecessária do serventuário, é conferir *celeridade* ao procedimento. E traz também outras vantagens complementares, como maior *segurança* ao sistema, ao eliminar a possibilidade de o serventuário deixar de "autorizar" a juntada, e *economia*, por exigir menos funcionários no cartório.

Infelizmente, todavia, essa é mais uma regra que vem sendo frequentemente desrespeitada. Na prática, a tecnologia adotada em várias plataformas eletrônicas dos tribunais ainda exige a intervenção do serventuário para haver a efetiva juntada de petições e decisões aos autos, comprometendo, assim, a celeridade. HEITOR SICA lamenta o fato de o legislador processual ter perdido a "oportunidade para *obrigar* que os sistemas informatizados dos tribunais passassem a prever tal funcionalidade".[1187] Essa obrigação, contudo, já é implicitamente imposta pelo art. 228, § 2º (e pelo art. 10 da LPE), que "se destina mais diretamente à administração dos tribunais do que ao serventuário em si".[1188]

De todo modo, a regra do § 2º do art. 228, sem equivalente no Código de Processo Civil de 1973, não deveria estar neste capítulo III, dedicado aos "prazos". Teria sido mais adequado situá-lo no capítulo I, seção II, que trata "da prática eletrônica dos atos processuais" (arts. 193 a 199), ou ao menos na seção V, que trata da "dos atos do escrivão e do chefe de secretaria" (arts. 206 a 211), ambos do mesmo do Livro IV, título I, do Código de Processo Civil.

1186 Com essa juntada automática, o serventuário deve remeter os autos eletrônicos à conclusão. Mas, para que isso seja viável, o sistema de informática deve informá-lo imediatamente sempre que uma petição eletrônica for protocolada.

1187 *Comentários ao Código de Processo Civil*, vol. 1, art. 228, n. 2, p. 816.

1188 WAMBIER-CONCEIÇÃO-RIBEIRO-MELO, *Primeiros comentários ao novo Código de Processo Civil*, art. 228, n. 2.1, p. 446. No mesmo sentido: ANDRE ROQUE, *Comentários...*, vol. 1, art. 228, n. 2, p. 733.

338. Processo penal e trabalhista

No *processo penal*, o escrivão (leia-se: serventuário) deve executar dentro do prazo de *dois dias* os atos determinados em lei ou ordenados pelo juiz, sob pena de *multa* e, na reincidência, *suspensão* de até 30 dias (CPP, art. 799).

Dispõe ainda o art. 802 do Código de Processo Penal que o desconto no salário e no tempo de serviço do juiz pelo descumprimento de seus prazos (art. 801) "far-se-á à vista da certidão do escrivão do processo ou do secretário do tribunal, que deverão, de ofício, ou a requerimento de qualquer interessado, remetê-la às repartições encarregadas do pagamento e da contagem do tempo de serviço, *sob pena de* incorrerem, de pleno direito, na *multa* de quinhentos mil-réis, imposta por autoridade fiscal". Tal regra deveria ser incorporada ao processo civil.

A Consolidação das Leis do Trabalho não contém regras especificando genericamente os prazos dos serventuários. Por isso, os prazos do art. 228 são plenamente aplicáveis ao *processo trabalhista*, salvo quando a lei laboral dispuser o prazo para algum ato específico.

> **Art. 229.** Os litisconsortes que tiverem diferentes procuradores, de escritórios de advocacia distintos, terão prazos contados em dobro para todas as suas manifestações, em qualquer juízo ou tribunal, independentemente de requerimento.
>
> **§ 1º** Cessa a contagem do prazo em dobro se, havendo apenas 2 (dois) réus, é oferecida defesa por apenas um deles.
>
> **§ 2º** Não se aplica o disposto no *caput* aos processos em autos eletrônicos.
>
> *CPC de 1973 – art. 191*

339. Introdução

O art. 191 do Código de Processo Civil de 1973 autorizava a utilização do prazo em dobro para os litisconsortes (particulares) praticarem algum ato processual quando eles tivessem procuradores diversos, sem ressalvas expressas a essa regra. As poucas exceções foram criadas pela jurisprudência defensiva dos tribunais superiores, às vezes para evitar o conhecimento de recursos e, com isso, reduzir a enorme carga de trabalho.

O Código de Processo Civil de 2015, em seu art. 229, manteve essa autorização, mas fixou de forma explícita alguns novos e pertinentes requisitos: (a) os procuradores dos litisconsortes precisam, necessariamente, ser de *escritórios distintos*, acabando de vez com a farsa de advogados do mesmo escritório patrocinarem os interesses de diferentes litisconsortes apenas para procrastinar o feito;[1189]

1189 Na verdade, após alguma discussão, nos últimos anos de vigência do Código de

(b) cessa sua aplicação se *apenas um* dos litisconsortes tiver apresentado defesa (§ 1º); e (c) só é aplicável quando se tratar de *autos físicos*, nunca nos autos eletrônicos (§ 2º). E, como se verá adiante, outros requisitos e ressalvas contidos na jurisprudência anterior ao Código de Processo Civil de 2015 continuam a ser aplicáveis.

A razão de ser do prazo dobrado disposto no art. 229 é a dificuldade ou mesmo a impossibilidade de *acesso simultâneo aos autos físicos*, por não poderem os litisconsortes retirar os autos de cartório quando o prazo é comum, salvo em conjunto ou mediante ajuste prévio (art. 107, § 2º). Trata-se, portanto, de norma processual destinada a viabilizar o *acesso à justiça* e à *ampla defesa*. É a partir dessa premissa fundamental que o intérprete deve analisar se essa prerrogativa é aplicável ou não. Daí por que a exegese sobre seu cabimento deve ser *estrita*.[1190]

A prerrogativa legal não se limita à fase de conhecimento. Ao contrário, incide em *qualquer tipo de processo ou fase processual*, se atendidos os demais requisitos. Vale dizer, salvo expressa disposição em contrário, também pode ser aplicado no processo de execução, nos procedimentos especiais (inclusive os regulados por leis próprias, como a ação civil pública) e na fase de cumprimento de sentença. Esse já era o entendimento, e agora o art. 229 tornou essa interpretação ainda mais clara, pois seu § 1º substituiu o termo "contestação" utilizado no Código anterior por "defesa".

O prazo em dobro concedido pelo art. 229 é igualmente aplicável na generalidade dos *prazos legais* para as partes se manifestarem, inclusive os próprios e os sucessivos. Todavia, é inaplicável: (a) aos *prazos judiciais*, pois presume-se que eventuais dificuldades das partes já foram consideradas pelo juiz ao fixá-los;[1191] e (b) aos *de espera* (ou mínimos), pois tais prazos não se destinam a "manifestações", como exige o art. 229 – *v.g.*, não se aplica ao prazo de três dias de antecedência da audiência para comprovar a intimação da testemunha. A jurisprudência tampouco admite sua incidência (c) ao prazo de cinco dias para apresentar a via original da petição enviada por fac-símile, disposto no art. 2º da Lei n. 9.800/99.[1192]

Processo Civil de 1973 a jurisprudência do STJ já havia se firmado nesse mesmo sentido.

1190 Luiz Fux, todavia, afirma que a excepcionalidade dessa regra exigiria "restrita exegese" sobre sua aplicação. E cita como exemplo o não cabimento do prazo em dobro para agravar da decisão que indefere o recurso extraordinário interposto por apenas um litisconsorte (*Curso de direito processual civil*, n. 4.3, p. 315).

1191 Em sentido contrário, admitindo a incidência aos *prazos judiciais*, na vigência do Código de Processo Civil de 1973: Luiz Fux, *Curso...*, n. 4.3, p. 315.

1192 STJ, 1ª T., AgRg no AREsp n. 574.957-MA, rel. Min. Sergio Kukina, j. 28.5.2015.

O *caput* do art. 229 explicitou, ainda, ser dispensável a prévia *comunicação* nos autos sobre a intensão da parte de utilizar-se dessa prerrogativa, ao dispor que o prazo será dilatado "independentemente de requerimento".

340. Autos eletrônicos

É muito pertinente a expressa exclusão da contagem em dobro do prazo quando os autos forem eletrônicos (§ 2º), ainda que haja litisconsortes com procuradores diversos.[1193] Como dito, a razão de ser dessa tradicional prerrogativa está na maior dificuldade de os advogados dos litisconsortes fazerem carga dos autos durante o transcurso do prazo comum e, portanto, de prepararem adequada e tempestivamente a petição que lhes cabe apresentar.[1194] Essa dificuldade inexiste quando se trata de autos eletrônicos, pois várias pessoas podem ter acesso simultâneo ao seu conteúdo.[1195]

Cabe, porém, a ressalva bem anotada por Leonardo da Cunha quanto à aplicabilidade do prazo em dobro aos *atos orais*, como a sustentação oral (art. 931) e as alegações finais apresentadas em audiência (art. 364, § 2º), mesmo que os autos sejam eletrônicos.[1196] Ou seja, a restrição contida no § 2º do art. 229 diz respeito exclusivamente às manifestações escritas.[1197]

341. Litisconsórcio

Em direito processual, "litisconsórcio é a presença de duas ou mais pessoas na posição de demandantes ou demandados (Chiovenda); é um fenômeno de pluralidade de partes, em que o esquema da relação jurídica substancial

---

1193 STJ, 1ª T., AgInt no AREsp n. 868,870-DF, rel. Min. Gurgel de Faria, j. 3.10.2017, v.u.

1194 STJ, 2ª T., AgInt no AREsp n. 751.490-MS, rel. Min. Assusete Magalhães, j. 16.6.2016, v.u.; e STJ, 4ª T., AgRg no AREsp n. 221.032-SP, rel. Min. Luis Felipe Salomão, j. 3.4.2014, v.u.

1195 Na véspera da entrada em vigor do Código de Processo Civil de 2015 alguns julgados isolados passaram a afirmar que o art. 191 do Código de Processo Civil de 1973 não se aplicaria aos processos eletrônicos, pois ele teria perdido sua razão de ser. Essa absurda interpretação era rejeitada pelo STJ e por toda a doutrina, pois, além de a lei ainda não fazer distinção, gerava enorme insegurança jurídica às partes. Nesse sentido: STJ, 1ª T., REsp n. 1.437.487-PR, rel. Min. Napoleão Maia, j. 1.9.2015, v.u. Na doutrina, Cassio Scarpinella Bueno, *Novo Código de Processo Civil anotado*, art. 229, p. 226; e Daniel Neves, *Novo Código de Processo Civil comentado,* nota ao 3 ao art. 229, p. 386.

1196 Os regimentos internos dos tribunais costumam dispor expressamente sobre o prazo em dobro para sustentação oral, a ser dividido entre todos os advogados que desejarem sustentar.

1197 *Comentários ao Código de Processo Civil*, vol. III, art. 229, n. 6, p. 179.

vai além do mínimo indispensável para ter uma pessoa no polo ativo, ou no passivo ou em ambos [...]. Todas são *partes principais*", de modo que "entre litisconsortes não há relação de principal a auxiliar".[1198] A propósito, o art. 117 dispõe que "os litisconsortes serão considerados, em suas relações com a parte adversa, como litigantes distintos, exceto no litisconsórcio unitário".

A aplicação do art. 229 *independe da espécie de litisconsórcio* que se faz presente, isto é, é irrelevante averiguar se o litisconsórcio é ativo, passivo, necessário, facultativo, unitário ou de qualquer outra natureza. Tampouco importa se os litisconsortes são *casados* entre si, ou não.[1199]

342. Procuradores de escritórios distintos

O *caput* do art. 229 exige também que os litisconsortes tenham "diferentes procuradores, de escritórios de advocacia distintos". Nem faria sentido ser diferente, pois a concessão de prazo em dobro nos processos só se justifica pela maior dificuldade de os advogados consultarem os autos físicos. Justamente por esse motivo, há tempos a jurisprudência não vinha admitindo o prazo em dobro quando os advogados eram do mesmo escritório, apesar de o Código de Processo Civil de 1973 não ser explícito a esse respeito.[1200] O evidente e salutar objetivo dessa regra é impedir a fraude e a procrastinação.

Assim, essa referência a "escritórios de advocacia distintos", inexistente no art. 191 do Código de Processo Civil de 1973, tem este objetivo específico – evitar a fraude. Essa menção não visa, portanto, a impedir a incidência do prazo em dobro quando um dos litisconsortes for patrocinado por um advogado particular e o outro por *defensor público* ou *advogado público*, que não integram propriamente um escritório de advocacia.

343. Manifestações em geral

O prazo em dobro ora comentado refere-se às "manifestações" em geral a serem apresentadas pelos advogados ou procuradores das partes, isto é, a qualquer manifestação que seja apresentada de maneira escrita (*v.g.*, contestação, especificação de provas e recurso) ou oral (*v.g.*, sustentação oral).

Por outro lado, não estão sujeitos ao benefício da duplicação os prazos relativos a atos que não impliquem "manifestação", ainda que devam ser praticados por representante judicial, como a devolução dos autos (art. 234, § 2º);

1198 CÂNDIDO DINAMARCO, *Instituições de direito processual civil*, vol. II, n. 651, pp. 385-386.
1199 DANIEL NEVES, *Novo Código de Processo Civil comentado*, nota 1 ao art. 229, p. 384.
1200 STJ, 2ª T., AgInt no AREsp n. 751.490-MS, rel. Min. ASSUSETE MAGALHÃES, j. 16.6.2016, v.u.

e o tempo mínimo exigido entre dois atos (*v.g.*, antecedência da citação em relação à audiência preliminar).

344. Revelia

O § 1º do art. 229 dispõe que cessa essa contagem em dobro "se, havendo 2 (dois) réus, é oferecida defesa por apenas um deles". Essa regra deve ser interpretada com cuidado e não de forma literal.

Havendo litisconsortes com procuradores diversos, o prazo de contestação nos autos físicos deve necessariamente ser computado em dobro, sendo irrelevante, para tanto, se apenas um dos litisconsortes apresentar defesa, pois a parte não é obrigada a adivinhar que seu litisconsorte deixará de se defender;[1201] ou se o prazo de contestação flui a partir dos marcos temporais contidos nos incisos do art. 231 (juntada do mandado ou carta de citação etc.) ou da audiência preliminar (art. 335, inc. I). Assim, somente para os atos posteriores, quando já consumada a revelia, é que os prazos são contados de forma simples.

De todo modo, se o litisconsorte revel constituir advogado nos autos, "recebendo-o no estado em que se encontrar" (art. 346, parágrafo único), ele deixa de ser revel – apesar de poder ser mantido um dos efeitos da revelia: a presunção relativa de veracidade dos fatos alegados na petição inicial – e deve ser regularmente intimado de todos os atos ulteriores, de modo que os novos prazos passam a ser computados em dobro.[1202]

Da mesma forma, se o demandado constituir procurador nos autos para defendê-lo na execução de título extrajudicial ou no cumprimento de sentença, mesmo que não sejam opostos embargos ou impugnação, ainda assim poderá utilizar o prazo em dobro.[1203]

345. Ausência de litisconsórcio efetivo

Para os litisconsortes com diferentes procuradores terem direito ao prazo em dobro, é indispensável que "tenham, ao menos em tese, *interesse em exercer o direito de manifestação*, ainda que essa prerrogativa não seja efetivamente exercida por todos eles".[1204] Ou seja, se apenas um litisconsorte tiver interesse em praticar o ato – *v.g.*, por apenas ele ter sucumbido –, nada impede que ele retire os autos e, portanto, não está presente a *ratio* da aplicação do art. 229.

1201 A jurisprudência já era nesse sentido na vigência do Código de Processo Civil anterior: STJ, 1ª T., REsp n. 713.367-SP, rel. Min. Luiz Fux, j. 7.6.2005, v.u.

1202 Nesse sentido: Cruz e Tucci, *Comentários ao Código de Processo Civil*, vol. VII, n. 133, pp. 258-259.

1203 Nesse sentido: Daniel Neves, *Novo Código de Processo Civil comentado*, nota 2 ao art. 229, p. 385.

1204 STJ, 3ª T., REsp n. 1.661.484-BA, rel. Min. Villas Bôas Cueva, j. 23.5.2017, v.u.

A partir dessa premissa, há tempos a jurisprudência do STJ vem afirmando a não incidência do prazo em dobro a partir de determinadas fases recursais ou para a prática de determinados atos processuais – surpreendendo muitos advogados, que tiveram seus recursos não conhecidos. Assim, se a parte já sabia *de antemão* que somente ela poderia praticar o ato processual, não faria sentido aplicar a prerrogativa em análise. Vale dizer, deve haver *litisconsórcio efetivo* para a prática daquele ato, e não meramente formal ou potencial. Nessa linha de raciocínio, há vários precedentes aplicando o prazo simples nas seguintes situações, entre outras: (a) quando só um dos litisconsortes houver sucumbido, de modo a faltar interesse e legitimidade recursal aos demais;[1205] (b) aos prazos posteriores ao recurso interposto por apenas um dos litisconsortes, apesar de a decisão recorrida ser prejudicial a todos;[1206] e (c) para recorrer da decisão que inadmite recurso especial.[1207]

Todavia, com a entrada em vigor do Código de Processo Civil de 2015, o STJ já decidiu que em algumas daquelas situações deve-se admitir o prazo dobrado, se preenchidos os demais requisitos legais, pois, segundo redação enfática do seu art. 229 – diferentemente do art. 191 do Código de Processo Civil anterior –, os litisconsortes "terão prazos contados em dobro para *todas as suas manifestações, em qualquer juízo ou tribunal*". Especificamente, o STJ já afirmou ser em dobro o prazo para recorrer da decisão de inadmissibilidade do recurso especial.[1208] Mas esse entendimento infelizmente é minoritário e ainda prevalece o entendimento anterior,[1209] apesar da alteração no texto legal.

De todo modo, a incidência ou não do prazo duplicado não pode ser definida *a posteriori*, condicionando-a ao comportamento incerto do litisconsorte, sob pena de se prestigiar a insegurança jurídica e, na prática, impor às

1205 STF, Súmula n. 641; e STJ, 2ª T., EDcl no AgRg nos EDcl no REsp n. 1.561.365-RS, rel. Min. Mauro Campbell Marques, j. 4.8.2016, v.u.

1206 "Se a decisão recorrida é prejudicial aos litisconsortes, mas apenas um recorre, o prazo em dobro existe em relação a este recurso específico, mas passa a ser simples para os recursos posteriores" (STJ, Corte Especial, EREsp n. 1.288.106-MS, rel. Min. Laurita Vaz, j. 13.3.2014, m.v.).

1207 STJ, 4ª T., AgInt no AREsp n. 1.048.460-MG, rel. Min. Marco Buzzi, j. 5.10.2017, v.u.; e STJ, 2ª T., AgRg no AREsp n. 818.346-SP, re. Min. Mauro Campbell Marques, j. 5.5.2016, v.u.

1208 STJ, 3ª T., EDcl no AgInt no AREsp n. 1.005.522-SP, rel. Min. Moura Ribeiro, j. 22.8.2017, v.u.

1209 Há julgados mais recentes da própria 3ª Turma mantendo o entendimento anterior: STJ, 3ª T., AgInt nos EDcl no AgInt no AREsp n. 951.341-RJ, rel. Min. Nancy Andrighi, j. 26.9.2017, v.u.; e STJ, 4ª T., AgInt no AREsp n. 1.162.554-SP, rel. Min. Antônio Carlos Ferreira, j. 21.11.2017.

partes a cautela de desconsiderar essa regra, tornando-a vazia e inócua.[1210] Em outras palavras, o fim do litisconsórcio efetivo não produz efeitos *ex tunc* em relação à contagem do prazo.

Doutrina e jurisprudência ainda discutem se o recurso interposto contra decisão liminar antes da citação e intimação do litisconsorte também estaria sujeito ao prazo em dobro. Corretamente, a 3ª Turma do STJ decidiu por maioria de votos que sim, invocando entendimento reiterado daquela Corte segundo o qual essa prerrogativa independe do comportamento ativo do outro litisconsorte.[1211] Por outro lado, o voto vencido da Min. Nancy Andrighi negou tal prerrogativa porque os demais prazos desse agravo de instrumento não estariam sujeitos ao prazo em dobro, já que desfeito o litisconsórcio, e, portanto, não haveria razão para duplicar o prazo quando o litisconsórcio ainda sequer foi efetivamente formado, com a citação da outra corré. Ocorre que, se para recorrer de qualquer outra decisão no curso do processo as partes têm prazo duplicado, não faz sentido criar exceção à regra apenas nessa situação específica, devendo o intérprete prestigiar a padronização de soluções, a fim de evitar surpresas. Ademais, nesse caso o agravante não pode fazer carga dos autos e essa é a *ratio* do art. 229.

346. Recurso comum e único

Segundo a coerente jurisprudência da 3ª Turma do STJ, os litisconsortes com advogados distintos que "se manifestarem por petição conjunta devem *escolher* entre: (i) se beneficiar do prazo em dobro do art. 191 do CPC, hipótese em que suas manifestações serão consideradas separadamente, exigindo, pois, o recolhimento de tantos preparos quantos forem os litisconsortes autônomos; ou (ii) recolher um único preparo, circunstância em que considerar-se-á apresentada uma única manifestação, presumindo-se que todos os litisconsortes passaram a ser representados pelos mesmos patronos,

1210 Segundo jurisprudência dominante na vigência do Código de Processo Civil de 1973, a ser mantida no atual Código, "a regra do art. 191, do CPC, que confere prazo dobrado para contestar quando os réus atuem com procuradores diversos, tem aplicação *independentemente do comparecimento do outro litisconsorte* à lide, bastante que apresente a sua defesa separadamente, mediante advogado exclusivo, sob pena de se suprimir, de antemão, o direito adjetivo conferido à parte que, atuando individualmente, não tem como saber se o co-réu irá ou não impugnar o feito" (STJ, 4ª T., AgInt no AgRg no REsp n. 1.277.860-AM, rel. Min. Luis Felipe Salomão, j. 28.11.2017, v.u.)

1211 STJ, 3ª T., REsp n. 1.593.161-SP, rel. p/ acórdão Min. Villas Bôas Cueva, j. 26.6.2018, m.v. Esse julgamento se deu à luz do Código de Processo Civil de 1973, mas o raciocínio se aplica igualmente às situações ocorridas na vigência do Código de Processo Civil de 2015.

portanto sem o benefício do prazo dobrado".[1212] A 2ª Turma também já adotou esse entendimento.[1213]

A 4ª Turma do STJ, porém, a partir da interpretação conjunta dos arts. 191 e 554 do Código de Processo Civil de 1973, não condiciona o prazo em dobro para as manifestações conjuntas dos litisconsortes com procuradores diferentes ao recolhimento individual das custas.[1214]

347. Intervenção de terceiro

Segundo o STJ, a intervenção de terceiro não ensejaria a aplicação do prazo em dobro, porque o interveniente não seria parte, mas terceiro.[1215]

Tal conclusão merece ressalva, não tanto porque o terceiro interveniente sempre assume a qualidade de parte,[1216] mas principalmente porque especificamente na *denunciação da lide* e na *nomeação à autoria* há verdadeira formação de litisconsórcio. Afinal, nessas duas hipóteses – diferentemente das demais, inclusive de assistência litisconsorcial –,[1217] o terceiro interveniente não é mero auxiliar de alguma parte, podendo ser diretamente afetado pela sentença judicial, por meio de reconhecimento de direito ou obrigação a seu favor ou contrário aos seus interesses (arts. 128, parágrafo único, e 338).[1218]

1212 STJ, 3ª T., EDcl nos EDcl no REsp n. 1.120.504/SP, rel. Min. NANCY ANDRIGHI, j. 3.5.2011, v.u. No mesmo sentido, STJ, 3ª T., REsp n. 1.694.404-SP, rel. Min. MOURA RIBEIRO, j. 22.5.2018, m.v.; e STJ, 3ª T., AgInt no REsp n. 1.478.413-RS, rel. Min. PAULO DE TARSO SANSEVERINO, j. 28.11.2017, v.u.

1213 STJ, 2ª T., REsp n. 1.696.744-SP, rel. Min. HERMAN BENJAMIN, j. 24.10.2017, v.u.

1214 STJ, 4ª Turma, EDcl nos EDcl no AgRg no AREsp n. 614.390-SP, rel. Min. Luis Felipe Salomão, j. 10.5.2016, v.u.; e STJ, 4ª T., EDcl no AgRg no AREsp n. 135.104-SC, rel. Min. ISABEL GALLOTTI, j. 11.2.2014, v.u.

1215 STJ, 1ª T., EDcl nos EDcl no AREsp n. 291.028-SP, rel. NAPOLEÃO MAIA NUNES, j. 2.12.2017, v.u., e STJ, 3ª T., AgRg no AREsp n. 93.740-MS, rel. Min. JOÃO OTÁVIO DE NORONHA, j. 25.11.2014, v.u.

1216 Segundo tradicional corrente doutrinária aqui adotada, parte no processo é toda pessoa que participa da relação processual e se submete à coisa julgada. E terceiro é todo aquele que (ainda) não seja parte no processo.

1217 O art. 124 dispõe que esse assistente especial seria litisconsorte da parte principal. Mas, como está na doutrina de CÂNDIDO DINAMARCO, "mesmo quando adjetivado de litisconsorcial, o assistente não é autor de demanda alguma nem em face dele foi proposta qualquer demanda; a procedência da inicial não lhe trará bem algum, nem retirará coisa alguma de seu patrimônio. Ele é sempre um auxiliar da parte principal (*Instituições de direito processual civil*, vol. II, n. 651, p. 386). Por outro lado, para DANIEL NEVES até mesmo o assistente simples seria litisconsorte para fins de contagem de prazo em dobro (*Novo Código de Processo Civil comentado*, nota 2 ao art. 229, p. 385), citando, para tanto, precedente jurisprudencial (STJ, 1ª T., AgRg no Ag 1.249.316-DF, rel. Min. LUIZ FUX, j. 18.2.2010, v.u.).

1218 LUIZ FUX também reconhece sua incidência na denunciação, sem fazer qualquer distinção quanto ao teor da defesa do denunciado (*Curso...*, n. 4.3, p. 315). Mas a

348. Embargos à execução e cumprimento de sentença

Há regras para situações específicas, indicadas no próprio Código de Processo Civil de 2015 e, eventualmente, na legislação processual extravagante, que se sobrepõem à regra geral sobre prazo em dobro disposta no art. 229.

Nesse sentido, o art. 915, § 3º, do Código de Processo Civil dispõe expressamente que não se aplica o art. 229 na contagem do prazo para oferecimento de *embargos à execução*, ainda que preenchidos todos os seus requisitos.[1219] Aquele mesmo dispositivo também se aplica à impugnação ao *cumprimento de sentença*, em razão da aplicação subsidiária determinada pelo art. 771.

349. Procedimentos especiais que já pressuponham a existência de litisconsórcio

A jurisprudência admite a incidência do prazo duplicado disposto no art. 229 mesmo em processos ou procedimentos especiais que pressuponham necessariamente a ocorrência de litisconsórcio, salvo se houver ressalva expressa em lei a esse respeito.

Nesse sentido, o prazo de 20 dias para contestar as *ações populares* (LAP, art. 7º, inc. IV), bem como os demais prazos desse processo, poderá ser duplicado se os autos forem físicos e os litisconsortes passivos necessários tiverem procuradores diversos, como sói acontecer.[1220]

Da mesma forma, os prazos da *ação de improbidade administrativa*, inclusive o de defesa prévia, estão sujeitos à regra do art. 229.[1221]

---

jurisprudência do STJ é reiterada no sentido de que o prazo em dobro não se aplica à contestação do denunciado, pois somente há litisconsórcio se o denunciado aceitar a denunciação e contestar o pedido do autor (art. 128, inc. I) – e não se ele reconhecer sua condição de garantidor do eventual prejuízo (por todos, STJ, 3ª T., REsp n. 1.637.108-PR, rel. Min. Nancy Andrighi, j. 6.6.2017, v.u.; e STJ, 1ª T., REsp n. 1.018.971-RJ, rel. Min. Teori Zavascki, j. 18.11.2008, v.u.). Além disso, se a demanda principal é julgada procedente e a denunciação da lide improcedente ou inadmitida, não se aplica o art. 229 ao prazo recursal, pois inocorre o requisito da dupla sucumbência (STJ, 3ª T., AgRg no Ag 724.376-SP, rel. Min. Sidnei Beneti, j. 23.9.2008, v.u.).

1219 O Código de Processo Civil de 1973 não continha regra expressa nesse sentido, mas a jurisprudência já reconhecia a inaplicabilidade do prazo em dobro para a oposição dos embargos à execução, por considerar que eles constituem ação incidental autônoma ajuizada individualmente pelo executado (STJ, 1ª T., REsp n. 1.114.457-SP, rel. Min. Humberto Martins, j. 3.9.2009, v.u.).

1220 STJ, 1ª T., REsp n. 230142-RJ, rel. Min. Garcia Vieira, j. 18.11.1999, v.u.

1221 STJ, 1ª T., REsp n. 1.221.254-RJ, rel. Min. Arnaldo Esteves, Lima, j. 5.6.2012, v.u.

Os prazos internos do *mandado de segurança* também podem ser normalmente duplicados, inclusive para recorrer das decisões proferidas no âmbito da suspensão da segurança.[1222]

350. Recuperação judicial e falência

A regra do art. 229 *não* deve ser aplicada no processo de *recuperação judicial* e de *falência*, pois lá inexistem propriamente réus ou demandados e, portanto, litisconsórcio passivo entre dois credores da sociedade falida ou recuperanda.[1223]

351. Poder Público

Ministério Público, Fazenda Pública, Defensoria Pública e demais órgãos públicos, por já gozarem do benefício do prazo em dobro para se manifestarem nos autos (arts. 180, 183 e 186, respectivamente), não fazem jus a nova dobra de seus prazos pela aplicação cumulativa do art. 229.[1224] Entender de forma diversa implicaria a inadmissível concessão de um benefício ainda maior a tais entes públicos, violando, assim, a igualdade entre as partes e o princípio do *non bis in idem*.

Contudo, o particular, quando litisconsorte de órgão público beneficiário da prerrogativa pessoal de prazo majorado, faz jus ao prazo em dobro do art. 229. Interpretação restritiva lhe causaria grave surpresa, pois o art. 229 não contém ressalva alguma a esse respeito e, na dúvida, o hermeneuta deve ser liberal na contagem dos prazos.[1225] Por outro lado, em razão de somente os órgãos públicos serem intimados pessoalmente por meio de *entrega dos autos físicos* (arts. 180, 183, § 1º, e 186, § 1º), alguns podem eventualmente entender que o litisconsorte particular não teria necessidade do prazo em dobro, pois ou (a) os prazos não são simultâneos, permitindo-lhe retirar normalmente os

---

1222 STJ, Corte Especial, AgInt na SS n. 2.902-RS, rel. Min. LAURITA VAZ, j. 1.2.2018, v.u.

1223 STJ, 3ª T., REsp n. 1.324.399-SP, rel. Min. PAULO DE TARSO SANSEVERINO, j. 3.3.2015, v.u. E Súmula n. 58 do TJSP: "Os prazos previstos na Lei n. 11.101/2005 são sempre simples, não se aplicando o art. 191, do Código de Processo Civil" (de 1973). Todavia, mais recentemente o STJ vem "reconhecendo que credores que participam de concurso de preferências são considerados litisconsortes" e, portanto, à míngua de disposição em contrário, deve ser admitido o prazo em dobro "para a prática de atos processuais pelos credores habilitados no processo falimentar quando representados por diferentes procuradores" (STJ, 3ª T., REsp n. 1.634.850-RJ, rel. Min. NANCY ANDRIGHI, j. 20.3.2018, v.u.).

1224 STJ, 1ª T., AgRg no AREsp n. 8.510-ES, rel. Min. BENEDITO GONÇALVES, j. 27.9.2011, v.u. Na doutrina do Código de Processo Civil de 1973, LUIZ FUX, *Curso de direito processual civil*, n. 4.3, pp. 314-215.

1225 Conforme preceitua antigo brocardo jurídico, "onde a lei não distingue, não o pode o intérprete distinguir".

autos de cartório, ou (b) os autos estão fora de cartório, com o advogado ou defensor público, e nesta hipótese há suspensão do seu prazo até a sua devolução (art. 221). Na pesquisa feita para estes comentários, não se localizou na doutrina e na jurisprudência do STJ qualquer menção a essa complexa questão.

352. Tempo de espera para o prazo começar a fluir

O *tempo de espera* fixado em lei para alguns prazos processuais começarem a correr, a partir da ciência da parte, a fim de que a parte possa se inteirar do conteúdo da comunicação a ela dirigida, não deve ser contado em dobro, ainda que haja litisconsortes com procuradores diversos ou que se trate de prazo direcionado ao Poder Público.[1226]

Portanto, é computado sempre de forma simples o prazo de dez dias para a parte consultar o ato processual lançado no portal do respectivo tribunal sob pena de a intimação ser ficta (LPE, art. 5º, § 3º). Da mesma forma, se a intimação se der por meio de publicação, o prazo começará a correr no primeiro dia subsequente à sua disponibilização no *Diário da Justiça eletrônico* (art. 224, § 2º), e não no segundo dia.

353. Desnecessidade de requerimento

Na vigência do Código de Processo Civil anterior prevalecia corretamente o entendimento de que os litisconsortes não precisavam requerer ou informar nos autos, antes do vencimento do prazo simples, que utilizariam o prazo em dobro que seria defendido por procuradores diversos.[1227] O art. 229 do Código de Processo Civil atual teve o mérito de dispensar expressamente tal comunicação, incorporando a jurisprudência anterior.

Todavia, se no curso do processo os litisconsortes passarem a ser patrocinados por procuradores diversos, tal fato deve ser *comunicado* nos autos antes do vencimento do prazo simples.[1228]

1226 "A contagem em dobro para a Defensoria Pública de um prazo estatuído de forma equânime para todas as partes, e que não diz respeito à implementação de qualquer ato processual em si mesmo, mas apenas ao *período de tempo que possuem para se inteirarem do conteúdo de uma carta de intimação*, fere o princípio da igualdade, prolongando, injustificadamente, a duração razoável do processo eletrônico" (STJ, 5ª T., HC n. 236.284-RJ, rel. Min. Jorge Mussi, j. 20.11.2012, v.u.). Esse acórdão foi proferido num processo penal, mas veio fundamentado na Lei do Processo Eletrônico, que se aplica também ao processo civil.

1227 STJ, 4ª T., REsp n. 973.465-SP, rel. Min. Luis Felipe Salomão, j. 4.10.2012, v.u.; e STJ, 1ª T., REsp n. 713.367-SP, rel. Min. Luiz Fux, j. 7.6.2005, v.u.

1228 STJ, 3ª T., AgInt no REsp n. 1.465.447-MA, rel. Min. Nancy Andrighi, j. 16.2.2017, v.u.; e STJ, 4ª T., AgRg no Ag 956.741-MG, rel. Min. Fernando Gonçalves, j. 11.3.2008, v.u.

354. Prazos materiais e extraprocessuais

Nos termos do art. 229, apenas os prazos para as partes se *manifestarem* em juízo, nas hipóteses que especifica, podem ser computados em dobro, o que implica dizer que apenas os *prazos processuais* estão sujeitos a essa regra. Ou seja, é inaplicável em relação ao ato a ser praticado diretamente pela própria parte ou para ajuizamento de uma demanda.

Todavia, em seu primeiro julgamento a respeito, o STJ decidiu que o prazo material para pagamento da condenação judicial (art. 523) deveria ser contado em dobro, se preenchidos os requisitos do art. 229, pois sua natureza seria dúplice, na medida em que deve ser cumprido pela parte, mas tem início com a intimação do advogado e exigiria deste a consulta aos autos para informar o valor da execução.[1229] Mas isso não retira a limitação legal do prazo em dobro apenas às "manifestações" das partes. E, como dito anteriormente, a interpretação do art. 229 é estrita – e, segundo alguns, restritiva.

Ademais, os atos a serem praticados por *assistentes técnicos* e eventuais outros auxiliares das partes também não se sujeitam a prazos duplicados. Assim, o prazo de 15 dias para as partes se manifestarem sobre o laudo (art. 477, § 1º) poderá ser dobrado, mas o prazo para seu assistente técnico apresentar o laudo técnico será sempre simples.

Os *prazos extraprocessuais*, como o de ajuizamento de ação rescisória ou de mandado de segurança, igualmente não estão sujeitos ao cômputo em dobro, ainda que o processo original – no qual se apura o termo inicial do prazo – tenha tramitado em autos físicos e nele houvesse litisconsortes com comunhão de interesses, mas patrocinados por advogados diversos. Além de essa situação não estar prevista no art. 229, deve-se aplicar por analogia a regra dos prazos decadenciais de direito material, que não permitem a contagem em dobro, tampouco sua suspensão ou interrupção (CC, art. 207). Doutrina e jurisprudência parecem não divergir desse entendimento.

355. Juizados Especiais, processo penal e trabalhista

A jurisprudência do STJ é reiterada no sentido de que no processo penal não se aplica o art. 229 do Código de Processo Civil atual (ou o art. 191 do CPC revogado).[1230] Aquela Corte entende, ainda, que o Ministério Público e

---

1229 STJ, 4ª T., REsp n. 1.693.784-DF, rel. Min. Luis Felipe Salomão, j. 28.11.2017, v.u. No mesmo julgamento restou decidido que o prazo de cumprimento da sentença é computado em dias úteis.

1230 STJ, 5ª T., HC n. 351.763-AP, rel. Min. Reynaldo Soares da Fonseca, j. 24.5.2016, v.u.

a Fazenda Pública não têm prazo em dobro em matéria criminal, que se aplica apenas à Defensoria Pública e aos serviços estatais de assistência judiciária.[1231]

Contudo, não há motivo razoável para recusar a aplicação desse dispositivo aos *Juizados Especiais*, pois ele não se choca com qualquer de suas normas específicas. Tampouco é incompatível com a celeridade esperada desses processos, pois a demora na prestação jurisdicional não é causada pelos prazos processuais mais extensos, mas pelo excessivo tempo em que o processo fica desnecessariamente parado nas estantes do Judiciário (o denominado "tempo morto"). Ainda assim, consta no enunciado n. 164 do Fórum Nacional de Juízes Especiais que não seria permitido aplicar o prazo em dobro nesta Justiça especial.

Da mesma forma, na *Justiça do Trabalho* a jurisprudência infelizmente também vem entendendo há tempos que a utilização do prazo em dobro por litisconsortes com procuradores diversos seria incompatível com as regras e princípios que regem o processo do trabalho, em especial o da celeridade.[1232]

> **Art. 230.** O prazo para a parte, o procurador, a Advocacia Pública, a Defensoria Pública e o Ministério Público será contado da citação, da intimação ou da notificação.
>
> *CPC de 1973 – art. 240*

356. Esclarecimentos iniciais

O art. 230 reproduziu o art. 240, *caput*, do Código de Processo Civil de 1973, mas excluiu a ressalva inicial ("salvo disposição em contrário") e o parágrafo único ("as intimações consideram-se realizadas no primeiro dia útil seguinte, se tiverem ocorrido em dia em que não tenha havido expediente forense"). Por outro lado, incluiu no seu texto os prazos decorrentes de citação e notificação (e não só da intimação), equiparando a Defensoria às demais entidades.

Fez bem o legislador de trazê-lo para dentro do capítulo específico dos prazos, corrigindo, assim, equívoco topológico do Código de Processo Civil anterior, que inclui o citado art. 240 no capítulo destinado à comunicação dos atos processuais e, mais especificamente, na seção das intimações.[1233]

1231 STJ, 5ª T., AgInt no AREsp n. 1.077.283-MG, rel. Min. Joel Ilan Paciornik, j. 6.2.2018, v.u.

1232 Nesse sentido: Orientação Jurisprudencial n. 310 do TST. Na doutrina, Bruno Freire e Silva, *O novo CPC e o processo do trabalho*, vol. I, art. 229, p. 175.

1233 Essa era uma crítica generalizada da doutrina. Por todos, Pedro Dinamarco, *Código de Processo Civil interpretado*, art. 240, n. 1, pp. 688-689.

Todavia, manteve um erro terminológico, ao dispor que o prazo será "contado" a partir dos atos de comunicação que especifica e não que ele *correrá* a partir de então. A contagem, como está no art. 224, começa a partir do dia seguinte ao termo inicial.

357. Significado e utilidade (reduzida)

Segundo consta do art. 230, os prazos começariam a correr automática e imediatamente com o ato de citação, intimação ou notificação,[1234] mas essa interpretação literal se choca com o art. 224, § 3º, e com vários incisos do art. 231, segundo os quais os prazos começam a fluir, conforme o caso, a partir da *juntada* aos autos do comprovante de citação ou intimação; do *dia seguinte* à disponibilização da informação no *Diário da Justiça eletrônico*; ou da consulta aos autos eletrônicos, podendo, ainda, o início da sua fluência ser postergado em caso de litisconsórcio.

A doutrina, porém, nunca explicou adequadamente o real significado do art. 230 (e do art. 240 do CPC revogado), distinguindo dos outros artigos supracitados. Essa omissão parece decorrer da total *irrelevância* dessa norma, pois a contagem dos prazos é feita pelos critérios dos arts. 224, § 3º, e 331, e não de acordo com o texto do art. 230.[1235]

Heitor Sica se esforça para tentar extrair duas utilidades dessa norma: a indispensabilidade do "ato de comunicação processual para *deflagrar* a fluência de prazos para as partes" e *equiparar* para efeitos de início do prazo "os advogados privados aos advogados públicos, defensores públicos e membros do Ministério Público".[1236] Talvez ele tenha razão em relação à primeira utilidade indicada – apesar de isso também ser extraível dos artigos citados no parágrafo anterior e de outros espalhados no Código de Processo Civil –,[1237] mas não em relação à segunda, pois, diferentemente dos advogados particulares, os

---

1234 O art. 1.003 também dá essa falsa impressão de início imediato, ao dispor que "o prazo para a interposição de recurso *conta-se da data* em que os advogados, a sociedade de advogados a Advocacia Pública ou o Ministério Público *são intimados* da decisão".

1235 Heitor Sica também afirma que essa norma é "totalmente despicienda" (*Comentários ao Código de Processo Civil*, vol. 1, art. 230, pp. 819-820).

1236 *Op. loc. cit.*

1237 De todo modo, por óbvio, a comunicação é dispensável quando restar caracterizada a *ciência inequívoca* do ato pela parte. A propósito, o STJ já afirmou, de forma menos clara e direta, que a ciência inequívoca, para fins de contagem do prazo recursal, teria fundamento no art. 242 do Código de Processo Civil de 1973 (art. 1.003 do atual), devendo as palavras "citação" e" intimação" lá utilizadas serem interpretadas de modo *mais amplo* (STJ, 1ª T., AgRg no AREsp n. 590.678-RS, rel. Min. Benedito Gonçalves, j. 3.3.2015, v.u.).

representantes do *Parquet*, os advogados públicos e os defensores públicos gozam da prerrogativa da *intimação pessoal* – por meio da carga, remessa dos autos ou, ainda, por meio eletrônico –, a partir de quando começam a correr seus prazos (arts. 180, 183 e 186, § 1º).

Quiçá o texto do art. 230 pudesse ser interpretado como impondo uma *regra geral* da fluência dos prazos das partes a partir do exato momento em que tiverem *ciência* do ato, isto é, a partir da efetivação da comunicação que lhes é dirigida, podendo essa regra ser afastada por normas especiais que disponham em sentido contrário (em particular os arts. 224, § 3º, e 231, incisos).[1238] Entretanto, a jurisprudência do STJ não dá sinais seguros nesse sentido, pois, quando a lei impõe, genericamente, a fluência de determinado prazo a partir da "ciência", "citação" ou "intimação" de algum ato ou fato, sem maior especificação (*v.g.*, arts. 304, § 5º, 315, § 1º, 430, 829, 847 e 1.003), ela às vezes realmente considera como termo inicial "a data da efetiva intimação" da parte,[1239] mas em outras vezes afirma que o prazo teria início somente com "a *juntada aos autos* do aviso de recebimento, do mandado cumprido, ou da juntada da carta".[1240] Assim, tal interpretação também não é viável.

1238 Nesse sentido: PEDRO HENRIQUE NOGUEIRA, *Código de Processo Civil anotado*, art. 230, n. 1, p. 355; e ANTONIO DALL'AGNOL, *Comentários ao Código de Processo Civil*, art. 230, n. 2, p. 648.

1239 STJ, 1ª Seção, REsp repetitivo n. 1.112.416-MG, rel. Min. HERMAN BENJAMIN, j. 27.5.2009, v.u. Nesse caso, interpretou-se o art. 16, inc. III, da Lei de Execução Fiscal, em conjunto com o art. 231, inc. II, do Código de Processo Civil, concluindo que o termo inicial do prazo para a oposição de embargos à execução fiscal seria a própria data da intimação da penhora. Da mesma forma, na execução civil o prazo de três dias para pagamento da dívida executada (art. 829) é contado da intimação, e não da sua juntada – esta solução está correta, por ser *ato material* a ser praticado pela própria parte, conforme determina o próprio art. 231, § 3º. No processo penal, dispõe a Súmula n. 710 do STF: "contam-se os prazos da data da intimação, e não da juntada aos autos do mandado ou da carta precatória ou de ordem", o que vem sendo aplicado também pelo STJ.

1240 STJ, Corte Especial, REsp repetitivo n. 1.632.497-SP, rel. Min. NAPOLEÃO MAIA FILHO, j. 17.5.2017, v.u. Segundo restou decidido neste caso, o prazo recursal disposto no art. 1.003 não seria contado da própria data da intimação da decisão, como está escrito lá, mas da juntada aos autos do comprovante de intimação postal, por oficial de justiça ou por carta precatória. E, apesar de referir-se ao Código de Processo Civil de 1973, o v. acórdão fez expressa menção ao art. 231, inc. II, do Código de Processo Civil de 2015. A jurisprudência do STJ afirma, ainda, que "apenas nas hipóteses em que a intimação deu-se na própria audiência, por meio de publicação em veículo oficial e ciência inequívoca, como o exame no balcão ou a carga dos autos pelo advogado, é que o prazo é contado da intimação. Entendimento pacífico da Corte Especial deste Tribunal" (STJ, 2ª T., REsp n. 844.432-ES, rel. Min. HUMBERTO MARTINS, j. 22.8.2006, v.u.).

Nesse cenário, insiste-se, o art. 230 tem pouca ou nenhuma utilidade prática. E pior: sua redação pode confundir o intérprete, quando ele é confrontado com outros artigos do Código de Processo Civil ou da legislação processual especial.

Ademais, o art. 230 foi omisso em relação à sua eventual aplicação nos prazos de *terceiros*, como testemunhas e possuidores de documentos solicitados pelo juízo, e colaboradores eventuais da justiça, como os peritos.

358. Notificação judicial

Diferentemente da realidade regida pelo direito material, *não existem notificações* realizadas pelos sujeitos processuais que produzam efeitos diretos sobre o procedimento, em especial na contagem de prazo. O Código de Processo Civil ora menciona genericamente a notificação, dentro da mesma categoria das citações e intimações, mas sem especificar sua função (v. arts. 27, 35, 69, § 2º, 230 e 255), ora menciona a notificação extrajudicial (arts. 605, incs. II e III, e 703), que é coisa diversa. E a Lei do Inquilinato, por sua vez, refere-se à notificação judicial como condição para exercício do direito de preferência (art. 27).[1241] Nenhuma destas ou de outras normas processuais, no entanto, determinam a contagem de prazo a partir da notificação, sendo igualmente *inócua* a menção a ela feita pelo art. 230 e por outros artigos do Código de Processo Civil.

Art. 231. Salvo disposição em sentido diverso, considera-se dia do começo do prazo:

I – a data de juntada aos autos do aviso de recebimento, quando a citação ou a intimação for pelo correio;

II – a data de juntada aos autos do mandado cumprido, quando a citação ou a intimação for por oficial de justiça;

III – a data de ocorrência da citação ou da intimação, quando ela se der por ato do escrivão ou do chefe de secretaria;

IV – o dia útil seguinte ao fim da dilação assinada pelo juiz, quando a citação ou a intimação for por edital;

V – o dia útil seguinte à consulta ao teor da citação ou da intimação ou ao término do prazo para que a consulta se dê, quando a citação ou a intimação for eletrônica;

1241 A notificação mencionada no art. 65 da Lei do Inquilinato, para fins de cumprimento da sentença que determina a desocupação do imóvel pelo inquilino, na verdade, tem natureza jurídica de intimação, nos termos do art. 269 do Código de Processo Civil de 2015.

VI – a data de juntada do comunicado de que trata o art. 232 ou, não havendo esse, a data de juntada da carta aos autos de origem devidamente cumprida, quando a citação ou a intimação se realizar em cumprimento de carta;

VII – a data de publicação, quando a intimação se der pelo Diário da Justiça impresso ou eletrônico;

VIII – o dia da carga, quando a intimação se der por meio da retirada dos autos, em carga, do cartório ou da secretaria.

§ 1º Quando houver mais de um réu, o dia do começo do prazo para contestar corresponderá à última das datas a que se referem os incisos I a VI do *caput*.

§ 2º Havendo mais de um intimado, o prazo para cada um é contado individualmente.

§ 3º Quando o ato tiver de ser praticado diretamente pela parte ou por quem, de qualquer forma, participe do processo, sem a intermediação de representante judicial, o dia do começo do prazo para cumprimento da determinação judicial corresponderá à data em que se der a comunicação.

§ 4º Aplica-se o disposto no inciso II do *caput* à citação com hora certa.

CPC de 1973 – art. 241

CLT – art. 774; CPP – art. 798, § 5º

Comparação jurídica – art. 638 do CPC português

359. Introdução

O art. 231 define em seus oito incisos os critérios gerais para a fixação do *termo inicial* dos prazos, conforme o modo pelo qual a citação ou a intimação são realizadas (eletrônica, postal, por oficial de justiça etc.). E seus quatro parágrafos definem critérios de início de: prazos processuais para litisconsortes (§§ 1º e 2º); prazos materiais para prática de atos pela parte ou por terceiro (§ 3º); e eventuais prazos decorrentes da citação por hora certa, equiparando-a a qualquer outra citação por oficial de justiça (§ 4º).

Há também regras especiais contidas em dispositivos dispersos no próprio Código de Processo Civil e na legislação processual extravagante que versam sobre o termo *a quo* de prazos específicos, tais como os arts. 335, 336, 915, §§ 1º e 2º, e 1.003 do Código de Processo Civil e o art. 11, § 5º, da Lei do Processo Eletrônico. A maioria desses critérios especiais de contagem é direcionada às partes, mas alguns são dirigidos aos juízes e aos auxiliares da justiça.

A lei não utiliza um único critério para a definição do *dies a quo* do prazo processual. Por vezes, a opção do legislador é de determinar o início imediato, a partir da citação ou intimação; em outras, essa eficácia é postergada para evento processual futuro. Assim, há ao menos *quatro critérios legais* distintos: (a) no próprio dia da ciência do ato pela parte ou seu advogado (*v.g.*, data da citação pelo escrivão, da intimação em audiência, da ciência inequívoca etc.); (b) data da juntada aos autos do comprovante de comunicação (da carta postal, do mandado do oficial de justiça ou da carta precatória ou rogatória);[1242] (c) a partir de determinado fato processual (*v.g.*, do fim do prazo de dilação, na citação edilícia, da audiência de conciliação ou mediação infrutífera, do trânsito em julgado e do parto da advogada); e (d) após tantos dias da comunicação (*v.g.*, um dia após a disponibilização da intimação no *DJe*).

Contudo, não é só *a lei* que pode fixar o termo inicial da fluência dos prazos no processo. Se o *dies a quo* do prazo para a prática de determinado ato não for especificamente determinado em lei, pode o *juiz* especificar o critério (ou data) mais adequado àquela situação concreta (aplicação analógica do art. 139, inc. VI) – *v.g.*, prazo para apresentação das alegações finais a partir da audiência ou da publicação informando a juntada aos autos da transcrição das notas taquigráficas. As *partes* também têm liberdade para convencionar a esse respeito (art. 190), inclusive por meio de calendário processual conjunto com o juiz (art. 191).

Ademais, pode haver situações práticas em que a própria forma de comunicação não está disposta em lei – *v.g.*, por telefone, *e-mail* ou aplicativo de mensagens – e, consequentemente, o termo inicial do respectivo prazo também não, cabendo ao intérprete dar uma solução harmônica com o sistema (v. adiante, item 374).

Por óbvio, a aplicação de qualquer critério pressupõe a existência de ciência efetiva ou ao menos comunicação válida. Sendo nula ou inexistente, o prazo não é validamente acionado e, consequentemente, nenhuma consequência processual pode ser aplicada ao destinatário por não ter praticado o respectivo ato.

Lembre-se, ainda, de que esse dia inicial não é incluído no cálculo do prazo. Assim, a contagem tem início – isto é, o ponteiro do "relógio proces-

---

1242 STJ, Corte Especial, REsp repetitivo n. 1.632.497-SP, rel. Min. Napoleão Maia Filho, j. 17.5.2017, v.u. (tema 379). Afastou, assim, o início imediato do prazo recursal a partir do próprio recebimento da comunicação. E, apesar de o caso selecionado referir-se ao Código de Processo Civil de 1973, o V. acórdão fez expressa menção ao art. 231, inc. II, do Código de Processo Civil de 2015. Há ainda no STJ decisões segundo as quais eventual falha do cartório na informação lançada no sítio eletrônico do tribunal, relativa à data da juntada do comprovante de citação ou intimação aos autos, não pode prejudicar a parte, por serem tais informações oficiais e presumivelmente verdadeiras, sendo atualmente a principal fonte de informação dos advogados quanto à tramitação dos processos (STJ, 2ª T., REsp n. 1.532.114-MG, rel. Min. Humberto Martins, j. 27.10.2015, v.u.). Esse posicionamento está corretíssimo e vem reforçado pelo art. 197 do Código de Processo Civil de 2015, apesar de ainda não ser pacífico.

sual" atinge o número 1 – somente no primeiro dia *plenamente útil* subsequente àquele termo inicial indicado no artigo ora comentado (art. 224, *caput* e § 1º). Como se vê, o art. 224 complementa o art. 231 de forma harmônica, não havendo qualquer incompatibilidade entre eles.

360. Regras gerais e especiais

Como se sabe, as regras especiais prevalecem sobre as gerais. E o próprio *caput* do art. 231 ressalva expressamente as "disposições em sentido contrário".

Ocorre que a jurisprudência do STJ é insegura e incoerente a respeito da aplicação do art. 231 quando a fluência do prazo processual é genericamente determinada pela lei como sendo a partir da "citação" ou "intimação" (*v.g.*, arts. 272, 304, 315, § 1º, 430, 829, 847 e 1.003). Por um lado, como já dito, sua Corte Especial decidiu, em sede de recurso especial repetitivo, que o termo inicial do prazo recursal é "a *juntada aos autos* do aviso de recebimento, do mandado cumprido, ou da juntada da carta", nos termos do art. 231, apesar de a lei dispor ser a partir da "intimação" (CPC-2015, art. 1.003; e CPC-1973, art. 242).[1243] Por outro lado, sua 1ª Seção, também em sede de recurso especial repetitivo, interpretou o art. 16, inc. III, da Lei de Execução Fiscal, em conjunto com art. 231, inc. II, do Código de Processo Civil, para concluir que o prazo para a oposição dos embargos à execução fiscal começa a fluir a partir da própria *data da intimação* da penhora e não da juntada aos autos do mandado cumprido.[1244] Na verdade, nesses e em outros casos mostra-se mais adequado sempre aplicar aos prazos processuais as regras gerais contidas nos incisos do art. 231, unificando-se os critérios. A segurança jurídica derivada dos atos do

---

1243 STJ, Corte Especial, REsp repetitivo n. 1.632.497-SP, rel. Min. Napoleão Maia Filho, j. 17.5.2017, v.u. Apesar de o caso selecionado referir-se ao Código de Processo Civil de 1973, o v. acórdão fez expressa menção ao art. 231, inc. II, do Código de Processo Civil de 2015. Sua jurisprudência também afirma que "apenas nas hipóteses em que a intimação deu-se na própria audiência, por meio de publicação em veículo oficial e ciência inequívoca, como o exame no balcão ou a carga dos autos pelo advogado, é que o prazo é contado da intimação. Entendimento pacífico da Corte Especial deste Tribunal" (STJ, 2ª T., REsp n. 844.432-ES, rel. Min. Humberto Martins, j. 22.8.2006, v.u.).

1244 STJ, 1ª Seção, REsp repetitivo n. 1.112.416-MG, rel. Min. Herman Benjamin, j. 27.5.2009, v.u. Da mesma forma, na execução civil o prazo de três dias para pagamento da dívida executada (art. 829) é contado da própria intimação e não da sua juntada, mas, nesse caso, a solução está correta, por ser *ato material* a ser praticado pela própria parte, conforme determina o próprio art. 231, § 3º. E no processo penal, dispõe a Súmula n. 710 do STF: "contam-se os prazos da data da intimação, e não da juntada aos autos do mandado ou da carta precatória ou de ordem", o que vem sendo aplicado também pelo STJ.

Judiciário é uma regra de hermenêutica que deriva do dever de boa-fé (art. 5º) e de colaboração dos juízes com as partes (art. 6º).[1245]

Os prazos aplicáveis aos *auxiliares eventuais* (*v.g.*, arts. 157, § 1º, e 173, § 2º), como os peritos, mediadores e intérpretes, correm da data da própria ciência (art. 231, § 3º), em geral por meio de intimação por mensagem eletrônica e até telefônica, devidamente certificada nos autos. Já os dos *juízes* e *auxiliares permanentes da justiça* (*v.g.*, arts 228 e 254), como os funcionários de cartório ou secretaria e os oficiais de justiça, correm, respectivamente, da remessa dos autos à conclusão ou dos eventos indicados nos incisos do art. 228, sendo inconciliáveis com as regras do art. 231, pois eles não recebem intimação ou citação.

Há ainda na legislação outros prazos para os diversos partícipes do processo – partes, terceiros, juízes, auxiliares etc. – que são computados a partir de *eventos específicos* (*v.g.*, arts. 525, § 15, 541, 620 e 741) e, por isso, também independem da utilização dos critérios estabelecidos no art. 231.

361. Considerações sobre o termo inicial do prazo de defesa

O art. 231 dá a *falsa impressão* de que o termo inicial do prazo de defesa (contestação, embargos à execução etc.) sempre se enquadraria em alguma das hipóteses contidas em seus incisos e nos §§ 1º e 4º. Mas, como visto, há outros critérios dispersos no próprio Código de Processo Civil e na legislação processual extravagante, os quais são mais relevantes e mais frequentemente utilizados do que os do art. 231.

Nesse sentido, o art. 335 do Código de Processo Civil dispõe que na *fase de conhecimento* o prazo de contestação começa a correr "da audiência de conciliação ou mediação, ou da última sessão de conciliação, quando qualquer parte não comparecer ou, comparecendo, não houver autocomposição", "do protocolo do pedido de cancelamento da audiência de conciliação ou de mediação apresentado pelo réu", quando o autor também já tenha manifestado tal desinteresse (art. 335, inc. II). Assim, o prazo de contestação terá início a partir de algum dos marcos indicados no art. 231 apenas se o juiz dispensar referida audiência antes mesmo de determinar a citação do réu – por ser incabível a autocomposição ou por entender indevidamente não ser produtiva sua realização.

O próprio Código de Processo Civil dispõe ainda que, se designada audiência de justificação na *ação de manutenção de posse*, o prazo de contestação

1245 São inúmeros os julgados do STJ reconhecendo e aplicando o dever de colaboração do juiz com as partes.

flui a partir da intimação da decisão que deferir ou não a tutela de urgência (art. 564, parágrafo único).[1246] Somente se apreciado o pedido liminar independentemente da designação dessa audiência, o prazo de defesa terá início segundo as regras gerais do art. 231.

Além disso, nos termos do art. 231, § 1º, se houver *litisconsórcio passivo*, o prazo de contestação (na fase de conhecimento) deve começar a correr a partir da "última das datas a que se referem os incisos I a VI do *caput*" do mesmo artigo.[1247] Isto é, o prazo de todos começa a fluir simultaneamente da data em que o último prazo individual seria acionado, se não existisse a regra do § 1º. Assim, *v.g.*, se todos forem citados pelo correio, o prazo começa a correr da juntada da última carta de citação entregue; e se um demandado for citado por oficial de justiça e o outro, posteriormente, por edital, o termo inicial para ambos será o dia seguinte ao fim da dilação assinada pelo juiz (inc. VI). Da mesma forma, se estiver faltando apenas a citação de um litisconsorte e este comparecer espontaneamente nos autos, dispensando, assim, sua citação formal, então o prazo começa a correr dessa data (art. 239, § 1º).

A *liquidação de sentença*, por ser uma fase de conhecimento, também está sujeita às mesmas regras dos incisos e dos parágrafos do art. 231 anteriormente tratadas. Nesse caso, porém, não há citação pessoal do devedor, mas intimação do seu advogado para apresentar contestação (art. 511).

Na *execução* – em que não há a audiência preliminar –, o termo inicial do prazo para oposição dos embargos do devedor é definido pela aplicação das regras do art. 231,[1248] conforme expressamente determina o art. 915. Mas, em caso de litisconsórcio passivo, é inaplicável o § 1º do art. 231, computando-se individualmente o prazo de defesa, salvo no caso de cônjuges ou companheiros, conforme excepciona o 915, § 1º.[1249]

O art. 915 traz ainda outras regras pertinentes para estes comentários. Assim, nas *execuções por carta* o prazo tem início: "da juntada, na carta, da certificação da citação, quando versarem unicamente sobre vícios ou defeitos da

---

1246 Se a decisão for proferida na própria audiência, tanto o prazo de defesa quanto o de recurso têm início imediato (art. 1.003, § 1º).

1247 Essa regra é reiterada em outros dispositivos do Código de Processo Civil, como no art. 577. Mas se simultaneamente à citação o litisconsorte for intimado de alguma decisão, então eventual prazo recursal corre *individualmente* (art. 231, § 2º).

1248 O art. 738 do Código de Processo Civil de 1973 dispunha que tal prazo era contado "da data da juntada aos autos do mandado de citação".

1249 Todavia, o prazo de três dias para pagamento voluntário da dívida executada é computado automaticamente a partir do próprio dia da citação (art. 829), o que está em plena sintonia com o § 3º do art. 231. Nesse sentido: Daniel Neves, *Comentários ao Código de Processo Civil*, art. 829, n. 42, p. 95.

penhora, da avaliação ou da alienação dos bens" (inc. I); ou "da juntada, nos autos de origem, do comunicado de que trata o § 4º deste artigo ou, não havendo este, da juntada da carta devidamente cumprida, quando versarem sobre questões diversas da prevista no inciso I deste parágrafo".[1250]

Especificamente na *execução fiscal*, "o executado oferecerá embargos, no prazo de 30 (trinta) dias, contados: I – do depósito; II – da juntada da prova da fiança bancária ou do seguro garantia; III – da intimação da penhora" (Lei n. 6.830/1908, art. 16). E a 1ª Seção do STJ fixou a tese, em sede de recurso repetitivo (tema 131), de que "o termo inicial para a oposição dos embargos à execução fiscal é a data da efetiva intimação da penhora, e não a da juntada aos autos do mandado cumprido".[1251] Evidentemente, essa tese não se aplica quando o devedor depositar a quantia executada ou oferecer voluntariamente aquelas garantias. Ademais, recaindo a penhora sobre bem imóvel do casal, o prazo flui a partir da intimação do último cônjuge.[1252]

No *cumprimento de sentença*, o início do prazo de pagamento depende do meio de intimação utilizado. Geralmente se faz na pessoa do advogado do devedor (art. 513, § 2º, inc. I), por meio eletrônico ou pelo *Diário da Justiça eletrônico*, hipóteses em que começa a fluir a partir do dia seguinte à consulta aos autos eletrônicos (art. 231, inc. V) – e na omissão do advogado, dez dias após o lançamento da informação (ainda art. 231, inc. V, c/c LPE, art. 5º, § 3º) – ou do dia da publicação (art. 231, inc. VII). Contudo, se a intimação se der diretamente na própria pessoa do devedor,[1253] aplica-se o art. 231, § 3º, segundo o qual o prazo começa a correr da data do recebimento da intimação. E o prazo de *impugnação* começa a fluir automaticamente a partir do dia seguinte ao termo final do prazo de pagamento voluntário da dívida, sem intervalo (art. 525).[1254] Em caso de litisconsórcio passivo, os prazos devem ser computados

1250 Além disso, afasta expressamente a aplicabilidade do *prazo em dobro* quando há litisconsórcio (§ 3º).

1251 STJ, 1ª Seção, REsp repetitivo n. 1.112.416-MG, rel. Min. HERMAN BENJAMIN, j. 27.5.2009, v.u.

1252 STJ, 2ª T., REsp n. 1.804.365-SP, rel. Min. HERMAN BENJAMIN, j.6.6.2019, v.u.

1253 *V.g.*, se o devedor for defendido pela Defensoria Pública ou não tiver procurador constituído nos autos (art. 513, § 2º, inc. II), se o credor der início a essa fase após um ano do trânsito em julgado da sentença exequenda (art. 513, § 4º) e em se tratando de cumprimento de sentença penal condenatória, arbitral ou estrangeira, bem como decisão interlocutória estrangeira com *exequatur* concedido na carta rogatória (art. 515, § 1º).

1254 "O termo inicial do prazo para o oferecimento de impugnação ao cumprimento de sentença não é mais a data da penhora ou do depósito feito em garantia, mas sim a intimação do executado para pagar o débito, ato que deflagra dois prazos sucessivos: (I) de pagamento voluntário (15 dias); e (II) de impugnação (15 dias), totalizando 30 (trinta) dias úteis – inteligência dos artigos 523 e 525 do NCPC" (TJSP, 25ª

individualmente (aplicação do art. 915, § 1º, conforme autoriza o art. 771, parágrafo único), salvo no caso de cônjuges ou companheiros.

No processo *monitório*, o prazo de 15 dias para a oposição dos respectivos embargos (art. 702) – ou para pagamento (art. 701) – também começa a fluir segundo as regras do art. 231.[1255]

362. Considerações sobre o termo inicial do prazo de recurso

O art. 231 define o termo inicial dos prazos acionados por diversas formas de intimação, mas não esgota o tema, havendo outros dispositivos no próprio Código de Processo Civil e na legislação processual extravagante que tratam da matéria de forma complementar, em especial em matéria recursal.

Nesse sentido, o *caput* do art. 1.003 reforça o conceito genérico contido no art. 230, ao afirmar que "o prazo para interposição de recurso conta-se da data em que os advogados, a sociedade de advogados, a Advocacia Pública, a Defensoria Pública ou o Ministério Público são intimados da decisão". Isso não quer dizer que a fluência do prazo recursal tenha início imediato com a intimação, sobrepondo-se ao art. 231, mas apenas que para a fluência do prazo é necessária a intimação – salvo quando houver ciência inequívoca da parte.

Contudo, o art. 1.003 trata de duas situações não expressamente abordadas no art. 231. Conforme consta em seu § 1º, "os sujeitos previstos no *caput* considerar-se-ão intimados em audiência quando nesta for proferida a decisão". Ou seja, o prazo para recorrer de toda e qualquer decisão proferida em audiência começa a correr imediatamente, na própria data da audiência, ainda que o advogado da parte não tenha a ela comparecido, apesar de intimado.[1256] Já o § 2º soluciona definitivamente controvérsia surgida na vigência do Código de Processo Civil de 1973, ao incorporar a jurisprudência segundo a qual o prazo para o réu recorrer contra a decisão proferida antes da citação – em especial a concessiva de tutela de urgência – começa a fluir de acordo com as regras dos

---

Câm. Direito Privado, AgInst n. 2135763-46.2017.8.26.0000, rel. Des. Edgard Rosa, j. 28.9.2017, v.u.). Esse entendimento logicamente pressupõe que o prazo para pagamento da condenação teria natureza processual e seria computado em dias úteis, divergindo da posição adotada nestes comentários.

1255 Nesse sentido: Marcelo Machado, *Comentários ao Código de Processo Civil*, vol. XIII, art. 701, n. 152, p. 224.

1256 Todavia, se as notas taquigráficas da sessão de julgamento forem disponibilizadas somente após as partes serem intimadas do acórdão, então o prazo recursal será automaticamente reaberto a partir de sua juntada aos autos (STJ, Corte Especial, EDcl nos EREsp n. 1.194.697-MS, rel. Min. Napoleão Maia, j. 5.10.2015, v.u.). Nesse julgamento, esclareceu-se que as notas taquigráficas integram o acórdão (RISTJ, art. 100) e sua juntada é obrigatória quando solicitadas por um dos julgadores ou pelas partes.

incisos do art. 231, conforme o caso, e não a partir da data da sua citação ou intimação.[1257]

Se houver litisconsortes, o prazo recursal de cada um deles é contado individualmente (art. 231, § 2º),[1258] ao contrário do que ocorre com o prazo de contestação.

363. Citação e intimação postal

A citação deve ser realizada preferencialmente por meio postal – ao menos enquanto a citação eletrônica não for devidamente regulamentada e se popularizar –, ressalvadas as vedações contidas nos incisos do art. 247 (*v.g.*, quando dirigida a pessoa jurídica de direito público ou a incapaz). As intimações, por outro lado, são realizadas pelo correio somente em situações excepcionais, especialmente quando dirigidas às próprias partes (art. 274).

Nos termos do art. 231, inc. I, em caso de citação ou intimação postal,[1259] o prazo para a prática do respectivo ato processual tem início com a *juntada aos autos* do aviso de recebimento (A.R.) devidamente assinado pelo destinatário ou por quem validamente tenha recebido a carta.[1260]

O prazo também começa a correr da juntada aos autos da carta postal devidamente cumprida, nas seguintes situações: (a) se a destinatária for a *Fazenda Pública*, por não ter representante judicial lotado na sede do juízo e não ser possível a intimação eletrônica;[1261] (b) se, excepcionalmente, *a própria parte*, e não seu advogado, for intimada de algum ato processual, tal qual a decisão concessiva de tutela de urgência (ainda que essa intimação seja simultânea à citação)[1262]

1257 Sustentei essa mesma solução na vigência do Código de Processo Civil anterior, que não era expresso a respeito (Pedro Dinamarco, *Código de Processo Civil interpretado*, art. 241, n. 9, p. 700).

1258 Na vigência do Código de Processo Civil de 1973, a jurisprudência do STJ afirmava que "o termo inicial do prazo para a interposição de agravo de instrumento começa a fluir na data da juntada aos autos do último mandado de citação cumprido" (STJ, 2ª T., AgRg no AREsp n. 559.883-MG, rel. Min. Herman Benjamin, j. 12.2.2015, v.u.).

1259 Os requisitos de validade da citação postal estão indicados especialmente nos arts. 247, 248, 250 e 274, parágrafo único.

1260 Não é necessária a intimação do réu a respeito da juntada do A.R. (STJ, 4ª T., REsp n. 80.066-MG, rel. Min. Sálvio de Figueiredo Teixeira, j. 29.4.1998, v.u.).

1261 STJ, 1ª T., REsp n. 940.123-GO, rel. Min. Teori Zavascki, j. 14.8.2007, v.u.

1262 Ou seja, o prazo de *agravo de instrumento* contra decisão da qual a parte foi pessoalmente intimada pelo correio, simultaneamente ou não à citação, também começa a fluir com a juntada da carta postal aos autos – apesar de o prazo para cumprimento do comando ser computado do dia do seu recebimento (art. 231, § 3º). Porém, se o mandado de citação não fizer expressa referência à decisão, e, portanto, o citando dela não tomar conhecimento, então esse prazo recursal correrá a partir de

e a sentença;[1263] (c) se a intimação for encaminhada diretamente *pelo advogado da parte contrária*, e não pelo cartório (art. 269, § 1º), considerando-se, neste caso, a juntada da petição instruída com o A.R. positivo; (d) se a parte destinatária descumprir o ônus de informar a modificação temporária ou definitiva do local de seu domicílio (art. 77, inc. V) e, por isso, ser enviada a carta ao seu *endereço desatualizado* (intimação ficta), conforme está no art. 274.

Na *execução* e no *cumprimento de sentença*, porém, o prazo para a satisfação voluntária da obrigação começa a correr a partir do próprio *recebimento* da carta de citação pelo devedor (art. 231, § 3º). Na execução fiscal também vige essa regra, mas, se no A.R. devolvido pelos correios não constar a data da sua recepção, presume-se ter ocorrido "10 (dez) dias após a entrega da carta à agência postal" (LEF, art. 8º, inc. II).

364. Citação e intimação por oficial de justiça

A comunicação do ato processual por oficial de justiça, muito frequente no passado, tornou-se excepcional a partir do início desse século, com as sucessivas alterações na legislação processual. E o Código de Processo Civil de 2015 manteve essa tendência, ao dispor em seu art. 249 que a citação deve ser realizada por esse meio apenas quando a lei assim determinar expressamente; ou quando inviável ou desaconselhável por outra forma, em especial a eletrônica e a postal. No mesmo sentido, conforme consta no art. 275, "a intimação será feita por oficial de justiça quando frustrada a realização por meio eletrônico ou pelo correio" – além da publicação no *Diário da Justiça eletrônico*, caso dirigida a advogado.[1264]

Uma vez realizado validamente o ato de comunicação por oficial de justiça, com o preenchimento de todos os seus requisitos legais – em especial do art. 250 –, a fluência do prazo (para contestar, para recorrer, de antecedência à audiência etc.) tem início na data constante no respectivo *termo de juntada* aos autos (art. 231, inc. II), independentemente de a citação ou intimação: (a) ser dirigida ao advogado da parte, à Fazenda Pública, ao Ministério Público ou à

---

ulterior intimação específica, geralmente dirigida a seu advogado (STJ, 4ª T., AgInt no REsp n. 1.745.688-CE, rel. Isabel Gallotti, j. 8.11.2018, v.u.)

1263 STJ, 2ª T., REsp n. 914.085-MS, rel. Min. Eliana Calmon, j. 28.10.2008, v.u.

1264 Não se admite intimação eletrônica dirigida à própria parte, mas apenas postal e, se frustrada, por oficial de justiça. Excepcionalmente, se não localizado o endereço do intimado ou este sendo inacessível, sua intimação poderá ser por edital. O desprestígio da intimação por oficial de justiça fica mais claro pela leitura dos arts. 273 e 513, § 2º, que mencionam os demais meios de comunicação, mas se omitem em relação a esta modalidade – o que, todavia, não impede por completo sua utilização.

Defensoria Pública;[1265] (b) ter sido realizada na fase de conhecimento ou de cumprimento de sentença (procedimento comum ou especial), em execução de título executivo extrajudicial ou, ainda, em processo monitório; e (c) ter ocorrido com *hora certa* (arts. 252 ss. e 830, § 1º), conforme disposto no art. 231, § 4º – é irrelevante, portanto, a data da juntada do comprovante de recebimento da carta, telegrama ou correspondência eletrônica mencionada no art. 254 do Código de Processo Civil.[1266]

Como já dito alhures, "se houver dúvida a respeito da data da juntada do documento (mandado ou cartão de citação, carta precatória etc.), por estar a certidão do cartório ilegível ou rasurada, em princípio deve prevalecer o entendimento mais favorável ao destinatário da comunicação", sob pena de cerceamento de defesa.[1267]

Especificamente nas *execuções fiscais*, contudo, a fluência do prazo para pagamento tem início desde a data da *entrega* da carta postal ou, "se a data for omitida, no aviso de recepção, 10 (dez) dias após a entrega da carta à agência postal" (LEF, art. 8º, inc. II).[1268]

365. Citação e intimação por escrivão ou chefe de secretaria

Uma das atribuições do escrivão ou chefe de secretaria (e dos demais serventuários internos) é efetivar a citação ou intimação da parte, de seu advogado ou de interessado que comparecer ao cartório para consultar os autos (art. 152, inc. II).[1269] Outros artigos do Código de Processo Civil e da legis-

1265 Em relação à Fazenda Pública, STJ, Corte Especial, EREsp n. 506.017-RS, rel. Min. ARI PARGENDLER, j. 29.6.2005, v.u. Ver outros julgados adiante, item 377.

1266 O Código de Processo Civil de 1973 não tinha disposição expressa equivalente à do atual art. 231, § 4º, mas a jurisprudência já adotava esse entendimento (STJ, 3ª T., AgRg no REsp n. 1.537.625-RJ, rel. Min. MOURA RIBEIRO, j. 6.10.2015, v.u.).

1267 *Código de Processo Civil interpretado*, art. 241, n. 1, p. 696.

1268 "Somente nas execuções fiscais é que a citação pelo correio é considerada feita na data da entrega da carta" (STJ, 1ª T., REsp n. 13.295-PE, rel. GARCIA VIEIRA, j. 2.10.1991, v.u.).

1269 Em sentido equivalente, art. 389 do Código de Processo Penal. O Código de Processo Civil de 1973 nada dispunha a esse respeito, mas a jurisprudência já admitia a citação pelo escrivão quando a parte comparecesse em cartório, contando-se o prazo de defesa a partir desse momento (STJ, 4ª T., AgRg no AREsp n. 431.547-SC, rel. Min. LUIS FELIPE SALOMÃO, j. 24.2.2015, v.u.). No mais, o art. 273, inc. I, do Código de Processo Civil de 2015 autoriza também a intimação do advogado da parte pelo escrivão quando inviável a intimação por meio eletrônico *e* não houver na localidade publicação em órgão oficial. Ocorre que, s.m.j., atualmente não existe mais a circulação da via física do Diário da Justiça, razão pela qual este segundo requisito tornou-se letra morta. De todo modo, nada impede que o advogado seja intimado pelo funcionário do cartório se lá comparecer para consultar os autos

lação processual em geral também lhes atribuem o dever de realizar "pessoalmente" tais atos de comunicação (*v.g.*, arts. 246, inc. III, 273 e 274). Essa citação ou intimação deve atender às exigências dos arts. 248 e 250, entre outros, e ser imediatamente certificada nos autos, informando data, hora e local e solicitando, sempre que possível, a assinatura do destinatário (art. 209).

A citação ou intimação feita pelo escrivão é considerada, para os devidos fins, como *pessoal* – sem prejuízo de em alguns casos essa comunicação pessoal só ser válida com a entrega dos autos.[1270]

Nos termos do art. 231, inc. III, sendo a citação ou intimação validamente realizada por estes ou outro funcionário do cartório, eventual prazo tem início na própria *data da citação ou intimação*, sendo irrelevante, portanto, o dia da juntada da certidão aos autos, caso ela seja expedida posteriormente. Para tanto, deve ser considerada a data do ciente lançado pelo destinatário nos autos; ou, recusando-se este a assinar o termo, da data informada pelo serventuário em certidão, que conta com a presunção relativa de veracidade.[1271]

366. Citação e intimação por edital

As hipóteses nas quais se permitem a citação e a intimação por edital são expressamente indicadas no Código de Processo Civil, em especial nos arts. 256, 513, § 2º, inc. IV, 554, § 1º, e 830, § 2º. A legislação processual extravagante também traz situações taxativas nas quais elas também podem ser realizadas (*v.g.*, art. 7º, inc. II, da LAP).[1272]

Os requisitos de validade do edital estão indicados no art. 257, aos quais se somam outros elementos indicados como essenciais para os demais meios de comunicação, conforme o caso. A principal novidade trazida a respeito pelo Código de Processo Civil de 2015 está na sua publicação "na rede mundial de

---

deste ou de outro processo, independentemente de estarem presentes os requisitos do art. 273, inc. I.

1270 Na execução fiscal, "desde que realizada de forma pessoal, a intimação feita diretamente pelo escrivão ou pelo chefe de secretária, tanto quanto a realizada por oficial de justiça, atende aos ditames do artigo 25 da Lei 6.830/80", segundo o qual o representante da Fazenda Pública goza da prerrogativa de ser sempre intimado pessoalmente (STJ, 2ª T., REsp n. 765.007-MG, rel. Min. Eliana Calmon, j. 15.5.2007, v.u.).

1271 "A certidão do escrivão de que intimou o advogado deve ser aceita como verdadeira, ainda que não conste seu ciente, desde que não infirmada pelos elementos constantes dos autos" (STJ, 4ª T., REsp n. 114.534-SC, rel. Min. Ruy Rosado de Aguiar, j. 28.4.1997, v.u.).

1272 Em muitos casos, a lei exige a publicação de edital apenas para dar ciência aos interessados ou ao público em geral, sem que seja dirigido especificamente a alguém que seja parte no processo (*v.g.*, arts. 734, § 1º, e 886).

computadores, no sítio do respectivo tribunal e na plataforma de editais do Conselho Nacional de Justiça" (art. 257, inc. II), trazendo, assim, maior eficácia à divulgação da informação, com um custo muito menor do que na obsoleta publicação em jornais de grande circulação.

A citação e a intimação por edital consumam-se com a sua publicação, mas, nos termos do art. 231, inc. IV, o prazo para a prática do ato (defender-se, recorrer etc.) começa a correr a partir do *primeiro dia útil posterior* ao fim do *prazo de dilação* assinalado pelo juiz.[1273] Tal prazo de espera é fixado discricionariamente, entre o mínimo de 20 e o máximo de 60 dias úteis,[1274] e, por sua vez, começa a fluir da data da primeira ou única publicação (art. 257, inc. III).[1275] Na ausência de especificação pelo juiz, mostra-se mais adequado presumir ser de 60 dias o prazo de espera, para não criar surpresa alguma à parte e tendo em vista que justamente por isso a interpretação relativa a prazos deve ser sempre a mais liberal (v. *supra*, item 254).

Se o demandado citado por edital (ou com hora certa) não apresentar defesa e não constituir advogado nos autos, ficando revel, o juiz deve nomear um *curador especial* para defender seus interesses (art. 72, inc. II), inclusive por meio da oposição de eventuais embargos à execução, se necessário, sob pena de nulidade de todos os atos subsequentes.[1276] A lei, todavia, não esclarece o termo inicial do prazo desse curador, parecendo razoável adotar as mesmas regras a que o eventual advogado daquela parte estaria sujeito.

No caso de *prazo regressivo*, isto é, sendo exigida a publicação de edital com antecedência mínima em relação a algum evento processual com data

---

1273 O art. 241, inc. V, do Código de Processo Civil de 1973 determinava o início do prazo de defesa a partir de quando "finda a dilação assinada pelo juiz".

1274 Por não dizer respeito à prática de algum ato (seria o tempo para um não ato), parte da doutrina entende que esse *prazo de espera*, relativo ao momento de eficácia plena do edital, não estaria sujeito ao art. 219 e, portanto, deveria ser computado em *dias corridos* (nesse sentido: ANDRE ROQUE, *Teoria geral do processo*, art. 219, n. 4, p. 708). Todavia, inexiste no art. 219 essa distinção, não sendo lá especificada, nem mesmo implicitamente, sua aplicação restrita aos prazos para a efetiva prática de atos.

1275 Na vigência do Código de Processo Civil de 1973, o STJ decidiu que, por inexistir qualquer exigência legal, na *intimação* por edital "não há necessidade de fixação de prazo pelo Juiz, tal como ocorre com a citação-edital" (art. 241, inc. V), de modo que naquele caso o prazo "começa a fluir da simples publicação do edital pela imprensa" (STJ, 4ª T., REsp n. 578.364-BA, rel. BARROS MONTEIRO, j. 11.10.2005, v.u.). Esse entendimento está superado, pois o art. 231, inc. IV, do Código de Processo Civil de 2015 dispõe expressamente sobre o período de dilação para a eficácia plena também das intimações edilícias.

1276 STJ, 2ª T., AgInt no REsp n. 1.374.799-PR, rel. Min. OG FERNANDES, j. 5.6.2018, v.u.

conhecida (*v.g.*, cinco dias antes da data marcada do leilão – art. 887, § 1º), não se aplica o art. 231, inc. IV, tampouco há que se falar em período de dilação.

367. Citação e intimação eletrônicas

A comunicação eletrônica é expressamente autorizada no processo civil (CPC, art. 246, inc. V; e LPE, art. 6º) e deve ser realizada por meio da disponibilização da informação dirigida à parte ou seus procuradores no *portal* de andamento processual do tribunal. Como se percebe inicialmente, o art. 231, inc. V, do Código de Processo Civil não se refere especificamente ao envio de informação por correio eletrônico (*e-mail*).[1277]

Há duas modalidades de citação e intimação eletrônica, em sentido estrito, que infelizmente recebem da lei tratamentos parcialmente diversos: a *real*, na qual a parte ou seu advogado acessa a informação processual contida nos autos eletrônicos vinculados ao portal do respectivo tribunal, com a utilização de seu certificado eletrônico ou de seu código pessoal de identificação (*login* e senha);[1278] e a *ficta*, quando a comunicação é presumida se os autos não forem acessados pelo destinatário em dez dias do envio da intimação (LPE, art. 5º, § 3º).[1279]

Para a viabilidade da comunicação eletrônica, o Código de Processo Civil impõe a *obrigatoriedade de cadastramento* pelos potenciais litigantes (União, Estados, Distrito Federal, Municípios, empresas públicas e privadas, ressalvadas as micro e pequenas empresas) perante a administração de cada tribunal no qual tenham atuação ou perante o juízo onde tenha sede ou filial (arts. 246, §§ 1º e 2º, 1.050 e 1.051). Esse cadastramento pode ser feito em nome tanto da parte quanto de seu advogado ou procurador.[1280]

1277 Sobre a validade e o início do prazo de eventual comunicação por e-*mail*, v. item 374.

1278 A intimação é válida ainda que a parte (inclusive o Estado) não tenha se cadastrado no portal do tribunal (STJ, 1ª T., AgInt na PET no AREsp n. 698.076-TO, rel. Min. Gurgel de Faria, j. 19.6.2018, v.u.).

1279 Muito saudável é a regra contida no § 4º do mesmo art. 5º, segundo a qual, "em *caráter informativo*, poderá ser efetivada remessa de correspondência eletrônica, comunicando o envio da intimação e a abertura automática do prazo processual nos termos do § 3º deste artigo, aos que manifestarem interesse por esse serviço". O envio dessa mensagem deveria tornar-se obrigatório.

1280 Atenção: "se o advogado, no momento em que ajuizou a ação, fez o cadastro em nome próprio, não pode, posteriormente, alegar a nulidade da intimação realizada na sua pessoa, e não na da entidade que representa, para se eximir da responsabilidade de acompanhar o andamento do processo, a partir da consulta assídua ao sistema PJe" (STJ, 3ª T., REsp n. 1.574.008-SE, rel. Min. Nancy Andrighi, j. 12.3.2019, v.u.).

Dispõe também que *a intimação* do advogado e dos representantes judiciais dos órgãos públicos deve ser *preferencialmente eletrônica*, dispensando, assim, a publicação no *Diário da Justiça eletrônico* ou outra forma de intimação (art. 270; e LPE, art. 5º, *caput* e § 6º).[1281] Apesar de sua utilização ainda ser tímida, ela vem crescendo gradativamente e tende a entrar fortemente na rotina forense em poucos anos.

A *citação eletrônica*, por outro lado, tende a ser excepcional por mais tempo. Além de não haver previsão legal de sua utilização prioritária, não há no Código de Processo Civil, na Lei do Processo Eletrônico ou em qualquer outra lei federal imposição de sanções aos sujeitos processuais pelo descumprimento da obrigação de cadastramento, nem qualquer estímulo para as pessoas jurídicas fazerem-no. Ademais, ao contrário das intimações, não há na lei prazo para a parte acessar os autos a fim de receber a citação, sob pena de se presumir a ciência.[1282] Por isso, são poucas as entidades públicas ou empresas que se cadastraram junto ao órgão judiciário competente, submetendo-se voluntariamente às regras processuais impostas no respectivo *convênio* ao qual tenham aderido – que pode, inclusive, impor alertas eletrônicos e prazo para acesso pelo destinatário, sob pena de acionamento automático do seu prazo de defesa. Mas essas iniciativas são numericamente insignificantes. Para ser mais utilizado, o ideal é que seja editada *nova lei* regulamentando o cadastro obrigatório e, principalmente, as consequências da omissão no acesso.[1283] Da forma como está atualmente regulamentada, a citação eletrônica "tem potencial para produzir novas e deletérias questões processuais, especialmente em razão da relevância

---

1281 MARCEL LEONARDI e GUILHERME SANCHEZ questionam, porém, a legitimidade dessa opção legislativa, afirmando com algum exagero que ela poderia gerar insegurança jurídica (*Código de Processo Civil anotado*, art. 193, n. 4, p. 312).

1282 A Lei do Processo Eletrônico contém uma única referência à citação eletrônica, para autorizar sua realização (assim como da intimação) pelas regras ordinárias (comunicação física) quando, por motivo técnico, for inviável o uso do meio eletrônico (art. 9º, § 2º).

1283 No mesmo sentido, diz JOSÉ ROGÉRIO CRUZ E TUCCI: "é certo que a citação por via eletrônica, prevista no artigo 232, inciso V, do CPC, que pode causar alguma perplexidade e insegurança, deverá ainda ser regulamentada, para atingir os seus objetivos de forma satisfatória" (*Comentários ao Código de Processo Civil*, vol. VII, nota 86 ao art. 335, p. 187). A competência legislativa para essa regulamentação, com imposição de ônus e sanções processuais, é exclusiva da União, mais especificamente do Congresso Nacional. A delegação de competência a órgãos administrativos do Poder Judiciário para "regulamentar a prática e a comunicação oficial de atos processuais por meio eletrônico", contida no art. 196 do Código de Processo Civil, não inclui a imposição de ônus e gravames processuais. Por isso, é formalmente *inconstitucional* e *ilegal* sua regulamentação pelo Conselho Nacional de Justiça, por norma de organização judiciária local ou por regimento interno do tribunal.

do ato de citar ou intimar e as repercussões que sua inexistência ou nulidade podem causar ao processo".[1284]

Pois bem. Segundo dispõe o art. 231, inc. V, o prazo começa a correr a partir do "*dia útil seguinte* à consulta ao teor da citação ou da intimação ou ao término do prazo para que a consulta se dê".[1285] O art. 5º, § 3º, da Lei do Processo Eletrônico, por sua vez, dispõe que referida consulta "deverá ser feita em até 10 (dez) dias corridos, contados da data do *envio da informação*, sob pena de considerar-se a *intimação* automaticamente realizada na data do término deste prazo", nada dispondo, porém, sobre o prazo de verificação da *citação* ou sobre a consequência da omissão da parte. O Código de Processo Civil também é omisso a esse respeito.

Nesse cenário, o prazo da parte começa a correr a partir do primeiro dia útil subsequente (a) à consulta aos autos eletrônicos; *ou* (b) ao décimo dia do lançamento da intimação no portal eletrônico, caso a parte não acesse os autos nesse período,[1286] independentemente da data da sua certificação nos autos.

Se, contudo, a *consulta* ocorrer em "*dia não útil*, a intimação será considerada como realizada no primeiro dia útil seguinte", conforme expressamente ressalvado no art. 5º, § 2º, do Lei do Processo Eletrônico. Isso significa que, *v.g.*, se o acesso se der no sábado, considera-se realizada a intimação apenas na segunda-feira (salvo se for feriado), começando o prazo a correr na terça-feira (CPC, art. 231, inc. V) e a contar na quarta-feira (art. 224).

Surpreendentemente, nada dispõe a lei, inclusive o mencionado art. 5º, § 2º, da Lei do Processo Eletrônico, para o caso de o *décimo dia de espera ser dia sem expediente forense*. Diante dessa inexistência de ressalva legal expressa, se o decêndio vencer em dia não útil, a intimação presumida deve ser considerada como realizada nesse mesmo dia e, consequentemente, o prazo começa a correr já no primeiro dia útil subsequente, sem prorrogação.[1287] Voltando ao exemplo, esgotando-se os dez dias num sábado, o prazo começa a correr já na segunda-feira. Todavia, em sentido contrário, o STJ vem decidindo que, "se

---

1284 Augusto Marcacini, *Breves comentários ao Código de Processo Civil*, art. 192, n. 4, p. 670.

1285 Por ser posterior, esta regra do Código de Processo Civil se sobrepõe à do art. 5º, § 1º, da Lei do Processo Eletrônico, segundo a qual o prazo decorrente de *intimação* teria início no próprio dia da consulta eletrônica.

1286 O art. 21, inc. I, da Resolução n. 185/2013 do Conselho Nacional de Justiça dispõe que esse prazo de dez dias corridos é contado a partir "da disponibilização do ato de comunicação no sistema, independentemente de esse dia ser, ou não, de expediente no órgão comunicante".

1287 O mesmo ocorre com eventual publicação no *DJe* em dia sem expediente forense (v. item 369).

o término do decêndio ocorrer em feriado ou em dia não útil, considerar-se-á como data da intimação automática o *primeiro dia útil seguinte*".[1288] Essa interpretação "sistemática", ou por analogia, apesar de não parecer tecnicamente correta, tem o mérito de padronizar o sistema, afastando inexplicável incongruência do tratamento diverso a situações equivalentes.

Havendo *duplicidade de intimação*, eletrônica e publicação no *Diário da Justiça eletrônico*, deve ser considerada somente a primeira – isto é, deve prevalecer o prazo que se esgotar primeiro –, assim como ocorre quando há ciência inequívoca. Todavia, para a jurisprudência majoritária do STJ, inexplicavelmente prevaleceria sempre a intimação eletrônica; e para a sua 4ª Turma, esta (por meio do portal) se sobrepõe sobre a publicação na imprensa oficial (arts. 270 e 272). V. adiante, item 369.

A *citação eletrônica* do demandado será considerada efetivada quando a parte devidamente cadastrada no sistema eletrônico do tribunal, ou seu procurador com poderes especiais para recebê-la, *consultar* os autos eletrônicos pela primeira vez,[1289] começando o prazo de defesa a correr no dia útil subsequente (art. 231, inc. V). Como já dito, não existe ainda a citação ficta no direito processual civil, em decorrência do decurso do prazo de consulta.

Os diversos *órgãos públicos* estão igualmente sujeitos às regras abordadas neste item, relativas ao termo *a quo* do prazo decorrente de intimação eletrônica, sob pena de quebra da isonomia de tratamento.[1290] Afinal, conforme está

1288 STJ, 1ª T., AgInt no AREsp n. 1.181.086-TO, rel. Min. Sérgio Kukina, j. 3.4.2018, v.u. No mesmo sentido: STJ, 1ª T., AgInt no REsp n. 1.682.882-RS, rel. Min. Napoleão Maia Filho, j. 25.3.2019, v.u.; STJ, 4ª T., AgInt no REsp n. 1.661.224-TO, rel. Min. Antonio Carlos Ferreira, j. 13.3.2018, v.u.; e STJ, 3ª T., AgInt no REsp n. 1.663.172-TO, rel. Min. Nancy Andrighi, j. 13.3.2018, v.u. Neste último, constou na ementa: "malgrado o § 3º do art. 5º da Lei 11.419/06, que dispõe sobre a intimação tácita, não trate expressamente da possível prorrogação para o primeiro dia útil seguinte, se o último dia do decêndio for feriado ou outro dia não útil, o § 2º do mesmo dispositivo legal prevê que, 'nos casos em que a consulta se dê em dia não útil, a intimação será considerada como realizada no primeiro dia útil seguinte'. A *interpretação sistemática*, portanto, induz a conclusão de que, recaindo a data da consulta eletrônica ou o término do decêndio em feriado ou dia não útil, considera-se como data da intimação o primeiro dia útil seguinte".

1289 Nada impede que os tribunais celebrem *convênio* com algumas pessoas, especialmente os grandes litigantes, nos quais estas concordam voluntariamente com a imposição do ônus de consultar dentro do prazo ali estipulado, sob pena de ser tida como fictamente citada.

1290 "Disponibilizada ao Ministério Público a intimação eletrônica do acórdão embargado, não havendo efetiva consulta, considera-se realizada no prazo de 10 dias corridos, contados da data do envio" (STJ, 6ª T., EDcl nos EDcl no REsp n. 1.623.985-SP, rel. Min. Nefi Cordeiro, j. 5.11.2019, v.u.).

na Lei do Processo Eletrônico, "no processo eletrônico, todas as citações, intimações e notificações, inclusive da Fazenda Pública, serão feitas por meio eletrônico" (art. 9º, *caput*), e essas comunicações "serão consideradas *vista pessoal* do interessado para todos os efeitos legais" (art. 9º, § 1º) – em especial para fins de incidência dos arts. 180, 183 e 186, § 1º, do Código de Processo Civil.[1291] Nem haveria motivo para ser diferente, pois qualquer pessoa – inclusive os representantes de órgãos públicos – pode ter rápido e permanente acesso aos autos eletrônicos. Aliás, no STJ, apenas os entes públicos com prerrogativa de intimação pessoal são (necessariamente) intimados eletronicamente,[1292] enquanto as intimações dirigidas aos advogados das partes privadas continuam a ocorrer por meio de publicação em *Diário da Justiça eletrônico.*

368. Citação e intimação por carta (colaboração judicial)

Como já dito alhures, "carta tem o sentido de documento que serve de comunicação entre dois ou mais juízes de foros diferentes,[1293] a fim de realizar-se algum ato processual que depende de iniciativa judicial. Ou seja, as três espécies de carta (rogatória, de ordem e precatória) são instrumentos por meio dos quais um juiz requisita a outro a realização de algum ato judicial dentro dos limites territoriais de sua competência. E o outro atende a essa requisição em cumprimento do dever de colaboração judicial".[1294]

Nos termos do art. 232 – reiterado no art. 915, § 4º, no tocante especificamente às execuções –, quando a citação ou intimação se efetivar por carta, tal fato deverá ser *imediatamente informado* ao juízo deprecante, preferencialmente por meio eletrônico. Com a juntada dessa comunicação aos autos prin-

---

1291 STJ, 2ª T., AgRg no REsp n. 1.488.739-RS, rel. Min. Assusete Magalhães, j. 17.3.2015, v.u.

1292 STJ, 2ª T., AgInt no AgInt no REsp n. 1.190.095-RS, rel. Min. Og Fernandes, j. 11.6.2019, v.u.; e STJ, 3ª T., AgInt no AREsp n. 995.806-RJ, rel. Min. Marco Aurélio Bellizze, j. 2.5.2017, v.u. Em agosto de 2016, o STJ publicou edital de convocação para cadastramento em 30 dias de todos os órgãos públicos (inclusive Defensoria Pública e Ministério Público) com vista ao recebimento de intimações pelo seu Portal de Intimação Eletrônica, submetendo aqueles que não se cadastrarem à *presunção* de recebimento da intimação eletrônica. Alguns (poucos) tribunais da Federação já intimam eletronicamente representantes de órgãos públicos e também advogados particulares; outros sequer implementaram esse moderno sistema de intimação, em razão de atrasos tecnológicos e de outras questões burocráticas.

1293 Dispõe o art. 236 do Código de Processo Civil de 2015: "§ 1º Será expedida carta para a prática de atos fora dos limites territoriais do tribunal, da comarca, da seção ou da subseção judiciárias. § 2º O tribunal poderá expedir carta para juízo a ele vinculado, se o ato houver de se realizar fora dos limites territoriais do local de sua sede".

1294 *Código de Processo Civil interpretado*, art. 200, n. 4, p. 537.

cipais, o prazo para a prática do ato processual começa a correr automaticamente (art. 231, inc. VI). Essa mesma regra é reiterada no art. 915, § 2º, inc. II, mas não se aplica aos prazos relativos a atos, da parte ou de terceiro, que independam de representação judicial (art. 231, § 3º).

Se, por outro lado, o juízo deprecado devolver a carta *sem comunicar* previamente a ocorrência da citação ou intimação, então o prazo processual da parte começa a fluir a partir da juntada da própria carta.

Contudo, há *exceção* legal à regra do art. 231, inc. VI. Na *execução por carta* (e, eventualmente, no cumprimento de sentença), o prazo para embargos começa a correr no próprio dia "da juntada, *na carta*, da certificação da citação, quando versarem unicamente sobre *vícios ou defeitos da penhora, da avaliação ou da alienação de bens*" (art. 915, § 2º, inc. I), isto é, sobre atos praticados no próprio juízo deprecado. A competência para tais embargos à execução (ou impugnação), aliás, é do próprio juízo deprecado (art. 914, § 2º). Mas se, além de algum daqueles vícios, for simultaneamente alegada qualquer outra matéria de defesa, então prevalece o critério geral contido nos arts. 231, inc. VI, e 915, § 2º, inc. II.[1295]

369. Publicação no *Diário da Justiça*

A intimação só pode ser feita pelo *Diário da Justiça eletrônico* quando dirigida a *advogados* de empresas privadas ou pessoas físicas – Ministério Público, Advocacia Pública, Defensoria Pública e as próprias partes devem ser necessariamente intimadas pessoalmente.[1296] Ainda hoje esta é, na prática, a principal forma de intimação dos advogados privados, apesar de a lei dar preferência à via eletrônica (arts. 270 e 272).

Nesses casos, o prazo começa a fluir da "*data de publicação*, quando a intimação se der por pelo Diário da Justiça eletrônico" (art. 231, inc. VII; e LPE, art. 4º, § 4º), considerando-se "como data da publicação o *primeiro dia útil seguinte ao da disponibilização* da informação do Diário da Justiça eletrônico" (art. 224, § 2º; e LPE, art. 4º, § 3º). E o art. 224, § 3º, acrescenta: "a *contagem* do prazo terá início no primeiro dia útil que seguir ao da publicação". Ou seja, disponibilizada a informação no *Diário da Justiça eletrônico* em dia útil ou não,[1297]

1295 Nesse sentido: MAURÍCIO GIANNICO, *Comentários ao Código de Processo Civil*, vol. XVIII, n. 138, p. 244.

1296 A via impressa do Diário Oficial deixou de circular em 2017.

1297 Ademais, "é irrelevante o *horário em que seu deu a disponibilização* da decisão recorrida no Diário da Justiça Eletrônico, vez que sempre é considerado o primeiro dia útil seguinte como data da efetiva publicação", nos termos do § 3º do art. 4º da Lei do Processo Eletrônico, ainda em vigor (STJ, Corte Especial, MS n. 13.981-RS, rel. Min. NANCY ANDRIGHI, j. 27.11.2008, v.u.).

o prazo começa a *correr* no dia plenamente útil seguinte – isto é, no primeiro dia útil com expediente completo (art. 224, § 1º) –, considerado como o dia da publicação, e a *contar* no segundo dia útil.[1298]

Note-se que, ao contrário do Código de Processo Civil revogado (art. 240, parágrafo único), o atual não determina que a disponibilização da intimação no *Diário da Justiça eletrônico* em *dia não útil* (*v.g.*, em feriado local) deva ser tida como ocorrida no primeiro dia útil subsequente. Por isso, se a intimação for disponibilizada em dia sem expediente, a publicação (e não a disponibilização) deve ser tida como realizada já a partir do primeiro dia útil, dando início imediato à fluência do prazo. Da mesma forma, é irrelevante para o início da fluência do prazo se na data da disponibilização o expediente forense teve ou não horário reduzido – aliás, muito frequentemente, a disponibilização ocorre no fim do dia. Ou seja, nos termos do art. 224, § 1º, para começar a correr o prazo, apenas o dia da *publicação* deve ser "plenamente útil", isto é, com expediente completo.[1299]

O início do prazo recursal no tribunal ocorre com a publicação tanto da decisão monocrática do relator quanto do *acórdão* proferido pela turma julgadora (art. 205, § 3º), devendo constar no segundo caso a transcrição da ementa e a sua íntegra estar disponível para acesso das partes. É irrelevante, assim, a publicação da *ata da sessão de julgamento*, em que consta sinteticamente apenas o seu resultado (*v.g.*, deram ou negaram provimento ao recurso).[1300] Em relação às sentenças de primeira instância, é obrigatório constar na publicação ao menos sua parte dispositiva (ainda art. 205, § 3º).

Em caso de *republicação* da intimação, deve sempre prevalecer a primeira, desde que formalmente válida.[1301] Mas há tempos vem prevalecendo na

---

1298 Sobre a distinção entre *correr* e *contar*, v. item 241 na introdução deste Capítulo.

1299 LUIS GUILHERME BONDIOLI foi feliz ao criar a expressão "dia plenamente útil" para designar o dia com expediente completo, no qual pode haver o início ou o fim da fluência do prazo (*Comentários ao Código de Processo Civil*, vol. XX, art. 1.003, n. 50, p. 65).

1300 "Não há que se confundir a publicação do acórdão com a publicação da ata de julgamento. A primeira refere-se ao conteúdo do julgado pela Turma, ao passo que a segundo se restringe à proclamação do julgamento dos processos apreciados pela Turma em determinada data" (STJ, 3ª T., EDcl nos EDcl no AgInt no AREsp n. 934.778-RS, rel. Min. NANCY ANDRIGHI, j. 13.6.2017, v.u.). No mesmo sentido: STJ, 2ª T., EDcl nos EDcl no AgInt no AgInt no AREsp n. 1.128.748-SP, rel. Min. OG FERNANDES, j. 7.2.2019, v.u.; e STJ, 4ª T., EDcl nos EDcl no AgRg no REsp n. 1.344.568-RJ, rel. Min. ANTONIO CARLOS FERREIRA, j. 5.5.2015, v.u.

1301 Nesse sentido, tive a oportunidade de afirmar ainda na vigência do Código de Processo Civil de 1973: "se ocorrerem duas intimações ou duas citações, para efeitos de cômputo do prazo será considerada apenas a que se consumar em *primeiro*

jurisprudência o equivocado entendimento de o prazo de todos os destinatários só começar a correr a partir da *segunda* publicação, ainda que o equívoco da primeira publicação diga respeito apenas a uma das partes – *v.g.*, erro no nome do advogado de apenas um dos litigantes –,[1302] mesmo quando "a nova publicação foi promovida de ofício, pelo escrivão, sem ordem direta do juízo".[1303] Essa jurisprudência fere de morte o princípio da *instrumentalidade das formas* esculpido no art. 277 ("quando a lei prescrever determinada forma, o juiz considerará válido o ato se, realizado de outro modo, lhe alcançar a finalidade"). Afinal, se a finalidade da intimação é dar "ciência a alguém dos atos e termos do processo" (art. 269) e se a *primeira* publicação foi apta a levar a informação ao conhecimento do advogado,[1304] é o que basta para o seu prazo começar a fluir desde então (assim como ocorre com a carga dos autos ou com qualquer outra forma de ciência inequívoca).[1305]

---

lugar, salvo se houver ressalva expressa em sentido contrário contida nos autos ou no mandado" (*Código de Processo Civil interpretado*, art. 241, n. 1, p. 696). HUMBERTO THEODORO JUNIOR também afirma ser ilegítima a utilização da republicação como expediente para *reabrir prazos* já vencidos, "sendo *absurdo* imaginar, *v.g.*, que, já tendo ocorrido a coisa julgada ou a preclusão, uma simples e imotivada republicação deliberada pelo escrivão pudesse reabrir o prazo recursal já extinto" (*Novo Código de Processo Civil anotado*, art. 231, p. 278).

1302 Nesse caso, o prazo da parte representada por esse advogado começa a fluir da nova publicação (desde que outros advogados dessa parte não tenham sido validamente intimados), pois a primeira não atingiu sua finalidade, mas essa republicação não pode interferir no prazo daqueles que foram regularmente intimados por meio da primeira publicação.

1303 STJ, 3ª T., REsp n. 970.187-GO, rel. Min. NANCY ANDRIGHI, j. 18.12.2008, v.u. No mesmo sentido: STJ, 3ª T., AgRg no REsp n. 592.769-MG, rel. Min. PAULO FURTADO, j. 16.3.2010, v.u. Segundo a jurisprudência, a parte não poderia ser surpreendida pela cassação da segunda publicação, mas, na verdade, não há motivo para surpresa.

1304 Conforme lição de CHIOVENDA, a intimação surgiu no direito romano para fornecer "prova segura e indiscutível do dia em que a parte tomava conhecimento do julgado", sendo, portanto, "meio mais peremptório de excluir a *exceção de ignorância*" da decisão por aquela parte, ignorância essa que seria presumível ("Sulla pubblicazione e notificazione dele sentenze civile", nn. 14 e 15, pp. 252 e 254).

1305 Nesse sentido, após dizer que, se houver duplicidade de intimação, um lúcido acórdão do STJ reconheceu: "se não há discussão quanto à licitude da intimação ocorrida no Diário de Justiça eletrônico, não faz sentido considerar, para fins de contagem do prazo recursal, a intimação eletrônica posterior, porque com a publicação no *DJe* todas as partes já se deram por intimadas" (STJ, 2ª T., AgInt no AREsp n. 1.040.421-RJ, rel. Min. OG FERNANDES, j. 10.10.2017, v.u.). Além disso, a jurisprudência do STJ é pacífica em reconhecer a prevalência da *ciência inequívoca* sobre qualquer intimação formal ocorrida posteriormente: STJ, Corte Especial, AgInt nos EREsp n. 1.316.051-SP, rel. p/ acórdão Min. LUIS FELIPE SALOMÃO, j. 7.11.2018, m.v. (este acórdão não aplicou a tese defendida apenas em razão de uma especifici-

Por isso, Pontes de Miranda já afirmava: "intimação posterior, desnecessária, não reabre prazo".[1306]

Pelo mesmo motivo, é equivocado o entendimento majoritário na jurisprudência do STJ, formado na vigência do Código de Processo Civil de 1973 e inercialmente mantido, segundo o qual, à luz do art. 4º, § 2º, da Lei n. 11.419/2006 (LPE), a publicação no *Diário da Justiça eletrônico* sempre prevaleceria sobre a intimação eletrônica (pelo portal), independentemente de qual ocorreu antes,[1307] exceto nos casos em que a lei exija vista ou intimação pessoal.[1308] De todo modo, mesmo que não fosse o caso de sempre considerar a fluência a partir da primeira intimação válida, com a entrada em vigor do Código de Processo Civil de 2015 deveria ao menos considerar como prevalente a *intimação eletrônica*, por ser este o meio preferencial (arts. 246, § 1º, 270 e 272), como consta em alguns precedentes da 4ª Turma do STJ.[1309]

Em casos excepcionais, também a *citação* pode ser realizada pela publicação no *Diário da Justiça eletrônico*, se a lei expressamente autorizá-la na pessoa do advogado constituído em processo conexo – *v.g.*, nos embargos de terceiro (art. 677, § 3º) e na oposição (art. 683, parágrafo único).[1310]

370. Ciência inequívoca, comparecimento espontâneo e carga dos autos

O Código de Processo Civil trata de duas hipóteses de ciência inequívoca, nas quais é presumido o conhecimento pela parte dos atos e termos daque-

dade da causa); STJ, 1ª T., AgInt no AREsp n. 1.110.069-SP, rel. Min. Napoleão Nunes Filho, j. 29.4.2019, v.u.; STJ, 4ª T., AgInt no AREsp n. 1.285.728-PR, rel. Min. Luis Felipe Salomão, j. 14.8.2018, v.u.; e STJ, 2ª T., AgInt no REsp n. 1.697.151-SP, rel. Min. Herman Benjamin, j. 22.5.2018, v.u.

1306 *Comentários ao Código de Processo Civil*, t. III, arts. 240-241, n. 5, p. 313.

1307 STJ, Corte Especial, AgInt nos EAREsp n. 1.015.548-RJ, rel. Min. Humberto Martins, j. 15.8.2018, v.u.; STJ, 2ª Turma, AgInt nos EDcl no AREsp n. 1.346.981-RJ, rel. Min. Francisco Falcão, j. 11.6.2019, v.u.; STJ, 3ª T., AgInt nos EDcl no AREsp n. 1.342.507-RJ, rel. Min. Nancy Andrighi, j. 25.2.2019, v.u.; e STJ, 4ª Turma, AgInt no AREsp n. 1.314.961-RJ, rel. Min. Marco Buzzi, j. 5.2.2019, v.u.; e STJ, 4ª T., AgInt no AREsp n. 1.071.468-RJ, rel. Min. Luis Felipe Salomão, j. 12.9.2017, v.u.

1308 STJ, 3ª T., AgInt nos EDcl no AREsp n. 1.130.830-RJ, rel. Min. Villas Bôas Cueva, j. 24.4.2018, v.u.

1309 STJ, 4ª T., AgInt nos EDcl no AREsp n. 1.343.785-RJ, rel. Min. Raul Araújo, j. 18.6.2019, v.u.; e STJ, 4ª T., REsp n. 1.653.976-RJ, rel. p/ acórdão Antonio Carlos Ferreira, j. 8.5.2018, m.v. No mesmo sentido, curiosamente contrariando outros precedentes da própria 3ª Turma: STJ, AgInt no AREsp n. 903.091-RJ, rel. Min. Paulo de Tarso Sanseverino, j. 16.2.2017, v.u.

1310 Nesse sentido: Daniel Neves, *Novo Código de Processo Civil comentado*, art. 231, n. 8, p. 390.

le processo. A primeira é o *comparecimento espontâneo* do demandado, o que dispensa a sua citação (art. 239, § 1º),[1311] mas que não implica necessariamente a ciência inequívoca quanto às decisões já proferidas.[1312] E a segunda é a *retirada dos autos* em carga pelo advogado, que dispensa sua intimação a respeito de todas as decisões proferidas (art. 272, § 6º).[1313]

Na praxe forense, há muitas outras hipóteses de *ciência inequívoca* não indicadas expressamente em lei e que igualmente determinam o início imediato do prazo, independentemente de intimação oficial,[1314] tais como: (a) consulta aos autos físicos ou eletrônicos feita por advogado constituído, devidamente certificada, presumindo-se, assim, conhecimento de todos os atos processuais ali ocorridos, tal qual ocorre com a carga dos autos;[1315] (b) petição

---

1311 Não faz sentido exigir poderes específicos para receber citação, porque, ao outorgar a procuração para determinado processo específico (e não genérica), a parte manifesta ciência inequívoca a respeito de sua existência. Nesse sentido: STJ, 4ª T., AgInt nos EDcl no AgInt no AREsp n. 1.155.939-SP, rel. Min. MARCO BUZZI, j. 30.9.2019, v.u.; STJ, 3ª T., AgInt no AREsp n. 1.032.132-MG, rel. Min. MARCO AURÉLIO BELLIZZE, j. 4.5.2017, v.u. Todavia, em sentido contrário, afastando a revelia porque a procuração não continha poderes específicos: STJ, 4ª T., AgInt nos EDcl no AREsp n. 919.785-SP, rel. Min. MARCO BUZZI, j. 6.11.2018, v.u.

1312 Nesse sentido, afirma a jurisprudência do STJ: "a outorga de procuração a advogado para defender a parte no processo não pode ser interpretada como ato de ciência inequívoca da decisão" (STJ, 3ª T., REsp n. 655.799-MA, rel. Min. NANCY ANDRIGHI, j. 25.4.2006, v.u.). No mesmo sentido: STJ, 3ª T., REsp n. 1.116.875-SC, rel. p/ acórdão Min. VILLAS BÔAS CUEVA, j. 21.2.2013, m.v.). Dessa forma, a intimação só será dispensada se houver algum ato concreto da parte demonstrando a ciência inequívoca a respeito do ato processual a lhe ser informado, como a referência a ele em petição.

1313 É direito fundamental do advogado da parte retirar os autos de cartório em carga (CPC, art. 107, incs. II e III; EOAB, art. 7º, inc. XV). E, uma vez efetivada essa carga, resta acionado o prazo para a parte (inclusive a Fazenda Pública e demais órgãos públicos) praticar o ato processual, como a interposição de recurso e oposição de embargos à execução. Nesse sentido: STJ, 5ª T., AgInt no AREsp n. 47435-GO, rel. Min. RIBEIRO DANTAS, j. 20.10.2015, v.u.; em sentido contrário: STJ, 1ª T., REsp n. 1.361.527-DF, rel. Min. SÉRGIO KUKINA, j. 6.12.2016, m.v.

1314 "O Superior Tribunal de Justiça possui entendimento pacífico no sentido de ser possível afastar a regra geral das intimações pela publicação na imprensa oficial, quando a parte tenha tomado ciência inequívoca da decisão que lhe é adversa *por outro meio qualquer*, iniciando a partir daí a contagem do prazo para interposição do recurso cabível" (STJ, 4ª T., AgInt no AgRg no REsp n. 1.277.860-AM, rel. Min. LUIS FELIPE SALOMÃO, j. 28.11.2017, v.u.).

1315 STJ, 1ª T., AgRg no AREsp n. 590.678-RS, rel. Min. BENEDITO GONÇALVES, j. 3.3.2015, v.u. No voto do relator constou ainda, de forma menos clara e direta, que a contagem do prazo a partir da ciência inequívoca teria fundamento no art. 242 do Código de Processo Civil de 1973 (art. 230 do atual). Ver, contudo, ressalva

pedindo reconsideração ou anulação da decisão;[1316] (c) se o advogado de um litisconsorte praticar ato em nome de outro litisconsorte; e (d) notificação extrajudicial enviada à parte contrária (ou seu advogado), com informação suficientemente completa a respeito do ato ou fato.[1317]

De fato, como está na doutrina de Moniz de Aragão, "se o interessado desenvolve qualquer atuação que importe em revelar conhecimento do conteúdo dos autos, não há necessidade de se proceder à sua intimação nem poderá ele exigi-la, a fim de se considerar no dever (*rectius*: ônus) de praticar algum ato. Trata-se de corolário das regras que informam a ocorrência da *preclusão*: praticado um ato incompatível com o desconhecimento de outro, reputa-se preclusa a faculdade de exigir que dele seja feita a intimação, a fim de que os efeitos desta se reputem alcançados".[1318]

Trata-se, ainda, de projeção do princípio da *instrumentalidade do processo*, por meio da qual é dispensado o cumprimento de regras eminentemente formais de citação e intimação, em razão da obtenção, por outro meio, daquele resultado objetivado pela exigência legal,[1319] qual seja, levar ao conhecimento do destinatário a existência do processo, a fim de integrar ativamente a relação processual (art. 238) ou dos atos e termos daquele processo (art. 269), respectivamente.

Contudo, nos casos não especificados em lei, a ciência pela parte deve ser realmente inequívoca, isto é, acima de qualquer dúvida razoável. Vale dizer, precisa ser devidamente comprovada nos autos, sendo *inadmissível a presunção* de sua ocorrência.

Nessa linha, o STJ já decidiu que o mero acesso do advogado aos autos eletrônicos *não faz presumir* a ciência inequívoca do conteúdo de todas as decisões lá proferidas, sendo indispensável o acesso individual a *cada decisão*, gerando no movimento do processo informação automática e específica dessa

---

contida logo adiante no texto, quanto a eventual necessidade de acesso individual a cada decisão nos autos eletrônicos.

1316 Sobre o pedido de reconsideração: STJ, 2ª T., AgInt no AREsp n. 743.818-RO, rel. Min. Assusete Magalhães, j. 15.5.2018, v.u. Quanto ao pedido de anulação, o art. 272, § 8º, determina a realização do próprio ato processual simultaneamente à arguição de nulidade da intimação, conforme será tratado logo a seguir. Igualmente, resta caracterizado o comparecimento espontâneo pela apresentação de defesa pelo patrono da parte, ainda que sem procuração com poderes específicos para receber citação (STJ, 2ª T., REsp n. 1.246.098-PE, rel. Min. Mauro Campbell Marques, j. 26.4.2011, v.u.).

1317 Sobre essa notificação, v. logo adiante, item 374.

1318 *Comentários ao Código de Processo Civil*, vol. II, n. 326, pp. 276-277.

1319 Invocando o princípio da instrumentalidade das formas, entre outros: STJ, 3ª T., REsp n. 1.656.403-SP, rel. Min. Villas Bôas Cueva, j. 26.2.2019, v.u.

leitura.[1320] Todavia, na prática, poucos sistemas processuais eletrônicos geram essa informação a respeito do acesso a cada ato, individualmente considerado. Portanto, tal entendimento restritivo só é aplicável se o sistema gerar informação específica; do contrário, o acesso indiscriminado aos autos gera a presunção a respeito do conhecimento de *todos* os atos processuais contidos nos autos.

Também *não há* ciência inequívoca, para fins de acionamento do prazo, nas seguintes situações: (a) comparecimento espontâneo da parte por meio de advogado *sem poderes específicos* para receber citação;[1321] (b) carga dos autos por *estagiário*, sem expressa autorização do advogado;[1322] (c) mera formulação do *requerimento de vista*, sem a efetiva entrega dos autos;[1323] (d) apresentação de petição direcionada aos autos após ter sido proferido um ato judicial, sem que a ele tenha havido qualquer menção; e (e) mera "juntada do acórdão recorrido em processo diverso, que tramita em outro Tribunal, *por advogado não habilitado nos autos*".[1324]

Pois bem. Caracterizada a ciência inequívoca ou o comparecimento espontâneo, o prazo tem *início automático* a partir da própria data desta ciência, independentemente de ela se dar por presunção legal ou em decorrência da sua constatação pelos elementos constantes dos autos. Assim, ela prevalece sobre qualquer intimação formal posterior (não sobre as anteriores). Tal entendimento também é válido na contagem de prazo para a oposição de embargos à execução, inclusive fiscal, quando demonstrada a ciência inequívoca da penhora *on-line*.[1325]

1320 STJ, 3ª T., AgInt no AREsp n. 1.592.443-PR, rel. Min. PAULO DE TARSO SANSEVERINO, j. 17.12.2018, v.u.

1321 STJ, 4ª T., AgInt nos EDcl no AREsp n. 919.785-SP, rel. Min. MARCO BUZZI, j. 6.11.2018, v.u. Todavia, em sentido diametralmente contrário: STJ, 4ª T., AgInt nos EDcl no AgInt no AREsp n. 1.155.939-SP, rel. Min. MARCO BUZZI, j. 30.9.2019, v.u.; STJ, 3ª T., AgInt no AREsp n. 1.032.132-MG, rel. Min. MARCO AURÉLIO BELLIZZE, j. 4.5.2017, v.u.

1322 Novamente STJ, 3ª T., EREsp n. 1.439.767-DF, rel. Min. PAULO DE TARSO SANSEVERINO, j. 27.10.2015, v.u.

1323 STJ, 3ª T., EREsp n. 1.439.767-DF, rel. Min. PAULO DE TARSO SANSEVERINO, j. 27.10.2015, v.u.

1324 STJ, 4ª T., REsp n. 1.321.438-MA, rel. p/ acórdão Min. ISABEL GALLOTTI, j. 26.5.2015, m.v. Contudo, se essa petição tiver sido apresentada por advogado habilitado também nos autos em que proferida a decisão, então a ciência é inequívoca.

1325 STJ, Corte Especial, EREsp n. 1.415.522-ES, rel. Min. FELIX FISCHER, j. 29.3.2018, v.u.; STJ, 3ª T., REsp n. 1.770.423-SP, rel. Min. NANCY ANDRIGHI, j. 21.5.2019, v.u.; e STJ, 2ª T., AgInt no REsp n. 1.639.687-RS, rel. Min. FRANCISCO FALCÃO, j. 8.12.2018, v.u. Todavia, a simples ocorrência de penhora *on-line* não autoriza presumir automaticamente a ciência inequívoca pelo devedor e deve ser comprovada. Na dúvida, exige-se a intimação da parte para a apresentação de defesa (STJ,

Nos processos sob *segredo de justiça*, o acesso do réu aos autos eletrônicos se dá por meio da utilização de senha eletrônica informada no mandado de citação. Assim, como seu acesso aos autos corresponde ao comparecimento espontâneo, para fins de contagem de prazo de defesa, então este deve ser o termo inicial do seu prazo, se anterior à juntada do mandado de citação aos autos. O STJ, porém, já decidiu que, em se tratando de autos eletrônicos, a citação do demandado implica ciência inequívoca e automática a respeito das decisões anteriores, mesmo tendo o processo acesso aberto ao público.[1326]

A ciência inequívoca também pode determinar o início da fluência de *prazos extraprocessuais* e *materiais*.[1327] Nesse sentido, o art. 304, § 5º, fixa em dois anos o prazo para ajuizamento da ação de desconstituição da tutela antecipada estabilizada, "contados da *ciência* da decisão que extinguiu o processo".

O Código de Processo Civil de 2015 explicitou, ainda, a regra instrumentalista segundo a qual "a parte arguirá a *nulidade da intimação* em *capítulo preliminar* do próprio ato que lhe caiba praticar, o qual será tido por tempestivo se o vício for reconhecido" (art. 272, § 8º). Ou seja, se a parte comparecer nos autos para suscitar a nulidade ou inexistência da intimação ou citação,[1328] demonstrando inequivocamente sua ciência, então deverá praticar *imediatamente* o correspondente ato processual, arguindo preliminarmente, na própria petição, não ter praticado antes em razão dessa falha na comunicação, sob pena de preclusão. Apesar da taxatividade desse dispositivo legal quanto ao momento, parece razoável admitir que o ato seja praticado posteriormente, fluindo o prazo a partir da petição de arguição da nulidade, tal qual ocorre com o prazo de defesa, que corre a partir do comparecimento espontâneo do demandado para arguir a *nulidade de citação* (art. 239, § 1º). Na vigência do Código de Processo Civil de 1973, a jurisprudência também reconhecia o início do pra-

---

3ª T., REsp n. 1.116.875-SC, rel. p/ acórdão Min. Villas Bôas Cueva, j. 21.2.2013, m.v.).

1326 STJ, 3ª T., REsp n. 1.656.403-SP, rel. Min. Villas Bôas Cueva, j. 26.2.2019, v.u.

1327 Quanto ao *prazo extrajudicial*: "a jurisprudência deste Tribunal é no sentido de que o prazo decadencial para a impetração de mandado de segurança começa a correr do conhecimento inequívoco do ato impugnado por parte do interessado" (STJ, 1ª T., RMS n. 49.973-CE, rel. Min. Benedito Gonçalves, j. 10.11.2016, v.u.). No mesmo sentido: STJ, 3ª T., RMS n. 49.993-SC, rel. Min. Villas Bôas Cueva, j. 22.8.2017, v.u. Quanto ao prazo *material* para cumprimento da sentença a partir do comparecimento espontâneo, sob pena de multa: STJ, 3ª T., REsp n. 1.091.044-PR, rel. Min. Nancy Andrighi, j. 17.11.2011, v.u. Na doutrina: Cassio Scarpinella Bueno, *Comentários ao Código de Processo Civil*, vol. X, art. 513, n. 26, p. 99.

1328 As regras pertinentes à citação e à intimação são subsidiária e reciprocamente aplicáveis entre si, salvo em situações outras em que eventualmente recebam tratamento legal diverso e incompatível.

zo, em caso de nulidade da intimação, a partir da sua arguição pela parte.[1329] De todo modo, nos termos do art. 272, § 9º, se para praticar o ato (*v.g.*, contestar ou recorrer) for necessário ter vista prévia dos autos e se estes estiverem indisponíveis, então o prazo será *contado da intimação* da decisão que reconhecer a nulidade da intimação – ou da citação.

371. Prazo de contestação a partir da audiência

Conforme dispõe o art. 335, inc. I, do Código de Processo Civil, o prazo de contestação no *processo de conhecimento* começa a correr "da audiência de conciliação ou mediação, ou da última sessão de conciliação, quando qualquer parte não comparecer ou, comparecendo, não houver autocomposição (CPC, art. 335, inc. I)[1330] ou "do protocolo do pedido de cancelamento da audiência de conciliação ou de mediação apresentado pelo réu", quando o autor também já tenha manifestado tal desinteresse (art. 335, inc. II).

Assim, caso não seja extinto o processo em decorrência de acordo, o *termo inicial* do prazo de contestação será a data da realização da audiência de conciliação ou mediação, não podendo esse prazo ser antecipado em razão da ciência inequívoca, ainda que decorrente do comparecimento espontâneo. Caso tal audiência seja fracionada, sendo realizada em mais de uma ocasião – por decisão do juiz ou do conciliador/mediador ou, ainda, por convenção das partes –, o prazo começa a correr da última delas (desde que, por óbvio, a tentativa de conciliação reste totalmente infrutífera). Nesse sentido, especificamente nas *ações de família*, "a audiência de mediação e conciliação poderá dividir-se em tantas sessões quantas sejam necessárias para viabilizar a solução consensual" (art. 696); e, "não realizado o acordo, passarão a incidir, a partir de então, as normas do procedimento comum, observado o art. 335", inclusive seu inc. I (art. 697).

1329 STF, 2ª T., AI n. 204.517 AgR-DF, rel. Min. CELSO DE MELLO, j. 21.11.2006, v.u.; STJ, Corte Especial, MS n. 21.318-DF, rel. Min. HUMBERTO MARTINS, j. 16.12.2015, v.u.; STJ, 4ª T., AgRg no AREsp n. 431.547-SC, rel. Min. LUIS FELIPE SALOMÃO, j. 24.2.2015, v.u.; e STJ, 3ª Turma, REsp n. 578.861-SP, rel. Min. JORGE SCARTEZZINI, j. 8.11.2005, v.u.

1330 O Tribunal de Justiça gaúcho fez bem em anular uma sentença que havia considerado o réu revel por não ter contestado no prazo de 15 dias contados da realização da primeira audiência de conciliação. Entendeu que, nos termos do art. 190 do Código de Processo Civil, seria válida a convenção processual celebrada entre as partes nesta ocasião, segundo a qual o prazo de defesa teria início apenas após a realização da nova audiência com o mesmo objetivo (TJRS, 16ª Câm. Cív., ApCiv n. 70075492462, rel. Des. PAULO SERGIO SCARPARO, j. 26.10.2017, v.u.). Todavia, mais importante aqui do que a validade dessa convenção é considerar que o art. 335, inc. I, determina o início do prazo somente ao fim da última sessão de conciliação.

Se, todavia, por qualquer motivo o juiz dispensá-la expressamente antes mesmo de o réu eventualmente manifestar desinteresse na sua realização – por ser incabível a autocomposição ou por ilegalmente entender não ser conveniente sua realização –,[1331] então o prazo fluirá a partir de algum dos marcos indicados no art. 231, de acordo com o meio de citação utilizado.

É seguindo a regra geral, assim, que se apura o marco inicial do prazo de cinco dias para contestar o *pedido cautelar antecedente* (art. 306). Mas como, uma vez contestado tempestivamente esse pedido, "observar-se-á o procedimento comum", o prazo para *contestar o aditamento* à petição inicial é contado a partir do encerramento da audiência de conciliação ou mediação (art. 308, § 4º).[1332] Inaplica-se aqui a teoria da ciência inequívoca para antecipar o prazo de defesa, sendo exigível, assim, a intimação para a audiência ou, no mínimo, a expressa dispensa da sua realização pelo juiz, com início do prazo de defesa a partir da respectiva intimação.

No processo de *execução* e na fase de *cumprimento de sentença* não é realizada essa audiência preliminar, sendo o executado citado para cumprir a obrigação contida no título. Por isso, não se aplica o art. 335, inc. I, ao prazo para os respectivos embargos ou impugnação.

372. Intimação em audiência

Os advogados e as sociedades de advogados que representam as partes, a Advocacia Pública, a Defensoria Pública e o Ministério Público consideram-se "intimados em audiência quando nesta for proferida decisão" (art. 1.003, § 1º).

Assim, efetivada a intimação do representante judicial da parte em audiência, seu prazo começa a correr *imediatamente*, em tratamento legislativo equivalente ao do art. 231, inc. III, que trata da intimação por meio do escrivão ou do chefe de secretaria.

A Advocacia Pública, a Defensoria Pública e o Ministério Público também são intimados "em audiência" de todas as decisões proferidas em audiência, diante da determinação expressa e específica contida no art. 1.003, § 1º, que, segundo entendimento dominante, prevalece sobre os arts. 180, 183, § 1º, e 186, § 1º, não havendo, nesse caso, necessidade de *intimação pessoal* desses órgãos públicos por meio de "carga, remessa ou meio eletrônico", para que o prazo comece a fluir.[1333]

1331 O Código de Processo Civil não confere ao juiz a faculdade de alterar o procedimento para dispensar essa audiência de conciliação ou mediação. Nesse sentido: Daniel Colnago Rodrigues, *Comentários ao Código de Processo Civil*, art. 334, n. 8, p. 533. Mas, na prática, muitos juízes a dispensam ilegalmente.

1332 STJ, 3ª T., REsp n. 1.802.171-SC, rel. Min. Villas Bôas Cueva, j. 21.5.2019, v.u.

1333 No âmbito *criminal*, por maioria de votos o STJ fixou a tese, em sede de recurso

A intimação em audiência de que trata o art. 1.003, § 1º, será válida ainda que o representante judicial não tenha comparecido ao evento, bastando, para tanto, que ele tenha sido regularmente *intimado a comparecer*, conforme entendimento consolidado,[1334] inclusive quando se tratar de réu revel.[1335] Por outro lado, se a sua presença *não era obrigatória*, o prazo recursal só tem início a partir da ulterior intimação específica a respeito da decisão lá proferida.[1336]

De todo modo, o prazo para recorrer da decisão proferida em audiência só terá início se ao término, no mesmo dia, os autos já estiverem *disponíveis* e as partes tiverem *acesso integral* aos termos da audiência. Caso os autos físicos permaneçam por mais tempo na conclusão (os eletrônicos estão sempre disponíveis, se a plataforma do tribunal também o estiver) ou se ainda for necessário transcrever as notas taquigráficas, ou de estenotipia, relativas aos depoimentos colhidos naquela ocasião ou à própria decisão, então será obrigatória nova intimação, a partir de quando fluirá o prazo recursal, segundo as regras gerais aplicáveis.[1337]

373. Intimação ficta dirigida a endereço desatualizado

Se a parte ou seu advogado mudar de endereço físico ou eletrônico sem comunicar tal fato nos autos e se alguma *intimação* for encaminhada ao endereço desatualizado, então ela será presumivelmente válida, "fluindo os prazos a partir da juntada aos autos do comprovante de entrega da correspondência

---

especial repetitivo, de que "o termo inicial da contagem do prazo para impugnar decisão judicial e, para o Ministério Público, a data da entrega dos autos na repartição administrativa do órgão, sendo irrelevante que a intimação pessoal tenha se dado em audiência, em cartório ou por mandado" (STJ, 3ª Seção, REsp n. 1.349.935-SE, rel. Min. Rogério Schietti Cruz, j. 23.8.2017, v.u.). Apesar de no voto condutor ter invocado *en passant* o art. 180 do Código de Processo Civil, esse entendimento não se aplica ao processo civil, pois prevalece a autorização expressa do art. 1.003, § 1º. Todavia, esse julgado já foi imotivadamente invocado em processo de natureza civil (STJ, 1ª T., EDcl no AgInt no AREsp n. 1.012.674-AM, rel. Min. Gurgel de Faria, j. 21.11.2017, v.u.).

1334 Por todos, Luis Guilherme Bondioli, *Comentários ao Código de Processo Civil*, nota 49 ao art. 1.003, p. 64.

1335 Para José Rogério Tucci, contudo, o prazo recursal do revel começaria a correr somente a partir de sua intimação pela imprensa oficial, ainda que a decisão tenha sido publicada em audiência, pois, a seu ver, o art. 1.003, § 1º, preceituaria que apenas aqueles que efetivamente estiverem presentes naquele ato seriam considerados intimados. *Comentários ao Código de Processo Civil*, vol. VII, art. 346, n. 132, pp. 256-257.

1336 STJ, 4ª T., AgRg no AREsp n. 547.272-SP, rel. Min. Antonio Carlos Ferreira, j. 14.2.2017, v.u.

1337 STJ, 3ª T., REsp n. 1.257.713-RS, rel. Min. Nancy Andrighi, j. 18.4.2013, v.u.; e STJ, 1ª T., REsp n. 692.819-RS, rel. Min. Teori Zavascki, j. 11.3.2008, v.u.

no primitivo endereço" (art. 274, parágrafo único).[1338] Em razão da sua especificidade, essa regra prevalece sobre qualquer disposição do art. 231. Assim, *v.g.*, caso se trate de intimação dirigida à própria parte, que mudou de endereço sem comunicar o juízo, não se aplica a regra do art. 231, § 3º.

374. Comunicação do ato processual por meios atípicos

O Código de Processo Civil e outras leis processuais especificam apenas algumas formas de intimação e citação (postal, eletrônica, por publicação em Diário Oficial, por oficial de justiça ou escrivão e edilícia). E inexiste autorização legal para o envio especificamente da comunicação por outro meio idôneo não previsto em lei – salvo nos Juizados Especiais (LJE, art. 19). Contudo, apesar dessa (falsa) aparência de taxatividade, nada impede sua realização por meios atípicos, até porque o próprio Código de Processo Civil reconhece que, mesmo sendo o ato processual praticado de modo irregular, o juiz o considerará válido se "alcançar a finalidade" (art. 277). Assim, deve-se permitir a utilização *cautelosa* de novos instrumentos tecnológicos idôneos e confiáveis de comunicação, como aplicativo de troca de mensagens (*WhatsApp* etc.)[1339] e correio eletrônico (*e-mail*),[1340-1341] além da ligação telefônica efetuada pelo

---

1338 O art. 274, parágrafo único, não se aplica às citações, mas as partes podem convencionar validamente em contrato sua incidência.

1339 Vários tribunais têm regulamentado a utilização nos Juizados Especiais de *WhatsApp* para fins de citação e, especialmente, intimação. Em junho de 2017, o Conselho Nacional de Justiça decidiu ser válida, e digna de elogios, uma portaria editada pelo Juizado Especial Cível e Criminal de Piracanjuba/GO em conjunto com a Subseção da OAB da mesma comarca, a qual dispunha sobre a utilização desse aplicativo de troca de mensagens como ferramenta de intimação. Mas deixou claro que há a necessidade de o ato regulamentar adequadamente a matéria, inclusive quanto à sua facultatividade. Nada foi dito, porém, a respeito de sua utilização na Justiça Comum.

1340 O art. 319, inc. II, impõe como requisito da petição inicial a indicação do endereço eletrônico de *e-mail* do autor e do réu. Igual determinação é dirigida ao perito (art. 465, § 2º, inc. III) e ao inventariante (art. 620, inc. II). Mas, curiosamente, não é mencionada a possibilidade de essas ou outras pessoas serem intimadas por mensagem dirigida a esses endereços eletrônicos.

1341 "A notificação realizada por correio eletrônico (*e-mail*) pode ser considerada meio idôneo para o *exercício do direito de preferência* previsto no contrato de franquia, pois configurados: i) a ciência inequívoca da data do envio e do recebimento da notificação eletrônica; ii) a identificação segura do emissor da notificação; iii) os requisitos previstos em cláusula contratual específica acerca do direito de preferência (valor, condições de pagamento e prazo); iv) a habitualidade no uso do correio eletrônico como instrumento de comunicação e v) o cumprimento da finalidade essencial do ato" (STJ, 3ª T., REsp n. 1.545.965-RJ, j. 22.9.2015, v.u.). Esse julgado bem pondera sobre a cautela a ser adotada em cada caso: "a introdução de novas tecnologias aplicadas tanto nas relações negociais como nos processos judiciais, a despeito da evidente agilização dos procedimentos, como ganhos de tempo, de

serventuário (especialmente em caso de urgência) e a intimação postal ou pessoal entregue à parte (e não só ao seu advogado) diretamente pela parte contrária ou seu advogado, sem a intervenção do Judiciário (desde que atendidos todos os requisitos legais quanto ao seu conteúdo).[1342] A intimação dirigida ao advogado, ao contrário daquela destinada à parte, é expressamente autorizada pelo art. 269, § 1º.

Para tanto, porém, parece *recomendável*, mas não obrigatória, a *prévia concordância* do destinatário – parte, advogado, perito etc. – a respeito dessa forma de comunicação,[1343] em especial mediante registro espontâneo em banco de dados do Poder Judiciário (aplicação analógica do art. 246, § 1º), destinado a qualquer processo, ou por meio de negócio processual bilateral (art. 190).

Sendo admitidas essas formas atípicas, é necessário, então, identificar o início do respectivo prazo. As citações e a grande maioria das intimações são para a prática de ato processual, independentemente de terem sido enviadas para a parte ou seu procurador. Nesses casos, o termo inicial do prazo é a *juntada do comprovante* de entrega da comunicação aos autos – por analogia ao art. 231, incs. I e II –, isto é, da juntada do aviso eletrônico de entrega ou de leitura de mensagem do aplicativo de mensagens ou do correio eletrônico, da certidão nos autos a respeito da ligação telefônica e de seu conteúdo, do A.R. devolvido pelos correios ou do protocolo assinado pelo receptor da notificação, conforme o caso.

Se, por outro lado, a comunicação atípica destinar-se à realização de ato pela própria parte, ou por terceiro, sem a intervenção de representante judicial com capacidade postulatória, então o prazo deverá ser computado *a partir do recebimento* da intimação, nos exatos termos do art. 231, § 3º. Para tanto, é indispensável a juntada aos autos dos mesmos comprovantes mencionados no parágrafo anterior, em que conste a data da entrega, para aferição da tempestividade do ato. Contudo, se no documento não constar a data, então o prazo passa a correr a partir da sua juntada.

---

trabalho e de recursos materiais, deve ser vista com certa cautela, considerando-se os riscos e as dificuldades próprios do uso de sistemas informatizados".

1342 Sobre a validade da intimação entregue pela própria parte interessada: PEDRO DINAMARCO, *Código de Processo Civil interpretado*, art. 241, n. 7, p. 699. Essa modalidade pode ser muito útil especialmente para a intimação da concessão de tutela de urgência. Aliás, tem se tornado muito comum o juiz autorizar na própria decisão a parte interessada imprimi-la e utilizá-la como ofício ou comunicado válido.

1343 O art. 1.261 do Provimento n. 30/2013 da Corregedoria-Geral da Justiça de São Paulo dispõe: "os *peritos* e demais *auxiliares da justiça* serão intimados por mensagem eletrônica (*e-mail*), enviada pelo ofício de justiça ao correio eletrônico constante do *cadastro* do auxiliar, no corpo do qual constará a senha de acesso aos autos digitais".

Por ora, a doutrina ainda não se debruçou suficientemente sobre este assunto – validade desses meios atípicos e, mais ainda, o marco inicial. Tampouco a jurisprudência teve oportunidade de apreciá-lo. Assim, evidentemente, as afirmações feitas anteriormente são propostas que visam a ajudar na reflexão e na solução de situações ainda excepcionais, mas que certamente, num futuro não muito distante, passarão a ser cada vez mais frequentes.

375. Prazos sucessivos

Como dito na introdução deste Capítulo (item 253), prazos sucessivos são prazos que se sucedem cronológica e automaticamente, sem necessidade de nova intimação para que o segundo comece a correr. Eles podem ser estipulados por lei (*v.g.*, arts. 364, § 2º, 525 e 973), pelo juiz (*v.g.*, art. 218) ou pelas próprias partes (arts. 190 e 191).

O termo inicial do primeiro prazo sucessivo costuma ser regido pelas regras contidas no art. 231, como qualquer outro prazo. E, salvo disposição em contrário, o segundo prazo, que o suceder, começa a *correr* automaticamente no próprio *dia do vencimento* do anterior, sem solução de continuidade.[1344] É irrelevante, para tanto, se o primeiro foi cumprido antes do vencimento.[1345]

376. Prazos regressivos ou mínimos

Salvo disposição em contrário, os prazos mínimos entre dois atos, contados de forma regressiva desde o marco temporal futuro (data da audiência, julgamento no tribunal, perícia, alienação judicial etc.), não estão sujeitos às regras do art. 231. Assim, calcula-se regressivamente, até a data *da citação* – e não da juntada da carta postal ou mandado –, o prazo de vinte dias de antecedência mínima da audiência preliminar de conciliação ou mediação de que

---

1344 "Em caso de vista sucessiva dos autos, o prazo para apresentação de memoriais começa a *contar* do primeiro dia útil após o término do prazo da parte ex-adversa" (TRF-4, 6ª T., AgInt 2000.04.01.009103-8, rel. Des. NYLSON PAIM DE ABREU, j. 16.5.2000, v.u.).

1345 Segundo afirma parte da doutrina e da jurisprudência, a mesma intimação costuma deflagrar, *de uma só vez*, dois prazos processuais sucessivos. Nesse sentido, partindo da premissa de que o prazo para cumprimento de sentença se contaria em dias úteis (ao contrário do que se sustenta nestes comentários), afirmam que o prazo de impugnação ao cumprimento de sentença disposto no art. 525 encerra-se no trigésimo dia útil após o início da contagem do prazo para pagamento voluntário da dívida cobrada (15 dias + 15 dias). Na jurisprudência: TJSP, 25ª Câm. Dir. Privado, AgInst n. 2135763-46.2017.8.26.0000, rel. Des. EDGARD ROSA, j. 28.9.2017, v.u. Na doutrina, HEITOR SICA, *Comentários ao novo Código de Processo Civil*, nota 3 ao art. 525, p. 827; e WAMBIER-CONCEIÇÃO-RIBEIRO-MELLO, *Primeiros comentários ao novo Código de Processo Civil*, art. 525, n. 1, p. 960.

trata o art. 334; ou de quinze dias da audiência prevista no art. 695.[1346] E até a própria *intimação* do executado os cinco dias de antecedência da alienação judicial (art. 889).

Quando a antecedência mínima a ser respeitada refere-se a ato a ser praticado ou comprovado por *petição escrita*, é o momento do seu *protocolo* que deve ser considerado. É o caso, *v.g.*, do prazo de dez dias para manifestar desinteresse na audiência preliminar de conciliação ou mediação (art. 334, § 5º). Da mesma forma, o prazo mínimo de três dias para o advogado informar ou intimar a testemunha por ele arrolada da audiência designada deve ser contado da petição de juntada do comprovante aos autos, pois assim determina o art. 455, § 1º.

377. Intimação pessoal do Ministério Público, da Fazenda Pública e dos Defensores Públicos

Ministério Público, Advocacia Pública da União (Procuradoria da Fazenda Nacional e Advocacia-Geral da União), dos Estados, do Distrito Federal, dos Municípios,[1347] e das respectivas autarquias, além da Defensoria Pública, gozam do privilégio processual de receber *intimação pessoal*,[1348] a partir de

---

1346 Segundo sólida jurisprudência formada na vigência do Código de Processo Civil de 1973, o prazo de dez dias de antecedência da citação no procedimento sumário para a realização da audiência era "computado da data da efetiva *citação* e não da data da juntada aos autos do mandado citatório devidamente cumprido" (STJ, AgInt no REsp n. 1.707.265-PR, rel. Min. HERMAN BENJAMIN, j. 17.5.2018, v.u.).

1347 O STJ já definiu, em julgamento pelo rito dos recursos repetitivos, que, nos termos do art. 5º da Lei n. 6.530/78, "os *conselhos de fiscalização profissional* possuem natureza jurídica de autarquia, e, no contesto da Lei 6.830/1980, a expressão Fazenda Pública abrange todas as entidades mencionadas no art. 1º dessa lei, inclusive autarquias. Diante disso, por haver regra específica, os representantes judiciais destas entidades possuem a prerrogativa de ser pessoalmente intimados pessoalmente" (STJ, 1ª Seção, REsp n. 1.330.473-SP, rel. Min. ARNALDO ESTEVES LIMA, j. 12.6.2013, v.u.). Essa definição permanece inalterada na vigência do Código de Processo Civil de 2015. Também permanece em vigor o entendimento do STJ quanto à necessidade de intimação pessoal do advogado dativo (STJ, Corte Especial, HC n. 27.786-SP, rel. Min. HUMBERTO GOMES DE BARROS, j. 23.10.2003; e STJ, 3ª T., AgInt no AREsp n. 963.469-SP, rel. Min. NANCY ANDRIGHI, j. 24.3.2017, v.u.). Saliente-se, ainda, que a *intimação eletrônica* é tida como intimação pessoal, para todos os efeitos legais (LPE, art. 9º, § 1º).

1348 Na vigência do Código de Processo Civil de 1973, a jurisprudência do STJ afirmava reiteradamente que a prerrogativa da intimação pessoal não era aplicável aos procuradores estaduais, do Distrito Federal e dos Municípios (STJ, 1ª T., AgRg no AREsp n. 549.549-RJ, rel. Min. NAPOLEÃO MAIA FILHO, j. 28.5.2019, v.u.; e STJ, 2ª T., AgRg no REsp n. 1.234.932-BA, rel. Min. CASTRO MEIRA, j. 10.9.2013, v.u.), pois inexistia disposição legal nesse sentido. Contudo, o Código de Processo Civil

quando começa a *fluir imediatamente* o prazo (arts. 180, 183 e 186, § 1º, e 5º, § 5º, da Lei n. 1.060/50, respectivamente).[1349]

Salvo nos autos físicos, os representantes judiciais dos órgãos públicos supramencionados podem, porém, receber validamente *citações e intimações eletrônicas*.[1350] Afinal, conforme dispõe a Lei do Processo Eletrônico, "no processo eletrônico, todas as citações, intimações e notificações, inclusive da Fazenda Pública, serão feitas por meio eletrônico" (art. 9º, *caput*) e serão consideradas *pessoais* para todos os efeitos legais (arts. 5º, § 6º, e 9º, § 1º). Assim, a eles são aplicáveis as diversas regras já comentadas no item 367, de modo que seus prazos começam a fluir do *primeiro dia "plenamente útil" subsequente* à consulta aos autos ou, caso não sejam consultados, ao término do lapso temporal de dez dias contados do lançamento da informação (CPC, art. 231, inc. V; e LPE, art. 5º, §§ 1º e 3º). Aliás, no STJ apenas os entes públicos com prerrogativa de intimação pessoal são (necessariamente) intimados eletronicamente.[1351]

Contudo, são necessários alguns comentários adicionais para os casos em que a comunicação do ato processual não seja eletrônica.

Nesses casos, os órgãos públicos com prerrogativa de intimação pessoal continuam a ser intimados por meio da *carga ou remessa dos autos*,[1352] fato este a

---

de 2015 determina que também os prazos desses entes correm a partir da intimação pessoal (art. 183), superando, assim, aquele entendimento jurisprudencial. Por outro lado, deve ser mantida a jurisprudência segundo a qual a ECT (Correios), que não é representada pela Advocacia Pública, conta com alguns dos privilégios concedidos à Fazenda Pública (no concernente a foro, prazos e custas processuais, entre outros), mas não em relação à intimação pessoal (STJ, 3ª T., REsp n. 1.574.008-SE, rel. Min. Nancy Andrighi, j. 12.3.2019, v.u.).

1349 Já dispunham no mesmo sentido o art. 41, inc. IV, da Lei Orgânica do Ministério Público, o art. 6º da Lei n. 9.028/95 (para a Advocacia-Geral da União), o art. 17 da Lei n. 10.910/2004 (para a administração federal indireta) e o art. 44 da Lei Complementar n. 80/94 (para a Defensoria Pública da União). E, ainda na vigência do Código de Processo Civil anterior, pacificou-se no STJ o entendimento de que os seus prazos começam a correr com a simples *entrega dos autos físicos* no protocolo administrativo do órgão, e não com o "ciente" do representante, o que daria inadmissível margem a arbitrariedades na contagem dos prazos. Nesse sentido: STJ, 2ª T., REsp n. 1.696.764, rel. Min. Herman Benjamin, j. 16.11.2017, v.u.; STJ, 4ª T., AgRg nos EDcl no AREsp n. 59.799-SP, rel. Min. Luis Felipe Salomão, j. 21.3.2013, v.u.; e STJ, Corte Especial, EREsp n. 628.621-SP, rel. Min. Menezes Direito, j. 4.8.2004, v.u.

1350 Enunciado n. 400 do FPPC: "o art. 183 se aplica aos processos que tramitam em autos eletrônicos".

1351 STJ, 3ª T., AgInt no AREsp n. 995.806-RJ, rel. Min. Marco Aurélio Bellizze, j. 2.5.2017, v.u.

1352 Contudo, "em se tratando de ciência da sessão de julgamento, basta a intimação pessoal por mandado contendo a pauta com a respectiva sessão para o atendimento

ser prontamente certificado nos autos pelo serventuário do cartório ou sessão judiciária. E a partir da entrega dos autos começa a fluir o seu prazo (art. 231, inc. VIII). Mas se, excepcionalmente, a intimação pessoal for feita por oficial de justiça, para o STJ, o respectivo prazo tem como termo inicial a juntada do mandado aos autos,[1353] sendo, porém, seu *arquivamento na coordenadoria* substitutivo da juntada aos autos, para fins de fluência do prazo, em observância à economia e à celeridade processual.[1354]

A publicação no Diário Oficial ou a intimação por qualquer outro meio que não seja tida pela lei como pessoal não tem o condão de acionar o prazo para eles.[1355] Mas há algumas *exceções* a essa regra.

Primeira, o prazo para eles recorrerem começa a correr da *data da audiência*, se a decisão tiver sido proferida naquela oportunidade (art. 1.003, *caput* e § 1º), ainda que, intimado, o representante judicial não tenha comparecido à referida audiência.[1356] Segunda, se o *Parquet*, a Defensoria Pública ou a Procu-

---

da prerrogativa legal" (STJ, 1ª T., REsp n. 1.084.393-MG, rel. p/ acórdão Min. Regina Helena Costa, j. 17.8.2017, m.v.).

1353 STJ, Corte Especial, EREsp n. 652.996-RJ, rel. Min. Barros Monteiro, j. 6.6.2007, v.u.; STJ, Corte Especial, EREsp n. 601.682-RJ, rel. Min. José Delgado, j. 2.2.2005, m.v.; e STJ, 1ª T., AgRg no AgRg no REsp n. 930.590-TO, rel. Min. Luiz Fux, j. 6.4.2010, v.u.

1354 STJ, 1ª T., EDcl no AgRg no AgRg no REsp n. 895.440-RS, rel. Denise Arruda, j. 16.10.2008, v.u.

1355 Nesse sentido: enunciado n. 401 do FPPC. Todavia, na vigência do Código de Processo Civil de 1973, prevalecia o entendimento de que, em regra, os procuradores dos Estados, do Distrito Federal e dos Municípios deveriam ser intimados por meio de publicação no Diário Oficial, a partir de quando começavam a fluir seus prazos. Apenas se houvesse alguma lei específica é que seria exigível a intimação pessoal, como o art. 25 da Lei das Execuções Fiscais. Nesse sentido: STJ, 2ª T., AgRg no AREsp n. 541.246-PB, rel. Min. Assusete Magalhães, j. 21.10.2014, v.u.

1356 O art. 1.003, *caput* e § 1º, dispõe expressamente que a Advocacia Pública, a Defensoria Pública ou o Ministério Público, entre outros, consideram-se "intimados em audiência quando nesta for proferida a decisão", correndo desta data o prazo para interposição do recurso, ainda que o representante judicial do ente público – devidamente intimado – não tenha comparecido à audiência. E já na vigência do Código de Processo Civil de 1973, "o STJ consolidou o entendimento de que, nos termos do art. 242, § 1º do CPC, se regularmente intimado para participação da audiência, desnecessária a intimação pessoal de Procurador Federal da sentença nela proferida, sem que, com isto, seja violado o disposto no artigo 17 da Lei 10.910/2004" (STJ, 2ª T., AgRg no AREsp n. 373.300-MT, rel. Min. Herman Benjamin, j. 3.12.2013, v.u.). No mesmo sentido: STJ, 1ª T., AgRg no REsp n. 1.371.316-SE, rel. Min. Arnaldo Esteves Lima, j. 20.8.2013, v.u. No âmbito *penal*, porém, a 3ª Seção do STJ definiu que "o termo inicial da contagem do prazo para impugnar decisão judicial é, para o Ministério Público, a data da entrega dos autos na repartição administrativa do órgão, sendo irrelevante que a intimação pessoal tenha se dado em

radoria da União não estiverem localizados na comarca ou sessão judiciária por onde tramita o feito, é válida a intimação por carta precatória, mandado ou postal,[1357] e o seu prazo só começa a correr da *juntada* aos autos do comunicado a que se refere o art. 232, do mandado ou da carta de citação, respectivamente.[1358] Terceira, se as pessoas jurídicas de direito público forem defendidas em juízo por *advogados particulares*, que já estão acostumados com a rotina da intimação por meio do Diário Oficial, não há necessidade de lhes assegurar tal prerrogativa de intimação pessoal.[1359] Quarta, a intimação pessoal não é necessária nos processos de índole objetiva, como as ações diretas de inconstitucionalidade.[1360] E quinta, nos *Juizados Especiais Federais* os procuradores dos entes públicos não têm a prerrogativa de intimação pessoal (Lei n. 10.259/2001, art. 8º, § 1º).[1361]

Ademais, ainda que deva ser pessoal, a *citação* da Fazenda Pública não se faz com a entrega dos autos. Por isso, nesse caso devem ser aplicadas as regras de fluência de prazo contidas nos incisos do art. 231, de acordo com o modo pelo qual essa citação tenha ocorrido – lembrando-se que a citação postal de pessoa jurídica de direito público é expressamente vedada (art. 247, inc. III).[1362]

---

audiência, em cartório ou por mandado" (STJ, 3ª Seção, REsp n. 1.349.935-SE, rel. Min. Rogerio Schietti Cruz, j. 23.8.2017, v.u.).

1357 STJ, 1ª Seção, REsp repetitivo n. 1.352.882-MS, rel. Min. Herman Benjamin, j. 12.6.2013, v.u. (este recurso repetitivo referia-se especificamente à intimação do representante da Fazenda Nacional); e STJ, 1ª T., REsp n. 1.489.216-SE, rel. Min. Regina Helena Costa, j. 18.10.2016, v.u. Neste último julgado, foi dito: "não havendo norma específica acerca da intimação de Procurador Federal fora da sede do Juízo, aplica-se, por analogia, o art. 6º, § 2º, da Lei 9.028/1995 c/c o art. 237, inc. II, do Código de Processo Civil *(de 1973)*, considerando que a Carreira de Procurador Federal integra quadro próprio da Procuradoria-Geral Federal, além de encontrar-se vinculada diretamente à Advocacia-Geral da União". Mas a intimação por oficial de justiça só é admitida nessa situação excepcional, não podendo ser realizada em situações ordinárias.

1358 STJ, 2ª T., REsp n. 1.254.045-RS, rel. Min. Mauro Campbell, j. 9.8.2011, v.u.; e STJ, Corte Especial, EREsp n. 601.682-RJ, rel. Min. José Delgado, j. 2.2.2005, m.v.

1359 "A diferenciação dos prazos e da comunicação dos atos processuais para a Fazenda Pública sempre teve por objetivo igualar a situação das partes, tendo-se em vista as notórias dificuldades experimentadas pelos órgãos públicos de representação processual em sua atuação. A esses mesmos obstáculos não estão sujeitos os escritórios particulares de advocacia. Quando contratados pelos entes públicos, devem oferecer estrutura suficiente para a defesa dos interesses públicos" (STJ, 2ª T., REsp n. 1.789.770-PI, rel. Min. Og Fernandes, j. 21.2.2019, v.u).

1360 STF, Pleno, ADPF n. 205-AgRsegundo-PI, rel. Min. Dias Toffoli, j. 19.6.2017, v.u.

1361 STF, Pleno, ARE n. 648.629-RJ, rel. Min. Luiz Fux, j. 24.4.2013, m.v.

1362 STJ, 1ª T., REsp n. 1.124.028-RS, rel. Min. Regina Helena Costa, j. 20.2.2018, m.v.; e STJ, Corte Especial, EREsp n. 601.682-RJ, rel. Min. José Delgado, j.

E, segundo já decidiu o STJ, o prazo de defesa (inclusive embargos à execução) do demandado assistido pela Defensoria Pública começaria a correr a partir da entrada dos autos com vista à referida instituição, caso esta tenha se habilitado tempestivamente, e não a partir do comparecimento espontâneo ou da juntada da carta de citação.[1363] Mas esse entendimento não faz o menor sentido. A prerrogativa de remessa dos autos para a fluência do prazo, contida no invocado art. 44, inc. I, da Lei Complementar n. 80/94, restringe-se apenas às intimações, não às citações. E, de todo modo, jamais poderia "resetar" o prazo já iniciado validamente segundo as regras do art. 231. Como dito anteriormente, nem o prazo de defesa da Fazenda Pública tem início com a carga dos autos, não havendo motivo para ser diferente com a Defensoria Pública.

378. Litisconsortes citados separadamente

Mantendo a regra vigente no art. 241, inc. III, do Código de Processo Civil de 1973, mas emprestando outra redação, o art. 231, § 1º, do Código de Processo Civil de 2015 dispõe que, havendo litisconsórcio passivo, o prazo comum para todos contestarem começa a correr *simultaneamente* da "última das datas a que se referem os incisos I a VI do *caput*".[1364] Vale dizer, o prazo de defesa de todos os litisconsortes começa a correr ao mesmo tempo, a partir da data em que começaria a correr o último dos prazos, se a contagem fosse individualizada para cada um deles – tal como ocorre com os prazos decorrentes das intimações (§ 2º).[1365]

Essa solução legislativa é adequada e merece elogios. Além de não implicar maior demora do processo, pois de qualquer forma o procedimento não pode avançar antes de escoar o prazo de defesa de todos os réus, a fluência simultânea do prazo de todos os litisconsortes visa a prestigiar a *isonomia* entre eles, bem como a *ampla defesa*, pois, do contrário, os últimos a serem citados poderiam se defender já conhecendo o inteiro teor da defesa de seus litisconsortes e, com isso, mais facilmente direcionar a eles toda a "artilharia" da ar-

---

2.2.2005, m.v. Esses julgamentos se deram à luz do Código de Processo Civil de 1973, mas sua *ratio* continua a mesma.

1363 STJ, 3ª T., REsp n. 1.698.821-RJ, rel. Min. VILLAS BÔAS CUEVA, j. 6.2.2018, v.u.

1364 A jurisprudência *trabalhista* vem afastando a aplicação dessa regra contida no art. 231, § 1º, do Código de Processo Civil, por supostamente ser incompatível com o princípio da celeridade processual (que, aliás, também é aplicável ao processo civil, por força do comando constitucional – art. 5º, inc. LXXVIII). Na doutrina, BRUNO FREIRE E SILVA, *O novo CPC e o processo do trabalho*, art. 229, pp. 175-176.

1365 O prazo para a impugnação ao mandado monitório também deve ter início simultâneo.

gumentação defensiva. Dessa forma, não há de se concordar com a crítica feita por Marcelo Abelha a este § 1º, por supostamente retardar o andamento do processo.[1366]

Para a aplicação da regra do art. 231, § 1º, são totalmente irrelevantes o meio de citação utilizado e a espécie de litisconsórcio (necessário ou facultativo; unitário ou simples).

Note-se que não há no § 1º do art. 231 qualquer referência aos incs. VII e VIII do mesmo artigo, relativos à publicação no *Diário da Justiça eletrônico* e à carga dos autos, pois essas não são formas ordinárias de citação, mas apenas de intimação. Todavia, se o litisconsorte comparecer espontaneamente aos autos, então ele será tido como citado naquele instante (art. 229, § 1º), e se todos os demais litisconsortes já estiverem documentalmente citados nos autos, o prazo de contestação de todos começará a fluir a partir de então. Da mesma forma, essa regra se aplica se o último litisconsorte for validamente citado eletronicamente, em decorrência de algum convênio ou de alteração legislativa.

Se, ao determinar a citação dos réus, o juiz designar *audiência preliminar* de conciliação ou mediação, então, nos termos do art. 335, inc. I, o prazo de todos começa a correr simultaneamente a partir da sua realização, caso reste infrutífera a tentativa de solução amigável. Contudo, se os litisconsortes manifestarem desinteresse nessa audiência, os prazos de contestação passam a ser computados individualmente, a partir da manifestação negativa apresentada por cada um deles (art. 335, § 1º). O objetivo dessa ressalva parece ser de estimular a presença de todos os litisconsortes à referida audiência.

Se o juiz não designar essa audiência preliminar e o autor *desistir da demanda* apenas em relação ao litisconsorte ainda não citado, então "o prazo para resposta correrá da data de intimação da decisão que homologar a desistência" (art. 335, § 2º). Tendo designado, essa desistência não altera o termo inicial fixado no art. 335, inc. I.

E o prazo 15 dias para oposição de *embargos à execução* – ou da impugnação ao cumprimento de sentença – também começa a correr *separadamente* para cada um dos executados, conforme as regras dos incisos do art. 231,[1367] salvo no caso de cônjuge ou companheiros, quando o prazo será único, contado da juntada do último mandado cumprido (art. 915, § 1º).

1366 *Manual de direito processual civil*, n. 4.5.3, p. 345.

1367 O *caput* do art. 915 dispõe que o prazo dos embargos do devedor devem ser contados na forma do art. 231. E, nos termos do § 3º do mesmo art. 915, não se aplica aos embargos à execução o prazo em dobro, mesmo nas situações indicadas no art. 229.

379. Litisconsortes intimados separadamente

Diferentemente do disposto no § 1º do art. 231, o seu § 2º dispõe que, se a intimação estiver dirigida a mais de uma pessoa, sejam eles litisconsortes ou não, "o prazo para cada um é contado *individualmente*", segundo os critérios gerais indicados nos incisos deste artigo – ou em outro dispositivo legal específico. Isto é, o prazo para cada litisconsorte praticar o ato pode ter início em dias diversos, à medida que cada um deles é citado. Mas isso não impede a fluência parcial ou totalmente simultânea desses prazos – *v.g.*, se todos tiverem sido intimados ao mesmo tempo pelo *Diário da Justiça eletrônico*. O Código de Processo Civil de 1973 não tinha dispositivo legal correspondente e, apesar da lacuna, já se entendia da mesma forma.

A ressalva relativa à fluência simultânea do prazo comum dos *cônjuges* ou *companheiros*, contida no art. 915, § 1º, é específica para a oposição de embargos à execução e não se aplica às intimações em geral, independentemente da natureza do processo.

380. Réu revel e parte sem procurador nos autos

O art. 346 dispõe que "os prazos contra o revel que não tenha patrono nos autos *fluirão da data da publicação* do ato decisório no órgão oficial".[1368] A lei, portanto, criou a presunção absoluta da ciência pelo revel da informação a partir da sua publicação no *Diário da Justiça eletrônico*, se ele não tiver advogado constituído nos autos, correndo a partir de então o prazo para a prática do correspondente ato processual. A intimação para a realização de ato material, como o cumprimento da sentença, também pode ser feita dessa forma, desde que a lei autorize a intimação na pessoa do advogado.

Na verdade, essa regra de intimação pelo *Diário da Justiça eletrônico* contida no art. 346 é aplicável a qualquer hipótese em que a parte esteja *sem representante judicial* nos autos, isto é, os prazos também fluirão da publicação da decisão se o advogado previamente constituído renuncia ao mandato, ou é desconstituído pelo seu cliente, e outro profissional não é nomeado para substituí-lo, e ainda que o direito em discussão seja *indisponível* ou que, por ser dirigida a pessoa jurídica de direito público, haja a prerrogativa de *intimação pessoal* de seu (inexistente) representante judicial.[1369]

1368 O art. 322 do Código de Processo Civil era mais rigoroso com o revel, ao dispor que contra o revel os prazos corriam independentemente de sua intimação (ou seja, a partir da mera "publicação da decisão em cartório"), dificultando inutilmente o exercício do contraditório.

1369 STJ, 4ª T., AgRg no Ag n. 47.754-RS, rel. Min. Ruy Rosado Aguiar, j. 7.3.1995, v.u.

Segundo a pacífica jurisprudência formada na vigência do Código de Processo Civil de 1973, "começa a correr o prazo recursal para o réu revel a partir da publicação da sentença *em cartório*, independentemente da sua intimação", sendo desnecessária a publicação na imprensa oficial.[1370] Ou seja, o termo genérico "publicação" contido no art. 322 daquele Código de Processo Civil era corretamente interpretado como o ato de tornar público o ato judicial, o que se dá com a sua entrega pelo juiz ou escrivão ou chefe de secretaria. Todavia, o art. 346 é mais específico e determina a fluência do prazo especificamente a partir "da publicação do ato decisório *no órgão oficial*", excluindo, ainda, a dispensa de intimação. Por esse motivo, não deve mais ser aplicada aquela jurisprudência anterior, sendo obrigatória a intimação da parte que não tenha advogado regularmente constituído nos autos.

Contudo, tendo em vista essa mesma especificidade, a parte pode ser validamente intimada por meio diverso da publicação no *Diário da Justiça eletrônico*? À primeira vista, outro meio só será válido se for *mais benéfico* para o destinatário, ou seja, se houver maior probabilidade de chegar ao seu conhecimento. Assim, seria *válida* qualquer forma de intimação *real*, como a postal (desde que enviada ao seu endereço correto), por oficial, pela ciência inequívoca ou a eletrônica decorrente especificamente da consulta aos autos. E *nulas* as intimações *fictas*, como a edilícia, em audiência à qual não tenha comparecido,[1371] por hora certa, ou a eletrônica, presumida em decorrência da falta de acesso aos autos eletrônicos por dez dias.

De todo modo, a partir do momento em que a parte constituir advogado nos autos, "recebendo-o no estado em que se encontrar" (art. 346, parágrafo único), o representante legal deve ser regularmente intimado de todos os atos subsequentes ao seu ingresso no processo.[1372]

381. Ciência em dia sem expediente ou em processo suspenso

Em regra, a intimação realizada em dia sem expediente forense (sábado, domingo e feriado) ou durante o período de suspensão dos prazos processuais (art. 220) deve ser tida como realizada no primeiro dia útil subsequente (in-

1370 STJ, 1ª T., REsp n. 549.919-MG, rel. Min. José Delgado, j. 16.9.2003, v.u.

1371 José Rogério Tucci também afirma que "o prazo para a interposição de apelação para o revel somente fluirá a partir de sua intimação pela imprensa oficial", ainda que a decisão tenha sido publicada em audiência. Mas a justificativa apresentada é outra: a seu ver, apenas aqueles que efetivamente estiverem presentes na audiência seriam considerados intimados (*Comentários ao Código de Processo Civil*, vol. VII, art. 346, n. 132, pp. 256-257), com o que não se concorda, como já visto (item 372).

1372 STJ, 3ª T., REsp n. 726.396-RJ, rel. Min. Villas Bôas Cueva, j. 26.6.2012, v.u.

terpretação conjunta dos arts. 212, 214 e 216).[1373] Se excepcionalmente realizada enquanto o processo estiver suspenso (art. 313),[1374] considerar-se-á igualmente realizado no primeiro dia útil posterior ao período de suspensão, nos termos do art. 221.

Todavia, essa regra comporta exceção. Quando a lei já dispuser sem ressalva que o prazo começa a correr no primeiro dia útil subsequente a determinado evento – em especial, do fim do prazo de dilação (inc. IV), do período de dez dias para consulta ao teor da intimação eletrônica (inc. V) e da disponibilização da informação no *Diário da Justiça eletrônico* –, então o primeiro dia útil subsequente será o próprio dia do termo inicial do prazo. Vale dizer, nestes casos excepcionais não se considera ter sido o ato praticado no primeiro útil posterior ao feriado forense. Esse entendimento, contudo, ainda não foi suficientemente debatido na doutrina e na jurisprudência.[1375]

382. Desistência de embargos de declaração e início do prazo recursal

A jurisprudência do STJ é firme no sentido de que, havendo desistência dos embargos de declaração tempestivamente opostos, o termo inicial do prazo de recurso sucessivo (apelação, recurso especial etc.) é a publicação da decisão homologatória dessa desistência (art. 231, inc. VII).[1376] É claro que, se a intimação dessa decisão se der por outro meio que não a publicação no *Diário da Justiça eletrônico*, aplica-se, então, a regra legal correspondente (juntada da carta ou mandado de intimação, consulta da intimação eletrônica etc.).

Todavia, esse entendimento está correto apenas em relação ao embargado. Para o *embargante* desistente, é mais adequado considerar que nesta situação o seu prazo começa a fluir *automaticamente* a partir da própria data do protocolo

---

1373 O parágrafo único do art. 240 do Código de Processo Civil de 1973, acrescentado pela Lei n. 8.079/90, dispunha expressamente que "as intimações consideram-se realizadas no primeiro dia seguinte, se tiverem ocorrido em dia em que não tenha havido expediente forense".

1374 Como dito nos comentários ao art. 214, item 215, o ato realizado durante a suspensão do processo é válido se não causar prejuízo às partes.

1375 Cada uma daquelas situações específicas indicadas no texto foi devidamente abordada nestes comentários ao art. 231, em itens próprios, com indicação de eventual jurisprudência favorável e contrária.

1376 STJ, REsp n. 1.546.119-BA, rel. Min. Paulo de Tarso Sanseverino, j. 24.4.2014, d.m.; STJ, 3ª T., AgInt no AREsp n. 898.338-MT, rel. Min. Marco Aurélio Bellizze, j. 13.11.2017, d.m.; e STJ, 1ª T., REsp n. 1.608.640-PE, rel. Min. Regina Helena Costa, j. 17.10.2016, d.m. A jurisprudência reconhece, ainda, que "a pena para os embargos de declaração protelatórios não é a suspensão do benefício processual da interrupção do prazo, mas, sim, a pecuniária" (STJ, 3ª T., REsp n. 590.179-RS, rel. Min. Nancy Andrighi, 18.8.2005, v.u.).

da petição de desistência, pois neste momento ele tomou ciência inequívoca do ato, que, por sua vez, produz efeitos imediatos, independentemente de homologação (arts. 200 e 998).[1377]

383. Terceiros

Por uma questão de isonomia, os terceiros, que por definição não integram a relação processual, têm *prazo idêntico* ao das partes para praticarem atos processuais relacionados a algum ônus seu – como interpor recurso ou, de modo geral, manifestar-se nos autos na defesa de interesse próprio.[1378]

E o termo inicial será igualmente *simultâneo ao das partes*, ainda que ele não tenha sido intimado.[1379] De fato, como reconhecido na jurisprudência do STJ, "não se pode admitir que o prazo somente teria início quando o terceiro tivesse ciência da decisão, pois tal interpretação protrairia indefinidamente o trânsito em julgado do feito, com graves reflexos sobre a segurança e estabilidade das relações jurídicas".[1380]

Se no processo houver litisconsortes intimados separadamente, esse prazo do terceiro que ainda não interveio no processo terá início simultâneo ao da parte que tiver sido intimada *por último*.

Por outro lado, o terceiro que não defende interesse próprio, mas é chamado a participar do processo em razão do dever de colaboração – *v.g.*, testemunha – ou como auxiliar eventual da justiça – *v.g.*, como perito ou mediador –, está sujeito à regra do art. 231, § 2º, correndo o prazo a partir de sua intimação, ou de quando determinada por eventual disposição específica (*v.g.*, arts. 157, § 1º, 620, 710 e 759).

384. Oposição de embargos de terceiro e à arrematação

Para a jurisprudência atual, o dever de boa-fé impõe que o prazo de cinco dias para a oposição dos embargos de terceiro, relacionados à fase de cumprimento de sentença ou ao processo de execução, deva ser contado a partir

---

1377 Nesse sentido: Luis Guilherme Aidar Bondioli, *Embargos de declaração*, pp. 209-210.

1378 STF, 1ª T., AgRg-RE n. 167.787, rel. Min. Celso de Mello, j. 18.5.1995, v.u.; e STJ, 4ª T., AgInt no AREsp n. 1.308.727-RJ, rel. Min. Isabel Gallotti, j. 12.2.2019, v.u.

1379 Terceiro que intervier no processo deixa de ser terceiro e torna-se *parte*. E, a partir de então, evidentemente deve ser intimado de todos os atos e termos do processo.

1380 STJ, 2ª T., AgInt no REsp n. 1.544.325-DF, rel. Min. Og Fernandes, j. 4.5.2017, v.u. No mesmo sentido: 2ª T., REsp n. 1.678.879-SP, rel. Min. Herman Benjamim, j. 3.10.2017, v.u. Tal regra também é aplicável no *processo criminal* (STJ, 6ª T., AgRg no REsp n. 1.532.759-SC, rel. Min. Maria Thereza de Assis Moura, j. 18.8.2015, d.m.) e trabalhista.

da *ciência inequívoca* da constrição do bem, e não da adjudicação ou arrematação, como está escrito na parte final do art. 675 do Código de Processo Civil.[1381]

E para o STJ, "o prazo para oposição dos embargos à arrematação inicia-se com a *lavratura do auto de arrematação*, independentemente de intimação do executado", pois inexiste na lei tal exigência, em especial nos arts. 901 a 903 do Código de Processo Civil de 2015 (CPC-73, arts. 693 e 694), que tratam da matéria.[1382]

385. Recuperação judicial

O termo inicial do *stay period*, isto é, dos 180 dias em que as demandas de cobrança de valor líquido ajuizadas em face da recuperanda ficam suspensas, é o próprio dia em que o juiz *deferir o processamento* da recuperação judicial (LRJ, art. 6º, *caput* e § 4º).

E o termo *a quo* do prazo de 15 dias para os credores apresentarem *habilitações* ou *divergências* ao administrador judicial é a própria data da publicação na imprensa oficial do edital tratado no art. 52, § 1º – que deve conter, entre outros elementos, a relação dos credores com o respectivo valor e a classificação de cada crédito –, conforme dispõe o art. 7º, § 1º, ambos da Lei de Recuperação Judicial.[1383]

386. Prazo para a prática de atos sem representante judicial

É digna de elogio a inclusão do § 3º no art. 231, sem correspondente no Código de Processo Civil anterior. Segundo consta no referido parágrafo, se o ato tiver de ser praticado diretamente pela própria parte ou pelo terceiro que, de alguma forma, participa do processo, sem a necessidade de intervenção de representante judicial (advogado ou procurador), o prazo tem início *imediato* na própria *data da ciência* do comando judicial.[1384]

1381 "O prazo para propositura dos embargos de terceiro por aquele que não fez parte do processo executivo se inicia na data em que teve *plena ciência* da constrição do imóvel e da ameaça à posse. Ciência inequívoca que, no caso, configurou-se no dia em que outorgada procuração ao advogado dos embargantes" (TJSP, 26ª Câm. Dir. Priv., AgInst n. 2065536-70.2013.8.26.0000, rel. Des. Bonilha Filho, j. 5.2.2014, v.u.).

1382 STJ, 2ª T., REsp n. 1.656.436-SE, rel. Min. Herman Benjamin, j. 18.4.2017, v.u.

1383 STJ, 3ª T., REsp n. 1.163.143-SP, rel. Min. João Otávio de Noronha, j. 11.2.2014, v.u.

1384 O Código de Processo Civil de 1973 não continha disposição expressa a esse respeito. Apesar disso, eu já sustentava a mesma solução (Pedro Dinamarco, *Código de Processo Civil interpretado*, art. 241, n. 1, p. 696).

Por ato "praticado diretamente pela parte" deve-se entender o *ato material* a ser realizado pelo próprio sujeito parcial da relação processual, sem a participação obrigatória de advogado, com vista à satisfação em juízo de obrigação ou dever de direito material, tal qual o pagamento de condenação ou cumprimento de obrigação de fazer, não fazer, dar etc., ainda que em sede de antecipação de tutela ou de cumprimento provisório de sentença; e a purga da mora para evitar o despejo (LI, art. 62, inc. II).

O art. 231, § 3º, também se refere ao início do prazo para aquele que, não sendo parte, de alguma forma participa do processo e, em cumprimento de um dever, é intimado a praticar algum ato material ou no processo sem a necessidade de representação por advogado. É o caso do prazo para a autoridade indicada como coatora no mandado de segurança prestar as informações e para o perito comparecer à audiência de instrução e julgamento.[1385]

Nesses casos, o prazo para praticar o ato específico objeto da intimação começa a correr do exato momento em que a parte ou o terceiro a recebe, nos termos do comentado art. 231, § 3º,[1386] apesar de o prazo para recorrer da decisão que a conceder começar a correr segundo as regras contidas nos incisos do art. 231.[1387] E, como bem diz Cassio Scarpinella Bueno, nesta hipótese resta afastada "a regra do art. 274 (segundo a qual o prazo flui a partir da juntada aos autos do comprovante de entrega da correspondência no endereço constante dos autos) e, mais especificamente, dos incisos do *caput* do próprio art. 231".[1388]

Por outro lado, *considera-se cumprido* o prazo material na data em que plenamente realizado o ato, independentemente de quando foi noticiado nos autos. Essa data pode ser relevante não só para a incidência de eventuais sanções ao destinatário, mas também para acionamento de um novo prazo próprio (preclu-

---

1385 O primeiro exemplo é fornecido pela doutrina em geral (por todos, Leonardo da Cunha, *Comentários ao Código de Processo Civil*, vol. III, art. 231, n. 8, p. 167). E o segundo, pelo casal Nery Junior & Nery, *Código de Processo Civil comentado*, art. 231, n. 12, p. 825.

1386 No mesmo sentido, o art. 829 determina que, na execução por quantia certa, o prazo de três dias para pagamento da dívida pelo devedor é contado da própria citação.

1387 Como já decidiu o STJ, "a intimação da parte não substitui a intimação do advogado", ou seja, o prazo para a prática de atos processuais só começa a correr com a intimação do advogado constituído nos autos, salvo se a lei dispuser de modo diverso (STJ, 3ª T., EREsp n. 1.439.767-DF, rel. Min. Paulo de Tarso Sanseverino, j. 27.10.2015, v.u.). No caso, o preposto havia sido intimado a respeito dos encargos de depositário do bem penhorado e a (inexistente) "intimação do advogado tinha por objetivo abrir oportunidade para eventual impugnação do laudo de avaliação". Ainda no mesmo sentido: enunciado n. 271 do FPPC e Andre Roque, *Teoria geral do processo*, art. 231, n. 14, p. 745.

1388 *Comentários ao Código de Processo Civil*, vol. X, n. 25, p. 99.

sivo), qual seja, para a apresentação do pedido principal, pelo demandante, no procedimento da tutela cautelar requerida em caráter antecedente (art. 308).[1389]

O art. 231, § 3º, aplica-se tanto à fase de conhecimento quanto à de cumprimento de sentença e às execuções em geral,[1390] inclusive quando a intimação é feita na pessoa do advogado (*v.g.*, na hipótese do art. 513, § 2º, inc. I).

Cabe aqui, porém, uma ressalva. O dispositivo ora comentado não se aplica na hipótese de *intimação presumida* decorrente de a parte mudar de endereço sem comunicar o juízo. Pelo princípio da especificidade, nesse caso prevalece o disposto no art. 274, parágrafo único, e o prazo começa a fluir "a partir da juntada aos autos do comprovante de entrega da correspondência".

387. Prazos extraprocessuais (para ajuizar algumas demandas)

Como já visto no item 247, além dos prazos (endo)processuais e materiais, também há na lei processual os prazos extraprocessuais, os quais dependem da realização de um ato processual específico: o *ajuizamento* de um novo processo. É o caso do prazo para a ação rescisória ou para a abertura de inventário. Tais prazos geralmente têm natureza decadencial e costumam ser longos, contados de modo corrido em meses e até em anos.[1391]

O art. 231 nada dispõe a esse respeito. Na verdade, em regra, seu termo *a quo* é *fixado na própria norma processual específica* que cria tais prazos e pode ser o momento da ocorrência tanto de um ato ou fato natural ou material – *v.g.*, a ciência do ato da autoridade, para a impetração de mandado de segurança (LMS, art. 23); e a data da morte, para abertura do inventário (art. 611) – quanto processual – *v.g.*, o prazo para a ação rescisória é computado "do trânsito em julgado da última decisão proferido no processo" original (art. 975, *caput*) ou "da descoberta da prova nova" (art. 975, § 2º).

388. Informação equivocada do mecanismo judiciário

É a lei, em especial o art. 231, quem determina o critério para a fixação do termo inicial dos prazos. Todavia, não é raro acontecer de o juiz (em despacho) ou o escrivão (em mandado), por equívoco, estabelecer outro critério.

1389 Nesse sentido, apesar de referir-se ao análogo art. 806 do Código de Processo Civil de 1973: STJ, 4ª T., REsp n. 869.712-SC, rel. Min. RAUL ARAÚJO, j. 28.2.2012, v.u.; e STJ, 2ª T., REsp n. 669.353-AP, rel. Min. MAURO CAMPBELL MARQUES, j. 17.3.2009, v.u.

1390 De todo modo, dispõe o art. 829 em reforço que, na execução por quantia certa, o prazo de três dias para o executado pagar a dívida conta-se da sua citação.

1391 O prazo de abertura de inventário não é próprio ou decadencial (NERY JUNIOR & NERY, *Código de Processo Civil comentado*, nota 2 ao art. 615, p. 1.551) e está sujeito a sanção de natureza pecuniária, instituída pelos Estados da Federação.

Nesses casos, como a parte não pode ser prejudicada por eventual erro do mecanismo judiciário, em decorrência do princípio da boa-fé e da segurança jurídica, deve sempre prevalecer o *critério mais favorável* ao destinatário. Ou seja, havendo informação equivocada, ora o prazo começa a correr na data estipulada na lei, ora na própria intimação, conforme conveniência do destinatário.[1392]

389. Negócio jurídico processual

As partes têm ampla liberdade para fixar consensualmente o termo inicial dos seus próprios prazos, sendo válida a convenção ainda que divirja das regras estipuladas no art. 231 ou em qualquer outro dispositivo legal.[1393] Exemplificativamente, podem ajustar que o prazo de contestação terá início na própria data do recebimento da citação ou, ao contrário, cinco dias após a juntada da carta ou mandado aos autos.

Contudo, não podem fixar o dies *a quo* dos prazos dos juízes, de seus auxiliares ou terceiros em geral, que não tenham participado do negócio processual.

390. Juizados Especiais, processo trabalhista e administrativo

As regras do art. 231 do Código de Processo Civil são aplicáveis nos processos em curso nos Juizados Especiais, salvo quando houver alguma disposição específica nas Leis n. 9.099/95, n. 10.259/2001 ou n. 12.153/2009, conforme o caso.

Assim, nos Juizados Especiais Cíveis o prazo de embargos de declaração e de recurso inominado corre a partir da própria data da *ciência* da decisão ou sentença, independentemente da forma de intimação (Lei n. 9.099/95, arts. 42 e 49).[1394] E não faz sentido o enunciado n. 85 do FPJC, segundo o qual o pra-

---

1392 Nesse sentido a jurisprudência majoritária: STJ, 4ª T., AgInt no AgInt nos EDcl no AREsp n. 369.513-GO, rel. Min. Isabel Gallotti, j. 15.5.2018, m.v.; STJ, 3ª Turma, AgInt nos EDcl no REsp n. 1.498.854-PR, rel. Min. Paulo de Tarso Sanseverino, j. 20.2.2018, v.u. A jurisprudência vem frequentemente reconhecendo haver *justa causa* (art. 223) quando a parte é induzida pelo mecanismo judiciário a agir em erro e, consequentemente, ao descumprimento do prazo legal. Nesse sentido, reconhecendo inclusive o caráter oficial das informações prestadas nos sítios eletrônicos dos tribunais (art. 197), com a consequente presunção de veracidade: STJ, 4ª T., AgInt no REsp n. 1.694.174-TO, rel. Min. Luis Felipe Salomão, j. 4.9.2018, v.u. Para mais informações sobre justa causa decorrente de erro de informação, v. *supra*, comentários ao art. 197.

1393 Nesse sentido: Pedro Henrique Nogueira, *Código de Processo Civil anotado*, art. 230, n. 3, p. 355.

1394 "Os prazos processuais, nos Juizados Especiais Cíveis, contam-se da *data da intimação* ou *ciência* do ato respectivo, e não da juntada do comprovante da intimação..." (enunciado n. 13 do FPJC).

zo dos embargos de declaração ou do recurso extraordinário contra acórdão da turma recursal fluiria a partir da própria sessão de julgamento, pois inexiste norma expressa nesse sentido ou ao menos impondo a presença dos advogados nessa sessão. Além disso, nem sempre o acórdão já está disponível nessa ocasião.

Nos Juizados Especiais da Fazenda Pública, as citações e intimações estão sujeitas à disciplina do Código de Processo Civil, conforme dispõe o art. 6º da Lei n. 12.153/2009, e, portanto, às regras do art. 231.

No *processo trabalhista*, "salvo disposição em contrário, os prazos previstos neste Título contam-se, conforme o caso, a partir da data em que for feita pessoalmente, ou recebida a notificação, daquela em que for publicado o edital no jornal oficial ou no que publicar o expediente da Justiça do Trabalho, ou, ainda, daquela em que for afixado o edital na sede da Junta, Juízo ou Tribunal" (CLT, art. 774).[1395] Pelo princípio da especificidade, essas regras prevalecem sobre as do Código de Processo Civil. Portanto, o intérprete somente pode se socorrer às regras subsidiárias contidas no Código de Processo Civil se for utilizado um meio de citação ou intimação não abordado no citado art. 774, tal como no caso de intimação eletrônica.

Por fim, as regras sobre fluência de prazo contidas no Código de Processo Civil, e, em particular, no art. 231, são aplicadas subsidiariamente ao *processo administrativo*. No âmbito federal, nos termos da Lei n. 9.784/90 (Lei do Processo Administrativo Federal), "os prazos começam a correr a partir da *data da cientificação oficial*, excluindo-se da contagem o dia do começo e incluindo-se o do vencimento" (art. 66), sendo o prazo de dez dias do recurso "contado *a partir da ciência ou divulgação oficial* da decisão recorrida". Contudo, os dispositivos dessa lei também são subsidiários, pois "os processos administrativos específicos continuarão a reger-se por lei própria" (art. 69).[1396]

1395 Dispõe, ainda, a Súmula n. 16 do TST: "presume-se recebida a notificação 48 (quarenta e oito) horas depois de sua *postagem*. O seu não recebimento ou a entrega após o decurso desse prazo constitui ônus de prova do destinatário". Ora, como pode o destinatário fazer prova de não ter recebido? Trata-se de prova diabólica, inadmissível em direito. Ademais, como presumir a entrega em prazo tão exíguo, especialmente se o destinatário estiver localizado em município distante, por vezes no interior de outro Estado da Federação? Para fins de comparação, na execução fiscal, se não constar a data do recebimento da citação postal, presume-se ter sido entregue dez dias após a postagem. E para piorar a *insegurança jurídica*, consta na jurisprudência o entendimento de que, se a parte contrária comprovar que o destinatário recebeu a notificação antes daquelas 48 horas, então prevalece a data do efetivo recebimento. Enfim, ao buscar a celeridade da prestação jurisdicional, referida súmula caracteriza potencial cerceamento do direito de defesa.

1396 Nos processos administrativos perante órgão estadual paulista, "salvo disposição legal em contrário, o prazo para apresentação de recurso ou pedido de reconside-

Art. 232. Nos atos de comunicação por carta precatória, rogatória ou de ordem, a realização da citação ou da intimação será imediatamente informada, por meio eletrônico, pelo juiz deprecado ao juiz deprecante.

CPC de 1973 – sem dispositivo correspondente

391. Comunicação eletrônica entre juízos

O art. 232 é uma inovação do Código de Processo Civil de 2015 e, assim como o art. 915, § 4º, foi inspirado no art. 738, § 2º, do Código de Processo Civil de 1973, com redação dada pela Lei n. 11.386/2006, que tratava apenas da comunicação da citação em execução e do início do prazo de embargos do devedor. O novo dispositivo ora comentado ampliou essa abrangência, incluindo agora a comunicação entre juízos sobre a ocorrência de citação e intimação *em qualquer processo ou fase processual*, sem limitar sua aplicabilidade ao prazo para nenhum ato processual específico.[1397]

O envio dessa informação antes mesmo de ser determinada a devolução da via física da carta visa a trazer maior *celeridade* ao processo, por abreviar o início do respectivo prazo da parte, e justamente por isso deve ser transmitida preferencialmente de forma *eletrônica*, isto é, por sistema de comunicação desenvolvido na plataforma digital do próprio tribunal ou por mensagem eletrônica (*e-mail*).[1398] Contudo, na inviabilidade prática de utilização desse mecanismo, por qualquer motivo, é plenamente admissível a utilização de outros meios, como o correio, a ligação telefônica e o telegrama. Sem prejuízo, a carta precatória deve ser devolvida em até dez dias da devolução do mandado de citação ou intimação (art. 268).

Aliás, sempre que possível, *qualquer comunicação* entre juízo deprecante e juízo deprecado deve ser feita por meio eletrônico, inclusive o próprio envio da carta ao juízo deprecado (arts. 263 e 266), eventuais pedidos de esclarecimento e a devolução da carta.[1399] Assim, se a carta tiver sido enviada eletroni-

---

ração será de 15 (quinze) dias contados da publicação ou notificação do ato" (Lei n. 10.177/98, art. 44).

1397 O art. 232 também é aplicável ao *processo trabalhista*, no qual também são expedidas cartas precatórias, de ordem e rogatória. Nesse sentido: Bruno Freire e Silva, *O novo CPC e o processo do trabalho*, art. 232, p. 178.

1398 Nesse sentido: Andre Roque, *Teoria geral do processo*, art. 232, n. 1, p. 750.

1399 Nos termos do art. 42 da Resolução n. 185/2013 do Conselho Nacional de Justiça, "as cartas precatórias expedidas para as unidades judiciária nas quais tenha sido implantado o PJe tramitarão também em meio eletrônico e quando da devolução ao juízo deprecante será encaminhada certidão constando o seu cumprimento com a materialização apenas de peças essenciais à compreensão dos atos realizados".

camente ao juízo deprecado, este deverá devolvê-la também eletronicamente tão logo ela tenha sido cumprida, dispensando, nesse caso, o envio em separado da informação a respeito da citação ou intimação.

A lei não quantifica expressamente o prazo do juízo deprecado para comunicar ao deprecante a efetivação da citação ou intimação, dispondo apenas que tal providência deve ser *imediata*, isto é, no mesmo dia ou, no máximo, no dia seguinte, antes mesmo do prazo de cinco dias para os serventuários praticarem atos processuais em geral (art. 228) ou de dez dias úteis para a devolução da carta completa (art. 268).

Na verdade, o art. 232 não aborda nenhuma regra de prazo e, por isso, deveria estar localizado mais adiante, no Título II, Capítulo III, que trata especificamente das "cartas".

392. Prazo para o serventuário e para as partes

O art. 232 dispõe que a citação ou intimação deve ser imediatamente informada ao juízo deprecante. Trata-se de ato a ser praticado de ofício por serventuário (escrivão, chefe de secretaria ou qualquer outro funcionário do cartório judicial), independentemente de ordem do juiz. O termo *imediatamente* contido na lei deve ser interpretado como necessidade de o ato ser praticado no mesmo dia ou, no máximo, no primeiro dia útil subsequente ao da citação ou intimação (geralmente realizada por oficial de justiça) – e não no prazo de cinco dias a que se refere genericamente o art. 228.

E, nos termos do art. 231, inc. VI, primeira parte, o prazo para o citado ou intimado apresentar defesa, recurso ou manifestação nos autos, conforme o caso, começa a correr a partir da *juntada*, aos autos de origem, dessa informação a respeito da efetivação do ato de comunicação processual (v. item 368). Essa é a grande importância do célere envio da informação ao juízo deprecante, imposta pelo art. 232.

Conforme sustenta DANIEL NEVES, com acerto, se a secretaria resistir ao imediato envio dessa informação, "a própria parte pode informar o juízo deprecado de que o ato processual de comunicação já foi praticado", juntando, para tanto, cópia do mandado de citação ou de intimação devidamente cumprido, tendo tal informação apresentada pela parte o mesmo valor daquela feita pelo juízo deprecado, de modo que o prazo para a prática do ato começa a fluir da sua juntada aos autos principais.[1400]

O prazo, todavia, começará a fluir da juntada da própria carta precatória, de ordem ou rogatória aos autos se a informação abreviada a que se refere o

1400 *Novo Código de Processo Civil comentado*, art. 232, n. 1, p. 392.

art. 232 ainda não tiver sido recebida, conforme consta no art. 231, inc. VI, segunda parte.

Seção II
Da Verificação dos Prazos e das Penalidades

Art. 233. Incumbe ao juiz verificar se o serventuário excedeu, sem motivo legítimo, os prazos estabelecidos em lei.

§ 1º Constatada a falta, o juiz ordenará a instauração de processo administrativo, na forma da lei.

§ 2º Qualquer das partes, o Ministério Público ou a Defensoria Pública poderá representar ao juiz contra o serventuário que injustificadamente exceder os prazos previstos em lei.

CPC de 1973 – arts. 193 e 194

393. Serventuários

Como já dito nos comentários ao art. 228 (item 332), são considerados serventuários ou servidores judiciais os escrivães, chefes de secretaria e demais funcionários do Judiciário que exerçam atividade como auxiliar permanente da justiça e que tenham vínculo funcional com o Estado.[1401]

Por outro lado, não devem ser considerados serventuários, segundo esse conceito, os peritos, intérpretes, administradores judiciais, mediador e outros auxiliares eventuais da justiça,[1402] que estão sujeitos a outras sanções em caso de descumprimento do prazo fixado pelo juiz, como destituição do cargo, devolução dos honorários já recebidos, multa e proibição de exercer aquela atividade pelo prazo estipulado em lei (*v.g.*, art. 468, §§ 1º e 2º).

As atividades dos serventuários são variadas, estando as principais descritas nos arts. 152, 154, 206, 207, 208 e 209 do Código de Processo Civil, bem como em leis processuais esparsas, em leis de organização judiciária e em normas internas dos tribunais.

Relembre-se que, salvo expressa disposição em contrário, os serventuários têm um dia para remeter os autos à conclusão e cinco dias para executar os atos processuais em geral (art. 228). Sendo impróprios, esses prazos podem ser

---

1401 Os oficiais de justiça não estão sujeitos aos prazos do art. 228, mas eles também devem se submeter à regra do art. 233, pois, do contrário, não responderiam pelo descumprimento dos prazos que lhe forem impostos pela lei ou pelo juiz.

1402 Em sentido contrário, emprestando extensão mais ampla ao termo: Daniel Mitidiero, *Comentários ao Código de Processo Civil*, t. II, art. 193, n. 131, p. 173.

majorados pelo juiz, conforme a complexidade do ato ou o acúmulo de serviço do cartório, e não precluem, permanecendo incólume o dever de praticá-los enquanto não cumpridos.

Ademais, assim como os juízes, eles também devem praticar seus atos respeitando preferencialmente a ordem cronológica dos processos que aguardam providência sua (art. 153), salvo se houver alguma providência de maior urgência.

394. Processo administrativo sancionador

A apuração, pelo juiz,[1403] de eventual infração pelos serventuários está sujeita a duas fases,[1404] independentemente de o prazo ter sido fixado no próprio Código de Processo Civil, em outra norma legal estadual ou federal, ou, ainda, pelo juiz da causa – ao contrário do que dispunha o art. 193 do Código de Processo Civil de 1973, que a limitava aos prazos estabelecidos no próprio Código.

Na *primeira etapa*, cabe ao juiz da causa, como superior hierárquico, apenas apurar – de ofício ou por provocação, nos próprios autos do processo judicial, do representante do Ministério Público, da Defensoria Pública ou de qualquer das partes – a ocorrência de eventual atraso cometido pelos serventuários na execução das suas atribuições, numa análise superficial.[1405] Não lhe cabe, portanto, indeferir de plano a representação formulada pelo interessado, adentrando no mérito dos motivos daquele atraso.[1406] Normalmente, ele sequer tem competência para tanto.

1403 Por vezes, acontece de o próprio juiz, a quem incumbe fiscalizar o cumprimento desses prazos (art. 233), orientar indevidamente os serventuários a ele subordinados a retardar algumas providências, para não haver acúmulo de processos na conclusão.

1404 Nesse sentido: MONIZ DE ARAGÃO, *Comentários ao Código de Processo Civil*, vol. II, art. 194, n. 148, p. 136. A competência para cada uma dessas duas fases pode ser, ou não, distinta.

1405 A legitimidade para a representação contida no § 2º é a única novidade trazida no art. 233 em relação ao Código de Processo Civil anterior, cujos arts. 193 e 194 eram omissos a respeito. Ademais, o art. 153, § 4º, do Código de Processo Civil atual também dispõe sobre essa reclamação numa situação específica: "a parte que se considerar preterida na ordem cronológica poderá reclamar, nos próprios autos ao juiz do processo, que requisitará informações ao servidor, a serem prestadas no prazo de 2 (dois) dias". Saliente-se que, para representar contra o serventuário, ou contra o juiz, é indispensável que o subscritor do documento tenha capacidade postulatória.

1406 Em sentido contrário: DANIEL NEVES, *Novo Código de Processo Civil comentado*, art. 233, p. 393; e NELTON DOS SANTOS, *Código de Processo Civil interpretado*, art. 194, n. 2, p. 529. Este último diz expressamente que já nesse momento seria necessário haver "*indícios* de que o servidor agiu com dolo ou culpa" para que o magistrado deflagre o processo administrativo.

Uma vez constatada a extrapolação do prazo, com ou sem a inversão da ordem cronológica da fila dos processos, o juiz deverá determinar as providências necessárias para que o ato processual se realize imediatamente (LOMAN, art. 35, inc. III) – inclusive por outro serventuário, caso necessário (aplicação analógica do art. 235, § 3º) –,[1407] bem como a instauração de processo administrativo para identificar o serventuário responsável pelo descumprimento do prazo legal e os motivos que o levaram a tanto (arts. 153, § 5º, e 233, § 2º). Nesse momento começa a *segunda etapa*.

Em seguida, o servidor deverá ser notificado para responder ao processo e, se o caso, apresentar eventual "motivo legítimo" para o atraso, isto é, alheio à sua vontade. De fato, para a validade de qualquer processo administrativo sancionador, durante todo o seu curso deverão ser obrigatoriamente respeitados o devido processo legal (Const., art. 5º, inc. LIV), o contraditório e a ampla defesa (Const., art. 5º, inc. LV), sendo nula qualquer sanção aplicada sem o pleno respeito às garantias constitucionais do processo.

O Código de Processo Civil não atribui *competência* específica para processar e julgar esse processo administrativo disciplinar, isto é, para a segunda fase. Por esta ser uma questão puramente administrativa, e não judicial, cabe à norma de organização judiciária local ou ao regimento interno do tribunal dispor a respeito, podendo atribuí-la ao próprio juiz da causa ou, preferencialmente, ao juiz-corregedor permanente da Vara,[1408] com possibilidade de recurso à Corregedoria da Justiça.[1409]

Todavia, a instauração do processo administrativo disciplinar tratado no art. 233 é raríssima, apesar de o tempo em que o processo fica parado aguardando alguma providência que independe das partes – mas dos serventuários,

---

1407 Nesse sentido: HEITOR SICA, *Comentários ao Código de Processo Civil*, vol. I, art. 233, p. 824.

1408 O Código Judiciário de São Paulo (Decreto-lei Complementar n. 3/69) dispõe ser competente, para tanto, o juiz corregedor permanente, ou seja, o *juiz titular* da vara (art. 51, parágrafo único) e não o juiz auxiliar. Dispõe, ainda, competir ao Corregedor-Geral de Justiça apreciar os recursos contra a imposição de pena disciplinar de suspensão, multa ou prisão a serventuários (art. 68). Já a Lei de Organização Judiciária do Distrito Federal (Lei n. 11.697/2008) dispõe caber aos juízes "aplicar aos servidores que lhe sejam *subordinados* penalidades disciplinares que não excedam a 30 (trinta) dias de suspensão" (art. 45, inc. II).

1409 A doutrina não costuma investigar essa competência, sendo difícil localizar informação segura a esse respeito. Apesar disso, não é possível afirmar que tal competência seja *sempre* do próprio juiz condutor do processo, ainda que em alguns casos ele tenha tal atribuição, ou que a corregedoria do tribunal teria competência concorrente.

juízes, auxiliares e colaboradores eventuais da justiça – ser a *principal causa de demora* do processo judicial. E quando instaurado, quase sempre ele é "perdoado" em razão da genérica invocação de excesso de trabalho e falta de funcionários na serventia, sem sequer serem investigadas as reais causas do acúmulo de serviço, que podem decorrer da falta de gestão administrativa competente pelo escrivão-chefe e pelo próprio juiz.

395. Sanções

O ato praticado intempestivamente pelo serventuário é *válido e eficaz*, não havendo, nesse caso, preclusão. Todavia, administrativamente, ele pode se sujeitar a sanções especificadas em outras leis processuais e, principalmente, nas normas de organização judiciária e outras correlatas.[1410] Como está na valiosa doutrina de Moniz de Aragão, a aplicação de sanção, e o respectivo processo, está no "âmbito do Direito Administrativo, que envolve a relação funcional serventuário-Estado, e somente este último poderá legislar a respeito".[1411]

Em regra, essas raríssimas sanções podem ser de mera advertência ou suspensão por determinado prazo, com o respectivo registro em seu prontuário profissional, o que também pode prejudicar sua eventual promoção.

Especificamente na Justiça do Trabalho, o parágrafo único do art. 712 da Consolidação das Leis do Trabalho dispõe que "os serventuários que, sem motivo justificado, não realizarem os atos, dentro dos prazos fixados, serão *descontados em seus vencimentos*, em tantos dias quantos os do excesso", sem prejuízo de outras sanções cabíveis. Trata-se de medida salutar, mas que depende da sua efetiva e improvável aplicação.

396. Indenização

Aquele que demonstrar ter sofrido prejuízo concreto causado diretamente pela demora na atividade do serventuário da justiça – *v.g.*, expedição de ofício em cumprimento de uma tutela de urgência – tem direito a ser indenizado pelo Estado, que, por sua vez, poderá exercer ação de regresso contra o responsável, se restar caracterizada a culpa ou dolo daquele.

1410 Os serventuários da Justiça Federal estão sujeitos às regras da Lei n. 8.112/90, que trata do regime jurídico dos servidores da União em geral, e aos regimentos internos dos tribunais. Segundo consta na mencionada lei federal, o descumprimento de prazo que implique resistência injustificada ao andamento do processo pode gerar pena de advertência (art. 117, inc. IV c/c art. 129) e, na reincidência, suspensão (art. 130), que, por sua vez, pode ser convertida em multa (art. 130, § 2º).

1411 *Comentários...*, vol. II, art. 194, n. 146, pp. 135-136.

Nesse caso, a responsabilidade civil da pessoa jurídica de direito público interno (União ou Estado da Federação, conforme o caso) por *ato atípico* da atividade judiciária – isto é, a atividade administrativa relativa ao preparo e ao andamento dos processos – decorre do art. 37, § 6º, da Constituição Federal,[1412] do art. 155, inc. I, do Código de Processo Civil e do art. 43 do Código Civil, e, no caso específico dos servidores da União, dos arts. 121 e 122 da Lei n. 8.112/90.[1413] Essa responsabilidade, aliás, é *objetiva* e independe da demonstração de culpa ou dolo do serventuário (novamente, CC, art. 43).

> **Art. 234.** Os advogados públicos ou privados, o defensor público e o membro do Ministério Público devem restituir os autos no prazo do ato a ser praticado.
>
> **§ 1º** É lícito a qualquer interessado exigir os autos do advogado que exceder prazo legal.
>
> **§ 2º** Se, intimado, o advogado não devolver os autos no prazo de 3 (três) dias, perderá o direito à vista fora de cartório e incorrerá em multa correspondente à metade do salário mínimo.
>
> **§ 3º** Verificada a falta, o juiz comunicará o fato à seção local da Ordem dos Advogados do Brasil para procedimento disciplinar e imposição de multa.
>
> **§ 4º** Se a situação envolver membro do Ministério Público, da Defensoria Pública ou da Advocacia Pública, a multa, se for o caso, será aplicada ao agente público responsável pelo ato.
>
> **§ 5º** Verificada a falta, o juiz comunicará o fato ao órgão competente responsável pela instauração de procedimento disciplinar contra o membro que atuou no feito.
>
> *CPC de 1973 – arts. 195, 196 e 197*
> *Comparação jurídica – art. 166 do CPC português*

397. Direito a retirar os autos

Todo advogado ou representante da parte tem o direito a fazer carga dos *autos físicos* dos processos em que atue, conforme disposto no art. 107, incs. II e

1412 Nesse sentido: Sergio Cavalieri Filho, *Programa de responsabilidade civil*, n. 79.6, p. 284. O ilustre civilista complementa: "o arcabouço da responsabilidade estatal está estruturado sobre o princípio da organização e do funcionamento do serviço público. E, sendo a prestação da justiça um serviço público essencial, tal como outros prestados pelo Poder Executivo, não há como e nem por que escusar o Estado de responder pelos danos decorrentes da negligência judiciária, ou do mau funcionamento da Justiça, sem que isto moleste a soberania do Judiciário".

1413 A responsabilidade por *ato típico* do magistrado, referente aos conteúdo dos seus provimentos jurisdicionais, decorre do art. 5º, inc. LXXV, da Constituição Federal e do art. 143, inc. I, do Código de Processo Civil.

III, do Código de Processo Civil e no art. 7º, inc. XV, do Estatuto da Ordem dos Advogados do Brasil. Tal direito se estende ao estagiário com procuração nos autos, a pedido e sob a responsabilidade do advogado (EOAB, art. 3º, § 2º).

Quando se tratar de *autos eletrônicos*, é possível consultá-los a qualquer momento por meio de um computador, inexistindo a possibilidade ou mesmo a necessidade de carga dos autos, razão pela qual nesta hipótese não incidem os arts. 107 e 234. Assim, evidentemente, a regra do art. 234 está restrita à hipótese de *autos físicos*.

398. Restituição dos autos no prazo fixado

O profissional que, na qualidade de representante da parte, fizer carga dos autos físicos, deve restituí-los em cartório no prazo do ato a ser praticado (art. 107, inc. III) ou em cinco dias, quando não houver prazo em curso (art. 107, inc. II),[1414] sob pena de lhe serem aplicadas multa e outras sanções indicadas logo adiante. Nos processos findos, o prazo de devolução é de dez dias (EOAB, art. 7º, inc. XVI).

Tal dever, imposto no art. 234 do Código de Processo Civil, aplica-se a advogados, estagiários, promotores, procuradores da Justiça, da República e dos Estados e Defensores Públicos.

Se o profissional não restituir os autos, o juiz, de ofício ou por provocação de qualquer interessado (§ 1º), deverá determinar a intimação pessoal do profissional para devolvê-los no prazo que fixar. Se mesmo assim não houver a devolução dos autos, o juiz deverá expedir ordem de *busca e apreensão* dos autos, a ser cumprido no escritório daquele profissional por um oficial de justiça, devidamente acompanhado por um representante da Ordem dos Advogados do Brasil.

399. Intimação

Antes de aplicar qualquer sanção ao profissional por não restituir tempestivamente os autos, ou adotar qualquer outra medida, o juiz deve obrigatoriamente determinar sua prévia intimação, fixando prazo para tanto.

Apesar de o art. 246, § 1º, dispor que as intimações em geral devam preferencialmente ocorrer pela via eletrônica, de forma correta, a jurisprudência do STJ vem entendendo ser necessária a intimação pessoal do advogado, *por oficial de justiça*, para que possam ser aplicadas as sanções estabelecidas no § 2º do art. 234, "haja vista que a conduta de reter indevidamente os autos também

---

1414 Nesse sentido: HEITOR SICA, *Comentários ao Código de Processo Civil*, vol. 1, art. 234, n. 2, p. 825.

pode gerar a responsabilidade criminal do advogado, em virtude do disposto no artigo 356 do Código Penal".[1415] Sem prejuízo e em homenagem à celeridade processual, antes dessa intimação pessoal costuma haver, na prática forense, a intimação eletrônica ou publicação no *Diário da Justiça eletrônico* determinando tal devolução, sob pena de busca e apreensão.

400. Sanções processuais

As penalidades aplicadas pelo juiz da causa, decorrentes da retenção indevida dos autos, devem ser aplicadas *apenas ao advogado*, nunca à parte representada por ele, constituindo responsabilidade pessoal e exclusiva daquele determinado profissional que retirou os autos.[1416]

Por isso, a devolução dos autos fora do prazo legal não implica a intempestividade nem permite a aplicação extensiva da preclusão temporal para a parte praticar o ato que justificou sua retirada,[1417] tal como dispunha o (ignorado) art. 195 do Código de Processo Civil de 1973, ao impor o desentranhamento da manifestação apresentada.[1418]

A única sanção aplicável pelo juiz é a perda do direito de aquele profissional fazer nova carga daqueles autos (v. ainda, art. 107, § 4º). Outro procurador da mesma parte, porém, não estará impedido de fazê-lo, nem estará o profissional impedido de retirar os autos de outro processo.

401. Sanção disciplinar e criminal

O profissional (e não a instituição a que estiver vinculado)[1419] que retiver os autos está sujeito, ainda, a sanção disciplinar e multa correspondente a me-

---

1415 STJ, 3ª T., REsp n. 1.712.172-DF, rel. Min. Villas Bôas Cueva, j. 21.8.2018, v.u.; e STJ, 1ª T., RMS n. 18.508-PR, rel. Min. Luiz Fux, j. 6.12.2005, v.u. Na doutrina, Moniz de Aragão, *Comentários ao Código de Processo Civil*, art. 196, n. 152, p. 138; e Antonio Dall'Agnol, *Comentários ao Código de Processo Civil*, art. 196, n. 3, p. 434. A jurisprudência criminal majoritária, contudo, dispensa a intimação pessoal, podendo se dar por outro meio: STJ, 5ª T., RHC n. 89.059-MG, rel. Min. Reynaldo da Fonseca, j. 27.2.2018, v.u.; e STJ, 6ª T., RHC n. 84.486-RR, rel. Min. Maria Tereza Moura, j. 8.8.2017, v.u.

1416 Novamente, STJ, 3ª T., REsp n. 1.712.172-DF, rel. Min. Villas Bôas Cueva, j. 21.8.2018, v.u. Na doutrina, Bruno Lopes, *Comentários ao Código de Processo Civil*, vol. II, art. 107, n. 211, p. 276. Ressalva-se, porém, a responsabilidade do advogado por ato de seu estagiário.

1417 Nesse sentido: Daniel Neves, *Novo Código de Processo Civil comentado*, art. 234, n. 1, p. 394.

1418 Após uma divergência inicial, a jurisprudência passou a reconhecer a impossibilidade de incidência dessa preclusão.

1419 Nesse sentido: Cassio Scarpinella Bueno, *Curso sistematizado de direito processual civil*, vol. 1, n. 4.5.2, p. 646.

tade do salário mínimo.[1420] Nesse caso, o juiz deverá apenas comunicar o fato à seccional local da OAB ou ao órgão responsável pela fiscalização dos integrantes daquela categoria profissional, isto é, ao órgão disciplinar interno do Ministério Público – inclusive seu Conselho Nacional –,[1421] Defensoria Pública e Procuradoria do Estado ou da República, conforme o caso, a quem compete aplicar, com exclusividade, a multa e a sanção disciplinar cabíveis ao representante responsável pela falha.[1422] Em qualquer caso, o processo administrativo sancionador deve assegurar ao profissional o respeito ao contraditório e à ampla defesa.

Ao advogado, a grave sanção disciplinar cabível é a *suspensão* do exercício da profissão pelo prazo de trinta dias a doze meses (EOAB, art. 34, inc. XXII, c/c art. 37, inc. I e § 2º), sem prejuízo da aplicação da multa (EOAB, art. 39).

Além disso, a retenção indevida dos autos caracteriza ainda *crime* contra a Administração Pública tipificado no art. 356 do Código Penal, punível em processo penal específico, perante a Justiça Criminal, independentemente da prévia instauração de processo administrativo disciplinar.[1423] Tal crime se configura "no momento em que o causídico, embora tenha sido intimado, ignore o dever de restituir os autos no prazo legal".[1424] Todavia, como já decidiu o

1420 Segundo ANDRE ROQUE, esse valor da multa estipulada pelo art. 234 prevalece sobre aquele disposto no art. 39 do EOAB, que seria "variável entre o mínimo correspondente ao valor de uma anuidade e o máximo de seu décuplo" (*Teoria geral do processo*, art. 234, n. 5.1, p. 753). De fato, não se pode falar em especialidade de uma ou outra norma quando elas tratam da mesmíssima situação fático-jurídica, como neste caso, devendo, por isso, prevalecer a lei posterior.

1421 Compete ao Conselho Nacional do Ministério Público "receber e conhecer das reclamações contra membros, ou órgãos do Ministério Público da União ou dos estados, inclusive contra seus serviços auxiliares, sem prejuízo da competência disciplinar e correcional da instituição, podendo avocar processos disciplinares em curso, determinar a remoção, a disponibilidade ou a aposentadoria com subsídios ou proventos proporcionais ao tempo de serviço, e aplicar outras sanções administrativas, assegurada ampla defesa" (RICNMP, art. 2º, inc. III).

1422 "A Ordem dos Advogados do Brasil é a única responsável pela aplicação da multa de que trata o *caput* do art. 196 do CPC, por meio da instauração de processo disciplinar" (STJ, 1ª T., REsp n. 1.063.330-PR, rel. Min. DENISE ARRUDA, j. 5.11.2009, v.u.). No mesmo sentido: DANIEL NEVES, *op. cit.*, art. 234, n. 2, p. 394; e LEONARDO DA CUNHA, *Comentários ao Código de Processo Civil*, vol. III, art. 234, n. 2, p. 189. Para o casal NERY JR. & NERY, contudo, a multa ao representante daqueles órgãos públicos deve ser aplicada pelo próprio juiz (*Código de Processo Civil comentado*, art. 234, n. 8, p. 828), mas nenhuma justificativa é apresentada para tanto.

1423 Essa independência já foi reconhecida pela jurisprudência: STJ, 5ª T., RHC n. 89.059-MG, rel. Min. REYNALDO DA FONSECA, j. 27.2.2018, v.u.

1424 STJ, 5ª T., AgRg no REsp n. 1.538.296-SC, rel. Min. REYNALDO DA FONSECA, j. 27.9.2016, v.u.

STJ, não se trata de crime de mera conduta, pois depende de atingir a atuação normal e regular da administração da justiça.[1425]

402. Perda dos autos

Quando o profissional deixa de devolver os autos porque os perdeu involuntariamente, não devem ser aplicadas as sanções previstas no art. 234. A consequência, nesse caso, é a suspensão do processo judicial e a instauração do procedimento de *restauração dos autos* previsto nos arts. 712 a 718.

Em homenagem aos princípios da colaboração e da boa-fé, a perda dos autos deve ser imediatamente comunicada ao juízo por onde tramita o processo, bem como à OAB, comprovando-se minimamente tal fato, ainda que por meio de Boletim de Ocorrência (que, como se sabe, consiste em mero instrumento de declaração unilateral a respeito de um fato).

Havendo indícios de os autos terem sido intencionalmente destruídos ou ocultados, o Ministério Público deverá ser comunicado, para investigar a ocorrência de crime tipificado no art. 305 do Código Penal.

403. Negócio processual

Não é válida a convenção processual que exclua a possibilidade de sanção a quem descumpra o dever de restituir os autos no prazo legal, como qualquer outro dever, pois isso fere norma de ordem pública de interesse da administração da justiça.

> **Art. 235.** Qualquer parte, o Ministério Público ou a Defensoria Pública poderá representar ao corregedor do tribunal ou ao Conselho Nacional de Justiça contra juiz ou relator que injustificadamente exceder os prazos previstos em lei, regulamento ou regimento interno.
>
> **§ 1º** Distribuída a representação ao órgão competente e ouvido previamente o juiz, não sendo caso de arquivamento liminar, será instaurado procedimento para apuração da responsabilidade, com intimação do representado por meio eletrônico para, querendo, apresentar justificativa no prazo de 15 (quinze) dias.
>
> **§ 2º** Sem prejuízo das sanções administrativas cabíveis, em até 48 (quarenta e oito) horas após a apresentação ou não da justificativa de que trata o § 1º, se for o caso, o corregedor do tribunal ou o relator no Conselho Nacional de Justiça determinará a intimação do representado por meio eletrônico para que, em 10 (dez) dias, pratique o ato.

1425 STJ, 6ª T., RHC n. 72.056-CE, rel. Min. Nefi Cordeiro, j. 14.6.2016, v.u.

§ 3º Mantida a inércia, os autos serão remetidos ao substituto legal do juiz ou do relator contra o qual se representou para decisão em 10 (dez) dias.

CPC de 1973 – art. 198

404. Introdução

Em respeito aos princípios da *celeridade processual* e da *colaboração* (arts. 4º e 7º), o juiz não pode "exceder injustificadamente os prazos para sentenciar ou despachar" (LOMAN, art. 35, inc. II), sendo seu dever "determinar as providências necessárias para que os atos processuais se realizem nos prazos legais" (inc. III).

Para tanto, o art. 226 impõe aos juízes de primeira instância prazo impróprio de cinco dias úteis para dar andamento ao processo (despachos); de dez dias úteis para decidir questões incidentais ou de mérito que não ponham fim ao processo ou fase (decisões interlocutórias); e de trinta dias úteis para extinguir o processo com ou sem resolução do mérito (sentença).[1426] Os magistrados dos tribunais estão sujeitos a outros prazos, também definidos em lei. Tais prazos podem ser alterados por normas especiais – inclusive do próprio Código de Processo Civil – e duplicados por "motivo justificado" apresentado pelo magistrado (art. 227).

Há ainda os prazos para o juiz adotar *outras providências*, sem natureza de provimento jurisdicional, *v.g.*, para o juízo deprecado cumprir as cartas que lhe são enviadas (art. 261) e para ser realizada audiência de mediação na ação de reintegração de posse esbulhada coletivamente (art. 565).

É vedado ao juiz, ademais, devolver os autos da conclusão sem qualquer despacho ou decisão (Const., art. 93, inc. II, letra *e*), para tentar omitir o eventual atraso das estatísticas relativas aos autos em seu poder, que são enviadas aos órgãos fiscalizadores. Assim, o descumprimento dessa proibição equivale ao descumprimento do prazo.

O art. 235 trata de regras gerais do processo administrativo contra o juiz de *qualquer instância* por descumprimento de prazo,[1427] a fim de que sejam adotadas medidas eficazes para a prática daquele ato processual, bem como para a imposição de sanções administrativas.

1426 No *processo penal*, os prazos máximos para o juiz proferir decisões (finais e interlocutórias) e despachos são menores do que no processo civil (CPP, art. 800).

1427 Apesar de o Código de Processo Civil de 2015 não conter artigo correspondente ao art. 199 do Código de Processo Civil anterior, que dispunha expressamente sobre a aplicabilidade do artigo relativo ao processo administrativo aos tribunais superiores, essa regra ainda pode ser extraída do sistema.

Mesmo assim, são corriqueiros os longos atrasos dos juízes (e dos seus auxiliares) no cumprimento de seus prazos, sem qualquer consequência. Apesar de ser *dever do advogado* exigir o cumprimento desses prazos, por meio de representação contra o juiz, na prática isso quase nunca ocorre. Essa reiterada omissão da classe se deve a dois motivos centrais: o legítimo temor de virem a sofrer represália do juiz representado (naquele e em outros processos) e a triste constatação de que são raríssimos os casos em que é efetivamente aplicada alguma sanção – seja porque a maioria dos juízes realmente está sujeita a excessiva carga de trabalho, sem que ele tenha contribuído para tanto, seja porque em alguns casos, infelizmente, essa impunidade decorre do sentimento corporativista de seus pares.[1428]

Essa notória impunidade levou Moniz de Aragão a lamentar, com razão, os *dois pesos e duas medidas* com que são tratadas as dificuldades enfrentadas pelos juízes e advogados nos cumprimentos de seus prazos, em prejuízo das partes. Dizia ele que "urge encontrar o justo meio-termo, que equilibre a tendência benevolente de encarar as infrações dos juízes a seus prazos com o rigor com que são encarados os mesmos deslizes, se partidos dos advogados e das partes".[1429] A busca desse equilíbrio se torna ainda mais relevante quando se constata que o principal motivo da tão lamentada demora da prestação jurisdicional é justamente o tempo em que o processo fica *parado* aguardando uma decisão ou providência do juiz ou dos seus auxiliares.

Por outro lado, na hora de decidir se representará ou não contra a demora do juiz, os advogados devem considerar que tais representações, ainda que dificilmente terminem com a punição do juiz, costumam, sim, atingir seu *objetivo principal*, que é dar o desejado andamento à marcha processual, seja por forçar o juiz a finalmente *praticar o ato processual* (art. 235, § 2º), para evitar a punição,[1430] seja por força da nomeação de seu substituto para que o pratique no prazo de dez dias úteis (§ 3º).

1428 O casal Nery Junior & Nery indica um julgado no qual o Conselho Nacional de Justiça aplicou uma penalidade a juiz que demorou três anos e quatro meses para determinar a citação dos réus de uma ação popular (CNJ, REP n. 650, rel. Min. Antônio de Pádua Ribeiro, j. 5.12.2006). Mas, em pesquisa feita na rede mundial de computadores para este estudo, em especial no sítio eletrônico do CNJ, não se localizou informação a respeito de outro caso em que tenha sido imposta sanção imposta a juiz por conta de sua morosidade.

1429 *Comentários ao Código de Processo Civil*, art. 183, nota 118, p. 110.

1430 Infelizmente, a tendência da jurisprudência administrativa das corregedorias é de reconhecer suposta *perda do objeto* do processo administrativo sancionador quando o juiz pratica "espontaneamente" o ato no prazo de defesa, como se nunca tivesse havido a falha funcional.

A leitura do art. 235 deixa clara a relevância central desse escopo, ao dar destaque à intimação do representado *para praticar o ato* em dez dias úteis (§ 2º), sob pena de os autos serem remetidos ao seu juiz substituto (§ 3º). Nada é dito ali quanto às sanções cabíveis – o que deve ser regulamentado pelas normas de organização judiciária e pelos regimentos internos dos tribunais.

405. Competência

Nos termos do art. 235, *caput*, do Código de Processo Civil, a *competência* para o processo administrativo é do órgão interno do tribunal ao qual esteja vinculado o magistrado, segundo disposto em seu regimento interno ou na norma local de organização judiciária – corregedoria, Tribunal Pleno ou Conselho Superior da Magistratura –,[1431] bem como do Conselho Nacional de Justiça (RICNJ, art. 91). Essa competência é concorrente.[1432]

Esse órgão federal foi criado pela Emenda Constitucional n. 45/2004 justamente para exercer o controle do "cumprimento dos deveres funcionais dos juízes" (Const., art. 103-B, § 4º), inclusive "receber e conhecer das reclamações contra membros ou órgãos do Poder Judiciário [...], sem prejuízo da competência disciplinar e correicional dos tribunais".[1433] Apesar de essa competência ser concorrente, o Conselho Nacional de Justiça pode avocar para si processos disciplinares em curso nas corregedorias dos tribunais (novamente CF, art. 103-B, § 4º; e RICNJ, art. 79). A competência interna para presidir esses processos é do Ministro-Corregedor (Const., art. 104-B, § 5º, inc. I), inclusive para indeferir liminarmente o pedido, mas o julgamento final exauriente compete ao Plenário.

A competência dos órgãos correicionais não está restrita à aplicação de penalidades e à determinação para que o juiz profira a decisão no processo judicial. Tão importante quanto isso, compete-lhes, ainda, determinar ou sugerir a adoção de providências administrativas para sanar a morosidade, sempre que verificar a ocorrência generalizada de atraso ou acúmulo de processos (nesse sentido, RICNJ, art. 78, §§ 5º e 6º).

1431 Em São Paulo, a competência é do Conselho Superior da Magistratura (Decreto-lei Complementar n. 3/69 – Código Judiciário –, art. 64, inc. I). Os juízes (e servidores) *federais* são processados e julgados pelo Conselho da Justiça Federal (Lei n. 5.010/66, art. 6º, inc. XV).

1432 Leonardo da Cunha afirma, entretanto, que "a reclamação será dirigida ao corregedor se se tratar de juiz de primeira instância. Tratando-se de membro de tribunal, a reclamação há de ser apresentada ao CNJ" (*Comentários ao Código de Processo Civil*, vol. III, art. 235, n. 1, p. 191).

1433 O Conselho Nacional de Justiça é a *corregedoria das corregedorias* (Min. João Otávio de Noronha). Uma vez feita a representação, ela será distribuída ao Corregedor Nacional da Justiça.

406. Legitimidade e capacidade postulatória para representar

Nos termos do *caput* do art. 235, a legitimidade para representar contra o juiz que exceder o prazo legal para praticar os atos que lhe incumbem é de qualquer das partes, do Ministério Público ou da Defensoria Pública. Esse é o rol mínimo, e não taxativo, podendo ser ampliado por outras normas, inclusive de menor hierarquia.

Segundo entendimento prevalente, *parte*, em direito processual, é qualquer pessoa que participa da relação processual. Portanto, além do demandante e do demandado, são considerados como parte, para fins de legitimidade para a representação do art. 235, os "terceiros" cuja intervenção tenha sido admitida no processo (quando tecnicamente deixam de ser terceiros e passam a receber tratamento de parte), como os assistentes, os denunciados à lide e o Ministério Público enquanto fiscal da lei. Nem haveria motivo para ser diferente, pois eles também têm interesse na rápida solução da controvérsia. Contudo, o *amicus curiae*, ordinariamente, não tem a legitimidade ora tratada, salvo se o contrário puder se extrair dos poderes definidos pelo juiz no momento de sua admissão no processo (art. 138, § 2º) ou da norma interna do tribunal ou Conselho Nacional de Justiça, conforme o caso.

A parte representante deve ser necessariamente patrocinada por advogado habilitado com *capacidade postulatória* (nesse sentido, art. 15, § 2º, do Regulamento Geral da Corregedoria do CNJ – RGCNJ), munido de procuração específica.

O *Ministério Público* sempre terá essa legitimidade de representação, ainda que não atue no feito,[1434] pois, como permanente fiscal da ordem jurídica (Const., art. 127), ele é responsável por "zelar pelo efetivo respeito dos Poderes Públicos e dos serviços de relevância pública aos direitos assegurados nesta Constituição, promovendo as medidas necessárias a sua garantia" (art. 129, inc. II). Do contrário, nem faria sentido a menção a ele feita no art. 235, pois como parte ele já teria esse poder.

A legitimidade da *Defensoria Pública* não constava no art. 198 do Código de Processo Civil de 1973, pois ela foi criada apenas na Constituição Federal de 1988. E fez bem o Código de Processo Civil atual ao referir-se expressamente a ela, para evitar discussões desnecessárias. Mas, para exercê-la, deve apresentar procuração da parte com poderes específicos (Lei Complementar n. 80/94, arts. 44, inc. XII, 88, inc. XI, e 128, inc. XI).

Entretanto, o rol dos legitimados contido no art. 235 não é taxativo, podendo ser ampliado por outras leis e normas internas dos órgãos correicionais.

1434 Em sentido contrário, condicionando a legitimidade à sua atuação no processo judicial: ANDRE ROQUE, *Teoria geral do processo*, art. 235, n. 2, p. 755.

E, para LUIZ GUILHERME WAGNER JUNIOR, o *terceiro* com interesse jurídico no andamento do processo também pode apresentar a representação.[1435]

Especificamente no âmbito da Corregedoria Nacional da Justiça, a legitimidade para a representação por excesso de prazo (REP) é ampla e *ilimitada*, podendo ser apresentada "*por qualquer pessoa ou entidade* ou por intermédio de procurador com poderes especiais para atuar perante o CNJ no interesse da regular prestação da jurisdição..." (art. 15, § 2º, do RGCNJ). Mas o representante deve demonstrar seu interesse legítimo (RICNJ, art. 78).

Sendo exercido o direito de representação, não pode ser apresentada a *desistência*, pois há interesse público subjacente.[1436] Tanto é assim que o processo disciplinar pode ter início *ex officio* pela autoridade competente para julgar. Especificamente no Conselho Nacional de Justiça, pode ser iniciado por provocação de qualquer autoridade judiciária (RGCNJ, art. 22), em especial dos presidentes dos tribunais, e de ofício por qualquer de seus conselheiros (novamente, RICNJ, art. 78). Essa iniciativa também costuma ser autorizada pelos regimentos internos dos tribunais ou pela norma local que trate do assunto.

E para que os atrasos efetivamente cheguem ao conhecimento das autoridades competentes, independentemente da representação do interessado, exige-se de todos os juízes a apresentação de relatório mensal à corregedoria do tribunal, no qual constem os processos "cujos prazos para despacho ou decisão hajam sido excedidos" (LOMAN, art. 39).[1437]

407. Garantias processuais das partes na reclamação

O procedimento a ser seguido nesses processos (e as sanções cabíveis) é questão eminentemente administrativa dos tribunais e, portanto, deve ser preferencialmente regulamentado pelos respectivos *regimentos internos*, conforme disposto no art. 48 da Lei Orgânica da Magistratura Nacional. É justamente por isso que o art. 235 e demais artigos de leis federais aplicáveis à hipótese em análise não se preocupam tanto em descrever a sequência de atos (*i.e.*, do procedimento), mas principalmente as medidas que visam a assegurar o *devido processo legal* e as demais garantias constitucionais do processo: (a) definem a

1435 *Breves comentários ao novo Código de Processo Civil*, art. 235, n. 15, p. 753.

1436 No âmbito do processo administrativo federal, dispõe o art. 51, § 2º, da Lei n. 9.784/99: "a desistência ou renúncia do interessado, conforme o caso, não prejudica o prosseguimento do processo, se a Administração considerar que o interesse público assim o exige".

1437 A partir dessas e de outras informações, os tribunais devem *divulgar publicamente* as informações disponíveis a respeito da produtividade dos seus magistrados e a relação dos processos nos quais já decorreu o prazo legal para dar regular andamento (LOMAN, art. 37).

competência para processar e julgar o juiz faltoso; (b) tratam da formação e do desenvolvimento da relação processual em conformidade com as *garantias constitucionais do processo*; e (c) autorizam a adoção de medidas práticas voltadas especificamente à realização do ato no processo judicial (*i.e.*, tutela específica).

De fato, esse processo administrativo – e não mero procedimento, como equivocadamente está dito no art. 235 –, tal qual o judicial, também deve respeitar as *garantias constitucionais do processo*, em especial o direito de petição, o contraditório, a ampla defesa do acusado, a celeridade e o juiz natural.[1438] Aliás, conforme está na doutrina, ele está incluído na *teoria geral do processo* e, portanto, não engloba os quatro institutos fundamentais do direito processual (jurisdição, ação, defesa e processo).[1439] Em situações excepcionais, todavia, as garantias das partes, em especial do reclamante, podem sofrer algumas limitações ou arranhões, com vista a proteger outro valor relevante.

No caso, o processo ora comentado pode ter início com a representação formal e por escrito apresentada por qualquer legitimado ao corregedor do tribunal competente ou ao corregedor nacional da justiça (art. 235, *caput*). Com isso, o interessado exerce o *direito de petição* (Const., art. 5º, inc. XXXIV, letra *a*).

A *ampla defesa* do acusado (Const., art. 5º, inc. LV) também deve ser respeitada, sob pena de eventual condenação ser nula e impugnável por meio de eventual recurso ou judicialmente. Inicialmente, para viabilizar essa defesa, a petição inicial reclamação deve ser "devidamente *fundamentada* e acompanhada de elementos comprobatórios das alegações" (LOMAN, art. 52). Depois, é essencial que o juiz representado seja intimado para apresentar sua defesa no prazo próprio e improrrogável de quinze dias úteis,[1440] com a justificativa que entender cabível, conforme determina o próprio art. 235, além de poder produzir as provas pertinentes.

A Constituição Federal assegura, ainda, a *publicidade* de qualquer processo estatal (art. 5º, inc. LX) e determina, em especial, que "as decisões administrativas dos tribunais serão motivadas e em *sessão pública*" (art. 93, inc. IX). Por isso, ao determinar o sigilo do processamento e o julgamento das recla-

1438 A Lei n. 9.784/99, ao regular o processo administrativo no âmbito da Administração Pública Federal, impõe a "garantia dos direitos à comunicação, à apresentação de alegações finais, à produção de provas e à interposição de recursos, nos processos de que possam resultar sanções..." (art. 2º, inc. X). Tal lei tem aplicação subsidiária às que regulam especificamente o processo disciplinar instaurado contra juiz (art. 69).

1439 Nesse sentido: Cândido Dinamarco e Bruno Lopes, *Teoria geral do novo processo civil*, n. 2, p. 16.

1440 Por se tratar de prazo processual, ainda que administrativo, aplica-se o art. 219 do Código de Processo Civil. Nesse sentido: Leonardo da Cunha, *Comentários ao Código de Processo Civil*, vol. III, art. 235, n. 1, p. 191.

mações contra juízes para preservar sua dignidade, o art. 54 da Lei Orgânica da Magistratura Nacional não foi recepcionado pela Carta Magna, apesar de ainda ser indevidamente aplicado por muitas corregedorias (inclusive pelo CNJ). Mais grave ainda é eventual extensão do (inconstitucional) sigilo ao próprio reclamante, impedindo-o não só de fiscalizar a atuação da corregedoria, mas principalmente de interferir legitimamente na decisão a ser proferida por meio de manifestações e solicitação de novas provas e, portanto, cerceando o direito ao *contraditório pleno*.

Além disso, as decisões, condenatórias ou absolvitórias, devem ser devidamente *motivadas* (Const., art. 93, inc. IX; e Lei n. 9.784/99, art. 50, inc. II).

Em benefício de ambas as partes, esse processo administrativo também deve ser *célere* (Const., art. 5º, LXXVIII). Por isso, distribuída a reclamação e antes mesmo da intimação do juiz representado,[1441] o relator (ou corregedor competente) poderá determinar liminarmente seu arquivamento, se considerar manifesta a sua improcedência (LOMAN, art. 52, § 2º; e RICNJ, art. 78, § 2º). Não sendo sumariamente arquivada, ele poderá então, em até 48 horas do fim do prazo de apresentação de resposta, determinar a imediata intimação eletrônica do juiz responsável para em dez dias praticar o ato processual que deu ensejo à representação (CPC, art. 235, § 2º). Melhor ainda teria sido se pudesse determinar a prática do ato já ao determinar a intimação para defesa.

Finalmente, ao permitir a emissão de ordem para o juiz praticar o ato, sob pena de o seu substituto legal praticá-lo, a lei propicia que o processo administrativo forneça ao representante a *tutela processual específica* do direito à marcha do processo judicial, o que é inerente à inafastabilidade do direito de ação e à própria garantia de celeridade da tutela jurisdicional, além de prestigiar o princípio do juiz natural.

E, ao determinar a remessa dos autos necessariamente ao "substituto legal" – e não mais ao juiz designado pelo relator, como dispunha o art. 198 do Código de Processo Civil de 1973 –, dentro do possível, o atual art. 235 novamente privilegia o *juiz natural*, na medida em que a escolha desse substituto deve seguir o quanto disposto na lei de organização judiciária, sem qualquer margem de arbítrio.[1442]

408. Justificativas do juiz

São muito variadas as justificativas que o juiz pode apresentar para tentar isentar-se de responsabilidade pelo não cumprimento dos seus prazos legais.

1441 No Conselho Nacional de Justiça, a reclamação pode ser apresentada *eletronicamente*, por meio de prévio cadastro do advogado no sítio eletrônico.

1442 Nesse sentido: LEONARDO DA CUNHA, *Comentários...*, vol. III, n. 1, p. 192.

O excesso de trabalho, aliado à falta de funcionários, é a mais óbvia e corriqueira. As corregedorias em geral costumam aceitar como verdadeiras essas alegações genéricas, sem maior investigação. De fato, por vezes esses fatores realmente tornam impossível o cumprimento dos prazos pelos juízes, mas em muitos casos os atrasos são decorrentes da desídia do magistrado ou, ao menos, de falha na administração do cartório e dos processos. É preciso, assim, separar o joio do trigo, para, conforme o caso, aplicar as penalidades cabíveis ou determinar medidas para sanar problemas crônicos, como disponibilizar juiz substituto para ajudar a reduzir o trabalho acumulado.

Contudo, há várias outras possíveis justificativas. Nesse sentido, Nelton dos Santos arrola alguns dos motivos usualmente acolhidos, além daqueles mencionados anteriormente: "designação do juiz para acumular varas; prioridade dada a processos em que figure como parte pessoa idosa [...], designação do juiz para atuar junto à Justiça Eleitoral". Fernando Cais indica mais alguns motivos para o retardamento da prolação da sentença na ação popular e que também servem para qualquer caso, em maior ou menor grau: "a generalização das tutelas de urgência; a priorização no trâmite de certos feitos (*v.g.*, art. 121-A do CPC-73, lei do mandado de segurança); as greves enfrentadas pelo Poder Judiciário; o precário aparelhamento dos serviços auxiliares do juízo, a carência de funcionários, o aumento da litigiosidade, com o consequente aumento do número de feitos etc.".[1443]

409. Consequências processuais do descumprimento dos prazos

As possíveis consequências do atraso do juiz em praticar os atos que incumbem a ele são de espécies diversas.

Em termos *endoprocessuais*, não existe *preclusão* para o juiz (ou seus auxiliares) praticar os atos que são de sua responsabilidade – diferentemente do que ocorre com as partes (art. 223) –, pois seus prazos são *impróprios* em quase a totalidade das vezes,[1444] já que relacionados ao dever de proferir os provimen-

1443 *Comentários à Lei de Ação Civil Pública e Lei de Ação Popular*, art. 7º da LAP, n. 8, p. 220.

1444 STJ, 2ª T., RMS n. 32.639-RN, rel. Min. Og Fernandes, j. 6.4.2017, v.u. Nesse julgado, na linha de outros do próprio STJ, concluiu-se que, por ser o prazo impróprio, não cabe mandado de segurança contra o descumprimento de prazo pelo juiz, a fim de lhe determinar a imediata prolação de uma decisão. Também reconhecendo que os prazos do juiz (e do Ministério Público) são impróprios: STJ, 1ª T., RMS n. 32.880-SP, rel. Min. Teori Zavascki, j. 20.9.2011, v.u. Na doutrina, esse entendimento é pacífico. Por todos, Leonardo da Cunha, *Comentários ao Código de Processo Civil*, vol. III, art. 226, n. 1, p. 172; e Heitor Sica, *Comentários ao Código de Processo Civil*, vol. 1, art. 226, n. 1, p. 814. Este último destaca, ainda,

tos judiciais, salvo em situações excepcionalíssimas, como o prazo (próprio) para proferir voto em sessão de julgamento virtual, sob pena de se presumir que está acompanhando o relator.[1445] Portanto, em regra, os atos intempestivos do juiz não são nulos.

Contudo, o processo não pode ficar totalmente paralisado por prazo indefinido, aguardando o juiz desidioso, ou eventualmente mal-intencionado, resolver um dia finalmente cumprir seu dever. Por isso, o art. 235 do Código de Processo Civil permite que a corregedoria do tribunal ou o Conselho Nacional de Justiça determine ao juiz da causa a prática daquele ato em dez dias e, permanecendo a omissão, a nomeação de seu substituto legal para praticá-lo.

Ainda em relação ao processo judicial, a parte não pode ser diretamente prejudicada pela demora do juiz em cumprir seus prazos. Assim, *v.g.*, a demora na citação do réu, porque o juiz não a determinou tempestivamente, não impede a interrupção retroativa da prescrição (art. 240, § 3º). Ou seja, admite-se apenas o indesejável *dano marginal* do processo causado às partes pela simples demora na prestação jurisdicional, mas nunca o prejuízo direto no desenvolvimento da relação processual.

Adicionalmente, os órgãos fiscalizatórios podem aplicar, cumulativamente, *sanções administrativas* ao magistrado em atraso.[1446]

E o ente estatal (Estado ou União) a que o juiz estiver vinculado pode ser condenado a *indenizar* a parte prejudicada pela demora na prestação jurisdicional (CPC, art. 143, inc. II), por meio de outro processo judicial autônomo.

---

que eventuais consequências no processo ou fora dele não são automáticas, diversamente do que ocorre em relação às partes (*op. cit.*, art. 226, n. 2, p. 815). Doutrina e jurisprudência, porém, não perceberam que existe exceção a essa regra.

1445 Dispõe o art. 324, § 1º, do RISTF: "decorrido o prazo sem manifestações suficientes para recusa do recurso, reputar-se-á existente a repercussão geral". Em sentido equivalente, dispõe o art. 184-F do RISTJ: "a não manifestação do Ministro no prazo de sete dias corridos previstos no art. 184-E acarretará a adesão integral ao voto do relator". Como se vê, além da preclusão automática, *presume-se* que o voto do ministro é pelo reconhecimento da repercussão geral e pela adesão ao voto do relator, respectivamente.

1446 Para Rodolfo Mancuso, porém, não seria possível cumular uma providência processual com a aplicação de sanção. Segundo afirma, a substituição do juiz (ou supressão de competência) "não é de se aplicar ao juiz da ação popular; caso contrário, teríamos um acúmulo injustificado de sanções, pelo mesmo fato", ou seja, "de duas uma: ou bem se aplica o sistema sancionatório previsto na LAP ou então o comum, previsto no CPC, parecendo-nos que o correto é o primeiro alvitre, dada a especialidade da LAP" (*Ação popular*, n. 4.3.1, p. 223). Ocorre que, assim como o dever de indenizar pelos prejuízos, essa substituição *não tem natureza jurídica de sanção*, razão pela qual não há dupla punição pelo mesmo fato.

Por óbvio, sendo acolhida a justificativa apresentada, nenhuma sanção pode ser aplicada ao juiz. Mas isso não impede a ordem para ele praticar o ato imediatamente, nem a condenação do ente público pela demora.[1447]

Contudo, essas consequências não são automáticas e dependem, além da decisão no processo administrativo, de *prévia constituição em mora* do juiz pela parte interessada ou pelo Ministério Público, por meio de petição nos autos judiciais, para que ele adote a providência cabível em dez dias úteis. Apesar de o art. 143, inc. II, referir-se a essa providência apenas para a caracterização da responsabilidade civil, tal requisito também deve ser exigido como condição para a aplicação das sanções cabíveis.[1448]

Nos próximos itens será tratada cada uma dessas três espécies de consequências ou providências.

410. Medidas para que o ato seja especificamente praticado

Sem dúvida, o resultado prático mais importante esperado do processo administrativo é a efetiva realização do ato processual relacionado ao prazo descumprido, para o processo voltar a ter sua marcha normal.

Para tanto, o art. 235 e outras normas dispõem que o corregedor do tribunal ou o relator do Conselho Nacional de Justiça "determinará", logo após o escoamento do prazo de defesa (*i.e.*, antes mesmo do julgamento do processo administrativo), que o juiz representado "pratique o ato" (§ 2º), sob pena de os autos serem remetidos ao seu substituto legal "para *decisão* em 10 (dez) dias" (§ 3º).

A ordem para *o próprio juiz da causa* praticar o ato é uma bem-vinda novidade do Código de Processo Civil de 2015, não prevista no art. 198 do Código de Processo Civil de 1973, o qual tratava somente sobre da substituição. Essa nova solução é mais adequada, pois privilegia o juiz natural e tende a conferir maior celeridade.

A única medida que pode ser adotada pelo corregedor diante da reiterada inércia do juiz, mesmo após sua intimação para praticar o ato, é a nomeação do seu substituto legal (art. 235, § 3º), de acordo com o disposto na norma de organização judiciária local ou o regimento interno do respectivo tribunal.

1447 Conforme já decidiu o STJ, "a insuficiência dos meios disponíveis ou o imenso volume de trabalho que pesa sobre determinados órgãos judiciais isenta os juízes de responsabilização pessoal pelos atrasos, mas não priva os a cidadãos de reagir diante de tal demora, nem permite considerá-la inexistente" (STJ, 2ª T., REsp n. 1.383.776-AM, rel. Min. Og Fernandes, j. 6.9.2018, v.u.).

1448 Esta é a posição de Fernando Cais especificamente em relação à sanção imposta no art. 7º, inc. VI, parágrafo único, da Lei da Ação Popular (*Comentários à Lei de Ação Civil Pública e Lei de Ação Popular*, art. 7º da LAP, n. 8, p. 220).

Portanto, não podem ser adotadas *medidas coercitivas* com vista a obter aquele resultado prático, como a imposição ao juiz de multa diária ou a suspensão do pagamento dos vencimentos do juiz até que ele cumpra o prazo. Sem prejuízo, a manutenção dessa inércia deve ser levada em consideração na dosimetria da sua penalidade.

A *nomeação de substituto* independe da pertinência ou não da justificativa apresentada para o atraso. Mas, se o representado "indicar previsão para a solução do processo, a representação poderá ser sobrestada por prazo não excedente a 90 (noventa) dias" (RGCNJ, art. 26, § 2º), período no qual não será determinada a substituição.

Contudo, se determinada a substituição, suspende-se imediatamente a competência do juiz representado para aquele processo, até que seu substituo cumpra aquele prazo abandonado. Por isso, se o juiz original praticar ali algum ato processual nesse ínterim, ele será absolutamente *nulo*.

Ademais, a substituição não se limita à hipótese de descumprimento do prazo para proferir decisão interlocutória ou sentença (art. 226, incs. II e III), apesar de o citado § 3º referir-se somente à remessa dos autos ao substituto para proferir "decisão". Ao contrário, ela pode estar relacionada à prática de atos de mero andamento do processo que o escrivão ou chefe de secretaria não pode praticar de ofício (*i.e.*, despacho), como a ordem de citação ou a nomeação de um *expert* para a perícia já deferida.

Além das duas providências administrativas mencionadas nos §§ 2º e 3º do art. 235, a lei pode impor outras medidas no próprio processo judicial com vista a suprir a omissão do magistrado. Nesse sentido, o acórdão não publicado tempestivamente pode ser substituído pelas notas taquigráficas produzidas na sessão de julgamento (CPC, art. 944; e LMS, art. 17).[1449] E, no tribunal, se o magistrado pedir vista dos autos, mas não devolvê-los tempestivamente nem requisitar prorrogação do prazo, cabe ao presidente da turma ou câmara requisitá-lo para julgamento (art. 240, § 1º) e convocar o substituto daquele que pediu vista, se este ainda não se sentir habilitado a julgar (§ 2º).

411. Sanções administrativas

As penalidades administrativas aplicáveis ao juiz omisso devem estar expressamente dispostas em lei (Const., art. 5º, inc. XXXIX).

O art. 235 do Código de Processo Civil não especifica nem regulamenta as sanções cabíveis, como já visto. Essas penalidades constam em leis federais,

1449 Evidentemente, não pode haver, simultaneamente, a substituição do juiz e a substituição do acórdão pelas notas taquigráficas, pois elas são medidas incompatíveis entre si.

em normas de organização judiciária, nos regimentos internos dos tribunais e das corregedorias etc.[1450]

O art. 93, inc. II, letra *e*, da Constituição Federal dispõe que lei complementar de iniciativa do STF, relativa à regulamentação da atividade da magistratura, deve dispor sobre a *promoção* do juiz de entrância para entrância, respeitando, entre outras, a regra segundo a qual "não será promovido o juiz que, injustificadamente, retiver autos em seu poder além do prazo legal, não podendo devolvê-los ao cartório sem o devido despacho ou decisão".[1451]

A Lei Complementar n. 35/79 (Loman) dispõe que o juiz de primeira instância negligente com seus prazos está sujeito à pena de *advertência* (art. 43); mas, se a negligência for reiterada, a penalidade será de *censura* (art. 44, *caput*), vedada, ainda, a promoção *por merecimento* pelo prazo de um ano (art. 44, parágrafo único) e sua convocação para atuar como substituto provisório em tribunal (art. 118, § 2º).[1452] Essa norma não impede, porém, que seja promovido por antiguidade, nem contém sanções aos integrantes dos tribunais por atraso.

Há ainda na legislação federal a possibilidade de, em casos específicos, ser determinada a redução proporcional de vencimento e do tempo de serviço para fins de cálculo da aposentadoria e promoção na carreira (*v.g.*, LAP, art. 7º, parágrafo único), o que, inclusive, pode retardar a promoção por antiguidade.[1453]

Por outro lado, pela mera demora são incabíveis as penas de remoção, indisponibilidade e perda da investidura do juiz, sanções estas reservadas a situações mais graves (LOMAN, arts. 26 e 45 a 47) – salvo se o atraso for in-

---

1450 O legislador perdeu a oportunidade de incorporar no Código de Processo Civil de 2015 outras sanções administrativas, em especial aquelas já dispostas em outras leis processuais citadas a seguir.

1451 Este dispositivo constitucional não impede que outras leis ou normas internas dos tribunais também imponham restrições à promoção ou outras sanções.

1452 Para eliminar a possibilidade de favorecimentos pessoais indevidos, alguns tribunais já aboliram o critério subjetivo da promoção por merecimento, muito utilizado no passado, mantendo apenas o critério objetivo da promoção por antiguidade.

1453 Art. 7º, parágrafo único: "o proferimento da sentença além do prazo estabelecido privará o juiz da inclusão em lista de merecimento para promoção, durante 2 (dois) anos, e acarretará a perda, para efeito de promoção por antiguidade, de tantos dias quantos forem os do retardamento, salvo motivo justo, declinado nos autos e comprovado perante o órgão disciplinar competente". Conforme bem afirmado por Hely Lopes Meirelles, essa norma sancionatória também é aplicável aos atrasos nos tribunais, "pois não se concebe que o processo da ação popular seja preferente em primeira instância e deixe de o ser nas instâncias superiores" (*Mandado de segurança*, n. 8, p. 159).

tencional, para obtenção de vantagem para si ou para outrem, o que constitui crime de prevaricação (CP, art. 319).

De todo modo, segundo a jurisprudência administrativa, são dois os *requisitos* alternativos para a aplicação de *sanção* contra o juiz pela demora: (a) que não seja razoavelmente justificada a demora (o art. 235 faz menção ao excesso "injustificado" do prazo) *ou* (b) que decorra da vontade ou de conduta desidiosa do magistrado, de modo que o Conselho Nacional de Justiça vem afirmando que "morosidade, por si só, não justifica a instauração de procedimento disciplinar contra magistrado".[1454] Vale dizer, se o atraso for alheio à vontade do juiz, não deve ser aplicada sanção. Além disso, costumam afirmar, se o juiz pratica o ato antes da nomeação do seu substituto, o processo sancionador perderia o objeto e, portanto, seria inviável a aplicação de sanção. Isso é um absurdo, porque o ilícito e o prejuízo decorrente da demora não são apagados com o ato praticado tardiamente.[1455]

Na verdade, o cumprimento do ato após a instauração do processo administrativo deveria ser levado em consideração apenas na *dosimetria da pena*, como causa atenuante da sanção. E outros fatores devem ser considerados como agravantes, para majoração da penalidade, como ocorrência da inversão injustificável da cronologia dos julgamentos, urgência da decisão no caso concreto e existência de prioridade legal, em especial quando a demanda tem relevante impacto social (*v.g.*, em se tratando de ação civil pública ou de IRDR, com milhares de processos suspensos aguardando seu desfecho).

No *processo criminal*, diferente do cível, o próprio Código de Processo Penal impõe sanções ao magistrado (e promotores) pelo descumprimento do prazo: desconto de "tantos dias de vencimentos quantos forem os excedidos" e perda do dobro de dias excedidos na contagem do tempo de serviço, para efeito de promoção na carreira e aposentadoria (art. 801). Para a eficácia dessa regra, é dever do escrivão ou secretário do tribunal, de ofício ou a requerimento de qualquer interessado, remeter tal informação às repartições encarregadas do pagamento e da contagem do tempo de serviço, sob pena de lhes ser aplicada multa (art. 802).[1456]

1454 CNJ, RA-REP n. 0001703-63.2018.2.00.0000, rel. Min. Humberto Martins, j. 19.2.2019, v.u.

1455 Pedro Nogueira também sustenta que o cumprimento do prazo após a intimação do juiz representado não interfere no andamento regular do processo administrativo, podendo, assim, ser imposta eventual penalidade cabível (*Código de Processo Civil anotado*, art. 235, n. 2, p. 361).

1456 O art. 156.5 do CPC português contém disposição equivalente: "a secretaria remete, mensalmente, ao presidente do tribunal informações discriminadas dos casos em que se mostrarem decorridos três meses sobre o termo do prazo fixado para a prá-

O atraso do *juiz trabalhista* sujeita-o a sanções pecuniárias, sem prejuízo de outras penalidades administrativas. Nesse sentido, o Conselho Superior da Justiça do Trabalho considera a demora de mais de 90 dias para a prolação da sentença de um único processo como atraso reiterado. E atraso reiterado de vários processos quando o magistrado tiver mais de 30 processos sem apresentação de sentença por mais de 60 dias. Em ambos os casos ele pode deixar de receber a Gratificação por Exercício Cumulativo de Jurisdição, criada pela Lei n. 13.095/2015.

Em qualquer hipótese, o juiz pode impetrar mandado de segurança ou ajuizar uma demanda de rito comum para pedir a anulação da penalidade que lhe tenha sido aplicada na esfera administrativa.

412. Dever de indenizar

Conforme pacífica jurisprudência, em tese, é cabível a condenação da União ou do Estado da Federação, conforme o caso, a indenizar a parte prejudicada pelos comprovados danos sofridos em razão da excessiva e imotivada demora na prestação jurisdicional causada pela recusa, omissão ou retardamento de decisão ou providência pelo juiz. É inaceitável negar ao jurisdicionado a tramitação do processo em tempo razoável e o próprio Poder Judiciário negar a concessão de indenização pela violação a esse direito assegurado pela Constituição.[1457]

Essa responsabilidade civil por conta de *ato típico* do magistrado tem fundamento nos arts. 5º, incs. LXXV e LXXVIII, e 37, § 6º, da Constituição Federal; nos arts. 4º, 139, inc. II, 143, inc. II, e 226 do Código de Processo Civil; nos arts. 43 e 186 do Código Civil; nos arts. 35, incs. II e III, 49, inc. II e parágrafo único, da Lei Orgânica da Magistratura Nacional, entre outros dispositivos. Essa responsabilidade é *objetiva* e independe da demonstração de culpa ou dolo (novamente, CC, art. 43).

Contudo, o juiz não responde *diretamente* pela reparação de eventuais prejuízos que a sua omissão possa causar ao jurisdicionado, ainda que instado pela parte a praticá-lo (art. 143, inc. II), sendo, portanto, parte ilegítima para a ação indenizatória.[1458] Sua responsabilidade, conforme reiterada jurisprudência, deve ser apurada apenas em *ação de regresso* a lhe ser ajuizada pelo Estado, se restar caracterizada culpa ou dolo (novamente, CC, art. 43).

---

tica de ato próprio do juiz, ainda que o ato tenha sido entretanto praticado, incumbindo ao presidente do tribunal, no prazo de 10 (dez) dias contado da data de receção, remeter expediente à entidade com competência disciplinar".

1457 STJ, 2ª T., REsp n. 1.383.776-AM, rel. Min. Og Fernandes, j. 6.9.2018, v.u.

1458 STF, 2ª T., RE n. 228.977-SP, rel. Min. Néri da Silveira, j. 5.3.2002, v.u.

BIBLIOGRAFIA

ABRÃO, Carlos Henrique. *Processo eletrônico – processo digital*, 4ª ed., São Paulo, Atlas, 2015.

ABREU, Rafael Sirangelo de. "A igualdade e o negócio processual", *in Negócios processuais*, Salvador, JusPodivm, 2015 (coord. Antonio do Passo Cabral e Pedro Henrique Nogueira).

ABREU FILHO, José. *O negócio jurídico e sua teoria geral*, 5ª ed., São Paulo, Saraiva, 2003.

ALMEIDA, João Batista de. *Aspectos controvertidos da ação civil pública: doutrina e jurisprudência*, São Paulo, Ed. RT, 2001.

ALMEIDA FILHO, José Carlos de Araújo. *Processo eletrônico e teoria geral do processo eletrônico: a informatização judicial no Brasil*, 5ª ed., Rio de Janeiro, Forense, 2015.

APRIGLIANO, Ricardo de Carvalho. *A apelação e seus efeitos*, São Paulo, Atlas, 2003.

APRIGLIANO, Ricardo de Carvalho. *Ordem pública e processo – o tratamento das questões de ordem pública no direito processual civil*, São Paulo, Atlas, 2011.

APRIGLIANO, Ricardo de Carvalho. *Código de Processo Civil anotado*, 3ª ed., Rio de Janeiro, LMJ Mundo Jurídico, 2018 (coord. José Rogério Cruz e Tucci e outros).

ARAÚJO, Luciano Vianna. "O processo eletrônico a partir da jurisprudência do Superior Tribunal de Justiça", *in Revista do Advogado*, v. 33, n. 120, p. 44-51, 2013.

ARENHART, Sérgio Cruz. *Manual do processo de conhecimento*, 3ª ed., São Paulo, Ed. RT, 2004 (em coop.).

ARENHART, Sérgio Cruz. *Novo Código de Processo Civil comentado*, 2ª ed., São Paulo, Ed. RT, 2016.

ARRUDA ALVIM, José Manuel. *Tratado de direito processual civil*, 2ª ed., São Paulo, Ed. RT, 1996, vol. II.

ARRUDA ALVIM, José Manuel. *Manual de direito processual civil*, 9ª ed., São Paulo, Ed. RT, 2005.

ASSIS, Araken de. *Processo civil brasileiro*, São Paulo, Ed. RT, 2015, vol. II, t. I.

ASSIS, Araken de. *Manual da execução*, 18ª ed., São Paulo, Ed. RT, 2016.

AZEVEDO, Antônio Junqueira de. *Negócio jurídico – existência, validade e eficácia*, 4ª ed., São Paulo, Saraiva, 2002.

BADARÓ, Gustavo. Ônus da prova no processo penal, São Paulo, Ed. RT, 2003.

BAHIA, Alexandre Melo Franco. *Novo CPC – fundamentos e sistematização*, 2ª ed., Rio de Janeiro, Forense, 2015 (em coop.).

BAIOCCO, Elton. *Processo eletrônico e sistema processual – o processo civil na sociedade da informação*, 2ª ed., Curitiba, Juruá, 2016.

BARBOSA MOREIRA, José Carlos. "O processo, as partes e a sociedade", *in Revista Dialética de Direito Processual*, São Paulo, n. 5, pp. 32-40.

BARBOSA MOREIRA, José Carlos. "Convenções das partes sobre matéria processual", *in Temas de direito processual*, 3ª série, São Paulo, Saraiva, 1984.

BARBOSA MOREIRA, José Carlos. *Comentários ao Código de Processo Civil*, 13ª ed., Rio de Janeiro, Forense, 2006, vol. V.

BEDAQUE, José Roberto dos Santos. *Tutela cautelar e tutela antecipada: tutelas sumária e de urgência – tentativa de sistematização*, São Paulo, Malheiros, 2003.

BEDAQUE, José Roberto dos Santos. *Efetividade do processo e técnica processual: tentativa de compatibilização*, São Paulo, Malheiros, 2006.

BEDAQUE, José Roberto dos Santos. *Código de Processo Civil interpretado*, 3ª ed., São Paulo, Atlas, 2007 (coord. Antônio Carlos Marcato).

BEDAQUE, José Roberto dos Santos. *Comentários ao novo Código de Processo Civil*, 2ª ed., Rio de Janeiro, Forense, 2016 (coord. Antonio do Passo Cabral e Ronaldo Cramer).

BEDAQUE, José Roberto dos Santos. "Pressupostos processuais e condições da ação", *in Justitia*, vol. 156, pp. 48-64.

BIRCHAL, Leonardo de Abreu e outro. "Algumas considerações sobre os atos processuais em meio eletrônico: da Lei 9.800/1999 à Lei 11.419/2006", *in RePro*, 155, pp. 125-153.

BOBBIO, Emilio. *Teoria geral do negócio jurídico*, Campinas, Servanda, 2008.

BONDIOLI, Luis Guilherme Aidar. *Embargos de declaração*, São Paulo, Saraiva, 2005.

BONDIOLI, Luis Guilherme Aidar. *Comentários ao Código de Processo Civil*, São Paulo, Malheiros, 2017, vol. II.

BUENO, Cassio Scarpinella. *Manual de direito processual civil*, 2ª ed., São Paulo, Saraiva, 2016.

BUENO, Cassio Scarpinella. *Novo Código de Processo Civil anotado*, 2ª ed., São Paulo, Saraiva, 2016.

BUENO, Cassio Scarpinella. *Comentários ao Código de Processo Civil*, São Paulo, Saraiva, 2019, vol. X.

CABRAL, Antonio do Passo. *Convenções processuais*, Salvador, JusPodivm, 2016.

CABRAL, Trícia Navarro Xavier. "Reflexos das convenções em matéria processual nos atos judiciais", *in Negócios processuais*, Salvador, JusPodivm, 2015 (coord. Antonio do Passo Cabral e Pedro Henrique Nogueira).

CAHALI, Cláudia Elisabete Schwerz. *O gerenciamento de processos judiciais – em busca da efetividade da prestação jurisdicional*, Brasília, Gazeta Jurídica, 2013.

CAIS, Fernando Fontoura da Silva. *Comentários à Lei de Ação Civil Pública e Lei de Ação Popular*, São Paulo, Quartier Latin, 2006 (coord. Susana Henrique da Costa).

CAIS, Fernando Fontoura da Silva. *Código de Processo Civil anotado*, 3ª ed., Rio de Janeiro, LMJ Mundo Jurídico, 2018 (coord. José Rogério Cruz e Tucci e outros).

CALMON, Petrônio. *Comentários à Lei de Informatização do Processo Judicial*, Rio de Janeiro, Forense, 2008.

CÂMARA, Jacintho Arruda. "Acordos na execução contra a Fazenda Pública", *in Revista Eletrônica de Direito Administrativo Econômico*, vol. 23, pp. 1-14, 2010 (em coop.).

CÂMARA LEAL, Antonio Luiz da. *Da prescrição e da decadência*, 2ª ed., Rio de Janeiro, Forense, 1959.

CARNELUTTI, Francesco. *Sistema del diritto processuale civile – funzione e composizione del processo*, Padova, Antonio Milani, 1936, vol. I.

CARNELUTTI, Francesco. *Teoria generale del diritto*, Roma: Foro Italiano, 1940.

CARVALHO, Fabiano. *Código de Processo Civil anotado*, 3ª ed., Rio de Janeiro, LMJ Mundo Jurídico, 2018 (coord. José Rogério Cruz e Tucci e outros).

CAVALIERI FILHO, Sergio. *Programa de responsabilidade civil*, 6ª ed., São Paulo, Malheiros, 2006.

CHIOVENDA, Giuseppe. *Principii di diritto processuale*, Eugenio Jovene: Napoli, 1965 (reimpr.).

CHIOVENDA, Giuseppe. "Cosa giudicata e preclusione", *in Saggi di diritto processuale civile*, Milano, Giuffrè, 1993, vol. III.

CHIOVENDA, Giuseppe. "Dell'azione nascente dal contratto preliminare", *in Saggi di diritto processuale civile*, Milano, Giuffrè, 1993, vol. I.

CHIOVENDA, Giuseppe. "La riforma del processo civile", *in Saggi di diritto processuale civile*, Milano: Giuffrè, 1993, vol. III.

CHIOVENDA, Giuseppe. "Sulla pubblicazione e notificazione dele sentenze civile", *in Saggi di diritto processuale civile*, Milano: Giuffrè, 1993, vol. II.

CIANCI, Mirna. "Fazenda Pública e negócios jurídicos processuais no novo CPC: pontos de partida para o estudo", *in Negócios processuais*, Salvador, JusPodivm, 2015 (coord. Antonio do Passo Cabral e Pedro Henrique Nogueira) (em coop.).

COELHO, Gláucia Maria. *Código de Processo Civil anotado*, 3ª ed., Rio de Janeiro, LMJ Mundo Jurídico, 2018 (coord. José Rogério Cruz e Tucci e outros).

COMOGLIO, Luigi Paolo. *Lezioni sul processo civile*, Bologna, Il Mulino, 1995 (em coop.).

COMOGLIO, Luigi Paolo. "Preclusione istruttorie", *in Rivista di Diritto Processuale*, vol. 53, n. 3, pp. 968-995.

CONCEIÇÃO, Maria Lúcia Lins e outros. *Primeiros comentários ao novo Código de Processo Civil*, 2ª ed., São Paulo, Ed. RT, 2016.

COUTURE, Eduardo J. *Vocabulário jurídico*, 3ª ed., Montevidéu, B de F, 2004.

COUTURE, Eduardo J. *Fundamentos del derecho procesal civil*, 4ª ed., Buenos Aires, Euros, 2010.

CRUZ, Luana Pedrosa de Figueiredo. *Breves comentários ao novo Código de Processo Civil*, 3ª ed., São Paulo, Ed. RT, 2016 (coord. Teresa Arruda Alvim Wambier e outros).

CRUZ E TUCCI, José Rogério. *Comentários ao Código de Processo Civil*, São Paulo, Saraiva, 2016, vol. VII.

CUNHA, Leonardo Carneiro da. "Negócios jurídicos processuais no processo civil brasileiro", *in Negócios processuais*, Salvador, JusPodivm, 2015 (coord. Antonio do Passo Cabral e Pedro Henrique Nogueira).

CUNHA, Leonardo Carneiro da. *Comentários ao Código de Processo Civil*, São Paulo, Ed. RT, 2016, vol. III (coord. Sergio Cruz Arenhart e Daniel Mitidiero).

CUNHA, Leonardo Carneiro da. *Comentários ao novo Código de Processo Civil*, 2ª ed., Rio de Janeiro, Forense, 2016 (coord. Antonio do Passo Cabral e Ronaldo Cramer).

CUNHA, Rogério Sanches. *Estatuto da Pessoa com Deficiência comentado – artigo por artigo*, Salvador, JusPodivm, 2016 (em coop.).

DALL'AGNOL, ANTÔNIO. *Comentários ao Código de Processo Civil*, 2ª ed., São Paulo, Ed. RT, 2007, vol. II.

DIDIER JR., FREDIE. *A nova reforma processual*, São Paulo, Ed. RT, 2002 (em coop.).

DIDIER JR., FREDIE. *Comentários ao novo Código de Processo Civil*, 2ª ed., Rio de Janeiro, Forense, 2016 (coord. Antonio do Passo Cabral e Ronaldo Cramer).

DIDIER JR., FREDIE. "Negócios jurídicos processuais atípicos no Código de Processo Civil de 2015", *in Revista Brasileira da Advocacia*, vol. 1, pp. 60-84.

DINAMARCO, CÂNDIDO RANGEL. *A reforma do Código de Processo Civil*, 5ª ed., São Paulo, Malheiros, 2001.

DINAMARCO, CÂNDIDO RANGEL. *Vocabulário do processo civil*, São Paulo, Malheiros, 2009.

DINAMARCO, CÂNDIDO RANGEL. "Tempestividade dos recursos", *in Fundamentos do processo civil moderno*, São Paulo, Malheiros, 2010, vol. II.

DINAMARCO, CÂNDIDO RANGEL. *A arbitragem na teoria geral do processo*, São Paulo, Malheiros, 2013.

DINAMARCO, CÂNDIDO RANGEL. *A instrumentalidade do processo*, 15ª ed., São Paulo, Malheiros, 2013.

DINAMARCO, CÂNDIDO RANGEL. *Capítulos de sentença*, 6ª ed., São Paulo, Malheiros, 2014.

DINAMARCO, CÂNDIDO RANGEL. *Teoria geral do novo processo civil*, São Paulo, Malheiros, 2016 (em coop.).

DINAMARCO, CÂNDIDO RANGEL. *Instituições de direito processual civil*, 8ª ed., São Paulo, Malheiros, 2016, vol. I.

DINAMARCO, CÂNDIDO RANGEL. *Instituições de direito processual civil*, 7ª ed., São Paulo, Malheiros, 2017, vol. II.

DINAMARCO, CÂNDIDO RANGEL. *Instituições de direito processual civil*, 7ª ed., São Paulo, Malheiros, 2017, vol. III.

DINAMARCO, PEDRO DA SILVA. *Ação civil pública*, São Paulo, Saraiva, 2001.

DINAMARCO, PEDRO DA SILVA. "O novo art. 14 do Código de Processo Civil: atos atentatórios à dignidade da justiça", *in A nova etapa da Reforma do Código de Processo Civil*, São Paulo, Atlas, 2002.

DINAMARCO, PEDRO DA SILVA. "O sigilo de informações e a limitação à publicidade dos atos processuais", *in Estudos de Direito Processual Civil – homenagem ao professor Egas Dirceu Moniz de Aragão*, São Paulo, Ed. RT, 2005 (coord. Luiz Guilherme Marinoni).

DINAMARCO, PEDRO DA SILVA. "Responsabilidade civil do promotor de justiça no inquérito civil", *in Processo civil coletivo*, São Paulo, Quartier Latin, 2005 (coord. Rodrigo Mazzei e Rita Dias Nolasco).

DINAMARCO, PEDRO DA SILVA. *Comentários à Lei da Ação Civil Pública e à Lei da Ação Popular*, São Paulo, Quartier Latin, 2006 (coord. Susana Henriques da Costa).

DINAMARCO, PEDRO DA SILVA. *Código de Processo Civil interpretado*, 3ª ed., São Paulo, Atlas, 2007 (coord. Antônio Carlos Marcato).

DINAMARCO, PEDRO DA SILVA. *Código de Processo Civil anotado*, 3ª ed., Rio de Janeiro, LMJ Mundo Jurídico, 2018 (coord. José Rogério Cruz e Tucci e outros).

ECHANDIA, Hernando Davis. *Teoría general de la prueba judicial*, 2ª ed., Buenos Aires, Zavalía, 1972, t. I.

ECHANDIA, Hernando Davis. *Compendio de la prueba judicial*, Santa Fe: Rubinzal--Culzoni, 2007, t. I (anotado y concordado por Adolfo Alvarado Velloso).

FARAH, Elias. "O advogado e reflexões sobre o sigilo profissional", *in Revista do Instituto dos Advogados de São Paulo*, vol. 15, pp. 82-121.

FARIAS, Cristiano Chaves de. *Estatuto da Pessoa com Deficiência comentado – artigo por artigo*, Salvador, JusPodivm, 2016 (em coop.).

FAZZALARI, Elio. *Istituzioni di diritto processuale*, 7ª ed., Padova, Cedam, 1994.

FERRI, Corrado. *Lezioni sul processo civile*, Bologna, Il Mulino, 1995 (em coop.).

FONSECA, Fernando Daniel de Moura. "Algumas considerações sobre os atos processuais em meio eletrônico: da Lei 9.800/1999 à Lei 11.419/2006", *in RePro*, 155, pp. 125-153 (em coop.).

FUX, Luiz. *Curso de direito processual civil*, Rio de Janeiro, Forense, 2001.

GAJARDONI, Fernando. *Flexibilização procedimental – um novo enfoque para o estudo do procedimento em matéria processual*, São Paulo, Atlas, 2008.

GAJARDONI, Fernando. *Comentários ao novo Código de Processo Civil*, 2ª ed., Rio de Janeiro, Forense, 2016 (coord. Antonio do Passo Cabral e Ronaldo Cramer).

GAJARDONI, Fernando. *Teoria geral do processo – parte geral – comentários ao CPC de 2015*, 3ª ed., São Paulo, Método, 2019 (em coop.).

GIANNICO, Maurício. *A preclusão no direito processual civil brasileiro*, São Paulo, Saraiva, 2005.

GIANNICO, Maurício. *Comentários ao Código de Processo Civil*, São Paulo, Saraiva, 2019, vol. XVIII.

GIOA, Valerio di. *Diritto processuale civile*, Forli, Experta, 2009.

GODOY, Cláudio Luiz Bueno. "Dos fatos jurídicos e do negócio jurídico", *in Teoria geral do direito civil*, São Paulo, Atlas, 2008 (coord. Renan Lotufo e Giovanni Ettore Nanni).

GOLDSCHMIDT, James. *Direito processual civil*, Curitiba, Juruá, 2003 (trad. Ricardo Rodrigues Gama).

GOMES, Fábio. *Teoria geral do processo civil*, São Paulo, Ed. RT, 1997 (em coop. com Ovídio Baptista da Silva).

GOMES, Orlando. *Obrigações*, 15ª ed., Rio de Janeiro, Forense, 2001.

GRECO, Leonardo. "Os atos de disposição processual – primeiras reflexões", *in Revista Eletrônica de Processo*, n. 1, pp. 7-28, *in* http://www.e-publicacoes.uerj.br/index.php/redp/article/view/23657/16714, acesso em 7.12.2019.

JORGE, Flávio Cheim. *A nova reforma processual*, São Paulo, Ed. RT, 2002 (em coop.).

LACERDA, Galeno. *Despacho saneador*, Porto Alegre, Sergio Antonio Fabris, 1990.

LEITE, Clarisse Frenchiane Lara. *Prejudicialidade no processo civil*, São Paulo, Saraiva, 2008.

LEONARDI, Marcel e outro. *Código de Processo Civil anotado*, 3ª ed., Rio de Janeiro, LMJ Mundo Jurídico, 2018 (coord. José Rogério Cruz e Tucci e outros).

LIEBMAN, Enrico Tullio. *Manual de direito processual civil*, 3ª ed., São Paulo, Malheiros, 2005, vol. I.

LOBO, Arthur e outra. "Prazos processuais devem ser contados em dias úteis com novo CPC", *in* http://www.conjur.com.br/2016-mar-07/prazos-processuais-contados-dias-uteis-cpc, acesso em 7.12.2019.

LOPES, Bruno Vasconcelos Carrilho. *Tutela antecipada sancionatória*, São Paulo, Malheiros, 2006.

LOPES, Bruno Vasconcelos Carrilho. *Teoria geral do novo processo civil*, São Paulo, Malheiros, 2016 (em coop.).

LOPES, Bruno Vasconcelos Carrilho. *Comentários ao Código de Processo Civil*, São Paulo, Malheiros, 2017, vol. II.

LOPES, João Batista. *Curso de direito processual civil – parte geral*, São Paulo, Atlas, 2005, vol. I.

LOTUFO, Renan. *Código Civil comentado*, São Paulo, Saraiva, 2003, vol. I.

LUHMANN, Niklas. *Legitimação pelo procedimento*, Brasília, UnB, 1980 (trad. Maria da Conceição Côrte-Real).

MACHADO, Denise Weiss de Paula. *Código de Processo Civil anotado*, 3ª ed., Rio de Janeiro, LMJ Mundo Jurídico, 2018 (coord. José Rogério Cruz e Tucci e outros).

MACHADO, Marcelo Pacheco. *Código de Processo Civil anotado*, 3ª ed., Rio de Janeiro, LMJ Mundo Jurídico, 2018 (coord. José Rogério Cruz e Tucci e outros).

MACHADO, Marcelo Pacheco. "Como escapar da audiência de conciliação ou mediação do novo CPC", *in* https://www.jota.info/paywall?redirect_to=//www.jota.info/opiniao-e-analise/artigos/como-escapar-da-audiencia-de-conciliacao-ou-mediacao-novo-cpc-11042016, acesso em 7.12.2019.

MARCACINI, Augusto Tavares Rosa. *Breves comentários ao novo Código de Processo Civil*, 3ª ed., São Paulo, Ed. RT, 2016 (coord. Teresa Arruda Alvim Wambier e outros).

MARCACINI, Augusto Tavares Rosa. *Processo e tecnologia*, *in* https://www.amazon.com.br/Processo-Tecnologia-processuais-efetividade-informatiza%C3%A7%C3%A3o-ebook/dp/B00C7GVYK0/ref=pd_ybh_a_1?ie=UTF8&psc=1&refRID=W1KKXDDDDNCVNDWX9679, acesso em 7.12.2019.

MARINONI, Luiz Guilherme. *Manual do processo de conhecimento*, 3ª ed., São Paulo, Ed. RT, 2004 (em coop.).

MARINONI, Luiz Guilherme. "Coisa julgada sobre questão, inclusive em benefício de terceiro", *in RePro*, 250, pp. 97-116, 2016.

MARINONI, Luiz Guilherme. *Novo Código de Processo Civil comentado*, 2ª ed., São Paulo, Ed. RT, 2016.

MARQUES, José Frederico. *Instituições de direito processual civil*, Campinas, Millennium, 2000, vol. II.

MAXIMILIANO, Carlos. *Hermenêutica e aplicação do direito*, 19ª ed. Rio de Janeiro, Forense, 2001.

MEDEIROS NETO, Elias Marques de. *O procedimento extrajudicial pré-executivo*, São Paulo, Verbatim, 2015.

MEGNA, Bruno Lopes. "Fazenda Pública e negócios jurídicos processuais no novo CPC: pontos de partida para o estudo", *in Negócios processuais*, Salvador, JusPodivm, 2015 (coord. Antonio do Passo Cabral e Pedro Henrique Nogueira) (em coop.).

MEIRELLES, Hely Lopes. *Mandado de segurança*, 28ª ed., São Paulo, Malheiros, 2005.

MEIRELLES, Hely Lopes. *Direito administrativo brasileiro*, 42ª ed., São Paulo, Malheiros, 2015.

MELLO, Rogerio Licastro Torres de. *Primeiros comentários ao novo Código de Processo Civil*, 2ª ed., São Paulo, Ed. RT, 2016 (em coop.).

MENEZES CORDEIRO, António. *Tratado de direito civil – parte geral: negócio jurídico*, 4ª ed., Coimbra, Almedina, 2014, vol. II.

MIRANDA, Custódio da Piedade Ubaldino. *Teoria geral do negócio jurídico*, 2ª ed., São Paulo, Atlas, 2009.

MITIDIERO, Daniel. *Novo Código de Processo Civil comentado*, 2ª ed., São Paulo, Ed. RT, 2016 (em coop.).

MONIZ DE ARAGÃO, Egas Dirceu. *Comentários ao Código de Processo Civil*, 10ª ed., Rio de Janeiro, Forense, 2004, vol. II.

NEGRÃO, Theotonio; GOUVÊA, José Roberto F.; BONDIOLI, Luis Guilherme A.; FONSECA, João Francisco N. da. *Código de Processo Civil e legislação processual civil em vigor*, 49ª ed., São Paulo, Saraiva, 2018.

NERY, Rosa Maria de Andrade. *Código de Processo Civil comentado*, 16ª ed., São Paulo, Ed. RT, 2016.

NERY JR., Nelson. *Código de Processo Civil comentado*, 16ª ed., São Paulo, Ed. RT, 2016.

NEVES, Daniel Amorim Assumpção. *Novo Código de Processo Civil comentado – artigo por artigo*, 2ª ed., Salvador, JusPodivm, 2017.

NEVES, Daniel Amorim Assumpção. *Comentários ao Código de Processo Civil*, São Paulo, Saraiva, 2018, vol. XVII.

NOGUEIRA, Pedro Henrique. *Breves comentários ao novo Código de Processo Civil*, 3ª ed., São Paulo, Ed. RT, 2016 (coord. Teresa Arruda Alvim Wambier e outros).

NOGUEIRA, Pedro Henrique. *Código de Processo Civil anotado*, 3ª ed., Rio de Janeiro, LMJ Mundo Jurídico, 2018 (coord. José Rogério Cruz e Tucci e outros).

NUCCI, Guilherme de Souza. *Código de Processo Penal comentado*, 18ª ed., Rio de Janeiro, Forense, 2.019.

NUNES, Dierle. *Novo CPC – fundamentos e sistematização*, 2ª ed., Rio de Janeiro, Forense, 2015 (em coop.).

OLIANI, José Alexandre Manzano. *Sentença no novo CPC*, São Paulo, Ed. RT, 2015.

OLIVEIRA, Guilherme Peres de. *Comentários ao novo Código de Processo Civil*, 2ª ed., Rio de Janeiro, Forense, 2016 (coord. Antonio do Passo Cabral e Ronaldo Cramer).

OLIVEIRA NETO, Olavo de. *Comentários ao Código de Processo Civil*, São Paulo, Saraiva, 2017, vol. I (coord. Cássio Scarpinella Bueno).

PEDRON, Flávio Quinaud. *Novo CPC – fundamentos e sistematização*, 2ª ed., Rio de Janeiro, Forense, 2015 (em coop.).

PESSOA, Fábio Guidi Tabosa. *Código de Processo Civil interpretado*, 3ª ed., São Paulo, Atlas, 2007 (coord. Antônio Carlos Marcato).

PICARDI, Nicola. *Successione processuale*, Milano, Giuffrè, 1964.

PINHO, Humberto Dalla Bernardina. *Jurisdição e pacificação: limites e possibilidades do uso dos meios consensuais de resolução de conflitos na tutela dos direitos transindividuais e pluri-individuais*, Curitiba, CRV, 2017.

PINTO, Carlos Alberto da Mota. *Teoria geral do direito civil*, 3ª ed., Coimbra, Coimbra Ed., 1996.

PINTO, Ronaldo Batista. *Estatuto da Pessoa com Deficiência comentado – artigo por artigo*, Salvador, JusPodivm, 2016 (em coop.).

PONTES DE MIRANDA, Francisco Cavalcanti. *Tratado de direito privado*, Rio de Janeiro, Borsoi, 1954, vol. III.

PONTES DE MIRANDA, Francisco Cavalcanti. *Comentários ao Código de Processo Civil*, Rio de Janeiro, Forense, 1974, t. III e V.

QUEIROZ, Regis Magalhães Soares de. "Assinatura digital e tabelião virtual", *in Direito & Internet – aspectos relevantes*, Bauru: Edipro, 2000 (coord. Newton de Lucca e Adalberto Simão Filho).

RIBEIRO, Leonardo Ferres da Silva e outros. *Primeiros comentários ao novo Código de Processo Civil*, 2ª ed., São Paulo, Ed. RT, 2016.

RINALDI, Luciano. *Comentários ao novo Código de Processo Civil*, 2ª ed., Rio de Janeiro, Forense, 2016 (coord. Antonio do Passo Cabral e Ronaldo Cramer).

RODRIGUES, Daniel Colnago. *Comentários ao novo Código de Processo Civil*, 2ª ed., Rio de Janeiro, Forense, 2016 (coord. Antonio do Passo Cabral e Ronaldo Cramer).

RODRIGUES, Marcelo Abelha. *A nova reforma processual*, São Paulo, Ed. RT, 2002 (em coop.).

ROQUE, Andre Vasconcelos. *Teoria geral do processo – parte geral – comentários ao CPC de 2015*, 3ª ed., São Paulo, Método, 2019 (em coop.).

SANCHEZ, Guilherme Cardoso e outro. *Código de Processo Civil anotado*, 3ª ed., Rio de Janeiro, LMJ Mundo Jurídico, 2018 (coord. José Rogério Cruz e Tucci e outros).

SANTOS, Nelton dos. *Código de Processo Civil interpretado*, 3ª ed., São Paulo, Atlas, 2007 (coord. Antônio Carlos Marcato).

SHIMURA, Sérgio. *Breves comentários ao novo Código de Processo Civil*, 3ª ed., São Paulo, Ed. RT, 2016 (coord. Teresa Arruda Alvim Wambier e outros).

SICA, Heitor Vitor Mendonça. *Preclusão processual civil*, São Paulo, Atlas, 2006.

SICA, Heitor Vitor Mendonça. *Comentários ao Código de Processo Civil*, São Paulo, Saraiva, 2017, vol. I (coord. Cássio Scarpinella Bueno).

SICHES, Recaséns. *Tratado general de filosofia del derecho*, 9ª ed., México, Porrúa, 1986.

SILVA, Bruno Freire e. *O novo CPC e o processo do trabalho*, São Paulo, LTr, 2016, vol. I.

SILVA, Paula Costa e. *Acto e processo*, Coimbra, Coimbra ed., 2003.

SUNDFELD, Carlos Ari. "Acordos na execução contra a Fazenda Pública", *in Revista Eletrônica de Direito Administrativo Econômico*, vol. 23, pp. 1-14, 2010, *in* fliphtml5.com/fdns/wshv/basic, acesso em 7.12.2019 (em coop.).

TALAMINI, Eduardo. *Curso avançado de processo civil*, 16ª ed., São Paulo, Ed. RT, 2016, vol. I (em coop.).

TALAMINI, Eduardo. "Notas sobre a teoria das nulidades no processo civil", *in Revista Dialética de Direito Processual*, 29, pp. 38-56, 2005.

TARUFFO, Michele. *Lezioni sul processo civile*, Bologna, Il Mulino, 1995 (em coop.).

TEIXEIRA, Sálvio de Figueiredo. *Código de Processo Civil anotado*, 7ª ed., São Paulo, Saraiva, 2003.

TERCEIRO NETO, João Otávio. *Interpretação dos atos processuais*, Rio de Janeiro, Forense, 2019.

THEODORO JÚNIOR, HUMBERTO. "Ação civil pública. Operação bancária de caderneta de poupança", *in RT*, vol. 747, pp. 111-134.

THEODORO JÚNIOR, HUMBERTO. *Novo CPC – fundamentos e sistematização*, 2ª ed., Rio de Janeiro, Forense, 2015 (em coop.).

THEODORO JÚNIOR, HUMBERTO. *Novo Código de Processo Civil anotado*, 20ª ed., Rio de Janeiro, Forense, 2016.

THEODORO JÚNIOR, HUMBERTO. *Curso de direito processual civil*, 58ª ed., Rio de Janeiro, Forense, 2017, vol. I.

THEODORO JÚNIOR, HUMBERTO. *Curso de direito processual civil*, 51ª ed., Rio de Janeiro, Forense, 2017, vol. II.

TORNAGHI, HÉLIO. *Comentários ao Código de Processo Civil*, São Paulo, Ed. RT, 1974, vol. II.

TORNAGHI, HÉLIO. *A relação processual penal*, 2ª ed., São Paulo, Saraiva, 1987.

VIVEIROS, ESTEFÂNIA. *Breves comentários ao novo Código de Processo Civil*, 3ª ed., São Paulo, Ed. RT, 2016 (coord. Teresa Arruda Alvim Wambier e outros).

WAMBIER, LUIZ RODRIGUES, *Curso avançado de processo civil*, 16ª ed., São Paulo, Ed. RT, 2016, vol. I (em coop.).

WAMBIER, TERESA ARRUDA ALVIM. *Omissão judicial e embargos de declaração*, São Paulo, Ed. RT, 2005.

WAMBIER, TERESA ARRUDA ALVIM E OUTRO. "Prazos processuais devem ser contados em dias úteis com novo CPC", *in* http://www.conjur.com.br/2016-mar-07/prazos-processuais-contados-dias-uteis-cpc, acesso em 7.12.2019.

WAMBIER, TERESA ARRUDA ALVIM E OUTROS. *Primeiros comentários ao novo Código de Processo Civil*, 2ª ed., São Paulo, Ed. RT, 2016.

WATANABE, KAZUO. "Apontamentos sobre: tutela jurisdicional dos interesses difusos (necessidade de processo dotado de efetividade e de aperfeiçoamento permanente dos juízes e apoio dos órgãos superiores da justiça em termos de infra-estrutura material e pessoal)", *in Ação civil pública – Lei 7.347/85 – reminiscências e reflexões após dez anos de aplicação*, São Paulo, Ed. RT, 1995 (coord. Édis Milaré).

YARSHELL, FLÁVIO LUIZ. *Tutela jurisdicional*, São Paulo, Atlas, 1998.

YARSHELL, FLÁVIO LUIZ. "Convenção das partes em matéria processual no novo CPC", *in Revista do Advogado*, n. 126, pp. 89-94, maio 2015.

YARSHELL, FLÁVIO LUIZ. "Convenção das partes em matéria processual: rumo a uma nova era", *in Negócios processuais*, Salvador, JusPodivm, 2015 (coord. Antonio do Passo Cabral e Pedro Henrique Nogueira).